5년 최다 **전체 수석** ~~합격자 배출~~

브랜드만족
1위
박문각

근거자료
후면표기

20 25

1차

단원별 기출문제집
민법총칙 | 행정법 | 행정학개론

박문각 행정사연구소 편_조민기·임병주·최욱진

박문각 행정사

머리말

행정사는 1961년 처음 도입된 이후 과거 퇴직 공무원들에게만 그 자격이 주어졌습니다. 그러나 2010년 헌법재판소에서 이 같은 행정사 제도가 직업 선택의 자유를 침해한다는 위헌 판결을 내리면서 2013년부터는 공무원이 아닌 일반인에게도 행정사 자격 취득의 문이 열리게 되었습니다.

2013년 제1회 행정사 자격시험이 처음 시행된 후 매년 시험이 치러져 2024년 현재 제12회 시험까지 이어져 왔습니다. 제5회부터는 1차 시험 문항이 과목당 기존의 20문제에서 5문제씩 늘어나 총 75문제가 출제되었으며 따라서 시험 시간도 60분에서 75분으로 늘어나는 등 일부 조정이 있었습니다.

행정사 1차 시험은 민법총칙, 행정법, 행정학개론 등 세 과목을 치르며, 세 과목 모두 40점 이상, 평균 60점 이상을 받으면 합격하는 절대평가 방식으로 이뤄집니다. 따라서 시험 난도에 따라 합격 당락이 크게 좌우되게 됩니다. 시험 경향을 살펴보면 세 과목 모두 무난한 수준으로 출제되고 있으며, 낯선 판례를 활용한 난도 높은 문제가 소수 출제되었습니다.

이러한 시험 경향을 고려한다면 행정사 자격시험을 준비하는 수험생분들은 먼저 기본 이론을 꼼꼼히 학습한 후에 기출문제를 반복해서 풀어보며 기출 경향을 파악하고, 자신의 강점과 약점을 파악해 부족한 부분을 집중적으로 공부해야 할 것입니다. 이에 박문각에서는 2013년부터 2024년까지 출제된 12개년 기출문제를 총망라해 본서를 출간하게 되었습니다.

본서의 특징은 다음과 같습니다.

첫째, 세 과목 기출문제를 모두 수록, 단권화하였습니다. 기출문제 학습을 한 권으로 끝낼 수
　　　있도록 민법총칙, 행정법, 행정학개론 등 전 과목 기출문제를 수록하였습니다.

둘째, 단원별로 기출문제를 수록하였습니다. 기출문제를 회차별로 수록하지 않고, 어떤 부문
　　　에서 출제되었는지를 심층 분석하여 단원별로 문제를 정리하였습니다.

셋째, 모든 문제에 난도 및 기출 회차, 기출 포인트를 기재하였습니다. 이를 통해 수험생이 기
　　　출 경향을 파악하고, 본인의 약점과 강점을 스스로 파악할 수 있도록 하였습니다.

넷째, 정확하고 꼼꼼한 해설을 수록하였습니다. 정답해설뿐만 아니라 학습에 필요한 오답해
　　　설도 빠짐없이 실어 모든 지문을 완벽히 이해할 수 있게 구성하였습니다.

다섯째, 관련 판례 및 조문을 수록하였습니다. 기출문제와 관련된 중요 판례와 조문, 이론 등을
　　　　함께 실어 다른 교재를 찾아보지 않고도 완벽한 학습이 이루어질 수 있도록 하였습니다.

본서를 통해 행정사 시험을 준비하는 모든 수험생분들께 합격 소식이 전해지기를 기원합
니다.

박문각 행정사연구소

행정사 시험 정보

1. **자격 분류:** 국가 전문 자격증
2. **시험 기관 소관부처:** 행정안전부(주민과)
3. **실시 기관:** 한국산업인력공단
4. **시험 일정:** 매년 1차, 2차 실시

구분	원서 접수	시험 일정	합격자 발표
1차	2024년 4월 22일~4월 26일	2024년 6월 1일	2024년 7월 3일
2차	2024년 7월 29일~8월 2일	2024년 10월 5일	2024년 12월 4일

〈2024년 제12회 행정사 시험 기준〉

5. **응시자격:** 제한 없음. 다만, 행정사법 제5·6조의 결격사유가 있는 자와 행정사법 시행령 제19조에 따라 부정행위자로 처리되어, 그 처분이 있은 날부터 5년이 지나지 않은 자는 시험에 응시할 수 없다.

6. **시험 면제대상**
   - 1차 시험에 합격한 사람에 대하여는 다음 회의 시험에서만 1차 시험을 면제한다(단, 경력서류 제출로 1차 시험이 면제된 자는 행정사법이 개정되지 않는 한 계속 면제).
   - 행정사 자격이 있는 사람으로서 다른 종류의 행정사 자격시험에 응시하는 사람은 1차 시험을 면제한다.
   - 행정사법 제9조 및 동법 부칙 제3조에 따라, 공무원으로 재직하였거나 외국어 전공 학위를 받고 외국어 번역 업무에 종사한 경력이 있는 사람 등은 행정사 자격시험의 전부 또는 일부가 면제된다(1차 시험 면제, 1차 시험 전부와 2차 시험 일부 면제, 1·2차 시험 전부 면제).

7. **시험 과목 및 시간**
   - **1차 시험(공통)**

교시	입실 시간	시험 시간	시험 과목	문항 수	시험 방법
1교시	09:00	09:30~10:45 (75분)	① 민법(총칙) ② 행정법 ③ 행정학개론(지방자치행정 포함)	과목당 25문항	5지택일

● **2차 시험**

교시	입실시간	시험 시간	시험 과목	문항 수	시험 방법
1교시	09:00	09:30~11:10 (100분)	**[공통]** ① 민법(계약) ② 행정절차론(행정절차법 포함)	과목당 4문항 (논술 1문제, 약술 3문제)	논술형 및 약술형 혼합
2교시	11:30	• 일반·해사행정사 11:40~13:20 (100분) • 외국어번역행정사 11:40~12:30 (50분)	**[공통]** ③ 사무관리론 (민원 처리에 관한 법률 및 행정업무의 운영 및 혁신에 관한 규정 포함) **[일반행정사]** ④ 행정사실무법 (행정심판사례, 비송사건절차법) **[해사행정사]** ④ 해사실무법 (선박안전법, 해운법, 해사안전기본법, 해양사고의 조사 및 심판에 관한 법률) **[외국어번역행정사]** ④ 해당 외국어(외국어능력검정시험으로 대체하며 영어, 중국어, 일본어, 프랑스어, 독일어, 스페인어, 러시아어의 7개 언어에 한함)		

8. 합격 기준

- 과목당 100점을 만점으로 하여 모든 과목의 점수가 40점 이상이고, 전 과목의 평균 점수가 60점 이상인 사람(2차 시험의 해당 외국어시험 제외)
- 단, 제2차 시험 합격자가 최소선발인원보다 적은 경우, 최소선발인원이 될 때까지 전 과목의 점수가 40점 이상인 사람 중에서 전 과목 평균 점수가 높은 순으로 합격자를 추가로 결정한다. 동점자로 인해 최소선발인원을 초과하는 경우 동점자 모두를 합격자로 한다.

9. 외국어능력검정시험 성적표 제출(외국어번역행정사)

외국어번역행정사 2차 시험의 '해당 외국어' 과목은 원서접수 마감일부터 거꾸로 계산하여 5년이 되는 날이 속하는 해의 1월 1일 이후에 실시된 외국어능력검정시험에서 취득한 성적으로 대체(행정사법 시행령 제9조 제3항, 별표 2)

● **외국어 과목을 대체하는 외국어능력검정시험 종류 및 기준점수**

시험명	기준점수	시험명	기준점수
TOEFL	쓰기 시험 부문 25점 이상	IELTS	쓰기 시험 부문 6.5점 이상
TOEIC	쓰기 시험 부문 150점 이상	신HSK	6급 또는 5급 쓰기 영역 60점 이상
		DELE	C1 또는 B2 작문 영역 15점 이상
TEPS	쓰기 시험 부문 71점 이상 ※ 청각장애인: 쓰기 시험 부문 64점 이상	DELF/DALF	• C2 독해와 작문 영역 25점 이상 • C1 또는 B2 작문 영역 12.5점 이상
G-TELP	GWT 작문 시험 3등급 이상	괴테어학	• C2 또는 B2 쓰기 모듈 60점 이상 • C1 쓰기 영역 15점 이상
FLEX	쓰기 시험 부문 200점 이상	TORFL	4단계 또는 3단계 또는 2단계 또는 1단계 쓰기 영역 66% 이상

행정사 1차 시험 총평

민법총칙 1차 시험 총평

제12회 행정사 민법총칙 과목은 작년 제11회 시험보다 약간 쉬운 수준이었다.

심화문제는 2개 정도에 불과하였으며, 중급문제 5개와 기본문제 18개가 출제되었다. 조문과 기본 내용을 묻는 문제가 여전히 많은 반면에 사례문제는 예년에 비해 쉬운 편이었고, 최신판례는 거의 나오지 않았다.

선택형 민법시험에서 고득점하기 위해서는 먼저 법 조문을 꼼꼼히 읽으면서 이해하는 습관을 길러야한다. 그 다음 기본서에 수록된 판례의 결론과 근거를 정리하고 문제풀이를 반복하며 실수를 줄이는 연습도 필요하다. 이해와 정리를 통해 습득한 지식은 반드시 암기하여야 하며, 시험 당일까지 이해→정리→암기의 과정을 반복해야 한다.

행정사 시험도 12년간의 기출문제가 축적된 만큼, 먼저 기출문제를 확인하여 비슷한 유형의 국가고시 문제를 많이 풀고, 여기에 개정 법률과 최신판례만 추가하면 시험대비에 충분하다고 생각한다.

행정법 1차 시험 총평

2024년 행정사 1차 행정법의 출제를 한마디로 '행정사 시험다운 좋은 출제'로 정의하고 싶다. 기출문제와 개별법령 및 판례를 적절히 배합한 바람직한 출제로 보인다.

행정법총론에서 18문제, 행정법각론에서 7문제가 출제되어 출제 비율은 전년도와 비슷하게 출제되었다. 행정법총론의 경우 판례에 의하여 답을 찾도록 하는 문제가 비중이 높아졌고, 개별법령의 경우 행정기본법, 행정절차법, 정보공개법, 질서위반행위규제법이 출제되었다. 또 행정법각론의 경우 개별법률의 세부적인 내용보다 범위별로 의의를 정확히 알고 있는지를 문제로 출제하였다. 행정법각론의 범위이지만 총론과 연결하여 출제된 것이 4문제 정도로 보인다.

행정학개론 1차 시험 총평

2024년 행정사 행정학은 70점에서 80점을 받는 데 무리가 없는 시험이었다. 다만, 바우처 제도, 행정이론, 내부임용의 종류, 자치경찰제, 행정구역개편의 역사 등 기출에 없던 낯선 문제가 몇 개 있었고, 기출주제의 경우 말을 바꿔서 개념을 설명하는 경향이 있다. 그러나 실질적인 난이도가 크게 변하지 않았음을 확인할 수 있다.

일부 낯선 문제를 제외하면 모두 기출주제를 변형해서 출제하는 것이 행정사 행정학의 출제 경향이다. 이를 굳게 믿고 출제된 부분을 잘 이해하고 암기하여야 한다. 이는 2021년부터 지금까지 변함없는 공부방법이니 2025년 시험대비에 있어서도 기출내용을 잘 공부하되 이해중심으로 행정학에 접근하길 바란다.

출제 경향 분석

◁ 2013~2024 민법총칙 출제 경향 분석

구분			출제 비율
서론	민법 일반		2.9%
	권리(신의성실의 원칙과 권리남용금지)		3.9%
권리의 주체	서설		0.4%
	자연인	권리능력	1.1%
		행위능력(제한능력자)	6.4%
		주소	0.0%
		부재와 실종	2.9%
	법인	법인의 설립	1.1%
		법인의 능력	3.9%
		법인의 기관	3.9%
		법인의 정관변경·법인의 소멸	1.8%
		법인의 감독	0.4%
		권리능력 없는 사단과 재단	1.8%
권리의 객체	물건(주물과 종물, 원물과 과실)		4.3%
권리변동	법률관계와 권리변동		0.7%
	법률행위		8.6%
	의사표시		13.6%
	법률행위의 대리		14.6%
	법률행위의 무효와 취소		8.2%
	법률행위의 조건과 기한		4.3%
	기간		4.3%
	소멸시효		11.1%
총계			100.0%

출제 경향 분석

◁ 2013~2024 행정법 출제 경향 분석

구분			출제 비율
총론	행정법통론	행정의 의의	1.4%
		행정법 일반	5.0%
		행정상 법률관계	2.9%
	행정작용법	행정입법	4.6%
		행정행위	13.9%
		그 밖의 행정작용	5.4%
		행정절차/정보제도	12.1%
	의무이행 확보수단	행정강제	4.6%
		행정벌	3.2%
		새로운 의무이행확보수단	0.7%
	행정구제법	청원 및 민원고충	0.0%
		손해전보	5.0%
		행정쟁송	15.4%
각론	행정조직법	행정조직과 권한행사	6.1%
		지방자치법	5.4%
		공무원법	3.6%
	특별행정 작용	경찰행정	2.9%
		공물(급부행정)	3.6%
		공용부담	1.8%
		토지행정	0.4%
		환경행정	0.0%
		재무행정	2.1%
총계			100.0%

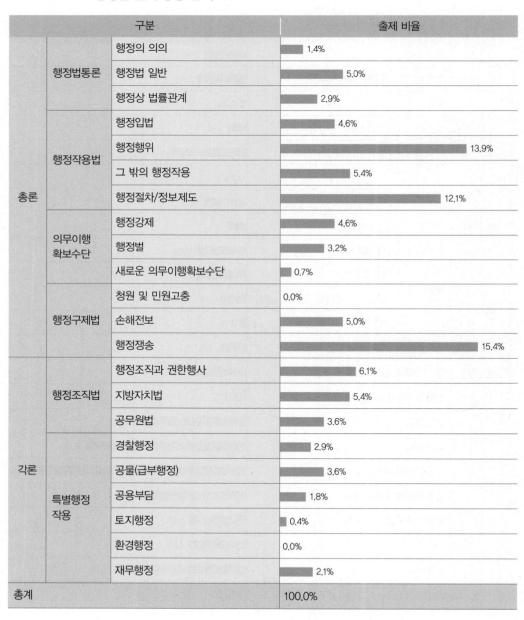

◁ 2022~2024 행정학개론 출제 경향 분석

출제 영역		2024년 행정학개론		2023년 행정학개론		2022년 행정학개론
총론	7	• 시장실패 • 행정의 목적 • 행정이론(2) • 공공서비스 공급방식 유형 • 바우처 제도 • 전자정부	10	• 행태주의 • 신제도주의 • 정부실패 원인 • 거버넌스 • 과정설 및 실체설 • 능률성 및 효과성 • 학습조직 • 유기적 구조의 특징 • 지식행정의 특징 • 참모와 계선	5	• 과학적관리론 • 신공공서비스론 • 전자정부의 특징 • 시장실패 원인 • 탈관료제(학습조직)
정책학	2	정책결정모형(2)	3	• 집행가 유형(N&S) • 무의사결정론 • 시뮬레이션 기법	4	• 하향식 접근 • 정책참여자 유형 • 집행가 유형(N&S) • 의제설정의 특징
조직론	1	왈도의 조직이론 분류	1	동기부여(엘더퍼)	1	분권화 촉진요인
인사행정	3	• 중앙인사기관 • 공무원의 종류 • 내부임용의 종류	3	• 직위분류제(직급 정의) • 강제배분법 • 징계의 종류	4	• 근무성적평정 • 고위공무원단 • 인사혁신처 • 직업공무원제도
재무행정	3	• 예산편성제도 • 신축성 확보장치 • 예산의 원칙	2	• 예산의 분류 • 예산의 원칙	2	• 예산의 구성 • 결산과정
지방자치론	5	• 자치경찰제 • 중층제와 단층제 • 지방자치 체계 • 주민참여제도 • 행정구역개편의 역사	3	• 주민자치 • 특별지방자치단체 • 지방자치단체 사무배분 원칙	4	• 지방자치의 특징 • 특례시 • 주민감사청구제도 • 의존재원
행정환류	1	행정통제	2	• 행정개혁 방법 • 책임운영기관(넥스트 스텝)	3	• 행정통제 유형 • 저항 극복방법 • 행정개혁 방법
기타 제도 및 법령	3	• 내부고발자 제도 • 정부조직(2)	1	재정사업자율평가제도	2	• 정부조직체계 • 이해충돌방지법

구성 및 활용법

단원별 출제 경향

1 단원별 출제 경향

각 단원별로 출제 경향을 분석, 수록하여 학습의 방향을 제시하였다. 본격적으로 기출문제를 풀어보기 전 출제 가능성이 높은 부분을 파악하고, 어떤 부분을 중점적으로 학습해야 하는지 확인할 수 있도록 하였다.

2 논점별 구성

기출문제를 회차별로 싣지 않고 논점별로 재구성하여 기출 포인트를 파악할 수 있도록 하였다.

3 정답해설 및 오답해설

정답해설뿐 아니라 오답해설도 함께 수록하여 한 문제의 모든 지문을 확실히 이해하고 넘어갈 수 있게 구성하였다.

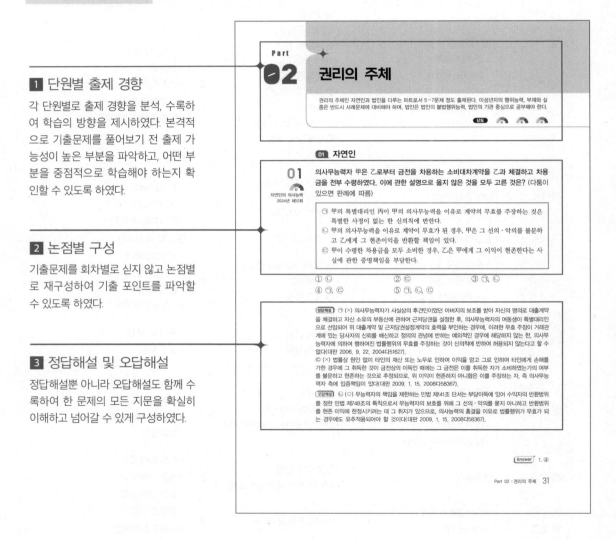

www.pmg.co.kr

72
행정절차
2018년 제6회 변형

「행정절차법」상 의견청취에 관한 설명으로 옳지 않은 것은? (다툼이 있으면 판례에 따름)

① 고시의 방법으로 불특정 다수인을 상대로 권익을 제한하는 처분을 하는 경우, 행정청은 상대방에게 의견제출의 기회를 주어야 한다.
② 행정청은 법령상 다른 규정이 없는 한, 사인과의 협약을 통해 법령상 요구되는 청문을 생략할 수 없다.
③ 행정청은 법인이나 조합 등의 설립허가의 취소처분을 하는 경우 청문을 한다.
④ 당사자 등은 청문의 통지가 있는 날부터 청문이 끝날 때까지 행정청에 해당 사안의 조사 결과에 관한 문서의 복사를 요청할 수 있다.
⑤ 청문 주재자는 당사자 등이 주장하지 아니한 사실에 대하여도 증거조사를 할 수 있다.

> **풀이 TIP** 「행정절차법」의 의견청취에 대한 관련 조문과 관련 판례를 기억하여야 한다.

정답해설 ① '고시'의 방법으로 불특정 다수인을 상대로 의무를 부과하거나 권익을 제한하는 처분은 성질상 의견제출의 기회를 주어야 하는 상대방을 특정할 수 없으므로, 이와 같은 처분에 있어서까지 구 「행정절차법」 제22조 제3항에 의하여 그 상대방에게 의견제출의 기회를 주어야 한다고 해석할 것은 아니다(대판 2014. 10. 27. 2012두7745).

오답해설 ② 「행정절차법」의 목적 및 청문제도의 취지 등에 비추어 볼 때, 위와 같은 협약의 체결로 청문의 실시에 관한 규정의 적용을 배제할 수 있다고 볼 만한 법령상의 규정이 없는 한, 이러한 협약이 체결되었다고 하여 청문의 실시에 관한 규정의 적용이 배제된다거나 청문을 실시하지 않아도 되는 예외적인 경우에 해당한다고 할 수 없다(대판 2004. 7. 8. 2002두8350).
③ 「행정절차법」 제22조 제1항

> ◆ **제22조(의견청취)** ① 행정청이 처분을 할 때 다음 각 호의 어느 하나에 해당하는 경우에는 청문을 한다.
>   1. 다른 법령등에서 청문을 하도록 규정하고 있는 경우
>   2. 행정청이 필요하다고 인정하는 경우
>   3. 다음 각 목의 처분을 하는 경우
>   가. 인허가 등의 취소
>   나. 신분·자격의 박탈
>   다. 법인이나 조합 등의 설립허가의 취소

④ 당사자등은 의견제출의 경우에는 처분의 사전 통지가 있는 날부터 의견제출기한까지, 청문의 경우에는 청문의 통지가 있는 날부터 청문이 끝날 때까지 행정청에 해당 사안의 조사결과에 관한 문서와 그 밖에 해당 처분과 관련되는 문서의 열람 또는 복사를 요청할 수 있다. 이 경우 행정청은 다른 법령에 따라 공개가 제한되는 경우를 제외하고는 그 요청을 거부할 수 없다(「행정절차법」 제37조 제1항).
⑤ 청문 주재자는 직권으로 또는 당사자의 신청에 따라 필요한 조사를 할 수 있으며, 당사자 등이 주장하지 아니한 사실에 대하여도 조사할 수 있다(「행정절차법」 제33조 제1항).

---

4 난도·기출 포인트·기출 회차
각 문제마다 난도와 기출 포인트, 기출 회차를 수록하여 수험생이 문제를 풀며 스스로 약점과 강점을 파악할 수 있도록 하였다.

5 풀이 TIP
문제 유형, 출제 가능성, 중요도, 암기 방법 등을 풀이 TIP을 통해 제시하였다.

6 관련이론 및 조문
문제와 관련된 꼭 짚고 넘어가야 할 조문이나 이론을 수록하여 본서 한 권으로도 학습이 가능하게 구성하였다.

차 례

3과목   행정학개론

행정사 1차
단원별 기출문제집

01

민법총칙

서론

서론에서는 2~3문제 정도가 출제된다. 특히 관습법과 사실인 관습, 신의성실의 원칙과 권리남용금지의 원칙 등에 관한 중요 판례를 잘 정리해 두어야 한다.

01 민법의 법원

01

민법의 법원
2015년 제3회

「민법」의 법원(法源)에 관한 설명으로 옳지 않은 것은? (다툼이 있으면 판례에 따름)

① 민사에 관하여 법률에 규정이 없으면 관습법에 의하고 관습법이 없으면 조리에 의한다.

② 「헌법」에 의하여 체결·공포된 조약이나 일반적으로 승인된 국제법규가 민사에 관한 것이라도 「민법」의 법원이 될 수 없다.

③ 공동선조와 성과 본을 같이 하는 후손은 성별의 구별 없이 성년이 되면 당연히 종중의 구성원이 된다고 보는 것이 조리에 합당하다.

④ 법령과 같이 효력을 갖는 관습법은 특별한 사정이 없으면 당사자의 주장·증명을 기다릴 필요 없이 법원이 직권으로 이를 확정하여야 한다.

⑤ 「헌법」을 최상위 규범으로 하는 전체 법질서에 반하는 사회생활규범은 사회의 거듭된 관행으로 생성된 것일지라도 관습법으로서의 효력이 인정될 수 없다.

> **풀이 TIP** 민법의 법원은 크게 성문법원과 불문법원으로 구분된다. 특히 불문법원 중 관습법에 관한 판례의 입장을 암기해야 한다.

> **정답해설** ② 「헌법」에 의하여 체결·공포된 조약과 일반적으로 승인된 국제법규는 국내법과 같은 효력을 가지므로, 그 내용이 민사에 관한 것일 경우에는 「민법」의 법원이 될 수 있다.

02

민법의 법원
2019년 제7회

「민법」의 법원(法源)에 관한 설명으로 옳지 않은 것은? (다툼이 있으면 판례에 따름)

① 관습법은 법률에 대하여 열후적·보충적 성격을 가진다.

② 「헌법」에 의하여 체결·공포된 조약으로서 민사에 관한 것은 「민법」의 법원이 된다.

③ 관습법은 원칙적으로 당사자의 주장·입증을 기다림이 없이 법원이 직권으로 이를 확정할 수 있다.

④ 「민법」 제1조 소정의 '법률'은 「헌법」이 정하는 절차에 따라서 제정·공포되는 형식적 의미의 법률만을 뜻한다.

⑤ 사회의 거듭된 관행으로 생성된 사회생활규범은 전체 법질서에 반하지 않아야 관습법으로서의 효력이 인정될 수 있다.

풀이TIP 성문법원과 불문법원의 종류와 그 내용을 암기한다.

정답해설 ④ 「민법」 제1조의 법률은 형식적 의미의 법률만을 의미하는 것이 아니라 성문법원 전체를 통칭한다.

오답해설 ① 「가정의례에 관한 법률」에 따라 제정된 「가정의례준칙」 제13조의 규정이 있으므로 원심이 인정하는 관습이 관습법이라는 취지라도 관습법의 제정법에 대한 열후적·보충적 성격에 비추어 「가정의례준칙」에 위배되는 관습법의 효력을 인정하는 것은 관습법의 법원으로서의 효력을 규정한 「민법」 제1조의 취지에 어긋나는 것이다(대판 1983. 6. 14. 80다3231).
③ 관습법은 당사자의 주장·입증을 기다림이 없이 법원이 이를 직권으로 확정하여야 한다(대판 1983. 6. 14. 80다3231).
⑤ 사회의 거듭된 관행으로 생성한 어떤 사회생활규범이 법적 규범으로 승인되기에 이르렀다고 하기 위한 요건으로는, 관습법은 「헌법」을 최상위 규범으로 하는 전체 법질서에 반하지 아니하는 것으로서 정당성과 합리성이 있다고 인정될 수 있는 것이어야 하고, 그렇지 아니한 사회생활규범은 비록 그것이 사회의 거듭된 관행으로 생성된 것이라고 할지라도 이를 법적 규범으로 삼아 관습법으로서의 효력을 인정할 수 없다(대판 2005. 7. 21. 2002다1178 전합).

03

민법의 법원
2018년 제6회

「민법」의 법원(法源)인 관습법에 관한 설명으로 옳지 않은 것은? (다툼이 있으면 판례에 따름)

① 관습법이란 사회의 거듭된 관행으로 생성된 사회생활규범이 사회의 법적 확신과 인식에 의하여 법적 규범으로 승인·강행되기에 이른 것을 말한다.

② 어떤 관행이 관습법으로 승인된 이상, 사회구성원들이 그러한 관행의 법적 구속력에 대하여 확신을 갖지 않게 되었더라도, 그 관습법은 법규범으로서의 효력에 영향을 받지 않는다.

③ 관습법의 존재는 당사자의 주장·증명이 없어도 법원이 직권으로 이를 확정할 수 있다.

④ 수목의 집단에 대한 공시방법인 명인방법은 판례에 의하여 확인된 관습법이다.

⑤ 관습법은 법령에 저촉되지 아니하는 한 법칙으로서의 효력이 있다.

> **풀이TIP** 관습법의 성립요건과 효력을 중심으로 학습한다.

정답해설 ② 사회의 거듭된 관행으로 생성된 사회생활규범이 관습법으로 승인되었다고 하더라도 사회구성원들이 그러한 관행의 법적 구속력에 대하여 확신을 갖지 않게 되었다거나, 사회를 지배하는 기본적 이념이나 사회질서의 변화로 인하여 그러한 관습법을 적용하여야 할 시점에 있어서의 전체 법질서에 부합하지 않게 되었다면 그러한 관습법은 법적 규범으로서의 효력이 부정될 수밖에 없다(대판 2005. 7. 21. 2002다1178 전합).

오답해설 ⑤ 관습법은 법령에 저촉되지 않는 한 법칙으로서의 효력이 있는 것이며, 이에 반하여 사실인 관습은 법령으로서의 효력이 없는 단순한 관행으로서 법률행위의 당사자의 의사를 보충함에 그치는 것이다.

04

민법의 법원
2022년 제10회

민법의 법원(法源)에 관한 설명으로 옳지 않은 것은? (다툼이 있으면 판례에 따름)

① 헌법에 의하여 체결·공포된 민사에 관한 조약은 민법의 법원(法源)이 될 수 있다.

② 관습법은 헌법재판소의 위헌법률심판의 대상이 아니다.

③ 관습법의 존재는 특별한 사정이 없으면 당사자의 주장·증명을 기다릴 필요 없이 법원이 직권으로 확정하여야 한다.

④ 사실인 관습은 법원(法源)으로서 법령에 저촉되지 않는 한 법칙으로서의 효력이 있다.

⑤ 공동선조와 성과 본을 같이 하는 후손은 성별의 구별 없이 성년이 되면 당연히 종중의 구성원이 된다고 보는 것이 조리에 합당하다.

정답해설 ② 이 사건 관습법은 실질적으로는 법률과 같은 효력을 갖는 것이므로 위헌법률심판의 대상이 된다(헌재 2013. 2. 28. 2009헌바129). ⇨ 복수정답 인정

④ 사실인 관습은 법령으로서의 효력이 없는 단순한 관행으로서 법률행위의 당사자의 의사를 보충함에 그치는 것이다.

05
민법의 법원
2017년 제5회

관습법과 사실인 관습에 관한 설명으로 옳지 않은 것은? (다툼이 있으면 판례에 따름)

① 관습법은 성문법에 대하여 보충적 효력을 가진다.
② 관습법이 성립하기 위해서는 사회구성원의 법적 확신과 인식이 있어야 한다.
③ 사실인 관습은 법원(法源)으로서의 효력이 인정된다.
④ 사실인 관습은 그 존재를 당사자가 주장·증명하여야 한다.
⑤ 사실인 관습은 당사자의 의사가 명확하지 아니한 때에 그 의사를 보충함에 그친다.

> **풀이 TIP** 관습법과 사실인 관습은 그 법적 성격, 성립요건, 법적 효력, 증명책임 면에서 구별된다. 이와 비슷한 유형의 문제가 자주 출제되므로 반드시 정리해 두어야 한다.

정답해설 ③ 사실인 관습은 법령으로서의 효력이 없는 단순한 관행으로서 법률행위의 당사자의 의사를 보충함에 그치는 것이다(대판 1983. 6. 14. 80다3231).

06
민법의 법원
2014년 제2회

관습법과 사실인 관습에 관한 설명으로 옳지 않은 것은? (다툼이 있는 경우에는 판례에 의함)

① 관습법은 「헌법」을 최상위규범으로 하는 전체 법질서에 반하지 않고 정당성과 합리성이 있어야 한다.
② 관습법은 바로 법원(法源)으로서 법령과 같은 효력을 갖는 관습이므로 법령에 저촉하는 관습법도 법칙으로서 효력이 있다.
③ 사실인 관습은 사회의 관행에 의하여 발생한 사회생활규범인 점에서 관습법과 같다.
④ 사실인 관습은 단순한 관행으로서 법률행위의 당사자의 의사를 보충한다.
⑤ 관습법도 사회구성원이 그러한 관행의 법적 구속력에 대하여 확신을 갖지 않게 된 경우 그 법적 규범으로서 효력을 잃는다.

정답해설 ② 관습법은 바로 법원으로서 법령과 같은 효력을 갖는 관습으로서 법령에 저촉되지 않는 한 법칙으로서의 효력이 있는 것이며, 이에 반하여 사실인 관습은 법령으로서의 효력이 없는 단순한 관행으로서 법률행위의 당사자의 의사를 보충함에 그치는 것이다(대판 1983. 6. 14. 80다3231).

Answer 3. ② 4. ②, ④ 5. ③ 6. ②

07

충
민법의 법원
2020년 제8회

관습법과 사실인 관습에 관한 설명으로 옳은 것을 모두 고른 것은? (다툼이 있으면 판례에 따름)

> ㉠ 관습법은 사회의 거듭된 관행으로 생성된 사회생활규범이 법적 확신과 인식에 의하여 법적 규범으로 승인된 것이다.
> ㉡ 종래 관습법으로 승인되었더라도 그 관습법을 적용하여야 할 시점에서 전체 법질서에 부합하지 않게 되었다면 법적 규범으로서의 효력이 부정된다.
> ㉢ 사실인 관습은 법령으로서의 효력이 없는 단순한 관행으로서 당사자의 의사를 보충하는데 그친다.

① ㉠   ② ㉠, ㉡   ③ ㉠, ㉢
④ ㉡, ㉢   ⑤ ㉠, ㉡, ㉢

풀이 TIP 관습법은 사실인 관습과 비교하여 정리한다.

정답해설 ㉠, ㉡ [1] 관습법이란 사회의 거듭된 관행으로 생성한 사회생활규범이 사회의 법적 확신과 인식에 의하여 법적 규범으로 승인·강행되기에 이른 것을 말하고… [2] 사회의 거듭된 관행으로 생성된 사회생활규범이 관습법으로 승인되었다고 하더라도 사회 구성원들이 그러한 관행의 법적 구속력에 대하여 확신을 갖지 않게 되었다거나, 사회를 지배하는 기본적 이념이나 사회질서의 변화로 인하여 그러한 관습법을 적용하여야 할 시점에 있어서의 전체 법질서에 부합하지 않게 되었다면 그러한 관습법은 법적 규범으로서의 효력이 부정될 수밖에 없다(대판 2005. 7. 21. 2002다1178).
㉢ 제106조의 사실인 관습은 사적 자치가 인정되는 분야에서 법률행위의 해석기준이나 당사자의 의사를 보충하는 것으로서, 그 존재는 당사자가 주장·입증하여야 한다(대판 1983. 6. 14. 80다3231).

08

하
권리의 분류
2018년 제6회

형성권의 행사에 해당하는 것을 모두 고른 것은?

> ㉠ 무권대리행위에 대한 본인의 추인
> ㉡ 미성년자의 법률행위에 대한 법정대리인의 취소
> ㉢ 상계적상에 있는 채무의 대등액에 관한 채무자 일방의 상계
> ㉣ 채무불이행을 원인으로 한 계약의 해제

① ㉠, ㉢   ② ㉡, ㉣   ③ ㉠, ㉡, ㉢
④ ㉡, ㉢, ㉣   ⑤ ㉠, ㉡, ㉢, ㉣

풀이 TIP 지배권, 청구권, 형성권, 항변권의 개념을 정확히 구분할 수 있도록 한다.

정답해설 ⑤ 무권대리의 추인권, 법률행위의 취소권, 상계권, 계약의 해제권 모두 형성권에 속한다.

09

권리의 분류
2021년 제9회

다음 중 형성권이 아닌 것은?

① 물권적 청구권   ② 취소권
③ 추인권   ④ 동의권
⑤ 계약해지권

> **풀이TIP**   형성권과 기타 권리를 정확히 구별할 수 있어야 한다.

> **정답해설**   ① 물권적 청구권은 청구권에 속한다.

> **오답해설**   ②, ③, ④, ⑤ 모두 권리자의 의사표시만으로 효과가 발생하는 형성권에 속한다.

02   신의성실의 원칙

10

신의성실의 원칙
2020년 제8회

신의성실의 원칙(이하 "신의칙"이라 한다)에 관한 설명으로 옳지 않은 것은? (다툼이 있으면 판례에 따름)

① 신의칙은 당사자의 주장이 없어도 법원이 직권으로 판단할 수 있다.
② 일반 행정법률관계에 관한 관청의 행위에 대하여 신의칙은 특별한 사정이 있는 경우 예외적으로 적용될 수 있다.
③ 사용자는 특별한 사정이 없는 한 근로계약에 수반되는 신의칙상의 부수적 의무로서 피용자의 안전에 대한 보호의무를 부담한다.
④ 숙박업자는 신의칙상 부수적 의무로서 투숙객의 안전을 배려할 보호의무를 부담한다.
⑤ 항소권과 같은 소송법상의 권리에는 신의칙 내지 실효의 원칙이 적용될 수 없다.

> **풀이TIP**   신의칙을 적용하는 판례를 다양하게 학습하도록 한다.

> **정답해설**   ⑤ 항소권과 같은 소송법상의 권리에도 신의칙 내지 실효의 원칙이 적용될 수 있다(대판 1996. 7. 30. 94다51840).

> **오답해설**   ① 신의칙에 반하는 것 또는 권리남용은 강행규정에 위반하는 것이므로, 당사자의 주장이 없더라도 법원은 직권으로 이를 판단할 수 있다(대판 1989. 9. 29. 88다카17181).
> ② 신의칙은 사법관계뿐만 아니라 공법관계에도 적용된다.
> ③ 사용자는 신의칙상 부수적 의무로서 보호의무를 부담한다.
> ④ 숙박업자는 신의칙상 부수적 의무로서 보호의무를 부담한다.

Answer   7. ⑤   8. ⑤   9. ①   10. ⑤

11

신의성실의 원칙
2017년 제5회

신의성실의 원칙에 관한 설명으로 옳지 않은 것은? (다툼이 있으면 판례에 따름)

① 제한능력자의 행위라는 이유로 법률행위를 취소하는 것은 신의성실의 원칙에 위배되지 않는다.

② 강행법규에 위반하여 약정을 체결한 당사자가 그 약정의 무효를 주장하는 것은 신의성실의 원칙에 반하지 아니한다.

③ 무권대리인이 본인을 단독 상속한 경우 본인의 지위에서 추인을 거절하는 것은 신의성실의 원칙에 위배된다.

④ 이사가 회사재직 중 회사의 확정채무를 보증한 후 사임한 경우에 사정변경을 이유로 보증계약을 해지할 수 있다.

⑤ 법원은 당사자의 주장이 없더라도 직권으로 신의성실의 원칙에 위반되는지 여부를 판단할 수 있다.

풀이 TIP 신의성실의 원칙에 관한 구체적 판례를 묻는 문제가 자주 출제된다. 특히 사정변경의 원칙에 기한 계약해지가 허용되는 경우와 허용되지 않는 경우를 잘 구별해야 한다.

정답해설 ④ 사정변경을 이유로 보증계약을 해지할 수 있는 것은 포괄근보증이나 한정근보증과 같이 채무액이 불확정적이고 계속적인 거래로 인한 채무에 대하여 한 보증에 한하는바, 회사의 이사로 재직하면서 보증 당시 그 채무액과 변제기가 특정되어 있는 회사의 확정채무에 대하여 보증을 한 후 이사직을 사임하였다 하더라도, 사정변경을 이유로 보증계약을 해지할 수 없다(대판 1996. 2. 9. 95다27431).

12

상
신의성실의 원칙
2019년 제7회

신의성실의 원칙에 관한 설명으로 옳은 것은? (다툼이 있으면 판례에 따름)

① 신의성실의 원칙에 반하는지 여부는 당사자의 주장이 없더라도 법원이 직권으로 판단할 수 있다.

② 특정채무를 보증하는 일반보증의 경우에는 채권자의 권리행사가 신의성실의 원칙에 비추어 용납할 수 없는 성질의 것인 때에도 보증인의 책임은 제한될 수 없다.

③ 강행규정에 위반하여 계약을 체결한 자가 스스로 그 계약의 성립을 부정하는 것은 특별한 사정이 없는 한 신의성실의 원칙에 반한다.

④ 종전 토지 소유자가 자신의 권리를 행사하지 않았다는 사정은 그 토지의 소유권을 적법하게 취득한 새로운 권리자에게 실효의 원칙을 적용함에 있어서 고려되어야 한다.

⑤ 계약의 성립에 기초가 되지 아니한 사정이 현저히 변경되어 일방당사자가 계약목적을 달성할 수 없게 된 경우에는 특별한 사정이 없는 한 신의성실의 원칙상 계약을 해제할 수 있다.

풀이TIP 신의성실의 원칙에 관한 판례를 풍부하게 학습하도록 한다.

정답해설 ① 신의성실의 원칙에 반하는 것 또는 권리남용은 강행규정에 위배되는 것이므로 당사자의 주장이 없더라도 법원은 직권으로 판단할 수 있다(대판 1998. 8. 21. 97다37821).

오답해설 ② 채권자와 채무자 사이에 계속적인 거래관계에서 발생하는 불확정한 채무를 보증하는 이른바 계속적 보증의 경우뿐만 아니라 특정채무를 보증하는 일반보증의 경우에 있어서도, 채권자의 권리행사가 신의칙에 비추어 용납할 수 없는 성질의 것인 때에는 보증인의 책임을 제한하는 것이 예외적으로 허용될 수 있을 것이다(대판 2004. 1. 27. 2003다45410).

③ 법령에 위반되어 무효임을 알고서도 그 법률행위를 한 자가 강행법규 위반을 이유로 무효를 주장한다 하여 신의칙 또는 금반언의 원칙에 반하거나 권리남용에 해당한다고 볼 수는 없다(대판 2001. 5. 15. 99다53490).

④ 종전 토지 소유자가 자신의 권리를 행사하지 않았다는 사정은 그 토지의 소유권을 적법하게 취득한 새로운 권리자에게 실효의 원칙을 적용함에 있어서 고려하여야 할 것은 아니다(대판 1995. 8. 25. 94다27069).

⑤ '사정변경으로 인한 계약해제'는 계약성립 당시 당사자가 예견할 수 없었던 현저한 사정의 변경이 발생하였고 그러한 사정의 변경이 해제권을 취득하는 당사자에게 책임 없는 사유로 생긴 것으로서, 계약내용대로의 구속력을 인정한다면 신의칙에 현저히 반하는 결과가 생기는 경우에 계약준수 원칙의 예외로서 인정되는 것이고, 여기에서 말하는 사정이라 함은 계약의 기초가 되었던 객관적인 사정으로서, 일방당사자의 주관적 또는 개인적인 사정을 의미하는 것은 아니라 할 것이다. 또한, 계약의 성립에 기초가 되지 아니한 사정이 그 후 변경되어 일방당사자가 계약 당시 의도한 계약목적을 달성할 수 없게 됨으로써 손해를 입게 되었다 하더라도 특별한 사정이 없는 한 그 계약내용의 효력을 그대로 유지하는 것이 신의칙에 반한다고 볼 수도 없다 할 것이다(대판 2007. 3. 29. 2004다31302).

Answer 11. ④ 12. ①

13

신의성실의 원칙 등에 관한 설명으로 옳은 것을 모두 고른 것은? (다툼이 있으면 판례에 따름)

㉠ 병원은 병실에의 출입자를 통제·감독하든가 그것이 불가능하다면 입원환자의 휴대품 등의 도난을 방지함에 필요한 적절한 조치를 강구하여 줄 신의칙상의 보호의무가 있다.

㉡ 인지청구권에는 실효의 법리가 적용된다.

㉢ 매매계약 체결 후 9년이 지났고 시가가 올랐다는 사정만으로 계약을 해제할 만한 사정변경이 있다고 볼 수 없다.

㉣ 실효의 원칙은 항소권과 같은 소송법상의 권리에도 적용될 수 있다.

---

① ㉠, ㉢   ② ㉡, ㉣   ③ ㉠, ㉡, ㉣

④ ㉠, ㉢, ㉣   ⑤ ㉠, ㉡, ㉢, ㉣

[오답해설] ㉡ 인지청구권은 본인의 일신전속적인 신분관계상의 권리로서 포기할 수도 없으며 포기하였더라도 그 효력이 발생할 수 없는 것이고, 이와 같이 인지청구권의 포기가 허용되지 않는 이상 거기에 실효의 법리가 적용될 여지도 없다(대판 2001. 11. 27. 2001므1353).

✦ **신의성실의 원칙의 파생원칙**

사정변경의 원칙	• 법률행위 성립의 기초가 된 사정이 당사자가 예견할 수 없었던 중대한 변경으로, 당초의 법률행위의 효과를 그대로 유지하는 것이 신의칙에 반하는 부당한 결과를 가져오는 때에, 그 법률행위의 내용을 변경된 사정에 맞게 수정하거나 계약을 해제·해지할 수 있다는 원칙 • 「민법」에 지료증감청구권(제286조), 차임증감청구권(제628조), 고용계약의 해지(제661조) 등의 개별규정은 있으나, 일반규정은 두고 있지 않음
실효의 원칙	• 권리자가 권리를 장기간 행사하지 않았기 때문에 상대방이 이제는 그 권리를 행사하지 않을 것으로 믿을 만한 정당한 사유가 있게 된 경우에, 새삼스럽게 그 권리를 행사하는 것이 신의칙에 위반되는 결과가 될 때에는 그 권리행사를 허용하지 않는다는 원칙 • 요건 : 권리행사의 기회가 있었음에도 불구하고 권리자가 장기간에 걸쳐 그 권리를 행사하지 아니하였을 것, 그로 인해 의무자인 상대방이 권리자가 그 권리를 행사하지 아니할 것으로 믿을 만한 정당한 사유가 있을 것 • 적용 : 소멸시효제도의 고정성을 탈피하기 위한 제도이므로 소멸시효에 걸리지 않는 권리에 대하여도 인정될 수 있음. 판례는 시효제도의 불완전성과 구체적 타당성의 확보를 근거로 실효의 원칙을 수용하고 있음
모순행위금지의 원칙	• 선행하는 행위와 모순되는 후행행위의 효과를 인정하게 되면, 선행행위로 말미암아 야기된 다른 사람의 신뢰를 부당하게 침해하기 때문에 후행행위의 효력을 제한하려는 원칙 • 선행행위에 모순되는 후행행위의 법적 효과는 발생하지 않는다. 따라서 후행행위가 모순되는 법률행위인 때에는 그 법률행위가 무효가 되고, 선행행위에 모순되는 권리행사 등의 효력은 발생하지 않음

14

신의성실의 원칙
2015년 제3회

신의성실의 원칙에 관한 설명으로 옳은 것은? (다툼이 있으면 판례에 따름)

① 병원은 입원환자의 휴대품 등의 도난을 방지하는 데 필요한 적절한 조치를 강구할 신의성실의 원칙상의 보호의무가 없다.

② 채무자의 소멸시효에 기한 항변권의 행사에는 신의성실의 원칙이 적용되지 않는다.

③ 강행법규를 위반한 자가 스스로 그 약정의 무효를 주장하는 것은 특별한 사정이 없는 한 신의성실의 원칙에 반한다.

④ 송전선이 토지 위를 통과하고 있다는 점을 알면서 그 토지를 시가대로 취득한 자의 송전선 철거 청구는 신의성실의 원칙에 반하거나 권리남용으로서 허용될 수 없다.

⑤ 미성년자가 법정대리인의 동의 없이 신용구매계약을 체결한 후에 법정대리인의 동의 없음을 사유로 이를 취소하는 것은 신의성실의 원칙에 반하지 않는다.

> **풀이 TIP** 신의성실의 원칙에 관한 중요 판례들을 망라한 문제이다. 자주 출제되는 판례들이므로 그 결론을 반드시 정리해 두어야 한다.

오답해설 ① 환자가 병원에 입원하여 치료를 받는 경우에 있어서, 병원은 진료뿐만 아니라 환자에 대한 숙식의 제공을 비롯하여 간호, 보호 등 입원에 따른 포괄적 채무를 지는 것인 만큼, 병원은 병실에의 출입자를 통제·감독하든가 그것이 불가능하다면 최소한 입원환자에게 휴대품을 안전하게 보관할 수 있는 시정장치가 있는 사물함을 제공하는 등으로 입원환자의 휴대품 등의 도난을 방지함에 필요한 적절한 조치를 강구하여 줄 신의칙상의 보호의무가 있다고 할 것이고, 이를 소홀히 하여 입원환자와는 아무런 관련이 없는 자가 입원환자의 병실에 무단출입하여 입원환자의 휴대품 등을 절취하였다면 병원은 그로 인한 손해배상책임을 면하지 못한다(대판 2003. 4. 11. 2002다63275).

② 채무자의 소멸시효에 기한 항변권의 행사도 우리 「민법」의 대원칙인 신의성실의 원칙과 권리남용금지의 원칙의 지배를 받는 것이어서, 채무자가 시효완성 전에 채권자의 권리행사나 시효중단을 불가능 또는 현저히 곤란하게 하였거나, 그러한 조치가 불필요하다고 믿게 하는 행동을 하였거나, 객관적으로 채권자가 권리를 행사할 수 없는 장애사유가 있었거나, 또는 일단 시효완성 후에 채무자가 시효를 원용하지 아니할 것 같은 태도를 보여 권리자로 하여금 그와 같이 신뢰하게 하였거나, 채권자보호의 필요성이 크고, 같은 조건의 다른 채권자가 채무의 변제를 수령하는 등의 사정이 있어 채무이행의 거절을 인정함이 현저히 부당하거나 불공평하게 되는 등의 특별한 사정이 있는 경우에는 채무자가 소멸시효의 완성을 주장하는 것이 신의성실의 원칙에 반하여 권리남용으로서 허용될 수 없다(대판 2014. 5. 29. 2011다95847).

③ 강행법규에 위반한 자가 스스로 그 약정의 무효를 주장하는 것이 신의칙에 위반되는 권리의 행사라는 이유로 그 주장을 배척한다면, 이는 오히려 강행법규에 의하여 배제하려는 결과를 실현시키는 셈이 되어 입법취지를 완전히 몰각하게 되므로 달리 특별한 사정이 없는 한 위와 같은 주장은 신의칙에 반하는 것이라고 할 수 없다(대판 2004. 6. 11. 2003다1601).

④ 송전선이 토지 위를 통과하고 있다는 점을 알고서 토지를 취득하였다고 하여 그 취득자가 그 소유 토지에 대한 소유권의 행사가 제한된 상태를 용인하였다고 할 수 없으므로, 그 취득자의 송전선 철거 청구 등 권리행사가 신의성실의 원칙에 반하지 않는다(대판 1995. 8. 25. 94다27069).

Answer 13. ④ 14. ⑤

15

신의성실의 원칙
2014년 제2회

신의성실의 원칙(이하 "신의칙"이라 함)**에 관한 설명으로 옳지 않은 것은?** (다툼이 있는 경우에는 판례에 의함)

① 신의칙이란 법률관계의 당사자로서 형평에 어긋나거나 신뢰를 버리는 내용 또는 방법으로 권리를 행사하거나 의무를 이행하여서는 아니된다는 추상적 규범을 말한다.

② 신의칙에 관한 제2조는 강행규정이므로 법원은 그 위반 여부를 직권으로 판단할 수 있다.

③ 강행규정을 위반한 행위를 한 사람이 그 무효를 주장하는 것은 특별한 사정이 없으면, 신의칙에 반하지 아니한다.

④ 권리의 행사로 권리자가 얻는 이익보다 상대방이 잃은 이익이 현저하게 크다는 사정만으로 권리남용이 인정된다.

⑤ 본인을 상속한 무권대리인이 무권대리행위의 무효를 주장하는 것은 신의칙에 반한다.

정답해설 ④ 권리행사가 권리의 남용에 해당한다고 할 수 있으려면, 주관적으로 그 권리행사의 목적이 오직 상대방에게 고통을 주고 손해를 입히려는 데 있을 뿐 행사하는 사람에게 아무런 이익이 없는 경우이어야 하고, 객관적으로는 그 권리행사가 사회질서에 위반된다고 볼 수 있어야 하는 것이며, 이와 같은 경우에 해당하지 않는 한 비록 그 권리의 행사에 의하여 권리행사자가 얻는 이익보다 상대방이 잃을 손해가 현저히 크다 하여도 그러한 사정만으로는 이를 권리남용이라 할 수 없고, 다만 이러한 주관적 요건은 권리자의 정당한 이익을 결여한 권리행사로 보여지는 객관적인 사정에 의하여 추인할 수 있다(대판 1998. 6. 26. 97다42823).

✦ **권리남용금지의 원칙**

의의	권리의 행사가 외관상 적법한 것으로 보여도, 실질적으로 권리가 인정되는 본래의 목적이나 권리의 공공성·사회성에 반하여, 그 권리의 사회적 허용한계를 일탈한 것이라면 이에 대한 법률효과를 부여할 수 없다는 원칙
요건	• 권리의 행사 또는 불행사가 있을 것 : 권리남용이 되려면 권리의 행사 또는 불행사가 있어야 함 • 권리의 행사가 권리 본래의 사회적 목적에 부합하지 않을 것 : 판례는 권리행사가 사회질서에 위반된다고 볼 수 있는 경우, 권리의 행사가 사회생활상 도저히 인용될 수 없을 때, 권리의 행사가 사회적 한계를 초월하였다고 인정되는 때 등으로 표현하고 있음 • 주관적 요건이 필요한지 여부 : 통설은 권리남용 여부는 객관적으로 판단되며, 권리자의 가해의사 또는 가해목적은 권리남용의 요건이 아니라고 봄. 이에 반해 판례의 일반적인 경향은 권리남용의 요건으로 객관적 요건 외에 주관적 요건을 요구하며, 경우에 따라서 완화하기도 함
효과	• 권리의 행사가 권리남용에 해당한다면, 권리 본래의 효과가 발생하지 않음 • 원칙적으로 권리 자체가 박탈되는 것은 아니며 권리의 박탈은 명문의 규정이 있는 경우에 한함 📌 친권의 상실선고(제924조) • 권리행사가 남용으로 되면 위법성을 띠게 되므로, 상대방에게 손해가 발생하였다면 불법행위책임을 질 수 있음

16

신의성실의 원칙
2013년 제1회

신의성실의 원칙(이하 '신의칙'이라 함)**에 관한 설명으로 옳은 것은?** (다툼이 있는 경우에는 판례에 의함)

① 신의칙 위반에 대해서도 변론주의 원칙이 적용되므로 당사자의 주장이 없으면 법원이 직권으로 이를 판단할 수 없다.

② 회사의 이사로 재직하면서 보증 당시 그 채무액과 변제기가 특정되어 있는 회사의 확정채무에 대하여 보증을 한 후 이사직을 사임하였다면, 사정변경을 이유로 그 보증계약을 해지할 수 있다.

③ 법정대리인의 동의 없이 신용구매계약을 체결한 미성년자가 사후에 법정대리인의 동의 없음을 사유로 들어 이를 취소하는 것은 신의칙에 반하지 않는다.

④ 국가는 국민을 보호할 의무가 있기 때문에 소멸시효가 완성되었더라도 국가가 이를 주장하는 것은 신의칙에 반한다.

⑤ 사정변경이 해제권을 취득하는 당사자의 책임 있는 사유로 생긴 경우에도 그 당사자는 사정변경을 이유로 계약을 해제할 수 있다.

> **풀이TIP** 신의성실의 원칙의 파생원칙으로 사정변경의 원칙, 실효의 원칙, 모순행위 금지의 원칙 등이 있다. 그중 사정변경의 원칙에 관한 판례의 변천을 정리해 두어야 한다.

(정답해설) ③ 신용카드 가맹점이 미성년자와 신용구매계약을 체결할 당시 향후 그 미성년자가 법정대리인의 동의가 없었음을 들어 스스로 위 계약을 취소하지는 않으리라고 신뢰하였다 하더라도 그 신뢰가 객관적으로 정당한 것이라고 할 수 있을지 의문일 뿐만 아니라, 그 미성년자가 가맹점의 이러한 신뢰에 반하여 취소권을 행사하는 것이 정의 관념에 비추어 용인될 수 없는 정도의 상태라고 보기도 어려우며, 미성년자의 법률행위에 법정대리인의 동의를 요하도록 하는 것은 강행규정인데, 위 규정에 반하여 이루어진 신용구매계약을 미성년자 스스로 취소하는 것을 신의칙 위반을 이유로 배척한다면, 이는 오히려 위 규정에 의해 배제하려는 결과를 실현시키는 셈이 되어 미성년자 제도의 입법 취지를 몰각시킬 우려가 있으므로, 법정대리인의 동의 없이 신용구매계약을 체결한 미성년자가 사후에 법정대리인의 동의 없음을 사유로 들어 이를 취소하는 것이 신의칙에 위배된 것이라고 할 수 없다(대판 2007. 11. 16. 2005다71659).

(오답해설) ① 신의성실의 원칙에 반하는 것 또는 권리남용은 강행규정에 위배되는 것이므로 당사자의 주장이 없더라도 법원은 직권으로 판단할 수 있다(대판 1995. 12. 22. 94다42129).

② 회사의 이사가 채무액과 변제기가 특정되어 있는 회사 채무에 대하여 보증계약을 체결한 경우에는 계속적 보증이나 포괄근보증의 경우와는 달리 이사직 사임이라는 사정변경을 이유로 보증인인 이사가 일방적으로 보증계약을 해지할 수 없다(대판 2006. 7. 4. 2004다30675).

④ 국가에게 국민을 보호할 의무가 있다는 사유만으로 국가가 소멸시효의 완성을 주장하는 것 자체가 신의성실의 원칙에 반하여 권리남용에 해당한다고 할 수는 없다(대판 2010. 9. 9. 2008다15865).

⑤ 사정변경으로 인한 계약해제는, 계약 성립 당시 당사자가 예견할 수 없었던 현저한 사정의 변경이 발생하였고 그러한 사정의 변경이 해제권을 취득하는 당사자에게 책임 없는 사유로 생긴 것으로서, 계약 내용대로의 구속력을 인정한다면 신의칙에 현저히 반하는 결과가 생기는 경우에 계약준수 원칙의 예외로서 인정되는 것이다(대판 2007. 3. 29. 2004다31302).

Answer 15. ④ 16. ③

17

신의성실의 원칙
2022년 제10회

신의칙에 관한 설명으로 옳지 않은 것은? (다툼이 있으면 판례에 따름)

① 신의칙에 반하는 것은 강행규정에 위반하는 것이므로 당사자의 주장이 없더라도 법원이 직권으로 판단할 수 있다.

② 법정대리인의 동의 없이 신용구매계약을 체결한 미성년자가 나중에 법정대리인의 동의 없음을 이유로 그 계약을 취소하는 것은 신의칙에 반한다.

③ 무권대리인이 본인을 단독상속한 경우, 본인의 지위에서 자신이 한 무권대리행위의 추인을 거절하는 것은 신의칙에 반한다.

④ 병원은 입원환자의 휴대품 등의 도난을 방지하기 위하여 필요한 적절한 조치를 강구하여 줄 신의칙상 보호의무가 있다.

⑤ 채권자가 유효하게 성립한 계약에 따른 급부의 이행을 청구하는 경우, 법원이 신의칙에 의하여 그 급부의 일부를 감축하는 것은 원칙적으로 허용되지 않는다.

[정답해설] ② 법정대리인의 동의 없이 신용구매계약을 체결한 미성년자가 나중에 법정대리인의 동의 없음을 이유로 그 계약을 취소하는 것은 신의칙에 반하지 않는다.

[오답해설] ⑤ 유효하게 성립한 계약상의 책임을 공평의 이념 또는 신의칙과 같은 일반원칙에 의하여 제한하는 것은 사적 자치의 원칙이나 법적 안정성에 대한 중대한 위협이 될 수 있으므로, 채권자가 유효하게 성립한 계약에 따른 급부의 이행을 청구하는 때에 법원이 급부의 일부를 감축하는 것은 원칙적으로 허용되지 않는다(대판 2016. 12. 1. 2016다240543).

18

신의성실의 원칙
2023년 제11회

신의성실의 원칙(이하 '신의칙')에 관한 설명으로 옳지 않은 것은? (다툼이 있으면 판례에 따름)

① 사적 자치의 영역을 넘어 공공질서를 위하여 공익적 요구를 선행시켜야 할 경우에도 특별한 사정이 없는 한 신의칙이 합법성의 원칙보다 우월하다.

② 신의칙이란 "법률관계의 당사자는 상대방의 이익을 고려하여 형평에 어긋나거나 신의를 저버리는 내용 또는 방법으로 권리를 행사하거나 의무를 이행하여서는 안 된다."는 추상적 규범을 말한다.

③ 숙박업자는 신의칙상 부수적 의무로서 고객의 안전을 배려할 보호의무를 부담한다.

④ 인지청구권에는 실효의 법리가 적용되지 않는다.

⑤ 이사가 회사 재직 중에 채무액과 변제기가 특정되어 있는 회사채무를 보증한 후 사임한 경우, 그 이사는 사정변경을 이유로 그 보증계약을 일방적으로 해지할 수 없다.

정답해설 ①, ② 민법상 신의성실의 원칙은, 법률관계의 당사자가 상대방의 이익을 배려하여 형평에 어긋나거나 신뢰를 저버리는 내용 또는 방법으로 권리를 행사하거나 의무를 이행하여서는 안 된다는 추상적 규범을 말하는 것인바, 사적자치의 영역을 넘어 공공질서를 위하여 공익적 요구를 선행시켜야 할 사안에서는 원칙적으로 합법성의 원칙은 신의성실의 원칙보다 우월한 것이므로 신의성실의 원칙은 합법성의 원칙을 희생하여서라도 구체적 신뢰보호의 필요성이 인정되는 경우에 비로소 적용된다고 봄이 상당하다(대판 2021. 6. 10. 2021다207489·207496).

오답해설 ③ 대판 2000. 11. 24. 2000다38718·38725
④ 대판 2001. 11. 27. 2001므1353
⑤ 대판 1996. 2. 9. 95다27431

19

신의성실의 원칙
2024년 제12회

신의성실의 원칙에 관한 설명으로 옳지 않은 것은? (다툼이 있으면 판례에 따름)

① 신의칙 위반 여부는 당사자의 주장이 없더라도 법원이 직권으로 판단할 수 있다.

② 사정변경의 원칙에서의 사정이란 계약을 체결하게 된 일방 당사자의 주관적·개인적 사정을 의미한다.

③ 실효의 원칙은 공법관계인 권력관계에도 적용될 수 있다.

④ 여행계약상 기획여행업자는 여행자의 안전을 확보하기 위한 합리적 조치를 할 신의칙상 안전배려의무가 있다.

⑤ 주로 자기의 채무 이행만을 회피하기 위한 수단으로 동시이행항변권을 행사하는 경우, 그 항변권의 행사는 권리남용이 될 수 있다.

정답해설 ② 사정변경으로 인한 계약해제는 계약 성립 당시 당사자가 예견할 수 없었던 현저한 사정의 변경이 발생하였고 그러한 사정의 변경이 해제권을 취득하는 당사자에게 책임 없는 사유로 생긴 것으로서, 계약내용대로의 구속력을 인정한다면 신의칙에 현저히 반하는 결과가 생기는 경우에 계약준수 원칙의 예외로서 인정되는 것이고, 여기에서 말하는 사정이라 함은 계약의 기초가 되었던 객관적인 사정으로서, 일방당사자의 주관적 또는 개인적인 사정을 의미하는 것은 아니라 할 것이다(대판 2007. 3. 29. 2004다31302).

오답해설 ③ 실권 또는 실효의 법리는 법의 일반원리인 신의성실의 원칙에 바탕을 둔 파생원칙인 것이므로 공법관계 가운데 관리관계는 물론이고 권력관계에도 적용되어야 함을 배제할 수는 없다(대판 1988. 4. 27. 87누915).

④ 기획여행업자는 여행자의 생명·신체·재산 등의 안전을 확보하기 위하여 여행목적지·여행일정·여행행정·여행서비스기관의 선택 등에 관하여 미리 충분히 조사·검토하여 여행계약 내용의 실시 도중에 여행자가 부딪칠지 모르는 위험을 미리 제거할 수단을 강구하거나, 여행자에게 그 뜻을 고지함으로써 여행자 스스로 위험을 수용할지에 관하여 선택할 기회를 주는 등 합리적 조치를 취할 신의칙상 안전배려의무를 부담한다(대판 2011. 5. 26. 2011다1330).

⑤ 일반적으로 동시이행의 관계가 인정되는 경우에 그러한 항변권을 행사하는 자의 상대방이 그 동시이행의 의무를 이행하기 위하여 과다한 비용이 소요되거나 또는 그 의무의 이행이 실제적으로 어려운 반면 그 의무의 이행으로 인하여 항변권자가 얻는 이득은 별달리 크지 아니하여 동시이행의 항변권의 행사가 주로 자기 채무의 이행만을 회피하기 위한 수단이라고 보여지는 경우에는 그 항변권의 행사는 권리남용으로서 배척되어야 할 것이다(대판 2001. 9. 18. 2001다9304).

Answer 17. ② 18. ① 19. ②

20

권리남용에 관한 설명으로 옳지 않은 것은? (다툼이 있으면 판례에 따름)

① 확정판결에 따른 강제집행도 특별한 사정이 있으면 권리남용이 될 수 있다.

② 주로 자기의 채무 이행만을 회피할 목적으로 동시이행항변권을 행사하는 경우에 그 항변권의 행사는 권리남용이 될 수 있다.

③ 권리남용이 인정되기 위해서는 권리행사로 인한 권리자의 이익과 상대방의 불이익 사이에 현저한 불균형이 있어야 한다.

④ 권리남용이 불법행위가 되어 발생한 손해배상청구권은 1년의 단기소멸시효가 적용된다.

⑤ 토지소유자의 건물 철거 청구가 권리남용으로 인정된 경우라도 토지소유자는 그 건물의 소유자에 대해 그 토지의 사용대가를 부당이득으로 반환청구할 수 있다.

풀이 TIP 권리남용금지의 원칙의 요건과 효과를 판례 중심으로 정리한다.

정답해설 ④ 불법행위로 인한 손해배상의 청구권은 피해자나 그 법정대리인이 그 손해 및 가해자를 안 날로부터 3년간 이를 행사하지 아니하면 시효로 인하여 소멸한다. 불법행위를 한 날로부터 10년을 경과한 때에도 전항과 같다(제766조 제1항·제2항).

오답해설 ① 확정판결의 내용이 실체적 권리관계에 배치되어 판결에 의한 집행이 권리남용에 해당된다고 하기 위해서는 판결에 의하여 집행할 수 있는 것으로 확정된 권리의 성질과 내용, 판결의 성립 경위 및 판결 성립 후 집행에 이르기까지의 사정, 집행이 당사자에게 미치는 영향 등 제반 사정을 종합하여 볼 때, 확정판결에 기한 집행이 현저히 부당하고 상대방으로 하여금 집행을 수인하도록 하는 것이 정의에 반함이 명백하여 사회생활상 용인할 수 없다고 인정되는 경우이어야 한다(대판 2014. 2. 21. 2013다75717).

② 일반적으로 동시이행의 관계가 인정되는 경우에는 그러한 항변권을 행사하는 자의 상대방이 그 동시이행의 의무를 이행하기 위하여 과다한 비용이 소요되거나 또는 그 의무의 이행이 실제적으로 어려운 반면 그 의무의 이행으로 인하여 항변권자가 얻는 이득은 별달리 크지 아니하여 동시이행의 항변권의 행사가 주로 자기 채무의 이행만을 회피하기 위한 수단이라고 보여지는 경우에는 그 항변권의 행사는 권리남용으로서 배척되어야 한다(대판 1992. 4. 28. 91다29972).

Answer⁺ 20. ④

Part 02

권리의 주체

권리의 주체인 자연인과 법인을 다루는 파트로서 5~7문제 정도 출제된다. 미성년자의 행위능력, 부재와 실종은 반드시 사례문제에 대비해야 하며, 법인은 법인의 불법행위능력, 법인의 기관 중심으로 공부해야 한다.

01 자연인

01

상
자연인의 의사능력
2024년 제12회

의사무능력자 甲은 乙로부터 금전을 차용하는 소비대차계약을 乙과 체결하고 차용금을 전부 수령하였다. 이에 관한 설명으로 옳지 않은 것을 모두 고른 것은? (다툼이 있으면 판례에 따름)

> ㉠ 甲의 특별대리인 丙이 甲의 의사무능력을 이유로 계약의 무효를 주장하는 것은 특별한 사정이 없는 한 신의칙에 반한다.
> ㉡ 甲의 의사무능력을 이유로 계약이 무효가 된 경우, 甲은 그 선의·악의를 불문하고 乙에게 그 현존이익을 반환할 책임이 있다.
> ㉢ 甲이 수령한 차용금을 모두 소비한 경우, 乙은 甲에게 그 이익이 현존한다는 사실에 관한 증명책임을 부담한다.

① ㉡   ② ㉢   ③ ㉠, ㉡

④ ㉠, ㉢   ⑤ ㉠, ㉡, ㉢

[정답해설] ㉠ 의사무능력자가 사실상의 후견인이었던 아버지의 보조를 받아 자신의 명의로 대출계약을 체결하고 자신 소유의 부동산에 관하여 근저당권을 설정한 후, 의사무능력자의 여동생이 특별대리인으로 선임되어 위 대출계약 및 근저당권설정계약의 효력을 부인하는 경우에, 이러한 무효 주장이 거래관계에 있는 당사자의 신뢰를 배신하고 정의의 관념에 반하는 예외적인 경우에 해당하지 않는 한, 의사무능력자에 의하여 행하여진 법률행위의 무효를 주장하는 것이 신의칙에 반하여 허용되지 않는다고 할 수 없다(대판 2006. 9. 22. 2004다51627).
㉢ 법률상 원인 없이 타인의 재산 또는 노무로 인하여 이익을 얻고 그로 인하여 타인에게 손해를 가한 경우에 그 취득한 것이 금전상의 이득인 때에는 그 금전은 이를 취득한 자가 소비하였는가의 여부를 불문하고 현존하는 것으로 추정되므로, 위 이익이 현존하지 아니함은 이를 주장하는 자, 즉 의사무능력자 측에 입증책임이 있다(대판 2009. 1. 15. 2008다58367).

[오답해설] ㉡ 무능력자의 책임을 제한하는 민법 제141조 단서는 부당이득에 있어 수익자의 반환범위를 정한 민법 제748조의 특칙으로서 무능력자의 보호를 위해 그 선의·악의를 묻지 아니하고 반환범위를 현존 이익에 한정시키려는 데 그 취지가 있으므로, 의사능력의 흠결을 이유로 법률행위가 무효가 되는 경우에도 유추적용되어야 할 것이다(대판 2009. 1. 15. 2008다58367).

Answer 1. ④

02

하
자연인의 권리능력
2016년 제4회

권리능력에 관한 설명으로 옳은 것은?

① 2인 이상이 동일한 위난으로 사망한 경우 동시에 사망한 것으로 본다.

② 태아는 모든 법률관계에서 권리의 주체가 될 수 있다.

③ 의사능력이 없는 자는 권리능력도 인정되지 않는다.

④ 외국인은 대한민국의 도선사(導船士)가 될 수 있다.

⑤ 우리 「민법」은 외국인의 권리능력에 관하여 명문규정을 두고 있지 않다.

풀이 TIP 자연인의 권리능력은 그 시기인 출생과 종기인 사망을 중심으로 출제된다. 특히 출생과 관련하여 태아의 권리능력 문제를 정리해 두어야 한다.

정답해설 ⑤ 「민법」은 외국인의 권리능력에 관하여 규정하고 있지 않다. 하지만 「헌법」 제6조 제2항이 외국인은 국제법과 조약이 정하는 바에 의하여 그 지위가 보장된다고 규정함에 따라, 원칙적으로 외국인도 내국인과 동등한 권리능력을 가진다고 본다. 그러나 이러한 원칙에도 불구하고 각종의 특별법에 의하여 외국인의 권리능력이 제한되는 경우가 많다.

오답해설 ① 2인 이상이 동일한 위난으로 사망한 경우에는 동시에 사망한 것으로 추정한다(제30조).
② 우리 「민법」은 태아를 모든 법률관계에 있어서 이미 출생한 것으로 보지 않고, 태아의 보호에 특히 중요하다고 생각되는 법률관계만을 개별적으로 열거하여 이에 한하여만 이미 출생한 것으로 보아 권리능력을 부여하는 개별적 보호주의를 채택하고 있다.
③ 의사능력이 없는 자도 권리능력은 인정된다.
④ 외국인은 대한민국의 도선사가 될 수 없다(「도선법」 제6조).

03

중

자연인의 권리능력
2018년 제6회

자연인의 권리능력에 관한 설명으로 옳은 것은? (다툼이 있으면 판례에 따름)

① 권리능력은 가족관계등록부의 기재로 그 취득이 추정되므로, 그 기재가 진실에 반하는 사정이 있더라도 번복하지 못한다.

② 동시사망이 추정되는 경우에도 대습상속은 인정될 수 있다.

③ 태아인 동안에 부(父)가 교통사고로 사망한 경우, 태아는 살아서 출생하더라도 그 정신적 고통에 대한 위자료를 청구할 수 없다.

④ 태아가 사산된 경우에도 태아인 동안의 권리능력은 인정된다.

⑤ 실종선고를 받은 자는 실종기간이 만료한 때에 사망한 것으로 추정한다.

풀이TIP 태아에게 권리능력이 인정되는 예외적 경우를 암기해 두어야 한다.

정답해설 ② 원래 대습상속제도는 대습자의 상속에 대한 기대를 보호함으로써 공평을 꾀하고 생존 배우자의 생계를 보장하여 주려는 것이고, 또한 동시사망 추정규정도 자연과학적으로 엄밀한 의미의 동시사망은 상상하기 어려운 것이나 사망의 선후를 입증할 수 없는 경우 동시에 사망한 것으로 다루는 것이 결과에 있어 가장 공평하고 합리적이라는 데에 그 입법 취지가 있는 것인바, 상속인이 될 직계비속이나 형제자매(피대습자)의 직계비속 또는 배우자(대습자)는 피대습자가 상속개시 전에 사망한 경우에는 대습상속을 하고, 피대습자가 상속개시 후에 사망한 경우에는 피대습자를 거쳐 피상속인의 재산을 본위상속을 하므로 두 경우 모두 상속을 하는데, 만일 피대습자가 피상속인의 사망, 즉 상속개시와 동시에 사망한 것으로 추정되는 경우에만 그 직계비속 또는 배우자가 본위상속과 대습상속의 어느 쪽도 하지 못하게 된다면 동시사망 추정 이외의 경우에 비하여 현저히 불공평하고 불합리한 것이라 할 것이고, 이는 앞서 본 대습상속제도 및 동시사망 추정규정의 입법 취지에도 반하는 것이므로, 민법 제1001조의 '상속인이 될 직계비속이 상속개시 전에 사망한 경우'에는 '상속인이 될 직계비속이 상속개시와 동시에 사망한 것으로 추정되는 경우'도 포함하는 것으로 합목적적으로 해석함이 상당하다(대판 2001. 3. 9. 99다13157).

오답해설 ① 가족관계등록부의 기재사실은 추정을 받으나, 그에 반하는 증거에 의하여 번복할 수 있다.

③ 태아도 손해배상청구권에 관하여는 이미 출생한 것으로 보는바, 부가 교통사고로 상해를 입을 당시 태아가 출생하지 아니하였다고 하더라도 그 뒤에 출생한 이상 부의 부상으로 인하여 입게 될 정신적 고통에 대한 위자료를 청구할 수 있다(대판 1993. 4. 27. 93다4663).

④ 설사 태아가 권리를 취득한다 하더라도 현행법상 이를 대행할 기관이 없으니 태아로 있는 동안은 권리능력을 취득할 수 없으니 살아서 출생한 때에 출생시기가 문제의 사건의 시기까지 소급하여 그때에 태아가 출생한 것과 같이 법률상 보아준다고 해석하여야 상당하므로 이와 같은 취지에서 원고의 처가 사고로 사망할 당시 임신 8개월 된 태아가 있었음과 그가 모체와 같이 사망하여 출생의 기회를 못 가진 사실을 인정하고 살아서 태어나지 않은 이상 배상청구권을 논할 여지 없다는 취의로 판단하여 이 청구를 배척한 조치는 정당하다(대판 1976. 9. 14. 76다1365).

⑤ 실종선고를 받은 자는 전조의 기간이 만료한 때에 사망한 것으로 본다(제28조).

Answer 2. ⑤ 3. ②

04

자연인의 권리능력
2020년 제8회

부부 사이인 甲과 그의 아이 丙을 임신한 乙은 A의 과실로 교통사고를 당했다. 이에 관한 설명으로 옳은 것을 모두 고른 것은? (다툼이 있으면 판례에 따름)

> ㉠ 이 사고로 丙이 출생 전 乙과 함께 사망하였더라도 丙은 A에 대하여 불법행위로 인한 손해배상청구권을 가진다.
> ㉡ 사고 후 살아서 출생한 丙은 A에 대하여 甲의 부상으로 입게 될 자신의 정신적 고통에 대한 위자료를 청구할 수 있다.
> ㉢ 甲이 사고로 사망한 후 살아서 출생한 丙은 甲의 A에 대한 불법행위로 인한 손해배상청구권을 상속받지 못한다.

① ㉠   ② ㉡   ③ ㉢
④ ㉠, ㉡   ⑤ ㉡, ㉢

풀이 TIP 태아의 권리능력을 인정하는 예외적 경우를 암기한다.

정답해설 ㉡ 태아도 손해배상청구권에 관하여는 이미 출생한 것으로 보는바, 부가 교통사고로 상해를 입을 당시 태아가 출생하지 아니하였다고 하더라도 그 뒤에 출생한 이상 부의 부상으로 인하여 입게 될 정신적 고통에 대한 위자료를 청구할 수 있다(대판 1993. 4. 27. 93다4663).

오답해설 ㉠ 태아가 손해배상청구권에 관하여는 이미 태어난 것으로 본다는 「민법」 제762조의 취지는 태아가 살아서 출생한 때에 출생시기가 문제의 사건의 시기까지 소급하여 그때에 태아가 출생한 것과 같이 법률상 보아준다고 해석함이 상당하므로, 그가 모체와 같이 사망하여 출생의 기회를 못 가졌다면 손해배상청구권을 논할 여지가 없다.
㉢ 태아는 상속순위에 관하여는 이미 출생한 것으로 본다(제1000조 제3항).

05

자연인의 행위능력
2013년 제1회

만 18세의 甲이 법정대리인의 동의 없이 단독으로 할 수 있는 행위가 아닌 것은? (다툼이 있는 경우에는 판례에 의함)

① 甲이 타인의 대리인으로 체결하는 부동산 매매계약
② 모(母)와 공동으로 받는 상속에 대한 甲의 승인
③ 甲이 법정대리인의 동의 없이 체결한 오토바이 매매계약에 대한 취소
④ 부양의무를 이행하지 않는 친권자 乙에 대한 甲의 부양료 청구
⑤ 甲이 자신의 재산에 대하여 행하는 유언

풀이 TIP 미성년자가 법률행위를 함에는 원칙적으로 법정대리인의 동의를 얻어야 한다. 다만 예외적으로 법정대리인의 동의 없이 단독으로 법률행위를 할 수 있는 경우가 있다.

정답해설 ② 상속을 승인하는 행위는 이익을 얻을 뿐만 아니라 의무도 부담하기 때문에 단독으로 할 수 없다.

오답해설 ① 대리인은 행위능력자임을 요하지 않는다(제117조).
③ 미성년자는 취소권자이기 때문에 법정대리인의 동의를 받지 않더라도 취소권을 행사할 수 있다.
④ 미성년자라 하더라도 권리만을 얻는 행위는 법정대리인의 동의가 필요 없으며 친권자와 자 사이에 이해상반되는 행위를 함에는 그 자의 특별대리인을 선임하도록 하는 규정이 있는 점에 비추어 볼 때, 청구인(미성년자인 혼인 외의 자)은 피청구인(생부)이 인지를 함으로써 청구인의 친권자가 되어 법정대리인이 된다 하더라도 피청구인이 청구인을 부양하고 있지 않은 이상 그 부양료를 피청구인에게 직접 청구할 수 있다 할 것이다(대판 1972. 7. 11. 72므5).
⑤ 만 17세에 달한 자는 유언능력이 있다(제1061조).

06
자연인의 행위능력
2024년 제12회

민법상 미성년자의 법률행위에 관한 설명으로 옳지 않은 것은? (다툼이 있으면 판례에 따름)

① 미성년자의 법률행위에 법정대리인의 동의를 요하도록 하는 규정은 강행규정이다.
② 법정대리인의 동의를 요하는 미성년자의 법률행위에 있어서 법정대리인의 동의는 묵시적으로는 할 수 없다.
③ 미성년자가 법정대리인으로부터 허락을 얻은 특정한 영업에 관해서는 성년자와 동일한 행위능력이 있다.
④ 법정대리인이 미성년자에게 한 특정한 영업의 허락을 취소하는 경우, 그 취소는 선의의 제3자에게 대항할 수 없다.
⑤ 미성년자와 계약을 체결한 상대방은 계약 당시 미성년자임을 알았을 경우에는 그 의사표시를 철회할 수 없다.

정답해설 ② 미성년자가 법률행위를 함에 있어서 요구되는 법정대리인의 동의는 언제나 명시적이어야 하는 것은 아니고 묵시적으로도 가능한 것이며, 미성년자의 행위가 위와 같이 법정대리인의 묵시적 동의가 인정되거나 처분허락이 있는 재산의 처분 등에 해당하는 경우라면, 미성년자로서는 더 이상 행위무능력을 이유로 그 법률행위를 취소할 수 없다(대판 2007. 11. 16. 2005다71659·71666·71673).

오답해설 ① 미성년자의 법률행위에 법정대리인의 동의를 요하도록 하는 것은 강행규정인데, 위 규정에 반하여 이루어진 신용구매계약을 미성년자 스스로 취소하는 것을 신의칙 위반을 이유로 배척한다면, 이는 오히려 위 규정에 의해 배제하려는 결과를 실현시키는 셈이 되어 미성년자 제도의 입법 취지를 몰각시킬 우려가 있으므로, 법정대리인의 동의 없이 신용구매계약을 체결한 미성년자가 사후에 법정대리인의 동의 없음을 사유로 들어 이를 취소하는 것이 신의칙에 위배된 것이라고 할 수 없다(대판 2007. 11. 16. 2005다71659).
③ 제8조 제1항
④ 제8조 제2항
⑤ 제16조 제1항

Answer⁺ 4. ② 5. ② 6. ②

07

자연인의 행위능력
2016년 제4회

성년후견, 한정후견, 특정후견에 관한 설명으로 옳지 않은 것은?

① 가정법원은 한정후견개시의 심판을 직권으로 하지 못한다.
② 한정후견종료의 심판은 장래에 향하여 효력을 가진다.
③ 특정후견은 본인의 의사에 반하여 할 수 있다.
④ 가정법원은 취소할 수 없는 피성년후견인의 법률행위의 범위를 정할 수 있다.
⑤ 정신적 제약으로 사무를 처리할 능력이 지속적으로 결여된 사람에 대하여 지방자치단체의 장도 성년후견개시의 심판을 청구할 수 있다.

풀이 TIP 성년후견, 한정후견, 특정후견은 최근 개정법에서 도입된 제도이므로 시험에 자주 출제된다. 특히 피성년후견인의 능력, 피한정후견인의 능력 등을 조문 중심으로 학습해야 한다.

정답해설 ③ 특정후견은 본인의 의사에 반하여 할 수 없다(제14조의2 제2항).

08

자연인의 행위능력
2015년 제3회

성년후견, 한정후견, 특정후견에 관한 설명으로 옳은 것은?

① 지방자치단체의 장은 성년후견개시의 원인이 소멸된 경우에는 성년후견종료의 심판을 청구할 수 없다.
② 성년후견인은 피성년후견인의 법률행위가 일용품의 구입 등 일상생활에 필요하고 그 대가가 과도하지 않더라도 그 행위를 취소할 수 있다.
③ 가정법원은 피한정후견인이 한정후견인의 동의를 받아야 하는 행위의 범위를 정할 수 없다.
④ 가정법원은 취소할 수 없는 피성년후견인의 법률행위의 범위를 정할 수 있다.
⑤ 가정법원은 성년후견개시의 심판을 할 때 본인의 의사를 고려할 필요가 없다.

정답해설 ④ 제10조 제2항

오답해설 ① 성년후견개시의 원인이 소멸된 경우에는 가정법원은 본인, 배우자, 4촌 이내의 친족, 성년후견인, 성년후견감독인, 검사 또는 지방자치단체의 장의 청구에 의하여 성년후견종료의 심판을 한다(제11조).
② 일용품의 구입 등 일상생활에 필요하고 그 대가가 과도하지 아니한 법률행위는 성년후견인이 취소할 수 없다(제10조 제4항).
③ 가정법원은 피한정후견인이 한정후견인의 동의를 받아야 하는 행위의 범위를 정할 수 있다(제13조 제1항).
⑤ 가정법원은 성년후견개시의 심판을 할 때 본인의 의사를 고려하여야 한다(제9조 제2항).

09

자연인의 행위능력
2014년 제2회

성년후견, 한정후견, 특정후견에 관한 설명으로 옳지 않은 것은?

① 피성년후견인의 법률행위는 취소할 수 있다.

② 가정법원은 한정후견개시의 심판을 할 때 본인의 의사를 고려하여야 한다.

③ 가정법원이 피한정후견인에 대하여 성년후견개시의 심판을 할 때에는 종전의 한정후견의 종료 심판을 한다.

④ 특정후견은 본인의 의사에 반하여 할 수 있다.

⑤ 특정후견의 심판을 하는 경우에는 특정후견의 기간 또는 사무의 범위를 정하여야 한다.

[정답해설] ④ 특정후견은 본인의 의사에 반하여 할 수 없다(제14조의2 제2항).

[오답해설] ① 피성년후견인의 법률행위는 취소할 수 있다(제10조 제1항). 제1항에도 불구하고 가정법원은 취소할 수 없는 피성년후견인의 법률행위의 범위를 정할 수 있다(제10조 제2항). 제1항에도 불구하고 일용품의 구입 등 일상생활에 필요하고 그 대가가 과도하지 아니한 법률행위는 성년후견인이 취소할 수 없다(제10조 제4항).

10

자연인의 행위능력
2022년 제10회

후견에 관한 설명으로 옳지 않은 것은?

① 가정법원은 성년후견개시의 심판을 할 때 본인의 의사를 고려하여야 한다.

② 가정법원이 피성년후견인에 대하여 한정후견개시의 심판을 할 때에는 종전의 성년후견의 종료 심판을 하여야 한다.

③ 피성년후견인의 법률행위는 원칙적으로 취소할 수 있지만, 가정법원은 취소할 수 없는 법률행위의 범위를 정할 수 있다.

④ 가정법원은 피한정후견인이 한정후견인의 동의를 받아야 하는 행위의 범위를 정할 수 있다.

⑤ 가정법원은 정신적 제약으로 특정한 사무에 관하여 후원이 필요한 자에 대하여는 본인의 의사에 반하더라도 특정후견의 심판을 할 수 있다.

[정답해설] ⑤ 특정후견은 본인의 의사에 반하여 할 수 없다(제14조의2 제2항).

[Answer] 7. ③ 8. ④ 9. ④ 10. ⑤

11

자연인의 행위능력
2019년 제7회

「민법」상 성년후견종료의 심판을 청구할 수 있는 자로 명시되지 않은 자는?

① 성년후견인
② 성년후견감독인
③ 지방의회 의장
④ 4촌 이내의 친족
⑤ 검사

풀이 TIP 성년후견개시의 심판과 성년후견종료의 심판의 청구권자를 구분해서 암기하도록 한다.

정답해설 ③ 성년후견개시의 원인이 소멸된 경우에는 가정법원은 본인, 배우자, 4촌 이내의 친족, 성년
후견인, 성년후견감독인, 검사 또는 지방자치단체의 장의 청구에 의하여 성년후견종료의 심판을 한다
(제11조).

12

자연인의 행위능력
2018년 제6회

피성년후견인에 관한 설명으로 옳은 것은?

① 가정법원은 청구권자의 청구가 없더라도 직권으로 성년후견개시의 심판을 한다.
② 정신적 제약으로 사무처리능력이 일시적으로 결여된 경우, 성년후견개시의
   심판을 해야 한다.
③ 법인은 성년후견인이 될 수 없다.
④ 일상생활에 필요하고 그 대가가 과도하지 아니한 피성년후견인의 법률행위는
   성년후견인이 취소할 수 없다.
⑤ 가정법원은 청구권자의 청구가 없더라도 피성년후견인의 취소할 수 없는 법
   률행위의 범위를 임의로 변경할 수 있다.

풀이 TIP 피성년후견인의 행위능력과 성년후견인의 지위에 대해서 핵심 조문은 암기하도록 한다.

정답해설 ④ 제10조 제4항

오답해설 ① 본인, 배우자, 4촌 이내의 친족, 미성년후견인, 미성년후견감독인, 한정후견인, 한정후견감
독인, 특정후견인, 특정후견감독인, 검사 또는 지방자치단체의 장의 청구에 의하여 성년후견개시의 심판
을 한다.
② 질병, 장애, 노령, 그 밖의 사유로 인한 정신적 제약으로 사무를 처리할 능력이 지속적으로 결여되어
야 한다.
③ 법인도 성년후견인이 될 수 있다(제930조 제3항).
⑤ 가정법원은 본인, 배우자, 4촌 이내의 친족, 성년후견인, 성년후견감독인, 검사 또는 지방자치단체의
장의 청구에 의하여 취소할 수 없는 피성년후견인의 법률행위의 범위를 변경할 수 있다.

13

자연인의 행위능력
2023년 제11회

피성년후견인과 피한정후견인에 관한 설명으로 옳지 않은 것은?

① 가정법원은 성년후견개시의 심판을 할 때 본인의 의사를 고려하여야 한다.
② 성년후견개시의 심판은 일정한 사유로 인한 정신적 제약으로 사무처리능력이 일시적으로 부족한 사람에게 허용된다.
③ 가정법원은 피한정후견인이 한정후견인의 동의를 받아야 하는 행위의 범위를 정할 수 있다.
④ 일상생활에 필요하고 그 대가가 과도하지 아니한 피성년후견인의 법률행위는 성년후견인이 취소할 수 없다.
⑤ 가정법원이 피성년후견인에 대하여 한정후견개시의 심판을 할 때에는 종전의 성년후견의 종료 심판을 한다.

정답해설 ② 가정법원은 질병, 장애, 노령, 그 밖의 사유로 인한 정신적 제약으로 사무를 처리할 능력이 지속적으로 결여된 사람에 대하여 성년후견개시의 심판을 한다(제9조 제1항).

오답해설 ① 가정법원은 성년후견개시의 심판을 할 때 본인의 의사를 고려하여야 한다(제9조 제2항).
③ 가정법원은 피한정후견인이 한정후견인의 동의를 받아야 하는 행위의 범위를 정할 수 있다(제13조 제1항).
④ 일용품의 구입 등 일상생활에 필요하고 그 대가가 과도하지 아니한 법률행위는 성년후견인이 취소할 수 없다(제10조 제4항).
⑤ 가정법원이 피성년후견인 또는 피특정후견인에 대하여 한정후견개시의 심판을 할 때에는 종전의 성년후견 또는 특정후견의 종료 심판을 한다(제14조의3 제2항).

14

자연인의 행위능력
2024년 제12회

성년후견에 관한 설명으로 옳지 않은 것은?

① 피성년후견인도 의사능력이 있으면 유효하게 임의대리행위를 할 수 있다.
② 가정법원은 본인의 의사에 반하더라도 특정후견의 심판을 할 수 있다.
③ 검사나 지방자치단체의 장도 특정후견의 심판을 청구할 수 있는 자에 포함된다.
④ 특정후견은 특정후견의 심판에서 정한 기간이 경과하면 가정법원의 종료심판 없이도 종료한다.
⑤ 특정후견의 심판을 하는 경우에는 특정후견의 기간 또는 사무의 범위를 정하여야 한다.

정답해설 ② 특정후견은 본인의 의사에 반하여 할 수 없다(제14조의 2 제2항).

오답해설 ① 대리인은 행위능력자임을 요하지 아니한다(제117조).
③ 가정법원은 질병, 장애, 노령, 그 밖의 사유로 인한 정신적 제약으로 일시적 후원 또는 특정한 사무에 관한 후원이 필요한 사람에 대하여 본인, 배우자, 4촌 이내의 친족, 미성년후견인, 미성년후견감독인, 검사 또는 지방자치단체의 장의 청구에 의하여 특정후견의 심판을 한다(제14조의2 제1항).
④ 특정후견은 기간이 경과하거나 정해진 사무가 끝나면 특정후견도 종료한다.
⑤ 제14조의2 제3항

Answer⁺ 11. ③ 12. ④ 13. ② 14. ②

15

제한능력자에 관한 설명으로 옳은 것을 모두 고른 것은? (다툼이 있으면 판례에 따름)

⊙ 미성년자의 법률행위에 법정대리인의 묵시적 동의가 인정되는 경우에는 미성년자는 제한능력을 이유로 그 법률행위를 취소할 수 없다.
ⓒ 법정대리인이 취소한 미성년자의 법률행위는 취소 시부터 효력을 상실한다.
ⓒ 피성년후견인의 법률행위 중 일상생활에 필요하고, 대가가 과도하지 아니한 법률행위는 성년후견인이 취소할 수 없다.
② 제한능력자가 맺은 계약은 제한능력자 측에서 추인하기 전까지 상대방이 이를 거절할 수 있다.
⑩ 제한능력자와 계약을 맺은 선의의 상대방은 제한능력자 측에서 추인하기 전까지 제한능력자를 상대로 그 의사표시를 철회할 수 있다.

① ⊙, ⓒ, ⓒ   ② ⊙, ⓒ, ⑩   ③ ⊙, ②, ⑩
④ ⓒ, ⓒ, ②   ⑤ ⓒ, ②, ⑩

오답해설 ⓒ 취소된 법률행위는 처음부터 무효인 것으로 본다(제141조 본문).
② 제한능력자가 맺은 계약은 추인이 있을 때까지 상대방이 그 의사표시를 철회할 수 있다. 다만, 상대방이 계약 당시에 제한능력자임을 알았을 경우에는 그러하지 아니하다(제16조 제1항).

✦ 제한능력자

미성년자(제4조)	만 19세에 달하지 않은 자
피한정후견인(제12조)	질병, 장애, 노령, 그 밖의 사유로 인한 정신적 제약으로 사무를 처리할 능력이 부족한 사람
피성년후견인(제9조)	질병, 장애, 노령, 그 밖의 사유로 인한 정신적 제약으로 사무를 처리할 능력이 지속적으로 결여된 사람

16

제한능력자에 관한 설명으로 옳지 않은 것은? (다툼이 있으면 판례에 따름)

① 미성년자가 법정대리인의 동의를 얻은 법률행위를 하기 전에는 법정대리인은 그가 한 동의를 취소할 수 있다.
② 미성년자는 자신의 노무제공에 따른 임금청구를 단독으로 할 수 있다.
③ 미성년자는 타인의 대리인으로서 단독으로 유효한 대리행위를 할 수 있다.
④ 피한정후견인은 적극적인 속임수로써 법정대리인의 동의가 있는 것으로 믿게 한 경우, 그 법률행위를 취소할 수 없다.
⑤ 가정법원은 성년후견개시의 심판을 할 때 본인의 의사를 고려할 필요는 없다.

풀이TIP 제한능력자제도는 미성년자를 중심으로 학습하도록 한다.

정답해설 ⑤ 가정법원은 성년후견개시의 심판을 할 때 본인의 의사를 고려하여야 한다(제9조 제2항).

오답해설 ① 법정대리인은 미성년자가 아직 법률행위를 하기 전에는 그가 행한 동의(제5조)나 일정 범위의 재산처분에 대한 허락(제6조)을 취소할 수 있다(제7조).
② 미성년자는 독자적으로 임금을 청구할 수 있다(「근로기준법」 제68조).
③ 대리인은 행위능력자임을 요하지 않으므로 미성년자라도 유효한 대리행위를 할 수 있다(제117조).
④ 제한능력자가 속임수로써 자기를 능력자로 믿게 한 경우나, 미성년자나 피한정후견인이 속임수로써 법정대리인의 동의가 있는 것으로 믿게 한 경우에는 제한능력자 측의 취소권은 박탈된다(제17조).

17

자연인의 행위능력
2021년 제9회

제한능력자에 관한 설명으로 옳지 않은 것은?

① 권리만을 얻는 법률행위는 미성년자가 단독으로 할 수 있다.
② 미성년자가 법정대리인으로부터 허락을 얻은 특정한 영업에 관하여는 성년자와 동일한 행위능력이 있다.
③ 법정대리인이 미성년자에게 한 특정한 영업의 허락을 취소하는 경우 그 취소로 선의의 제3자에게 대항할 수 있다.
④ 제한능력자의 상대방은 계약 당시 제한능력자임을 알았을 경우에는 그 의사표시를 철회할 수 없다.
⑤ 상대방이 거절의 의사표시를 할 수 있는 경우 제한능력자를 상대로 그 의사표시를 할 수 있다.

풀이TIP 제한능력자와 거래한 상대방을 보호하는 제도를 정확히 이해한다.

정답해설 ③ 법정대리인은 영업의 허락을 취소 또는 제한할 수 있다. 그러나 선의의 제3자에게 대항하지 못한다(제8조 제2항).

오답해설 ④ 제한능력자가 맺은 계약은 추인이 있을 때까지 상대방이 그 의사표시를 철회할 수 있다. 다만, 상대방이 계약 당시에 제한능력자임을 알았을 경우에는 그러하지 아니하다(제16조 제1항).
⑤ 철회나 거절의 의사표시는 제한능력자에게도 할 수 있다(제16조 제3항).

Answer＊ 15. ② 16. ⑤ 17. ③

18

중
자연인의 행위능력
2015년 제3회

제한능력자의 상대방 보호에 관한 설명으로 옳은 것을 모두 고른 것은?

> ㉠ 상대방은 제한능력자가 능력자로 된 후에 그에게 유예기간을 정하여 취소할 수 있는 행위에 대한 추인 여부의 확답을 원칙적으로 촉구할 수 없다.
> ㉡ 상대방은 제한능력자가 능력자로 된 후에 그 법정대리인이었던 자에게 취소할 수 있는 행위에 대한 추인 여부의 확답을 촉구한 경우 그 촉구는 유효하다.
> ㉢ 계약 당시에 제한능력자임을 상대방이 알지 못한 경우, 제한능력자가 맺은 계약은 추인이 있을 때까지 상대방이 그 의사표시를 철회할 수 있다.
> ㉣ 제한능력자가 속임수로써 자기를 능력자로 믿게 한 경우에는 그 행위를 취소할 수 없다.

① ㉠, ㉡   ② ㉡, ㉣   ③ ㉢, ㉣
④ ㉠, ㉡, ㉢   ⑤ ㉠, ㉢, ㉣

풀이 TIP 제한능력자의 상대방 보호제도는 상대방의 확답촉구권(제15조), 상대방의 철회권과 거절권(제16조), 제한능력자의 속임수에 의한 취소권 상실(제17조) 등이 있다. 각각의 요건과 효과를 정리해 두어야 한다.

정답해설 ㉢ 제16조 제1항 ㉣ 제17조 제1항

오답해설 ㉠ 제한능력자의 상대방은 제한능력자가 능력자가 된 후에 그에게 1개월 이상의 기간을 정하여 그 취소할 수 있는 행위를 추인할 것인지 여부의 확답을 촉구할 수 있다(제15조 제1항).
㉡ 제한능력자의 상대방은 제한능력자가 능력자가 된 후에는 그에게, 아직 능력자가 되지 못한 경우에는 그의 법정대리인에게 추인할 것인지 여부의 확답을 촉구할 수 있다. 따라서 제한능력자가 능력자로 된 후에 그 법정대리인이었던 자에게 추인 여부의 확답을 촉구한 경우 그 촉구는 무효이다.

19

상
자연인의 행위능력
2014년 제2회

미성년자 甲이 법정대리인 乙의 동의 없이 자신의 노트북 컴퓨터를 丙에게 매각하였다. 다음 설명 중 옳은 것은?

① 丙은 乙이 추인하기 전에 거절권을 행사할 수 있다.
② 丙이 그 물건을 다시 丁에게 증여한 경우, 甲은 丁을 상대로 매매계약을 취소할 수 있다.
③ 계약체결 시에 甲이 미성년자임을 안 丙은 그의 의사표시를 철회할 수 있다.
④ 甲이 속임수로써 乙의 동의가 있는 것으로 믿게 한 경우, 甲은 계약을 원인으로 얻은 모든 이득을 반환하고 계약을 취소할 수 있다.
⑤ 丙은 19세가 된 甲에게 1개월 이상의 기간을 정하여 매매계약을 추인할 것인지 여부의 확답을 촉구할 수 있다.

정답해설 ⑤ 제한능력자의 상대방은 제한능력자가 능력자가 된 후에 그에게 1개월 이상의 기간을 정하여 그 취소할 수 있는 행위를 추인할 것인지 여부의 확답을 촉구할 수 있다. 능력자로 된 사람이 그 기간 내에 확답을 발송하지 아니하면 그 행위를 추인한 것으로 본다(제15조 제1항).

오답해설 ① 상대방의 거절권은 단독행위의 경우에 인정된다. 본 사안은 매매계약이 문제된 사안이므로 거절권을 행사할 수는 없다.
② 취소할 수 있는 법률행위의 상대방이 확정한 경우에는 그 취소는 그 상대방에 대한 의사표시로 하여야 한다(제142조). 즉, 취소의 상대방은 丙이다.
③ 선의의 상대방만 철회할 수 있다(제16조 제1항 단서 참조).
④ 제한능력자가 속임수로써 자기를 능력자로 믿게 한 경우에는 그 행위를 취소할 수 없다(제17조 제1항).

20

상
자연인의 행위능력
2019년 제7회

미성년자 甲은 법정대리인 乙의 동의 없이 자신의 디지털 카메라를 丙에게 매도하는 내용의 계약(이하 '계약')을 丙과 체결하였다. 이에 관한 설명으로 옳은 것은? (다툼이 있으면 판례에 따름)

① 甲이 위 계약을 취소하려는 경우, 乙의 동의의 유무에 대한 증명책임은 甲에게 있다.

② 계약 당시 甲이 미성년자임을 알고 있었던 丙은 乙에 대하여 자신의 의사표시를 철회할 수 있다.

③ 丙이 성년자가 된 甲에게 1개월의 기간을 정하여 계약의 추인 여부의 확답을 촉구한 경우, 甲이 그 기간 내에 확답을 발송하지 않으면 계약을 취소한 것으로 본다.

④ 丙이 미성년자인 甲에게 1개월의 기간을 정하여 계약의 추인 여부의 확답을 촉구한 경우, 甲이 그 기간 내에 확답을 발송하지 않으면 계약을 추인한 것으로 본다.

⑤ 甲이 위조하여 제시한 乙의 동의서를 丙이 신뢰하여 계약을 체결하였다면 乙은 미성년자의 법률행위임을 이유로 계약을 취소할 수 없다.

풀이TIP 제한능력자와 거래한 상대방의 보호제도를 요건 중심으로 정확히 정리해 두어야 한다.

정답해설 ⑤ 미성년자가 속임수로써 법정대리인의 동의가 있는 것으로 믿게 한 경우에는 그 행위를 취소할 수 없다(제17조 제2항).

오답해설 ① 법정대리인 乙의 동의의 유무에 대한 증명책임은 상대방 丙에게 있다.
② 악의의 상대방은 철회할 수 없다(제16조 제1항).
③ 제한능력자의 상대방은 제한능력자가 능력자가 된 후에 그에게 1개월 이상의 기간을 정하여 그 취소할 수 있는 행위를 추인할 것인지 여부의 확답을 촉구할 수 있다. 능력자로 된 사람이 그 기간 내에 확답을 발송하지 아니하면 그 행위를 추인한 것으로 본다(제15조 제1항).
④ 미성년자는 확답촉구의 상대방이 될 수 없다. 즉, 제한능력자는 능력자가 된 후에 확답촉구의 상대방이 될 수 있다(제15조 제1항 참조).

Answer 18. ③ 19. ⑤ 20. ⑤

21

미성년자의 법률행위에 관한 설명으로 옳은 것은? (다툼이 있으면 판례에 따름)

① 법정대리인이 취소한 미성년자의 법률행위는 취소한 때로부터 그 효력을 상실한다.

② 법정대리인이 재산의 범위를 정하여 미성년자에게 처분을 허락한 경우, 법정대리인은 그 재산에 관하여 유효한 대리행위를 할 수 없다.

③ 법정대리인이 미성년자에게 특정한 영업을 허락한 경우, 법정대리인은 그 영업에 관하여 유효한 대리행위를 할 수 있다.

④ 미성년자가 자신의 주민등록증을 변조하여 자기를 능력자로 믿게 하여 법률행위를 한 경우, 미성년자는 그 법률행위를 취소할 수 없다.

⑤ 미성년자가 오직 권리만을 얻는 법률행위를 할 경우에도 특별한 사정이 없는 한 법정대리인의 동의가 필요하다.

[정답해설] ④ 제한능력자가 속임수로써 자기를 능력자로 믿게 한 경우에는 그 행위를 취소할 수 없다(제17조 제1항).

[오답해설] ① 취소된 법률행위는 처음부터 무효인 것으로 본다(제141조).
② 재산처분허락의 경우에 법정대리인의 동의권은 소멸하나 대리권은 여전히 존속하므로 법정대리인은 유효한 대리행위를 할 수 있다.
③ 영업허락의 경우(제8조 제1항)에 그 범위에서 대리권도 소멸한다.
⑤ 미성년자가 법률행위를 함에는 법정대리인의 동의를 얻어야 한다. 그러나 권리만을 얻거나 의무만을 면하는 행위는 그러하지 아니하다(제5조 제1항).

22

자연인의 행위능력
2023년 제11회

미성년자 乙은 친권자 甲의 처분동의가 필요한 자기 소유의 물건을 甲의 동의 없이 丙에게 매도하는 계약을 체결하였다. 이에 관한 설명으로 옳지 않은 것은? (다툼이 있으면 판례에 따름)

① 丙은 乙이 성년이 된 후에 그에게 1개월 이상의 기간을 정하여 계약의 추인 여부의 확답을 촉구할 수 있다.

② 성년이 된 乙이 ①에서 丙이 정한 기간 내에 확답을 발송하지 아니하면 계약을 추인한 것으로 본다.

③ 丙이 계약 당시에 乙이 미성년자임을 알았더라도 丙은 자신의 의사표시를 철회할 수 있다.

④ 丙이 계약 당시에 乙이 미성년자임을 알지 못한 경우, 丙은 乙에게도 철회의 의사표시를 할 수 있다.

⑤ 乙이 계약 당시에 甲의 동의서를 위조하여 甲의 동의가 있는 것으로 丙을 믿게 한 경우, 甲은 그 계약을 취소할 수 없다.

정답해설 ③ 제한능력자가 맺은 계약은 추인이 있을 때까지 상대방이 그 의사표시를 철회할 수 있다. 다만, 상대방이 계약 당시에 제한능력자임을 알았을 경우에는 그러하지 아니하다(제16조 제1항). 즉, 선의의 상대방만 철회할 수 있다.

오답해설 ①, ② 제한능력자의 상대방은 제한능력자가 능력자가 된 후에 그에게 1개월 이상의 기간을 정하여 그 취소할 수 있는 행위를 추인할 것인지 여부의 확답을 촉구할 수 있다. 능력자로 된 사람이 그 기간 내에 확답을 발송하지 아니하면 그 행위를 추인한 것으로 본다(제15조 제1항).
④ 철회의 의사표시는 법정대리인뿐만 아니라 제한능력자에게도 할 수 있다(제16조 제3항).
⑤ 미성년자나 피한정후견인이 속임수로써 법정대리인의 동의가 있는 것으로 믿게 한 경우에는 그 행위를 취소할 수 없다(제17조 제2항).

Answer 21. ④ 22. ③

23

부재와 실종
2017년 제5회

부재와 실종에 관한 설명으로 옳은 것은? (다툼이 있으면 판례에 따름)

① 실종선고를 받은 사람은 사망한 것으로 추정되므로 반증을 들어 실종선고의 효과를 다툴 수 있다.

② 부재자 재산관리인의 권한초과행위에 대한 법원의 허가 결정은 기왕의 법률행위를 추인하는 방법으로는 할 수 없다.

③ 법원이 선임한 재산관리인은 재산의 보존행위를 하는 경우에 법원의 허가를 얻어야 한다.

④ 부재자 재산관리인으로서 권한초과행위의 허가를 받고 그 선임결정이 취소되기 전에 그 권한에 의하여 이루어진 행위는 부재자에 대한 실종기간이 만료된 뒤에 이루어졌다고 하더라도 유효하다.

⑤ 실종선고 확정 전 실종자를 당사자로 하여 선고된 판결은 효력이 없다.

[정답해설] ④ 부재자 재산관리인으로서 권한초과행위의 허가를 받고 그 선임결정이 취소되기 전에 위 권한에 의하여 이루어진 행위는 부재자에 대한 실종 선고기간이 만료된 뒤에 이루어졌다고 하더라도 유효하다(대판 1981. 7. 28. 80다2668).

[오답해설] ① 실종선고를 받은 자는 사망한 것으로 간주되므로, 선고가 취소되지 않는 한 생존 기타의 반증을 들어서 실종선고의 효과를 다툴 수 없다.

② 법원의 부재자 재산관리인의 초과행위결정의 효력은 그 허가받은 재산에 대한 장래의 처분행위뿐만 아니라 기왕의 처분행위를 추인하는 행위로도 할 수 있다.

③ 법원이 선임한 재산관리인은 제118조에서 규정한 행위(1. 보존행위 2. 물건이나 권리의 성질을 변하지 아니하는 범위에서 그 이용 또는 개량하는 행위)를 자유롭게 할 수 있다.

⑤ 실종선고의 효력이 발생하기 전에는 실종기간이 만료된 실종자라 하여도 소송상 당사자능력을 상실하는 것은 아니므로 실종선고 확정 전에는 실종기간이 만료된 실종자를 상대로 하여 제기된 소도 적법하고 실종자를 당사자로 하여 선고된 판결도 유효하다(대판 1992. 7. 14. 92다2455).

✦ **실종선고의 효과**

사망의 간주(의제)	실종선고를 받은 자는 사망한 것으로 간주되므로, 생존 기타의 반증을 들어서 선고의 효과를 다투지 못하며, 이 효과를 뒤집으려면 실종선고 자체를 취소하여야 함. 실종선고의 효과는 실종선고절차에 참가한 자뿐만 아니라 제3자에 대해서도 절대적 효과가 생김
사망간주의 시기	실종기간이 만료한 때에 사망한 것으로 봄(제28조)
사망간주의 범위	실종선고는 실종자의 '종래의 주소 또는 거소를 중심으로 하는 사법적 법률관계'만을 종료케 하는 것이며, 권리능력을 박탈하는 제도는 아님. 따라서 실종선고를 받은 자가 생존하여 새로운 주소나 거소에서 법률관계를 형성한 때에도 사망의 효과는 미치지 않음. 또한 사법적 법률관계에 관한 것이므로, 공법상의 법률관계에는 사망의 효과가 발생하지 않음
실종선고와 생존간주 내지 생존추정문제	• 실종선고를 받은 경우: 실종기간 만료 시까지 생존한 것으로 간주됨(통설·판례) • 실종선고를 받지 않은 경우: 실종기간이 경과했더라도 실종선고를 받지 않고 있는 동안은 생존한 것으로 추정(판례)

24

부재와 실종
2022년 제10회

부재와 실종에 관한 설명으로 옳지 않은 것은? (다툼이 있으면 판례에 따름)

① 부재자로부터 재산처분권을 위임받은 재산관리인은 그 재산을 처분함에 있어 법원의 허가를 받지 않아도 된다.

② 법원이 선임한 부재자 재산관리인의 권한초과행위에 대한 법원의 허가 결정은 기왕의 법률행위를 추인하는 방법으로는 할 수 없다.

③ 법원은 법원이 선임한 부재자 재산관리인으로 하여금 부재자의 재산관리 및 반환에 관하여 상당한 담보를 제공하게 할 수 있다.

④ 실종선고를 받은 자는 실종기간이 만료된 때에 사망한 것으로 본다.

⑤ 부재자의 제1순위 상속인이 있는 경우, 제2순위 상속인은 특별한 사정이 없는 한 부재자에 관한 실종선고를 청구할 수 있는 이해관계인이 아니다.

(정답해설) ② 법원의 부재자 재산관리인의 초과행위결정의 효력은 그 허가받은 재산에 대한 장래의 처분행위뿐만 아니라 기왕의 처분행위를 추인하는 행위로도 할 수 있다.

25

부재와 실종
2021년 제9회

부재에 관한 설명으로 옳지 않은 것은?

① 부재자가 정한 재산관리인의 권한이 부재자의 부재중에 소멸한 때에는 법원은 이해관계인이나 검사의 청구에 의하여 재산관리에 관하여 필요한 처분을 명하여야 한다.

② 부재자가 재산관리인을 정한 경우 부재자의 생사가 분명하지 아니하게 되어 이해관계인이 청구를 하더라도 법원은 그 재산관리인을 개임할 수 없다.

③ 부재자의 생사가 분명하지 아니한 경우 부재자가 정한 재산관리인이 권한을 넘는 행위를 할 때에는 법원의 허가를 얻어야 한다.

④ 법원이 선임한 재산관리인은 관리할 재산목록을 작성하여야 한다.

⑤ 법원이 선임한 재산관리인에 대하여 법원은 부재자의 재산으로 상당한 보수를 지급할 수 있다.

> **풀이 TIP** 부재자의 재산관리제도는 부재자가 재산관리인을 정한 경우와 정하지 않은 경우를 나누어 조문 중심으로 학습한다.

(정답해설) ② 부재자가 재산관리인을 정한 경우에 부재자의 생사가 분명하지 아니한 때에는 법원은 재산관리인, 이해관계인 또는 검사의 청구에 의하여 재산관리인을 개임할 수 있다(제23조).

(오답해설) ③ 법원이 선임한 재산관리인이 제118조에 규정한 권한을 넘는 행위를 함에는 법원의 허가를 얻어야 한다. 부재자의 생사가 분명하지 아니한 경우에 부재자가 정한 재산관리인이 권한을 넘는 행위를 할 때에도 같다(제25조).
④ 제24조 제1항
⑤ 제26조 제2항

(Answer) 23. ④ 24. ② 25. ②

26

중
부재와 실종
2016년 제4회

부재와 실종에 관한 설명으로 옳지 않은 것은? (다툼이 있으면 판례에 따름)

① 법원이 선임한 재산관리인은 관리할 재산목록을 작성하여야 한다.
② 특별실종의 경우 실종선고를 받은 자는 실종선고일부터 1년의 기간이 만료한 때에 사망한 것으로 본다.
③ 실종자의 범죄 또는 실종자에 대한 범죄의 성부 등은 실종선고와 관계없이 결정된다.
④ 실종선고가 확정되면 선고 자체가 취소되지 않는 한 실종자의 생존 기타 반증을 들어 선고의 효과를 다툴 수 없다.
⑤ 부재자가 스스로 재산관리인을 둔 경우 그 재산관리인은 부재자의 임의대리인이다.

[정답해설] ② 실종선고를 받은 자는 실종기간이 만료한 때에 사망한 것으로 본다(제28조).

27

상
부재와 실종
2013년 제1회

X부동산을 소유한 甲은 재산관리인을 선임하지 않고 장기간 해외출장을 떠났다. 다음 설명 중 옳은 것은? (다툼이 있는 경우에는 판례에 의함)

① 법원은 직권으로 X부동산의 관리에 필요한 처분을 명하여야 한다.
② 甲의 채권자의 청구에 의하여 법원이 선임한 재산관리인은 甲의 임의대리인이다.
③ 법원이 선임한 재산관리인은 원칙적으로 법원의 허가 없이 X부동산을 처분할 수 있다.
④ 甲의 재산관리인이 甲을 위해 법원의 허가 없이 X부동산을 처분하였다면, 그 후 법원의 허가를 얻더라도 그 처분은 효력이 없다.
⑤ 甲이 사망한 경우, 재산관리인이 그 사실을 확인하였더라도 법원에 의하여 재산관리인 선임 결정이 취소되지 않는 한, 재산관리인은 계속하여 X부동산을 관리할 수 있다.

[풀이 TIP] 부재자가 재산관리인을 두지 않은 경우의 부재자 재산관리에 관한 문제이다. 재산관리에 필요한 처분의 명령(제22조), 법원이 선임한 재산관리인의 지위(제24~26조), 재산관리의 종료 등이 중요 쟁점이다.

[오답해설] ① 법원은 이해관계인이나 검사의 청구에 의하여 재산관리에 필요한 처분을 명하여야 한다.
② 임의대리인이 아니라 일종의 법정대리인이다.
③ 법원이 선임한 재산관리인이 제118조에 규정한 권한을 넘는 행위를 함에는 법원의 허가를 받아야 한다(제25조). 따라서 처분행위를 하려면 법원의 허가를 받아야 한다.
④ 법원의 재산관리인의 초과행위허가 결정은 그 허가받은 재산에 대한 장래의 처분행위를 위한 경우뿐만 아니라 기왕의 처분행위를 추인하는 행위를 행위로도 할 수 있다고 봄이 상당하므로 부재자의 재산관리인이 법원의 초과행위허가 결정을 받아 그 허가결정등본을 매수인에게 교부한 때에는 그 이전에 한 부재자 소유의 주식매매계약을 추인한 것으로 볼 수 있다(대판 1982. 9. 14. 80다3063).

28

상
부재와 실종
2013년 제1회

甲이 탄 비행기가 2006년 6월 7일 추락하여, 2010년 4월 12일 법원에 甲의 실종선고가 청구되었고, 2011년 2월 13일 실종선고가 내려졌다. 다음 설명 중 옳은 것은? (다툼이 있는 경우에는 판례에 의함)

① 甲은 2011년 2월 13일에 사망한 것으로 본다.

② 甲에게 선순위의 상속인이 있는 경우 특별한 사정이 없는 한 후순위의 상속인은 甲의 실종선고를 청구할 수 없다.

③ 실종선고는 甲의 사법상의 법률관계뿐만 아니라 공법상의 법률관계에도 효과를 미친다.

④ 甲이 살아 돌아온 사실만으로 甲에 대한 실종선고는 그 효력을 상실한다.

⑤ 甲의 실종선고가 취소되면 실종선고를 직접원인으로 하여 재산을 취득한 자가 악의인 경우에는 그 받은 이익을 현존하는 한도에서 반환할 의무가 있다.

풀이 TIP 실종선고의 요건(제27조, 제28조) 및 실종선고의 취소(제29조)에 관한 대표적인 사례문제이다. 특히 실종선고 취소의 효과, 실종선고를 직접원인으로 재산을 취득한 자의 반환의무가 중요하다.

정답해설 ② 부재자의 종손자로서, 부재자가 사망할 경우 제1순위의 상속인이 따로 있어 제2순위의 상속인에 불과한 청구인은 특별한 사정이 없는 한 위 부재자에 대하여 실종선고를 청구할 수 있는 신분상 또는 경제상의 이해관계를 가진 자라고 할 수 없다(대결 1992. 4. 14. 92스4).

오답해설 ① 실종기간 만료 시에 사망한 것으로 보기 때문에(제28조), 초일불산입의 원칙에 따라 기산일은 2006년 6월 8일이 되고 특별 실종이므로 1년이 경과한 2007년 6월 7일 24시에 사망한 것으로 간주한다.
③ 실종선고는 실종자의 종래 주소 또는 거소를 중심으로 하는 사법적 법률관계만을 종료케 하는 것이므로 공법상의 법률관계에는 효과를 미치지 않는다.
④ 실종선고를 받은 자는 사망한 것으로 간주되므로, 선고가 취소되지 않는 한 살아 돌아온 사실만으로 선고의 효과를 다투지 못한다.
⑤ 악의인 경우에는 그 받은 이익에 이자를 붙여서 반환하고 손해가 있으면 이를 배상하여야 한다(제29조 제2항).

> ✦ **제29조(실종선고의 취소)** ① 실종자의 생존한 사실 또는 전조의 규정과 상이한 때에 사망한 사실의 증명이 있으면 법원은 본인, 이해관계인 또는 검사의 청구에 의하여 실종선고를 취소하여야 한다. 그러나 실종선고 후 그 취소 전에 선의로 한 행위의 효력에 영향을 미치지 아니한다.
> ② 실종선고의 취소가 있을 때에 실종의 선고를 직접원인으로 하여 재산을 취득한 자가 선의인 경우에는 그 받은 이익이 현존하는 한도에서 반환할 의무가 있고 악의인 경우에는 그 받은 이익에 이자를 붙여서 반환하고 손해가 있으면 이를 배상하여야 한다.

Answer 26. ② 27. ⑤ 28. ②

29

부재와 실종
2023년 제11회

부재자의 재산관리에 관한 설명으로 옳지 않은 것은? (다툼이 있으면 판례에 따름)

① 법원이 선임한 재산관리인은 법원의 허가 없이 재산의 보존행위를 할 수 없다.
② 법원은 그 선임한 재산관리인으로 하여금 재산의 관리 및 반환에 관하여 상당한 담보를 제공하게 할 수 있다.
③ 법원이 선임한 재산관리인은 관리할 재산목록을 작성하여야 한다.
④ 법원은 그 선임한 재산관리인에 대하여 부재자의 재산으로 상당한 보수를 지급할 수 있다.
⑤ 법원이 선임한 부재자의 재산관리인은 그 부재자의 사망이 확인된 후라도 그에 대한 선임결정이 취소되지 않는 한 그 관리인으로서의 권한이 소멸되지 않는다.

[정답해설] ① 법원이 선임한 재산관리인은 제118조의 관리행위(보존행위 및 물건이나 권리의 성질을 변하지 아니하는 범위에서 그 이용 또는 개량하는 행위)를 자유롭게 할 수 있다.
[오답해설] ② 제26조 제1항
③ 제24조 제1항
④ 제26조 제2항
⑤ 선임결정이 취소되어야 그 재산관리인으로서의 권한이 소멸한다.

30

부재와 실종
2023년 제11회

실종선고에 관한 설명으로 옳지 않은 것은? (다툼이 있으면 판례에 따름)

① 부재자의 제1순위 상속인이 따로 있는 경우, 제2순위 상속인은 특별한 사정이 없는 한 부재자에 대하여 실종선고를 청구할 수 있는 이해관계인이 아니다.
② 실종선고가 취소되지 않았더라도 반증을 들어 실종선고의 효과를 다툴 수 있다.
③ 실종선고의 요건이 충족되면 법원은 이해관계인이나 검사의 청구에 의하여 실종선고를 하여야 한다.
④ 실종선고를 받은 자는 특별한 사정이 없는 한 실종기간이 만료한 때에 사망한 것으로 본다.
⑤ 실종선고가 취소된 때 실종선고를 직접원인으로 재산을 취득한 자가 선의인 경우에는 그 받은 이익이 현존하는 한도에서 반환할 의무가 있다.

[정답해설] ② 실종선고를 받은 자는 사망한 것으로 간주되므로, 선고가 취소되지 않는 한 생존 기타의 반증을 들어서 선고의 효과를 다투지 못하며, 이 효과를 뒤집으려면 실종선고를 취소하여야 한다.
[오답해설] ① 선순위의 재산상속인이 있는 경우에 후순위의 상속인은 실종선고를 청구할 수 있는 이해관계인에 들어가지 않는다.
③ 제27조 제1항
④ 제28조
⑤ 실종선고의 취소가 있을 때에 실종의 선고를 직접원인으로 하여 재산을 취득한 자가 선의인 경우에는 그 받은 이익이 현존하는 한도에서 반환할 의무가 있고, 악의인 경우에는 그 받은 이익에 이자를 붙여서 반환하고 손해가 있으면 이를 배상하여야 한다(제29조 제2항).

02 법인

31

하
법인의 설립
2017년 제5회

「민법」상 사단법인 설립 시 정관의 필요적 기재사항이 아닌 것은?

① 목적
② 명칭
③ 사무소의 소재지
④ 자산에 관한 규정
⑤ 이사자격의 득실에 관한 규정

정답해설 ⑤ 이사의 임면에 관한 규정이 사단법인 설립 시 정관의 필요적 기재사항에 해당한다(제40조 제5호). 사단법인의 설립자는 '목적, 명칭, 사무소의 소재지, 자산에 관한 규정, 이사의 임면에 관한 규정, 사원자격의 득실에 관한 규정, 존립시기나 해산사유를 정하는 때의 그 시기 또는 사유'를 기재한 정관을 작성하여 기명날인하여야 한다(제40조).

32

하
법인의 설립
2021년 제9회

법인에 관한 설명으로 옳지 않은 것은?

① 영리 아닌 사업을 목적으로 하는 재단은 주무관청의 허가를 얻어 이를 법인으로 할 수 있다.
② 법인은 그 주된 사무소의 소재지에서 설립등기를 함으로써 성립한다.
③ 법인은 법률의 규정에 좇아 정관으로 정한 목적의 범위 내에서 권리와 의무의 주체가 된다.
④ 재단법인의 존립시기는 정관의 필요적 기재사항이다.
⑤ 재단법인의 설립자가 그 명칭만 정하지 아니하고 사망한 때에는 이해관계인 또는 검사의 청구에 의하여 법원이 이를 정한다.

풀이 TIP 법인의 설립을 사단법인과 재단법인으로 나누어 정리한다.

정답해설 ④ 재단법인의 설립자는 일정한 재산을 출연하고 제40조 제1호 내지 제5호의 사항을 기재한 정관을 작성하여 기명날인하여야 한다(제43조). 재단법인에는 사원이 없으므로 '사원자격의 득실에 관한 규정'은 필요적 기재사항이 아니다. 또한 '존립시기·해산사유에 관한 규정'은 법인의 영구성을 고려하고 설립자의 의사를 존중하기 위하여 임의적 기재사항으로 하였다.

오답해설 ① 제32조
② 제33조
③ 제34조
⑤ 재단법인의 설립자가 그 명칭, 사무소 소재지 또는 이사임면의 방법을 정하지 아니하고 사망한 때에는 이해관계인 또는 검사의 청구에 의하여 법원이 이를 정한다(제44조).

Answer 29. ① 30. ② 31. ⑤ 32. ④

33

중
법인의 능력
2014년 제2회

「민법」 제35조(법인의 불법행위능력)에 관한 설명으로 옳지 않은 것은? (다툼이 있는 경우에는 판례에 의함)

① "법인의 대표자"에는 법인을 실질적으로 운영하면서 법인을 사실상 대표하여 법인의 사무를 집행하는 사람을 포함한다.

② "직무에 관하여"는 행위의 외형상 대표자의 직무행위로 인정할 수 있는 행위이면 된다.

③ 법인의 불법행위가 성립하게 되면 가해행위를 한 대표자는 손해배상책임을 면한다.

④ 비법인사단의 대표자의 행위가 직무에 관한 행위에 해당하지 아니함을 피해자가 알았거나 중대한 과실로 인하여 알지 못한 때에는 비법인사단에 손해배상책임을 물을 수 없다.

⑤ 법인의 목적범위 외의 행위로 인하여 타인에게 손해를 가한 때에는 그 사항의 의결에 찬성하거나 그 의결을 집행한 사원, 이사 및 기타 대표자가 연대하여 배상하여야 한다.

풀이 **TIP** 법인의 불법행위(제35조의 성립요건과 효과)에 대한 문제이다. 성립요건에서는 직무관련성의 의미가 중요하고, 효과에서는 법인의 불법행위가 성립하는 경우(제35조 제1항)와 법인의 불법행위가 성립하지 않는 경우(제35조 제2항)를 구분해서 그 결론을 정리해 두어야 한다.

정답해설 ③ 법인은 이사 기타 대표자가 그 직무에 관하여 타인에게 가한 손해를 배상할 책임이 있다. 이사 기타 대표자는 이로 인하여 자기의 손해배상책임을 면하지 못한다(제35조 제1항).

34

법인의 능력
2017년 제5회

법인의 불법행위책임에 관한 설명으로 옳지 않은 것은? (다툼이 있으면 판례에 따름)

① 대표권이 없는 이사의 행위로 인하여는 법인의 불법행위가 성립하지 않는다.

② 외형상 법인의 대표자의 직무행위라고 인정할 수 있는 것이라면 그것이 법령 규정에 위반한 행위라도 직무에 관한 행위에 해당한다.

③ 법인의 대표자의 행위가 직무에 관한 행위에 해당하지 아니함을 피해자가 중대한 과실로 인하여 알지 못한 경우에 법인은 손해배상책임을 부담하지 않는다.

④ 이사의 대표권에 대한 제한은 정관에 기재하여야 효력이 발생하고, 등기하면 제3자에게 대항할 수 있다.

⑤ 법인의 권리능력을 벗어나는 행위의 효과는 법인에게 귀속되지 않기 때문에 이로 인하여 상대방이 손해를 입었더라도 그 행위를 집행한 대표기관은 책임을 부담하지 않는다.

정답해설 ⑤ 법인의 목적범위 외의 행위로 인하여 타인에게 손해를 가한 때에는 그 사항의 의결에 찬성하거나 그 의결을 집행한 사원, 이사 및 기타 대표자가 연대하여 배상하여야 한다(제35조 제2항).

35

법인의 능력
2016년 제4회

「민법」상 법인의 권리능력과 불법행위능력에 관한 설명으로 옳지 않은 것은? (다툼이 있으면 판례에 따름)

① 법인은 법률의 규정에 좇아 정관으로 정한 목적의 범위 내에서 권리와 의무의 주체가 된다.

② 법인의 피용자가 사무집행에 관하여 불법행위를 한 경우, 법인은 「민법」 제756조의 책임을 부담한다.

③ 법인의 목적범위 외의 행위로 인하여 타인에게 손해를 가한 때에는 그 사항의 의결에 찬성하거나 그 의결을 집행한 사원, 이사 및 기타 대표자가 연대하여 배상하여야 한다.

④ 법인의 대표자의 행위가 직무에 관한 행위에 해당하지 아니함을 피해자가 중대한 과실로 인하여 알지 못한 경우에도 법인에게 불법행위책임을 물을 수 있다.

⑤ 「민법」 제35조 제1항의 법인의 대표자에는 그 명칭이나 직위 여하 또는 대표자로 등기되었는지 여부를 불문하고 당해 법인을 실질적으로 운영하면서 법인을 사실상 대표하여 법인의 사무를 집행하는 사람을 포함한다고 해석함이 상당하다.

정답해설 ④ 법인의 대표자의 행위가 직무에 관한 행위에 해당하지 아니함을 피해자 자신이 알았거나 또는 중대한 과실로 인하여 알지 못한 경우에는 법인에 손해배상책임을 물을 수 없다(대판 2004. 3. 26. 2003다34045).

Answer 33. ③ 34. ⑤ 35. ④

36

법인의 능력
2015년 제3회

법인의 불법행위능력(「민법」 제35조)에 관한 설명으로 옳지 않은 것은? (다툼이 있으면 판례에 따름)

① 법인을 실질적으로 운영하면서 법인을 사실상 대표하여 법인의 사무를 집행하는 자가 대표자로 등기되어 있지 않은 경우, 그가 그 직무에 관하여 타인에게 손해를 가하더라도 법인의 불법행위가 성립하지 않는다.

② 대표권이 없는 이사는 법인의 기관이기는 하지만 대표기관은 아니기 때문에 그 이사의 행위로 인하여 법인의 불법행위가 성립하지 않는다.

③ 대표자의 행위가 대표자 개인의 사리를 도모하기 위한 것이었다 하더라도 외관상, 객관적으로 직무에 관한 행위라고 인정할 수 있는 것이라면, 특별한 사정이 없는 한 그 직무에 관한 행위에 해당한다.

④ 대표자의 행위가 직무에 관한 행위에 해당하지 아니함을 피해자 자신이 알았거나 또는 중대한 과실로 인하여 알지 못한 경우에는 법인에게 손해배상책임을 물을 수 없다.

⑤ 법인의 목적범위 외의 행위로 타인에게 손해를 가한 경우, 그 사항의 의결에 찬성하거나 그 의결을 집행한 사원, 이사 및 기타 대표자가 연대하여 배상책임을 진다.

[정답해설] ① 법인의 대표자에는 그 명칭이나 직위 여하, 또는 대표자로 등기되었는지 여부를 불문하고 당해 법인을 실질적으로 운영하면서 법인을 사실상 대표하여 법인의 사무를 집행하는 사람을 포함한다고 해석함이 상당하다(대판 2011. 4. 28. 2008다15438).

37

법인의 능력
2013년 제1회

「민법」 제35조(법인의 불법행위능력)에 관한 설명으로 옳지 않은 것은? (다툼이 있는 경우에는 판례에 의함)

① 법인을 실질적으로 운영하면서 법인을 사실상 대표하여 법인 사무를 집행하는 사람도 법인의 대표자에 포함된다.

② 대표권 없는 이사의 행위에 대해서는 법인의 불법행위가 성립하지 않는다.

③ 대표기관의 행위가 외형상 법인의 직무에 관한 행위로 인정될 수 있더라도, 그것이 개인의 사리를 도모하기 위한 것이라면 직무에 관한 행위에 해당하지 않는다.

④ 대표기관이 강행규정을 위반한 계약을 체결하여 그 상대방이 손해를 입은 경우에도 직무관련성이 인정되면 법인의 불법행위책임이 인정된다.

⑤ 법인이 대표자의 선임·감독에 주의를 다하였음을 증명하더라도 법인의 불법행위책임으로부터 면책되지 않는다.

정답해설 ③ 법인이 그 대표자의 불법행위로 인하여 손해배상의무를 지는 것은 그 대표자의 직무에 관한 행위로 인하여 손해가 발생한 것임을 요한다 할 것이나, 그 직무에 관한 것이라는 의미는 행위의 외형상 법인의 대표자의 직무행위라고 인정할 수 있는 것이라면 설사 그것이 대표자 개인의 사리를 도모하기 위한 것이었거나 혹은 법령의 규정에 위배된 것이었다 하더라도 위의 직무에 관한 행위에 해당한다고 보아야 한다(대판 2004. 2. 27. 2003다15280).

38

중
법인의 능력
2019년 제7회

「민법」 제35조(법인의 불법행위능력)에 관한 설명으로 옳은 것은? (다툼이 있으면 판례에 따름)

① 「민법」 제35조 소정의 '이사 기타 대표자'에는 대표권 없는 이사가 포함된다.
② 법인의 불법행위가 성립하는 경우, 대표자의 행위가 피해자에 대한 불법행위를 구성한다면 그 대표자도 피해자에 대하여 손해배상책임을 면하지 못한다.
③ 법인의 불법행위가 성립하여 법인이 피해자에게 배상한 경우, 법인은 대표자 개인에 대하여 구상권을 행사할 수 없다.
④ 법인의 대표자의 행위가 직무에 관한 행위에 해당하지 아니함을 피해자가 경과실로 알지 못한 경우 법인의 불법행위책임은 성립하지 않는다.
⑤ 법인의 대표자의 행위가 법령의 규정에 위배된 것이라면 외관상, 객관적으로 직무에 관한 행위라고 인정되더라도 「민법」 제35조 제1항의 직무에 관한 행위에 해당하지 않는다.

풀이TIP 법인의 불법행위능력은 그 성립요건과 효과를 판례 중심으로 정리하여야 한다.

정답해설 ② 법인은 이사 기타 대표자가 그 직무에 관하여 타인에게 가한 손해를 배상할 책임이 있다. 이사 기타 대표자는 이로 인하여 자기의 손해배상책임을 면하지 못한다(제35조 제1항).

오답해설 ① 「민법」 제35조에서 말하는 '이사 기타 대표자'는 법인의 대표기관을 의미하는 것이고 대표권이 없는 이사는 법인의 기관이기는 하지만 대표기관은 아니기 때문에 그들의 행위로 인하여 법인의 불법행위가 성립하지 않는다(대판 2005. 12. 23. 2003다30159).
③ 이 경우 법인은 대표자 개인에 대하여 구상권을 행사할 수 있다.
④ 법인의 대표자의 행위가 직무에 관한 행위에 해당하지 아니함을 피해자 자신이 알았거나 또는 중대한 과실로 인하여 알지 못한 경우에는 법인에게 손해배상책임을 물을 수 없다(대판 2004. 3. 26. 2003다34045).
⑤ 법인이 그 대표자의 불법행위로 인하여 손해배상의무를 지는 것은 그 대표자의 직무에 관한 행위로 인하여 손해가 발생한 것임을 요한다 할 것이나, 그 직무에 관한 것이라는 의미는 행위의 외형상 법인의 대표자의 직무행위라고 인정할 수 있는 것이라면 설사 그것이 대표자 개인의 사리를 도모하기 위한 것이었거나 혹은 법령의 규정에 위배된 것이었다 하더라도 위의 직무에 관한 행위에 해당한다고 보아야 한다(대판 2004. 2. 27. 2003다15280).

Answer 36. ① 37. ③ 38. ②

39

법인의 능력
2020년 제8회

「민법」 제35조(법인의 불법행위능력)에 관한 설명으로 옳은 것은? (다툼이 있으면 판례에 따름)

① 대표권이 없는 이사가 직무행위로 타인에게 손해를 가한 경우 법인은 불법행위책임을 진다.
② 법인의 불법행위책임이 성립하는 경우 가해행위를 한 대표기관은 손해배상책임을 면한다.
③ 외형상 대표자의 직무행위로 인정되더라도 법령에 위반한 행위는 직무에 관한 행위가 아니다.
④ 대표자의 행위가 직무행위에 해당하지 않음을 피해자가 중대한 과실로 알지 못한 경우에는 법인에게 손해배상책임을 물을 수 없다.
⑤ 법인의 불법행위책임에는 과실상계의 법리가 적용되지 않는다.

> **풀이 TIP** 법인의 불법행위능력은 성립요건과 효과를 구분하여 판례 중심으로 정확히 이해한다.

정답해설 ④ 대표자의 행위가 직무에 관한 행위에 해당하지 아니함을 피해자 자신이 알았거나 또는 중대한 과실로 인하여 알지 못한 경우에는 비법인사단에 손해배상책임을 물을 수 없다(대판 2003. 7. 25. 2002다27088).

오답해설 ① 「민법」 제35조에서 말하는 '이사 기타 대표자'는 법인의 대표기관을 의미하는 것이고 대표권이 없는 이사는 법인의 기관이기는 하지만 대표기관은 아니기 때문에 그들의 행위로 인하여 법인의 불법행위가 성립하지 않는다(대판 2005. 12. 23. 2003다30159).
② 법인은 이사 기타 대표자가 그 직무에 관하여 타인에게 가한 손해를 배상할 책임이 있다. 이사 기타 대표자는 이로 인하여 자기의 손해배상책임을 면하지 못한다(제35조 제1항).
③ 법인이 그 대표자의 불법행위로 인하여 손해배상의무를 지는 것은 그 대표자의 직무에 관한 행위로 인하여 손해가 발생한 것임을 요한다 할 것이나, 그 직무에 관한 것이라는 의미는 행위의 외형상 법인의 대표자의 직무행위라고 인정할 수 있는 것이라면 설사 그것이 대표자 개인의 사리를 도모하기 위한 것이었거나 혹은 법령의 규정에 위배된 것이었다 하더라도 위의 직무에 관한 행위에 해당한다고 보아야 한다(대판 2004. 2. 27. 2003다15280).
⑤ 법인의 불법행위책임에도 과실상계의 법리가 적용된다.

40

법인의 능력
2021년 제9회

사단법인 甲의 대표자 乙이 직무에 관한 불법행위로 丙에게 손해를 가하였다. 甲의 불법행위능력(민법 제35조)에 관한 설명으로 옳지 않은 것은? (다툼이 있으면 판례에 따름)

① 甲의 불법행위가 성립하여 甲이 丙에게 손해를 배상하면 甲은 乙에게 구상할 수 있다.

② 乙이 법인을 실질적으로 운영하면서 사실상 대표하여 사무를 집행하였더라도 대표자로 등기되지 않았다면 민법 제35조에서 정한 '대표자'에 해당하지 않는다.

③ 甲의 불법행위책임은 그가 乙의 선임·감독에 주의를 다하였음을 이유로 면책되지 않는다.

④ 乙의 행위가 외형상 대표자의 직무행위로 인정되는 경우라면 그것이 乙 개인의 이익만을 도모하기 위한 것이라도 직무에 관한 행위에 해당한다.

⑤ 乙이 청산인인 경우에도 甲의 불법행위책임이 성립할 수 있다.

〖정답해설〗 ② '법인의 대표자'에는 그 명칭이나 직위 여하, 또는 대표자로 등기되었는지 여부를 불문하고 당해 법인을 실질적으로 운영하면서 법인을 사실상 대표하여 법인의 사무를 집행하는 사람을 포함한다고 해석함이 상당하다(대판 2011. 4. 28. 2008다15438).

〖오답해설〗 ① 법인이 피해자에게 손해를 배상한 때에는, 법인은 선관주의의무위반(제61조)을 이유로 대표기관 개인에게 구상권을 행사할 수 있다.
③ 제35조의 법인의 불법행위책임은 제756조의 사용자책임과 달리 면책규정이 없다. 따라서 대표기관의 선임·감독에 주의를 다하였음을 이유로 면책되지 않는다.

41

중
법인의 능력
2023년 제11회

민법상 법인의 불법행위능력에 관한 설명으로 옳은 것은? (다툼이 있으면 판례에 따름)

① 법인의 대표자는 법인을 사실상 대표하는지 여부와 관계없이 대표자로 등기되었는지 여부만을 기준으로 판단하여야 한다.

② 법인의 대표자가 부정한 대표행위를 한 경우에 그 행위가 직무범위 내에 있더라도 법인의 불법행위가 성립될 여지가 없다.

③ 행위의 외형상 법인의 대표자의 직무행위라고 인정되더라도 법령의 규정에 위배된 것이라면 직무에 관한 행위에 해당하지 않는다.

④ 법인의 대표자의 행위로 법인의 불법행위책임이 성립하는 경우, 특별한 사정이 없는 한 법인만이 피해자에게 불법행위책임을 진다.

⑤ 법인의 대표자의 행위가 직무행위에 해당하지 아니함을 피해자 자신이 경과실로 알지 못한 경우에는 법인에게 손해배상책임을 물을 수 있다.

정답해설 ⑤ 법인의 대표자의 행위가 직무에 관한 행위에 해당하지 아니함을 피해자 자신이 알았거나 또는 중대한 과실로 인하여 알지 못한 경우에는 법인에 손해배상책임을 물을 수 없다(대판 2004. 3. 26. 2003다34045).

오답해설 ① 여기서 '법인의 대표자'에는 그 명칭이나 직위 여하, 또는 대표자로 등기되었는지 여부를 불문하고 당해 법인을 실질적으로 운영하면서 법인을 사실상 대표하여 법인의 사무를 집행하는 사람을 포함한다(대판 2011. 4. 28. 2008다15438).
② 법인의 대표자가 부정한 대표행위를 한 경우라도 직무관련성이 있고 기타 요건을 갖춘 경우에는 법인에게 불법행위책임을 인정한다.
③ 행위의 외형상 법인의 대표자의 직무행위라고 인정할 수 있는 것이라면 설사 그것이 대표자 개인의 사리를 도모하기 위한 것이었거나 혹은 법령의 규정에 위배된 것이었다 하더라도 위의 직무에 관한 행위에 해당한다고 보아야 한다(대판 2004. 2. 27. 2003다15280).
④ 법인의 불법행위가 성립하면, 법인은 피해자에 대하여 손해배상책임을 진다. 법인의 배상책임이 인정된다고 하더라도 대표기관이 자기의 손해배상책임을 면하지 못한다. 피해자는 법인 또는 대표기관 개인에 대해 손해배상을 청구할 수 있고, 이 양자는 '부진정연대채무'로 해석된다.

42

법인의 능력
2022년 제10회

甲법인의 대표이사 乙은 대표자로서의 모든 권한을 丙에게 포괄적으로 위임하여 丙이 실질적으로 甲법인의 사실상 대표자로서 그 사무를 집행하고 있다. 이에 관한 설명으로 옳은 것을 모두 고른 것은? (다툼이 있으면 판례에 따름)

> ㉠ 甲의 사무에 관한 丙의 대행행위는 원칙적으로 甲에게 효력이 미치지 않는다.
> ㉡ 丙이 외관상 직무행위로 인하여 丁에게 손해를 입힌 경우, 甲은 특별한 사정이 없는 한 丁에 대하여 법인의 불법행위책임에 관한 민법 제35조의 손해배상책임을 진다.
> ㉢ 만약 甲이 비법인사단이라면 乙은 甲의 사무 중 정관에서 대리를 금지한 사항의 처리에 대해서도 丙에게 포괄적으로 위임할 수 있다.

① ㉠   ② ㉡   ③ ㉠, ㉡
④ ㉠, ㉢   ⑤ ㉡, ㉢

정답해설 ㉠ 민법 제62조에 의하면 특정한 행위를 대리하게 할 수 있으나 포괄적으로 위임할 수는 없다. 따라서 포괄적 수임인 丙의 대행행위는 甲법인에게 그 효력이 미치지 않는다.
㉡ 민법 제35조 제1항은 "법인은 이사 기타 대표자가 그 직무에 관하여 타인에게 가한 손해를 배상할 책임이 있다."라고 정한다. 여기서 '법인의 대표자'에는 그 명칭이나 직위 여하, 또는 대표자로 등기되었는지 여부를 불문하고 당해 법인을 실질적으로 운영하면서 법인을 사실상 대표하여 법인의 사무를 집행하는 사람을 포함한다고 해석함이 상당하다(대판 2011. 4. 28. 2008다15438).

오답해설 ㉢ 비법인사단에 대하여는 사단법인에 관한 민법 규정 가운데 법인격을 전제로 하는 것을 제외하고는 이를 유추적용하여야 하는데, 민법 제62조에 비추어 보면 비법인사단의 대표자는 정관 또는 총회의 결의로 금지하지 아니한 사항에 한하여 타인으로 하여금 특정한 행위를 대리하게 할 수 있을 뿐 비법인사단의 제반 업무처리를 포괄적으로 위임할 수는 없다(대판 2011. 4. 28. 2008다15438).

Answer⁺ 41. ⑤ 42. ③

43

법인의 기관
2015년 제3회

「민법」상 법인의 기관에 관한 설명으로 옳은 것은? (다툼이 있으면 판례에 따름)

① 사단법인의 이사와 감사는 필수기관이다.

② 이사가 없거나 결원이 있는 경우에 이로 인하여 손해가 생길 염려가 있는 때에는 법원은 이해관계인이나 검사의 청구에 의하여 직무대행자를 선임하여야 한다.

③ 사단법인의 사원의 지위는 양도 또는 상속할 수 없다는 「민법」의 규정은 강행규정이므로, 정관으로 이에 반하는 규정을 둘 수 없다.

④ 법인과 이사의 이익이 상반하는 사항에 관하여는 임시이사를 선임하여야 한다.

⑤ 사원총회에서 결의할 수 있는 것은 정관에 다른 규정이 없는 한 총회를 소집할 때 미리 통지한 사항에 한정된다.

풀이TIP 법인의 기관인 이사, 감사, 사원총회에 관한 문제이다. 특히 이사의 직무권한, 임시이사(제63조), 특별대리인(제64조) 등이 중요하다.

오답해설 ① 모든 법인에서 이사는 필수기관이지만, 감사는 임의기관이다.
② 이사가 없거나 결원이 있는 경우에 이로 인하여 손해가 생길 염려가 있는 때에는 법원은 이해관계인이나 검사의 청구에 의하여 임시이사를 선임하여야 한다(제63조).
③ 사단법인의 사원의 지위는 양도 또는 상속할 수 없다는 「민법」의 규정(제56조)은 강행규정이 아니므로 정관에 의하여 이를 인정하고 있을 때에는 양도·상속이 허용된다.
④ 법인과 이사의 이익이 상반하는 사항에 관하여는 특별대리인을 선임하여야 한다(제64조).

44

법인의 기관
2021년 제9회

법인에 관한 설명으로 옳은 것을 모두 고른 것은?

> ㉠ 임시이사는 법인과 이사의 이익이 상반하는 사항에 관하여 선임되는 법인의 기관이다.
> ㉡ 법인의 이사가 여러 명인 경우에는 정관에 다른 규정이 없으면 법인의 사무집행은 이사의 과반수로써 결정한다.
> ㉢ 법인의 대표에 관하여는 대리에 관한 규정을 준용한다.
> ㉣ 이사는 정관 또는 총회의 결의로 금지하지 아니한 사항에 한하여 타인으로 하여금 특정한 행위를 대리하게 할 수 있다.

① ㉠, ㉡

② ㉢, ㉣

③ ㉠, ㉡, ㉢

④ ㉡, ㉢, ㉣

⑤ ㉠, ㉡, ㉢, ㉣

정답해설 ㉡ 제58조 제2항 ㉢ 제59조 제2항 ㉣ 제62조

오답해설 ㉠ 이사가 없거나 결원이 있는 경우에 이로 인하여 손해가 생길 염려가 있는 때에는 법원은 이해관계인이나 검사의 청구에 의하여 임시이사를 선임하여야 한다(제63조).

45

법인의 기관
2014년 제2회

법인의 이사에 관한 설명으로 옳지 않은 것은? (다툼이 있는 경우에는 판례에 의함)

① 이사의 임면에 관한 사항은 정관의 필요적 기재사항이다.

② 이사의 대표권의 제한은 이를 등기하지 않으면 악의의 제3자에게도 대항할 수 없다.

③ 이사가 그의 권한으로 선임한 대리인은 법인의 기관이다.

④ 특별한 사정이 없으면, 법인과 이사의 이익이 상반하는 사항에 관하여는 그 이사는 대표권이 없다.

⑤ 이사의 직무대행자는 원칙적으로 법인의 통상사무에 속하는 행위만을 할 수 있다.

[정답해설] ③ 이사는 원칙적으로 자신이 대표권을 행사하여야 한다. 다만, 정관 또는 총회의 결의로 금지하지 아니한 사항에 한하여 타인으로 하여금 특정의 행위를 대리하게 할 수 있다(제62조). 이때 이사가 선임한 대리인은 법인의 기관은 아니고, 법인의 대리인일 뿐이다.

46

법인의 기관
2013년 제1회

법인의 이사에 관한 설명으로 옳은 것은?

① 법인이 설립허가의 취소로 해산하는 경우 원칙적으로 이사는 청산인이 될 수 없다.

② 이사가 여러 명인 경우, 법인의 사무에 관하여 공동으로 법인을 대표하는 것이 원칙이다.

③ 이사는 정관 또는 총회의 결의로 금지하지 아니한 사항에 한하여 타인으로 하여금 특정한 행위를 대리하게 할 수 있다.

④ 이사의 대표권에 대한 제한은 정관의 기재만으로도 선의의 제3자에게 대항할 수 있다.

⑤ 법인과 이사의 이익이 상반하는 사항에 대해서는 법원이 이해관계인이나 검사의 청구에 의하여 임시이사를 선임하여야 한다.

[오답해설] ① 법인이 해산한 때에는 파산의 경우를 제하고는 이사가 청산인이 된다(제82조).
② 법인의 대표에는 대리에 관한 규정이 준용되므로 이사가 수인인 경우 이사 각자가 법인을 대표한다.
④ 이사의 대표권의 제한을 정관에 기재하여 유효한 경우에도 이를 등기하지 않으면 제3자에게 대항할 수 없다(제60조).
⑤ 법인과 이사의 이익에 상반하는 사항에 관하여는 이사는 대표권이 없다. 이 경우에는 특별대리인을 선임하여야 한다(제64조).

(Answer) 43. ⑤ 44. ④ 45. ③ 46. ③

47

중
법인의 기관
2024년 제12회

민법상 법인의 이사에 관한 설명으로 옳지 않은 것은? (다툼이 있으면 판례에 따름)

① 이사가 여러 명인 경우 정관에 다른 정함이 없으면 법인의 사무집행은 이사의 과반수로써 결정한다.

② 이사의 결원으로 법인에게 손해가 생길 염려가 있는 경우, 법원은 이해관계인 이나 검사의 청구에 의하여 임시이사를 선임하여야 한다.

③ 이사는 정관 또는 총회의 결의로 금지하지 아니한 사항에 한하여 타인으로 하여금 특정한 행위를 대리하게 할 수 있다.

④ 법인의 정관에 이사의 해임사유에 관한 규정이 있는 경우, 법인은 특별한 사정이 없는 한 정관에서 정하지 아니한 사유로 이사를 해임할 수 없다.

⑤ 이사의 사임은 특별한 사정이 없는 한 주무관청의 승인이 있어야 그 효력이 발생한다.

정답해설 ⑤ 법인과 이사의 법률관계는 신뢰를 기초로 한 위임 유사의 관계이므로, 이사는 민법 제689 조 제1항이 규정한 바에 따라 언제든지 사임할 수 있고, 법인의 이사를 사임하는 행위는 상대방 있는 단독행위이므로 그 의사표시가 상대방에게 도달함과 동시에 그 효력을 발생하고, 그 의사표시가 효력을 발생한 후에는 마음대로 이를 철회할 수 없음이 원칙이다(대판 2008. 9. 25. 2007다17109).

오답해설 ① 제58조 제2항

② 제63조

③ 제62조

④ 법인의 정관에 이사의 해임사유에 관한 규정이 있는 경우 법인으로서는 이사의 중대한 의무위반 또는 정상적인 사무집행 불능 등의 특별한 사정이 없는 이상, 정관에서 정하지 아니한 사유로 이사를 해임할 수 없다(대판 2013. 11. 28. 2011다41741).

48

중

법인의 기관
2018년 제6회

「민법」상 법인의 대표권에 관한 설명으로 옳지 않은 것은? (다툼이 있으면 판례에 따름)

① 이사의 대표권 제한에 관한 정관의 규정이 등기되어 있지 않으면, 법인은 그 규정으로 악의의 제3자에게도 대항할 수 없다.

② 법인과 이사의 이익상반행위로 특별대리인을 선임하는 경우, 법원은 이해관계인이나 검사의 청구에 의하여 선임하여야 한다.

③ 「민법」 규정에 의하여 선임된 직무대행자가 그 권한을 정한 규정에 위반하여 법인의 통상 사무 범위를 벗어난 행위를 한 경우, 법인은 선의의 제3자에 대하여 책임을 진다.

④ 대표자의 행위가 직무에 관한 행위에 해당하지 아니함을 피해자가 중과실로 알지 못한 경우에도, 피해자는 법인에게 손해배상책임을 물을 수 있다.

⑤ 법인의 대표에 관하여는 대리에 관한 규정을 준용한다.

풀이 TIP 이사의 직무권한인 법인의 대표권과 사무집행권을 조문 중심으로 정리해 두어야 한다.

정답해설 ④ 법인의 대표자의 행위가 직무에 관한 행위에 해당하지 아니함을 피해자 자신이 알았거나 또는 중대한 과실로 인하여 알지 못한 경우에는 법인에 손해배상책임을 물을 수 없다(대판 2004. 3. 26. 2003다34045).

오답해설 ① 법인의 정관에 법인 대표권의 제한에 관한 규정이 있으나 그와 같은 취지가 등기되어 있지 않다면 법인은 그와 같은 정관의 규정에 대하여 선의냐 악의냐에 관계없이 제3자인 원고에 대하여 대항할 수 없다(대판 1992. 2. 14. 91다24564).

Answer 47. ⑤ 48. ④

49

법인의 기관
2024년 제12회

사단법인 A의 대표이사 甲이 A를 대표하여 乙과 매매계약을 체결하였다. 이에 관한 설명으로 옳은 것을 모두 고른 것은? (다툼이 있으면 판례에 따름)

> ㉠ 매매계약을 체결하는 것이 甲과 A의 이익이 상반하는 사항인 경우, 甲은 A를 대표할 권한이 없다.
> ㉡ 甲이 A를 위하여 매수인 乙로부터 매매대금을 수령한 경우에 A의 채무불이행을 이유로 乙이 매매계약을 유효하게 해제하면, 특별한 사정이 없는 한 해제로 인한 원상회복의무는 甲이 부담한다.
> ㉢ 만약 A가 정관에 甲의 매매계약체결에 관한 대표권을 제한하는 규정을 두었지만 이를 등기하지 않은 경우, A는 이러한 사실을 알았던 乙에게 그 대표권 제한사실로써 대항할 수 있다.

① ㉠   ② ㉢   ③ ㉠, ㉡
④ ㉡, ㉢   ⑤ ㉠, ㉡, ㉢

정답해설 ㉠ 법인과 이사의 이익이 상반하는 사항에 관하여는 이사는 대표권이 없다. 이 경우에는 특별대리인을 선임하여야 한다(제64조).

오답해설 ㉡ 甲이 A를 위하여 매수인 乙로부터 매매대금을 수령한 경우에 A의 채무불이행을 이유로 乙이 매매계약을 유효하게 해제하면, 특별한 사정이 없는 한 해제로 인한 원상회복의무는 甲이 아니라 A 사단법인이 부담한다.
㉢ 법인의 정관에 법인 대표권의 제한에 관한 규정이 있으나 그와 같은 취지가 등기되어 있지 않다면 법인은 그와 같은 정관의 규정에 대하여 선의냐 악의냐에 관계없이 제3자에 대하여 대항할 수 없다(대판 1992. 2. 14. 91다24564).

50

법인의 기관
2018년 제6회

「민법」상 사단법인의 기관에 관한 설명으로 옳지 않은 것은? (다툼이 있으면 판례에 따름)

① 이사의 임면에 관한 사항은 정관의 임의적 기재사항이다.
② 사단법인의 이사는 매년 1회 이상 통상총회를 소집하여야 한다.
③ 이사가 수인인 경우, 정관에 다른 규정이 없으면 법인의 사무집행은 이사의 과반수로써 결정한다.
④ 감사는 필요기관이 아니다.
⑤ 사원총회의 의결사항은 정관에 다른 규정이 없으면, 총회를 소집할 때 미리 통지된 사항에 한한다.

풀이TIP 사단법인의 기관에 속하는 이사, 감사, 사원총회의 직무권한을 암기하도록 한다.

정답해설 ① 이사의 임면에 관한 사항은 정관의 필요적 기재사항이다.

오답해설 ④ 법인은 정관 또는 총회의 결의로 감사를 둘 수 있다. 즉, 감사는 임의기관이다.

51

중
법인 종합
2020년 제8회

「민법」상 사단법인에 관한 설명으로 옳지 않은 것은? (다툼이 있으면 판례에 따름)

① 이사는 원칙적으로 법인의 제반 업무처리를 대리인에게 포괄적으로 위임할 수 없다.

② 정관의 규범적 의미와 다른 해석이 사원총회의 결의에 의해 표명되었더라도 이는 법원을 구속하는 효력이 없다.

③ 이사의 임면에 관한 사항은 정관의 임의적 기재사항이다.

④ 이사회의 결의사항에 이해관계가 있는 이사는 의결권이 없다.

⑤ 「민법」상 청산절차에 관한 규정에 반하는 잔여재산 처분행위는 특단의 사정이 없는 한 무효이다.

풀이 TIP 법인의 기관의 종류와 각각의 역할을 정리한다.

정답해설 ③ 이사의 임면에 관한 사항은 정관의 필요적 기재사항이다(제40조 제5호).

오답해설 ① 이사는 원칙적으로 자신이 대표권을 행사하여야 한다. 다만, 정관 또는 총회의 결의로 금지하지 아니한 사항에 한하여 타인으로 하여금 특정의 행위를 대리하게 할 수 있다(제62조). 그러나 포괄적 대리권의 수여는 인정되지 않는다.

② 사단법인의 정관은 이를 작성한 사원뿐만 아니라 그 후에 가입한 사원이나 사단법인의 기관 등도 구속하는 점에 비추어 보면 그 법적 성질은 계약이 아니라 자치법규로 보는 것이 타당하므로, 이는 어디까지나 객관적인 기준에 따라 그 규범적인 의미 내용을 확정하는 법규해석의 방법으로 해석되어야 하는 것이지, 작성자의 주관이나 해석 당시의 사원의 다수결에 의한 방법으로 자의적으로 해석될 수는 없다 할 것이어서, 어느 시점의 사단법인의 사원들이 정관의 규범적인 의미 내용과 다른 해석을 사원총회의 결의라는 방법으로 표명하였다 하더라도 그 결의에 의한 해석은 그 사단법인의 구성원인 사원들이나 법원을 구속하는 효력이 없다(대판 2000. 11. 24. 99다12437).

④ 「민법」 제74조는 사단법인과 어느 사원과의 관계사항을 의결하는 경우 그 사원은 의결권이 없다고 규정하고 있으므로, 「민법」 제74조의 유추해석상 「민법」상 법인의 이사회에서 법인과 어느 이사와의 관계사항을 의결하는 경우에는 그 이사는 의결권이 없다(대판 2009. 4. 9. 2008다1521).

⑤ 청산절차에 관한 규정은 제3자의 이해관계에 중대한 영향을 미치기 때문에 강행규정이다.

52

중
법인의 기관
2019년 제7회

「민법」상 법인의 기관에 관한 설명으로 옳지 않은 것은? (다툼이 있으면 판례에 따름)

① 「민법」상 이사의 임기를 제한하는 규정은 없다.

② 사원총회의 결의는 「민법」 또는 정관에 다른 규정이 없으면 사원 과반수의 출석과 출석사원의 결의권의 과반수로써 한다.

③ 이사는 정관 또는 총회의 결의로 금지하지 아니한 사항에 한하여 타인으로 하여금 특정한 행위를 대리하게 할 수 있다.

④ 임시이사 선임의 요건인 '이사가 없거나 결원이 있는 경우'란 이사가 전혀 없거나 정관에서 정한 인원수에 부족이 있는 경우를 말한다.

⑤ 정관에 이사의 해임사유에 관한 규정이 있는 경우에는 이사의 중대한 의무위반이 있어도 법인은 정관에서 정하지 아니한 사유로 이사를 해임할 수 없다.

> **풀이TIP** 법인의 기관에 속하는 이사, 감사, 사원총회 각각의 권한을 정리한다.

> **정답해설** ⑤ 법인의 정관에 이사의 해임사유에 관한 규정이 있는 경우 법인으로서는 이사의 중대한 의무위반 또는 정상적인 사무집행 불능 등의 특별한 사정이 없는 이상, 정관에서 정하지 아니한 사유로 이사를 해임할 수 없다(대판 2013. 11. 28. 2011다41741).

> **오답해설** ② 제75조 제1항 ③ 제62조 ④ 대판 1975. 3. 31. 74마562

53

중
법인의 정관변경
2016년 제4회

법인의 정관에 관한 설명으로 옳지 않은 것은? (다툼이 있으면 판례에 따름)

① 법인의 존립시기나 해산사유는 재단법인 정관의 필요적 기재사항이다.

② 사단법인의 정관의 변경은 주무관청의 허가를 얻지 아니하면 그 효력이 없다.

③ 재단법인의 설립자가 그 명칭, 사무소소재지 또는 이사임면의 방법을 정하지 아니하고 사망한 때에는 이해관계인 또는 검사의 청구에 의하여 법원이 이를 정한다.

④ 사단법인의 정관은 정수에 관하여 정관에 다른 규정이 없는 한 총사원 3분의 2 이상의 동의가 있는 때에 한하여 이를 변경할 수 있다.

⑤ 재단법인의 목적을 달성할 수 없는 때에는 설립자나 이사는 주무관청의 허가를 얻어 설립의 취지를 참작하여 그 목적 기타 정관의 규정을 변경할 수 있다.

> **풀이TIP** 사단법인의 정관변경(제42조)과 재단법인의 정관변경(제45조·제46조)을 구분해서 정관변경의 가능 여부와 그 경우의 수를 정리해 두어야 한다.

> **정답해설** ① 재단법인의 설립자는 일정한 재산을 출연하고 제40조 제1호 내지 제5호의 사항을 기재한 정관을 작성하여 기명날인하여야 한다(제43조). 따라서 제40조 제6호(사원자격의 득실에 관한 규정)와 제7호(법인의 존립시기나 해산시기)는 필요적 기재사항이 아니다. 사원에 관한 규정은 재단법인에서는 사원이 없기 때문에 당연한 것이고, 존립시기·해산사유에 관한 규정은 재단법인의 영속성을 고려하고 설립자의 의사를 존중하기 위하여 임의적 기재사항으로 하였다.

54

「민법」상 법인의 정관에 관한 설명으로 옳은 것을 모두 고른 것은? (다툼이 있으면 판례에 따름)

> ㉠ 정관의 변경사항이 등기사항인 경우에는 등기하여야 정관변경의 효력이 생긴다.
> ㉡ 재단법인의 기본재산에 관한 저당권 설정행위는 특별한 사정이 없는 한 정관의 기재사항을 변경하여야 하는 경우에 해당하지 않는다.
> ㉢ 사단법인의 정관을 변경하기 위해서는 정관에 다른 규정이 없는 한 사원총회에서 총 사원 3분의 2 이상의 동의가 있어야 한다.

① ㉢
② ㉠, ㉡
③ ㉠, ㉢
④ ㉡, ㉢
⑤ ㉠, ㉡, ㉢

풀이 TIP 법인의 정관변경 요건을 사단법인과 재단법인으로 구분하여 암기한다.

정답해설 ㉡ 「민법」상 재단법인의 기본재산에 관한 저당권 설정행위는 특별한 사정이 없는 한 정관의 기재사항을 변경하여야 하는 경우에 해당하지 않으므로, 그에 관하여는 주무관청의 허가를 얻을 필요가 없다(대결 2018. 7. 20. 2017마1565).
㉢ 사단법인의 정관은 총 사원 3분의 2 이상의 동의가 있는 때에 한하여 이를 변경할 수 있다. 그러나 정수에 관하여 정관에 다른 규정이 있는 때에는 그 규정에 의한다(제42조 제1항).

오답해설 ㉠ 주무관청의 허가가 효력요건이고(제42조 제2항), 변경내용이 등기사항이면 등기가 대항요건이다.

55

중
법인의 소멸
2015년 제3회

「민법」상 법인의 소멸에 관한 설명으로 옳지 않은 것은? (다툼이 있으면 판례에 따름)

① 법인이 목적 이외의 사업을 하거나 설립허가의 조건에 위반하거나 기타 공익을 해하는 행위를 한 경우, 주무관청은 법인의 설립허가를 취소할 수 있다.

② 청산이 종결한 때에는 청산인은 3주간 내에 이를 등기하고 주무관청에 신고하여야 한다.

③ 청산 중의 법인은 채권신고기간이 경과하더라도 변제기에 이르지 않은 채권에 대해서는 변제할 수 없다.

④ 청산절차에 관한 규정은 모두 제3자의 이해관계에 중대한 영향을 미치는 것으로서 강행규정이다.

⑤ 법인에 대한 청산종결등기가 마쳐졌더라도 청산사무가 종결되지 않는 한 그 범위 내에서 청산법인으로 존속한다.

풀이 TIP 법인의 소멸은 해산과 청산절차를 거치며 단계적으로 이루어진다. 이 부분은 조문 중심으로 출제되므로 해산사유(제77조, 제78조)와 청산절차(제81~94조) 규정을 반드시 암기해야 한다.

정답해설 ③ 청산 중의 법인은 변제기에 이르지 아니한 채권에 대하여도 변제할 수 있다(제91조 제1항).

56

중
법인의 소멸
2019년 제7회

「민법」상 법인의 소멸에 관한 설명으로 옳지 않은 것은? (다툼이 있으면 판례에 따름)

① 사단법인은 사원총회의 결의로도 해산할 수 있다.

② 법원은 법인의 해산 및 청산을 검사, 감독한다.

③ 법인에 대한 청산종결등기가 경료되었다면 청산사무가 종결되지 않았더라도 그 법인은 소멸한다.

④ 법인이 채무를 완제하지 못하게 된 때에는 이사는 지체 없이 파산신청을 하여야 한다.

⑤ 청산인은 청산법인의 능력 범위 내에서 대내적으로 청산사무를 집행하고 대외적으로 청산법인을 대표한다.

풀이 TIP 법인의 해산과 청산을 조문 중심으로 정리하여야 한다.

정답해설 ③ 청산종결등기가 경료된 경우에도 청산사무가 종료되었다 할 수 없는 경우에는 청산법인으로 존속한다(대판 1980. 4. 8. 79다2036).

오답해설 ① 사단법인은 사원이 없게 되거나 총회의 결의로도 해산한다(제77조 제2항).
② 법인의 해산 및 청산은 법원이 검사, 감독한다(제95조).
④ 제79조
⑤ 청산인은 청산법인의 대표기관 및 사무집행기관이다.

57

법인의 소멸
2022년 제10회

민법상 법인의 해산과 청산에 관한 설명으로 옳지 않은 것은? (다툼이 있으면 판례에 따름)

① 해산한 법인은 청산의 목적범위 내에서만 권리가 있고 의무를 부담한다.

② 사단법인 총회의 해산결의는 정관에 다른 규정이 없는 한 총사원의 4분의 3 이상의 동의가 필요하다.

③ 민법상 청산절차에 관한 규정에 반하는 잔여재산의 처분행위는 특별한 사정이 없는 한 무효이다.

④ 청산 중의 법인은 변제기에 이르지 아니한 채권에 대해서도 변제할 수 있다.

⑤ 법인의 청산인은 채권신고기간 내에는 채권자에 대하여 변제하지 못하므로 법인은 그 기간 동안의 지연손해배상의무를 면한다.

(정답해설) ⑤ 청산인은 제88조 제1항의 채권신고기간 내에는 채권자에 대하여 변제하지 못한다. 그러나 법인은 채권자에 대한 지연손해배상의 의무를 면하지 못한다(제90조).

58

법인 종합
2014년 제2회

법인에 관한 설명으로 옳지 않은 것은? (다툼이 있는 경우에는 판례에 의함)

① 영리법인은 모두 사단법인이다.

② 감사는 법인의 임의기관이다.

③ 특별한 사정이 없으면, 사단법인의 사원의 지위는 양도 또는 상속할 수 없다.

④ 특별한 사정이 없으면, 사단법인의 해산결의는 총사원 4분의 3 이상의 동의로 한다.

⑤ 법인의 해산과 청산은 청산인이 감독한다.

(정답해설) ⑤ 법인의 해산 및 청산은 법원이 검사, 감독한다(제95조).

Answer 55. ③ 56. ③ 57. ⑤ 58. ⑤

59

중
법인 종합
2016년 제4회

「민법」상 법인에 관한 설명으로 옳은 것은?

① 사교 등 비영리를 목적으로 하는 사단은 주무관청의 허가 없이 신고만으로 법인을 설립할 수 있다.

② 이사가 없는 경우에 이로 인하여 손해가 생길 염려가 있는 경우, 법원은 이해관계인의 청구에 의하여 특별대리인을 선임하여야 한다.

③ 법인이 주사무소소재지를 관할하는 등기소의 관할구역 외로 주사무소를 이전하는 경우, 구소재지에서는 3주간 내에 이전등기를 하고 신소재지에서는 3주간 내에 설립등기사항에 게기한 사항을 등기하여야 한다.

④ 이사의 대표권에 대한 제한은 이를 정관에 기재하지 아니하여도 그 효력이 있다.

⑤ 법인은 정관 또는 총회의 결의로 감사를 두어야 한다.

[정답해설] ③ 제51조 제1항

[오답해설] ① 학술, 종교, 자선, 기예, 사교 기타 영리 아닌 사업을 목적으로 하는 사단 또는 재단은 주무관청의 허가를 얻어 이를 법인으로 할 수 있다(제32조).
② 이사가 없거나 결원이 있는 경우에 이로 인하여 손해가 생길 염려가 있는 때에는 법원은 이해관계인이나 검사의 청구에 의하여 임시이사를 선임하여야 한다(제63조).
④ 이사의 대표권에 대한 제한은 이를 정관에 기재하지 아니하면 그 효력이 없다(제41조).
⑤ 법인은 정관 또는 총회의 결의로 감사를 둘 수 있다(제66조).

60

중
법인 종합
2022년 제10회

민법상 법인에 관한 설명으로 옳은 것은? (다툼이 있으면 판례에 따름)

① 재단법인의 기본재산을 새롭게 편입하는 행위는 주무관청의 허가를 받지 않아도 유효하다.

② 재단법인의 감사는 민법상 필수기관이다.

③ 사단법인의 사원권은 정관에 정함이 있는 경우 상속될 수 있다.

④ 사단법인이 정관에 이사의 대표권에 관한 제한을 규정한 경우에는 이를 등기하지 않더라도 악의의 제3자에게 대항할 수 있다.

⑤ 이사 전원의 의결에 의하여 잔여재산을 처분하도록 한 사단법인의 정관 규정은 성질상 등기하여야만 제3자에게 대항할 수 있는 청산인의 대표권에 관한 제한으로 보아야 한다.

정답해설 ③ 사단법인의 사원의 지위는 양도 또는 상속할 수 없다(제56조). 그러나 이러한 민법 제56조의 규정은 강행규정이라고 할 수 없으므로, 비법인사단에서도 사원의 지위는 규약이나 관행에 의하여 양도 또는 상속될 수 있다(대판 1997. 9. 26. 95다6205).

오답해설 ④ 법인의 정관에 법인 대표권의 제한에 관한 규정이 있으나 그와 같은 취지가 등기되어 있지 않다면 법인은 그와 같은 정관의 규정에 대하여 선의냐 악의냐에 관계없이 제3자에게 대항할 수 없다(대판 1992. 2. 14. 91다24564).

⑤ [1] 민법상의 청산절차에 관한 규정은 모두 제3자의 이해관계에 중대한 영향을 미치기 때문에 이른바 강행규정이라고 해석되므로 이에 반하는 잔여재산의 처분행위는 특단의 사정이 없는 한 무효라고 보아야 한다. [2] 이사 전원의 의결에 의하여 잔여재산을 처분하도록 한 정관 규정은 성질상 등기하여야만 제3자에게 대항할 수 있는 청산인의 대표권에 관한 제한이라고 볼 수 없다(대판 1995. 2. 10. 94다13473).

61

법인 종합
2024년 제12회

민법상 법인에 관한 설명으로 옳지 않은 것은? (다툼이 있으면 판례에 따름)

① 재단법인은 법률의 규정에 의함이 아니면 성립하지 못한다.

② 재단법인의 설립자가 정관에 필요적 기재사항 중 이사임면의 방법만 정하지 않고 사망한 경우, 이해관계인 또는 검사의 청구에 의하여 법원이 이를 정한다.

③ 재단법인의 목적을 달성할 수 없는 경우, 설립자나 이사는 주무관청의 허가를 얻어 설립의 취지를 참작하여 그 목적에 관한 정관규정을 변경할 수 있다.

④ 사단법인의 감사는 법인의 재산상황에 관하여 부정한 것이 있음을 발견한 경우, 이를 총회에 보고하기 위해 필요하더라도 임시총회를 소집할 권한은 없다.

⑤ 법인에 대한 청산종결등기가 경료되었더라도 청산사무가 종결되지 않는 한, 법인은 그 범위 내에서는 청산법인으로 존속한다.

정답해설 ④ 사단법인의 감사는 법인의 재산상황에 관하여 부정한 것이 있음을 발견한 경우, 이를 보고하기 위해 필요하면 임시총회를 소집할 수 있다(제67조 제4호).

오답해설 ① 제31조

② 제44조

③ 제46조

⑤ 법인에 대한 청산종결 등기가 되었더라도 청산사무가 종결되지 않는 한 그 범위 내에서는 청산법인으로 존속한다(대판 2021. 6. 30. 2018도14261).

Answer 59. ③ 60. ③ 61. ④

62

권리능력 없는 사단
2017년 제5회

비법인사단에 관한 설명으로 옳지 않은 것을 모두 고른 것은? (다툼이 있으면 판례에 따름)

㉠ 비법인사단의 대표자가 직무에 관하여 타인에게 손해를 가한 경우에 비법인사단은 불법행위책임을 부담한다.

㉡ 비법인사단에 이사의 결원이 생긴 경우에는 임시이사 선임에 관한 「민법」 규정이 유추적용되지 않는다.

㉢ 비법인사단에는 대표권 제한 등기에 관한 규정이 적용되지 않는다.

㉣ 비법인사단이 타인 간의 금전채무를 보증하는 행위는 총유물의 관리, 처분행위라고 볼 수 있다.

㉤ 비법인사단이 성립되기 이전에 설립 주체인 개인이 취득한 권리의무는 설립 후의 비법인사단에 귀속될 수 있다.

---

① ㉠, ㉡, ㉣   ② ㉠, ㉢, ㉤   ③ ㉡, ㉢, ㉣

④ ㉡, ㉢, ㉤   ⑤ ㉡, ㉣, ㉤

풀이 TIP 단체의 실질은 사단임에도 불구하고 법인격, 즉 권리능력이 없는 것을 권리능력 없는 사단(비법인사단)이라 한다. 비법인사단의 법률관계는 내부관계, 외부관계, 재산귀속관계(제275~277조)로 나누어 정확히 이해하도록 한다.

정답해설 ㉡ 「민법」 제63조는 법인의 조직과 활동에 관한 것으로서 법인격을 전제로 하는 조항이 아니고, 법인 아닌 사단이나 재단의 경우에도 이사가 없거나 결원이 생길 수 있으며, 통상의 절차에 따른 새로운 이사의 선임이 극히 곤란하고 종전 이사의 긴급처리권도 인정되지 아니하는 경우에는 사단이나 재단 또는 타인에게 손해가 생길 염려가 있을 수 있으므로, 「민법」 제63조는 법인 아닌 사단이나 재단에도 유추적용할 수 있다(대결 2009. 11. 19. 2008마699).

㉣ 비법인사단이 타인 간의 금전채무를 보증하는 행위는 총유물 그 자체의 관리·처분이 따르지 아니하는 단순한 채무부담행위에 불과하여 이를 총유물의 관리·처분행위라고 볼 수는 없다(대판 2007. 4. 19. 2004다60072·60089).

㉤ 발기인이 취득한 권리·의무는 구체적 사정에 따라 발기인 개인 또는 발기인조합에 귀속되는 것으로서, 이들에게 귀속된 권리·의무를 설립 후의 사단법인에 귀속시키기 위하여는 양수나 채무인수 등의 특별한 이전행위가 있어야 한다.

63

상
권리능력 없는 사단
2018년 제6회

「민법」상 비법인사단에 관한 설명으로 옳지 않은 것은? (다툼이 있으면 판례에 따름)

① 비법인사단의 사원이 집합체로서 물건을 소유할 때에는 총유로 한다.
② 대표자는 비법인사단의 제반 업무처리를 대리인에게 포괄적으로 위임할 수 없다.
③ 대표자 또는 관리인이 있는 비법인사단은 그 사단에 속하는 부동산에 관하여 등기능력을 가진다.
④ 비법인사단 소유의 재산에 대한 대표자의 처분행위가 사원총회의 결의를 거치지 않아 무효가 되더라도, 상대방이 선의인 경우에는 그 처분행위에 대하여 「민법」 제126조의 표현대리 법리가 준용된다.
⑤ 비법인사단의 대표자가 직무에 관하여 타인에게 손해를 가한 경우, 그 사단은 「민법」 제35조 제1항의 유추적용에 의하여 그 손해를 배상할 책임이 있다.

풀이TIP 권리능력 없는 사단의 법률관계와 재산관계를 정확히 파악해야 한다.

정답해설 ④ 비법인사단인 교회의 대표자는 총유물인 교회 재산의 처분에 관하여 교인총회의 결의를 거치지 아니하고는 이를 대표하여 행할 권한이 없다. 그리고 교회의 대표자가 권한 없이 행한 교회 재산의 처분행위에 대하여는 「민법」 제126조의 표현대리에 관한 규정이 준용되지 아니한다(대판 2009. 2. 12. 2006다23312).

오답해설 ② 비법인사단에게도 포괄적 위임 금지 규정(제62조)이 유추적용된다.

64

중
권리능력 없는 사단
2013년 제1회

권리능력 없는 사단에 관한 설명으로 옳지 않은 것은? (다툼이 있는 경우에는 판례에 의함)

① 권리능력 없는 사단도 그 명의로 등기할 수 있다.
② 권리능력 없는 사단의 사원은 총유물에 대한 지분권을 갖지 못한다.
③ 권리능력 없는 사단의 사원의 지위는 달리 정함이 없는 한 양도할 수 없다.
④ 달리 정함이 없는 한 권리능력 없는 사단의 대표자가 총회의 결의 없이 행한 총유물의 처분에 대해서는 권한을 넘은 표현대리에 관한 제126조의 규정이 준용된다.
⑤ 권리능력 없는 사단에 대하여는 사단법인에 관한 「민법」 규정 가운데서 법인격을 전제로 하는 것을 제외하고는 이를 유추적용한다.

정답해설 ④ 비법인사단인 교회의 대표자는 총유물인 교회 재산의 처분에 관하여 교인총회의 결의를 거치지 아니하고는 이를 대표하여 행할 권한이 없다. 그리고 교회의 대표자가 권한 없이 행한 교회 재산의 처분행위에 대하여는 「민법」 제126조의 표현대리에 관한 규정이 준용되지 아니한다(대판 2009. 2. 12. 2006다23312).

Answer 62. ⑤ 63. ④ 64. ④

65

권리능력 없는 사단
2020년 제8회

「민법」상 비법인사단에 관한 설명으로 옳지 않은 것은? (다툼이 있으면 판례에 따름)

① 이사가 없거나 결원이 있는 경우 임시이사의 선임에 관한 「민법」 제63조 규정은 비법인사단에도 유추적용될 수 있다.

② 비법인사단의 사원이 집합체로서 물건을 소유할 때에는 총유로 한다.

③ 비법인사단이 타인 간의 금전채무를 보증하는 행위는 총유물의 관리·처분행위로 볼 수 없다.

④ 비법인사단에서 사원의 지위는 규약이나 관행에 의하여 양도 또는 상속될 수 없다.

⑤ 비법인사단의 대표자가 직무에 관하여 타인에게 손해를 가한 경우, 「민법」 제35조 제1항의 유추적용에 의해 비법인사단은 그 손해를 배상할 책임이 있다.

풀이 TIP 비법인사단에 적용되는 법률관계를 정확히 이해하여야 한다.

정답해설 ④ 비법인사단에서 사원의 지위는 규약이나 관행에 의하여 양도 또는 상속될 수 있다(대판 1997. 9. 26. 95다6205).

오답해설 ① 「민법」 제63조는 법인의 조직과 활동에 관한 것으로서 법인격을 전제로 하는 조항이 아니고, 법인 아닌 사단이나 재단의 경우에도 이사가 없거나 결원이 생길 수 있으며, 통상의 절차에 따른 새로운 이사의 선임이 극히 곤란하고 종전 이사의 긴급처리권도 인정되지 아니하는 경우에는 사단이나 재단 또는 타인에게 손해가 생길 염려가 있을 수 있으므로, 「민법」 제63조는 법인 아닌 사단이나 재단에도 유추적용할 수 있다(대결 2009. 11. 19. 2008마699).
③ 비법인사단이 타인 간의 금전채무를 보증하는 행위는 총유물 그 자체의 관리·처분이 따르지 아니하는 단순한 채무부담행위에 불과하여 이를 총유물의 관리·처분행위라고 볼 수는 없다(대판 2007. 4. 19. 2004다60072·60089 전합).
⑤ 비법인사단의 대표자가 직무에 관하여 타인에게 손해를 가한 경우 그 사단은 「민법」 제35조 제1항의 유추적용에 의하여 그 손해를 배상할 책임이 있다(대판 2003. 7. 25. 2002다27088).

66

상
권리능력 없는 사단
2023년 제11회

민법상 비법인사단에 관한 설명으로 옳은 것은? (다툼이 있으면 판례에 따름)

① 비법인사단에는 대표권 제한의 등기에 관한 규정이 적용되지 않는다.

② 비법인사단이 총유물에 관한 매매계약을 체결하는 행위는 총유물의 처분행위가 아니다.

③ 교회가 의결권을 가진 교인 2/3 이상의 찬성으로 소속 교단을 탈퇴한 경우, 종전 교회의 재산은 탈퇴한 교회 소속 교인들의 총유로 귀속되지 않는다.

④ 비법인사단의 구성원은 지분권에 기하여 총유물의 보존행위를 할 수 있다.

⑤ 비법인사단이 타인 간의 금전채무를 보증하는 행위는 총유물의 관리·처분행위로 볼 수 있다.

정답해설 ① 비법인사단의 경우에는 대표자의 대표권 제한에 관하여 등기할 방법이 없어 민법 제60조의 규정을 준용할 수 없고, 비법인사단의 대표자가 정관에서 사원총회의 결의를 거쳐야 하도록 규정한 대외적 거래행위에 관하여 이를 거치지 아니한 경우라도, 이와 같은 사원총회 결의사항은 비법인사단의 내부적 의사결정에 불과하다 할 것이므로, 그 거래 상대방이 그와 같은 대표권 제한 사실을 알았거나 알 수 있었을 경우가 아니라면 그 거래행위는 유효하다(대판 2003. 7. 22. 2002다64780).

오답해설 ② 비법인사단이 총유물에 관한 매매계약을 체결하는 행위는 총유물 그 자체의 처분이 따르는 채무부담행위로서 총유물의 처분행위에 해당하나, 그 매매계약에 의하여 부담하고 있는 채무의 존재를 인식하고 있다는 뜻을 표시하는 데 불과한 소멸시효 중단사유로서의 승인은 총유물 그 자체의 관리·처분이 따르는 행위가 아니어서 총유물의 관리·처분행위라고 볼 수 없다(대판 2009. 11. 26. 2009다64383).

③ 소속 교단에서의 탈퇴 내지 소속 교단의 변경은 사단법인 정관변경에 준하여 의결권을 가진 교인 3분의 2 이상의 찬성에 의한 결의를 필요로 하고, 그 결의요건을 갖추어 소속 교단을 탈퇴하거나 다른 교단으로 변경한 경우에 종전 교회의 실체는 이와 같이 교단을 탈퇴한 교회로서 존속하고 종전 교회 재산은 위 탈퇴한 교회 소속 교인들의 총유로 귀속된다(대판 2006. 4. 20. 2004다37775 전합).

④ 민법 제276조 제1항은 "총유물의 관리 및 처분은 사원총회의 결의에 의한다.", 같은 조 제2항은 "각 사원은 정관 기타의 규약에 좇아 총유물을 사용·수익할 수 있다."라고 규정하고 있을 뿐 공유나 합유의 경우처럼 보존행위는 그 구성원 각자가 할 수 있다는 민법 제265조 단서 또는 민법 제272조 단서와 같은 규정을 두고 있지 아니한바, 이는 법인 아닌 사단의 소유형태인 총유가 공유나 합유에 비하여 단체성이 강하고 구성원 개인들의 총유재산에 대한 지분권이 인정되지 아니하는 데에서 나온 당연한 귀결이라고 할 것이다(대판 2005. 9. 15. 2004다44971 전합).

⑤ 비법인사단이 타인 간의 금전채무를 보증하는 행위는 총유물 그 자체의 관리·처분이 따르지 아니하는 단순한 채무부담행위에 불과하여 이를 총유물의 관리·처분행위라고 볼 수는 없다(대판 2007. 4. 19. 2004다60072·60089 전합).

Answer⁺   65. ④   66. ①

권리의 객체에서는 1~2문제 정도 출제된다. 부동산과 동산, 원물과 과실, 주물과 종물이 중요한 부분으로 다루어지는데, 특히 종물의 요건과 효과를 꼭 암기하도록 한다.

01

권리의 객체 종합
2017년 제5회

물건에 관한 설명으로 옳지 않은 것은? (다툼이 있으면 판례에 따름)

① 독립된 부동산으로서의 건물이라고 하기 위하여는 최소한의 기둥과 지붕 그리고 주벽이 이루어지면 된다.

② 주물과 종물을 별도로 처분하는 약정은 효력이 없다.

③ 주물과 다른 사람의 소유에 속하는 물건은 종물이 될 수 없다.

④ 법정과실은 수취할 권리의 존속기간 일수의 비율로 취득한다.

⑤ 주물과 종물의 관계에 관한 법리는 주된 권리와 종된 권리 상호 간에도 적용된다.

> **풀이 TIP** 권리의 객체인 물건에 관한 종합문제이다. 특히 종물의 요건과 종물의 효과 부분이 반복적으로 출제된다. 원물과 과실에서는 과실의 귀속이 중요한 쟁점이다.

> **정답해설** ② 종물은 주물의 처분에 따른다(제100조 제2항). 다만 제100조 제2항은 임의규정이므로 주물과 종물을 별도로 처분하는 약정도 유효하다.

02

권리의 객체 종합
2016년 제4회

물건에 관한 설명으로 옳지 않은 것은? (다툼이 있으면 판례에 따름)

① 「민법」상 전기(電氣)는 물건이다.

② 주물이 압류된 경우 압류의 효력은 종물에도 미친다.

③ 종물은 주물의 처분에 따른다는 「민법」 제100조 제2항의 규정은 권리 상호 간에 적용될 수 없다.

④ 주물을 처분할 때 특약으로 종물을 제외할 수 있고 종물만을 별도로 처분할 수도 있다.

⑤ 법정과실은 수취할 권리의 존속기간 일수의 비율로 취득하고, 천연과실은 그 원물로부터 분리하는 때에 이를 수취할 권리자에게 속한다.

(정답해설) ③ 주물·종물의 이론은 원래 물건 상호 간의 관계에 관한 것이지만, 권리 상호 간에도 유추적용된다.

03

권리의 객체 종합
2015년 제3회

「민법」상 물건에 관한 설명으로 옳은 것은? (다툼이 있으면 판례에 따름)

① 전기 기타 관리할 수 있는 자연력은 물건이 아니다.

② 주물의 소유자나 이용자의 사용에 공여되고 있으면 주물 그 자체의 효용과 직접 관계가 없는 물건이라도 종물에 해당한다.

③ 「입목에 관한 법률」에 따른 입목등기를 하지 않은 수목이더라도 명인방법을 갖추면 토지와 독립된 부동산으로서 거래의 객체가 된다.

④ 천연과실은 수취할 권리의 존속기간 일수의 비율로 취득한다.

⑤ 당사자는 주물을 처분할 때에 특약으로 종물만을 별도로 처분할 수 없다.

(오답해설) ① 물건은 유체물 및 전기 기타 관리할 수 있는 자연력을 말한다(제98조).
② 주물의 소유자나 이용자의 사용에 공여되고 있더라도 주물 그 자체의 효용과 직접 관계가 없는 물건은 종물이 아니다(예 책상, TV, 난로 등은 가옥의 종물이 아니다).
④ 천연과실은 그 원물로부터 분리하는 때에 이를 수취할 권리자에게 속한다(제102조 제1항). 법정과실은 수취할 권리의 존속기간 일수의 비율로 취득한다(제102조 제2항).
⑤ 제100조 제2항은 임의규정이므로 당사자의 특약으로 종물만을 따로 처분할 수 있다.

(Answer) 1. ② 2. ③ 3. ③

04

권리의 객체 종합
2014년 제2회

다음 설명 중 옳지 않은 것은? (다툼이 있는 경우에는 판례에 의함)

① 주물과 종물은 모두 동일한 소유자에게 속하여야 하므로 법률상 하나의 물건으로 취급된다.

② 권원 없이 타인의 토지에 한 그루의 수목을 식재한 사람은 그 소유권을 잃는다.

③ 물건의 소유자만이 아니라 그 물건의 수익권자도 과실을 수취할 수 있는 권리자이다.

④ 주물 소유자의 상용에 공여되는 물건이라도 주물 그 자체의 효용과 직접 관계 없는 물건은 종물이 아니다.

⑤ 물건의 사용대가로 받는 금전 기타의 물건은 수취할 권리의 존속기간 일수의 비율로 취득한다.

[정답해설] ① 종물은 주물의 구성부분을 이루는 것이 아니라, 주물과는 독립한 물건이어야 한다.

05

권리의 객체 종합
2019년 제7회

물건에 관한 설명으로 옳은 것은? (다툼이 있으면 판례에 따름)

① 주물의 구성부분도 종물이 될 수 있다.

② 천연과실은 수취할 권리의 존속기간일수의 비율로 취득한다.

③ 종물은 주물의 처분에 따른다는 「민법」 제100조 제2항은 강행규정이다.

④ 주물 그 자체의 효용과 직접 관계가 없는 물건은 주물 소유자의 사용에 공여되고 있더라도 종물이 아니다.

⑤ 건물의 개수는 공부상의 등록에 의하여만 결정된다.

[풀이 TIP] 권리의 객체 중 주물과 종물, 원물과 과실이 자주 출제된다.

[정답해설] ④ 종물은 주물의 상용에 이바지하는 관계에 있어야 하고, 주물의 상용에 이바지한다 함은 주물 그 자체의 경제적 효용을 다하게 하는 것을 말하는 것으로서 주물의 소유자나 이용자의 상용에 공여되고 있더라도 주물 그 자체의 효용과 직접 관계가 없는 물건은 종물이 아니다(대판 1997. 10. 10. 97다3750).

[오답해설] ① 종물은 주물과 독립한 물건이어야 한다.

② 천연과실은 그 원물로부터 분리하는 때에 이를 수취할 권리자에게 속한다.

③ 종물은 주물의 처분에 따른다는 「민법」 제100조 제2항은 임의규정이다.

⑤ 건물은 일정한 면적, 공간의 이용을 위하여 지상, 지하에 건설된 구조물을 말하는 것으로서, 건물의 개수는 토지와 달리 공부상의 등록에 의하여 결정되는 것이 아니라 사회통념 또는 거래관념에 따라 물리적 구조, 거래 또는 이용의 목적물로서 관찰한 건물의 상태 등 객관적 사정과 건축한 자 또는 소유자의 의사 등 주관적 사정을 참작하여 결정되는 것이다(대판 1997. 7. 8. 96다36517).

06

권리의 객체 종합
2013년 제1회

물건에 관한 설명으로 옳지 않은 것은? (다툼이 있는 경우에는 판례에 의함)

① 최소한의 기둥과 지붕 및 주벽이 있는 건물은 토지와는 별개의 독립한 물건으로 인정될 수 있다.
② 「입목에 관한 법률」에 따라 등기된 입목에는 저당권이 설정될 수 있다.
③ "종물은 주물의 처분에 따른다."는 「민법」의 규정은 임의규정이다.
④ 전기 기타 관리할 수 있는 자연력은 물건이다.
⑤ 물건의 사용대가로 받는 금전 기타 물건은 천연과실이다.

(정답해설) ⑤ 물건의 사용대가로 받는 금전 기타 물건은 천연과실이 아니라 법정과실이다.

07

권리의 객체 종합
2018년 제6회

「민법」상 물건에 관한 설명으로 옳지 않은 것은? (다툼이 있으면 판례에 따름)

① 국립공원의 입장료는 법정과실이 아니다.
② 「입목에 관한 법률」에 따라 등기된 입목은 그 토지와 독립하여 거래의 객체가 될 수 없다.
③ 장소, 종류, 수량 등이 특정되어 있는 집합물은 양도담보의 대상이 될 수 있다.
④ 주물의 소유자의 사용에 공여되고 있더라도 주물 그 자체의 효용과 직접 관계가 없는 물건은 종물이 아니다.
⑤ 지하에서 용출되는 온천수는 토지의 구성부분일 뿐 그 토지와 독립된 권리의 객체가 아니다.

(풀이 TIP) 물건의 분류와 종물의 요건을 반드시 암기하여야 한다.

(정답해설) ② 「입목에 관한 법률」에 의하여 입목등기를 한 수목의 집단, 즉 '입목'은 토지로부터 독립한 부동산으로 다루어진다.

(오답해설) ③ 판례는 일단의 증감 변동하는 동산을 하나의 물건으로 보아 이를 채권담보의 목적으로 삼으려는 이른바 유동집합물에 대한 양도담보설정계약도 가능하다고 한다.

(Answer) 4. ① 5. ④ 6. ⑤ 7. ②

08

권리의 객체 종합
2020년 제8회

「민법」상 물건에 관한 설명으로 옳지 않은 것은? (다툼이 있으면 판례에 따름)

① 건물의 개수(個數)를 결정함에 있어서 건축자나 소유자의 의사 등 주관적 사정은 고려되지 않는다.

② 주물 소유자의 상용에 공여되고 있더라도 주물 그 자체의 효용과 직접 관계없는 물건은 종물이 아니다.

③ 당사자는 특약으로 주물과 종물을 별도로 처분할 수 있다.

④ 국립공원의 입장료는 「민법」상 과실(果實)이 아니다.

⑤ 주물의 소유자가 아닌 다른 사람의 소유에 속하는 물건은 종물이 될 수 없다.

> **풀이 TIP** 최근 권리의 객체는 종합적으로 출제되는 경향이 있다.

정답해설 ① 건물은 일정한 면적, 공간의 이용을 위하여 지상, 지하에 건설된 구조물을 말하는 것으로서, 건물의 개수는 토지와 달리 공부상의 등록에 의하여 결정되는 것이 아니라 사회통념 또는 거래관념에 따라 물리적 구조, 거래 또는 이용의 목적물로서 관찰한 건물의 상태 등 객관적 사정과 건축한 자 또는 소유자의 의사 등 주관적 사정을 참작하여 결정되는 것이다(대판 1997. 7. 8. 96다36517).

오답해설 ② 주물의 소유자나 이용자의 상용에 공여되고 있더라도 주물 그 자체의 효용과 직접 관계가 없는 물건은 종물이 아니다.
③ 종물은 주물의 처분에 따른다(제100조 제2항). 다만 이 규정은 임의규정이므로 당사자의 특약으로 종물만을 따로 처분할 수 있다.
④ 국립공원의 입장료는 토지의 사용대가라는 「민법」상 과실이 아니라 수익자 부담의 원칙에 따라 국립공원의 유지·관리비용의 일부를 국립공원 입장객에게 부담시키고자 하는 것이어서 토지의 소유권이나 그에 기한 과실수취권과는 아무런 관련이 없다(대판 2001. 12. 28. 2000다27749).
⑤ 종물은 물건의 소유자가 그 물건의 상용에 공하기 위하여 자기 소유인 다른 물건을 이에 부속하게 한 것을 말하므로(「민법」 제100조 제1항) 주물과 다른 사람의 소유에 속하는 물건은 종물이 될 수 없다(대판 2008. 5. 8. 2007다36933·36940).

09

권리의 객체 종합
2021년 제9회

물건에 관한 설명으로 옳지 않은 것은? (다툼이 있으면 판례에 따름)

① 관리할 수 있는 자연력은 동산이다.

② 분묘에 안치되어 있는 선조의 유골은 그 제사주재자에게 승계된다.

③ 금전은 동산이다.

④ 주물을 점유에 의하여 시효취득하여도 종물을 점유하지 않았다면 그 효력은 종물에 미치지 않는다.

⑤ 권리의 과실(果實)은 민법상 과실(果實)이다.

정답해설 ⑤ '물건'의 사용대가로 받은 금전 기타의 물건은 법정과실이다(제101조 제2항). 즉, 우리 민법은 권리의 과실을 인정하지 않는다.

오답해설 ② 망인의 유체·유골은 제사주재자에게 승계되는 것이다(대판 2008. 11. 20. 2007다27670).
④ 점유를 요건으로 하는 권리, 예컨대 취득시효에 의한 소유권 취득·유치권·질권의 경우에는, 그 권리의 성질상 주물 이외에 종물에 대해서도 점유가 필요하며, 주물만을 점유한 경우에는 종물에 대해서는 위와 같은 권리가 인정되지 않는 것으로 해석된다.

10

권리의 객체 종합
2022년 제10회

물건에 관한 설명으로 옳은 것은? (다툼이 있으면 판례에 따름)

① 주물의 소유자의 상용에 공여되고 있더라도 주물 자체의 효용과 관계가 없는 물건은 종물이 아니다.

② 원본채권이 양도되면 특별한 사정이 없는 한 이미 변제기에 도달한 이자채권도 당연히 함께 양도된다.

③ 주물을 처분할 때 종물을 제외하거나 종물만을 별도로 처분하는 특약은 무효이다.

④ 피상속인이 유언으로 자신의 유골의 매장장소를 지정한 경우, 제사주재자는 피상속인의 의사에 따를 법률적 의무를 부담한다.

⑤ '종물은 주물의 처분에 따른다'고 규정한 민법 제100조 제2항의 '처분'에는 공법상 처분은 포함되지 않는다.

[정답해설] ① 어느 건물이 주된 건물의 종물이기 위하여는 주물의 상용에 이바지하는 관계에 있어야 하고 이는 주물 자체의 경제적 효용을 다하게 하는 것을 말하는 것이므로, 주물의 소유자나 이용자의 사용에 공여되고 있더라도 주물 자체의 효용과 관계없는 물건은 종물이 아니다(대판 2007. 12. 13. 2007도7247).

[오답해설] ② 원본채권이 양도된 경우 이미 변제기에 도달한 이자채권은 원본채권의 양도당시 그 이자채권도 양도한다는 의사표시가 없는 한 당연히 양도되지는 않는다(대판 1989. 3. 28. 88다카12803).

③ 종물은 주물의 처분에 따른다(제100조 제2항). 그러나 제100조 제2항은 임의규정이므로 당사자의 특약으로 종물만을 따로 처분할 수 있다.

④ 피상속인이 생전행위 또는 유언으로 자신의 유체·유골을 처분하거나 매장장소를 지정한 경우에, 선량한 풍속 기타 사회질서에 반하지 않는 이상 그 의사는 존중되어야 하고 이는 제사주재자로서도 마찬가지이지만, 피상속인의 의사를 존중해야 하는 의무는 도의적인 것에 그치고, 제사주재자가 무조건 이에 구속되어야 하는 법률적 의무까지 부담한다고 볼 수는 없다(대판 2008. 11. 20. 2007다27670).

⑤ 민법 제100조 제2항의 '처분'에는 공법상 처분(예 압류)도 포함된다.

Answer+ 8. ① 9. ⑤ 10. ①

11

권리의 객체 종합
2023년 제11회

물건에 관한 설명으로 옳지 않은 것은? (다툼이 있으면 판례에 따름)

① 물건이라 함은 유체물 및 전기 기타 관리할 수 있는 자연력을 말한다.
② 주유소의 주유기는 특별한 사정이 없는 한 주유소 건물의 종물이다.
③ 타인의 토지 위에 권원 없이 식재한 수목의 소유권은 특별한 사정이 없는 한 식재한 자에게 속한다.
④ 물건의 용법에 의하여 수취하는 산출물은 천연과실이다.
⑤ 최소한의 기둥과 지붕 및 주벽이 있는 건물은 토지와는 별개의 독립한 물건으로 인정될 수 있다.

정답해설 ③ 부동산의 소유자는 그 부동산에 부합한 물건의 소유권을 취득한다. 그러나 타인의 권원에 의하여 부속된 것은 그러하지 아니하다(제256조). 따라서 타인의 토지 위에 권원 없이 식재한 수목의 소유권은 이러한 부합의 법리에 의해 토지 소유자에게 속한다.

오답해설 ① 제98조
② 주유소의 주유기가 비록 독립된 물건이기는 하나 유류저장탱크에 연결되어 유류를 수요자에게 공급하는 기구로서 주유소영업을 위한 건물이 있는 토지의 지상에 설치되었고 그 주유기가 설치된 건물은 당초부터 주유소영업을 위한 건물로 건축되었다는 점 등을 종합하여 볼 때, 그 주유기는 계속해서 주유소건물 자체의 경제적 효용을 다하게 하는 작용을 하고 있으므로 주유소건물의 상용에 공하기 위하여 부속시킨 종물이다(대판 1995. 6. 29. 94다6345).
④ 제101조 제1항
⑤ 판례는 법률상 독립된 부동산으로서의 건물이라고 하기 위하여는 최소한의 기둥과 지붕 그리고 주벽이 이루어지면 된다고 본다.

12

권리의 객체 종합
2024년 제12회

민법상 물건에 관한 설명으로 옳은 것은? (다툼이 있으면 판례에 따름)

① 주물의 구성부분도 종물이 될 수 있다.
② 독립한 물건이라도 부동산은 종물이 될 수 없다.
③ 주물에 대한 점유시효취득의 효력은 점유하지 않는 종물에도 미친다.
④ 천연과실은 물건의 사용대가로 받는 금전 기타의 물건을 말한다.
⑤ 당사자는 주물을 처분할 때에 특약으로 종물을 제외할 수 있다.

[정답해설] ⑤ 종물은 주물의 처분에 수반된다는 민법 제100조 제2항은 임의규정이므로, 당사자는 주물을 처분할 때에 특약으로 종물을 제외할 수 있고 종물만을 별도로 처분할 수도 있다(대판 2012. 1. 26. 2009 다76546).

[오답해설] ① 종물은 주물의 구성부분이 아니라 주물과는 독립한 물건이어야 한다.
② 독립한 물건인 이상 동산이건 부동산이건 상관없다. 예컨대, 낡은 가재도구 등의 보관장소로 사용되고 있는 방과 연탄창고 및 공동변소는 본채에서 떨어져 축조되어 있기는 하나 본채의 종물이다(대판 1991. 5. 14. 91다2779).
③ 점유를 요건으로 하는 권리인 취득시효, 유치권, 질권의 경우에는 그러한 권리의 성질상 주물 이외에 종물에 대해서도 점유가 요구되며, 만약 주물만을 점유하였다면 종물에 대해서는 위와 같은 권리가 인정되지 않는 것으로 해석한다. 예컨대, 취득시효의 경우 주물 외에 종물도 점유하여야 종물도 시효취득할 수 있으며, 주물만 유치한 경우 그 유치권의 효력은 종물에 미치지 않으며, 주물을 인도하는 것 외에 종물인 동산도 인도하여야 질권의 효력이 종물에도 미친다.
④ 물건의 용법에 의하여 수취하는 산출물은 천연과실이다(제101조 제1항). 물건의 사용대가로 받는 금전 기타의 물건은 법정과실로 한다(제101조 제2항).

Answer⁺ 11. ③ 12. ⑤

권리변동

권리변동은 민법총칙의 핵심으로 매년 12~18문제 정도 출제된다. 모든 분야에서 골고루 출제되는데, 특히 의사표시와 법률행위의 대리는 사례를 통해 그 법률관계를 정확히 이해하여야 한다.

01 법률행위

01

법률관계와 권리변동
2023년 제11회

권리의 승계취득에 해당하는 것을 모두 고른 것은? (다툼이 있으면 판례에 따름)

> ㉠ 타인 소유의 부동산에 저당권을 취득한 경우
> ㉡ 신축건물의 소유권 보존등기를 마친 자로부터 그 건물에 대하여 전세권을 취득한 경우
> ㉢ 유실물에 대하여 적법하게 소유권을 취득한 경우
> ㉣ 점유취득시효의 완성에 의해 완전한 부동산 소유권을 취득한 경우

① ㉠, ㉡   ② ㉡, ㉢   ③ ㉡, ㉣
④ ㉢, ㉣   ⑤ ㉠, ㉡, ㉣

[정답해설] ㉠, ㉡ 저당권설정이나 전세권설정은 승계취득 중 설정적 승계에 속한다.

[오답해설] ㉢ 유실물습득은 원시취득이다.
㉣ 취득시효는 원시취득이다.

02

법률관계와 권리변동
2023년 제11회

준법률행위에 해당하는 것을 모두 고른 것은?

> ㉠ 채무의 승인
> ㉡ 채권양도의 통지
> ㉢ 매매계약의 해제
> ㉣ 무권대리인의 상대방이 본인에게 하는 무권대리행위의 추인 여부에 대한 확답의 최고

① ㉠, ㉡   ② ㉡, ㉢   ③ ㉢, ㉣
④ ㉠, ㉡, ㉣   ⑤ ㉡, ㉢, ㉣

[정답해설] ㉠, ㉡ 관념의 통지로서 준법률행위에 속한다.
㉣ 의사의 통지로서 준법률행위에 속한다.

[오답해설] ㉢ 의사표시이다.

03

법률행위의 종류
2015년 제3회

다음 중 행위 그 자체로 법률행위가 아닌 것을 모두 고른 것은?

㉠ 점유의 취득	㉡ 유실물의 습득
㉢ 매장물의 발견	㉣ 소유권의 포기
㉤ 무주물의 선점	

① ㉠, ㉡
② ㉠, ㉣, ㉤
③ ㉡, ㉢, ㉣
④ ㉢, ㉣, ㉤
⑤ ㉠, ㉡, ㉢, ㉤

정답해설 ㉠, ㉡, ㉢, ㉤ 모두 사실행위이다.

오답해설 ㉣ 소유권 포기는 상대방 없는 단독행위로 법률행위이다.

✦ 법률행위의 종류

단독행위	• 상대방 있는 단독행위 : 의사표시가 상대방에게 도달함으로써 그 효력이 발생하는 경우를 말한다(예 취소, 해제, 철회, 해지, 동의, 추인, 채무면제, 상계 등). • 상대방 없는 단독행위 : 의사표시가 상대방에게 도달할 필요 없이 성립과 동시에 효력이 발생하는 경우를 말한다(예 재단법인의 설립행위, 유언, 유증, 소유권의 포기 등 단독행위의 특질).
계약	계약이란 서로 대립하는 2개 이상의 의사표시가 합치하여야 성립하는 법률행위를 말한다. 계약에는 물권계약 · 채권계약 · 가족법상의 계약 등이 있는데, 좁은 의미의 계약은 채권계약을 의미한다(예 증여, 매매, 교환, 소비대차, 사용대차, 임대차, 고용, 도급, 현상광고, 위임, 임치, 조합, 종신정기금, 화해 등).
합동행위	합동행위란 방향을 같이 하는 2개 이상의 의사표시가 합치하여 성립하는 법률행위를 말한다(예 사단법인의 설립행위 등). 단, 통정허위표시(제108조)와 자기계약 · 쌍방대리(제124조)에 관한 규정은 합동행위에는 적용되지 않는다.

Answer 1. ① 2. ④ 3. ⑤

04

법률행위의 목적
2019년 제7회

강행규정이 아닌 것은? (다툼이 있으면 판례에 따름)

① 신의성실의 원칙에 관한 「민법」 제2조
② 권리능력의 존속기간에 관한 「민법」 제3조
③ 미성년자의 행위능력에 관한 「민법」 제5조
④ 사단법인의 사원권의 양도, 상속금지에 관한 「민법」 제56조
⑤ 법인해산 시 잔여재산의 귀속에 관한 「민법」 제80조

풀이TIP 강행규정과 임의규정을 개념상으로 구별하고 그 예를 암기한다.

정답해설 ④ "사단법인의 사원의 지위는 양도 또는 상속할 수 없다"고 한 「민법」 제56조의 규정은 강행
규정은 아니라고 할 것이므로, 정관에 의하여 이를 인정하고 있을 때에는 양도·상속이 허용된다(대판
1992. 4. 14. 91다26850).

오답해설 ① 신의성실의 원칙에 반하는 것 또는 권리남용은 강행규정에 위배되는 것이므로 당사자의 주
장이 없더라도 법원은 직권으로 판단할 수 있다(대판 1995. 12. 22. 94다42129).
②, ③ 「민법」상 능력 규정은 강행규정이다.
⑤ 「민법」 제80조 제1항, 제81조 및 제87조 등 청산절차에 관한 규정은 모두 제3자의 이해관계에 중대한
영향을 미치는 것으로서 강행규정이므로, 해산한 법인이 잔여재산의 귀속자에 관한 정관규정에 반하여
잔여재산을 달리 처분할 경우 그 처분행위는 청산법인의 목적범위 외의 행위로서 특단의 사정이 없는
한 무효이다(대판 2000. 12. 8. 98두5279).

05

법률행위의 목적
2020년 제8회

강행법규에 위반한 법률행위에 관한 설명으로 옳은 것은? (다툼이 있으면 판례에 따름)

① 강행법규에 위반한 자가 스스로 그 약정의 무효를 주장하는 것은 특별한 사정이 없는 한 신의칙에 반한다.

② 형사사건에 대한 의뢰인과 변호사의 성공보수약정은 강행법규위반으로서 무효일 뿐 반사회적 법률행위는 아니다.

③ 부동산을 등기하지 않고 순차적으로 매도하는 중간생략등기합의는 강행법규에 위반하여 무효이다.

④ 개업공인중개사가 중개의뢰인과 직접 거래하는 행위를 금지하는 공인중개사법 규정은 강행규정이 아니라 단속규정이다.

⑤ 강행법규를 위반하여 무효인 계약에 대해서는 그 상대방의 선의, 무과실에 따라 표현대리 법리가 적용된다.

풀이 TIP 목적의 확정, 가능, 적법, 사회적 타당성은 항상 출제되는 영역이다.

정답해설 ④ 개업공인중개사 등이 중개의뢰인과 직접 거래를 하는 행위를 금지하는 「공인중개사법」 제33조 제6호의 규정 취지는 개업공인중개사 등이 거래상 알게 된 정보를 자신의 이익을 꾀하는데 이용하여 중개의뢰인의 이익을 해하는 경우가 있으므로 이를 방지하여 중개의뢰인을 보호하고자 함에 있는바, 위 규정에 위반하여 한 거래행위가 사법상의 효력까지도 부인하지 않으면 안 될 정도로 현저히 반사회성, 반도덕성을 지닌 것이라고 할 수 없을 뿐만 아니라 행위의 사법상의 효력을 부인하여야만 비로소 입법목적을 달성할 수 있다고 볼 수 없고, 위 규정을 효력규정으로 보아 이에 위반한 거래행위를 일률적으로 무효라고 할 경우 중개의뢰인이 직접 거래임을 알면서도 자신의 이익을 위해 한 거래도 단지 직접 거래라는 이유로 효력이 부인되어 거래의 안전을 해칠 우려가 있으므로, 위 규정은 강행규정이 아니라 단속규정이다(대판 2017. 2. 3. 2016다259677).

오답해설 ① 강행법규에 위반한 자가 스스로 그 약정의 무효를 주장하는 것은 특별한 사정이 없는 한 신의칙에 반하지 않는다.

② 형사사건에서의 성공보수약정은 수사·재판의 결과를 금전적인 대가와 결부시킴으로써, 기본적 인권의 옹호와 사회정의의 실현을 사명으로 하는 변호사 직무의 공공성을 저해하고, 의뢰인과 일반 국민의 사법제도에 대한 신뢰를 현저히 떨어뜨릴 위험이 있으므로, 선량한 풍속 기타 사회질서에 위배되는 것으로 평가할 수 있다(대판 2015. 7. 23. 2015다200111).

③ 「부동산등기특별조치법」상 조세포탈과 부동산투기 등을 방지하기 위하여 위 법률 제2조 제2항 및 제8조 제1호에서 등기하지 아니하고 제3자에게 전매하는 행위를 일정 목적범위 내에서 형사처벌하도록 되어 있으나 이로써 순차매도한 당사자 사이의 중간생략등기합의에 관한 사법상 효력까지 무효로 한다는 취지는 아니다(대판 1993. 1. 26. 92다39112).

⑤ 강행법규를 위반하여 무효인 계약에 대해서는 표현대리 법리가 적용되지 않는다.

06

법률행위의 목적
2023년 제11회

민법상 강행규정을 위반한 법률행위의 효과에 관한 설명으로 옳지 않은 것은? (다툼이 있으면 판례에 따름)

① 강행규정을 위반한 법률행위는 당사자의 주장이 없더라도 법원이 직권으로 판단할 수 있다.

② 강행규정을 위반하여 확정적 무효가 된 법률행위는 특별한 사정이 없는 한 당사자의 추인에 의해 유효로 할 수 없다.

③ 강행규정에 위반하여 무효인 계약의 상대방이 그 위반사실에 대하여 선의·무과실이더라도 표현대리의 법리가 적용될 여지는 없다.

④ 강행규정에 위반한 약정을 한 자가 스스로 그 약정의 무효를 주장하는 것은 특별한 사정이 없는 한 신의성실 원칙에 반하여 허용될 수 없다.

⑤ 법률의 금지에 위반되는 행위라도 그것이 선량한 풍속 기타 사회질서에 위반하지 않는 경우에는 민법 제746조가 규정하는 불법원인에 해당하지 않는다.

[정답해설] ④ 강행법규에 위반하여 무효인 수익보장약정이 투자신탁회사가 먼저 고객에게 제의를 함으로써 체결된 것이라고 하더라도, 이러한 경우에 강행법규를 위반한 투자신탁회사 스스로가 그 약정의 무효를 주장함이 신의칙에 위반되는 권리의 행사라는 이유로 그 주장을 배척한다면, 이는 오히려 강행법규에 의하여 배제하려는 결과를 실현시키는 셈이 되어 입법취지를 완전히 몰각하게 되므로, 달리 특별한 사정이 없는 한 위와 같은 주장이 신의성실의 원칙에 반하는 것이라고 할 수 없다(대판 1999. 3. 23. 99다4405).

[오답해설] ① 신의성실의 원칙에 반하는 것 또는 권리남용은 강행규정에 위배되는 것이므로 당사자의 주장이 없더라도 법원은 직권으로 판단할 수 있다(판례).

② 법률행위가 강행규정 위반이거나 사회질서에 반하거나, 불공정한 법률행위여서 무효인 경우처럼, 무효원인이 해소되고 있지 않은 때에는 추인에 의해 유효하게 될 수 없다.

③ 대리인의 대리행위가 강행규정 위반으로 무효인 경우에 표현대리를 적용하여 상대방이 본인에게 책임을 물을 수 있느냐가 문제된다. 판례는 이를 부정한다.

⑤ 부당이득의 반환청구가 금지되는 사유로 민법 제746조가 규정하는 불법원인이라 함은 그 원인되는 행위가 선량한 풍속 기타 사회질서에 위반하는 경우를 말하는 것으로서 법률의 금지에 위반하는 경우라 할지라도 그것이 선량한 풍속 기타 사회질서에 위반하지 않는 경우에는 이에 해당하지 않는다(대판 2001. 5. 29. 2001다1782).

07

상

법률행위의 목적
2017년 제5회

반사회질서의 법률행위에 관한 설명으로 옳은 것은? (다툼이 있으면 판례에 따름)

① 대물변제계약이 불공정한 법률행위로서 무효인 경우에도 목적부동산의 소유권을 이전받은 선의의 제3자에 대하여는 무효를 주장할 수 없다.

② 반사회질서의 법률행위라도 당사자가 그 무효임을 알고 추인하면 새로운 법률행위로서 유효하다.

③ 형사사건에 관하여 체결된 성공보수약정은 약정액이 통상적으로 용인될 수 있는 수준을 초과하여도 선량한 풍속 기타 사회질서에 위배되지 않는다.

④ 관련 법령에서 정한 한도를 초과하는 부동산 중개 수수료 약정은 모두 무효이다.

⑤ 소송에서 증인이 증언을 조건으로 소송의 일방 당사자로부터 통상적으로 용인될 수 있는 수준을 넘어서는 대가를 제공받기로 하는 약정은 무효이다.

> **풀이 TIP** 반사회질서의 법률행위(제103조)에 관한 전형적 판례문제이다. 사회질서 위반의 유형과 사회질서 위반의 효과에 대해 정리해 두어야 한다.

정답해설 ⑤ 어느 당사자가 그 증언이 필요함을 기화로 증언하여 주는 대가로 용인될 수 있는 정도(예컨대 증인에게 일당 및 여비가 지급되기는 하지만 증인이 증언을 위하여 법원에 출석함으로써 입게 되는 손해에는 미치지 못하는 경우 그러한 손해를 전보하여 주는 경우)를 초과하는 급부를 제공받기로 한 약정은 반사회질서적인 금전적 대가가 결부된 경우로 그러한 약정은 제103조 소정의 반사회질서행위에 해당하여 무효로 된다(대판 1994. 3. 11. 93다40522).

오답해설 ① 대물변제계약이 불공정한 법률행위로서 무효인 경우는 절대적 무효이므로 목적부동산의 소유권을 이전받은 선의의 제3자에 대하여도 무효를 주장할 수 있다.

② 무효행위의 추인을 위해서는 추인 시에 무효원인이 소멸하여야 한다. 따라서 강행법규 위반이나 사회질서에 반하거나 불공정한 법률행위여서 무효인 경우처럼, 무효원인이 해소되고 있지 않은 때에는 무효행위의 추인이 인정되지 않는다.

③ 형사사건에 관하여 체결된 성공보수약정이 가져오는 여러 가지 사회적 폐단과 부작용 등을 고려하면, 구속영장청구 기각, 보석 석방, 집행유예나 무죄 판결 등과 같이 의뢰인에게 유리한 결과를 얻어내기 위한 변호사의 변론활동이나 직무수행 그 자체는 정당하다 하더라도, 형사사건에서의 성공보수약정은 수사ㆍ재판의 결과를 금전적인 대가와 결부시킴으로써, 기본적 인권의 옹호와 사회정의의 실현을 사명으로 하는 변호사 직무의 공공성을 저해하고, 의뢰인과 일반 국민의 사법제도에 대한 신뢰를 현저히 떨어뜨릴 위험이 있으므로, 선량한 풍속 기타 사회질서에 위배되는 것으로 평가할 수 있다(대판 2015. 7. 23. 2015다200111).

④ 부동산 중개수수료에 관한 위와 같은 규정들은 중개수수료 약정 중 소정의 한도를 초과하는 부분에 대한 사법상의 효력을 제한하는 이른바 강행법규에 해당하고, 따라서 구 「부동산중개업법」 등 관련 법령에서 정한 한도를 초과하는 부동산 중개수수료 약정은 그 한도를 초과하는 범위 내에서 무효이다(대판 2007. 12. 20. 2005다32159).

Answer 6. ④ 7. ⑤

08

법률행위의 목적
2016년 제4회

반사회질서의 법률행위에 관한 설명으로 옳지 않은 것은? (다툼이 있으면 판례에 따름)

① 어느 법률행위가 선량한 풍속 기타 사회질서에 위반되어 무효인지의 여부는 법률행위 시를 기준으로 판단해야 한다.

② 금전소비대차 시 당사자 사이의 경제력 차이로 인하여 사회통념상 허용되는 한도를 초과하여 현저하게 고율의 이자약정이 체결되었다면, 그 허용할 수 있는 한도를 초과하는 부분의 이자약정은 반사회질서의 법률행위로서 무효이다.

③ 부첩관계를 해소하면서 첩의 희생을 위자하고 첩의 장래 생활대책을 마련해 준다는 뜻에서 금원을 지급하기로 한 약정은 공서양속에 반하지 않는다.

④ 의무의 강제에 의하여 얻어지는 채권자의 이익에 비하여 약정된 위약벌이 과도하게 무거운 경우, 그 일부 또는 전부가 공서양속에 반하여 무효로 된다.

⑤ 강제집행을 면할 목적으로 부동산에 허위의 근저당권 설정등기를 경료하는 행위는 반사회질서의 법률행위로서 무효이다.

[정답해설] ⑤ 강제집행을 면할 목적으로 부동산에 허위의 근저당권 설정등기를 경료하는 행위는 「민법」 제103조의 선량한 풍속 기타 사회질서에 위반한 사항을 내용으로 하는 법률행위로 볼 수 없다(대판 2004. 5. 28. 2003다70041).

09

법률행위의 목적
2019년 제7회

반사회질서의 법률행위에 관한 설명으로 옳지 않은 것은? (다툼이 있으면 판례에 따름)

① 선량한 풍속 기타 사회질서에 위반한 사항을 내용으로 하는 법률행위는 무효이다.

② 법률행위가 선량한 풍속 기타 사회질서에 위반되는지 여부는 법률행위가 이루어진 때를 기준으로 판단해야 한다.

③ 법률행위의 성립과정에 강박이라는 불법적인 방법이 사용된 경우, 그것만으로는 반사회질서의 법률행위라고 할 수 없다.

④ 다수의 보험계약을 통하여 보험금을 부정취득할 목적으로 체결된 보험계약은 그것만으로는 선량한 풍속 기타 사회질서에 반하지 않는다.

⑤ 양도소득세의 일부를 회피할 목적으로 매매계약서에 실제로 거래한 것보다 낮은 금액을 매매대금으로 기재한 경우, 그것만으로는 그 매매계약이 사회질서에 반하지 않는다.

풀이 TIP 반사회질서의 법률행위 여부에 관한 판례를 유형별로 정리해 두어야 한다.

정답해설 ④ 보험계약자가 다수의 보험계약을 통하여 보험금을 부정취득할 목적으로 보험계약을 체결한 경우, 이와 같은 보험계약은 「민법」 제103조 소정의 선량한 풍속 기타 사회질서에 반하여 무효이다(대판 2005. 7. 28. 2005다23858).

오답해설 ① 제103조

② 반사회질서인지 여부에 대한 판단기준 시기는 법률행위 당시이다.

③ 단지 법률행위의 성립과정에 강박이라는 불법적 방법이 사용된 데에 불과한 때에는 강박에 의한 의사표시의 하자나 의사의 흠결을 이유로 효력을 논의할 수는 있을지언정 반사회질서의 법률행위로서 무효라고 할 수는 없다(대판 2002. 12. 27. 2000다47361).

⑤ 양도소득세의 일부를 회피할 목적으로 매매계약서에 실제로 거래한 가액을 매매대금으로 기재하지 아니하고 그보다 낮은 금액을 매매대금으로 기재하였다 하여, 그것만으로 그 매매계약이 사회질서에 반하는 법률행위로서 무효로 된다고 할 수는 없다(대판 2007. 6. 14. 2007다3285).

10 반사회적 법률행위에 관한 설명으로 옳지 않은 것은? (다툼이 있는 경우에는 판례에 의함)

중

법률행위의 목적
2013년 제1회

① 부동산의 제2매수인이 다른 사람에게 매매목적물이 이미 매도된 것을 알고 매수하였다면, 그것만으로 그 이중매매는 반사회적 법률행위로서 무효가 된다.

② 소송에서 증언을 하여 줄 것을 주된 조건으로 통상적으로 용인될 수 있는 범위를 넘어선 급부를 제공할 것을 약정한 것은 반사회적 법률행위에 해당한다.

③ 표시되거나 상대방에게 알려진 법률행위의 동기가 반사회적인 경우 그 법률행위는 무효이다.

④ 부첩관계인 부부생활의 종료를 해제조건으로 하는 증여계약은 사회질서에 반하므로 무효이다.

⑤ 당사자의 일방이 상대방에게 공무원의 직무에 관한 사항에 관하여 특별한 청탁을 하게 하고 그에 대한 보수로 돈을 지급할 것을 내용으로 한 약정은 사회질서에 반하여 무효이다.

정답해설 ① 부동산의 이중매매가 반사회적 법률행위로서 무효가 되기 위하여는 매도인의 배임행위와 매수인이 매도인의 배임행위에 적극 가담한 행위로 이루어진 매매로서, 그 적극 가담하는 행위는 매수인이 다른 사람에게 매매목적물이 매도된 것을 안다는 것만으로는 부족하고, 적어도 그 매도사실을 알고도 매도를 요청하여 매매계약에 이르는 정도가 되어야 한다(대판 1994. 3. 11. 93다55289).

Answer⁺ 8. ⑤ 9. ④ 10. ①

11 반사회질서의 법률행위에 관한 설명으로 옳은 것은? (다툼이 있으면 판례에 따름)

법률행위의 목적
2018년 제6회

① 강제집행을 면할 목적으로 부동산에 허위의 근저당권설정등기를 경료하는 행위는 반사회질서의 법률행위에 해당한다.

② 증인이 증언을 조건으로 소송당사자로부터 통상 용인될 수 있는 수준을 넘는 대가를 받기로 약정하더라도, 증인에게 증언거부권이 있다면 그 약정은 유효하다.

③ 상대방에게 표시되거나 알려진 법률행위의 동기가 사회질서에 반하더라도 반사회질서의 법률행위에 해당될 수 없다.

④ 어떠한 일이 있어도 이혼하지 아니하겠다는 각서를 써 준 경우, 그와 같은 의사표시는 반사회질서의 법률행위가 아니다.

⑤ 법률행위가 사회질서에 반하여 무효인 경우, 그 법률행위를 기초로 하여 권리를 취득한 선의의 제3자에게도 그 무효를 주장할 수 있다.

> **풀이 TIP** 반사회질서의 법률행위의 예를 최대한 암기하도록 한다.

정답해설 ⑤ 선량한 풍속 기타 사회질서에 반하는 법률행위는 절대적 무효이다. 따라서 선의의 제3자에게도 그 무효를 주장할 수 있다.

오답해설 ① 강제집행을 면할 목적으로 부동산에 허위의 근저당권설정등기를 경료하는 행위는 「민법」 제103조의 선량한 풍속 기타 사회질서에 위반한 사항을 내용으로 하는 법률행위로 볼 수 없다(대판 2004. 5. 28. 2003다70041).

② 어느 당사자가 그 증언이 필요함을 기화로 증언하여 주는 대가로 용인될 수 있는 정도를 초과하는 급부를 제공받기로 한 약정은 반사회질서적인 금전적 대가가 결부된 경우로 그러한 약정은 제103조 소정의 반사회질서행위에 해당하여 무효로 된다(대판 1994. 3. 11. 93다40522).

③ 「민법」 제103조에 의하여 무효로 되는 반사회질서 행위는 법률행위의 목적인 권리·의무의 내용이 선량한 풍속 기타 사회질서에 위반되는 경우뿐 아니라 그 내용 자체는 반사회질서적인 것이 아니라고 하여도 법률적으로 이를 강제하거나 법률행위에 반사회질서적인 조건 또는 금전적 대가가 결부됨으로써 반사회질서적 성질을 띠게 되는 경우 및 표시되거나 상대방에게 알려진 법률행위의 동기가 반사회질서적인 경우를 포함한다(대판 2002. 12. 27. 2000다47361).

④ 개인의 자유를 심하게 제한하는 행위로서 반사회질서의 법률행위이다.

12

중
법률행위의 목적
2020년 제8회

반사회적 법률행위에 관한 설명으로 옳지 않은 것은? (다툼이 있으면 판례에 따름)

① 해외파견 근로자의 귀국 후 일정기간 소속회사에 근무토록 한 약정은 특별한 사정이 없는 한 반사회적 법률행위라고 할 수 없다.

② 반사회적 법률행위로서 무효인 계약은 당사자가 무효임을 알고 추인하여도 원칙적으로는 새로운 법률행위로 볼 수 없다.

③ 매매계약의 동기가 반사회적이고 그 동기가 외부에 표시된 경우 그 매매계약은 무효이다.

④ 어느 법률행위가 선량한 풍속 기타 사회질서에 위반하는지는 특별한 사정이 없는 한 그 법률행위 당시를 기준으로 판단한다.

⑤ 수사기관에서 허위진술의 대가를 지급하기로 한 약정은 그 대가가 적정하다면 반사회적 법률행위에 해당하지 않는다.

풀이TIP 반사회적 법률행위를 인정하는 판례를 최대한 많이 정리한다.

정답해설 ⑤ 수사기관에서 참고인으로 진술하면서 자신이 잘 알지 못하는 내용에 대하여 허위의 진술을 하는 경우에 그 허위진술행위가 범죄행위를 구성하지 않는다고 하여도, 이러한 행위 자체는 국가사회의 일반적인 도덕관념이나 국가사회의 공공질서이익에 반하는 행위라고 볼 것이니, 그 급부의 상당성 여부를 판단할 필요 없이 허위진술의 대가로 작성된 각서에 기한 급부의 약정은 「민법」 제103조의 반사회적 질서행위로 무효이다(대판 2001. 4. 24. 2000다71999).

오답해설 ② 선량한 풍속 기타 사회질서에 반하는 법률행위는 당사자가 그 무효임을 알고 추인하여도, 새로운 법률행위를 한 것으로서 효력이 발생하지 않는다(제139조 참조).
③ 「민법」 제103조에 의하여 무효로 되는 반사회질서 행위는 법률행위의 목적인 권리·의무의 내용이 선량한 풍속 기타 사회질서에 위반되는 경우뿐 아니라 그 내용 자체는 반사회질서적인 것이 아니라고 하여도 법률적으로 이를 강제하거나 법률행위에 반사회질서적인 조건 또는 금전적 대가가 결부됨으로써 반사회질서적 성질을 띠게 되는 경우 및 표시되거나 상대방에게 알려진 법률행위의 동기가 반사회질서적인 경우를 포함한다(대판 2002. 12. 27. 2000다47361).
④ 법률행위가 사회질서에 반하는지 여부는 원칙적으로 법률행위 당시를 기준으로 판단한다.

Answer 11. ⑤ 12. ⑤

13

법률행위의 목적
2021년 제9회

반사회적 법률행위에 관한 설명으로 옳지 않은 것은? (다툼이 있으면 판례에 따름)

① 형사사건의 변호사 성공보수약정은 반사회적 법률행위이다.

② 아버지 소유의 부동산이 이미 제3자에게 매도되어 제3자로부터 등기독촉을 받고 있는 사정을 잘 알고 있는 아들이 그 아버지로부터 그 부동산을 증여받은 경우, 그 증여는 반사회적 법률행위이다.

③ 살인을 포기할 것을 조건으로 한 증여는 반사회적 법률행위가 아니다.

④ 부부간에 어떠한 일이 있어도 이혼하지 않겠다는 합의는 반사회적 법률행위이다.

⑤ 수사기관에서 참고인으로 허위진술하는 대가로 돈을 받기로 한 약정은 반사회적 법률행위이다.

(정답해설) ③ 법률행위에 반사회질서적인 조건이 결부됨으로써 반사회성을 띠게 되는 경우에 해당한다.

(오답해설) ① 형사사건에 관하여 체결된 성공보수약정이 가져오는 여러 가지 사회적 폐단과 부작용 등을 고려하면, 구속영장청구 기각, 보석 석방, 집행유예나 무죄 판결 등과 같이 의뢰인에게 유리한 결과를 얻어내기 위한 변호사의 변론활동이나 직무수행 그 자체는 정당하다 하더라도, 형사사건에서의 성공보수약정은 수사·재판의 결과를 금전적인 대가와 결부시킴으로써, 기본적 인권의 옹호와 사회정의의 실현을 사명으로 하는 변호사 직무의 공공성을 저해하고, 의뢰인과 일반 국민의 사법제도에 대한 신뢰를 현저히 떨어뜨릴 위험이 있으므로, 선량한 풍속 기타 사회질서에 위배되는 것으로 평가할 수 있다(대판 2015. 7. 23. 2015다200111).

② 매도인이 매수인에게 목적부동산을 매도한 사실을 알고서 수증자가 매도인으로부터 증여를 원인으로 하여 소유권이전등기를 함으로써 매도인의 매수인에 대한 배임행위에 가담한 결과에 이르렀다면, 이는 실체관계에 부합하는 유효한 등기가 될 리가 없고 반사회질서의 행위로서 무효이다(대판 1983. 4. 26. 83다카57).

14

법률행위의 목적
2022년 제10회

반사회질서의 법률행위에 해당하는 것을 모두 고른 것은? (다툼이 있으면 판례에 따름)

㉠ 수사기관에서 참고인으로 자신이 잘 알지 못하는 내용에 대한 허위 진술의 대가로 작성된 각서에 기한 급부의 약정

㉡ 강제집행을 면하기 위해 부동산에 허위의 근저당권설정등기를 경료하는 행위

㉢ 전통사찰의 주지직을 거액의 금품을 대가로 양도·양수하기로 하는 약정이 있음을 알고도 이를 묵인한 상태에서 한 종교법인의 주지 임명행위

① ㉠   ② ㉢   ③ ㉠, ㉡

④ ㉡, ㉢   ⑤ ㉠, ㉡, ㉢

(정답해설) ㉠ 수사기관에서 참고인으로 진술하면서 자신이 잘 알지 못하는 내용에 대하여 허위의 진술을 하는 경우에 그 허위진술행위가 범죄행위를 구성하지 않는다고 하여도, 이러한 행위 자체는 국가사회의 일반적인 도덕관념이나 국가사회의 공공질서이익에 반하는 행위라고 볼 것이니, 그 급부의 상당성 여부를 판단할 필요 없이 허위진술의 대가로 작성된 각서에 기한 급부의 약정은 민법 제103조의 반사회적 질서행위로 무효이다(대판 2001. 4. 24. 2000다71999).

오답해설 ⓒ 강제집행을 면할 목적으로 부동산에 허위의 근저당권설정등기를 경료하는 행위는 제103조의 선량한 풍속 기타 사회질서에 위반한 사항을 내용으로 하는 법률행위로 볼 수 없다(대판 2004. 5. 28. 2003다70041).
ⓒ 전통사찰의 주지직을 거액의 금품을 대가로 양도·양수하기로 하는 약정이 있음을 알고도 이를 묵인 혹은 방조한 상태에서 한 종교법인의 주지임명행위는 민법 제103조 소정의 반사회질서의 법률행위에 해당하지 않는다(대판 2001. 2. 9. 99다38613).

15 선량한 풍속 기타 사회질서에 반하는 법률행위에 해당하지 않는 것은? (다툼이 있으면 판례에 따름)

중
법률행위의 목적
2023년 제11회

① 살인할 것을 조건으로 증여한 경우
② 형사사건에 관하여 보수약정과 별개로 성공보수를 약정한 경우
③ 강제집행을 면할 목적으로 부동산에 허위의 근저당권등기를 마친 경우
④ 수증자가 매도인의 매수인에 대한 배임행위에 적극 가담하여 매매목적 부동산을 증여받은 경우
⑤ 당초부터 오로지 보험사고를 가장하여 보험금을 취득할 목적으로 생명보험계약을 체결한 경우

정답해설 ③ 강제집행을 면할 목적으로 부동산에 허위의 근저당권설정등기를 경료하는 행위는 민법 제103조의 선량한 풍속 기타 사회질서에 위반한 사항을 내용으로 하는 법률행위로 볼 수 없다(대판 2004. 5. 28. 2003다70041).

오답해설 ① 민법 제103조에 의하여 무효로 되는 반사회질서 행위는 법률행위의 목적인 권리·의무의 내용이 선량한 풍속 기타 사회질서에 위반되는 경우뿐 아니라 그 내용 자체는 반사회질서적인 것이 아니라고 하여도 법률적으로 이를 강제하거나 법률행위에 반사회질서적인 조건 또는 금전적 대가가 결부됨으로써 반사회질서적 성질을 띠게 되는 경우 및 표시되거나 상대방에게 알려진 법률행위의 동기가 반사회질서적인 경우를 포함하나, 이상의 각 요건에 해당하지 아니하고 단지 법률행위의 성립과정에 강박이라는 불법적 방법이 사용된 데에 불과한 때에는 강박에 의한 의사표시의 하자나 의사의 흠결을 이유로 효력을 논의할 수는 있을지언정 반사회질서의 법률행위로서 무효라고 할 수는 없다(대판 2002. 12. 27. 2000다47361).
② 형사사건에 관하여 체결된 성공보수약정이 가져오는 여러 가지 사회적 폐단과 부작용 등을 고려하면, 구속영장청구 기각, 보석 석방, 집행유예나 무죄 판결 등과 같이 의뢰인에게 유리한 결과를 얻어내기 위한 변호사의 변론활동이나 직무수행 그 자체는 정당하다 하더라도, 형사사건에서의 성공보수약정은 수사·재판의 결과를 금전적인 대가와 결부시킴으로써, 기본적 인권의 옹호와 사회정의의 실현을 사명으로 하는 변호사 직무의 공공성을 저해하고, 의뢰인과 일반 국민의 사법제도에 대한 신뢰를 현저히 떨어뜨릴 위험이 있으므로, 선량한 풍속 기타 사회질서에 위배되는 것으로 평가할 수 있다(대판 2015. 7. 23. 2015다200111).
④ 이미 부동산이 매도되었음을 알면서 매도인의 배임행위에 적극 가담하여 증여받은 경우에, 위 증여계약은 사회질서에 반하여 무효이다.
⑤ 당초부터 오로지 보험사고를 가장하여 보험금을 취득할 목적으로 생명보험계약을 체결한 경우에는 사람의 생명을 수단으로 이득을 취하고자 하는 불법적인 행위를 유발할 위험성이 크고, 이러한 목적으로 체결된 생명보험계약에 의하여 보험금을 지급하게 하는 것은 보험계약을 악용하여 부정한 이득을 얻고자 하는 사행심을 조장함으로써 사회적 상당성을 일탈하게 되므로, 이와 같은 생명보험계약은 사회질서에 위배되는 법률행위로서 무효이다(대판 2000. 2. 11. 99다49064).

Answer 13. ③ 14. ① 15. ③

16

중
법률행위의 목적
2024년 제12회

반사회질서의 법률행위에 해당하지 않는 것은? (다툼이 있으면 판례에 따름)

① 행정기관에 진정서를 제출하여 상대방을 궁지에 빠뜨린 다음 이를 취하하는 조건으로 거액의 급부를 제공받기로 한 약정
② 보험계약자가 다수의 보험계약을 통하여 보험금을 부정취득할 목적으로 체결한 보험계약
③ 성매매행위를 전제로 한 선불금의 대여행위
④ 반사회질서의 법률행위에 의하여 조성된 재산인 이른바 비자금을 소극적으로 은닉하기 위하여 임치한 행위
⑤ 도박자금에 제공할 목적으로 한 금전대차계약

> **정답해설** ④ 반사회적 행위에 의하여 조성된 재산인 이른바 비자금을 소극적으로 은닉하기 위하여 임치한 것은 사회질서에 반하는 법률행위로 볼 수 없다(대판 2001. 4. 10. 2000다49343).

17

중
법률행위의 목적
2017년 제5회

법률행위의 목적에 관한 설명으로 옳지 않은 것은? (다툼이 있으면 판례에 따름)

① 불공정한 법률행위가 성립하기 위하여는 궁박, 경솔, 무경험의 요건이 모두 충족되어야 한다.
② 무상증여는 불공정한 법률행위가 될 수 없다.
③ 해외파견된 근로자가 귀국일로부터 3년간 회사에 근무하여야 하고, 이를 위반한 경우에는 해외파견에 소요된 경비를 배상하여야 한다는 회사의 사규는 반사회질서의 법률행위에 해당하지 않는다.
④ 공익법인이 주무관청의 허가 없이 기본재산을 처분하는 것은 무효이다.
⑤ 도박자금에 제공할 목적으로 금전의 대차를 한 때에는 그 대차계약은 반사회질서의 법률행위로 무효이다.

> **정답해설** ① 궁박, 경솔, 무경험 중 하나만 갖추면 되고 3가지를 동시에 충족시킬 필요는 없다.
>
> **오답해설** ② 제104조가 규정하는 현저히 공정을 잃은 법률행위라 함은 자기의 급부에 비하여 현저하게 균형을 잃은 반대급부를 하게 하여 부당한 재산적 이익을 얻는 행위를 의미하는 것이므로, 증여나 기부행위와 같이 아무런 대가관계 없이 당사자 일방이 상대방에게 일방적인 급부를 하는 무상행위는 그 공정성 여부를 논의할 수 있는 성질의 법률행위가 아니다.
> ③ 해외파견된 근로자가 귀국일로부터 일정 기간 소속회사에 근무하여야 한다는 사규나 약정은 「민법」 제103조 또는 제104조에 위반된다고 할 수 없고, 일정 기간 근무하지 않으면 해외 파견 소요경비를 배상한다는 사규나 약정은 근로계약기간이 아니라 경비반환채무의 면제기간을 정한 것이므로 「근로기준법」 제21조에 위배되는 것도 아니다(대판 1982. 6. 22. 82다카90).
> ④ 기본재산의 처분은 정관의 변경을 초래하므로 주무관청의 허가가 필요하다. 따라서 허가 없이 한 처분행위는 무효이다.
> ⑤ 도박자금에 제공할 목적으로 금전의 대차를 한 때에는 그 대차계약은 「민법」 제103조의 반사회질서의 법률행위로 무효이다(대판 1973. 5. 22. 72다2249).

✦ 반사회질서의 법률행위

의의	법률행위의 목적이 '선량한 풍속 기타 사회질서'에 반하는 때, 즉 사회적으로 보아서 타당성을 잃고 있는 경우에는 그것을 직접 규제하는 개별적인 강행규정이 없더라도 당연히 무효이다.
유형	• 인륜 · 신분질서에 반하는 행위 • 정의관념에 반하는 행위 : 당초부터 보험사고를 가장하여 보험금을 취득할 목적으로 생명보험계약을 체결한 경우 생명보험계약, 범죄를 하거나 하지 않을 것을 조건으로 하는 계약, 윤락행위 및 그것을 유인 · 강요하는 행위 등(판례) • 개인의 자유를 지나치게 제한하는 행위 : 평생 동안 결혼하지 않겠다는 계약, 절대로 이혼하지 않겠다는 각서행위 • 생존의 기초가 되는 재산의 처분행위 • 지나치게 사행적인 행위 • 동기의 불법 : 도박장을 운영하기 위해 건물임대차계약을 하는 경우, 도박을 하기 위해 돈을 빌리는 경우

18

중
법률행위의 목적
2015년 제3회

불공정한 법률행위(「민법」 제104조)에 관한 설명으로 옳지 않은 것은? (다툼이 있으면 판례에 따름)

① 법률행위가 현저하게 공정을 잃은 경우, 그것은 경솔하게 이루어졌거나 궁박한 사정이 있었던 것으로 추정된다.

② 강제경매에서 시가보다 현저하게 낮게 매각된 경우에 불공정한 법률행위가 성립될 수 없다.

③ 불공정한 법률행위가 성립하기 위한 요건인 궁박, 경솔, 무경험은 그중 일부만 갖추어도 된다.

④ 불공정한 법률행위에서 궁박이란 급박한 곤궁을 의미하는 것으로서 정신적 원인에 기인할 수도 있다.

⑤ 대리행위의 경우에 경솔 · 무경험은 대리인을 기준으로 판단하고, 궁박 상태에 있었는지 여부는 본인을 기준으로 판단하여야 한다.

> **풀이TIP** 불공정한 법률행위(제104조)는 그 성립요건과 효과에 관한 종합 문제가 반복적으로 출제된다. 특히 강제경매나 무상행위는 제104조가 성립하지 않는다는 점을 주의하여야 한다.

> **정답해설** ① 법률행위가 현저하게 공정을 잃었다고 하여 곧 그것이 궁박 · 경솔하게 이루어진 것으로 추정되지 아니하므로 불공정한 법률행위의 법리가 적용되려면 그 주장하는 측에서 궁박 · 경솔 또는 무경험으로 인하였음을 증명하여야 한다(대판 1969. 12. 30. 69다1873).

Answer 16. ④ 17. ① 18. ①

19

법률행위의 목적
2014년 제2회

불공정한 법률행위에 관한 설명으로 옳지 않은 것은? (다툼이 있는 경우에는 판례에 의함)

① "궁박"은 "급박한 곤궁"을 의미하지만 이는 반드시 경제적 궁박으로 제한되지 않는다.

② 급부와 반대급부 간에 현저한 불균형이 있으면 궁박·경솔 또는 무경험으로 인한 법률행위로 추정된다.

③ 불공정한 법률행위에 해당하는지 여부는 법률행위 시를 기준으로 판단하여야 한다.

④ 증여와 같이 아무런 대가 없이 의무자가 일방적으로 급부하는 법률행위는 그 공정성 여부를 논의할 수 있는 성질의 법률행위가 되지 아니한다.

⑤ 불공정한 법률행위에 해당하여 무효가 된 때에도 무효행위의 전환이 인정될 수 있다.

정답해설 ② 법률행위가 현저하게 공정을 잃었다고 하여 곧 그것이 궁박·경솔하게 이루어진 것으로 추정되지 아니하므로 불공정한 법률행위의 법리가 적용되려면 그 주장하는 측에서 궁박, 경솔 또는 무경험으로 인하였음을 증명하여야 한다.

20

법률행위의 목적
2019년 제7회

불공정한 법률행위에 관한 설명으로 옳은 것은? (다툼이 있으면 판례에 따름)

① 증여계약도 불공정한 법률행위가 될 수 있다.

② 급부와 반대급부 사이의 현저한 불균형을 판단함에 있어서 피해 당사자의 궁박, 경솔 또는 무경험의 정도는 고려대상이 아니다.

③ 대리행위의 경우, 경솔과 무경험은 대리인을 기준으로 하여 판단하고 궁박은 본인의 입장에서 판단해야 한다.

④ 피해 당사자가 궁박, 경솔 또는 무경험의 상태에 있었다면 상대방 당사자에게 그와 같은 사정을 알면서 이를 이용하려는 의사가 없어도 불공정한 법률행위가 성립한다.

⑤ 법률행위가 현저하게 공정을 잃은 경우 그것은 당사자의 궁박, 경솔 또는 무경험으로 인한 것으로 추정된다.

풀이 TIP 불공정한 법률행위의 성립요건과 효과를 판례를 중심으로 학습한다.

[정답해설] ③ 대판 2002. 10. 22. 2002다38927

[오답해설] ① 증여계약과 같이 아무런 대가관계 없이 당사자 일방이 상대방에게 일방적인 급부를 하는 법률행위는 그 공정성 여부를 논의할 수 있는 성질의 법률행위가 아니다(대판 2000. 2. 11. 99다56833).
② 급부와 반대급부 사이의 '현저한 불균형'은 단순히 시가와의 차액 또는 시가와의 배율로 판단할 수 있는 것은 아니고 구체적·개별적 사안에 있어서 일반인의 사회통념에 따라 결정하여야 한다. 그 판단에 있어서는 피해 당사자의 궁박·경솔·무경험의 정도가 아울러 고려되어야 하고, 당사자의 주관적 가치가 아닌 거래상의 객관적 가치에 의하여야 한다(대판 2010. 7. 15. 2009다50308).
④ 피해 당사자가 궁박, 경솔 또는 무경험의 상태에 있었고 상대방 당사자에게 그와 같은 사정을 알면서 이를 이용하려는 의사가 있어야 불공정한 법률행위가 성립한다.
⑤ 법률행위가 현저하게 공정을 잃은 경우라도 그것이 당사자의 궁박, 경솔 또는 무경험으로 인한 것으로 추정되지 않는다.

Answer 19. ② 20. ③

21

불공정한 법률행위에 관한 설명으로 옳지 않은 것은? (다툼이 있으면 판례에 따름)

① 당사자의 궁박, 경솔 또는 무경험으로 인하여 현저하게 공정을 잃은 법률행위는 무효이다.

② 불공정한 법률행위에 해당하는지 여부는 법률행위 당시를 기준으로 판단하여야 한다.

③ 불공정한 법률행위가 성립하기 위한 요건인 궁박, 경솔, 무경험은 그 중 일부만 갖추어져도 충분하다.

④ 법률행위가 현저하게 공정을 잃었다고 하여 곧바로 그것이 궁박한 사정으로 인정되는 것은 아니다.

⑤ 급부와 반대급부 사이의 현저한 불균형은 시가와의 차액 또는 시가와의 배율에 따라 일률적으로 판단해야 한다.

풀이 TIP 판례가 불공정한 법률행위를 인정하는 예와 부정하는 예를 암기한다.

정답해설 ⑤ 급부와 반대급부 사이의 '현저한 불균형'은 단순히 시가와의 차액 또는 시가와의 배율로 판단할 수 있는 것은 아니고 구체적·개별적 사안에 있어서 일반인의 사회통념에 따라 결정하여야 한다(대판 2010. 7. 15. 2009다50308).

✦ **불공정한 법률행위**

의의	자기의 급부에 비해 현저하게 균형을 잃은 반대급부를 상대방이 하게 함으로써 부당한 재산상의 이익을 얻는 행위를 말한다(제104조).
성립요건	• 객관적 요건 : 급부와 반대급부 사이에 현저한 불균형, 피해자의 궁박이나 경솔 또는 무경험이 있을 것(궁박·경솔·무경험은 모두 구비하여야 하는 것이 아니고, 이 중 어느 하나만 있으면 됨) • 주관적 요건 : 피해당사자가 궁박, 경솔 또는 무경험의 상태에 있었다고 하더라도 그 상대방 당사자에게 위와 같은 피해당사자 측의 사정을 알면서 이를 이용하려는 의사, 즉 폭리행위의 악의가 없었다면 불공정한 법률행위는 성립하지 않는다(판례). • 요건을 판단하는 기준 : 궁박, 경솔 또는 무경험은 물론이고 불균형의 판단도 법률행위 시(계약체결 시)를 기준으로 한다. 대리인에 의해서 법률행위가 행해진 경우에는 경솔·무경험은 그 대리인을 기준으로 판단하여야 하지만, 궁박 상태 여부는 본인의 입장에서 판단하여야 한다(판례). • 입증책임 : 어느 법률행위가 불공정한 법률행위에 해당하여 무효라고 주장하는 자는, 그가 궁박·경솔 또는 무경험의 상태에 있었다는 사실, 상대방이 이 사실을 알고 있었다는 사실, 그리고 급부와 반대급부 간에 현저한 불균형이 있음을 일일이 입증하여야 한다. 급부와 반대급부가 현저한 불균형이 있다 하여 궁박·경솔·무경험이 추정되지는 않는다(판례). 객관적 요건이 존재한다고 해서 주관적 요건이 추정되지 않는다.

22

법률행위의 목적
2022년 제10회

불공정한 법률행위에 관한 설명으로 옳은 것은? (다툼이 있으면 판례에 따름)

① 불공정한 법률행위는 원칙적으로 추인에 의해서 유효로 될 수 없다.

② 궁박은 경제적 원인에 기인하는 것을 말하며, 심리적 원인에 기인할 수 없다.

③ 특별한 사정이 없는 한 경솔·궁박은 본인을 기준으로 판단하고, 무경험은 대리인을 기준으로 판단한다.

④ 법률행위가 현저하게 공정성을 잃은 경우, 그 법률행위 당사자의 궁박·경솔·무경험은 추정된다.

⑤ 불공정한 법률행위에는 무효행위의 전환에 관한 민법 제138조는 적용되지 않는다.

(정답해설) ① 불공정한 법률행위여서 무효인 경우처럼, 무효원인이 해소되고 있지 않은 때에는 추인에 의해 유효하게 될 수 없다.

(오답해설) ② 궁박이라 함은 '급박한 곤궁'을 의미하는 것으로서 경제적 원인에 기인할 수도 있고 정신적 또는 심리적 원인에 기인할 수도 있다.
③ 대리인에 의하여 법률행위가 이루어진 경우 그 법률행위가 「민법」 제104조의 불공정한 법률행위에 해당하는지 여부를 판단함에 있어서 경솔과 무경험은 대리인을 기준으로 하여 판단하고, 궁박은 본인의 입장에서 판단하여야 한다(대판 2002. 10. 22. 2002다38927).
④ 법률행위가 현저하게 공정을 잃었다고 하여 곧 그것이 궁박·경솔하게 이루어진 것으로 추정되지 아니하므로 제104조의 불공정한 법률행위의 법리가 적용되려면 그 주장하는 측에서 궁박·경솔 또는 무경험으로 인하였음을 증명하여야 한다.
⑤ 불공정한 법률행위에도 무효행위의 전환에 관한 「민법」 제138조는 적용된다.

23

법률행위의 목적
2024년 제12회

불공정한 법률행위에 관한 설명으로 옳지 않은 것은? (다툼이 있으면 판례에 따름)

① 특별한 사정이 없는 한 경매에도 불공정한 법률행위에 관한 민법 제104조가 적용된다.

② 불공정한 법률행위에 해당하는지는 법률행위가 이루어진 시점을 기준으로 약속된 급부와 반대급부 사이의 객관적 가치를 비교 평가하여 판단하여야 한다.

③ 불공정한 법률행위가 성립하기 위한 요건인 궁박, 경솔, 무경험은 그 중 일부만 갖추어져도 충분하다.

④ 궁박은 급박한 곤궁을 의미하는 것으로서 심리적 원인에 기인할 수도 있다.

⑤ 무경험은 어느 특정영역에 있어서의 경험부족이 아니라 거래일반에 대한 경험부족을 뜻한다.

(정답해설) ① 경매에 있어서는 불공정한 법률행위 또는 채무자에게 불리한 약정에 관한 것으로서 효력이 없다는 민법 제104조, 제608조는 적용될 여지가 없다(대결 1980. 3. 21. 자 80마77).

(오답해설) ④, ⑤ '궁박'이라 함은 '급박한 곤궁'을 의미하는 것으로서 경제적 원인에 기인할 수도 있고 정신적 또는 심리적 원인에 기인할 수도 있으며, '무경험'이라 함은 일반적인 생활체험의 부족을 의미하는 것으로서 어느 특정영역에 있어서의 경험부족이 아니라 거래일반에 대한 경험부족을 뜻한다(대판 2002. 10. 22. 2002다38927).

(Answer) 21. ⑤ 22. ① 23. ①

24

법률행위의 해석에 관한 설명으로 옳은 것은? (다툼이 있는 경우에는 판례에 의함)

① 매매계약서에 "계약사항에 대한 이의가 생겼을 때에는 매도인의 해석에 따른다."는 조항을 둔 경우, 법원은 매도인의 해석에 따라 판결하여야 한다.

② 분양약정에서 당사자들이 분양가격의 결정기준으로 합의하였던 기준들에 따른 분양가격의 결정이 불가능하게 된 경우, 새로운 분양가격에 관한 합의가 없으면 매수인은 위 분양약정에 기하여 바로 소유권이전등기 절차의 이행을 청구할 수 없다.

③ 당사자가 합의로 지명한 감정인의 감정의견에 따라 보상금을 지급하기로 약정한 경우에는 당사자의 약정 취지에 반하는 감정이 이루어진 때에도 법원은 감정결과에 따라 판결하여야 한다.

④ 어떠한 의무를 부담하는 내용의 기재가 있는 서면에 "최대 노력하겠습니다."라고 기입한 경우 특별한 사정이 없으면 이는 그러한 의무를 법적으로 부담하겠다는 채무자의 의사표시이다.

⑤ 부동산 매매계약에서 당사자가 모두 甲토지를 계약의 목적물로 삼았으나 그 지번 등에 관하여 착오를 일으켜 계약서에 그 목적물을 乙토지로 표시하였다면 乙토지에 관한 매매계약이 성립한 것으로 보아야 한다.

> **풀이TIP** 법률행위의 해석은 해석의 방법 및 표준을 정확히 정리해야 한다. 특히 자연적 해석과 규범적 해석의 판례를 암기하도록 한다.

정답해설 ② 아파트 분양약정의 해석상 당사자 사이에 분양가격의 결정기준으로 합의하였던 기준들에 의하여 분양가격 결정이 불가능하게 되었다면, 당사자 사이에 새로운 분양가격에 관한 합의가 이루어지지 않는 한 그 분양약정에 기하여 당사자 일방이 바로 소유권이전등기 절차의 이행을 청구할 수는 없고, 여기에 법원이 개입하여 당사자 사이에 체결된 계약의 해석의 범위를 넘어 판결로써 분양가격을 결정할 수 없다(대판 1995. 9. 26. 95다18222).

오답해설 ① 매매계약서에 계약사항에 대한 이의가 생겼을 때에는 매도인의 해석에 따른다는 조항은 법원의 법률행위 해석권을 구속하는 조항이라고 볼 수 없다(대판 1974. 9. 24. 74다1057).
③ 당사자의 약정 취지에 반하는 감정이 이루어진 때에는 법원은 감정결과에 따를 필요가 없다.
④ 어떠한 의무를 부담하는 내용의 기재가 있는 문면에 "최대 노력하겠습니다."라고 기재되어 있는 경우, 특별한 사정이 없는 한 당사자가 위와 같은 문구를 기재한 객관적인 의미는 문면 그 자체로 볼 때 그러한 의무를 법적으로는 부담할 수 없지만 사정이 허락하는 한 그 이행을 사실상 하겠다는 취지로 해석함이 상당하다(대판 1994. 3. 25. 93다32668).
⑤ 부동산의 매매계약에 있어 쌍방 당사자가 모두 특정의 甲토지를 계약의 목적물로 삼았으나 그 목적물의 지번 등에 관하여 착오를 일으켜 계약을 체결함에 있어서는 계약서상 그 목적물을 甲토지와는 별개인 乙토지로 표시하였다 하여도 甲토지에 관하여 이를 매매의 목적물로 한다는 쌍방 당사자의 의사합치가 있은 이상 위 매매계약은 甲토지에 관하여 성립한 것으로 보아야 할 것이고 乙토지에 관하여 매매계약이 체결된 것으로 보아서는 안 될 것이며, 만일 乙토지에 관하여 위 매매계약을 원인으로 하여 매수인 명의로 소유권이전등기가 경료되었다면 이는 원인이 없이 경료된 것으로서 무효이다(대판 1993. 10. 26. 93다2629·2636).

25

법률행위의 해석
2020년 제8회

법률행위 해석에 관한 설명으로 옳지 않은 것은? (다툼이 있으면 판례에 따름)

① 일반적으로 계약의 당사자가 누구인지는 그 계약에 관여한 당사자의 의사해석의 문제에 해당한다.

② 의사표시의 해석은 당사자가 그 표시행위에 부여한 객관적인 의미를 명백하게 확정하는 것이다.

③ 표의자와 그 상대방이 생각한 의미가 서로 다른 경우, 합리적인 상대방의 시각에서 표의자가 표시한 내용을 어떻게 이해하였는지 고려하여 객관적 · 규범적으로 해석하여야 한다.

④ 법률행위의 내용이 처분문서로 작성된 경우 문서에 부여된 객관적 의미와 관계없이 원칙적으로 당사자의 내심적 의사에 구속되어 그 내용을 해석하여야 한다.

⑤ 법률행위의 내용이 처분문서로 작성된 경우 문언의 객관적인 의미가 명확하다면, 특별한 사정이 없는 한 문언대로 의사표시의 존재와 내용을 인정하여야 한다.

> **풀이 TIP** 법률행위의 해석에 관한 판례 표현을 정확히 이해하여야 한다.

> **정답해설** ④ 법원이 진정성립이 인정되는 처분문서를 해석함에 있어서는 특별한 사정이 없는 한 그 처분문서에 기재되어 있는 문언에 따라 당사자의 의사표시가 있었던 것으로 해석하여야 하는 것이다(대판 2003. 4. 8. 2001다38593).

> **오답해설** ② 법률행위의 해석은 당사자가 그 표시행위에 부여한 객관적인 의미를 명백하게 확정하는 것으로서, 서면에 사용된 문구에 구애받는 것은 아니지만 어디까지나 당사자의 내심적 의사의 여하에 관계없이 그 서면의 기재내용에 의하여 당사자가 그 표시행위에 부여한 객관적 의미를 합리적으로 해석하여야 하는 것이다(대판 1996. 10. 25. 96다16049).

26

법률행위의 해석
2023년 제11회

"부동산 매매계약에서 당사자 쌍방이 모두 X토지를 그 목적물로 삼았으나 X토지의 지번에 착오를 일으켜 계약체결 시에 계약서상으로는 그 목적물을 Y토지로 표시한 경우라도, X토지를 매매 목적물로 한다는 당사자 쌍방의 의사합치가 있는 이상 그 매매계약은 X토지에 관하여 성립한 것으로 보아야 한다."고 하는 법률행위의 해석방법은?

① 문언해석　　　② 통일적 해석　　　③ 자연적 해석
④ 규범적 해석　　　⑤ 보충적 해석

> **정답해설** ③ 사안은 오표시(誤表示)무해(無害)의 원칙이 적용되는 경우이다. 이는 표의자 및 그 상대방이 표시행위를 본래의 의미대로 이해하지 아니하고, 일치하여 이와 다른 의미로 이해한 때에 그 법률행위는 표의자와 상대방이 실제 이해한 의미대로 성립한다는 원칙으로, 자연적 해석에 속한다.

Answer 24. ②　25. ④　26. ③

02 의사표시

27

비진의표시에 관한 설명으로 옳은 것은? (다툼이 있으면 판례에 따름)

① 비진의표시에서 '진의'는 표의자가 진정으로 마음 속에서 바라는 사항을 뜻한다.

② 비진의표시에서 '진의'는 특정한 내용의 의사표시를 하고자 하는 표의자의 생각을 의미하는 것은 아니다.

③ 표의자가 진정 마음에서 바라지는 아니하였더라도 당시의 상황에서는 최선이라고 판단하여 의사표시를 하였다면 비진의표시는 아니다.

④ 표의자가 강박에 의하여 증여를 하기로 하고 그에 따른 증여의 의사표시를 하였더라도, 재산을 강제로 뺏긴다는 본심이 잠재되어 있다면 그 증여는 비진의표시에 해당한다.

⑤ 공무원의 사직의 의사표시와 같은 공법행위에도 비진의표시에 관한 「민법」의 규정이 적용된다.

풀이 TIP 비진의표시의 성립요건과 효과를 정리한다.

정답해설 ③ 표의자가 의사표시의 내용을 진정으로 마음속에서 바라지는 아니하였다고 하더라도 당시의 상황에서 그것을 최선이라고 판단하여 의사표시를 하였을 경우에는 이를 내심의 효과의사가 결여된 진의 아닌 의사표시라고 할 수 없다(대판 2000. 4. 25. 99다34475).

오답해설 ①, ② 진의 아닌 의사표시에 있어서의 진의란 특정한 내용의 의사표시를 하고자 하는 표의자의 생각을 말하는 것이지 표의자가 진정으로 마음속에서 바라는 사항을 뜻하는 것은 아니다(대판 2000. 4. 25. 99다34475).
④ 비록 재산을 강제로 뺏긴다는 것이 표의자의 본심으로 잠재되어 있었다 하여도 표의자가 강박에 의하여서나마 이 사건 증여를 하기로 하고 그에 따른 증여의 의사표시를 한 이상 증여의 내심의 효과의사가 결여된 것이라고 할 수는 없을 것이다(대판 1993. 7. 16. 92다41528 · 41535).
⑤ 공무원이 사직의 의사표시를 하여 의원면직처분을 하는 경우, 그 사직의 의사표시는 그 법률관계의 특수성에 비추어 외부적 · 객관적으로 표시된 바를 존중하여야 할 것이므로, 비록 사직원제출자의 내심의 의사가 사직할 뜻이 아니었다고 하더라도 진의 아닌 의사표시에 관한 「민법」 제107조는 그 성질상 사직의 의사표시와 같은 사인의 공법행위에는 준용되지 아니하므로 그 의사가 외부에 표시된 이상 그 의사는 표시된 대로 효력을 발한다(대판 1997. 12. 12. 97누13962).

28

진의 아닌 의사표시
2013년 제1회

「민법」 제107조(진의 아닌 의사표시)에 관한 설명으로 옳지 않은 것은? (다툼이 있는 경우에는 판례에 의함)

① 대리권 남용의 경우에도 유추적용될 수 있다.

② 근로자가 사직서가 수리되지 않으리라고 믿고 제출한 사실을 상대방이 알고 있으면 그 사직서 제출행위는 무효로 된다.

③ 진의 아닌 의사표시는 원칙적으로 표시된 대로 법적 효과가 발생한다.

④ 표시가 진의와 다름을 표의자가 알고 있다는 점에서 착오와 구별된다.

⑤ 진의란 표의자가 진정으로 마음속에서 바라는 사항을 말하는 것이지 특정한 내용의 의사표시를 하고자 하는 표의자의 생각을 뜻하는 것은 아니다.

> **풀이 TIP** 진의 아닌 의사표시(제107조)는 원칙적으로 유효하고, 예외적으로 상대방이 표의자의 진의 아님을 알았거나 알 수 있었을 때 무효로 된다는 점을 주의하여야 한다.

정답해설 ⑤ '진의'란 특정한 내용의 의사표시를 하고자 하는 표의자의 생각을 말하는 것이지 표의자가 진정으로 마음속에서 바라는 사항을 뜻하는 것은 아니므로, 표의자가 의사표시의 내용을 진정으로 마음속에서 바라지는 아니하였다고 하더라도 당시의 상황에서는 그것이 최선이라고 판단하여 그 의사표시를 하였을 경우에는 이를 내심의 효과의사가 결여된 진의 아닌 의사표시라고 할 수 없다(대판 2003. 4. 25. 2002다11458).

29

중
진의 아닌 의사표시
2024년 제12회

민법상 비진의 의사표시로서 무효가 아닌 것을 모두 고른 것은? (다툼이 있으면 판례에 따름)

> ㉠ 공무원이 한 사직의 의사표시
> ㉡ 학교법인이 사립학교법상의 제한규정 때문에 그 학교의 교직원들의 명의를 빌려서 금융기관으로부터 금원을 차용한 경우에 교직원들의 채무부담의사표시
> ㉢ 재산을 강제로 뺏긴다는 것이 표의자의 본심으로 잠재되어 있었으나, 표의자가 강박에 의하여서나마 증여를 하기로 하고 그에 따라 한 증여의 의사표시

① ㉠   ② ㉢   ③ ㉠, ㉡
④ ㉡, ㉢   ⑤ ㉠, ㉡, ㉢

정답해설 ㉠ 공무원이 사직의 의사표시를 하여 의원면직처분을 하는 경우, 그 사직의 의사표시는 그 법률관계의 특수성에 비추어 외부적·객관적으로 표시된 바를 존중하여야 할 것이므로, 비록 사직원제출자의 내심의 의사가 사직할 뜻이 아니었다고 하더라도 진의 아닌 의사표시에 관한 민법 제107조는 그 성질상 사직의 의사표시와 같은 사인의 공법행위에는 준용되지 아니하므로 그 의사가 외부에 표시된 이상 그 의사는 표시된 대로 효력을 발한다(대판 1997. 12. 12. 97누13962).
㉡ 학교법인이 사립학교법상의 제한규정 때문에 그 학교의 교직원들인 소외인들의 명의를 빌려서 피고로부터 금원을 차용한 경우에 피고 역시 그러한 사정을 알고 있었다고 하더라도 위 소외인들의 의사는 위 금전의 대차에 관하여 그들이 주채무자로서 채무를 부담하겠다는 뜻이라고 해석함이 상당하므로 이를 진의 아닌 의사표시라고 볼 수 없다(대판 1980. 7. 8. 80다639).
㉢ 비록 재산을 강제로 뺏긴다는 것이 표의자의 본심으로 잠재되어 있었다 하여도 표의자가 강박에 의하여서나마 이 사건 증여를 하기로 하고 그에 따른 증여의 의사표시를 한 이상 증여의 내심의 효과의사가 결여된 것이라고 할 수는 없을 것이다(대판 1993. 7. 16. 92다41528·92다41535).

30

중
허위표시
2016년 제4회

통정허위표시에 관한 설명으로 옳지 않은 것은? (다툼이 있으면 판례에 따름)

① 통정허위표시는 무효이나, 그 무효로써 선의의 제3자에게 대항하지 못한다.
② 선의의 제3자가 되기 위해서는 선의임에 과실이 없어야 한다.
③ 제3자는 특별한 사정이 없는 한 선의로 추정할 것이므로, 제3자가 악의라는 사실에 관한 주장·입증책임은 그 허위표시의 무효를 주장하는 자에게 있다.
④ 통정허위표시에 의한 매매의 매수인으로부터 매수목적물에 대하여 선의로 저당권을 설정받은 자는 선의의 제3자에 해당된다.
⑤ 통정허위표시로 설정된 전세권에 대하여 선의로 저당권을 취득한 자는 선의의 제3자에 해당된다.

풀이 TIP 허위표시의 무효는 선의의 제3자에게 대항하지 못한다(제108조 제2항). 여기서 제3자의 의미 및 제3자에 해당하는 자의 예를 정리하여야 한다.

정답해설 ② 제108조 제2항에서 선의의 제3자의 무과실을 요구하고 있지 않으므로 선의이면 되고 무과실은 요건이 아니다.

31

중
허위표시
2015년 제3회

허위표시에 기초하여 새로운 법률상의 이해관계를 맺은 자(통정허위표시에서의 제3자)에 해당하지 않는 것은? (다툼이 있으면 판례에 따름)

① 가장매매의 매수인으로부터 목적부동산을 다시 매수하여 소유권이전등기를 마친 자

② 가장매매의 매수인으로부터 매매계약에 의한 소유권이전 청구권보전을 위한 가등기를 마친 자

③ 허위표시인 전세권설정계약에 기하여 등기까지 마친 전세권에 대하여 저당권을 취득한 자

④ 허위표시인 근저당권설정계약이 유효하다고 믿고 그 피담보채권에 대하여 가압류한 자

⑤ 채권의 가장양도에서 가장양수인에게 채무를 변제하지 않고 있었던 채무자

정답해설 ⑤ 채권의 가장양도에서 가장양수인에게 채무를 변제하지 않고 있었던 채무자는 가장양도를 하기 이전부터 존재하던 채무자이므로, 새로운 법률상의 이해관계를 맺은 자에 해당하지 않는다.

32

상
허위표시
2013년 제1회

甲은 채권자 丙으로부터의 강제집행을 면하기 위하여 乙과 짜고 자신의 유일한 재산인 X토지를 乙명의로 매매를 원인으로 하는 소유권이전등기를 해 주었다. 다음 설명 중 옳지 않은 것은? (다툼이 있는 경우에는 판례에 의함)

① 甲·乙 간의 매매계약은 허위표시로서 당사자 간에는 언제나 무효이다.

② 丙은 乙을 상대로 매매계약의 취소와 함께 이전등기의 말소를 구하는 소송을 제기할 수 있다.

③ 乙로부터 X토지를 상속받은 자는 매매계약이 허위표시임을 몰랐던 경우에도 그 소유권을 취득할 수 없다.

④ 乙로부터 X토지에 대한 저당권을 설정받은 자가 저당권 설정 당시에 매매계약이 허위표시임을 과실로 알지 못했다면 그 저당권자는 선의의 제3자로서 보호받을 수 없다.

⑤ 乙로부터 X토지를 매수하여 소유권이전청구권 보전을 위한 가등기를 마친 자에 대하여 甲이 甲·乙 간의 매매계약이 허위표시임을 이유로 X토지의 소유권을 주장하려면, 甲은 가등기권리자의 악의를 증명하여야 한다.

풀이 TIP 허위표시에 해당하는 대표적 사례가 채권자의 강제집행을 면하기 위해 재산을 빼돌리는 경우이다. 허위표시의 당사자 간 법률관계와 제3자에 대한 효과를 구분해서 공부해야 한다.

정답해설 ④ 「민법」 제108조 제2항에 규정된 통정허위표시에 있어서의 제3자는 그 선의 여부가 문제이지 이에 관한 과실 유무를 따질 것이 아니다(대판 2006. 3. 10. 2002다1321). 따라서 저당권자에게 과실이 있더라도 제3자로 보호받을 수 있다.

Answer 29. ⑤ 30. ② 31. ⑤ 32. ④

33

상
허위표시
2017년 제5회

甲과 乙은 강제집행을 면할 목적으로 서로 통모하여 甲 소유의 X토지를 乙에게 매도하는 내용의 허위 매매계약서를 작성하고, 이에 근거하여 乙 앞으로 소유권이전등기를 마쳤다. 이에 관한 설명으로 옳지 않은 것은? (다툼이 있으면 판례에 따름)

① 甲은 X토지에 대하여 乙명의의 소유권이전등기의 말소를 청구할 수 있다.
② 乙의 채권자 丙이 乙명의의 X토지를 가압류하면서 丙이 甲과 乙 사이의 매매계약이 허위표시임을 알았다면 丙의 가압류는 무효이다.
③ 乙이 사망한 경우 甲은 乙의 단독상속인 丁에게 X토지에 대한 매매계약의 무효를 주장할 수 있다.
④ 乙의 채권자 丙이 乙명의의 X토지를 가압류한 경우 丙이 보호받기 위해서는 선의이고 무과실이어야 한다.
⑤ 乙명의의 X토지를 가압류한 丙은 특별한 사정이 없는 한 선의로 추정된다.

[정답해설] ④ 乙의 채권자 丙이 乙명의의 X토지를 가압류한 경우 丙이 보호받기 위해서는 선의이면 족하고 무과실은 요하지 않는다.

[오답해설] ① 甲과 乙의 X토지 매매계약은 허위표시로서 무효이므로, 甲은 乙명의의 소유권이전등기의 말소를 청구할 수 있다.
③ 허위표시의 무효는 선의의 제3자에게 대항하지 못한다(제108조 제2항). 여기서 제3자란 허위표시의 당사자 및 포괄승계인 이외의 자로서, 허위표시에 의하여 외형상 형성된 법률관계를 토대로 실질적으로 새로운 법률상 이해관계를 맺은 자를 말한다. 상속인 丁은 포괄승계인이므로 여기의 제3자에 해당하지 않는다.
⑤ 乙명의의 X토지를 가압류한 丙은 제108조 제2항의 제3자에 해당한다. 제3자는 선의로 추정되므로, 무효를 주장하는 자가 제3자의 악의를 입증하여야 한다.

✦ 허위표시(통정허위표시)의 효과

당사자 사이의 효과	• 원칙적 무효 : 당사자 간에는 언제나 무효이다. 따라서 이행하기 전이면 이행할 필요가 없고 이미 이행한 후에는 부당이득반환 대상이 된다. • 허위표시 그 자체는 반사회질서행위(불법)가 아니므로 제746조(불법원인급여)의 규정은 적용되지 않는다. 따라서 급부한 자는 그 반환청구를 할 수 있다. • 허위표시의 채권자는 허위표시가 제406조(채권자취소권)의 요건을 갖춘 경우 채권자취소권을 행사하여 취소할 수 있다.
제3자에 대한 효과	• 상대적 무효 : 허위표시의 무효는 선의의 제3자에게 대항하지 못한다(제108조 제2항). 이는 허위표시의 외관을 신뢰한 제3자를 보호하기 위해서이다. • 제3자는 선의(선행 법률행위자의 의사표시가 허위표시임을 제3자가 모르는 것)이면 충분하고 과실의 유무는 묻지 않는다. 제3자는 선의로 추정되기 때문에 무효를 주장하는 자가 제3자의 악의를 입증하여야 한다. • 선의의 제3자로부터 다시 권리를 취득한 전득자에 대하여 전득 시에 악의였더라도 허위표시의 무효로 대항하지 못한다. 전득자는 선의의 제3자의 권리를 그대로 승계하기 때문이다(엄폐물의 법칙). 악의의 제3자로부터 선의로 전득한 자도 역시 소유권을 취득한다. 전득자도 역시 제3자이기 때문에 선의이면 보호된다(판례). • 허위표시의 당사자는 선의의 제3자에 대하여 무효를 주장할 수 없다. 그러나 선의의 제3자는 허위표시의 당사자에게 무효를 주장할 수 있다.

34

중
허위표시
2014년 제2회

통정허위표시에 관한 설명으로 옳은 것은? (다툼이 있는 경우에는 판례에 의함)

① 통정은 상대방과 짜고 함을 의미하지만, 이때 표의자의 상대방이 단순히 진의와 다른 표시가 있다는 사실을 인식하면 충분하다.

② 대리인이 그 권한 안에서 본인의 이름으로 의사표시를 함에 있어서 상대방과 통정하여 진의와 다른 의사를 표시한 경우, 그 의사표시는 본인에게 효력이 생긴다.

③ 허위표시의 당사자가 아닌 사람은 허위표시의 무효로써 허위표시에 기초하여 새로운 법률상 이해관계를 가진 선의의 제3자에게 대항할 수 있다.

④ 상대방과 허위표시로써 성립한 가장채권을 보유한 채권자에 대하여 파산이 선고된 경우 파산관재인은 허위표시의 무효로부터 보호되는 선의의 제3자가 될 수 없다.

⑤ 통정한 허위표시에 의하여 외형상 형성된 법률관계로 생긴 채권을 가압류한 경우, 그 가압류권자는 허위표시에 기초하여 새로운 법률상 이해관계를 가지게 된 제3자에 해당한다.

[정답해설] ⑤ 통정한 허위표시에 의하여 외형상 형성된 법률관계로 생긴 채권을 가압류한 경우, 그 가압류권자는 허위표시에 기초하여 새로운 법률상 이해관계를 가지게 되므로 「민법」 제108조 제2항의 제3자에 해당한다(대판 2004. 5. 28. 2003다70041).

[오답해설] ① 통정이란 상대방과의 합의를 의미하고 상대방이 단순히 이를 인식하고 있다는 것만으로는 부족하다.

② 대리행위의 하자는 대리인을 표준으로 결정하므로, 대리인이 상대방과 통정허위표시를 한 경우, 그 의사표시는 무효이므로 본인에게 효력이 미치지 않는다.

③ 상대방과 통정한 허위의 의사표시는 무효이고 누구든지 그 무효를 주장할 수 있는 것이 원칙이나, 허위표시의 당사자와 포괄승계인 이외의 자로서 허위표시에 의하여 외형상 형성된 법률관계를 토대로 실질적으로 새로운 법률상 이해관계를 맺은 선의의 제3자에 대하여는 허위표시의 당사자뿐만 아니라 그 누구도 허위표시의 무효에 대항하지 못하는 것이다(대판 2000. 7. 6. 99다51258).

④ 파산자가 상대방과 통정한 허위의 의사표시를 통하여 가장채권을 보유하고 있다가 파산이 선고된 경우 그 가장채권도 일단 파산재단에 속하게 되고, 파산선고에 따라 파산자와는 독립한 지위에서 파산채권자 전체의 공동의 이익을 위하여 직무를 행하게 된 파산관재인은 그 허위표시에 따라 외형상 형성된 법률관계를 토대로 실질적으로 새로운 법률상 이해관계를 가지게 된 「민법」 제108조 제2항의 제3자에 해당한다(대판 2003. 6. 24. 2002다48214).

Answer⁺ 33. ④ 34. ⑤

35

통정허위표시에 기하여 새롭게 이해관계를 맺은 제3자에 해당하지 않는 사람은? (다툼이 있으면 판례에 따름)

① 통정허위표시인 매매계약에 기하여 부동산 소유권을 취득한 양수인으로부터 그 부동산을 양수한 사람

② 통정허위표시인 채권양도계약의 양도인에 대하여 채무를 부담하고 있던 사람

③ 통정허위표시인 저당권 설정행위로 취득된 저당권의 실행으로 그 목적인 부동산을 경매에서 매수한 사람

④ 통정허위표시인 금전소비대차계약에서 대주가 파산한 경우 파산관재인으로 선임된 사람

⑤ 통정허위표시에 의하여 부동산 소유권을 취득한 양수인과 매매계약을 체결하고 소유권이전등기청구권 보전을 위한 가등기를 마친 사람

풀이 TIP 허위표시에서 보호되는 선의의 제3자를 암기한다.

정답해설 ② 통정허위표시에 있어 제3자란 허위표시의 당사자 및 포괄승계인 이외의 자로서, 허위표시에 의하여 외형상 형성된 법률관계를 토대로 실질적으로 새로운 법률상 이해관계를 맺은 자를 말한다. 따라서 통정허위표시인 채권양도계약의 양도인에 대하여 기존에 채무를 부담하고 있던 사람은 이에 해당하지 않는다.

오답해설 ④ 파산자가 상대방과 통정한 허위의 의사표시를 통하여 가장채권을 보유하고 있다가 파산이 선고된 경우 그 가장채권도 일단 파산재단에 속하게 되고, 파산선고에 따라 파산자와는 독립한 지위에서 파산채권자 전체의 공동의 이익을 위하여 직무를 행하게 된 파산관재인은 그 허위표시에 따라 외형상 형성된 법률관계를 토대로 실질적으로 새로운 법률상 이해관계를 가지게 된 「민법」제108조 제2항의 제3자에 해당한다(대판 2003. 6. 24. 2002다48214).

36

상
허위표시
2021년 제9회

甲이 乙에게 X부동산을 허위표시로 매도하고 이전등기를 해 주었다. 이에 관한 설명으로 옳지 않은 것은? (다툼이 있으면 판례에 따름)

① 甲은 乙을 상대로 매매대금의 지급을 청구할 수 없다.
② 甲은 乙을 상대로 X부동산의 반환을 구할 수 있다.
③ 만약 乙과 X부동산에 대해 저당권설정계약을 체결하고 저당권설정등기를 한 丙이 허위표시에 대해 선의인 경우, 甲은 그 저당권등기의 말소를 구할 수 없다.
④ 만약 乙명의로 등기된 X부동산을 가압류한 丙이 허위표시에 대해 선의이지만 과실이 있는 경우, 甲은 丙에 대하여 가압류의 무효를 주장할 수 없다.
⑤ 만약 X부동산이 乙로부터 丙, 丙으로부터 丁에게 차례로 매도되어 각기 그 명의로 이전등기까지 된 경우, 허위표시에 대해 丙이 악의이면 丁이 선의이더라도 甲은 丁명의 이전등기의 말소를 구할 수 있다.

정답해설 ⑤ 악의의 제3자로부터 전득한 자가 선의라면 제108조 제2항의 선의의 제3자로서 보호된다. 따라서 丙이 악의이고 丁이 선의이면 丁은 보호되는 선의의 제3자에 해당하므로 甲은 丁명의 이전등기의 말소를 구할 수 없다.

오답해설 ② 제108조의 통정허위표시는 제103조의 반사회질서행위가 아니므로 제746조의 불법원인급여에 해당하지 않는다. 따라서 급부자는 반환을 청구할 수 있다.
④ 제108조의 보호되는 제3자는 선의이면 충분하고 무과실은 요건이 아니다.

37

충
허위표시
2018년 제6회

허위표시에 관한 설명으로 옳은 것을 모두 고른 것은? (다툼이 있으면 판례에 따름)

> ㉠ 허위표시의 무효로서 대항할 수 없는 제3자의 범위는 허위표시를 기초로 새로운 법률상 이해관계를 맺었는지에 따라 실질적으로 파악해야 한다.
> ㉡ 가장매도인이 가장매수인으로부터 부동산을 취득한 제3자에게 자신의 소유권을 주장하려면 특별한 사정이 없는 한, 가장매도인은 그 제3자의 악의를 증명하여야 한다.
> ㉢ 허위표시를 한 자는 그 의사표시가 무효라는 사실을 주장할 수 없다.

① ㉠   ② ㉡   ③ ㉠, ㉡
④ ㉠, ㉢   ⑤ ㉡, ㉢

풀이 TIP 허위표시의 무효로서 대항할 수 없는 제3자의 예를 최대한 기억하도록 한다.

정답해설 ㉠ 제3자란 허위표시의 당사자 및 포괄승계인 이외의 자로서, 허위표시에 의하여 외형상 형성된 법률관계를 토대로 실질적으로 새로운 법률상 이해관계를 맺은 자를 말한다.
㉡ 제3자는 선의로 추정되므로, 무효를 주장하는 자가 제3자의 악의를 입증하여야 한다.

오답해설 ㉢ 통정한 허위의 의사표시는 선의의 제3자를 제외한 누구에 대하여서나 무효이고, 또한 누구든지 그 무효를 주장할 수 있다(대판 2003. 3. 28. 2002다72125).

Answer 35. ② 36. ⑤ 37. ③

38

종

허위표시
2022년 제10회

통정허위표시를 기초로 새로운 법률상의 이해관계를 맺은 제3자를 모두 고른 것은?
(다툼이 있으면 판례에 따름)

> ⊙ 가장매매의 매수인으로부터 그와의 매매계약에 의한 소유권이전청구권 보전을 위한 가등기를 마친 자
> ⓒ 허위의 선급금 반환채무 부담행위에 기하여 그 채무를 보증하고 이행까지 하여 구상권을 취득한 자
> ⓒ 가장소비대차에 있어 대주의 계약상의 지위를 이전받은 자

① ⊙　　　　　　　　② ⓒ　　　　　　　　③ ⊙, ⓒ
④ ⊙, ⓒ　　　　　　⑤ ⓒ, ⓒ

[정답해설] ⓒ 보증인이 주채무자의 기망행위에 의하여 주채무가 있는 것으로 믿고 주채무자와 보증계약을 체결한 다음 그에 따라 보증채무자로서 그 채무까지 이행한 경우, 그 보증인은 주채무자에 대한 구상권 취득에 관하여 법률상의 이해관계를 가지게 되었고 그 구상권 취득에는 보증의 부종성으로 인하여 주채무가 유효하게 존재할 것을 필요로 한다는 이유로 결국 그 보증인은 주채무자의 채권자에 대한 채무부담행위라는 허위표시에 기초하여 구상권 취득에 관한 법률상 이해관계를 가지게 되었다고 보아 민법 제108조 제2항 소정의 '제3자'에 해당한다(대판 2000. 7. 6. 99다51258).

[오답해설] ⓒ 구 「상호신용금고법」 소정의 계약이전은 금융거래에서 발생한 계약상의 지위가 이전되는 사법상의 법률효과를 가져오는 것이므로, 계약이전을 받은 금융기관은 계약이전을 요구받은 금융기관과 대출채무자 사이의 통정허위표시에 따라 형성된 법률관계를 기초로 하여 새로운 법률상 이해관계를 가지게 된 민법 제108조 제2항의 제3자에 해당하지 않는다(대판 2004. 1. 15. 2002다31537).

39

허위표시
2024년 제12회

甲은 乙과 통정허위표시로 대출약정을 하고, 이를 통해 乙에 대하여 가장채권을 보유하고 있다. 이에 관한 설명으로 옳은 것을 모두 고른 것은? (다툼이 있으면 판례에 따름)

> ㉠ 丙이 대출약정과 관련한 甲의 계약상 지위를 이전받은 경우, 乙은 丙에게 대출약정이 무효라고 대항할 수 있다.
> ㉡ 甲의 일반채권자 丁이 대출약정이 유효하다고 믿고 가장채권을 가압류한 경우, 위와 같이 믿은 것에 丁에게 과실이 있더라도 乙은 丁에게 대출약정이 무효라고 대항할 수 없다.
> ㉢ 甲에게 파산이 선고된 경우, 파산관재인 戊가 대출약정이 통정허위표시라는 사실을 알았다면 파산채권자 중 일부가 선의라도 乙은 戊에 대하여 대출약정이 무효라고 대항할 수 있다.

① ㉠ 　　　　② ㉡ 　　　　③ ㉠, ㉡
④ ㉠, ㉢ 　　　　⑤ ㉡, ㉢

정답해설 ㉠ 구 상호신용금고법 소정의 계약이전을 받은 금융기관이 원계약 당사자 사이의 통정허위표시에 있어서 민법 제108조 제2항의 제3자에 해당하는지 여부(소극): 구 상호신용금고법 소정의 계약이전은 금융거래에서 발생한 계약상의 지위가 이전되는 사법상의 법률효과를 가져오는 것이므로, 계약이전을 받은 금융기관은 계약이전을 요구받은 금융기관과 대출채무자 사이의 통정허위표시에 따라 형성된 법률관계를 기초로 하여 새로운 법률상 이해관계를 가지게 된 민법 제108조 제2항의 제3자에 해당하지 않는다(대판 2004. 1. 15. 2002다31537).
㉡ 통정한 허위표시에 의하여 외형상 형성된 법률관계로 생긴 채권을 가압류한 경우, 그 가압류권자는 허위표시에 기초하여 새로운 법률상 이해관계를 가지게 되므로 민법 제108조 제2항의 제3자에 해당한다고 봄이 상당하고, 또한 민법 제108조 제2항의 제3자는 선의이면 족하고 무과실은 요건이 아니다(대판 2004. 5. 28. 2003다70041).

오답해설 ㉢ 파산채무자가 상대방과 통정한 허위의 의사표시를 통하여 가장채권을 보유하고 있다가 파산이 선고된 경우 그 가장채권도 일단 파산재단에 속하게 되고, 파산선고에 따라 파산채무자와는 독립한 지위에서 파산채권자 전체의 공동의 이익을 위하여 직무를 행하게 된 파산관재인은 그 허위표시에 따라 외형상 형성된 법률관계를 토대로 실질적으로 새로운 법률상 이해관계를 가지게 된 민법 제108조 제2항의 제3자에 해당하고, 그 선의·악의도 파산관재인 개인의 선의·악의를 기준으로 할 수는 없고, 총파산채권자를 기준으로 하여 파산채권자 모두가 악의로 되지 않는 한 파산관재인은 선의의 제3자라고 할 수밖에 없다(대판 2013. 4. 26. 2013다1952).

40

허위표시
2023년 제11회

통정허위표시에 관한 설명으로 옳지 않은 것은? (다툼이 있으면 판례에 따름)

① 채무자의 법률행위가 통정허위표시인 경우에도 채권자취소권의 대상이 될 수 있다.

② 가장 근저당권설정계약이 유효하다고 믿고 그 피담보채권을 가압류한 자는 허위표시의 무효로부터 보호되는 선의의 제3자에 해당한다.

③ 의사표시의 진의와 표시의 불일치에 관하여 상대방과 사이에 합의가 있으면 통정허위표시가 성립한다.

④ 통정허위표시에 따른 법률효과를 침해하는 것처럼 보이는 위법행위가 있는 경우에도 그에 따른 손해배상을 청구할 수 없다.

⑤ 자신의 채권을 보전하기 위해 가장양도인의 가장양수인에 대한 권리를 대위 행사하는 채권자는 허위표시를 기초로 새로운 법률상의 이해관계를 맺은 제3 자에 해당한다.

정답해설 ⑤ 자신의 채권을 보전하기 위해 가장양도인의 가장양수인에 대한 권리를 대위행사하는 채권자는 허위표시를 기초로 새로운 법률상의 이해관계를 맺은 제3자에 해당하지 않는다.

오답해설 ① 채무자가 상대방과 통정하여 가장행위를 한 경우에, 채권자는 허위표시로서 무효인 그 법률행위에 대해 채권자취소권을 행사할 수 있다(판례).

② 허위표시의 무효는 선의의 제3자에게 대항하지 못한다(제108조 제2항). 여기서 제3자란 허위표시의 당사자 및 포괄승계인 이외의 자로서, 허위표시에 의하여 외형상 형성된 법률관계를 토대로 실질적으로 새로운 법률상 이해관계를 맺은 자를 말한다. 가장 근저당권설정계약이 유효하다고 믿고 그 피담보채권을 가압류한 자도 이에 속한다.

③ 진의와 다른 의사표시를 하는 데 있어 상대방과 통정하여야 한다. 통정이란 상대방과의 합의를 의미하고 상대방이 단순히 이를 인식하고 있다는 것만으로는 부족하다.

④ 무효인 법률행위는 그 법률행위가 성립한 당초부터 당연히 효력이 발생하지 않는 것이므로, 무효인 법률행위에 따른 법률효과를 침해하는 것처럼 보이는 위법행위나 채무불이행이 있다고 하여도 법률효과의 침해에 따른 손해는 없는 것이므로 그 손해배상을 청구할 수는 없다(대판 2003. 3. 28. 2002다72125).

41
중
착오
2013년 제1회

「민법」 제109조(착오로 인한 의사표시)에 관한 설명으로 옳지 않은 것은? (다툼이 있는 경우에는 판례에 의함)

① 동기의 착오를 이유로 법률행위를 취소하기 위해서는 당사자 사이에 그 동기를 의사표시의 내용으로 삼기로 하는 별도의 합의가 있어야 한다.

② 동기의 착오가 상대방에 의하여 유발된 경우에는 동기의 표시 여부와 관계없이 취소가 인정된다.

③ 매도인이 매수인의 중도금 지급채무 불이행을 이유로 매매계약을 적법하게 해제한 후라도 매수인은 착오를 이유로 그 매매계약을 취소할 수 있다.

④ 착오한 표의자의 중대한 과실 유무에 관한 증명책임은 의사표시를 취소하게 하지 않으려는 상대방에게 있다.

⑤ 착오로 인하여 표의자가 경제적 불이익을 입은 것이 아니라면, 이는 법률행위 내용의 중요 부분의 착오가 아니다.

풀이TIP 착오로 인한 의사표시에서는 착오의 유형, 착오의 효과, 착오와 다른 제도와의 관계 등이 중요하다. 특히 동기의 착오에 대한 판례의 입장을 정확히 암기해야 한다.

정답해설 ① 동기의 착오가 법률행위 내용의 중요 부분의 착오에 해당함을 이유로 표의자가 법률행위를 취소하려면 그 동기를 당해 의사표시의 내용으로 삼을 것을 상대방에게 표시하고 의사표시의 해석상 법률행위의 내용으로 되어 있다고 인정되면 충분하고, 당사자들 사이에 별도로 그 동기를 의사표시의 내용으로 삼기로 하는 합의까지 이루어질 필요는 없다(대판 1998. 2. 10. 97다44737).

42

착오에 관한 설명으로 옳지 않은 것은? (다툼이 있는 경우에는 판례에 의함)

① 법률행위의 일부분에만 착오가 있고 그 법률행위가 가분적이면 그 나머지 부분이라도 유지하려는 당사자의 가정적 의사가 인정되는 경우 그 일부만의 취소도 가능하다.

② 표의자가 착오로 의사표시를 하였으나 그에게 아무런 경제적 불이익이 발생하지 않은 때에는 중요 부분의 착오가 되지 아니한다.

③ 법률행위의 중요 부분의 착오는 착오가 없었더라면 표의자뿐만 아니라 일반인도 표의자의 처지에서 그러한 의사표시를 하지 않았을 것이라고 생각될 정도로 중요한 것이어야 한다.

④ 등기명의자가 소유권이전등기의 무효를 주장한 종전 소유자의 공동상속인 중 1인을 단독상속인으로 오인하여 소유권 환원에 관하여 합의한 경우, 이는 중요 부분의 착오이다.

⑤ 채무자의 채무불이행을 원인으로 적법하게 해제된 매매계약도 착오를 이유로 취소될 수 있다.

[정답해설] ④ 등기명의자 甲과 종전 소유자의 상속인으로서 소유권이전등기의 원인무효를 주장하는 乙 사이에 토지 소유권 환원의 방법으로 乙 앞으로 소유권이전등기를 경료하여 주기로 하는 합의가 이루어진 경우, 乙이 공동상속인들 중 1인이라면 공유물에 대한 보존행위로서 단독으로 공유물에 관한 원인무효의 등기의 말소를 구하거나 소유권이전등기에 관한 합의를 할 수 있다고 보아야 하므로, 甲이 乙을 단독상속인으로 믿고서 그와 같은 소유권 환원의 합의에 이르렀더라도 그와 같은 착오는 합의 내용의 중요 부분에 해당한다고 볼 수 없다(대판 1996. 12. 23. 95다35371).

2025 행정사 1차 단원별 기출문제집

43

중
착오
2017년 제5회

착오로 인한 의사표시에 관한 설명으로 옳지 않은 것은? (다툼이 있으면 판례에 따름)

① 의사표시의 동기에 착오가 있더라도 당사자 사이에서 그 동기를 의사표시의 내용으로 삼은 경우에는 의사표시의 내용의 착오가 되어 취소할 수 있다.

② 착오로 인한 의사표시에 있어서 표의자에게 중대한 과실이 있는지의 여부에 관한 증명책임은 표의자에게 있다.

③ 근저당권설정계약에서 채무자의 동일성에 관한 착오는 법률행위 내용의 중요 부분에 관한 착오에 해당한다.

④ 대리인에 의한 계약체결의 경우 착오의 유무는 대리인을 표준으로 결정한다.

⑤ 당사자는 합의를 통하여 착오로 인한 의사표시 취소에 관한 「민법」 제109조 제1항의 적용을 배제할 수 있다.

정답해설 ② 중대한 과실이 있다는 입증책임은 표의자로 하여금 그 의사표시를 취소케 하지 않으려는 상대방이 부담한다.

오답해설 ① 동기의 착오가 법률행위 내용의 중요 부분의 착오에 해당함을 이유로 표의자가 법률행위를 취소하려면 그 동기를 당해 의사표시의 내용으로 삼을 것을 상대방에게 표시하고 의사표시의 해석상 법률행위의 내용으로 되어 있다고 인정되면 충분하고, 당사자들 사이에 별도로 그 동기를 의사표시의 내용으로 삼기로 하는 합의까지 이루어질 필요는 없다. 다만, 예외적으로 동기가 상대방의 부정한 방법에 의하여 유발되었거나 상대방으로부터 제공된 경우에는 그 동기가 표시되지 않더라도 취소할 수 있다.
④ 의사표시의 효력이 의사의 흠결, 사기, 강박 또는 어느 사정을 알았거나 과실로 알지 못한 것으로 인하여 영향을 받을 경우에 그 사실의 유무는 대리인을 표준하여 결정한다(제116조 제1항).
⑤ 착오로 인한 의사표시 취소에 관한 「민법」 제109조 규정은 임의규정이므로, 특약에 의해 그 적용을 배제할 수 있다.

Answer 42. ④ 43. ②

Part 04 · 권리변동 117

44

중
착오
2019년 제7회

착오로 인한 의사표시에 관한 설명으로 옳지 않은 것은? (다툼이 있으면 판례에 따름)

① 장래의 미필적 사실의 발생에 대한 기대나 예상이 빗나간 것에 불과한 것은 착오라고 할 수 없다.

② 표의자가 착오로 인하여 경제적인 불이익을 입은 것이 아니라면 이를 법률행위 내용의 중요부분의 착오라고 할 수 없다.

③ 표의자가 경과실로 인하여 착오에 빠져 법률행위를 하고 그 착오를 이유로 법률행위를 취소하는 것은 위법하다고 할 수 없다.

④ 착오로 인한 의사표시 취소에 관한 「민법」 제109조 제1항의 적용을 당사자의 합의로 배제할 수 있다.

⑤ 의사표시의 착오가 표의자의 중대한 과실로 인한 때에는 상대방이 표의자의 착오를 알고 이용한 경우에도 표의자는 그 의사표시를 취소할 수 없다.

풀이 TIP 착오의 유형에 따라 판례를 체계적으로 정리해야 한다.

정답해설 ⑤ 의사표시의 착오가 표의자의 중대한 과실로 인한 때라도 상대방이 표의자의 착오를 알고 이용한 경우라면 표의자는 그 의사표시를 취소할 수 있다.

오답해설 ① 「민법」 제109조의 의사표시에 착오가 있다고 하려면 법률행위를 할 당시에 실제로 없는 사실을 있는 사실로 잘못 깨닫거나 아니면 실제로 있는 사실을 없는 것으로 잘못 생각하듯이 표의자의 인식과 그 대조사실이 어긋나는 경우라야 할 것이므로, 표의자가 행위를 할 당시에 장래에 있을 어떤 사항의 발생이 미필적임을 알아 그 발생을 예기한 데 지나지 않는 경우는, 표의자의 심리상태에 인식과 대조에 불일치가 있다고 할 수 없어 착오로 다룰 수는 없다 할 것이다(대판 2010. 5. 27. 2009다94841).
② 착오가 법률행위 내용의 중요 부분에 있다고 하기 위하여는 표의자에 의하여 추구된 목적을 고려하여 합리적으로 판단하여 볼 때 표시와 의사의 불일치가 객관적으로 현저하여야 하고, 만일 그 착오로 인하여 표의자가 무슨 경제적인 불이익을 입은 것이 아니라고 한다면 이를 법률행위 내용의 중요 부분의 착오라고 할 수 없다(대판 1999. 2. 23. 98다47924).
③ 불법행위로 인한 손해배상책임이 성립하기 위하여는 가해자의 고의 또는 과실 이외에 행위의 위법성이 요구되므로, 전문건설공제조합이 계약보증서를 발급하면서 조합원이 수급할 공사의 실제 도급금액을 확인하지 아니한 과실이 있다고 하더라도 「민법」 제109조에서 중과실이 없는 착오자의 착오를 이유로 한 의사표시의 취소를 허용하고 있는 이상, 전문건설공제조합이 과실로 인하여 착오에 빠져 계약보증서를 발급한 것이나 그 착오를 이유로 보증계약을 취소한 것이 위법하다고 할 수는 없다(대판 1997. 8. 22. 97다13023).
④ 착오로 인한 의사표시 취소에 관한 「민법」 제109조는 임의규정이다.

45

중
착오
2020년 제8회

착오의 의사표시에 관한 설명으로 옳지 않은 것은? (다툼이 있으면 판례에 따름)

① 동기의 착오를 이유로 취소하려면 당사자 사이에 동기를 의사표시의 내용으로 하는 합의가 필요하다.

② 착오를 이유로 취소하기 위해서는 일반인이 표의자라면 그러한 의사표시를 하지 않았을 정도의 중요부분에 착오가 있어야 한다.

③ 착오를 이유로 취소할 수 없는 중대한 과실은 표의자의 직업 등에 비추어 보통 요구되는 주의를 현저히 결여한 것을 의미한다.

④ 매매계약이 적법하게 해제된 후에도 착오를 이유로 그 매매계약을 취소할 수 있다.

⑤ 상대방의 기망으로 표시상의 착오에 빠진 자의 행위에 대하여 착오취소의 법리가 적용된다.

풀이 TIP 착오취소는 그 요건, 효과, 관련 제도를 정확히 정리한다.

정답해설 ① 동기의 착오가 법률행위의 내용의 중요 부분의 착오에 해당함을 이유로 표의자가 법률행위를 취소하려면 그 동기를 당해 의사표시의 내용으로 삼을 것을 상대방에게 표시하고 의사표시의 해석상 법률행위의 내용으로 되어 있다고 인정되면 충분하고 당사자들 사이에 별도로 그 동기를 의사표시의 내용으로 삼기로 하는 합의까지 이루어질 필요는 없다.

오답해설 ② 법률행위의 내용의 착오는 보통 일반인이 표의자의 입장에 섰더라면 그와 같은 의사표시를 하지 아니하였으리라고 여겨질 정도로 그 착오가 중요한 부분에 관한 것이어야 한다(대판 1998. 2. 10. 97다44737).

④ 매도인이 매수인의 중도금지급채무불이행을 이유로 매매계약을 적법하게 해제한 후라도 매수인으로서는 상대방이 한 계약해제의 효과로서 발생하는 손해배상책임을 지거나 매매계약에 따른 계약금의 반환을 받을 수 없는 불이익을 면하기 위하여 착오를 이유로 한 취소권을 행사하여 매매계약 전체를 무효로 돌리게 할 수 있다(대판 1996. 12. 6. 95다24982·24999).

⑤ 신원보증서류에 서명날인한다는 착각에 빠진 상태로 연대보증의 서면에 서명날인한 경우, 결국 위와 같은 행위는 강학상 기명날인의 착오(또는 서명의 착오), 즉 어떤 사람이 자신의 의사와 다른 법률효과를 발생시키는 내용의 서면에, 그것을 읽지 않거나 올바르게 이해하지 못한 채 기명날인을 하는 이른바 표시상의 착오에 해당하므로, 비록 위와 같은 착오가 제3자의 기망행위에 의하여 일어난 것이라 하더라도 그에 관하여는 사기에 의한 의사표시에 관한 법리, 특히 상대방이 그러한 제3자의 기망행위 사실을 알았거나 알 수 있었을 경우가 아닌 한 의사표시자가 취소권을 행사할 수 없다는 「민법」 제110조 제2항의 규정을 적용할 것이 아니라, 착오에 의한 의사표시에 관한 법리만을 적용하여 취소권 행사의 가부를 가려야 한다(대판 2005. 5. 27. 2004다43824).

Answer⁺ 44. ⑤ 45. ①

46
상
착오
2022년 제10회

甲이 자신 소유의 X 토지를 乙에게 매도하면서 乙의 매매대금의 지급과 동시에 乙 앞으로 소유권이전등기를 마쳐주기로 약정하였다. 이에 관한 설명으로 옳지 않은 것은? (다툼이 있으면 판례에 따름)

① 甲과 乙이 소유권이전등기와 매매대금의 지급을 이행하였으나 위 매매계약이 통정허위표시로 무효인 경우, 특별한 사정이 없는 한 甲이 지급받은 매매대금과 乙명의로 마쳐진 소유권등기를 각각 부당이득으로 반환 청구할 수 있다.

② 甲과 乙의 매매계약이 甲이 미성년자임을 이유로 적법하게 취소된 경우, 甲은 특별한 사정이 없는 한 이익이 현존하는 한도에서 상환할 책임이 있다.

③ 甲이 乙의 매매대금지급 불이행을 이유로 매매계약을 적법하게 해제한 경우, 乙은 계약해제에 따른 손해배상책임을 면하기 위해 착오를 이유로 그 매매계약을 취소할 수 없다.

④ 甲과 乙이 각각 소유권이전등기와 매매대금의 지급을 이행한 이후, 乙이 甲의 사기를 이유로 위 매매계약을 적법하게 취소한 경우, 甲의 매매대금반환과 乙의 소유권이전등기말소는 특별한 사정이 없는 한 동시에 이행되어야 한다.

⑤ 甲과 乙의 매매계약이 관련 법령에 따라 관할청의 허가를 받아야 함에도 아직 토지거래허가를 받지 않아 유동적 무효 상태인 경우, 乙은 甲에게 계약의 무효를 주장하여 이미 지급한 계약금의 반환을 부당이득으로 청구할 수 없다.

[정답해설] ③ 매도인이 매매계약을 적법하게 해제한 후에도 매수인이 착오를 이유로 매매계약을 취소할 수 있는지 여부(적극) : 매도인이 매수인의 중도금지급채무불이행을 이유로 매매계약을 적법하게 해제한 후라도 매수인으로서는 상대방이 한 계약해제의 효과로서 발생하는 손해배상책임을 지거나 매매계약에 따른 계약금의 반환을 받을 수 없는 불이익을 면하기 위하여 착오를 이유로 한 취소권을 행사하여 매매계약 전체를 무효로 돌리게 할 수 있다(대판 1996. 12. 6. 95다24982 · 24999).

[오답해설] ① 허위표시는 당사자 사이에서는 언제나 무효이다(제108조 제1항). 따라서 이행을 하고 있지 않으면 이행할 필요가 없고, 이행한 후이면 허위표시로 이익을 얻은 자는 부당이득반환의무를 부담한다(제741조).
② 취소된 법률행위는 처음부터 무효인 것으로 본다. 다만, 제한능력자는 그 행위로 인하여 받은 이익이 현존하는 한도에서 상환할 책임이 있다(제141조).
④ 매매계약이 취소된 경우에 당사자 쌍방의 원상회복의무는 동시이행의 관계에 있다(대판 2001. 7. 10. 2001다3764).
⑤ 유동적 무효상태의 매매계약을 체결하고 매수인이 이에 기하여 임의로 지급한 계약금은 그 계약이 유동적 무효상태로 있는 한 이를 부당이득으로 반환을 구할 수는 없고 유동적 무효상태가 확정적으로 무효로 되었을 때 비로소 부당이득으로 그 반환을 구할 수 있다(대판 1993. 7. 27. 91다33766).

47

상
착오
2021년 제9회

착오에 관한 설명으로 옳지 않은 것은? (다툼이 있으면 판례에 따름)

① 법률행위의 내용의 중요부분에 착오가 있으면 취소할 수 있는 것이 원칙이다.

② 1심 판결에서 패소한 자가 항소심 판결 선고 전에 패소를 예상하고 법률행위를 하였으나 이후 항소심에서 승소판결이 선고된 경우 착오를 이유로 그 법률행위를 취소할 수 있다.

③ 의사표시의 착오가 표의자의 중대한 과실로 발생하였으나 상대방이 표의자의 착오를 알고 이용한 경우 표의자는 의사표시를 취소할 수 있다.

④ 착오한 표의자의 중대한 과실 유무에 관한 증명책임은 의사표시를 취소하게 하지 않으려는 상대방에게 있다.

⑤ 착오자의 착오로 인한 취소로 상대방이 손해를 입게 되더라도, 착오자는 불법행위로 인한 손해배상책임을 부담하지 않는다.

정답해설 ② 의사표시에 착오가 있다고 하려면 법률행위를 할 당시에 실제로 없는 사실을 있는 사실 또는 실제로 있는 사실을 없는 것으로 잘못 생각하듯이 표의자의 인식과 대조사실과가 어긋나는 경우라야 할 터이므로 판결 선고 전에 이미 그 선고결과를 예상하고 법률행위를 하였으나 실제로 선고된 판결이 그 예상과 다르다 하더라도 이 표의자의 심리상태에 인식과 대조사실에 불일치가 있다고는 할 수 없어 착오로 다룰 수는 없다(대판 1972. 3. 28. 71다2193).

오답해설 ③ 「민법」 제109조 제1항 단서는 의사표시의 착오가 표의자의 중대한 과실로 인한 때에는 그 의사표시를 취소하지 못한다고 규정하고 있는데, 위 단서 규정은 표의자의 상대방의 이익을 보호하기 위한 것이므로, 상대방이 표의자의 착오를 알고 이를 이용한 경우에는 착오가 표의자의 중대한 과실로 인한 것이라고 하더라도 표의자는 의사표시를 취소할 수 있다(대판 2014. 11. 27. 2013다49794).

⑤ 불법행위로 인한 손해배상책임이 성립하기 위하여는 가해자의 고의 또는 과실 이외에 행위의 위법성이 요구되므로, 전문건설공제조합이 계약보증서를 발급하면서 조합원이 수급할 공사의 실제 도급금액을 확인하지 아니한 과실이 있다고 하더라도 「민법」 제109조에서 중과실이 없는 착오자의 착오를 이유로 한 의사표시의 취소를 허용하고 있는 이상, 전문건설공제조합이 과실로 인하여 착오에 빠져 계약보증서를 발급한 것이나 그 착오를 이유로 보증계약을 취소한 것이 위법하다고 할 수는 없다(대판 1997. 8. 22. 97다13023).

Answer⁺ 46. ③ 47. ②

48

중
착오
2022년 제10회

착오로 인한 의사표시에 관한 설명으로 옳지 않은 것은? (다툼이 있으면 판례에 따름)

① 법률행위 내용의 중요부분에 착오가 있는 경우, 그 착오가 표의자의 중과실로 인한 것이 아니라면 특별한 사정이 없는 한 이를 이유로 의사표시를 취소할 수 있다.

② 표의자는 자신에게 중과실이 없음에 대한 주장·증명책임을 부담한다.

③ 착오로 인한 의사표시에 관한 민법 제109조 제1항의 적용은 당사자의 합의로 배제할 수 있다.

④ 착오로 인하여 표의자가 경제적 불이익을 입지 않았다면 이는 법률행위 내용의 중요 부분의 착오로 볼 수 없다.

⑤ 표의자가 장래에 있을 어떤 사항의 발생이 미필적임을 알아 그 발생을 예기한 데 지나지 않는 경우, 그 기대가 이루어지지 않은 것을 착오로 볼 수는 없다.

[정답해설] ② 중대한 과실이 있다는 입증책임은 표의자로 하여금 그 의사표시를 취소케 하지 않으려는 상대방이 부담한다.

[오답해설] ⑤ 「민법」 제109조에 따라 의사표시에 착오가 있다고 하려면 법률행위를 할 당시에 실제로 없는 사실을 있는 사실로 잘못 깨닫거나 아니면 실제로 있는 사실을 없는 것으로 잘못 생각하듯이 의사표시자의 인식과 그러한 사실이 어긋나는 경우라야 한다. 의사표시자가 행위를 할 당시 장래에 있을 어떤 사항의 발생을 예측한 데 지나지 않는 경우는 의사표시자의 심리상태에 인식과 대조사실의 불일치가 있다고 할 수 없어 이를 착오로 다룰 수 없다. 장래에 발생할 막연한 사정을 예측하거나 기대하고 법률행위를 한 경우 그러한 예측이나 기대와 다른 사정이 발생하였다고 하더라도 그로 인한 위험은 원칙적으로 법률행위를 한 사람이 스스로 감수하여야 하고 상대방에게 전가해서는 안 되므로 착오를 이유로 취소를 구할 수 없다(대판 2020. 5. 14. 2016다12175).

49

중
착오
2023년 제11회

착오에 의한 의사표시에 관한 설명으로 옳지 않은 것은? (다툼이 있으면 판례에 따름)

① 착오로 인하여 표의자가 경제적 불이익을 입은 것이 아니라면 이를 법률행위 내용의 중요부분의 착오라고 할 수 없다.

② 기망행위로 인하여 법률행위의 내용으로 표시되지 않은 동기에 관하여 착오를 일으킨 경우에도 표의자는 그 법률행위를 사기에 의한 의사표시를 이유로 취소할 수 있다.

③ 대리인에 의한 계약체결의 경우, 특별한 사정이 없는 한 착오의 유무는 대리인을 표준으로 판단하여야 한다.

④ 매도인이 매수인의 채무불이행을 이유로 매매계약을 적법하게 해제한 후라도 매수인은 착오를 이유로 취소권을 행사할 수 있다.

⑤ 착오로 인한 의사표시에 있어서 표의자의 중대한 과실 유무에 관한 증명책임은 그 상대방이 아니라 착오자에게 있다.

정답해설 ⑤ 중대한 과실이 있다는 입증책임은 표의자로 하여금 그 의사표시를 취소케 하지 않으려는 상대방이 부담한다.

오답해설 ① 주채무자의 차용금반환채무를 보증할 의사로 공정증서에 연대보증인으로 서명·날인하였으나 그 공정증서가 주채무자의 기존의 구상금채무 등에 관한 준소비대차계약의 공정증서이었던 경우, 연대보증인은 주채무자가 채권자에게 부담하는 차용금반환채무를 연대보증할 의사가 있었던 이상 착오로 인하여 경제적인 불이익을 입었거나 장차 불이익을 당할 염려도 없으므로 위와 같은 착오는 연대보증계약의 중요부분의 착오가 아니다(대판 2006. 12. 7. 2006다41457).

② 기망행위로 인하여 법률행위의 중요부분에 관하여 착오를 일으킨 경우뿐만 아니라 법률행위의 내용으로 표시되지 아니한 의사결정의 동기에 관하여 착오를 일으킨 경우에도 표의자는 그 법률행위를 '사기에 의한 의사표시'로서 취소할 수 있다(대판 1969. 6. 24. 68다1749).

③ 의사표시의 효력이 의사의 흠결, 사기, 강박 또는 어느 사정을 알았거나 과실로 알지 못한 것으로 인하여 영향을 받을 경우에 그 사실의 유무는 대리인을 표준하여 결정한다(제116조 제1항).

④ 매도인이 매수인의 중도금지급채무불이행을 이유로 매매계약을 적법하게 해제한 후라도 매수인으로서는 상대방이 한 계약해제의 효과로서 발생하는 손해배상책임을 지거나 매매계약에 따른 계약금의 반환을 받을 수 없는 불이익을 면하기 위하여 착오를 이유로 한 취소권을 행사하여 매매계약 전체를 무효로 돌리게 할 수 있다(대판 1996. 12. 6. 95다24982·24999).

Answer⁺ 48. ② 49. ⑤

50

상
착오
2024년 제12회

착오로 인한 의사표시에 관한 설명으로 옳은 것은? (다툼이 있으면 판례에 따름)

① 표의자가 경과실로 인한 착오로 의사표시를 하고 그 착오를 이유로 의사표시를 취소한 경우, 표의자는 그 취소로 인한 손해를 배상할 책임이 있다.

② 착오로 인한 의사표시의 취소에 관한 민법 제109조 제1항은 당사자의 합의로 그 적용을 배제할 수 없다.

③ 매도인이 매수인의 채무불이행을 이유로 매매계약을 적법하게 해제한 후에도 매수인은 착오를 이유로 매매계약을 취소할 수 있다.

④ 매도인의 하자담보책임이 성립하는 경우, 매매계약 내용의 중요 부분에 착오가 있더라도 매수인은 착오를 이유로 매매계약을 취소할 수 없다.

⑤ 상대방이 표의자의 착오를 알고 이를 이용한 경우라도 의사표시의 착오가 표의자의 중대한 과실로 인한 것이라면 표의자는 착오를 이유로 의사표시를 취소할 수 없다.

【정답해설】③ 매도인이 매수인의 중도금 지급채무 불이행을 이유로 매매계약을 적법하게 해제한 후라도 매수인으로서는 상대방이 한 계약해제의 효과로서 발생하는 손해배상책임을 지거나 매매계약에 따른 계약금의 반환을 받을 수 없는 불이익을 면하기 위하여 착오를 이유로 한 취소권을 행사하여 매매계약 전체를 무효로 돌리게 할 수 있다(대판 1996. 12. 6. 95다24982 · 24999).

【오답해설】① 불법행위로 인한 손해배상책임이 성립하기 위하여는 가해자의 고의 또는 과실 이외에 행위의 위법성이 요구되므로, 전문건설공제조합이 계약보증서를 발급하면서 조합원이 수급할 공사의 실제 도급금액을 확인하지 아니한 과실이 있다고 하더라도 민법 제109조에서 중과실이 없는 착오자의 착오를 이유로 한 의사표시의 취소를 허용하고 있는 이상, 전문건설공제조합이 과실로 인하여 착오에 빠져 계약 보증서를 발급한 것이나 그 착오를 이유로 보증계약을 취소한 것이 위법하다고 할 수는 없다(대판 1997. 8. 22. 97다13023).

② 당사자의 합의로 착오로 인한 의사표시 취소에 관한 민법 제109조 제1항의 적용을 배제할 수 있다(대판 2016. 4. 15. 2013다97694).

④ 착오로 인한 취소 제도와 매도인의 하자담보책임 제도는 취지가 서로 다르고, 요건과 효과도 구별된다. 따라서 매매계약 내용의 중요 부분에 착오가 있는 경우 매수인은 매도인의 하자담보책임이 성립하는지와 상관없이 착오를 이유로 매매계약을 취소할 수 있다(대판 2018. 9. 13. 2015다78703).

⑤ 민법 제109조 제1항 단서는 의사표시의 착오가 표의자의 중대한 과실로 인한 때에는 그 의사표시를 취소하지 못한다고 규정하고 있는데, 위 단서 규정은 표의자의 상대방의 이익을 보호하기 위한 것이므로, 상대방이 표의자의 착오를 알고 이를 이용한 경우에는 착오가 표의자의 중대한 과실로 인한 것이라고 하더라도 표의자는 의사표시를 취소할 수 있다(대판 2014. 11. 27. 2013다49794).

51

중
사기, 강박에 의한
의사표시
2017년 제5회

사기, 강박에 의한 의사표시에 관한 설명으로 옳지 않은 것은? (다툼이 있으면 판례에 따름)

① 제3자에 의한 사기행위로 계약을 체결한 경우에는 그 계약을 취소해야만 제3자에 대하여 불법행위로 인한 손해배상을 청구할 수 있다.

② 신의성실의 원칙상 고지의무가 있는 자가 소극적으로 진실을 숨기는 것은 기망행위에 해당한다.

③ 강박에 의하여 의사결정을 스스로 할 수 있는 여지가 완전히 박탈된 상태에서 이루어진 법률행위는 무효이다.

④ 상대방 있는 의사표시에 관하여 제3자가 사기를 행한 경우에는 상대방이 그 사실을 알았거나 알 수 있었을 경우에 한하여 그 의사표시를 취소할 수 있다.

⑤ 강박에 의한 의사표시라고 하려면 상대방이 불법으로 어떤 해악을 고지함으로 인하여 공포를 느끼고 의사표시를 한 것이어야 한다.

풀이 **TIP** 사기, 강박에 의한 의사표시에서는 상대방의 사기, 강박과 제3자의 사기, 강박을 구분해서 정리해야 한다. 또한 사기에 의한 의사표시의 '기망', 강박에 의한 의사표시의 '강박'의 의미를 정확히 이해해야 한다.

정답해설 ① 제3자의 사기행위로 인하여 피해자가 주택건설사와 사이에 주택에 관한 분양계약을 체결하였다고 하더라도 제3자의 사기행위 자체가 불법행위를 구성하는 이상, 제3자로서는 그 불법행위로 인하여 피해자가 입은 손해를 배상할 책임을 부담하는 것이므로, 피해자가 제3자를 상대로 손해배상청구를 하기 위하여 반드시 그 분양계약을 취소할 필요는 없다(대판 1998. 3. 10. 97다55829).

오답해설 ② 작위에 의한 적극적 기망행위뿐만 아니라, 부작위 특히 침묵도 '고지의무 또는 설명의무'가 전제되는 경우에는 기망행위가 될 수 있다.
③ 상대방 또는 제3자의 강박에 의하여 의사결정의 자유가 완전히 박탈된 상태에서 이루어진 의사표시는 효과의사에 대응하는 내심의 의사가 결여된 것이므로 무효라고 볼 수밖에 없으나, 강박이 의사결정의 자유를 완전히 박탈하는 정도에 이르지 아니하고 이를 제한하는 정도에 그친 경우에는 그 의사표시는 취소할 수 있음에 그치고 무효라고까지 볼 수 없다(대판 1984. 12. 11. 84다카1402).

52

사기에 의한 의사표시에 관한 설명으로 옳지 않은 것은? (다툼이 있으면 판례에 따름)

① 광고에 있어 다소의 과장은 일반 상거래의 관행과 신의칙에 비추어 시인될 수 있는 한 기망성이 결여된다.

② 부작위에 의한 기망행위에서 고지의무는 조리상 일반원칙에 의해서는 인정될 수 없다.

③ 사기에 의한 의사표시가 인정되기 위해서는 의사표시자에게 재산상의 손실을 주려는 사기자의 고의는 필요하지 않다.

④ 기망행위로 인하여 법률행위의 내용으로 표시되지 않은 동기에 관하여 착오를 일으킨 경우에도 그 법률행위를 사기에 의한 의사표시를 이유로 취소할 수 있다.

⑤ 사기에 의한 의사표시의 취소는 선의의 제3자에게 대항하지 못한다.

정답해설 ② 부동산 거래에 있어 거래 상대방이 일정한 사정에 관한 고지를 받았더라면 그 거래를 하지 않았을 것임이 경험칙상 명백한 경우에는 신의성실의 원칙상 사전에 상대방에게 그와 같은 사정을 고지할 의무가 있으며, 그와 같은 고지의무의 대상이 되는 것은 직접적인 법령의 규정뿐 아니라 널리 계약상, 관습상 또는 조리상의 일반원칙에 의하여도 인정될 수 있다(대판 2006. 10. 12. 2004다48515).

오답해설 ③ 표의자를 기망하여 착오에 빠지게 하려는 고의와 착오에 기하여 의사표시를 하게 하려는 고의, 즉 2단계의 고의만 있으면 된다.

53

사기, 강박에 의한
의사표시
2021년 제9회

사기에 의한 의사표시에 관한 설명으로 옳지 않은 것은? (다툼이 있으면 판례에 따름)

① 상대방이 기망하였으나 표의자가 기망되지 않고 의사표시를 하였다면 기망을 이유로 그 의사표시를 취소할 수 없다.

② 제3자가 행한 사기로 계약을 체결한 경우 상대방이 그 사실을 알았거나 알 수 있었을 경우에 한하여 그 계약을 취소할 수 있다.

③ 상대방의 대리인이 사기를 행하여 계약을 체결한 경우 그 대리인은 '제3자에 의한 사기'에서의 '제3자'에 해당되지 않는다.

④ 상대방이 사용자책임을 져야 할 관계에 있는 피용자가 사기를 행하여 계약을 체결한 경우 그 피용자는 '제3자에 의한 사기'에서의 '제3자'에 해당한다.

⑤ '제3자에 의한 사기'로 계약을 체결한 피기망자는 그 계약을 취소하지 않은 상태에서 그 제3자에 대하여 불법행위로 인한 손해배상청구를 할 수 없다.

정답해설 ⑤ 제3자의 사기행위로 인하여 피해자가 주택건설사와 사이에 주택에 관한 분양계약을 체결하였다고 하더라도 제3자의 사기행위 자체가 불법행위를 구성하는 이상, 제3자로서는 그 불법행위로 인하여 피해자가 입은 손해를 배상할 책임을 부담하는 것이므로, 피해자가 제3자를 상대로 손해배상청구를 하기 위하여 반드시 그 분양계약을 취소할 필요는 없다(대판 1998. 3. 10. 97다55829).

오답해설 ③ 상대방 있는 의사표시에 관하여 제3자가 사기나 강박을 한 경우에는 상대방이 그 사실을 알았거나 알 수 있었을 경우에 한하여 그 의사표시를 취소할 수 있으나, 상대방의 대리인 등 상대방과 동일시할 수 있는 자의 사기나 강박은 제3자의 사기·강박에 해당하지 아니한다(대판 1999. 2. 23. 98다60828·60835).

54

사기, 강박에 의한
의사표시
2019년 제7회

사기, 강박에 의한 의사표시에 관한 설명으로 옳은 것을 모두 고른 것은? (다툼이 있으면 판례에 따름)

> ㉠ 부작위에 의한 기망행위도 인정될 수 있다.
> ㉡ 제3자의 사기로 계약을 체결한 경우, 그 계약을 취소하지 않으면 그 제3자에 대하여 손해배상을 청구할 수 없다.
> ㉢ 부정행위에 대한 고소, 고발은 부정한 이익의 취득을 목적으로 하는 경우에도 위법한 강박행위가 될 수 없다.

① ㉠   ② ㉡   ③ ㉠, ㉢
④ ㉡, ㉢   ⑤ ㉠, ㉡, ㉢

정답해설 ㉠ 신의칙상 어떤 상황을 설명해야 할 고지의무가 있음에도 불구하고 고지하지 않은 경우에는 부작위에 의한 기망행위에 해당한다.

오답해설 ㉡ 제3자의 사기로 계약을 체결한 경우, 그 계약을 취소하지 않더라도 그 제3자에 대하여 불법행위로 인한 손해배상을 청구할 수 있다.
㉢ 부정행위에 대한 고소, 고발도 부정한 이익의 취득을 목적으로 하는 경우에는 위법한 강박행위가 될 수 있다.

Answer 52. ②   53. ⑤   54. ①

55

사기에 의한 의사표시에 관한 설명으로 옳지 않은 것은? (다툼이 있으면 판례에 따름)

① 사기에 의한 의사표시에는 의사와 표시의 불일치가 있을 수 없고, 단지 의사표시의 동기에 착오가 있는 것에 불과하다.

② 사기의 의사표시로 인해 부동산의 소유권을 취득한 자로부터 그 부동산의 소유권을 새로이 취득한 제3자는 특별한 사정이 없는 한 선의로 추정된다.

③ 교환계약의 당사자가 자기 소유의 목적물의 시가를 묵비하는 것은 특별한 사정이 없는 한 기망행위가 되지 않는다.

④ 상대방의 대리인에 의한 사기는 민법 제110조 제2항 소정의 제3자의 사기에 해당하지 않는다.

⑤ 계약이 제3자의 위법한 사기행위로 체결된 경우, 표의자는 그 계약을 취소하지 않는 한 제3자를 상대로 그로 인해 발생한 손해의 배상을 청구할 수 없다.

정답해설 ⑤ 제3자의 사기행위로 인하여 피해자가 주택건설사와 사이에 주택에 관한 분양계약을 체결하였다고 하더라도 제3자의 사기행위 자체가 불법행위를 구성하는 이상, 제3자로서는 그 불법행위로 인하여 피해자가 입은 손해를 배상할 책임을 부담하는 것이므로, 피해자가 제3자를 상대로 손해배상청구를 하기 위하여 반드시 그 분양계약을 취소할 필요는 없다(대판 1998. 3. 10. 97다55829).

오답해설 ① 사기에 의한 의사표시란 타인의 기망행위로 말미암아 착오에 빠지게 된 결과 어떠한 의사표시를 하게 되는 경우이므로 거기에는 의사와 표시의 불일치가 있을 수 없고, 단지 의사의 형성과정 즉 의사표시의 동기에 착오가 있는 것에 불과하며, 이 점에서 고유한 의미의 착오에 의한 의사표시와 구분된다(대판 2005. 5. 27. 2004다43824).

② 사기, 강박을 이유로 한 의사표시의 취소는 선의의 제3자에게 대항하지 못한다(제110조 제3항). 이때 제3자는 선의로 추정된다.

③ 교환계약에서 일방당사자가 자기가 소유하는 목적물의 시가를 묵비하여 상대방에게 고지하지 아니하거나 혹은 허위로 시가보다 높은 가액을 시가라고 고지하였다 하더라도 이는 상대방의 의사결정에 불법적인 간섭을 한 것이라고 볼 수 없다(대판 2002. 9. 4. 2000다54406·54413).

④ 상대방의 대리인 등 상대방과 동일시 할 수 있는 자의 사기나 강박은 제3자의 사기·강박에 해당하지 아니한다(대판 1999. 2. 23. 98다60828).

56

사기, 강박에 의한 의사표시에 관한 설명으로 옳은 것은? (다툼이 있으면 판례에 따름)

① 신의칙상 고지의무를 부담하는 자는 고지의무의 대상이 되는 사실을 이미 알고 있는 자에 대해서도 그 사실을 고지하여야 한다.

② 계약이 제3자의 위법한 사기행위로 체결된 경우, 표의자가 제3자를 상대로 사기로 인한 손해배상을 청구하기 위해서는 그 계약을 취소해야 한다.

③ 강박에 의한 의사표시에 대한 취소권의 행사기간은 소멸시효기간이다.

④ 소송행위가 강박에 의하여 이루어진 경우, 특별한 사정이 없는 한 강박을 이유로 소송행위를 취소할 수 있다.

⑤ 상품의 선전·광고에 다소의 과장이나 허위가 수반되는 것은 그것이 일반 상거래의 관행과 신의칙에 비추어 시인될 수 있는 한 기망성이 결여된다.

정답해설 ⑤ 대형백화점의 이른바 변칙세일이 기망행위에 해당한다고 한 사례 : 상품의 선전, 광고에 있어 다소의 과장이나 허위가 수반되는 것은 그것이 일반 상거래의 관행과 신의칙에 비추어 시인될 수 있는 한 기망성이 결여된다고 하겠으나, 거래에 있어서 중요한 사항에 관하여 구체적 사실을 신의성실의 의무에 비추어 비난받을 정도의 방법으로 허위로 고지한 경우에는 기망행위에 해당한다(대판 1993. 8. 13. 92다52665).

오답해설 ① 재산적 거래관계에서 신의칙상 거래 상대방에게 고지의무를 부담하는 경우 : 재산적 거래관계에 있어서 계약의 일방 당사자가 상대방에게 계약의 효력에 영향을 미치거나 상대방의 권리 확보에 위험을 가져올 수 있는 구체적 사정을 고지하였다면 상대방이 계약을 체결하지 아니하거나 적어도 그와 같은 내용 또는 조건으로 계약을 체결하지 아니하였을 것임이 경험칙상 명백한 경우 계약 당사자는 신의성실의 원칙상 상대방에게 미리 그와 같은 사정을 고지할 의무가 있다. 그러나 이때에도 상대방이 고지의무의 대상이 되는 사실을 이미 알고 있거나 스스로 이를 확인할 의무가 있는 경우 또는 거래 관행상 상대방이 당연히 알고 있을 것으로 예상되는 경우 등에는 상대방에게 위와 같은 사정을 알리지 아니하였다고 하여 고지의무를 위반하였다고 볼 수 없다(대판 2014. 7. 24. 2013다97076).

② 제3자에 의한 사기행위로 계약을 체결한 경우, 그 계약을 취소하지 않고 제3자에 대하여 불법행위로 인한 손해배상청구를 할 수 있는지 여부(적극) : 제3자의 사기행위로 인하여 피해자가 주택건설사와 사이에 주택에 관한 분양계약을 체결하였다고 하더라도 제3자의 사기행위 자체가 불법행위를 구성하는 이상, 제3자로서는 그 불법행위로 인하여 피해자가 입은 손해를 배상할 책임을 부담하는 것이므로, 피해자가 제3자를 상대로 손해배상청구를 하기 위하여 반드시 그 분양계약을 취소할 필요는 없다(대판 1998. 3. 10. 97다55829).

③ 취소권은 추인할 수 있는 날로부터 3년 내에, 법률행위를 한 날로부터 10년 내에 행사하여야 한다(제146조). 취소권은 형성권이므로 제146조의 기간은 소멸시효기간이 아니라 제척기간이다.

④ 민법상의 법률행위에 관한 규정은 민사소송법상의 소송행위에는 특별한 규정 기타 특별한 사정이 없는 한 적용이 없는 것이므로 소송행위가 강박에 의하여 이루어진 것임을 이유로 취소할 수는 없다(대판 1997. 10. 10. 96다35484).

Answer⁺ 55. ⑤ 56. ⑤

57

상

사기, 강박에 의한
의사표시
2018년 제6회

甲이 乙을 기망하여 乙소유 토지를 丙에게 시가에 비해 현저히 저렴한 가격으로 처분하도록 유인하였고, 이에 따라 乙은 丙과 그 토지에 대한 매매계약을 체결한 후 소유권이전등기를 마쳐주었다. 乙은 甲의 사기를 이유로 丙과의 매매계약을 취소하고자 한다. 이에 관한 설명으로 옳은 것을 모두 고른 것은? (다툼이 있으면 판례에 따름)

> ㉠ 甲의 기망사실을 丙이 알 수 있었던 경우, 乙은 위 계약을 취소할 수 있다.
> ㉡ 甲의 사기로 불법행위가 성립하더라도, 乙은 위 계약을 취소하지 않는 한 甲에 대하여 불법행위로 인한 손해배상을 청구할 수 없다.
> ㉢ 선의의 제3자 丁이 丙으로부터 위 토지를 매수하여 소유권이전등기를 마쳤다면, 그 후 乙이 자신과 丙 사이의 매매계약을 취소하여도 이를 근거로 丁명의의 소유권이전등기의 말소를 청구할 수 없다.

① ㉠   ② ㉡   ③ ㉠, ㉢
④ ㉡, ㉢   ⑤ ㉠, ㉡, ㉢

풀이TIP 사기에 의한 의사표시의 취소요건을 상대방의 사기와 제3자의 사기를 구분하여 이해하여야 한다.

정답해설 ㉠ 상대방 있는 의사표시에 관하여 제3자가 사기나 강박을 행한 경우에는 상대방이 그 사실을 알았거나 알 수 있었을 경우에 한하여 그 의사표시를 취소할 수 있다.
㉢ 사기를 이유로 한 의사표시의 취소는 선의의 제3자에게 대항하지 못한다(제110조 제3항).

오답해설 ㉡ 제3자의 사기행위로 인하여 피해자가 주택건설사와 사이에 주택에 관한 분양계약을 체결하였다고 하더라도 제3자의 사기행위 자체가 불법행위를 구성하는 이상, 제3자로서는 그 불법행위로 인하여 피해자가 입은 손해를 배상할 책임을 부담하는 것이므로, 피해자가 제3자를 상대로 손해배상청구를 하기 위하여 반드시 그 분양계약을 취소할 필요는 없다(대판 1998. 3. 10. 97다55829).

✦ 하자 있는 의사표시의 효과

상대방에 의한 사기·강박	의사표시의 상대방이 사기·강박한 경우에 표의자는 그 의사표시를 언제나 취소할 수 있다. 그러나 표의자가 취소하기 전까지는 하자 있는 의사표시라도 일단은 유효하다.
제3자에 의한 사기·강박	• 상대방 있는 의사표시: 제3자의 사기·강박으로 상대방 있는 의사표시를 한 경우, 표의자는 상대방이 제3자의 사기나 강박을 알았거나(악의) 또는 알 수 있었을 때(과실)에 한하여 취소할 수 있다. 이러한 경우에는 상대방의 신뢰는 보호가치가 없기 때문이다. 그리고 대리인 등 상대방과 동일시할 수 있는 자는 제3자에 해당하지 않아 상대방의 사기가 되고, 단순히 상대방의 피용자에 지나지 않는 자는 제3자에 해당되어 제3자의 사기가 된다(판례). • 상대방 없는 의사표시: 제3자의 사기·강박으로 상대방 없는 의사표시를 한 경우에 표의자는 언제나 취소할 수 있다. 알았거나 알 수 있었을 상대방이 없어서 취소권을 제한할 필요도 없기 때문이다.
선의의 제3자 보호	• 상대적 취소: 사기·강박에 의한 의사표시의 취소는 선의의 제3자에게 대항할 수 없다. • 제3자의 범위 확대: 취소를 주장하는 자와 양립되지 아니하는 법률관계를 가졌던 것이 취소 이전인가 취소 이후인가를 가릴 필요 없이 선의의 제3자에게는 그 취소로써 대항할 수 없다(판례).

58

의사표시 종합
2016년 제4회

의사표시에 관한 설명으로 옳은 것은?

① 의사표시자가 그 통지를 발송한 후 사망하여도 의사표시의 효력에 영향을 미치지 아니한다.

② 진의 아닌 의사표시에서 상대방이 표의자의 진의 아님을 알았거나 알 수 있었을 경우, 표의자는 그 의사표시를 취소할 수 있다.

③ 표의자가 과실로 상대방의 소재를 알지 못하는 경우, 의사표시는 「민사소송법」 공시송달의 규정에 의하여 송달할 수 있다.

④ 상대방이 있는 의사표시는 상대방이 요지(了知)한 때에 그 효력이 생긴다.

⑤ 상대방 있는 의사표시에 관하여 제3자가 강박을 행한 경우, 상대방이 그 사실을 알았던 경우에 한하여 그 의사표시를 취소할 수 있다.

오답해설 ② 의사표시는 표의자가 진의 아님을 알고 한 것이라도 그 효력이 있다. 그러나 상대방이 표의자의 진의 아님을 알았거나 이를 알 수 있었을 경우에는 무효로 한다(제107조 제1항).
③ 표의자가 과실 없이 상대방을 알지 못하거나 상대방의 소재를 알지 못하는 경우에는 의사표시는 「민사소송법」 공시송달의 규정에 의하여 송달할 수 있다(제113조).
④ 상대방이 있는 의사표시는 상대방에게 도달한 때에 그 효력이 생긴다(제111조 제1항).
⑤ 상대방 있는 의사표시에 관하여 제3자가 사기나 강박을 행한 경우에는 상대방이 그 사실을 알았거나 알 수 있었을 경우에 한하여 그 의사표시를 취소할 수 있다(제110조 제2항).

59

의사표시 종합
2015년 제3회

의사표시에 관한 설명으로 옳은 것은? (다툼이 있으면 판례에 따름)

① 착오에 의한 의사표시의 취소는 선의의 제3자에게 대항할 수 있다.

② 부동산 매매에서 시가에 관한 착오는 특별한 사정이 없는 한 법률행위의 중요부분에 관한 착오라고 할 수 없다.

③ 채무자의 법률행위가 통정허위표시에 해당되어 무효인 경우에는 채권자취소권의 대상이 되지 않는다.

④ 진의 아닌 의사표시는 상대방이 표의자의 진의 아님을 알았거나 알 수 있었을 경우에 그 효력이 있다.

⑤ 강박이 의사결정의 자유를 완전히 박탈하는 정도에 이르지 않고 이를 제한하는 정도에 그친 경우에 그 의사표시는 무효이다.

오답해설 ① 착오에 의한 의사표시의 취소는 선의의 제3자에게 대항할 수 없다(제109조 제2항).
③ 채무자의 법률행위가 통정허위표시에 해당되어 무효인 경우에도 채권자취소권의 대상이 된다.
④ 진의 아닌 의사표시는 상대방이 표의자의 진의 아님을 알았거나 알 수 있었을 경우에 그 효력이 없다(제107조 제1항 단서).
⑤ 강박에 의하여 의사결정의 자유가 완전히 박탈된 상태에서 이루어진 의사표시는 효과의사에 대응하는 내심의 의사가 결여된 것이므로 무효라고 볼 수밖에 없으나, 강박이 의사결정의 자유를 완전히 박탈하는 정도에 이르지 아니하고 이를 제한하는 정도에 그친 경우에는 그 의사표시는 취소할 수 있음에 그치고 무효라고까지 볼 수 없다(대판 1984. 12. 11. 84다카1402).

Answer 57. ③ 58. ① 59. ②

60

중
의사표시의
효력발생시기
2014년 제2회

의사표시의 효력발생시기에 관한 설명으로 옳지 않은 것은? (다툼이 있는 경우에는 판례에 의함)

① 상대방이 있는 의사표시는 상대방에게 도달한 때에 그 효력이 생기는 것이 원칙이다.

② 표의자는 그의 의사표시가 상대방에게 도달하였으나 상대방이 이행에 착수하기 전에는 그 의사표시를 철회할 수 있다.

③ 제한능력자에게 의사를 표시한 사람은 제한능력자의 법정대리인이 의사표시가 도달한 사실을 안 후에는 그 의사표시로써 제한능력자에게 대항할 수 있다.

④ 상대방이 정당한 사유 없이 의사표시의 수령을 거절한 경우에는 그 의사표시는 상대방이 그 내용을 알 수 있는 객관적 상태에 놓여 있는 때에 효력이 생긴다.

⑤ 의사표시의 부도달에 대한 위험은 표의자에게 있다.

풀이 TIP   상대방 있는 의사표시의 효력발생시기(제111조)는 도달주의를 원칙으로 한다. 예외적으로 발신주의를 취하는 예를 암기해야 한다.

정답해설   ② 표의자는 발송 후 도달 전에는 철회할 수 있다. 일단 도달하면 상대방이 이행에 착수하기 전이라도 철회할 수 없다.

61

중
의사표시의
효력발생시기
2019년 제7회

甲은 자기 소유의 부동산을 1억 원에 매도하겠다는 청약을 등기우편으로 乙에게 보냈다. 이에 관한 설명으로 옳지 않은 것은? (다툼이 있으면 판례에 따름)

① 甲의 청약은 乙에게 도달한 때에 효력이 생긴다.

② 甲이 등기우편을 발송한 후 성년후견개시의 심판을 받은 경우, 乙에게 도달한 甲의 청약은 효력이 발생하지 않는다.

③ 甲의 등기우편은 반송되는 등 특별한 사정이 없는 한 乙에게 배달된 것으로 인정하여야 한다.

④ 甲은 등기우편이 乙에게 도달하기 전에 자신의 청약을 철회할 수 있다.

⑤ 甲의 청약이 효력을 발생하기 위해서 乙이 그 내용을 알 것까지는 요하지 않는다.

풀이 TIP   상대방 있는 의사표시의 효력발생시기인 도달주의에 관한 판례를 정리해야 한다.

정답해설   ② 의사표시자가 그 통지를 발송한 후 사망하거나 제한능력자가 되어도 의사표시의 효력에 영향을 미치지 아니한다(제111조 제2항). 따라서 乙에게 도달한 甲의 청약은 효력이 발생한다.

(오답해설) ① 상대방 있는 의사표시는 도달주의가 원칙이다.
③ 「우편법」 등 관계 규정의 취지에 비추어 볼 때 우편물이 등기취급의 방법으로 발송된 경우 반송되는 등의 특별한 사정이 없는 한 그 무렵 수취인에게 배달되었다고 보아야 한다(대판 1992. 3. 27. 91누3819).
④ 도달 전에는 의사표시를 철회할 수 있다.
⑤ 채권양도의 통지와 같은 준법률행위의 도달은 의사표시와 마찬가지로 사회관념상 채무자가 통지의 내용을 알 수 있는 객관적 상태에 놓여졌을 때를 지칭하고, 그 통지를 채무자가 현실적으로 수령하였거나 그 통지의 내용을 알았을 것까지는 필요하지 않다(대판 1983. 8. 23. 82다카439).

62

중
의사표시의
효력발생시기
2018년 제6회

의사표시의 효력발생에 관한 설명으로 옳지 않은 것은? (다툼이 있으면 판례에 따름)

① 의사표시가 기재된 내용증명우편물이 발송되고 반송되지 아니하면 특별한 사정이 없는 한, 그 무렵에 송달되었다고 볼 수 있다.

② 의사표시의 도달로 인정되려면 사회통념상 상대방이 그 통지를 현실적으로 수령하여 그 내용을 알아야 한다.

③ 의사표시를 받은 상대방이 제한능력자라 하더라도 그의 법정대리인이 그 의사표시가 도달한 사실을 안 후에는 의사표시자는 그 효력을 주장할 수 있다.

④ 의사표시자가 통지를 발송한 후 제한능력자가 되어도 그 의사표시의 효력에 영향을 미치지 아니한다.

⑤ 상대방 있는 의사표시에 관하여 「민법」은 상대방에게 도달한 때에 그 효력이 생기는 것을 원칙으로 한다.

풀이 TIP 상대방 있는 의사표시의 효력발생시기인 도달주의의 내용을 잘 이해해야 한다.

(정답해설) ② 도달이란 사회통념상 상대방이 그 통지내용을 알 수 있는 객관적 상태에 놓여 있는 것을 말한다(요지가능상태설). 따라서 그 내용을 알아야만 도달이 되는 것은 아니다.

(오답해설) ③ 의사표시의 상대방이 의사표시를 받은 때에 제한능력자인 경우에는 의사표시자는 그 의사표시로써 대항할 수 없다. 다만, 그 상대방의 법정대리인이 의사표시가 도달한 사실을 안 후에는 그러하지 아니하다(제112조).
④ 의사표시자가 그 통지를 발송한 후 사망하거나 제한능력자가 되어도 의사표시의 효력에는 영향을 미치지 않으므로(제111조 제2항), 후에 의사표시가 도달하는 한 효력이 발생한다.
⑤ 상대방 있는 의사표시는 대화자 또는 격지자(隔地者)를 구별하지 않고 그 통지가 상대방에 도달한 때로부터 효력이 발생한다는 도달주의를 원칙으로 하고 있다(제111조).

상대방 없는 의사표시	표시행위의 완료 시(표백주의) ⇨ 전달과정이 불필요 [예외] 유언(사망 시 효력)
상대방 있는 의사표시	의사표시의 도달(도달주의) ⇨ 전달과정이 필요 [예외] 격지자 간 계약에서 승낙의 통지

(Answer) 60. ② 61. ② 62. ②

63

의사표시에 관한 설명으로 옳지 않은 것은?

① 청약의 의사표시는 그 표시가 상대방에게 도달한 때에 그 효력이 생긴다.

② 의사표시자가 청약의 의사표시를 발송한 후 사망하였다면, 그 의사표시는 처음부터 무효인 것으로 본다.

③ 행위능력을 갖춘 미성년자에게는 특별한 사정이 없는 한 의사표시의 수령능력이 인정된다.

④ 표의자가 과실없이 상대방을 알지 못하는 경우, 민사소송법 공시송달의 규정에 의하여 의사표시를 송달할 수 있다.

⑤ 의사표시의 상대방이 의사표시를 받은 때에 제한능력자인 경우, 특별한 사정이 없는 한 의사표시자는 그 의사표시로써 대항할 수 없다.

정답해설 ② 의사표시를 발송한 후에 의사표시자가 사망하거나 제한능력자가 되어도 그 의사표시의 효력에는 아무런 영향을 미치지 않으므로(제111조 제2항), 후에 의사표시가 도달하는 한 효력이 발생한다.

03 법률행위의 대리

64

법률행위의 대리에 관한 설명으로 옳은 것은? (다툼이 있으면 판례에 따름)

① 권한의 범위가 정해지지 않은 임의대리인은 부패하기 쉬운 농산물을 처분할 수 없다.

② 대리인은 행위능력자이어야 한다.

③ 부동산 입찰절차에서 동일물건에 관하여 이해관계가 다른 2인 이상의 대리인이 된 경우에는 그 대리인이 한 입찰은 무효이다.

④ 예금계약의 체결을 위임받은 자의 대리권에는 당연히 그 예금을 담보로 하여 대출을 받거나 이를 처분할 수 있는 권한이 포함되어 있다.

⑤ 복대리인은 그 권한 내에서 대리인을 대리한다.

풀이 TIP 법률행위의 대리 일반에 관한 문제이다. 대리는 대리권, 대리행위, 대리의 효과의 3면관계로 나눌 수 있는데, 대리권과 관련해서는 대리권의 발생, 대리권의 범위, 대리권의 제한 등이 중요 쟁점이다.

정답해설 ③ 「민법」 제124조는 "대리인은 본인의 허락이 없으면 본인을 위하여 자기와 법률행위를 하거나 동일한 법률행위에 관하여 당사자 쌍방을 대리하지 못한다."고 규정하고 있으므로 부동산 입찰절차에서 동일물건에 관하여 이해관계가 다른 2인 이상의 대리인이 된 경우에는 그 대리인이 한 입찰은 무효이다(대결 2004. 2. 13. 2003마44).

오답해설 ① 권한을 정하지 아니한 대리인은 다음 각 호의 행위(1. 보존행위, 2. 대리의 목적인 물건이나 권리의 성질을 변하지 아니하는 범위에서 그 이용 또는 개량하는 행위)만을 할 수 있다(제118조). 부패하기 쉬운 농산물을 처분하는 것은 보존행위에 속하므로 할 수 있다.
② 대리인은 행위능력자임을 요하지 아니한다(제117조).
④ 예금계약의 체결을 수임받은 자가 가지는 대리권에 당연히 그 예금을 담보로 하여 대부를 받거나 기타 이를 처분할 수 있는 대리권이 포함되어 있는 것은 아니다(대판 1992. 6. 23. 91다14987).
⑤ 복대리인은 그 권한 내에서 본인을 대리한다(제123조 제1항).

65

하
대리권
2020년 제8회

당사자 일방으로부터 부동산 매매계약의 체결에 관한 대리권만 수여받은 대리인이 특별한 사정이 없는 한 할 수 있는 행위에 해당하는 것은? (다툼이 있으면 판례에 따름)

① 매도인을 대리하여 중도금이나 잔금을 수령하는 행위
② 매도인을 대리하여 약정된 매매대금의 지급기일을 연기해주는 행위
③ 매도인을 대리하여 잔금채권을 담보로 대출을 받는 행위
④ 매수인을 대리하여 매매계약을 해제하는 행위
⑤ 매수인을 대리하여 매매목적 부동산을 처분하는 행위

풀이 TIP 대리권의 범위에 관한 판례를 정리한다.

정답해설 ① 부동산의 소유자로부터 매매계약을 체결할 대리권을 수여받은 대리인은 특별한 사정이 없는 한 그 매매계약에서 약정한 바에 따라 중도금이나 잔금을 수령할 권한도 있다고 보아야 한다(대판 1994. 2. 8. 93다39379).

Answer 63. ② 64. ③ 65. ①

66

상
대리권
2018년 제6회

甲은 乙에게 매매계약체결의 대리권을 수여하였고, 乙은 甲을 대리하여 丙 소유의 토지에 관하여 丙과 매매계약을 체결하였다. 그 계약의 효력이 甲에게 미치는 경우를 모두 고른 것은? (다툼이 있으면 판례에 따름)

> ㉠ 甲이 피한정후견인 乙에게 대리권을 수여하여 위 계약이 체결된 경우
> ㉡ 甲이 수권행위를 통하여 乙과 丁이 공동으로 대리하도록 정하였음에도 乙이 단독의 의사결정으로 위 계약을 체결한 경우
> ㉢ 乙이 위 토지에 대한 丙의 선행 매매사실을 알면서도 丙의 배임적 이중매매행위에 적극 가담하여 위 계약을 체결하였으나 이러한 사실을 甲이 알지 못한 경우

① ㉠   ② ㉢   ③ ㉠, ㉡
④ ㉡, ㉢   ⑤ ㉠, ㉡, ㉢

풀이 TIP 법률행위의 대리에서는 대리권이나 협의의 무권대리에 관한 사례형 출제를 대비하여야 한다.

정답해설 ㉠ 대리인은 행위능력자임을 요하지 아니한다(제117조).

오답해설 ㉡ 공동대리의 제한에 위반하여 1인의 대리인이 단독으로 대리행위를 한 경우에는 그 대리행위는 무권대리가 된다.
㉢ 의사표시의 효력이 의사의 흠결, 사기, 강박 또는 어느 사정을 알았거나 과실로 알지 못한 것으로 인하여 영향을 받을 경우에 그 사실의 유무는 대리인을 표준하여 결정한다(제116조 제1항). 따라서 이중매매가 제2매수인의 적극가담으로 인하여 반사회적 법률행위로서 제103조 무효가 되는 경우에 그 적극가담의 기준은 제2매수인의 대리인 乙이다.

67

상
대리권
2024년 제12회

甲은 친구 乙로부터 丙 소유의 X토지를 매수할 대리권을 수여받아, 乙을 대리하여 丙과 X에 관한 매매계약을 체결하였다. 이에 관한 설명으로 옳지 않은 것은? (다툼이 있으면 판례에 따름)

① 매매계약 내용의 중요부분에 관하여 乙의 착오가 있는 경우, 甲에게는 착오가 없더라도 乙은 자신의 착오를 이유로 매매계약을 취소할 수 있다.
② 甲의 사기로 丙이 매도의 의사표시를 한 경우, 乙이 그 사실을 몰랐더라도 丙은 사기를 이유로 그 의사표시를 취소할 수 있다.
③ 丙이 이중매매를 하였고 위 매매계약이 제2매매인 경우에 甲이 丙의 배임행위에 적극가담하였다면, 乙이 그 사정을 몰랐더라도 매매계약은 무효이다.
④ 매매계약이 乙에게 불공정한 법률행위에 해당하는지 판단할 때 경솔, 무경험은 乙이 아닌 甲을 기준으로 판단한다.
⑤ 丙의 채무불이행이 있는 경우, 甲은 특별한 사정이 없는 한 채무불이행을 이유로 한 계약해제권을 가지지 않는다.

정답해설 ① 의사표시의 효력이 의사의 흠결, 사기, 강박 또는 어느 사정을 알았거나 과실로 알지 못한 것으로 인하여 영향을 받을 경우에 그 사실의 유무는 대리인을 표준하여 결정한다(제116조 제1항). 예컨대 착오취소의 경우에 대리인의 착오가 있어야 한다. 사안에서 대리인 甲에게 착오가 없으므로 본인 乙은 매매계약을 취소할 수 없다.

오답해설 ② 상대방 있는 의사표시에 관하여 제3자가 사기나 강박을 한 경우에는 상대방이 그 사실을 알았거나 알 수 있었을 경우에 한하여 그 의사표시를 취소할 수 있으나, 상대방의 대리인 등 상대방과 동일시할 수 있는 자의 사기나 강박은 제3자의 사기·강박에 해당하지 아니한다(대판 1999. 2. 23. 98다60828). 사안에서 대리인 甲의 사기는 제3자의 사기가 아니라 본인 乙의 사기와 마찬가지이므로 丙은 제110조 제1항의 사기를 이유로 그 의사표시를 취소할 수 있다.

③ 이중매매가 반사회적 행위로서 제103조 무효가 되기 위하여 요구되는 제2매수인의 적극가담도 본인 乙이 아니라 대리인 甲을 기준으로 판단한다.

④ 대리인에 의하여 법률행위가 이루어진 경우 그 법률행위가 민법 제104조의 불공정한 법률행위에 해당하는지 여부를 판단함에 있어서 경솔과 무경험은 대리인을 기준으로 하여 판단하고, 궁박은 본인의 입장에서 판단하여야 한다(대판 2002. 10. 22. 2002다38927).

⑤ 매매계약을 체결할 권한을 수여받은 대리인에게 본래의 계약관계를 해제할 대리권까지 있다고 볼 수는 없다. 또한 대리인이 그 권한의 범위 내에서 본인을 위한 것임을 표시하고 대리행위를 한 경우에는 직접 본인에 대하여 효력이 생긴다(제114조 제1항). 이 때 직접 본인에게 귀속하게 되는 효과는 대리인이 행한 당해 법률행위의 중심적 효과(대리인이 건물을 매수한 경우에 등기청구권 등)는 물론이며, 그 밖에 부수적 효과(취소권, 해제권, 담보책임 등)도 모두 본인에게 귀속된다. 따라서 丙의 채무불이행이 있는 경우, 본인 乙이 계약해제권을 갖는다.

68 대리에 관한 설명으로 옳지 않은 것은? (다툼이 있으면 판례에 따름)

하
대리권
2019년 제7회

① 대리인은 행위능력자임을 요하지 않는다.
② 유언은 대리가 허용되지 않는다.
③ 대리에 있어 본인을 위한 것임을 표시하는 현명은 묵시적으로 할 수는 없다.
④ 임의대리의 경우 그 원인된 법률관계의 종료 전에 본인이 수권행위를 철회할 수 있다.
⑤ 대리인이 수인인 때에는 원칙적으로 각자가 본인을 대리한다.

> **풀이 TIP** 임의대리와 법정대리를 구분하여 각각의 대리권의 발생과 소멸을 정리하여야 한다.

정답해설 ③ 대리에 있어 본인을 위한 것임을 표시하는 현명은 묵시적으로 할 수 있다.

오답해설 ① 제117조
② 유언 등 신분행위에는 원칙적으로 대리가 허용되지 않는다.
④ 제128조
⑤ 제119조

Answer ☞ 66. ① 67. ① 68. ③

69

중
대리권
2014년 제2회

대리에 관한 설명으로 옳지 않은 것은? (다툼이 있는 경우에는 판례에 의함)

① 매매계약을 체결할 권한을 수여받은 대리인은 특별한 사정이 없으면, 그 매매계약에 따른 중도금과 잔금을 받을 권한을 갖는다.

② 매매계약의 체결과 이행에 관하여 포괄적인 권한을 수여받은 대리인은 특별한 사정이 없으면, 상대방에 대하여 약정된 매매대금의 지급기일을 연기할 권한을 갖는다.

③ 대여금의 영수권한만을 위임받은 대리인은 그 대여금 채무의 일부를 면제하기 위하여는 특별수권이 필요하다.

④ 특별한 사정이 없으면, 예금계약의 체결을 위임받은 자의 대리권에는 그 예금을 담보로 하여 대출을 받거나 이를 처분할 수 있는 권한이 포함되지 않는다.

⑤ 본인을 위하여 금전소비대차와 그 담보를 위한 담보권설정계약을 체결할 권한을 수여받은 대리인은 특별한 사정이 없으면, 금전소비대차계약과 담보권설정계약이 체결된 후에 이를 해제할 권한을 갖는다.

정답해설 ⑤ 특별한 다른 사정이 없는 한 본인을 대리하여 금전소비대차 내지 그를 위한 담보권설정계약을 체결할 권한을 수여받은 대리인에게 본래의 계약관계를 해제할 대리권까지 있다고 볼 수 없다(대판 1993. 1. 15. 92다39365).

70

중
대리권
2022년 제10회

임의대리권의 범위에 관한 설명으로 옳지 않은 것은? (다툼이 있으면 판례에 따름)

① 임의대리권의 범위는 원칙적으로 수권행위에 의하여 정해진다.

② 특별한 사정이 없는 한 통상의 임의대리권은 필요한 한도에서 수령대리권을 포함한다.

③ 매도인으로부터 매매계약체결에 대한 대리권을 수여받은 자는 특별한 사정이 없는 한 그 매매계약에 따른 중도금을 수령할 권한이 있다.

④ 매도인으로부터 매매계약의 체결과 이행에 대해 포괄적인 대리권을 수여받은 자는 특별한 사정이 없는 한 약정된 매매대금의 지급기일을 연기해 줄 권한이 없다.

⑤ 부동산을 매수할 권한을 수여받은 자는 원칙적으로 그 부동산을 처분할 권한이 없다.

정답해설 ④ 매매계약의 체결과 이행에 관하여 포괄적으로 대리권을 수여받은 대리인은 특별한 다른 사정이 없는 한 상대방에 대하여 약정된 매매대금지급기일을 연기하여 줄 권한도 가진다고 보아야 할 것이다(대판 1992. 4. 14. 91다43107).

71

중
대리권
2021년 제9회

임의대리에 관한 설명으로 옳지 않은 것은? (다툼이 있으면 판례에 따름)

① 권한을 정하지 아니한 대리인은 대리의 목적물에 대해 모든 개량행위를 할 수 있다.

② 대리권은 그 권한에 부수하여 필요한 한도에서 상대방의 의사표시를 수령하는 수령대리권을 포함하는 것이 원칙이다.

③ 수권행위는 묵시적인 의사표시로 할 수 있다.

④ 대리권의 존속 중 원인된 법률관계가 종료하기 전에는 본인은 수권행위를 철회할 수 있다.

⑤ 대리인에 대한 성년후견의 개시는 대리권의 소멸사유이다.

[정답해설] ① 권한을 정하지 아니한 대리인은 보존행위와 대리의 목적인 물건이나 권리의 성질을 변하지 아니하는 범위에서 그 이용 또는 개량하는 행위만을 할 수 있다(제118조).

[오답해설] ② 임의대리에 있어서 대리권의 범위는 수권행위(대리권수여행위)에 의하여 정하여지는 것이므로 어느 행위가 대리권의 범위 내의 행위인지의 여부는 개별적인 수권행위의 내용이나 그 해석에 의하여 판단할 것이나, 일반적으로 말하면 수권행위의 통상의 내용으로서의 임의대리권은 그 권한에 부수하여 필요한 한도에서 상대방의 의사표시를 수령하는 이른바 수령대리권을 포함하는 것으로 보아야 한다(대판 1994. 2. 8. 93다39379).

④ 법률행위에 의하여 수여된 대리권은 전조(대리권의 공통소멸사유)의 경우 외에 그 원인된 법률관계의 종료에 의하여 소멸한다. 법률관계의 종료 전에 본인이 수권행위를 철회한 경우에도 같다(제128조).

72

하
대리권
2018년 제6회

「민법」에서 정한 임의대리권의 소멸사유에 해당하지 않는 것은?

① 본인의 사망

② 대리인의 사망

③ 본인의 성년후견 개시

④ 본인과 대리인 사이의 원인된 법률관계의 종료

⑤ 본인과 대리인 사이의 원인된 법률관계의 종료 전 수권행위의 철회

풀이 TIP 임의대리, 법정대리 공통소멸사유와 임의대리에 특유한 소멸사유를 암기하도록 한다.

[정답해설] ③ 본인이 아니라 대리인의 성년후견의 개시가 공통소멸사유이다(제127조).

✦ 임의대리권과 법정대리권의 소멸

공통적 소멸원인	• 본인의 사망 : 본인이 사망하면 대리권도 소멸한다. • 대리인의 사망, 성년후견의 개시 또는 파산 : 대리인이 사망하면 원칙적으로 대리권도 소멸한다. 대리인은 행위능력자임을 요하지 않으므로(제117조) 대리인의 성년후견의 개시 또는 파산은 대리인으로 선임된 후에 성년후견의 개시 또는 파산선고를 받은 경우에 대리권이 소멸한다는 의미이다.
임의대리권 특유의 소멸원인	• 원인된 법률관계의 종료 : 임의규정이므로 특약에 의해 배제할 수 있다. • 수권행위의 철회 : 원인된 법률관계가 종료되기 전에 본인이 수권행위를 철회한 경우에도 임의대리권은 소멸한다.

Answer⁺ 69. ⑤ 70. ④ 71. ① 72. ③

73

대리행위에 관한 설명으로 옳은 것은? (다툼이 있으면 판례에 따름)

① 미성년자 甲의 법정대리인 乙이 제3자 丙의 이익만을 위한 대리행위를 하고 그 사정을 상대방 丁이 알고 있었다면, 그 대리행위는 甲에게 효과가 없다.

② 매매위임장을 제시하고 매매계약을 체결하면서 계약서에 대리인의 성명만 기재하는 경우, 특단의 사정이 없는 한 그 계약은 본인에게 효력이 없다.

③ 특정한 법률행위를 위임한 경우에 대리인이 본인의 지시에 좇아 그 행위를 한 때에는 본인은 자기가 안 사정에 관하여 대리인의 부지(不知)를 주장할 수 있다.

④ 하나의 물건에 대해 본인과 대리인이 각각 계약을 체결한 경우, 대리인이 체결한 계약은 무효이다.

⑤ 본인은 임의대리인이 제한능력자라는 이유로 대리행위를 취소할 수 있다.

정답해설 ① 사안은 대리권남용의 문제이다. 진의 아닌 의사표시가 대리인에 의하여 이루어지고 그 대리인의 진의가 본인의 이익이나 의사에 반하여 자기 또는 제3자의 이익을 위한 배임적인 것임을 그 상대방이 알았거나 알 수 있었을 경우에는, 민법 제107조 제1항 단서의 유추해석상 그 대리인의 행위는 본인의 대리행위로 성립할 수 없으므로 본인은 대리인의 행위에 대하여 아무런 책임이 없다(대판 1996. 4. 26. 94다29850).

오답해설 ② 매매위임장을 제시하고 매매계약을 체결하는 자는 특단의 사정이 없는 한 소유자를 대리하여 매매행위하는 것이라고 보아야 한다(대판 1982. 5. 25. 81다1349 · 81다카1209).

③ 특정한 법률행위를 위임한 경우에 대리인이 본인의 지시에 좇아 그 행위를 한 때에는 본인은 자기가 안 사정 또는 과실로 인하여 알지 못한 사정에 관하여 대리인의 부지(不知)를 주장하지 못한다(제116조 제2항).

④ 하나의 물건에 대해 본인과 대리인이 각각 계약을 체결한 경우에 대리인이 체결한 계약이 무효가 되는 것은 아니다. 대리인의 행위와 본인의 행위는 경합할 수 있기 때문이다. 예컨대 그 물건이 부동산이라면 먼저 이전등기를 받은 상대방이 소유권을 취득하게 된다.

74 복대리권의 소멸사유가 아닌 것은?

충
복대리
2017년 제5회

① 본인의 사망
② 대리인의 파산
③ 복대리인의 파산
④ 대리인의 성년후견의 개시
⑤ 본인의 성년후견의 개시

풀이TIP 복대리란 대리인이 대리인 자신의 이름으로 선임한 본인의 대리인을 말한다. 여기서는 대리인의 복임권과 책임(제120~122조)이 중요하고, 복대리권 소멸사유는 복대리권 자체의 소멸과 대리인의 대리권 소멸로 인한 복대리권의 소멸로 나누어 정리해야 한다.

정답해설 ⑤ 복대리권도 대리권이므로 대리권의 일반적 소멸사유에 의해 소멸한다(에 본인의 사망, 복대리인의 사망·성년후견의 개시·파산). 대리인과 복대리인의 내부적 법률관계가 종료된 경우, 또는 대리인이 복대리인에 대한 수권행위를 철회한 경우에도 복대리권은 소멸한다. 또한 복대리권은 대리권을 기초로 하므로 대리권이 소멸하면 복대리권도 소멸한다(에 본인의 사망, 대리인의 사망·성년후견의 개시·파산). 본인의 성년후견의 개시는 복대리권의 소멸사유에 해당하지 않는다.

75 복대리에 관한 설명으로 옳은 것은?

하
복대리
2019년 제7회

① 복대리인은 대리인의 대리인이다.
② 법정대리인은 복대리인을 선임하지 못한다.
③ 복대리인의 대리권은 대리인의 대리권의 범위를 넘지 못한다.
④ 임의대리인이 부득이한 사유로 복대리인을 선임한 경우, 본인에 대하여 그 선임감독에 관한 책임이 없다.
⑤ 복대리인이 선임된 후 대리인의 대리권이 소멸하더라도 복대리권은 소멸하지 않는다.

풀이TIP 임의대리인의 복임권과 법정대리인의 복임권을 비교하여 정리한다.

정답해설 ③ 복대리인의 대리권은 그 범위에 있어서 대리인의 대리권을 넘지 못한다.

오답해설 ① 복대리인은 본인의 대리인이다.
② 법정대리인은 그 책임으로 복대리인을 선임할 수 있다. 그러나 부득이한 사유로 인한 때에는 전조 제1항에 정한 책임만이 있다(제122조).
④ 대리권이 법률행위에 의하여 부여된 경우에는 대리인은 본인의 승낙이 있거나 부득이한 사유있는 때가 아니면 복대리인을 선임하지 못한다(제120조). 전 조의 규정에 의하여 대리인이 복대리인을 선임한 때에는 본인에게 대하여 그 선임감독에 관한 책임이 있다(제121조).
⑤ 복대리인의 대리권은 대리인의 대리권을 전제로 하는 것이므로, 복대리인이 선임된 후 대리인의 대리권이 소멸하면 복대리권도 소멸한다.

Answer⁺ 73.① 74.⑤ 75.③

76

중
복대리
2015년 제3회

복대리에 관한 설명으로 옳지 않은 것은? (다툼이 있으면 판례에 따름)

① 복대리인은 대리인의 대리인이 아니다.

② 복대리에서도 표현대리가 성립할 수 있다.

③ 복대리인은 본인이나 제3자에 대하여 대리인과 동일한 권리의무가 있다.

④ 복대리인이 선임된 후에 대리인의 대리권이 소멸하더라도 복대리권은 소멸하지 않는다.

⑤ 법정대리인이 부득이한 사유로 복대리인을 선임한 경우, 본인에 대하여 복대리인의 선임감독에 관한 책임이 있다.

정답해설 ④ 복대리인의 대리권은 그 존립에 있어서 대리인의 대리권에 의존한다. 따라서 대리인의 대리권이 소멸하면 복대리인의 복대리권도 소멸한다.

오답해설 ① 복대리인은 본인의 대리인이다.

77

중
복대리
2013년 제1회

甲의 임의대리인 乙은 자신의 이름으로 甲의 대리인 丙을 선임하였다. 다음 설명 중 옳은 것은? (다툼이 있는 경우에는 판례에 의함)

① 乙은 언제나 甲의 대리인을 선임할 수 있는 권한을 가진다.

② 丙이 甲의 지명에 의해 선임된 경우에는 乙은 丙이 부적임자임을 알고 甲에게 통지하지 않았더라도 선임감독의 책임을 지지 않는다.

③ 甲과 丙 사이에는 아무런 권리·의무관계가 없다.

④ 丙의 대리행위가 권한을 넘은 표현대리에 해당하면 甲은 그 상대방에 대하여 본인으로서 책임을 져야 한다.

⑤ 丙이 甲의 지명에 의해 선임된 경우에는 乙의 대리권이 소멸하여도 丙의 대리권은 소멸하지 않는다.

오답해설 ① 임의대리인은 원칙적으로 복임권이 없다. 즉 대리권이 법률행위에 의하여 부여된 경우에는 대리인은 본인의 승낙이 있거나 부득이한 사유있는 때가 아니면 복대리인을 선임하지 못한다(제120조).
② 본인이 지명한 경우에 복대리인의 부적임 또는 불성실함을 알고도 본인에게 대한 통지나 해임을 태만한 때가 아니면 책임이 없다(제121조 제2항).
③ 복대리인은 본인이나 제3자에 대하여 대리인과 동일한 권리와 의무가 있다(제123조 제2항).
⑤ 복대리권은 대리권에 종속되므로 대리인의 대리권이 소멸하면 복대리권도 소멸한다.

78

중
복대리
2018년 제6회

법정대리인이 복대리인을 선임하는 경우에 관한 설명으로 옳은 것은? (다툼이 있으면 판례에 따름)

① 복대리권은 복임행위가 철회되더라도 소멸되지 않는다.
② 본인의 승낙이 있거나 부득이한 사유가 없으면 복대리인을 선임하지 못한다.
③ 부득이한 사유로 복대리인을 선임한 경우, 본인에 대하여 그 선임·감독에 관한 책임이 있다.
④ 본인의 지명 없이 복대리인을 선임한 경우, 그 불성실함을 알고 본인에 대한 통지나 그 해임을 태만한 때가 아니면 책임이 없다.
⑤ 법정대리인이 대리권 소멸 후에 복대리인을 선임하여 그에게 대리행위를 하게 하였다면 특별한 사정이 없는 한, 「민법」 제129조의 표현대리가 성립할 수 없다.

> **풀이 TIP** 임의대리인의 복임권과 법정대리인의 복임권을 비교해서 정리해야 한다.

정답해설 ③ 제122조 단서

오답해설 ① 복대리권은 대리인의 복임행위에 의해 발생하므로, 대리인의 복대리인에 대한 복임행위의 철회에 의해 복대리권은 소멸한다.
② 법정대리인은 그 책임으로 복대리인을 선임할 수 있다(제122조).
④ 법정대리인은 복대리인의 행위에 관하여 선임·감독에 과실이 있는지를 묻지 않고 '모든 책임'을 진다(제122조 본문). 즉, 법정의 무과실책임이다. 다만, 부득이한 사유로 복대리인을 선임한 경우에는 임의대리인의 경우와 동일한 책임(선임·감독의 책임)만을 진다(제122조 단서).
⑤ 대리인이 대리권 소멸 후 직접 상대방과 사이에 대리행위를 하는 경우는 물론, 대리인이 대리권 소멸 후 복대리인을 선임하여 복대리인으로 하여금 상대방과 사이에 대리행위를 하도록 한 경우에도 상대방이 대리권 소멸 사실을 알지 못하여 복대리인에게 적법한 대리권이 있는 것으로 믿었고, 그와 같이 믿은 데 과실이 없다면 「민법」 제129조에 의한 표현대리가 성립할 수 있다.

✦ 대리인의 복임권과 책임

임의대리인	• 복임권: 임의대리인은 원칙적으로 복임권이 없으나 예외적으로 본인의 승낙이 있거나, 부득이한 사유가 있는 때에 한하여 복임권을 갖는다(제120조). • 임의대리인의 책임: 임의대리인이 복대리인을 선임한 경우, 본인에 대하여 그 선임·감독에 관한 책임을 부담한다(제121조 제1항). 즉, 부적임자를 선임하거나 그 감독을 게을리하여 본인에게 손해를 준 경우에, 임의대리인은 본인에 대해서 손해배상 책임을 진다. • 책임이 경감되는 경우: 대리인이 본인의 지명에 의하여 복대리인을 선임한 경우에는 대리인이 선임한 것은 아니므로 선임상의 책임은 지지 않고, 감독상의 책임만을 진다.
법정대리인	• 복임권: 법정대리인은 언제든지 복대리인을 선임할 수 있다(제122조 본문). • 법정대리인의 책임: 법정대리인은 언제나 복임권을 갖지만, 복대리인의 행위에 의하여 본인이 손해를 입은 경우에는 선임·감독에 있어서의 과실의 유무를 묻지 않고 모든 책임을 진다(제122조 본문). • 책임이 경감되는 경우(과실책임): 부득이한 사유로 복대리인을 선임한 경우에는 그 책임이 경감되어 그 선임·감독에 관한 책임만 진다(제122조 단서).

Answer 76. ④   77. ④   78. ③

79

중
복대리
2021년 제9회

미성년자 甲의 법정대리인 乙이 복대리인 丙을 선임한 경우에 관한 설명으로 옳지 않은 것은?

① 乙은 항상 복임권이 있다.

② 丙도 법정대리인의 지위를 가진다.

③ 乙이 부득이한 사유로 丙을 선임한 경우라면 甲에 대하여 그 선임감독에 관한 책임이 있다.

④ 乙이 사망한 경우 丙의 복대리인의 지위는 원칙적으로 소멸한다.

⑤ 丙은 자신이 수령한 법률행위의 목적물을 乙에게 인도할 의무가 있다.

정답해설 ② 법정대리인의 복대리인이든 임의대리인의 복대리인이든 상관없이 복대리인은 언제나 임의대리인이다.

오답해설 ③ 법정대리인은 그 책임으로 복대리인을 선임할 수 있다. 그러나 부득이한 사유로 인한 때에는 선임감독에 관한 책임만 있다(제122조).

④ 대리인의 사망으로 대리인의 대리권이 소멸하면 복대리권도 소멸한다.

80

하
복대리
2023년 제11회

복대리에 관한 설명으로 옳은 것은?

① 복대리인은 대리인의 대리인이다.

② 법정대리인은 언제나 복임권이 있다.

③ 대리인이 파산하여도 복대리권은 소멸하지 않는다.

④ 임의대리인은 본인의 승낙이 있는 때에 한하여 복임권을 갖는다.

⑤ 복대리인이 선임되면 특별한 사정이 없는 한 대리인의 대리권은 소멸한다.

정답해설 ② 법정대리인은 그 책임으로 복대리인을 선임할 수 있다(제122조 제1항 본문). 즉 법정대리인은 원칙적으로 언제나 복임권이 있다.

오답해설 ① 복대리인은 본인의 대리인이다.

③ 복대리권은 대리권을 기초로 하므로 대리인의 대리권이 소멸하면 복대리인의 복대리권도 소멸한다. 예컨대 대리인이 파산하면 대리권이 소멸하고 따라서 복대리권도 소멸한다.

④ 대리권이 법률행위에 의하여 부여된 경우에는 대리인은 본인의 승낙이 있거나 부득이한 사유가 있는 때가 아니면 복대리인을 선임하지 못한다(제120조).

⑤ 복대리인을 선임한 뒤에도 대리인의 대리권은 소멸하지 않는다.

81

중
표현대리
2017년 제5회

표현대리에 관한 설명으로 옳지 않은 것은? (다툼이 있으면 판례에 따름)

① 권한을 넘은 표현대리에 있어서 법정대리권은 기본대리권이 될 수 없다.

② 대리행위가 강행법규 위반으로 무효인 경우에는 표현대리가 성립할 수 없다.

③ 유권대리에 관한 주장 속에 표현대리의 주장이 포함되어 있다고 볼 수 없다.

④ 「민법」 제129조의 대리권 소멸 후의 표현대리로 인정되는 경우에, 그 표현대리의 권한을 넘는 대리행위가 있을 때에는 「민법」 제126조의 표현대리가 성립될 수 있다.

⑤ 대리권 수여의 표시에 의한 표현대리가 성립하려면 대리권 없음에 대하여 상대방이 선의이고 무과실이어야 한다.

> **풀이 TIP** 표현대리는 크게 대리권수여표시의 표현대리(제125조), 권한을 넘은 표현대리(제126조), 대리권 소멸 후의 표현대리(제129조)로 나눌 수 있다. 특히 권한을 넘은 표현대리 부분이 중요하다.

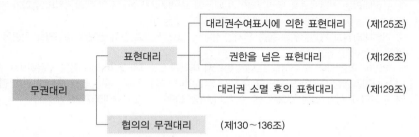

정답해설 ① 제126조의 표현대리는 임의대리와 법정대리에 모두 적용된다.

오답해설 ② 증권회사 또는 그 임·직원의 부당권유행위를 금지하는 「증권거래법」 제52조 제1호는 공정한 증권거래질서의 확보를 위하여 제정된 강행법규로서 이에 위배되는 주식거래에 관한 투자수익보장약정은 무효이고, 투자수익보장이 강행법규에 위반되어 무효인 이상 증권회사의 지점장에게 그와 같은 약정을 체결할 권한이 수여되었는지 여부에 관계없이 그 약정은 여전히 무효이므로 표현대리의 법리가 준용될 여지가 없다(대판 1996. 8. 23. 94다38199).

③ 유권대리에 관한 주장 속에 무권대리에 속하는 표현대리의 주장이 포함되어 있다고 볼 수 없으며, 따로 표현대리에 관한 주장이 없는 한 법원은 나아가 표현대리의 성립 여부를 심리판단할 필요가 없다(대판 1983. 12. 13. 83다카1489).

Answer⁺ 79. ② 80. ② 81. ①

82

중
표현대리
2015년 제3회

표현대리에 관한 설명으로 옳은 것은? (다툼이 있으면 판례에 따름)

① 유권대리에 관한 주장 속에는 무권대리에 속하는 표현대리의 주장이 포함되어 있다고 볼 수 없다.

② 대리권 소멸 후의 표현대리에 관한 규정은 법정대리에는 적용되지 않는다.

③ 표현대리가 성립하여 대리행위의 효과가 본인에게 귀속되면 표현대리의 성질이 유권대리로 전환된다.

④ 기본대리권이 월권행위와 관련이 없는 경우에는 권한을 넘은 표현대리는 성립할 여지가 없다.

⑤ 대리권을 추단할 수 있는 직함이나 명칭 등의 사용을 본인이 승낙 또는 묵인하였더라도 대리권 수여의 표시가 있는 것으로 볼 수 없다.

오답해설 ② 대리권 소멸 후의 표현대리에 관한 규정은 임의대리뿐만 아니라 법정대리에도 적용된다.
③ 표현대리는 기본적으로 무권대리이기 때문에 표현대리가 성립하여 대리행위의 효과가 본인에게 귀속되었다고 해서 표현대리가 유권대리로 전환되는 것은 아니다.
④ 기본대리권과 월권행위는 동종 유사한 행위일 필요가 없고 전혀 별개의 행위라도 권한을 넘은 표현대리가 성립한다.
⑤ 본인에 의한 대리권 수여의 표시는 반드시 대리권 또는 대리인이라는 말을 사용하여야 하는 것이 아니라 사회통념상 대리권을 추단할 수 있는 직함이나 명칭 등의 사용을 승낙 또는 묵인한 경우에도 대리권 수여의 표시가 있는 것으로 볼 수 있다(대판 1998. 6. 12. 97다53762).

83

중
표현대리
2018년 제6회

표현대리에 관한 설명으로 옳지 않은 것은? (다툼이 있으면 판례에 따름)

① 유권대리에 관한 주장에는 표현대리의 주장이 포함되어 있지 않다.

② 강행법규에 위반하여 무효인 행위에 대해서는 표현대리의 법리가 적용되지 않는다.

③ 표현대리가 성립된다고 하여 무권대리의 성질이 유권대리로 전환되는 것은 아니다.

④ 표현대리가 성립하는 경우, 상대방에게 과실이 있으면 과실상계의 법리에 따라 본인의 책임을 경감할 수 있다.

⑤ 대리인이 사자(使者)를 통하여 권한을 넘은 법률행위를 하더라도 「민법」 제126조의 표현대리가 성립할 수 있다.

풀이 TIP 표현대리와 협의의 무권대리를 비교하면서 공부하도록 한다.

정답해설 ④ 표현대리행위가 성립하는 경우에 그 본인은 표현대리행위에 의하여 전적인 책임을 져야 하고, 상대방에게 과실이 있다고 하더라도 과실상계의 법리를 유추적용하여 본인의 책임을 경감할 수 없다(대판 1996. 7. 12. 95다49554).

84

상
표현대리
2014년 제2회

표현대리에 관한 설명으로 옳지 않은 것은? (다툼이 있는 경우에는 판례에 의함)

① 표현대리가 성립하면 본인은 표현대리행위에 대하여 전적으로 책임을 져야하고, 과실상계의 법리를 유추적용하여 본인의 책임을 경감할 수 없다.

② 대리권 수여의 표시에 의한 표현대리는 본인과 대리행위를 한 사람 사이의 기본적인 법률관계의 성질이나 그 효력의 유무와는 관계없이, 어떤 자가 본인을 대리하여 제3자와 법률행위를 함에 있어 본인이 그 사람에게 대리권을 수여하였다는 표시를 제3자에게 한 경우에 성립한다.

③ 등기신청행위를 기본대리권으로 가진 사람이 대물변제라는 사법행위를 한 경우, 그 대리행위는 기본대리권과 같은 종류의 행위가 아니므로 권한을 넘은 표현대리가 성립할 수 없다.

④ 권한을 넘은 표현대리에서 무권대리인에게 그 권한이 있다고 믿을 만한 정당한 이유가 있는가의 여부는 대리행위 당시를 기준으로 결정하여야 한다.

⑤ 기본적인 어떠한 대리권도 없었던 사람에 대하여 대리권 소멸 후의 표현대리는 성립할 수 없다.

정답해설 ③ 공법상의 대리권: 기본대리권이 등기신청, 영업허가신청, 이사취임등록 등 공법상의 행위에 관한 것이고 표현대리행위가 사법상의 행위(대물변제, 매매 등)일지라도 제126조의 표현대리는 성립한다(대판 1978. 3. 28. 78다282・283).

85

표현대리에 관한 설명으로 옳지 않은 것은? (다툼이 있으면 판례에 따름)

① 「민법」 제125조의 표현대리가 성립하기 위한 대리권 수여의 표시는 사회통념 상 대리권을 추단할 수 있는 직함의 사용을 승낙한 경우도 포함한다.

② 대리인이 복대리인을 통하여 대리권의 범위를 넘는 법률행위를 한 경우에도 권한을 넘은 표현대리에 관한 「민법」 제126조가 적용된다.

③ 표현대리가 성립하여 본인이 이행책임을 지는 경우, 상대방에게 과실이 있으 면 과실상계의 법리를 적용하여 본인의 책임을 경감할 수 있다.

④ 대리권 소멸 후의 표현대리가 인정된 경우에 그 표현대리의 권한을 넘는 대리 행위가 있으면 권한을 넘은 표현대리가 성립할 수 있다.

⑤ 권한을 넘은 표현대리에 관한 「민법」 제126조는 임의대리뿐만 아니라 법정대 리에도 적용된다.

풀이TIP 표현대리를 각각의 유형에 따라 정리한다.

정답해설 ③ 표현대리행위가 성립하는 경우에 그 본인은 표현대리행위에 의하여 전적인 책임을 져야 하 고, 상대방에게 과실이 있다고 하더라도 과실상계의 법리를 유추적용하여 본인의 책임을 경감할 수 없다 (대판 1996. 7. 12. 95다49554).

오답해설 ① 「민법」 제125조의 표현대리에서 본인에 의한 대리권 수여의 표시는 반드시 대리권 또는 대 리인이라는 말을 사용하여야 하는 것이 아니라 사회통념상 대리권을 추단할 수 있는 직함이나 명칭 등의 사용을 승낙 또는 묵인한 경우에도 대리권 수여의 표시가 있는 것으로 볼 수 있다(대판 1998. 6. 12. 97다 53762).
② 복대리인이 권한을 넘은 대리행위를 한 경우에도 표현대리가 인정된다(대판 1967. 11. 21. 66다2197).
④ 제129조에 의하여 표현대리로 인정되는 경우에 그 표현대리의 권한을 넘은 대리행위가 있을 때에도 제126조의 표현대리가 성립할 수 있다(대판 1979. 3. 27. 79다234).
⑤ 제126조의 표현대리는 임의대리와 법정대리에 모두 적용된다(다수설, 판례).

86

중
표현대리
2021년 제9회

권한을 넘은 표현대리(민법 제126조)**에 관한 설명으로 옳지 않은 것은?** (다툼이 있으면 판례에 따름)

① 권한을 넘은 대리행위와 기본대리권이 반드시 동종의 것이어야 하는 것은 아니다.

② 대리인이 사술을 써서 대리행위의 표시를 하지 아니하고 단지 본인의 성명을 모용하여 자기가 본인인 것처럼 기망하여 본인 명의로 직접 법률행위를 한 경우에는 특별한 사정이 없는 한 권한을 넘은 표현대리는 성립할 수 없다.

③ 권한을 넘은 표현대리에 관한 규정에서의 제3자에는 당해 표현대리행위의 직접 상대방이 된 자 외에 전득자도 포함된다.

④ 권한을 넘은 표현대리에 있어서 정당한 이유의 유무는 대리행위 당시를 기준으로 하여 판단한다.

⑤ 복임권이 없는 대리인이 선임한 복대리인의 대리권도 권한을 넘은 표현대리에서의 기본대리권이 될 수 있다.

(정답해설) ③ 권한을 넘은 표현대리에 관한 규정에서의 제3자는 당해 표현대리행위의 직접 상대방에 한하며 상대방과 거래한 전득자는 포함되지 않는다.

(오답해설) ⑤ 대리인이 사자 내지 임의로 선임한 복대리인을 통하여 권한 외의 법률행위를 한 경우, 상대방이 그 행위자를 대리권을 가진 대리인으로 믿었고 또한 그렇게 믿는 데에 정당한 이유가 있는 때에는, 복대리인 선임권이 없는 대리인에 의하여 선임된 복대리인의 권한도 기본대리권이 될 수 있을 뿐만 아니라, 그 행위자가 사자라고 하더라도 대리행위의 주체가 되는 대리인이 별도로 있고 그들에게 본인으로부터 기본대리권이 수여된 이상, 민법 제126조를 적용함에 있어서 기본대리권의 흠결 문제는 생기지 않는다(대판 1998. 3. 27. 97다48982).

(Answer)⁺ 85. ③ 86. ③

87

권한을 넘은 표현대리에 관한 설명으로 옳지 않은 것은? (다툼이 있으면 판례에 따름)

① 권한을 넘은 표현대리에 관한 규정은 법정대리에도 적용된다.

② 대리인이 그 권한 외의 법률행위를 한 경우, 대리인에게 그 권한이 있다고 상대방이 믿을만한 정당한 이유가 있는지 여부는 대리행위 당시를 기준으로 결정해야 한다.

③ 복대리인 선임권이 없는 대리인에 의하여 선임된 복대리인의 권한은 기본대리권이 될 수 없다.

④ 대리권소멸 후의 표현대리가 인정되는 경우, 그 표현대리의 권한을 넘은 대리행위가 있을 때에는 권한을 넘은 표현대리가 성립할 수 있다.

⑤ 대리행위의 표시를 하지 아니하고 자기가 본인인 것처럼 기망하여 본인 명의로 직접 법률행위를 한 경우, 특별한 사정이 없는 한 권한을 넘은 표현대리는 성립할 수 없다.

정답해설 ③ 대리인이 사자 내지 임의로 선임한 복대리인을 통하여 권한 외의 법률행위를 한 경우, 민법 제126조의 적용에 있어 기본대리권의 흠결이 되는지 여부(소극) : 대리인이 사자 내지 임의로 선임한 복대리인을 통하여 권한 외의 법률행위를 한 경우, 상대방이 그 행위자를 대리권을 가진 대리인으로 믿었고 또한 그렇게 믿는 데에 정당한 이유가 있는 때에는, <u>복대리인 선임권이 없는 대리인에 의하여 선임된 복대리인의 권한도 기본대리권이 될 수 있을 뿐만 아니라</u>, 그 행위자가 사자라고 하더라도 대리행위의 주체가 되는 대리인이 별도로 있고 그들에게 본인으로부터 기본대리권이 수여된 이상, 민법 제126조를 적용함에 있어서 기본대리권의 흠결 문제는 생기지 않는다(대판 1998. 3. 27. 97다48982).

오답해설 ① 제126조의 표현대리는 임의대리와 법정대리에 모두 적용된다.

② 정당한 이유의 유무는 대리행위시를 기준으로 판단하며, 그 이후의 사정은 고려할 것이 아니다(판례).

④ 제129조에 의하여 표현대리로 인정되는 경우에 그 표현대리의 권한을 넘은 대리행위가 있을 때에도 제126조의 표현대리가 성립할 수 있다(대판 1979. 3. 27. 79다234).

⑤ 대리행위의 표시를 하지 아니하고 자기가 본인인 것처럼 기망하여 본인 명의로 직접 법률행위를 한 경우 제126조의 표현대리의 성부(한정소극) : 사술을 써서 대리행위의 표시를 하지 아니하고 단지 본인의 성명을 모용하여 자기가 마치 본인인 것처럼 기망하여 본인 명의로 직접 법률행위를 한 경우에는 특별한 사정이 없는 한 제126조의 표현대리는 성립할 수 없다(대판 1993. 2. 23. 92다52436).

88

협의의 무권대리에 관한 설명으로 옳은 것은? (다툼이 있으면 판례에 따름)

① 상대방이 상당한 기간을 정하여 본인에게 무권대리행위의 추인 여부의 확답을 최고한 경우 본인이 그 기간 내에 확답을 발하지 아니한 때에는 추인한 것으로 본다.

② 무권대리행위의 추인은 무권대리인이나 상대방에게 명시적인 방법으로만 할 수 있다.

③ 상대방은 계약 당시에 대리인에게 대리권이 없음을 안 때에도 본인의 추인이 있을 때까지 계약을 철회할 수 있다.

④ 본인이 무권대리행위의 내용을 변경하여 추인한 경우에는 상대방의 동의를 얻지 못하는 한 무효이다.

⑤ 대리인으로서 계약을 맺은 자에게 대리권이 없다는 사실을 알 수 있었던 상대방은 무권대리인에게 계약을 이행할 책임 또는 손해를 배상할 책임을 물을 수 있다.

풀이 TIP 계약에 있어서 협의의 무권대리에서는 상대방의 최고권과 철회권, 본인의 추인권과 추인거절권, 상대방에 대한 무권대리인의 책임 문제를 정리해야 한다.

정답해설 ④ 추인은 원칙적으로 무권대리행위의 전부에 대하여 행하여져야 하고, 그 일부에 대하여 추인을 하거나 그 내용을 변경하여 추인을 하였을 경우에는, 상대방의 동의를 얻지 못하는 한 무효이다.

오답해설 ① 대리권 없는 자가 타인의 대리인으로 계약을 한 경우에 상대방은 상당한 기간을 정하여 본인에게 그 추인 여부의 확답을 최고할 수 있다. 본인이 그 기간 내에 확답을 발하지 아니한 때에는 추인을 거절한 것으로 본다(제131조).

② 추인은 반드시 명시적으로 하여야 하는 것은 아니며, 묵시적으로도 할 수 있다.

③ 대리권 없는 자가 한 계약은 본인의 추인이 있을 때까지 상대방은 본인이나 그 대리인에 대하여 이를 철회할 수 있다. 그러나 계약 당시에 상대방이 대리권 없음을 안 때에는 그러하지 아니하다(제134조). 즉, 철회권은 '선의'의 상대방에게만 인정된다.

⑤ 다른 자의 대리인으로서 계약을 맺은 자가 그 대리권을 증명하지 못하고 또 본인의 추인을 받지 못한 경우에는 그는 상대방의 선택에 따라 계약을 이행할 책임 또는 손해를 배상할 책임이 있다(제135조 제1항). 다만 대리인으로서 계약을 맺은 자에게 대리권이 없다는 사실을 상대방이 알았거나 알 수 있었을 때 또는 대리인으로서 계약을 맺은 사람이 제한능력자일 때에는 제1항을 적용하지 아니한다(제135조 제2항). 즉, 상대방은 선의·무과실이어야 한다.

89

협의의 무권대리
2015년 제3회

무권대리행위의 추인에 관한 설명으로 옳지 않은 것은? (다툼이 있으면 판례에 따름)

① 추인의 의사표시는 본인으로부터 그에 관한 대리권을 수여받은 임의대리인도 할 수 있다.

② 추인의 의사표시는 무권대리인뿐만 아니라 무권대리행위의 상대방에 대하여도 할 수 있다.

③ 무권대리행위의 상대방이 계약 당시 무권대리임을 안 경우에는 본인에 대해 추인 여부의 확답을 최고할 수 없다.

④ 추인은 의사표시 전부에 대하여 행하여져야 하고, 그 내용을 변경하여 추인할 경우에는 상대방의 동의가 없는 한 무효이다.

⑤ 본인이 무권대리인에게 무권대리행위를 추인한 경우, 계약 당시에 대리권 없음을 알지 못한 상대방은 그 추인 사실을 알기 전까지 무권대리인과 체결한 계약을 철회할 수 있다.

[정답해설] ③ 무권대리인의 상대방의 최고권은 선의·악의 관계없이 인정된다(제131조).

90

협의의 무권대리
2021년 제9회

대리에 관한 설명으로 옳은 것을 모두 고른 것은?

㉠ 계약의 무권대리에 대한 추인은 다른 의사표시가 없으면 추인한 때부터 그 효력이 생긴다.

㉡ 무권대리의 상대방이 상당한 추인기간을 설정한 경우, 그 기간 내에 본인이 확답을 발하지 않은 때에는 추인한 것으로 본다.

㉢ 대리인이 수인인 경우 각자가 본인을 대리하는 것이 원칙이다.

㉣ 채무의 이행의 경우 본인의 허락이 없어도 쌍방대리는 유효하다.

① ㉠, ㉡   ② ㉠, ㉢

③ ㉡, ㉢   ④ ㉡, ㉣

⑤ ㉢, ㉣

[정답해설] ㉢ 대리인이 수인인 때에는 각자가 본인을 대리한다. 그러나 법률 또는 수권행위에 다른 정한 바가 있는 때에는 그러하지 아니하다(제119조).
㉣ 대리인은 본인의 허락이 없으면 본인을 위하여 자기와 법률행위를 하거나 동일한 법률행위에 관하여 당사자 쌍방을 대리하지 못한다. 그러나 채무의 이행은 할 수 있다(제124조).

[오답해설] ㉠ 무권대리의 추인은 다른 의사표시가 없는 때에는 계약시에 소급하여 그 효력이 생긴다. 그러나 제3자의 권리를 해하지 못한다(제133조).
㉡ 대리권 없는 자가 타인의 대리인으로 계약을 한 경우에 상대방은 상당한 기간을 정하여 본인에게 그 추인 여부의 확답을 최고할 수 있다. 본인이 그 기간 내에 확답을 발하지 않은 때에는 추인을 거절한 것으로 본다(제131조).

91

상
협의의 무권대리
2019년 제7회

무권대리에 관한 설명으로 옳지 않은 것은? (다툼이 있으면 판례에 따름)

① 무권대리인이 체결한 계약은 본인이 이를 추인할 수 있다.

② 무권대리인이 체결한 계약의 상대방은 상당한 기간을 정하여 본인에게 추인 여부의 확답을 최고할 수 있다.

③ 대리권 없이 타인의 부동산을 매도한 자가 그 부동산을 단독상속한 후 그 대리행위가 무권대리로 무효임을 주장하는 것은 신의칙상 허용될 수 없다.

④ 무권대리행위가 제3자의 기망 등 위법행위로 야기되었더라도 「민법」 제135조에 따른 무권대리인의 상대방에 대한 책임은 부정되지 않는다.

⑤ 「민법」 제135조에 따른 무권대리인의 상대방에 대한 책임은 대리권 흠결에 관하여 무권대리인에게 귀책사유가 있어야만 인정된다.

> **풀이 TIP** 협의의 무권대리에 있어 본인, 무권대리인, 상대방의 각각의 지위를 정리해 두어야 한다.

정답해설 ⑤ 「민법」 제135조에 따른 무권대리인의 상대방에 대한 책임은 무과실책임이다.

오답해설 ① 제130조
② 제131조
③ 대판 1994. 9. 27. 94다20617
④ 무권대리인의 상대방에 대한 책임은 무과실책임으로서 대리권의 흠결에 관하여 대리인에게 과실 등의 귀책사유가 있어야만 인정되는 것이 아니고, 무권대리행위가 제3자의 기망이나 문서위조 등 위법행위로 야기되었다고 하더라도 책임은 부정되지 아니한다(대판 2014. 2. 27. 2013다213038).

Answer ▸ 89. ③ 90. ⑤ 91. ⑤

92

협의의 무권대리
2016년 제4회

甲의 아들인 성년자 乙이 아무런 권한 없이 丙에게 甲의 대리인이라고 사칭하고, 甲 소유의 X아파트를 丙에게 매각하였다. 다음 설명 중 옳지 않은 것은? (다툼이 있으면 판례에 따름)

① 乙이 丙에게 X아파트를 매각한 직후 甲이 X아파트를 丁에게 매각하고 소유권이전등기를 경료해 준 이후에, 甲이 乙의 무권대리행위를 추인하더라도 丁은 X아파트의 소유권을 취득한다.

② 甲은 丙에 대하여 적극적으로 추인의 의사가 없음을 표시하여 무권대리행위를 무효로 확정지을 수 있다.

③ 丙이 매매계약 당시 乙에게 대리권이 없음을 알지 못하였던 경우, 丙은 甲의 추인이 있기 전에 乙을 상대로 매매계약을 철회할 수 있다.

④ 丙은 상당한 기간을 정하여 甲에게 X아파트 매매계약의 추인 여부의 확답을 최고할 수 있고, 甲이 그 기간 내에 확답을 발하지 않으면 추인한 것으로 본다.

⑤ 乙이 자신의 대리권을 증명하지 못하고 甲의 추인을 받지 못한 경우, 乙은 과실이 없어도 丙의 선택에 따라 계약을 이행하거나 손해를 배상할 책임이 있다.

[정답해설] ④ 대리권 없는 자가 타인의 대리인으로 계약을 한 경우에 상대방은 상당한 기간을 정하여 본인에게 그 추인 여부의 확답을 최고할 수 있다. 본인이 그 기간 내에 확답을 발하지 아니한 때에는 추인을 거절한 것으로 본다(제131조).

93

협의의 무권대리
2020년 제8회

대리권 없는 乙이 甲을 대리하여 甲 소유 X건물에 대하여 丙과 매매계약을 체결하였다. 표현대리가 성립하지 않는 경우 이에 관한 설명으로 옳은 것은? (다툼이 있으면 판례에 따름)

① 계약체결 당시 乙이 무권대리인임을 丙이 알았다면 丙은 甲에게 추인 여부의 확답을 최고할 수 없다.

② 甲은 丙에 대하여 계약을 추인할 수 있으나 乙에 대해서는 이를 추인할 수 없다.

③ 계약체결 당시 乙이 무권대리인임을 丙이 알았더라도 甲이 추인하기 전이라면 丙은 乙을 상대로 의사표시를 철회할 수 있다.

④ 甲이 추인을 거절한 경우, 丙의 선택으로 乙에게 이행을 청구하였으나 이를 이행하지 않은 乙은 丙에 대하여 채무불이행에 따른 손해배상책임을 진다.

⑤ 甲이 사망하여 乙이 단독상속한 경우 乙은 본인의 지위에서 위 계약의 추인을 거절할 수 있다.

풀이 TIP 협의의 무권대리는 사례를 통해서 학습한다.

정답해설 ④ 다른 자의 대리인으로서 계약을 맺은 자가 그 대리권을 증명하지 못하고 또 본인의 추인을 받지 못한 경우에는 그는 상대방의 선택에 따라 계약을 이행할 책임 또는 손해를 배상할 책임이 있다(민법 제135조 제1항). 이때 상대방이 계약의 이행을 선택한 경우 무권대리인은 계약이 본인에게 효력이 발생하였더라면 본인이 상대방에게 부담하였을 것과 같은 내용의 채무를 이행할 책임이 있다. 무권대리인은 마치 자신이 계약의 당사자가 된 것처럼 계약에서 정한 채무를 이행할 책임을 지는 것이다. 무권대리인이 계약에서 정한 채무를 이행하지 않으면 상대방에게 채무불이행에 따른 손해를 배상할 책임을 진다(대판 2018. 6. 28. 2018다210775).

오답해설 ① 악의의 상대방, 즉 계약 당시 무권대리임을 알았던 상대방도 최고를 할 수 있다.
② 추인의 의사표시는 무권대리인에 대해서는 물론, 무권대리행위의 직접의 상대방 및 그 무권대리행위로 인한 권리 또는 법률관계의 승계인에게도 가능하다.
③ 철회권은 '선의'의 상대방에게만 인정된다.
⑤ 판례는 이러한 경우에 있어 무권대리인이 본인의 지위에서 추인을 거절하는 것은 금반언의 원칙이나 신의칙상 허용되지 않는다고 본다.

Answer⁺ 92. ④ 93. ④

94

상
협의의 무권대리
2023년 제11회

무권대리인 乙은 아무런 권한 없이 자신을 甲의 대리인이라고 칭하면서 丙과 甲소유의 X토지에 대한 매매계약을 체결하였다. 이에 관한 설명으로 옳지 않은 것은? (표현대리는 성립하지 않으며, 다툼이 있으면 판례에 따름)

① 丙이 계약 체결 당시 乙이 무권대리인임을 알지 못하였다면, 丙은 甲의 추인이 있기 전에 乙을 상대로 계약을 철회할 수 있다.

② 丙이 계약 체결 당시 乙이 무권대리인임을 알았더라도 丙은 상당한 기간을 정하여 甲에게 추인 여부의 확답을 최고할 수 있다.

③ 甲이 乙의 무권대리행위의 내용을 변경하여 추인한 경우, 그 추인은 그에 대한 丙의 동의가 있어야 유효하다.

④ 乙이 대리권을 증명하지 못하고 甲의 추인도 받지 못한 경우, 丙은 계약 체결 당시 乙이 무권대리인임을 알았더라도 乙에게 계약의 이행이나 손해배상을 청구할 수 있다.

⑤ 계약 체결 후 乙이 甲의 지위를 단독상속한 경우, 乙은 본인의 지위에서 丙을 상대로 계약의 추인을 거절할 수 없다.

[정답해설] ④ 상대방 丙은 선의·무과실이어야 한다.

[오답해설] ① 대리권 없는 자가 한 계약은 본인의 추인이 있을 때까지 상대방은 본인이나 그 대리인에 대하여 이를 철회할 수 있다. 그러나 계약 당시에 상대방이 대리권 없음을 안 때에는 그러하지 아니하다(제134조).
② 대리권 없는 자가 타인의 대리인으로 계약을 한 경우에 상대방은 상당한 기간을 정하여 본인에게 그 추인 여부의 확답을 최고할 수 있다. 본인이 그 기간 내에 확답을 발하지 아니한 때에는 추인을 거절한 것으로 본다(제131조).
③ 추인은 원칙적으로 무권대리행위의 전부에 대하여 행하여져야 하고, 그 일부에 대하여 추인을 하거나 그 내용을 변경하여 추인을 하였을 경우에는, 상대방의 동의를 얻지 못하는 한 무효이다.
⑤ 이러한 경우에 무권대리인이 본인의 지위에서 추인을 거절하는 것은 금반언의 원칙이나 신의칙상 허용되지 않는다(대판 1994. 9. 27. 94다20617).

95

중
협의의 무권대리
2013년 제1회

대리권 없는 乙이 甲의 대리인이라 칭하며 甲 소유의 X토지를 丙에게 매도하였다.
다음 설명 중 옳은 것은? (다툼이 있는 경우에는 판례에 의함)

① 甲은 乙을 상대로 추인권을 행사할 수 있다.
② 甲의 추인이 있기 전에 甲과 丁이 X토지에 대하여 매매계약을 체결하고 丁이
   소유권 이전을 위한 가등기를 해두었더라도, 甲이 무권대리인의 매매계약을
   추인하면 그로 인한 소급효는 丁에게도 미친다.
③ 乙이 단독으로 甲을 상속한 경우, 乙은 丙과 체결한 매매계약에 대하여 추인
   거절권을 행사할 수 있다.
④ 甲의 추인이 있기 전이라면, 丙이 매매계약 체결 당시 乙에게 대리권 없음을
   알았던 경우라도 丙은 매매계약을 철회할 수 있다.
⑤ 甲이 추인을 거절한 경우, 丙은 乙을 상대로 계약의 이행과 손해배상을 청구
   할 수 있다.

오답해설 ② 추인의 소급효는 제3자의 권리를 해하지 못한다(제133조).
③ 무권대리인이 본인을 상속한 경우에 본인의 지위에서 추인을 거절하는 것은 신의칙에 반한다(대판
1994. 9. 27. 94다20617).
④ 상대방은 선의인 경우에 한하여 본인의 추인이 있기 전에 철회를 할 수 있다.
⑤ 상대방의 선택에 따라 계약을 이행할 책임 또는 손해를 배상할 책임이 있다(제135조 제1항).

96

중
협의의 무권대리
2018년 제6회

무권대리인이 체결한 계약의 추인 및 추인거절에 관한 설명으로 옳지 않은 것은?
(다툼이 있으면 판례에 따름)

① 추인은 묵시적인 방법으로도 할 수 있다.
② 기간을 정한 상대방의 최고에 대하여 본인이 그 기간 내에 추인 여부의 확답
   을 발하지 않으면 추인을 거절한 것으로 본다.
③ 추인의 거절을 이미 알고 있는 상대방에 대해서는 그 거절의 의사표시를 하지
   않아도 대항할 수 있다.
④ 무권대리행위를 한 후 본인의 지위를 단독으로 상속한 무권대리인은 선의인
   상대방에 대하여 무권대리행위의 추인을 거절하지 못한다.
⑤ 추인은 무권대리행위의 상대방에 대하여는 할 수 있지만, 무권대리행위로 인
   한 권리의 승계인에 대해서는 할 수 없다.

풀이 TIP 협의의 무권대리에 있어 본인의 추인권, 추인거절권과 상대방의 최고권, 철회권의 내용을
암기하여야 한다.

정답해설 ⑤ 추인의 의사표시는 무권대리인에 대해서는 물론, 무권대리행위의 직접의 상대방 및 그 무권
대리행위로 인한 권리 또는 법률관계의 승계인에게도 가능하다.

Answer 94. ④ 95. ① 96. ⑤

97

협의의 무권대리
2021년 제9회

계약에 대한 무권대리에 관한 설명으로 옳은 것은? (다툼이 있으면 판례에 따름)

① 범죄가 되는 무권대리행위에 대하여 장기간 형사고소를 하지 아니하였다는 사실만으로 묵시적인 추인이 있었다고 볼 수 있다.

② 본인이 추인을 거절하더라도 상대방은 철회권을 행사할 수 있다.

③ 본인이 무권대리행위의 일부에 대해 추인을 한 경우, 그에 대하여 상대방의 동의를 얻으면 유효하다.

④ 본인이 무권대리인에게 한 추인의 의사표시는 항상 효력이 없다.

⑤ 무권대리인의 계약상대방에 대한 책임(민법 제135조 제1항)은 대리권의 흠결에 관하여 대리인에게 과실이 있어야 인정된다.

[정답해설] ③ 무권대리행위의 추인은 무권대리인에 의하여 행하여진 불확정한 행위에 관하여 그 행위의 효과를 자기에게 직접 발생케 하는 것을 목적으로 하는 의사표시이며, 무권대리인 또는 상대방의 동의나 승락을 요하지 않는 단독행위로서 추인은 의사표시의 전부에 대하여 행하여져야 하고, 그 일부에 대하여 추인을 하거나 그 내용을 변경하여 추인을 하였을 경우에는 상대방의 동의를 얻지 못하는 한 무효이다 (대판 1982. 1. 26. 81다카549).

[오답해설] ① 무권대리행위에 대한 추인은 무권대리행위로 인한 효과를 자기에게 귀속시키려는 의사표시인 만큼 무권대리행위에 대한 추인이 있었다고 하려면 그러한 의사가 표시되었다고 볼 만한 사유가 있어야 하고, 무권대리행위가 범죄가 되는 경우에 대하여 그 사실을 알고도 장기간 형사고소를 하지 아니하였다 하더라도 그 사실만으로 묵시적인 추인이 있었다고 할 수는 없는 바, 권한 없이 기명날인을 대행하는 방식에 의하여 약속어음을 위조한 경우에 피위조자가 이를 묵시적으로 추인하였다고 인정하려면 추인의 의사가 표시되었다고 볼 만한 사유가 있어야 한다(대판 1998. 2. 10. 97다31113).

② 대리권 없는 자가 한 계약은 본인의 추인이 있을 때까지 상대방은 본인이나 그 대리인에 대하여 이를 철회할 수 있다. 그러나 계약 당시에 상대방이 대리권 없음을 안 때에는 그러하지 아니하다(제134조).

④ 추인의 의사표시를 무권대리인에게 한 경우에도 그 사실을 상대방이 안 때에는 추인의 효력을 상대방에게 주장할 수 있다(제132조 단서).

⑤ 민법 제135조의 무권대리인의 상대방에 대한 책임은 무과실책임으로서 대리권의 흠결에 관하여 대리인에게 과실 등의 귀책사유가 있어야만 인정되는 것이 아니고, 무권대리행위가 제3자의 기망이나 문서위조 등 위법행위로 야기되었다고 하더라도 책임은 부정되지 아니한다(대판 2014. 2. 27. 2013다213038).

98

협의의 무권대리
2022년 제10회

무권대리행위에 대한 본인의 추인에 관한 설명으로 옳은 것은? (다툼이 있으면 판례에 따름)

① 추인은 무권대리인의 동의가 있어야 유효하다.

② 추인은 무권대리인이 아닌 무권대리행위의 상대방에게 하여야 한다.

③ 무권대리행위가 범죄가 되는 경우, 본인이 그 사실을 알고 장기간 형사고소를 하지 않았다면 묵시적 추인이 인정된다.

④ 추인은 무권대리행위가 있음을 알고 하여야 한다.

⑤ 무권대리행위의 일부에 대한 추인은 상대방의 동의가 없더라도 유효하다.

[정답해설] ④ 추인은 무권대리행위의 효과를 자기에게 귀속시키도록 하는 상대방 있는 단독행위로서 무권대리행위가 있음을 알고 하여야 한다.

[오답해설] ① 추인권은 일종의 형성권이다. 따라서 추인에는 무권대리인의 동의나 승낙이 필요하지 않다.
② 추인의 의사표시는 무권대리인에 대해서는 물론, 무권대리행위의 직접의 상대방 및 그 무권대리행위로 인한 권리 또는 법률관계의 승계인에게도 가능하다.
③ 타인의 형사책임을 수반하는 무권대리행위에 의하여 권리의 침해를 받은 자가 그 침해사실을 알고서도 장기간 형사고소나 민사소송을 제기하지 않은 경우에 그 사실만으로 그 행위에 대하여 묵시적인 추인이 있었다고 단정할 수 없다(대판 1967. 12. 18. 67다2294·2295).
⑤ 추인은 원칙적으로 무권대리행위의 전부에 대하여 행하여져야 하고, 그 일부에 대하여 추인을 하거나 그 내용을 변경하여 추인을 하였을 경우에는, 상대방의 동의를 얻지 못하는 한 무효이다.

99
무권대리
2016년 제4회

표현대리와 협의의 무권대리에 관한 설명으로 옳지 않은 것은? (다툼이 있으면 판례에 따름)

① 유권대리에 관한 주장 속에는 표현대리의 주장이 당연히 포함되어 있다고 볼 수는 없다.
② 처음부터 어떠한 대리권도 없었던 자에 대하여 대리권 소멸 후의 표현대리는 성립할 수 없다.
③ 증권회사로부터 위임받은 고객의 유치, 투자상담 및 권유, 위탁매매약정실적의 제고 등의 업무는 사실행위에 불과하나 이를 기본대리권으로 하여 권한을 넘은 표현대리가 성립할 수 있다.
④ 협의의 무권대리인이 타인의 대리인으로 한 계약은 본인이 이를 추인하지 아니하면 본인에 대하여 효력이 없다.
⑤ 협의의 무권대리행위의 상대방은 계약 당시 무권대리행위임을 안 때에는 본인이나 그 대리인에 대하여 자신의 의사표시를 철회할 수 없다.

[정답해설] ③ 제126조의 표현대리가 성립하기 위해서는 무권대리인에게 법률행위에 관한 기본대리권이 있어야 하는바, 증권회사로부터 위임받은 고객의 유치·투자상담 및 권유·위탁매매약정실적의 제고 등의 업무는 사실행위에 불과하므로 이를 기본대리권으로 하여서는 권한 초과의 표현대리가 성립할 수 없다(대판 1992. 5. 26. 91다32190).

[오답해설] ① 표현대리가 성립된다고 하여 무권대리의 성질이 유권대리로 전환되는 것은 아니므로 유권대리에 관한 주장 가운데 무권대리에 속하는 표현대리의 주장이 포함되어 있다고 볼 수 없으며, 따로이 표현대리에 관한 주장이 없는 한 법원은 나아가 표현대리의 성립 여부를 심리판단할 필요가 없다(대판 1983. 12. 13. 83다카489 전합).
② 제129조의 표현대리(대리권 소멸 후의 표현대리)가 성립하기 위해서는 대리행위 이전에 대리인은 대리권을 가지고 있었으나, 대리행위를 할 당시에는 대리권이 소멸하고 없어야 한다. 처음부터 대리권이 없는 경우에는 제129조가 적용되지 않고, 협의의 무권대리가 된다.
④ 「민법」 제130조에 따르면 대리권이 없는 자, 즉 협의의 무권대리인이 타인의 대리인으로 한 계약은 본인이 이를 추인하지 아니하면 본인에 대하여 효력이 없다.
⑤ 대리권 없는 자가 한 계약은 본인의 추인이 있을 때까지 상대방은 본인이나 그 대리인에 대하여 이를 철회할 수 있다. 그러나 계약 당시에 상대방이 대리권 없음을 안 때에는 그러하지 아니하다(제134조).

Answer 97. ③ 98. ④ 99. ③

100

중
무권대리
2021년 제9회

무권대리와 표현대리에 관한 설명으로 옳지 않은 것은? (다툼이 있으면 판례에 따름)

① 유권대리에 관한 주장 속에는 무권대리에 속하는 표현대리의 주장이 포함되어 있다고 볼 수 없다.

② 표현대리가 성립하는 경우, 상대방에게 과실이 있어도 과실상계의 법리를 유추적용하여 본인의 책임을 경감할 수 없다.

③ 대리행위가 강행법규 위반으로 무효인 경우 표현대리 법리가 적용되지 않는다.

④ 상대방은 계약 당시에 대리인에게 대리권이 없음을 안 때에는 계약을 철회할 수 없다.

⑤ 제한능력자인 무권대리인은 민법 제135조 제1항에 따라 계약을 이행할 책임 또는 손해를 배상할 책임이 있다.

[정답해설] ⑤ 제135조의 무권대리인의 상대방에 대한 책임이 인정되기 위해서는 그 무권대리인이 행위능력자이어야 한다(제135조 제2항).

[오답해설] ① 유권대리에 있어서는 본인이 대리인에게 수여한 대리권의 효력에 의하여 법률효과가 발생하는 반면 표현대리에 있어서는 대리권이 없음에도 불구하고 법률이 특히 거래상대방 보호와 거래안전 유지를 위하여 본래 무효인 무권대리행위의 효과를 본인에게 미치게 한 것으로서 표현대리가 성립된다고 하여 무권대리의 성질이 유권대리로 전환되는 것은 아니므로, 양자의 주요사실은 다르다고 볼 수밖에 없으니 유권대리에 관한 주장 속에 무권대리에 속하는 표현대리의 주장이 포함되어 있다고 볼 수 없다(대판 1983. 12. 13. 83다카1489).

③ 계약체결의 요건을 규정하고 있는 강행법규에 위반한 계약은 무효이므로 그 경우에 계약상대방이 선의·무과실이더라도 표현대리 법리가 적용될 여지는 없다. 따라서 도시 및 주거환경정비법에 의한 주택재건축조합의 대표자가 그 법에 정한 강행규정에 위반하여 적법한 총회의 결의 없이 계약을 체결한 경우에는 상대방이 그러한 법적 제한이 있다는 사실을 몰랐다거나 총회결의가 유효하기 위한 정족수 또는 유효한 총회결의가 있었는지에 관하여 잘못 알았더라도 계약이 무효임에는 변함이 없다(대판 2016. 5. 12. 2013다49381).

101

법률행위의 대리 종합
2016년 제4회

대리에 관한 설명으로 옳은 것은?

① 복대리인은 그 권한 내에서 대리인을 대리한다.

② 임의대리인의 대리권의 범위를 정하지 아니한 경우, 대리인은 보존행위뿐만 아니라 처분행위도 할 수 있다.

③ 대리인은 본인의 허락이 있어도 부동산 매매에 관하여 자기계약을 체결하지 못한다.

④ 임의대리에서 본인은 원인된 법률관계가 존속하고 있으면, 수권행위를 철회하여 임의대리권을 소멸시킬 수 없다.

⑤ 복대리인은 본인이나 제3자에 대하여 대리인과 동일한 권리의무가 있다.

오답해설 ① 복대리인은 그 권한 내에서 본인을 대리한다(제123조 제1항).
② 보존행위와 대리의 목적인 물건이나 권리의 성질을 변하지 아니하는 범위에서 그 이용 또는 개량하는 행위만 할 수 있다.
③ 대리인은 본인의 허락이 없으면 본인을 위하여 자기와 법률행위를 하거나 동일한 법률행위에 관하여 당사자 쌍방을 대리하지 못한다. 그러나 채무의 이행은 할 수 있다(제124조). 즉 본인의 허락이 있는 경우와 채무의 이행의 경우에는 자기계약·쌍방대리가 허용된다.
④ 법률행위에 의하여 수여된 대리권은 전조의 경우 외에 그 원인된 법률관계의 종료에 의하여 소멸한다. 법률관계의 종료 전에 본인이 수권행위를 철회한 경우에도 같다(제128조).

102

법률행위의 대리 종합
2022년 제10회

대리에 관한 설명으로 옳지 않은 것은? (다툼이 있으면 판례에 따름)

① 대리인은 행위능력자임을 요하지 아니한다.

② 사실상의 용태에 의하여 대리권의 수여가 추단될 수 있다.

③ 임의대리의 원인된 법률관계가 종료하기 전이라도 본인은 수권행위를 철회할 수 있다.

④ 수권행위에서 권한을 정하지 아니한 대리인은 보존행위만을 할 수 있다.

⑤ 복대리인은 본인의 대리인이다.

정답해설 ④ 권한을 정하지 아니한 대리인은 다음 각 호의 행위만(1. 보존행위, 2. 대리의 목적인 물건이나 권리의 성질을 변하지 아니하는 범위에서 그 이용 또는 개량하는 행위)을 할 수 있다(제118조).

오답해설 ② 대리권을 수여하는 수권행위는 불요식의 행위로서 명시적인 의사표시에 의함이 없이 묵시적인 의사표시에 의하여 할 수도 있으며, 어떤 사람이 대리인의 외양을 가지고 행위하는 것을 본인이 알면서도 이의를 하지 아니하고 방임하는 등 사실상의 용태에 의하여 대리권의 수여가 추단되는 경우도 있다(대판 2016. 5. 26. 2016다203315).

Answer 100. ⑤ 101. ⑤ 102. ④

103

법률행위의 대리 종합
2013년 제1회

대리에 관한 설명으로 옳지 않은 것은? (다툼이 있는 경우에는 판례에 의함)

① 본인이 대리인에게 자기계약을 허락한 경우에는 그 대리행위는 유효하다.
② 대리에 의한 의사표시의 효력이 의사의 흠결로 영향을 받을 경우에는 그 사실 유무는 대리인을 기준으로 정한다.
③ 대리권의 범위가 불분명한 대리인은 소멸시효의 중단과 같은 보존행위는 할 수 있지만 금전을 이자부로 대여하는 이용행위는 할 수 없다.
④ 유권대리의 주장이 있다고 하여 표현대리의 주장이 당연히 포함되는 것은 아니다.
⑤ 대리인이 여러 명인 경우에는 대리인은 원칙적으로 각자가 본인을 대리한다.

정답해설 ③ 권한을 정하지 않은 대리인은 보존행위와 성질이 변하지 않는 범위에서 이용개량행위를 할 수 있다(제118조).

104

법률행위의 대리 종합
2015년 제3회

甲이 만 18세인 대학생 乙에게 X아파트 분양계약체결에 관한 대리권을 수여하였고, 乙은 甲을 대리하여 丙이 분양하는 X아파트를 3억 원에 분양받기로 하는 계약을 체결한 경우에 관한 설명으로 옳지 않은 것은? (다툼이 있으면 판례에 따름)

① 丙은 甲에 대하여 X아파트 분양계약에 따른 이행을 청구할 수 있다.
② 乙의 법정대리인은 X아파트 분양계약을 법정대리인의 동의가 없다는 이유로 취소할 수 없다.
③ 丙이 X아파트에 대한 소유권이전등기를 해 주지 않은 경우, 특별한 사정이 없는 한 乙은 甲을 대리하여 계약을 해제할 수 없다.
④ 만일 乙이 무권대리인이었고, 丙이 이를 알지 못하였다면, 丙은 乙에게 계약의 이행을 청구할 수 있다.
⑤ 만일 X아파트 단지 인근에 쓰레기 매립장이 건설예정인 사실을 알고 있는 丙이 乙에게 이를 고지하지 않았다면 이는 부작위에 의한 기망행위가 된다.

정답해설 ④ 대리인으로서 계약을 맺은 자에게 대리권이 없다는 사실을 상대방(丙)이 알았거나 알 수 있었을 때 또는 대리인으로서 계약을 맺은 사람(乙)이 제한능력자일 때에는 상대방에 대한 무권대리인의 책임규정(제135조 제1항)을 적용하지 아니한다.

오답해설 ⑤ 부동산 거래에 있어 거래 상대방이 일정한 사정에 관한 고지를 받았더라면 그 거래를 하지 않았을 것임이 경험칙상 명백한 경우에는 신의성실의 원칙상 사전에 상대방에게 그와 같은 사정을 고지할 의무가 있으며, 그와 같은 고지의무의 대상이 되는 것은 직접적인 법령의 규정뿐 아니라 널리 계약상, 관습상 또는 조리상의 일반원칙에 의하여도 인정될 수 있다. 아파트 분양자는 아파트 단지 인근에 쓰레기 매립장이 건설예정인 사실을 분양계약자에게 고지할 신의칙상 의무를 부담한다. 고지의무 위반은 부작위에 의한 기망행위에 해당하므로 기망을 이유로 분양계약을 취소하고 분양대금의 반환을 구할 수도 있고 분양계약의 취소를 원하지 않을 경우 그로 인한 손해배상만을 청구할 수도 있다(대판 2006. 10. 12. 2004다48515).

04 법률행위의 무효와 취소

105

중
유동적 무효
2016년 제4회

「국토의 계획 및 이용에 관한 법률」상의 토지거래허가구역 내의 토지를 매매한 경우에 관한 설명으로 옳지 않은 것은? (다툼이 있으면 판례에 따름)

① 토지매매계약은 관할관청의 허가를 받아야만 그 효력이 발생하고 그 허가를 받기 전에는 채권적 효력도 발생하지 아니한다.

② 처음부터 토지거래허가를 배제하거나 잠탈하는 내용의 계약일 경우에는 확정적으로 무효로서 유효화될 여지가 없다.

③ 당사자들이 계약상 대금지급의무를 소유권이전등기의무에 선행하여 이행하기로 약정하였더라도, 허가 전이라면 매매대금 미지급을 이유로 계약을 해제할 수 없다.

④ 매도인의 토지거래허가 신청절차 협력의무와 매수인의 매매대금지급의무가 동시이행의 관계에 있는 것은 아니다.

⑤ 계약의 쌍방 당사자는 공동허가신청절차에 협력할 의무가 있지만, 이러한 의무에 일방이 위배하더라도 상대방은 협력의무의 이행을 소구할 수는 없다.

> **풀이TIP** 토지거래허가구역 내에서 허가를 받지 않고 체결한 토지거래계약의 효력에 관한 유동적 무효의 법리를 묻는 문제이다. 판례의 입장을 정확히 이해하도록 한다.

정답해설 ⑤ 계약의 쌍방 당사자는 공동으로 관할관청의 허가를 신청할 의무가 있고, 이러한 의무에 위배하여 허가신청절차에 협력하지 않는 당사자에 대하여 상대방은 협력의무의 이행을 소송으로써 구할 이익이 있다. ⇨ 국토이용관리법상의 토지거래규제구역 내의 토지에 관하여 관할관청의 허가 없이 체결된 매매계약이라고 하더라도, 거래 당사자 사이에는 그 계약이 효력 있는 것으로 완성될 수 있도록 서로 협력할 의무가 있어, 그 매매계약의 쌍방 당사자는 공동으로 관할관청의 허가를 신청할 의무가 있고, 이러한 의무에 위배하여 허가신청에 협력하지 않는 당사자에 대하여 상대방은 협력의무의 이행을 청구할 수 있는 것이므로, 매수인과 매도인 사이의 토지거래규제구역 내에 있는 토지에 대한 매매계약이 관할관청의 허가 없이 체결된 것이라고 하더라도, 매수인은 매도인에 대한 토지거래허가신청절차의 협력의무의 이행청구권을 보전하기 위하여 매도인을 대위하여 제3자 명의의 소유권이전등기의 말소등기절차이행을 구할 수 있는 것이다(대판 1994. 12. 27. 94다4806).

오답해설 ① 국토이용관리법상의 규제구역 내의 토지매매계약은 관할관청의 허가를 받아야만 그 효력이 발생하고 그 허가를 받기 전에는 채권적 효력도 발생하지 아니하여 무효이다(대판 1992. 10. 23. 92다16836).

② 토지거래계약 허가구역 내의 토지에 관한 매매계약을 체결하면서 허가요건을 갖추지 못한 매수인이 허가요건을 갖춘 사람의 명의를 도용하여 매매계약서에 그를 매수인으로 기재한 것은 처음부터 토지거래허가를 잠탈한 경우에 해당하므로 위 매매계약은 처음 체결된 때부터 확정적으로 무효이다(대판 2010. 6. 10. 2009다96328).

Answer⁺ 103. ③ 104. ④ 105. ⑤

106

상
유동적 무효
2019년 제7회

甲이 토지거래허가구역 내의 자신의 토지에 대하여 乙과 매매계약을 체결한 경우에 관한 설명으로 옳은 것은? (다툼이 있으면 판례에 따름)

① 토지거래허가를 받기 전에도 위 계약의 채권적 효력은 발생한다.
② 토지거래허가를 받기 전에도 乙은 甲에게 소유권이전의무 불이행으로 인한 손해배상청구를 할 수 있다.
③ 위 계약 체결 후 토지거래허가를 받은 경우, 위 계약은 특별한 사정이 없는 한 그 허가를 받은 때부터 유효가 된다.
④ 토지거래허가를 받기 전에 甲이 허가신청협력의무의 이행거절의사를 명백히 표시한 경우, 위 계약은 확정적으로 무효가 된다.
⑤ 토지거래허가를 받지 못하여 위 계약이 확정적으로 무효가 된 경우, 그 무효가 됨에 있어 귀책사유가 있는 자는 위 계약의 무효를 주장할 수 없다.

풀이 TIP 토지거래허가구역 내의 토지매매에 관한 판례이론을 체계적으로 암기한다.

정답해설 ④ 유동적 무효상태하에서 당사자 일방이 허가신청협력의무의 이행거절의사를 명백히 표시한 경우에는 허가 전 거래계약관계 즉 계약의 유동적 무효상태가 더 이상 지속한다고 볼 수는 없고 그 계약관계는 확정적으로 무효라고 인정되는 상태에 이르렀다고 하여야 할 것이다(대판 1993. 6. 22. 91다21435). ← 이 사건의 경우 원고와 피고 모두 위 매매계약 당시 이 사건 토지가 위 법 소정의 규제지역에 속하여 있는 사실을 모르고 계약을 체결하였다가 매수인인 원고가 뒤늦게 이를 알고서 매도인인 피고에게 허가신청절차에 협력할 것을 요구하였으나 피고는 그 협력을 거부하고 오히려 원고의 잔대금미지급을 이유로 위 매매계약의 해제 및 계약금 몰수를 주장하고 있는 사실을 엿볼 수 있어 당사자 일방이 허가신청협력 의무의 이행거절의사를 명백히 표시하였다고 할 것이고 이러한 경우에는 허가 전 거래계약관계 즉 계약의 유동적 무효상태가 더 이상 지속한다고 볼 수는 없고 그 계약관계는 확정적으로 무효라고 인정되는 상태에 이르렀다고 하여야 할 것이다.

오답해설 ① 토지거래허가를 받기 전에는 위 계약의 채권적 효력도 발생하지 않는다.
② 토지거래허가를 받기 전에는 乙은 甲에게 소유권이전의무 불이행으로 인한 손해배상청구를 할 수 없다.
③ 위 계약 체결 후 토지거래허가를 받은 경우, 위 계약은 특별한 사정이 없는 한 소급하여 계약 체결 시부터 유효가 된다.
⑤ 토지거래허가를 받지 못하여 위 계약이 확정적으로 무효가 된 경우, 그 무효가 됨에 있어 귀책사유가 있는 자도 위 계약의 무효를 주장할 수 있다.

107

상
유동적 무효
2015년 제3회

甲은 토지거래허가구역 내의 X토지에 대하여 관할관청으로부터 허가를 받지 않고 乙에게 매도하는 계약을 체결하였고, 乙은 계약금을 지급한 경우에 관한 설명으로 옳지 않은 것은? (다툼이 있으면 판례에 따름)

① 甲은 허가를 받기 전에도 특별한 사정이 없는 한 계약금의 배액을 상환하고 적법하게 계약을 해제할 수 있다.

② 甲·乙 쌍방이 허가신청을 하지 않기로 의사표시를 명백히 한 경우에는 X토지에 대한 매매계약은 확정적으로 유효이다.

③ 乙은 매매계약이 확정적으로 무효가 되지 않는 한 계약체결 시 지급한 계약금에 대하여 이를 부당이득으로 반환청구할 수 없다.

④ 매매계약과 별개의 약정으로, 甲과 乙은 매매잔금이 지급기일에 지급되지 않는 경우에 매매계약을 자동해제하기로 정할 수 있다.

⑤ 매매계약을 체결한 이후에 X토지에 대한 토지거래허가구역지정이 해제된 경우, 甲과 乙 사이의 매매계약은 특별한 사정이 없는 한 확정적으로 유효가 된다.

[정답해설] ② 당사자 쌍방이 허가신청을 하지 아니하기로 의사표시를 명백히 한 경우에는 유동적 무효 상태의 계약은 확정적으로 무효가 된다(대판 1995. 12. 12. 95다8236).

108

중
유동적 무효
2014년 제2회

「국토의 계획 및 이용에 관한 법률」이 정하는 토지거래허가구역 내의 토지거래행위에 관한 설명으로 옳지 않은 것은? (다툼이 있는 경우에는 판례에 의함)

① 권리의 이전 또는 설정에 관한 토지거래계약은 그에 대한 허가를 받을 때까지는 효력이 전혀 없다.

② 당사자의 일방이 허가신청절차에 협력하지 아니한다면 상대방은 소송으로써 그 이행을 구할 수 있다.

③ 매수인이 대금을 선급하기로 약정하였다면 허가를 받기 전에도 매도인은 대금 미지급을 이유로 계약을 해제할 수 있다.

④ 일단 허가를 받으면 토지거래계약은 처음부터 효력이 있으므로 거래계약을 다시 체결할 필요가 없다.

⑤ 토지매매계약의 무효가 확정되지 않은 상태에서는 매수인은 임의로 지급한 계약금을 부당이득으로 반환을 청구할 수 없다.

[정답해설] ③ 허가를 받을 것을 전제로 한 거래계약은 허가받기 전의 상태에서 상대방의 계약상 채무불이행을 이유로 계약을 해제하거나 그로 인한 손해배상을 청구할 수는 없다.

Answer⁺ 106. ④ 107. ② 108. ③

109

무효인 법률행위에 관한 설명으로 옳지 않은 것은? (다툼이 있으면 판례에 따름)

① 무효인 재산상 법률행위를 당사자가 무효임을 알고 추인한 경우 제3자에 대한 관계에서도 처음부터 유효한 법률행위가 된다.

② 무효인 법률행위가 다른 법률행위의 요건을 구비한 경우, 당사자가 그 무효를 알았다면 다른 법률행위를 하는 것을 의욕하였으리라고 인정될 때에는 다른 법률행위로서의 효력을 가진다.

③ 무효행위의 추인은 무효원인이 소멸한 후에 하여야 효력이 있다.

④ 무효행위의 추인은 명시적일 뿐만 아니라 묵시적으로도 할 수 있다.

⑤ 법률행위의 일부분이 무효인 때에는 그 전부를 무효로 한다. 그러나 그 무효 부분이 없더라도 법률행위를 하였을 것이라고 인정될 때에는 나머지 부분은 무효가 되지 아니한다.

> **풀이TIP** 무효인 법률행위에서는 일부무효(제137조), 무효행위의 전환(제138조), 무효행위의 추인(제139조) 등이 중요하다. 특히 무효행위의 전환과 무효행위의 추인을 잘 구별하여야 한다.

> **정답해설** ① 무효행위의 추인에는 원칙적으로 소급효가 없다(제139조 참조). 다만 다수설은 당사자 사이에서만 행위 시에 소급시키는 추인(약정에 의한 채권적ㆍ소급적 추인)을 인정한다.

110

무효인 법률행위에 관한 설명으로 옳지 않은 것은? (다툼이 있으면 판례에 따름)

① 무효행위의 추인은 그 무효 원인이 소멸한 후에 하여야 그 효력이 있다.

② 무효행위의 추인은 원칙적으로 소급효가 없다.

③ 불공정한 법률행위로서 무효인 경우에는 추인에 의하여 유효로 될 수 없다.

④ 불공정한 법률행위로서 무효인 경우에는 무효행위의 전환에 관한「민법」제138조가 적용될 수 없다.

⑤ 토지거래허가구역 내의 토지매매계약에서 토지거래허가를 받기 전에 처음부터 그 허가를 배제하기로 하는 약정은 확정적으로 무효이다.

> **풀이TIP** 무효사유와 무효의 효과를 취소와 비교해서 정리한다.

> **정답해설** ④ 불공정한 법률행위로서 무효인 경우에도 무효행위의 전환에 관한「민법」제138조가 적용된다.

111

중
법률행위의 무효 종합
2020년 제8회

법률행위의 무효에 관한 설명으로 옳지 않은 것은? (다툼이 있으면 판례에 따름)

① 법률행위의 일부가 무효인 때에는 원칙적으로 그 전부를 무효로 한다.

② 무효인 법률행위에 따른 법률효과를 침해하는 것처럼 보이는 채무불이행이 있다면 채무불이행으로 인한 손해배상을 청구할 수 있다.

③ 불공정한 법률행위로서 무효인 경우 무효행위의 전환에 관한 「민법」 제138조가 적용될 수 있다.

④ 법률행위가 불성립하는 경우 무효행위의 추인을 통해 유효로 전환할 수 없다.

⑤ 무효행위의 추인은 그 무효 원인이 소멸한 후에 하여야 효력이 있다.

풀이 TIP 무효와 취소는 그 효과를 비교하면서 정리한다.

정답해설 ② 무효인 법률행위는 그 법률행위가 성립한 당초부터 당연히 효력이 발생하지 않는 것이므로, 무효인 법률행위에 따른 법률효과를 침해하는 것처럼 보이는 위법행위나 채무불이행이 있다고 하여도 법률효과의 침해에 따른 손해는 없는 것이므로 그 손해배상을 청구할 수는 없다(대판 2003. 3. 28. 2002다72125).

오답해설 ③ 매매계약이 약정된 매매대금의 과다로 말미암아 「민법」 제104조에서 정하는 불공정한 법률행위에 해당하여 무효인 경우에도 무효행위의 전환에 관한 「민법」 제138조가 적용될 수 있다(대판 2010. 7. 15. 2009다50308).

Answer⁺ 109. ① 110. ④ 111. ②

112

법률행위의 무효 종합
2021년 제9회

법률행위의 무효에 관한 설명으로 옳은 것은? (다툼이 있으면 판례에 따름)

① 법률행위의 일부분이 무효이면 그 일부분만 무효로 되는 것이 원칙이다.

② 의사무능력을 이유로 법률행위가 무효인 경우 의사무능력자는 이익의 현존여부를 불문하고 받은 이익 전부를 반환하여야 한다.

③ 무효인 법률행위에 대해 당사자가 무효임을 알고 추인하면 그 법률행위는 소급하여 유효하게 되는 것이 원칙이다.

④ 불공정한 법률행위로서 무효인 경우 그 무효인 법률행위는 추인에 의하여 유효로 될 수 없다.

⑤ 반사회적 법률행위로서 무효인 경우 그 무효로 선의의 제3자에게 대항할 수 없다.

[정답해설] ④ 대판 1994. 6. 24. 94다10900

[오답해설] ② 제한능력자의 책임을 제한하는 「민법」 제141조 단서는 부당이득에 있어 수익자의 반환범위를 정한 민법 제748조의 특칙으로서 무능력자의 보호를 위해 그 선의·악의를 묻지 아니하고 반환범위를 현존 이익에 한정시키려는 데 그 취지가 있으므로, 의사능력의 흠결을 이유로 법률행위가 무효가 되는 경우에도 유추적용되어야 할 것이나, 법률상 원인 없이 타인의 재산 또는 노무로 인하여 이익을 얻고 그로 인하여 타인에게 손해를 가한 경우에 그 취득한 것이 금전상의 이득인 때에는 그 금전은 이를 취득한 자가 소비하였는가의 여부를 불문하고 현존하는 것으로 추정되므로, 위 이익이 현존하지 아니함은 이를 주장하는 자, 즉 의사무능력자 측에 입증책임이 있다(대판 2009. 1. 15. 2008다58367). 따라서 제141조 단서에 의해 의사무능력자도 그 행위로 인하여 받은 이익이 현존하는 한도에서 상환할 책임이 있다. ③ 무효인 법률행위는 추인하여도 그 효력이 생기지 아니한다. 그러나 당사자가 그 무효임을 알고 추인한 때에는 새로운 법률행위로 본다(제139조).

113

법률행위의 무효 종합
2019년 제7회

법률행위의 당사자 외에 선의의 제3자에 대하여도 무효를 주장할 수 있는 경우를 모두 고른 것은? (다툼이 있으면 판례에 따름)

> ㉠ 의사무능력자의 법률행위
> ㉡ 반사회질서의 법률행위
> ㉢ 무효인 진의 아닌 의사표시
> ㉣ 통정한 허위의 의사표시

① ㉠, ㉡   ② ㉠, ㉢   ③ ㉢, ㉣

④ ㉠, ㉡, ㉣   ⑤ ㉡, ㉢, ㉣

[풀이TIP] 절대적 무효와 상대적 무효를 구분할 수 있어야 한다.

[정답해설] ㉠ 의사무능력자의 법률행위, ㉡ 반사회질서의 법률행위는 누구에게나 주장할 수 있는 절대적 무효이다.

[오답해설] ㉢ 무효인 진의 아닌 의사표시, ㉣ 통정한 허위의 의사표시는 선의의 제3자에게는 주장할 수 없는 상대적 무효이다.

114

법률행위의 무효 종합
2022년 제10회

법률행위의 무효에 관한 설명으로 옳은 것은? (다툼이 있으면 판례에 따름)

① 진의 아닌 의사표시는 원칙적으로 무효이다.

② 법률행위가 무효와 취소사유를 모두 포함하고 있는 경우, 당사자는 취소권이 있더라도 무효에 따른 효과를 제거하기 위해 이미 무효인 법률행위를 취소할 수 없다.

③ 법률행위의 무효는 제한능력자, 착오나 사기·강박에 의하여 의사표시를 한 자, 그의 대리인 또는 승계인 이외에는 주장할 수 없다.

④ 타인의 권리를 목적으로 하는 매매계약은 특별한 사정이 없는 한 유효하다.

⑤ 무효인 법률행위는 추인할 수 있는 날로부터 3년, 법률행위를 한 날로부터 10년 이후에는 추인할 수 없다.

정답해설 ④ 매매계약은 채권계약이므로, 타인의 권리를 목적으로 하는 매매계약도 특별한 사정이 없는 한 유효하다.

오답해설 ① 의사표시는 표의자가 진의 아님을 알고 한 것이라도 그 효력이 있다. 그러나 상대방이 표의자의 진의 아님을 알았거나 이를 알 수 있었을 경우에는 무효로 한다(제107조 제1항).
③ 무효는 누구든지 주장할 수 있다.

115

법정추인
2017년 제5회

취소할 수 있는 법률행위로서 법정추인이 되는 경우가 아닌 것은?

① 취소할 수 있는 행위로부터 생긴 채권에 관하여 취소권자가 상대방에게 이행한 경우

② 취소권자가 취소할 수 있는 행위로 취득한 권리를 전부 양도한 경우

③ 취소권자의 상대방이 이행을 청구하는 경우

④ 취소권자가 채무자로서 담보를 제공하는 경우

⑤ 취소권자가 채권자로서 강제집행하는 경우

풀이 TIP 취소할 수 있는 법률행위의 법정추인(제145조)에서 법정추인사유는 자주 출제되는 부분이다. 또한 취소할 수 있는 법률행위의 추인(제143조, 제144조)과 법정추인(제145조)의 차이를 정확히 이해하도록 한다.

정답해설 ③ 법정추인사유로서의 이행의 청구는 취소권자의 이행의 청구만을 의미한다. 따라서 취소권자의 상대방이 이행을 청구하는 경우는 법정추인이 되지 않는다.

Answer 112. ④ 113. ① 114. ④ 115. ③

116
중
법정추인
2022년 제10회

취소할 수 있는 법률행위의 법정추인에 해당하지 않는 것은? (다툼이 있으면 판례에 따름)

① 취소할 수 있는 행위로부터 생긴 채무의 이행을 위해 취소권자가 상대방에게 일부 이행을 한 경우
② 취소할 수 있는 행위로부터 생긴 채무의 이행을 위해 취소권자가 상대방에게 이행을 청구하는 경우
③ 취소할 수 있는 행위로부터 생긴 채무의 이행을 위해 취소권자가 상대방에게 저당권을 설정해 준 경우
④ 취소권자가 취소할 수 있는 행위에 의하여 성립된 채권을 소멸시키고 그 대신 다른 채권을 성립시키는 경개를 하는 경우
⑤ 취소할 수 있는 행위로부터 취득한 권리의 전부를 취소권자의 상대방이 제3자에게 양도하는 경우

정답해설 ⑤ 법정추인사유인 취소할 수 있는 행위로 취득한 권리의 전부나 일부의 양도는 취소권자의 양도에 한하고 상대방의 양도는 이에 포함되지 않는다.

117
중
법률행위의 취소
2020년 제8회

법률행위의 취소에 관한 설명으로 옳지 않은 것은? (다툼이 있으면 판례에 따름)

① 제한능력을 이유로 법률행위가 취소되면 제한능력자는 그 행위로 인해 받은 이익이 현존하는 한도에서 상환할 책임이 있다.
② 취소권은 추인할 수 있는 날로부터 3년내에, 법률행위를 한 날로부터 10년내에 행사하여야 한다.
③ 취소할 수 있는 법률행위는 추인에 의하여 유효한 것으로 확정된다.
④ 취소된 법률행위는 원칙적으로 처음부터 무효인 것으로 본다.
⑤ 미성년자가 한 법률행위는 그가 단독으로 유효하게 취소할 수 없다.

풀이 **TIP** 취소할 수 있는 법률행위는 그 추인과 법정추인 중심으로 학습한다.

정답해설 ⑤ 제한능력자는 자기가 한 법률행위를 단독으로 취소할 수 있다.

오답해설 ① 제한능력자는 그 행위로 인하여 받은 이익이 현존하는 한도에서 상환할 책임이 있다(제141조 단서).
② 취소권은 ㉠ 추인할 수 있는 날로부터 3년 내에, ㉡ 법률행위를 한 날로부터 10년 내에 행사하여야 한다(제146조). 위 3년, 10년의 두 기간 중 어느 것이든 먼저 만료하는 것이 있으면 취소권은 소멸한다.
③ 추인이 있으면 다시는 취소할 수 없으며(제143조 제1항), 그 결과 취소할 수 있는 법률행위는 확정적으로 유효로 된다.
④ 취소된 법률행위는 처음부터 무효인 것으로 본다(제141조 본문).

118

법률행위의 취소
2021년 제9회

법률행위의 취소에 관한 설명으로 옳지 않은 것은? (다툼이 있으면 판례에 따름)

① 제한능력자도 단독으로 취소권을 행사할 수 있다.

② 법률행위의 취소로 무효가 된 그 법률행위는 무효행위의 추인의 법리에 따라 추인할 수 없다.

③ 근로계약이 취소된 경우 이미 제공된 근로자의 노무를 기초로 형성된 취소 이전의 법률관계는 소급하여 효력을 잃지 않는다.

④ 취소권자가 추인할 수 있은 후에 이의를 보류한 상태에서 취소할 수 있는 계약을 이행한 때에는 법정추인이 되지 않는다.

⑤ 계약이 해제된 후에도 해제의 상대방은 해제로 인한 불이익을 면하기 위하여 취소권을 행사하여 계약 전체를 무효로 돌릴 수 있다.

[정답해설] ② 취소한 법률행위는 처음부터 무효인 것으로 간주되므로 취소할 수 있는 법률행위가 일단 취소된 이상 그 후에는 취소할 수 있는 법률행위의 추인에 의하여 이미 취소되어 무효인 것으로 간주된 당초의 의사표시를 다시 확정적으로 유효하게 할 수는 없고, 다만 무효인 법률행위의 추인의 요건과 효력으로서 추인할 수는 있다(대판 1997. 12. 12. 95다38240).

[오답해설] ③ 근로계약의 무효 또는 취소를 주장할 수 있다 하더라도 근로계약에 따라 그동안 행하여진 근로자의 노무 제공의 효과를 소급하여 부정하는 것은 타당하지 않으므로 이미 제공된 근로자의 노무를 기초로 형성된 취소 이전의 법률관계까지 효력을 잃는다고 보아서는 아니 되고, 취소의 의사표시 이후 장래에 관하여만 근로계약의 효력이 소멸된다고 보아야 한다(대판 2017. 12. 22. 2013다25194 · 25200).
④ 이의를 보류한 때에는 법정추인이 되지 않는다(제145조 단서).

119

중
법률행위의 무효와
취소 종합
2016년 제4회

법률행위의 무효와 취소에 관한 설명으로 옳은 것은? (다툼이 있으면 판례에 따름)

① 무효인 법률행위의 추인은 명시적으로 하여야 하고 묵시적으로는 할 수 없다.

② 법률행위가 취소되면 처음부터 무효인 것으로 되지만, 제한능력자는 그 행위로 인하여 받은 이익이 현존하는 한도에서 상환(償還)할 책임이 있다.

③ 착오에 의한 의사표시를 한 자가 사망한 경우, 그 상속인은 피상속인의 착오를 이유로 취소할 수 없다.

④ 취소권은 추인할 수 있는 날로부터 10년 내에 행사하면 된다.

⑤ 법률행위의 일부분이 무효인 경우, 그 무효부분이 없더라도 법률행위를 하였을 것이라고 인정될 때에도 그 전부를 무효로 한다.

정답해설 ② 제141조 규정의 내용이다.

오답해설 ① 무효인 법률행위의 추인은 묵시적인 방법으로도 할 수 있다.
③ 상속인은 포괄승계인으로서 취소권자에 해당한다.
④ 취소권은 추인할 수 있는 날로부터 3년 내에, 법률행위를 한 날로부터 10년 내에 행사하여야 한다(제146조).
⑤ 법률행위의 일부분이 무효인 때에는 그 전부를 무효로 한다. 그러나 그 무효부분이 없더라도 법률행위를 하였을 것이라고 인정될 때에는 나머지 부분은 무효가 되지 아니한다(제137조).

120

상
법률행위의 취소 종합
2017년 제5회

甲은 18세 때 시가 5,000만 원에 상당하는 명화(名畵)를 법정대리인인 丙의 동의 없이 乙에게 400만 원에 매도하였으나, 그 당시 乙은 甲의 외모로 보아 그가 성년이라고 생각하였다. 현재 甲이 미성년자라고 할 때 다음 설명 중 옳은 것은?

① 甲은 매매계약을 취소할 수 없다.

② 丙은 매매계약을 추인할 수 있으나, 甲은 추인할 수 없다.

③ 乙이 丙에게 1개월 이상의 기간을 정하여 매매계약을 추인할 것인지 확답을 촉구한 경우, 丙이 그 기간 내에 확답을 발송하지 않으면 그 매매계약을 취소한 것으로 본다.

④ 丙이 적법하게 매매계약을 취소한 경우 그 매매계약은 취소한 때로부터 무효인 것으로 본다.

⑤ 甲이 매매대금을 전부 유흥비로 탕진한 후 丙이 매매계약을 적법하게 취소한 경우, 乙은 명화를 반환하고 매매대금 전부를 반환받을 수 있다.

정답해설 ② 취소할 수 있는 법률행위의 추인은 '취소의 원인이 소멸된 후'에 하여야 한다(제144조 제1항). 따라서 미성년자 甲은 능력자가 된 후에 추인하여야 한다. 그러나 미성년자의 법정대리인 丙이 추인하는 경우에는 취소원인이 소멸되기 전이라도 추인할 수 있다(제144조 제2항 참조). 다만, 미성년자 甲은 능력자가 되기 전이라도 법정대리인의 동의를 얻어서 추인할 수는 있다.

오답해설 ① 제한능력자는 자기가 한 법률행위를 단독으로 취소할 수 있다.
③ 제한능력자가 아직 능력자가 되지 못한 경우에는 그의 법정대리인에게 제1항의 촉구를 할 수 있고, 법정대리인이 그 정하여진 기간 내에 확답을 발송하지 아니한 경우에는 그 행위를 추인한 것으로 본다 (제15조 제2항).
④ 취소된 법률행위는 처음부터 무효인 것으로 본다(제141조 본문).
⑤ 제한능력자는 그 행위로 인하여 받은 이익이 현존하는 한도에서 상환할 책임이 있다(제141조 단서). 따라서 甲이 매매대금을 전부 유흥비로 탕진한 후에는 현존이익이 없으므로 乙은 명화를 반환하더라도 매매대금을 반환받을 수 없다.

121

법률행위의 취소 종합
2024년 제12회

미성년자 甲은 자신의 자전거를 乙에게 매도하는 계약을 체결하였고 甲은 미성년자임을 이유로 계약을 취소하려고 한다. 이에 관한 설명으로 옳지 않은 것은? (다툼이 있으면 판례에 따름)

① 甲은 계약을 취소하면 그가 악의인 경우에도 그 현존이익의 한도에서 상환할 책임이 있다.

② 甲은 법정대리인의 동의 없이 단독으로 계약을 취소할 수 있다.

③ 甲의 취소권의 행사기간은 법원의 직권조사사항이다.

④ 甲의 법정대리인이 취소할 수 있는 법률행위를 추인하는 경우, 그 추인은 취소의 원인이 소멸된 후에 하여야만 효력이 있다.

⑤ 甲의 취소권은 추인할 수 있는 날로부터 3년 내에, 법률행위를 한 날로부터 10년 내에 행사하여야 한다.

정답해설 ④ 추인은 취소의 원인이 소멸된 후에 하여야 한다. 제한능력자는 능력자가 된 후, 착오·사기·강박에 의하여 의사표시를 한 자는 그 상태를 벗어난 후에 추인하여야 한다. 그러나 법정대리인 또는 후견인이 추인하는 경우에는 취소원인이 소멸되기 전이라도 추인할 수 있다(제144조 제2항 참조).

오답해설 ① 취소된 법률행위는 처음부터 무효인 것으로 본다. 다만, 제한능력자는 그 행위로 인하여 받은 이익이 현존하는 한도에서 상환할 책임이 있다(제141조).
② 취소할 수 있는 법률행위는 제한능력자, 착오로 인하거나 사기·강박에 의하여 의사표시를 한 자, 그 대리인 또는 승계인만이 취소할 수 있다(제140조). 제한능력자는 자기가 한 법률행위를 단독으로 취소할 수 있다.
③ 취소권의 존속기간은 제척기간이고, 제척기간이 도과하였는지 여부는 당사자의 주장에 관계없이 법원이 당연히 조사하여 고려하여야 할 사항이다.
⑤ 제146조

Answer 119. ② 120. ② 121. ④

122

법률행위의 취소 종합
2018년 제6회

법률행위의 취소에 관한 설명으로 옳은 것은? (다툼이 있으면 판례에 따름)

① 취소원인의 진술이 없는 취소의 의사표시는 그 효력이 없다.

② 이미 취소된 법률행위는 무효인 법률행위의 추인의 요건과 효력으로서도 추인할 수 없다.

③ 해제된 계약은 이미 소멸하여 그 효력이 없으므로 착오를 이유로 다시 취소할 수 없다.

④ 취소할 수 있는 법률행위의 추인은 취소권자가 취소할 수 있는 법률행위임을 알고서 추인하여야 한다.

⑤ 「민법」이 취소권을 행사할 수 있는 기간으로 정한 '추인할 수 있는 날로부터 3년, 법률행위를 한 날로부터 10년'은 소멸시효기간이다.

> **풀이 TIP** 취소권자, 취소사유, 취소의 효과, 취소할 수 있는 행위의 추인을 중심으로 학습한다.

정답해설 ④ 추인은 취소할 수 있는 행위임을 알고 하여야 한다.

오답해설 ① 취소의 의사표시란 반드시 명시적이어야 하는 것은 아니고, 취소자가 그 착오를 이유로 자신의 법률행위의 효력을 처음부터 배제하려고 한다는 의사가 드러나면 족한 것이며, 취소원인의 진술 없이도 취소의 의사표시는 유효한 것이므로, 신원보증서류에 서명날인하는 것으로 잘못 알고 이행보증보험약정서를 읽어보지 않은 채 서명날인한 것일 뿐 연대보증약정을 한 사실이 없다는 주장은 위 연대보증약정을 착오를 이유로 취소한다는 취지로 볼 수 있다(대판 2005. 5. 27. 2004다43824).

② 취소한 법률행위는 처음부터 무효인 것으로 간주되므로 취소할 수 있는 법률행위가 일단 취소된 이상 그 후에는 취소할 수 있는 법률행위의 추인에 의하여 이미 취소되어 무효인 것으로 간주된 당초의 의사표시를 다시 확정적으로 유효하게 할 수는 없고, 다만 무효인 법률행위의 추인의 요건과 효력으로서 추인할 수는 있다(대판 1997. 12. 12. 95다38240).

③ 매도인이 매수인의 중도금지급채무불이행을 이유로 매매계약을 적법하게 해제한 후라도 매수인으로서는 상대방이 한 계약해제의 효과로서 발생하는 손해배상책임을 지거나 매매계약에 따른 계약금의 반환을 받을 수 없는 불이익을 면하기 위하여 착오를 이유로 한 취소권을 행사하여 매매계약 전체를 무효로 돌리게 할 수 있다(대판 1996. 12. 6. 95다24982·24999).

⑤ 취소권은 추인할 수 있는 날로부터 3년 내에, 법률행위를 한 날로부터 10년 내에 행사하여야 한다. 이 기간은 제척기간이다.

123

중
법률행위의 무효와
취소 종합
2013년 제1회

「민법」상 법률행위의 무효와 취소에 관한 설명으로 옳은 것은? (다툼이 있는 경우에는 판례에 의함)

① 의사무능력자가 한 법률행위는 상대적 무효이다.
② 법률행위의 일부분이 무효인 때에는 원칙적으로 나머지 부분은 유효하게 존속한다.
③ 폭리행위로 무효인 법률행위도 추인에 의하여 유효하게 될 수 있다.
④ 미성년자가 법률행위를 한 후, 성년자가 되기 전에 그가 이를 추인하더라도 그 추인은 효력이 없다.
⑤ 취소권은 법률행위를 한 날로부터 3년 내에 행사하여야 한다.

[정답해설] ④ 추인이란 취소할 수 있는 법률행위를 취소하지 않겠다는 의사표시를 말한다. 제한능력자는 능력자가 된 후에, 하자 있는 의사표시자는 그 상태를 벗어난 후에 추인할 수 있다. 따라서 미성년자는 성년자가 된 후에, 사기는 사기당한 사실을 알고 난 후에, 강박은 강박상태에서 벗어난 후에 추인할 수 있다.

[오답해설] ① 상대적 무효가 아니라 절대적 무효이다.

절대적 무효	누구에게나 누구에 의해서도 주장될 수 있는 무효. 법률행위의 무효는 절대적 무효가 원칙임 (예 의사무능력자의 행위, 반사회질서의 행위, 불공정행위, 강행법규 위반행위, 원시적 불능의 법률행위 등)
상대적 무효	거래의 안전을 보호하기 위하여 특정인(선의의 제3자)에 대해서는 주장할 수 없는 무효 (예 비진의표시가 무효인 경우, 허위표시)

② 법률행위의 일부분이 무효인 때에는 원칙적으로 전부 무효이다(제137조).
③ 불공정한 법률행위로서 무효인 경우에는 추인에 의하여 무효인 법률행위가 유효로 될 수 없다(대판 1994. 6. 24. 94다10900).
⑤ 취소권은 법률행위를 한 날로부터 10년, 추인할 수 있는 날로부터 3년 이내에 행사하여야 한다(제146조).

Answer⁺ 122. ④ 123. ④

124

법률행위의 무효와 취소에 관한 설명으로 옳지 않은 것은? (다툼이 있으면 판례에 따름)

① 무효인 법률행위는 추인하여도 원칙적으로 그 효력이 생기지 않는다.

② 법률행위의 일부분이 무효인 경우에 대하여 규정하고 있는 「민법」 제137조는 임의규정이다.

③ 취소할 수 있는 법률행위에서 취소권자의 상대방이 그 취소할 수 있는 행위로 취득한 권리를 양도하는 경우 법정추인이 된다.

④ 하나의 법률행위의 일부분에만 취소사유가 있다고 하더라도 그 법률행위가 가분적이거나 그 목적물의 일부가 특정될 수 있다면, 그 나머지 부분이라도 이를 유지하려는 당사자의 가정적 의사가 인정되는 경우 그 일부만의 취소도 가능하다.

⑤ 임차권양도계약과 권리금 계약이 결합하여 경제적·사실적 일체로 행하여진 경우, 그 권리금계약 부분에만 취소사유가 존재하여도 특별한 사정이 없는 한 권리금계약 부분만을 따로 떼어 취소할 수는 없다.

풀이 TIP 법률행위의 무효와 취소를 판례 중심으로 정리한다.

정답해설 ③ 취소권자가 양도하는 경우에 한하여 법정추인이 된다.

오답해설 ① 무효인 법률행위는 추인하여도 그 효력이 생기지 아니한다. 그러나 당사자가 그 무효임을 알고 추인한 때에는 새로운 법률행위로 본다(제139조).
④ 판례는 일정 요건이 갖추어진 경우에 일부만의 취소를 인정한다.
⑤ [1] 여러 개의 계약이 체결된 경우에 각 계약이 전체적으로 경제적, 사실적으로 일체로서 행하여진 것으로 그 하나가 다른 하나의 조건이 되어 어느 하나의 존재 없이는 당사자가 다른 하나를 의욕하지 않았을 것으로 보이는 경우 등에는, 하나의 계약에 대한 기망 취소의 의사표시는 법률행위의 일부무효이론과 궤를 같이하는 법률행위 일부취소의 법리에 따라 전체 계약에 대한 취소의 효력이 있다. [2] 임차권의 양수인 갑이 양도인 을의 기망행위를 이유로 을과 체결한 임차권양도계약 및 권리금계약을 각 취소 또는 해제한다고 주장한 사안에서, 위 권리금계약은 임차권양도계약과 결합하여 전체가 경제적·사실적으로 일체로 행하여진 것으로서, 어느 하나의 존재 없이는 당사자가 다른 하나를 의욕하지 않았을 것으로 보이므로 권리금계약 부분만을 따로 떼어 취소할 수 없다(대판 2013. 5. 9) 2012다115120).

125

상
법률행위의 무효와
취소 종합
2020년 제8회

무효 또는 취소할 수 있는 법률행위의 추인에 관한 설명으로 옳은 것은? (다툼이 있으면 판례에 따름)

① 무효인 계약은 계약당사자가 무효임을 알고 추인한 경우 계약성립시부터 새로운 법률행위를 한 것으로 본다.

② 불공정한 법률행위로서 무효인 경우 당사자가 무효임을 알고 추인하면 그 법률행위는 유효로 된다.

③ 무권리자가 타인의 권리를 처분하는 행위는 권리자가 이를 알고 추인하여도 그 처분의 효력이 발생하지 않는다.

④ 취소할 수 있는 법률행위를 추인할 수 있는 자는 그 법률행위의 취소권자이다.

⑤ 피성년후견인은 취소할 수 있는 법률행위를 단독으로 유효하게 추인할 수 있다.

풀이 TIP 무효인 법률행위의 추인과 취소할 수 있는 법률행위의 추인을 비교한다.

정답해설 ④ 취소할 수 있는 법률행위는 제140조에 규정한 자(취소권자)가 추인할 수 있고 추인 후에는 취소하지 못한다(제143조 제1항).

오답해설 ① 무효행위의 추인에는 원칙적으로 소급효가 없다. 즉, 추인한 때로부터 새로운 법률행위를 한 것으로서의 효력이 발생할 뿐이다.

② 불공정한 법률행위로서 무효인 경우에는 추인에 의하여 무효인 법률행위가 유효로 될 수 없다(대판 1994. 6. 24. 94다10900).

③ 무권리자가 타인의 권리를 자기의 이름으로 또는 자기의 권리로 처분한 경우에, 권리자는 후일 이를 추인함으로써 그 처분행위를 인정할 수 있고, 이러한 경우 특별한 사정이 없는 한 권리자 본인에게 위 처분행위의 효력이 발생함은 사적자치의 원칙에 비추어 당연하다 할 것이다(대판 2001. 11. 9. 2001다 44291).

⑤ 추인은 '취소의 원인이 종료한 후'에 하여야 한다(제144조 제1항). 제한능력자는 능력자가 된 후, 착오·사기·강박에 의하여 의사표시를 한 자는 그 상태를 벗어난 후에 추인하여야 한다. 그러나 법정대리인이 추인하는 경우에는 취소원인이 종료하기 전이라도 추인할 수 있다. 피성년후견인이 아닌 제한능력자, 즉 미성년자와 피한정후견인은 법정대리인의 동의를 얻어 능력자가 되기 전이라도 추인할 수 있다(제5조·제10조).

126

법률행위의 무효와 취소에 관한 설명으로 옳은 것은? (다툼이 있으면 판례에 따름)

① 계약이 불공정한 법률행위로서 무효인 경우, 그 계약에 대한 부제소합의는 특별한 사정이 없는 한 유효하다.

② 취소할 수 있는 법률행위에서 취소권자의 상대방이 이행을 청구하는 경우에는 법정추인이 된다.

③ 매매계약이 약정된 대금의 과다로 인해 불공정한 법률행위에 해당하여 무효인 경우, 무효행위의 전환에 관한 민법 제138조는 적용될 여지가 없다.

④ 무권리자가 타인의 권리를 처분하는 계약을 체결한 경우, 권리자가 이를 추인하면 계약의 효과는 원칙적으로 계약체결시에 소급하여 권리자에게 귀속된다.

⑤ 취소할 수 있는 법률행위의 상대방이 그 법률행위로 취득한 권리를 타인에게 임의로 양도한 경우, 특별한 사정이 없는 한 그 취소의 의사표시는 그 양수인을 상대방으로 하여야 한다.

정답해설 ④ 타인의 권리를 자기의 이름으로 또는 자기의 권리로 처분한 후에 본인이 그 처분을 인정하였다면 특별한 사정이 없는 한 무권대리에 있어서 본인의 추인의 경우와 같이 그 처분은 본인에 대하여 효력을 발생한다(대판 1981. 1. 13. 79다2151).

오답해설 ① 매매계약과 같은 쌍무계약이 '불공정한 법률행위'에 해당하여 무효라고 한다면, 그 계약으로 인하여 불이익을 입는 당사자로 하여금 위와 같은 불공정성을 소송 등 사법적 구제수단을 통하여 주장하지 못하도록 하는 부제소합의 역시 다른 특별한 사정이 없는 한 무효이다(대판 2010. 7. 15. 2009다50308).

② 취소권자의 이행청구만을 말하며, 상대방이 이행청구한 경우는 제외된다.

③ 매매계약이 약정된 매매대금의 과다로 말미암아 민법 제104조에서 정하는 불공정한 법률행위에 해당하여 무효인 경우에도 무효행위의 전환에 관한 민법 제138조가 적용될 수 있다(대판 2010. 7. 15. 2009다50308).

⑤ 취소할 수 있는 법률행위의 상대방이 확정한 경우에는 그 취소는 그 상대방에 대한 의사표시로 하여야 한다(제142조).

127

중
법률행위의 무효와
취소 종합
2024년 제12회

법률행위의 무효와 취소에 관한 설명으로 옳지 않은 것은? (다툼이 있으면 판례에 따름)

① 취소된 법률행위는 처음부터 무효인 것으로 본다.

② 무효행위의 추인은 묵시적으로 할 수 있다.

③ 토지거래계약 허가구역 내 토지에 대하여 처음부터 허가를 잠탈하는 내용의 매매계약이 체결된 경우, 그 계약은 유동적 무효이다.

④ 반사회질서의 법률행위로서 무효인 경우, 그 무효로 선의의 제3자에게 대항할 수 있다.

⑤ 취소할 수 있는 법률행위의 상대방이 확정된 경우에는 그 취소는 그 상대방에 대한 의사표시로 하여야 한다.

[정답해설] ③ 국토이용관리법상 토지의 거래계약허가구역으로 지정된 구역 안의 토지에 관하여 관할 행정청의 허가를 받지 아니하고 체결한 토지거래계약은 처음부터 그 허가를 배제하거나 잠탈하는 내용의 계약일 경우에는 확정적 무효로서 유효화될 여지가 없다(대판 1999. 6. 17. 98다40459).

[오답해설] ① 취소된 법률행위는 처음부터 무효인 것으로 본다(제141조 본문).

② 무효행위의 추인은 그 의사표시의 방법에 관하여 일정한 방식이 요구되는 것이 아니므로 명시적이든 묵시적이든 묻지 않는다(대판 2010. 12. 23. 2009다37718).

④ 법률행위를 행한 당사자 사이에서뿐만 아니라 제3자에 대한 관계에서도 무효인 것을 절대적 무효라고 하는데, 의사무능력자의 법률행위, 강행법규에 위반하는 법률행위, 반사회질서의 법률행위 등이 이에 속한다.

⑤ 제142조

Answer⁺ 126. ④ 127. ③

05 법률행위의 조건과 기한

128

법률행위의 조건
2017년 제5회

조건에 관한 설명으로 옳지 않은 것은? (다툼이 있으면 판례에 따름)

① 조건의 성취가 미정인 권리의무는 일반규정에 의하여 처분, 상속, 보존 또는 담보로 할 수 있다.

② 조건이 선량한 풍속 기타 사회질서에 위반한 것인 때에는 그 법률행위는 무효로 한다.

③ 당사자가 조건성취 전에 특별한 의사표시를 하지 않으면 조건성취의 효력은 소급효가 없다.

④ 해제조건부 법률행위의 경우 법률행위 당시 조건이 이미 성취할 수 없는 것인 때에는 그 법률행위는 무효이다.

⑤ 조건부 법률행위의 당사자는 조건의 성부가 미정인 동안에 조건의 성취로 인하여 생길 상대방의 이익을 해하지 못한다.

> **풀이 TIP** 조건이란 법률행위 효력의 발생 또는 소멸을 장래의 불확실한 사실의 성부에 의존하도록 하는 법률행위의 부관이다. 조건의 종류, 조건부 법률행위의 효력 중심으로 학습해야 한다.

정답해설 ④ 조건이 법률행위의 당시에 이미 성취할 수 없는 것인 경우에는 그 조건이 해제조건이면 조건 없는 법률행위로 하고 정지조건이면 그 법률행위는 무효로 한다(제151조 제3항).

오답해설 ③ 조건성취의 효과는 원칙적으로 조건성취 시로부터 발생하고 소급하지 않는다. 다만 당사자가 조건성취의 효력을 그 성취 전에 소급하게 할 의사를 표시한 때에는 그 의사에 의한다(제147조 제3항).

129

법률행위의 조건
2016년 제4회

법률행위의 조건과 기한에 관한 설명으로 옳은 것은? (다툼이 있으면 판례에 따름)

① 조건성취로 불이익을 받을 자가 고의가 아닌 과실로 신의성실에 반하여 조건의 성취를 방해한 경우, 상대방은 조건이 성취된 것으로 주장할 수 없다.

② 정지조건이 성취되면 법률효과는 그 성취된 때로부터 발생하며, 당사자의 의사로 이를 소급시킬 수 없다.

③ 조건이 선량한 풍속 기타 사회질서에 위반한 것인 때에는 그 조건은 무효로 되지만 그 조건이 붙은 법률행위가 무효로 되는 것은 아니다.

④ "3년 안에 甲이 사망하면 현재 甲이 사용 중인 乙 소유의 자전거를 乙이 丙에게 증여한다."는 계약은 조건부 법률행위이다.

⑤ 조건의 성취가 미정한 권리는 일반규정에 의하여 처분할 수 없다.

오답해설 ① 조건의 성취로 인하여 불이익을 받을 당사자가 신의성실에 반하여 조건의 성취를 방해한 때에는 상대방은 그 조건이 성취한 것으로 주장할 수 있다(제150조 제1항). 이때 고의에 의한 경우만이 아니라 과실에 의한 경우도 신의성실에 반하여 조건의 성취를 방해한 때에 해당한다.
② 당사자가 조건성취의 효력을 그 성취 전에 소급하게 할 의사를 표시한 때에는 그 의사에 의한다(제147조 제3항).
③ 조건이 선량한 풍속 기타 사회질서에 위반한 것인 때에는 그 법률행위는 무효로 한다(제151조 제1항).
⑤ 조건의 성취가 미정한 권리의무는 일반규정에 의하여 처분, 상속, 보존 또는 담보로 할 수 있다(제149조).

130

중
법률행위의 조건
2014년 제2회

조건에 관한 설명으로 옳지 않은 것은? (다툼이 있는 경우에는 판례에 의함)

① 조건은 법률행위의 효력의 발생 또는 소멸을 장래 발생이 확실한 사실에 의존시키는 법률행위의 부관이다.

② "행정사 시험에 합격하면 자동차를 사주겠다."고 약속한 경우 약속 당시 이미 시험에 합격했다면, 이는 조건 없는 증여계약이다.

③ "내일 해가 서쪽에서 뜨면 자동차를 사주겠다."는 내용의 증여계약은 무효이다.

④ 혼인이나 입양 등 가족법상의 법률행위는 원칙적으로 조건과 친하지 않다.

⑤ 조건의 성취로 인하여 불이익을 받을 당사자가 신의성실에 반하여 조건의 성취를 방해한 때에는 상대방은 그 조건이 성취한 것으로 주장할 수 있다.

정답해설 ① 조건이란 법률행위의 '효력'의 발생 또는 소멸을 '장래의 불확실한 사실'의 성부(成否)에 의존케 하는 법률행위의 부관이다.

오답해설 ② 조건이 법률행위의 당시 이미 성취한 것인 경우에는 그 조건이 정지조건이면 조건 없는 법률행위로 하고 해제조건이면 그 법률행위는 무효로 한다(제151조 제2항).
③ 조건이 법률행위의 당시에 이미 성취할 수 없는 것인 경우에는 그 조건이 해제조건이면 조건 없는 법률행위로 하고 정지조건이면 그 법률행위는 무효로 한다(제151조 제3항).
⑤ 제150조 제1항

Answer 128. ④ 129. ④ 130. ①

131

중
법률행위의 조건과
기한 종합
2015년 제3회

법률행위의 조건과 기한에 관한 설명으로 옳지 않은 것은? (다툼이 있으면 판례에 따름)

① 기한의 이익은 포기할 수 있지만, 상대방의 이익을 해하지 못한다.

② 정지조건 있는 법률행위는 조건이 성취한 때로부터 그 효력을 잃는다.

③ 조건의 성취가 미정한 권리의무는 일반규정에 의하여 처분, 상속, 보존 또는 담보로 할 수 있다.

④ 조건부 법률행위에 있어 조건의 내용 자체가 불법적인 것이어서 무효일 경우, 그 조건만을 분리하여 무효로 할 수 없다.

⑤ 불확정한 사실이 발생할 때를 이행기한으로 정한 경우, 그 사실이 발생할 때뿐만 아니라 발생이 불가능하게 된 때에도 이행기한은 도래한 것으로 보아야 한다.

[정답해설] ② 정지조건이 있는 법률행위는 조건이 성취한 때로부터 그 효력이 생긴다(제147조 제1항).

132

중
법률행위의 조건과
기한
2019년 제7회

법률행위의 조건과 기한에 관한 설명으로 옳지 않은 것은? (다툼이 있으면 판례에 따름)

① 기한부 권리는 일반규정에 의하여 처분할 수 있다.

② 조건 있는 법률행위의 당사자는 조건의 성부가 미정한 동안에 조건의 성취로 인하여 생길 상대방의 이익을 해하지 못한다.

③ 해제 조건 있는 법률행위는 조건이 성취한 때로부터 그 효력을 잃지만, 당사자의 의사에 따라 이를 소급하게 할 수 있다.

④ 시기 있는 법률행위는 기한이 도래한 때로부터 그 효력이 생긴다.

⑤ 부첩관계의 종료를 해제조건으로 하는 증여계약에서 그 조건은 무효이므로 그 증여계약은 조건 없는 법률행위가 된다.

[풀이 TIP] 조건과 기한을 의의와 효과를 중심으로 비교하여 정리한다.

[정답해설] ⑤ 부첩관계의 종료를 해제조건으로 하는 증여계약은 불법조건의 경우로서 그 계약 전부가 무효이다.

[오답해설] ① 제154조

② 제148조

③ 제147조 제2항·제3항

④ 제152조 제1항

133

중
법률행위의 조건과
기한 종합
2013년 제1회

조건이나 기한에 관한 설명으로 옳지 않은 것은?

① 당사자가 조건 성취의 효력을 그 성취 전에 소급하게 할 의사를 표시한 때에 는 그 의사에 의한다.

② 기한의 이익은 당사자의 특약이나 법률행위의 성질상 분명하지 않으면 채권 자를 위한 것으로 추정한다.

③ 해제조건이 법률행위 당시 이미 성취될 수 없는 것이면 조건 없는 법률행위로 한다.

④ 조건이 사회질서에 위반한 것인 때에는 그 법률행위는 무효로 한다.

⑤ 조건의 성취가 미정한 권리는 일반규정에 의하여 처분할 수 있다.

> **풀이 TIP** 법률행위의 기한은 법률행위 효력의 발생·소멸 또는 채무의 이행을 장래에 발생할 것이 확실한 사실에 의존하도록 하는 법률행위의 부관이다. 특히 기한부 법률행위의 효력, 기한의 이익이 중요하다.

> **정답해설** ② 기한의 이익이 누구에게 있는지 명확하지 않는 경우에는 채무자를 위한 것으로 추정한다 (제153조 제1항).

134

중
법률행위의 조건과
기한
2018년 제6회

조건과 기한에 관한 설명으로 옳지 않은 것은? (다툼이 있으면 판례에 따름)

① 조건이란 법률행위 효력의 발생 또는 소멸을 장래 발생할 것이 확실한 사실에 의존하게 하는 법률행위의 부관을 말한다.

② 조건의 성취로 이익을 받을 당사자가 신의성실에 반하여 조건을 성취시킨 경 우, 상대방은 그 조건이 성취하지 아니한 것으로 주장할 수 있다.

③ 조건이 법률행위 당시 이미 성취한 것인 경우, 그 조건이 정지조건이면 조건 없는 법률행위로 한다.

④ 종기(終期) 있는 법률행위는 기한이 도래한 때로부터 그 효력을 잃는다.

⑤ 기한은 채무자의 이익을 위한 것으로 추정한다.

> **풀이 TIP** 특히 조건과 기한의 개념과 효력을 비교해서 정리해야 한다.

> **정답해설** ① 조건이란 법률행위 효력의 발생 또는 소멸을 장래 발생할 것이 불확실한 사실에 의존하게 하는 법률행위의 부관을 말한다.

Answer 131. ② 132. ⑤ 133. ② 134. ①

135

법률행위의 조건과
기한 종합
2020년 제8회

조건과 기한에 관한 설명으로 옳은 것은?

① 기한은 채권자의 이익을 위한 것으로 본다.

② 정지조건은 법률행위 효력의 발생을 장래의 확실한 사실에 의존케 하는 조건이다.

③ 해제조건은 법률행위 효력의 발생을 장래의 불확실한 사실에 의존케 하는 조건이다.

④ 불법조건이 붙은 법률행위는 원칙적으로 불법조건을 제외한 나머지는 유효하다.

⑤ 시기있는 법률행위는 기한이 도래한 때로부터 그 효력이 생긴다.

> **풀이 TIP** 정지조건, 해제조건, 시기, 종기의 정확한 개념을 이해한다.

정답해설 ⑤ 제152조 제1항

오답해설 ① 기한은 채무자의 이익을 위한 것으로 추정한다(제153조 제1항).
② 정지조건은 법률행위 효력의 발생을 장래의 불확실한 사실에 의존케 하는 조건이다.
③ 해제조건은 법률행위 효력의 소멸을 장래의 불확실한 사실에 의존케 하는 조건이다.
④ 불법조건이 붙은 법률행위는 불법조건만이 무효인 것이 아니고 법률행위 전부가 무효로 된다(제151조 제1항).

136

중

법률행위의
조건과 기한
2022년 제10회

법률행위의 부관에 관한 설명으로 옳은 것은? (다툼이 있으면 판례에 따름)

① 상계의 의사표시에는 원칙적으로 조건을 붙일 수 있다.

② 조건부 법률행위에서 조건의 내용자체가 불법적이어서 무효인 경우, 원칙적으로 그 조건만이 무효이고 나머지 법률행위는 유효이다.

③ 해제조건부 법률행위의 조건이 불능조건인 경우, 그 법률행위는 무효이다.

④ 시기(始期) 있는 법률행위는 기한이 도래한 때로부터 그 효력을 잃는다.

⑤ 기한은 특별한 사정이 없는 한 채무자의 이익을 위한 것으로 추정한다.

정답해설 ⑤ 기한은 채무자의 이익을 위한 것으로 추정한다(제153조 제1항).

오답해설 ① 상계는 상대방에 대한 의사표시로 한다. 이 의사표시에는 조건 또는 기한을 붙이지 못한다(제493조 제1항).
② 조건이 선량한 풍속 기타 사회질서에 위반한 경우가 불법조건이다. 불법조건이 붙은 법률행위는 불법조건만이 무효인 것이 아니고 법률행위 전부가 무효로 된다(제151조 제1항).
③ 불능조건이 정지조건이면 그 법률행위는 무효이고, 해제조건이면 조건 없는 법률행위가 된다(제151조 제3항).
④ 시기 있는 법률행위는 기한이 도래한 때로부터 그 효력이 생긴다(제152조 제1항).

137

법률행위의 조건과
기한 종합
2024년 제12회

법률행위의 부관에 관한 설명으로 옳은 것은?

① 정지조건 있는 법률행위는 조건이 성취한 때로부터 그 효력을 잃는다.

② 조건이 법률행위의 당시에 이미 성취할 수 없는 불능조건인 경우에는 그 조건이 해제조건이면 그 법률행위는 무효로 한다.

③ 종기(終期)있는 법률행위는 기한이 도래한 때로부터 그 효력이 생긴다.

④ 기한의 이익이 상대방에게도 있는 경우에 당사자 일방은 그 상대방의 손해를 배상하고 기한의 이익을 포기할 수 있다.

⑤ 조건의 성취가 미정한 권리의무는 일반규정에 의하여 처분, 상속 또는 담보로 할 수 없다.

[정답해설] ④ 기한의 이익은 이를 포기할 수 있다. 그러나 상대방의 이익을 해하지 못한다(제153조 제2항). 따라서 기한의 이익이 상대방에게도 있는 경우에 당사자 일방은 상대방의 손해를 배상하고 기한의 이익을 포기할 수 있다.

[오답해설] ① 정지조건 있는 법률행위는 조건이 성취한 때로부터 그 효력이 생긴다(제147조 제1항).

② 조건이 법률행위의 당시에 이미 성취할 수 없는 것인 경우에는 그 조건이 해제조건이면 조건 없는 법률행위로 하고 정지조건이면 그 법률행위는 무효로 한다(제151조 제3항).

③ 종기 있는 법률행위는 기한이 도래한 때로부터 그 효력을 잃는다(제152조 제2항).

⑤ 조건의 성취가 미정한 권리의무는 일반규정에 의하여 처분, 상속, 보존 또는 담보로 할 수 있다(제149조).

Answer⁺ 135. ⑤ 136. ⑤ 137. ④

138

중
법률행위의 조건과
기한 종합
2023년 제11회

법률행위의 조건과 기한에 관한 설명으로 옳은 것은? (다툼이 있으면 판례에 따름)

① 기한이익 상실의 특약은 특별한 사정이 없는 한 정지조건부 기한이익 상실의 특약으로 추정한다.

② 당사자가 불확정한 사실이 발생한 때를 이행기한으로 정한 경우, 그 사실의 발생이 불가능하게 된 때에는 기한의 도래로 볼 수 없다.

③ 조건성취로 불이익을 받을 자가 과실로 신의성실에 반하여 조건의 성취를 방해한 때에는 상대방은 조건이 성취된 것으로 주장할 수 없다.

④ 기한부 법률행위의 당사자가 기한도래의 효력을 그 도래 전으로 소급하게 할 의사를 표시한 때에는 그 의사에 의한다.

⑤ 조건이 성립하기 위해서는 조건의사와 그 표시가 필요하고, 조건의사가 있더라도 그것이 외부에 표시되지 않으면 원칙적으로 법률행위의 동기에 불과하다.

정답해설 ⑤ 조건은 법률행위의 효력의 발생 또는 소멸을 장래의 불확실한 사실의 성부에 의존케 하는 법률행위의 부관으로서 당해 법률행위를 구성하는 의사표시의 일체적인 내용을 이루는 것이므로, 의사표시의 일반원칙에 따라 조건을 붙이고자 하는 의사, 즉 조건의사와 그 표시가 필요하며, 조건의사가 있더라도 그것이 외부에 표시되지 않으면 법률행위의 동기에 불과할 뿐이고 그것만으로는 법률행위의 부관으로서의 조건이 되는 것은 아니다(대판 2003. 5. 13. 2003다10797).

오답해설 ① 정지조건부 기한이익상실의 특약과 형성권적 기한이익상실의 특약의 두 가지로 대별되는 기한이익상실의 특약이 양자 중 어느 것에 해당하느냐는 당사자의 의사해석의 문제이지만, 일반적으로 기한이익상실의 특약이 채권자를 위하여 둔 것인 점에 비추어 명백히 정지조건부 기한이익상실의 특약이라고 볼 만한 특별한 사정이 없는 이상 형성권적 기한이익상실의 특약으로 추정하는 것이 타당하다(대판 2002. 9. 4. 2002다28340).

② [1] 부관이 붙은 법률행위에 있어서 부관에 표시된 사실이 발생하지 아니하면 채무를 이행하지 아니하여도 된다고 보는 것이 상당한 경우에는 조건으로 보아야 하고, 표시된 사실이 발생한 때에는 물론이고 반대로 발생하지 아니하는 것이 확정된 때에도 그 채무를 이행하여야 한다고 보는 것이 상당한 경우에는 표시된 사실의 발생 여부가 확정되는 것을 불확정기한으로 정한 것으로 보아야 한다. [2] 이미 부담하고 있는 채무의 변제에 관하여 일정한 사실이 부관으로 붙여진 경우에는 특별한 사정이 없는 한 그것은 변제기를 유예한 것으로서 그 사실이 발생한 때 또는 발생하지 아니하는 것으로 확정된 때에 기한이 도래한다(대판 2003. 8. 19. 2003다24215).

③ 조건의 성취로 인하여 불이익을 받을 당사자가 신의성실에 반하여 조건의 성취를 방해한 때에는 상대방은 그 조건이 성취한 것으로 주장할 수 있다(제150조 제1항). 이 때 고의에 의한 경우만이 아니라 과실에 의한 경우에도 신의성실에 반하여 조건의 성취를 방해한 때에 해당한다(대판 1998. 12. 22. 98다42356).

④ 기한 도래의 효력에는 소급효가 없다. 이는 절대적이며, 당사자의 특약에 의하여서도 소급효를 인정할 수 없다.

139

중
법률행위의 조건과
기한 종합
2024년 제12회

법률행위의 조건과 기한에 관한 설명으로 옳지 않은 것은? (다툼이 있으면 판례에 따름)

① 기한의 이익은 특약이나 법률행위의 성질로 분명하지 아니한 경우에는 채무자를 위한 것으로 추정한다.

② 채무자가 담보를 손상하게 한 때에 그는 기한의 이익을 주장하지 못한다.

③ 조건 있는 법률행위의 당사자는 조건의 성부가 미정한 동안에는 조건의 성취로 인하여 생길 상대방의 이익을 해하지 못한다.

④ 2024년 4월에 '2024년 제12회 행정사 시험에 응시하여 최종 합격하면 자동차를 사준다'는 법률행위를 한 경우, 이는 특별한 사정이 없는 한 정지조건부 법률행위이다.

⑤ 불법조건이 붙은 법률행위는 그 조건만 무효이다.

정답해설 ⑤ 조건이 선량한 풍속 기타 사회질서에 위반한 경우가 불법조건이다. 불법조건이 붙은 법률행위는 불법조건만이 무효인 것이 아니고 법률행위 전부가 무효로 된다(제151조 제1항).

오답해설 ① 기한의 이익이란 기한이 존재함으로써, 즉 기한이 도래하지 않음으로써 당사자가 받는 이익을 말한다. 기한은 채무자의 이익을 위한 것으로 추정한다(제153조 제1항).
② 채무자가 담보를 손상·감소 또는 멸실하게 한 때나 채무자가 담보제공의 의무를 이행하지 아니한 때에 채무자는 기한의 이익을 주장하지 못한다(제388조).
③ 제148조
④ 법률행위의 효력 발생을 장래의 불확실한 사실에 의존케 하는 것이므로 정지조건부 법률행위이다.

06 기간

140
상
기간
2017년 제5회

「민법」상 기간에 관한 설명으로 옳은 것은? (다툼이 있으면 판례에 따름)

① 기간이 오전 0시부터 시작하는 경우라고 하더라도 초일을 산입하지 않는다.
② 기간의 계산에 관하여 법률행위에서 다르게 정하고 있더라도 「민법」의 기간 계산방법이 우선한다.
③ 초일이 공휴일이라고 해서 다음날부터 기간을 기산하는 것은 아니다.
④ 「민법」상 기간의 계산에 관한 규정은 공법관계에는 적용되지 않는다.
⑤ 주, 월 또는 연(年)의 처음으로부터 기간을 기산하지 아니하는 때에는 최후의 주, 월 또는 연(年)에서 그 기산일에 해당한 날로 기간이 만료한다.

정답해설 ③ 기간의 말일이 토요일 또는 공휴일에 해당한 때에는 기간은 그 익일로 만료한다는 규정(제161조)의 취지는 기간의 만료일이 공휴일에 해당함으로써 발생할 불이익을 막자고 함에 그 뜻이 있는 것이므로, 초일이 공휴일인 경우에는 적용되지 않는다.

오답해설 ① 기간을 일·주·월·연으로 정한 때에는 기간의 초일은 산입하지 아니한다(제157조 본문). 즉, 익일부터 기산한다. 그러나 기간이 오전 0시부터 시작하는 때에는 초일을 산입한다(제157조 단서).
② 기간의 계산은 법령, 재판상의 처분 또는 법률행위에 다른 정한 바가 없으면 본장의 규정에 의한다(제155조).
④ 「민법」의 기간에 관한 규정은 사법관계뿐만 아니라 공법관계에도 적용된다.
⑤ 주·월·연의 처음으로부터 기간을 기산하지 아니한 때에는 최후의 주, 월 또는 연에서 그 기산일에 해당한 날의 전일(前日)로 기간이 만료한다(제160조 제2항). 예컨대 7월 15일에 앞으로 1년이라고 한 때에는 기산일은 7월 16일이 되고, 만료점은 그 다음해 7월 16일의 전일인 7월 15일 오후 12시이다.

141
중
기간
2015년 제3회

「민법」상 기간에 관한 설명으로 옳지 않은 것은? (다툼이 있으면 판례에 따름)

① 기간을 일, 주, 월 또는 연으로 정한 때에 그 기간의 초일을 산입하기로 한 당사자 사이의 약정은 유효하다.
② 1996. 6. 5. 08시에 출생한 사람은 2015. 6. 5. 0시부터 성년자가 된다.
③ 월로 정한 기간의 기산일이 공휴일인 경우에는 그 다음날부터 기산한다.
④ 2015. 5. 31. 09시부터 1개월인 경우, 2015. 6. 30. 24시에 기간이 만료한다.
⑤ 2015. 6. 10. 09시에 甲이 乙에게 자전거를 빌리면서 10시간 후에 반환하기로 한 경우, 甲은 乙에게 2015. 6. 10. 19시까지 반환하여야 한다.

정답해설 ③ 기간의 기산일이 아니라 말일이 토요일 또는 공휴일에 해당한 때에는 기간은 그 익일로 만료한다(제161조).

142

중
기간
2016년 제4회

「민법」상 기간에 관한 설명으로 옳은 것은? (다툼이 있으면 판례에 따름)

① 월로 정한 기간의 기산일이 공휴일인 경우에는 그 다음날부터 기산한다.

② 기한을 일, 주, 월 또는 연으로 정한 때에 기간의 초일을 산입하지 아니하는 것은 강행규정이며 당사자의 약정으로 달리 정할 수 없다.

③ 2016. 4. 30. 10시부터 2개월인 경우 2016. 6. 30. 10시로 기간이 만료한다.

④ 사단법인의 사원총회일이 2016. 7. 19. 10시인 경우 늦어도 7. 12. 24시까지 사원에게 총회소집통지를 발신하면 된다.

⑤ 1997. 6. 1. 07시에 출생한 사람은 2016. 6. 1. 0시부터 성년자가 된다.

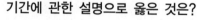 ⑤ 기간이 오전 0시부터 시작되는 때의 초일(제157조 단서)과 연령계산에 있어서의 출생일(제158조)은 산입한다.

오답해설 ① 기간의 기산일이 공휴일인 경우에는 그날부터 기산한다.

② 임의규정이므로 당사자의 약정으로 달리 정할 수 있다.

③ 2016. 6. 30. 24시로 기간이 만료한다.

④ 총회의 소집은 1주간 전에 그 회의의 목적사항을 기재한 통지를 발하고 기타 정관에 정한 방법에 의하여야 한다(제71조). 따라서 사원총회일이 7월 19일이라고 한다면, 18일이 기산점이 되어 그날로부터 역으로 7일을 계산한 날의 말일인 12일 오전 0시에 만료한다. 따라서 11일 24시까지는 총회소집통지가 발송되어야 한다.

143

하
기간
2014년 제2회

기간에 관한 설명으로 옳은 것은?

① 기간의 계산에 관한 「민법」 규정은 강행규정이다.

② 연령을 계산할 때에는 출생일을 산입하지 아니한다.

③ 기간을 일, 주, 월 또는 연으로 정한 때에는 기간 말일의 개시로 만료한다.

④ 시, 분, 초를 단위로 하는 기간은 자연적 계산방법에 따라 즉시부터 기산한다.

⑤ 기간의 계산에 관한 「민법」 규정은 기산일로부터 소급하여 계산되는 기간의 계산방법에 대하여 적용되지 아니한다.

정답해설 ④ 제156조

오답해설 ① 임의규정이다.

② 연령의 계산에는 출생일을 산입한다(제158조).

③ 기간을 일·주·월·연으로 정한 때에는 기간 말일의 종료로 기간이 만료한다(제159조).

⑤ 유추적용된다.

Answer⁺ 140. ③ 141. ③ 142. ⑤ 143. ④

144

하
기간
2018년 제6회

기간에 관한 설명으로 옳지 않은 것은? (다툼이 있으면 판례에 따름)

① 기간의 계산은 법령, 재판상의 처분 또는 법률행위에 다른 정한 바가 없으면 「민법」 규정에 의한다.

② 연령이 아닌 기간 계산에서 기간을 월(月)로 정한 경우, 그 기간이 오전 0시로부터 시작하는 때에는 초일을 산입한다.

③ 기간의 초일이 공휴일이라 하더라도 그 기간은 초일부터 기산한다.

④ 기간을 주(週)로 정한 때에는 역(曆)에 의하여 계산한다.

⑤ 기간의 말일이 토요일인 때에는 기간은 그 전일로 만료한다.

풀이 TIP 사례로 출제될 경우를 대비해 각종 기간 계산법을 숙달되도록 연습한다.

정답해설 ⑤ 기간의 말일이 토요일 또는 공휴일에 해당한 때에는 기간은 그 익일로 만료한다(제161조).

오답해설 ① 제155조의 내용으로 옳다. 「민법」에 규정된 기간에 관한 규정은 일반 법원리적 성격을 가진다. 그리고 「민법」에 규정된 기간의 계산은 법령이나 재판상의 처분 또는 법률행위에 의해 다른 정함이 없으면, 사법관계뿐만 아니라 공법관계에도 적용된다(대판).

②, ④ 「민법」은 시·분·초를 단위로 하는 단기간의 계산에는 시간을 실제 그대로 계산하는 자연적 계산법을, 일·주·월·연을 단위로 하는 장기간의 계산에는 역(曆)에 따라서 계산하는 역법적 계산법을 사용한다. 제157조에 따르면 기간을 일, 주, 월 또는 연으로 정한 때에는 기간의 초일은 산입하지 아니한다. 그러나 그 기간이 오전 영시로부터 시작하는 때에는 그러하지 아니하다. 또한 연령계산에 있어서의 출생일(제158조)과 호적의 신고기간, 형법상 수인의 형기, 각종 선거에 있어서 '선거일 공고일부터'의 의미 등도 초일을 산입한다.

③ 기간의 말일이 '토요일 또는 공휴일(임시공휴일 포함)'에 해당하는 때에는 기간은 그 익일, 즉 다음날이 종료한 때 만료한다(제161조). 그러나 기간의 초일이 공휴일인 것은 영향을 미치지 않고 기간은 초일부터 기산한다.

145

하
기간
2022년 제10회

민법상 기간에 관한 설명으로 옳지 않은 것은? (다툼이 있으면 판례에 따름)

① 연령 계산에는 출생일을 산입한다.

② 기간의 초일(初日)이 공휴일에 해당한 때에는 기간은 그 익일부터 기산한다.

③ 기간을 시, 분, 초로 정한 때에는 즉시로부터 기산한다.

④ 기간을 주, 월 또는 연으로 정한 때에는 역(曆)에 의하여 계산한다.

⑤ 기간을 일, 주, 월로 정한 때에는 그 기간이 오전 영(零)시로부터 시작하는 때가 아니면 기간의 초일은 산입하지 않는다.

정답해설 ② 기간의 초일이 공휴일이라 하더라도 기간은 초일부터 기산한다(대판 1982. 2. 23. 81누204).

146

중
기간
2021년 제9회

기간에 관한 설명으로 옳지 않은 것은? (다툼이 있으면 판례에 따름)

① 계약 기간의 기산점을 오는 7월 1일부터 기산하여 주(週)로 정한 때에는 기간의 초일은 산입하지 아니한다.

② 기간을 시(時)로 정한 때에는 즉시로부터 기산한다.

③ 기간을 월(月)로 정한 경우에 최종의 월에 해당일이 없는 때에는 그 월의 말일로 기간이 만료한다.

④ 기간의 말일이 토요일 또는 공휴일에 해당한 때에는 기간은 그 익일로 만료한다.

⑤ 정년이 60세라 함은 만 60세에 도달하는 날을 말하는 것이라고 보는 것이 상당하다.

정답해설 ① '오는 7월 1일부터'처럼 미래의 시점을 표시하는 경우는 오전 0시부터 시작하는 것으로 보아 초일을 산입한다(제157조 단서).

오답해설 ⑤ 노사 간의 협약에 의하여 광부의 정년을 53세로 한 때에는 광부의 가동연령을 만 53세 '되는' 시기로 인정함이 정당하다(대판 1969. 4. 22. 69다183).

147

하
기간
2019년 제7회

2000년 5월 25일 오후 11시에 출생한 자가 성년이 되는 때는?

① 2018년 5월 25일 오후 11시

② 2019년 5월 25일 오전 0시

③ 2019년 5월 25일 오후 11시

④ 2020년 5월 25일 오전 0시

⑤ 2020년 5월 25일 오후 11시

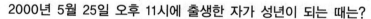

풀이 TIP 기간 계산에 있어 예외적으로 초일이 산입되는 경우를 주의한다.

정답해설 ② 기간의 기산점을 정함에 있어 연령계산에는 출생일을 산입한다. 따라서 2000년 5월 25일 오후 11시에 출생한 자는 기산일이 2000년 5월 25일이므로 성년이 되는 때는 2019년 5월 24일 오후 12시(2019년 5월 25일 오전 0시)이다.

148

중
기간
2020년 제8회

甲은 乙에게 1천만 원을 빌려주면서 대여기간을 각 대여일로부터 1개월로 약정하였다. 「민법」의 기간에 관한 규정에 따를 때 변제기가 옳은 것을 모두 고른 것은? (8월 15일 외에는 평일을 전제로 함)

> ㉠ 대여일: 1월 31일 14시, 변제기: 2월 28일(윤년 아님) 24시
> ㉡ 대여일: 3월 14일 17시, 변제기: 4월 14일 17시
> ㉢ 대여일: 7월 15일 17시, 변제기: 8월 15일(공휴일)의 익일인 8월 16일 24시

① ㉢   ② ㉠, ㉡   ③ ㉠, ㉢
④ ㉡, ㉢   ⑤ ㉠, ㉡, ㉢

풀이 TIP 기간 계산은 연습을 통해 익숙해지도록 한다.

정답해설 ㉠ 초일불산입원칙에 따라 기산점은 2월 1일이다. 또한 기간을 월·연으로 정한 경우에 최종의 월에 해당일이 없는 때에는 그 월의 말일로 기간이 만료한다(제160조 제3항). 따라서 만료점은 2월 28일 24시이다.
㉢ 기간의 말일이 토요일 또는 공휴일에 해당한 때에는 기간은 그 익일로 만료한다(제161조). 따라서 만료점은 8월 16일 24시이다.

오답해설 ㉡ 초일불산입원칙에 따라 기산점은 3월 15일이다. 또한 주·월·연의 처음으로부터 기간을 기산하지 아니한 때에는 최후의 주, 월 또는 연에서 그 기산일에 해당한 날의 전일(前日)로 기간이 만료한다(제160조 제2항). 따라서 만료점은 4월 14일 24시이다.

149

상
기간
2013년 제1회

기간에 관한 계산으로 옳지 않은 것은?

① 1993. 5. 30. 01시에 출생한 사람은 2012. 5. 30. 0시부터 성년자가 된다.
② 2013. 5. 15. 08시에 승용차를 빌리면서 12시간 후에 반환하기로 약정하였다면, 같은 날 20시까지 이행하여야 한다.
③ 2012. 3. 8. 14시에 돈을 빌리면서 1년 후에 변제하기로 약정하였다면, 2013. 3. 8. 24시까지 이행하여야 한다.
④ 2013. 3. 23. 토요일 13시에 매매목적물을 인도받으면서 1개월 후에 대금을 변제하겠다고 약정하였다면, 2013. 4. 24. 24시까지 이행하여야 한다.
⑤ 사단법인의 사원총회 소집을 1주 전에 통지하여야 하는 경우, 총회일이 2013. 5. 15. 10시라면 늦어도 2013. 5. 7. 24시까지는 총회소집의 통지를 발송하여야 한다.

풀이 TIP 기간의 계산에 관한 종합 사례 문제이다. 각 기간의 기산점과 만료점을 스스로 계산해 보는 연습이 중요하다.

정답해설 ④ 기간을 일·주·월·연으로 정한 때에는 기간의 초일은 산입하지 아니한다(제157조). 따라서 기산점은 2013. 3. 24.이고 만료점은 2013. 4. 23. 24시이다.

150

중
기간
2023년 제11회

민법상 기간에 관한 설명으로 옳은 것은? (다툼이 있으면 판례에 따름)

① 2023년 6월 1일(목) 14시부터 2일간의 기간이 만료하는 때는 2023년 6월 4일 24시이다.

② 2023년 6월 1일(목) 16시부터 72시간의 기간이 만료하는 때는 2023년 6월 4일 16시이다.

③ 2023년 4월 1일(토) 09시부터 2개월의 기간이 만료하는 때는 2023년 6월 2일 24시이다.

④ 2004년 5월 16일(일) 오전 7시에 태어난 사람은 2023년 5월 16일 24시에 성년자가 된다.

⑤ 민법 제157조의 초일불산입의 원칙은 강행규정이므로 당사자의 합의로 달리 정할 수 없다.

〔정답해설〕 ② 기간을 시·분·초로 정한 때에는 자연적 계산방법에 의한다. 즉, 즉시로부터 기산하며 기간의 만료점은 그 정하여진 시·분·초가 종료한 때이다.

〔오답해설〕 ① 기간을 일·주·월 또는 연으로 정한 때에는 기간의 초일은 산입하지 아니한다(제157조 본문). 따라서 기산점은 6월 2일 오전 0시이고 만료점은 6월 3일 오후 12시이다.

③ 주·월 또는 연의 처음으로부터 기간을 기산하지 아니한 때에는 최후의 주·월 또는 연에서 그 기산일에 해당한 날의 전일(前日)로 기간이 만료한다(제160조 제2항). 따라서 기산점은 4월 2일 오전 0시이고 만료점은 6월 1일 오후 12시이다.

④ 나이는 출생일을 산입한다(제158조). 따라서 기산점은 2004년 5월 16일이고 2023년 5월 15일 24시에 성년자가 된다.

⑤ 기간의 계산에 관한 민법의 규정은 임의규정이다.

151

민법상 기간에 관한 설명으로 옳지 않은 것은? (다툼이 있으면 판례에 따름)

① 내년 6월 1일부터 '4일 동안'이라고 하는 경우에 그 기산점은 내년 6월 1일이다.

② 기간을 시(時)로 정한 때에는 즉시로부터 기산한다.

③ 정년이 60세라고 하는 것은 특별한 사정이 없으면 만 60세가 만료되는 날을 말한다.

④ 1세에 이른 사람의 나이는 출생일을 산입하여 만(滿) 나이로 계산하고 연수(年數)로 표시한다.

⑤ 어느 기간의 말일인 6월 4일이 토요일이고 6월 6일이 공휴일인 경우, 그 기간은 6월 7일에 만료한다.

[정답해설] ③ 정년이 60세라 함은 만 60세에 도달하는 날을 말한다.

[오답해설] ① 기간을 일, 주, 월 또는 연으로 정한 때에는 기간의 초일은 산입하지 아니한다. 그러나 그 기간이 오전 영시로부터 시작하는 때에는 그러하지 아니하다(제157조).
② 기간을 시, 분, 초로 정한 때에는 즉시로부터 기산한다(제156조).
④ 나이는 출생일을 산입하여 만(滿) 나이로 계산하고, 연수(年數)로 표시한다. 다만, 1세에 이르지 아니한 경우에는 월수(月數)로 표시할 수 있다(제158조).
⑤ 기간의 말일이 토요일 또는 공휴일에 해당한 때에는 기간은 그 익일로 만료한다(제161조).

07 소멸시효

152

소멸시효의 대상적격
2019년 제7회

소멸시효의 대상이 되는 권리를 모두 고른 것은?

| ㉠ 해제조건부 채권 | ㉡ 불확정기한부 채권 |
| ㉢ 소유권 | ㉣ 인격권 |

① ㉠, ㉡   ② ㉠, ㉢   ③ ㉠, ㉣
④ ㉡, ㉢   ⑤ ㉡, ㉣

> **풀이 TIP** 소멸시효의 대상이 되는 권리를 암기한다.

> **정답해설** ㉠ 해제조건부 채권, ㉡ 불확정기한부 채권은 채권으로서 소멸시효의 대상이다.

> **오답해설** ㉢ 소유권은 그 항구성으로 인해 소멸시효의 대상이 되지 않으며, ㉣ 인격권은 비재산권이므로 소멸시효의 대상이 되지 않는다.

153

소멸시효의 대상적격
2022년 제10회

甲이 자신 소유의 X 토지를 乙에게 매도하고, 乙은 甲에게 매매대금을 모두 지급하였다. 甲과 乙이 행사하는 다음 등기청구권 중 소멸시효가 진행되는 경우를 모두 고른 것은? (다툼이 있으면 판례에 따름)

> ㉠ 乙이 甲을 상대로 위 매매계약에 기하여 X 토지에 대해 소유권이전등기청구권을 행사하는 경우
> ㉡ 乙이 위 매매계약에 기하여 甲으로부터 X 토지를 인도받아 사용·수익하고 있으나, 아직 甲의 명의로 소유권이전등기가 남아 있어 甲을 상대로 X 토지에 대해 소유권이전등기청구권을 행사하는 경우
> ㉢ 乙이 위 매매계약에 기하여 甲으로부터 X 토지에 대해 소유권이전등기를 경료받았으나, 이후 甲과 乙의 매매계약이 적법하게 취소되어 甲이 乙을 상대로 소유권에 기한 말소등기청구권을 행사하는 경우

① ㉠   ② ㉡   ③ ㉠, ㉢
④ ㉡, ㉢   ⑤ ㉠, ㉡, ㉢

> **정답해설** ㉠ 매수인의 소유권이전등기청구권은 채권적 청구권이므로 원칙적으로 소멸시효에 걸린다.

> **오답해설** ㉡ 매수인이 목적부동산을 인도받아 계속 점유하는 경우에는 그 소유권이전등기청구권의 소멸시효가 진행하지 않는다는 것이 당원의 확립된 판례이다(대판 1999. 3. 18. 98다32175 전합).
> ㉢ 소유권에 기한 물권적 청구권은 소멸시효에 걸리지 않는다(통설·판례).

(Answer) 151. ③   152. ①   153. ①

154

소멸시효 종합
2020년 제8회

소멸시효와 제척기간에 관한 설명으로 옳지 않은 것은? (다툼이 있으면 판례에 따름)

① 권리자의 청구로 소멸시효가 중단된 경우 그때까지 경과된 기간은 시효기간에 산입된다.

② 소멸시효가 완성되면 그 기산일에 소급하여 권리소멸의 효과가 생긴다.

③ 소멸시효의 이익을 포기하기 위해서는 원칙적으로 소멸시효의 완성사실을 알아야 한다.

④ 제척기간의 기산점은 특별한 사정이 없는 한 원칙적으로 권리가 발생한 때이다.

⑤ 제척기간은 그 성질상 기간의 중단이 있을 수 없다.

> **풀이 TIP** 제척기간은 소멸시효와 비교하여 정리한다.

> **정답해설** ① 시효가 중단된 때에는 중단까지에 경과한 시효기간은 이를 산입하지 아니하고 중단사유가 종료한 때로부터 새로이 진행한다(제178조 제1항).

> **오답해설** ② 소멸시효는 그 기산일에 소급하여 효력이 생긴다(제167조).
> ④ 이와 달리 소멸시효의 기산점은 권리를 행사할 수 있는 때이다.
> ⑤ 소멸시효와 달리 제척기간은 그 성질상 기간의 중단이 있을 수 없다.

155

소멸시효 종합
2022년 제10회

소멸시효와 제척기간에 관한 설명으로 옳은 것은? (다툼이 있으면 판례에 따름)

① 소멸시효가 완성되면 그 기간이 경과한 때부터 장래에 향하여 권리가 소멸하지만, 제척기간이 완성되면 그 기산일에 소급하여 권리가 소멸한다.

② 소멸시효는 그 성질상 기간의 중단이 있을 수 없지만, 제척기간은 권리자의 청구가 있으면 기간이 중단된다.

③ 소멸시효가 완성된 이후 그 이익을 포기하는 것은 원칙적으로 인정되지만, 제척기간은 그 포기가 인정되지 않는다.

④ 소멸시효 완성에 의한 권리소멸은 법원의 직권조사 사항이지만, 제척기간에 의한 권리의 소멸은 원용권자가 이를 주장하여야 한다.

⑤ 매도인의 하자담보책임에 기한 매수인의 손해배상청구권과 같이 청구권에 관하여 제척기간을 정하고 있는 경우에는 제척기간이 적용되므로 소멸시효는 당연히 적용될 수 없다.

정답해설 ③ 소멸시효에서는 시효이익을 포기할 수 있으나, 제척기간에는 기간의 만료로 권리 자체가 소멸하기 때문에 포기가 인정되지 않는다.

오답해설 ① 소멸시효는 그 기산일에 소급하여 권리소멸의 효과가 생기지만, 제척기간의 경우 기간이 경과한 때로부터 장래에 향하여 권리가 소멸한다.
② 소멸시효에는 시효중단제도가 있으나, 제척기간은 기간의 중단이 인정되지 않는다.
④ 제척기간의 경과로 인한 권리의 소멸은 당사자의 주장이 없더라도 당연히 직권으로 조사하여 재판에 고려해야 하는 직권조사사항이다. 이에 반해 소멸시효완성에 의한 권리의 소멸은 변론주의의 원칙상 당사자가 시효소멸을 주장해야 재판의 기초로 삼을 수 있다.
⑤ 매도인에 대한 하자담보에 기한 손해배상청구권에 대하여는 민법 제582조의 제척기간이 적용되고, 이는 법률관계의 조속한 안정을 도모하고자 하는 데에 취지가 있다. 그런데 하자담보에 기한 매수인의 손해배상청구권은 권리의 내용·성질 및 취지에 비추어 민법 제162조 제1항의 채권 소멸시효의 규정이 적용되고, 민법 제582조의 제척기간 규정으로 인하여 소멸시효 규정의 적용이 배제된다고 볼 수 없다(대판 2011. 10. 13. 2011다10266).

156

하
소멸시효의 기산점
2017년 제5회

소멸시효의 기산점에 관한 설명으로 옳지 않은 것은? (다툼이 있으면 판례에 따름)

① 채무불이행으로 인한 손해배상청구권의 소멸시효는 계약이 성립한 때로부터 진행한다.
② 확정기한부채권의 소멸시효는 그 기한이 도래한 때로부터 진행한다.
③ 정지조건부 권리의 소멸시효는 그 조건이 성취된 때로부터 진행한다.
④ 부작위를 목적으로 하는 채권의 소멸시효는 위반행위를 한 때로부터 진행한다.
⑤ 동시이행의 항변권이 붙은 채권의 소멸시효는 그 이행기로부터 진행한다.

풀이TIP 소멸시효는 권리를 행사할 수 있는 때로부터 진행한다(제166조 제1항). 자주 출제되는 부분이므로 각종 권리의 기산점을 암기하여야 한다.

정답해설 ① 채무불이행으로 인한 손해배상청구권의 소멸시효는 채무불이행 시로부터 진행한다(대판 1995. 6. 30. 94다54269).

오답해설 ⑤ 부동산에 대한 매매대금 채권이 소유권이전등기청구권과 동시이행의 관계에 있다고 할지라도 매도인은 매매대금의 지급기일 이후 언제라도 그 대금의 지급을 청구할 수 있는 것이며, 다만 매수인은 매도인으로부터 그 이전등기에 관한 이행의 제공을 받기까지 그 지급을 거절할 수 있는 데 지나지 아니하므로 매매대금청구권은 그 지급기일 이후 시효의 진행에 걸린다(대판 1991. 3. 22. 90다9797).

157
소멸시효의 기산점
2023년 제11회

소멸시효에 관한 설명으로 옳지 않은 것은? (다툼이 있으면 판례에 따름)
① 선택채권의 소멸시효는 선택권을 행사할 수 있는 때로부터 진행한다.
② 부작위를 목적으로 하는 채권의 소멸시효는 위반행위를 한 때로부터 진행한다.
③ 불확정기한부 채권의 소멸시효는 그 기한이 객관적으로 도래한 때로부터 진행한다.
④ 어떤 권리의 소멸시효기간이 얼마나 되는지에 대해서는 법원이 직권으로 판단할 수 없다.
⑤ 부동산에 대한 매매대금채권이 소유권이전등기청구권과 동시이행의 관계에 있는 경우, 매매대금 청구권은 그 지급기일 이후 시효의 진행에 걸린다.

정답해설 ④ 어떤 권리의 소멸시효기간이 얼마나 되는지에 관한 주장은 단순한 법률상의 주장에 불과하므로 변론주의의 적용대상이 되지 않고 법원이 직권으로 판단할 수 있다(대판 2008. 3. 27. 2006다70929・70936).

오답해설 ① 선택권을 행사할 수 있는 때로부터 소멸시효가 진행한다.
② 부작위를 목적으로 하는 채권의 소멸시효는 위반행위를 한 때로부터 진행한다(제166조 제2항).
③ 불확정기한부권리의 경우에 비록 권리자가 기한의 도래를 몰랐고 또 모른 데 과실이 없었어도, 소멸시효는 그 기한이 객관적으로 도래한 때부터 진행한다.
⑤ 부동산에 대한 매매대금 채권이 소유권이전등기청구권과 동시이행의 관계에 있다고 할지라도 매도인은 매매대금의 지급기일 이후 언제라도 그 대금의 지급을 청구할 수 있는 것이며, 다만 매수인은 매도인으로부터 그 이전등기에 관한 이행의 제공을 받기까지 그 지급을 거절할 수 있는 데 지나지 아니하므로 매매대금청구권은 그 지급기일 이후 시효의 진행에 걸린다(대판 1991. 3. 22. 90다9797).

158
소멸시효의 기산점
2020년 제8회

「민법」상 원칙적으로 적용되는 소멸시효의 기산점에 관한 설명으로 옳지 않은 것은? (다툼이 있으면 판례에 따름)
① 변제기가 확정기한인 때에는 그 기한이 도래한 때부터 기산된다.
② 변제기가 불확정기한인 때에는 채권자가 기한도래의 사실을 안 때부터 기산된다.
③ 기한의 정함이 없는 채권은 그 채권이 발생한 때부터 기산된다.
④ 부작위를 목적으로 하는 채권의 소멸시효는 위반행위를 한 때부터 진행한다.
⑤ 정지조건부 채권은 조건이 성취된 때부터 기산된다.

풀이 TIP 개별 권리의 소멸시효의 기산점을 암기한다.

정답해설 ② 불확정기한부권리의 경우 기한이 객관적으로 도래한 때부터 시효가 진행한다.

오답해설 ④ 제166조 제2항
⑤ 조건이 성취되어야 권리행사가 가능하므로, 조건의 성취 시가 소멸시효의 기산점이다.

159

소멸시효기간
2017년 제5회

1년의 단기소멸시효에 걸리는 채권이 아닌 것은?

① 노역인의 임금채권
② 의사의 치료비 채권
③ 여관의 숙박료 채권
④ 의복의 사용료 채권
⑤ 음식점의 음식료 채권

정답해설 ② 의사의 치료비 채권은 3년의 단기소멸시효에 걸리는 채권이다(제163조 제2호).

160

소멸시효기간
2022년 제10회

민법상 1년의 소멸시효 기간의 적용을 받는 채권이 아닌 것은?

① 음식점의 음식대금채권
② 여관의 숙박대금채권
③ 판결에 의하여 확정된 채권
④ 의복 등 동산의 사용료 채권
⑤ 연예인의 임금채권

정답해설 ③ 판결에 의하여 확정된 채권은 단기의 소멸시효에 해당한 것이라도 그 소멸시효는 10년으로 한다(제165조 제1항).

161

중

소멸시효기간
2016년 제4회

다음 중 3년의 단기소멸시효에 걸리는 채권을 모두 고른 것은? (다툼이 있으면 판례에 따름)

┌───┐
│ ㉠ 의사의 치료에 관한 채권   │
│ ㉡ 노역인의 임금채권   │
│ ㉢ 도급받은 자의 공사에 관한 채권   │
│ ㉣ 2년 후에 원금과 이자를 한꺼번에 받기로 하고 대여한 경우의 이자채권 │
│ ㉤ 상인인 가구상이 판매한 자개장롱의 대금채권   │
└───┘

① ㉠, ㉤
② ㉠, ㉢, ㉤
③ ㉡, ㉢, ㉣
④ ㉢, ㉣, ㉤
⑤ ㉠, ㉡, ㉢, ㉣

풀이TIP 민법상 채권의 소멸시효기간은 원칙적으로 10년(제162조 제1항)이다. 다만 예외적으로 3년(제163조), 1년(제164조)의 단기소멸시효기간이 있다.

정답해설 ㉠ 3년(제163조 제2호) ㉢ 3년(제163조 제3호) ㉤ 3년(제163조 제6호)

오답해설 ㉡ 1년(제164조 제3호)
㉣「민법」 제163조 제1호 소정의 이자·부양료·급료·사용료 기타 1년 이내의 기간으로 정한 금전 또는 물건의 지급을 목적으로 하는 채권이라 함은 1년 이내의 정기에 지급되는 채권을 의미하는 것이고 변제기가 1년 이내의 채권을 말하는 것이 아니므로, 1회의 변제로써 소멸되는 소비대차의 원리금채권은 물론이고 이자채권이라고 하더라도 1년 이내의 정기에 지급하기로 한 것이 아닌 이상 위 규정 소정의 3년의 단기소멸시효에 걸리는 것이 아니다(대판 1996. 9. 20. 96다25302).

Answer 157. ④ 158. ② 159. ② 160. ③ 161. ②

162

소멸시효 종합
2020년 제8회

「민법」상 소멸시효에 관한 설명으로 옳은 것을 모두 고른 것은? (다툼이 있으면 판례에 따름)

> ㉠ 소유권은 재산권이므로 소멸시효의 대상이 된다.
> ㉡ 음식점의 음식대금채권의 소멸시효는 1년이다.
> ㉢ 점유자가 점유를 상실하면 그때로부터 점유권의 소멸시효가 진행된다.

① ㉠　　　　　　　② ㉡　　　　　　　③ ㉢
④ ㉡, ㉢　　　　　　⑤ ㉠, ㉡, ㉢

풀이 TIP 소멸시효의 대상, 기간, 기산점은 정확히 암기해야 한다.

정답해설 ㉡ 제164조 제1호

오답해설 ㉠ 소유권은 소멸시효에 걸리지 않는다(제162조 제2항 참조).
㉢ 점유권은 점유라는 사실 상태에 따르는 물권이므로 성질상 소멸시효에 걸리지 않는다.

163

소멸시효의 기간
2023년 제11회

민법상 3년의 소멸시효 기간의 적용을 받는 채권이 아닌 것은? (다툼이 있으면 판례에 따름)

① 의사의 치료에 관한 채권
② 세무사의 직무에 관한 채권
③ 도급받은 자의 공사에 관한 채권
④ 공인회계사의 직무에 관한 채권
⑤ 수공업자의 업무에 관한 채권

정답해설 ②, ④ 민법 제163조 제5호에서 정하고 있는 '변호사, 변리사, 공증인, 공인회계사 및 법무사의 직무에 관한 채권'에만 3년의 단기 소멸시효가 적용되고, 세무사와 같이 그들의 직무와 유사한 직무를 수행하는 다른 자격사의 직무에 관한 채권에 대하여는 민법 제163조 제5호가 유추적용된다고 볼 수 없다 (대판 2022. 8. 25. 2021다311111).

오답해설 ① 제163조 제2호
③ 제163조 제3호
⑤ 제163조 제7호

164

甲의 乙에 대한 채권의 소멸시효기간이 가장 긴 것은? (甲, 乙은 상인이 아님)

① 甲이 연예인 乙에게 물건을 공급한 경우, 甲의 물건공급대금채권

② 甲의 동산을 乙이 사용한 경우, 甲의 동산사용료채권

③ 甲교사의 강의를 乙학생이 수강한 경우, 甲의 수강료채권

④ 甲이 乙에게 부동산을 매도한 경우, 甲의 매매대금채권

⑤ 생산자 甲이 乙에게 생산물을 판매한 경우, 甲의 생산물대금채권

[정답해설] ④ 매매대금채권은 일반민사채권이므로 소멸시효기간은 10년이다(제162조 제1항).

[오답해설] ① 연예인에게 공급한 물품대금채권의 소멸시효기간은 1년이다(제164조 제3호).
② 동산사용료채권의 소멸시효기간은 1년이다(제164조 제2호).
③ 수강료채권의 소멸시효기간은 1년이다(제164조 제4호).
⑤ 생산물대금채권의 소멸시효기간은 3년이다(제163조 제6호).

165

소멸시효에 관한 설명으로 옳지 않은 것은? (다툼이 있으면 판례에 따름)

① 채권 및 소유권 이외의 재산권은 10년간 행사하지 아니하면 시효가 완성한다.

② 점유권은 시효에 걸리지 아니한다.

③ 시효는 권리행사에 법률상의 장애사유가 없는 때로부터 진행한다.

④ 정지조건부 권리는 조건이 성취된 때부터 시효가 진행된다.

⑤ 부작위를 목적으로 하는 채권의 시효는 위반행위를 한 때로부터 진행한다.

[정답해설] ① 채권 및 소유권 이외의 재산권은 20년간 행사하지 아니하면 소멸시효가 완성한다(제162조 제2항).

[오답해설] ③ 소멸시효는 권리를 행사할 수 있는 때로부터 진행한다(제166조 제1항). 권리를 행사할 수 있는 때라 함은 권리를 행사하는 데 있어 법률상의 장애가 없음을 의미한다.
⑤ 제166조 제2항

Answer⁺ 162. ② 163. ② 164. ④ 165. ①

166

소멸시효기간
2019년 제7회

「민법」상 소멸시효에 관한 설명으로 옳은 것은? (다툼이 있으면 판례에 따름)

① 판결에 의하여 확정된 채권은 판결확정당시에 변제기가 도래하지 않아도 10년의 소멸시효에 걸린다.

② 본래의 소멸시효 기산일과 당사자가 주장하는 기산일이 서로 다른 경우에 법원은 당사자가 주장하는 기산일을 기준으로 소멸시효를 계산해야 한다.

③ 소멸시효의 기산점이 되는 '권리를 행사할 수 있는 때'란 권리를 행사하는 데 있어 사실상의 장애가 없는 경우를 말한다.

④ 어떤 권리의 소멸시효기간이 얼마나 되는지에 대해서 법원은 당사자의 주장에 따라 판단하여야 한다.

⑤ 어떤 채권이 1년의 단기소멸시효에 걸리는 경우, 그 채권의 발생원인이 된 계약에 기하여 상대방이 가지는 반대채권도 당연히 1년의 단기소멸시효에 걸린다.

풀이 TIP 소멸시효기간은 일반적인 경우와 단기소멸시효기간이 적용되는 경우를 구분하여 암기한다.

정답해설 ② 소멸시효의 기산일은 채무의 소멸이라고 하는 법률효과 발생의 요건에 해당하는 소멸시효 기간 계산의 시발점으로서 소멸시효 항변의 법률요건을 구성하는 구체적인 사실에 해당하므로 이는 변론주의의 적용 대상이고, 따라서 본래의 소멸시효 기산일과 당사자가 주장하는 기산일이 서로 다른 경우에는 변론주의의 원칙상 법원은 당사자가 주장하는 기산일을 기준으로 소멸시효를 계산하여야 하는데, 이는 당사자가 본래의 기산일보다 뒤의 날짜를 기산일로 하여 주장하는 경우는 물론이고 특별한 사정이 없는 한 그 반대의 경우에 있어서도 마찬가지이다(대판 1995. 8. 25. 94다35886).

오답해설 ① 판결에 의하여 확정된 채권은 단기의 소멸시효에 해당한 것이라도 그 소멸시효는 10년으로 한다. 그러나 판결확정당시에 변제기가 도래하지 아니한 채권에는 적용하지 아니한다(제165조 참조).
③ 소멸시효의 기산점이 되는 '권리를 행사할 수 있는 때'란 권리를 행사하는 데 있어 법률상의 장애가 없는 경우를 말한다.
④ 소멸시효기간은 변론주의의 적용대상이 되지 않고 법원이 직권으로 판단할 수 있다.
⑤ 일정한 채권의 소멸시효기간에 관하여 이를 특별히 1년의 단기로 정하는 「민법」 제164조는 그 각 호에서 개별적으로 정하여진 채권의 채권자가 그 채권의 발생원인이 된 계약에 기하여 상대방에 대하여 부담하는 반대채무에 대하여는 적용되지 아니한다. 따라서 그 채권의 상대방이 그 계약에 기하여 가지는 반대채권은 원칙으로 돌아가, 다른 특별한 사정이 없는 한 「민법」 제162조 제1항에서 정하는 10년의 일반소멸시효기간의 적용을 받는다(대판 2013. 11. 14. 2013다65178).

167
중
소멸시효의 중단과
정지
2015년 제3회

소멸시효의 중단 또는 정지에 관한 설명으로 옳지 않은 것은? (다툼이 있으면 판례에 따름)

① 재판상의 청구는 그 소송이 취하된 경우에는 그로부터 6개월 내에 다시 재판상의 청구 등을 하지 않는 한 소멸시효 중단의 효력이 없다.

② 당연무효의 가압류·가처분은 소멸시효의 중단사유에 해당하지 않는다.

③ 부부 중 한쪽이 다른 쪽에 대하여 갖는 권리는 혼인관계가 종료된 때부터 6개월 내에는 소멸시효가 완성되지 않는다.

④ 승인은 소멸시효의 진행이 개시된 이후에만 가능하고, 그 이전에는 승인을 하더라도 시효가 중단되지 않는다.

⑤ 시효중단의 효력 있는 승인에는 상대방의 권리에 관한 처분의 능력이나 권한이 있을 것을 요한다.

> **풀이TIP** 소멸시효의 중단사유는 크게 1. 청구, 2. 압류 또는 가압류, 가처분, 3. 승인으로 나눌 수 있다. 청구는 다시 재판상 청구, 파산절차참가, 지급명령, 화해를 위한 소환, 임의출석, 최고로 분류된다. 이 중 재판상 청구와 최고 부분이 중요하다.

> **정답해설** ⑤ 시효중단의 효력 있는 승인에는 상대방의 권리에 관한 처분의 능력이나 권한 있음을 요하지 아니한다(제177조).

Answer⁺ 166. ② 167. ⑤

168

소멸시효의 중단
2014년 제2회

소멸시효에 관한 설명으로 옳은 것은? (다툼이 있는 경우에는 판례에 의함)

① 시효의 중단사유가 재판상의 청구인 때에는 중단까지 경과한 시효기간은 이를 산입하지 아니하고 재판이 확정된 때로부터 새로이 시효가 진행한다.

② 건물이 완공되지 않아 소유권이전등기청구권을 행사할 수 없었다는 사유는 그 청구권의 소멸시효의 진행을 막는 법률상의 장애사유가 되지 아니한다.

③ 근저당권설정등기청구권은 피담보채권에 부종하는 청구권이므로 독자적인 시효기간의 적용을 받지 아니한다.

④ 물상보증인이 피담보채무의 부존재를 이유로 제기한 저당권설정등기 말소청구소송에서 저당권자가 청구기각의 판결을 구하였다면 이를 직접 채무자에 대한 재판상 청구로 볼 수 있다.

⑤ 채무자는 소멸시효의 진행이 개시된 이후는 물론 그 이전에도 채무를 승인하여 시효를 중단할 수 있다.

[정답해설] ① 재판상의 청구로 인하여 중단한 시효는 재판이 확정된 때로부터 새로이 진행한다(제178조 제2항).

[오답해설] ② 건물에 관한 소유권이전등기청구권에 있어서 건물이 완공되지 아니하여 이를 행사할 수 없었다는 사유는 법률상의 장애사유에 해당한다(대판 2007. 8. 23. 2007다28024·28031).

③ 근저당권설정 약정에 의한 근저당권설정등기청구권은 그 피담보채권이 될 채권과 별개로 소멸시효에 걸린다(대판 2004. 2. 13. 2002다7213).

④ 타인의 채무를 담보하기 위하여 자기의 물건에 담보권을 설정한 물상보증인은 채권자에 대하여 물적 유한책임을 지고 있어 그 피담보채권의 소멸에 의하여 직접 이익을 받는 관계에 있으므로 소멸시효의 완성을 주장할 수 있는 것이지만, 채권자에 대하여는 아무런 채무도 부담하고 있지 아니하므로, 물상보증인이 그 피담보채무의 부존재 또는 소멸을 이유로 제기한 저당권설정등기 말소등기절차이행청구소송에서 채권자 겸 저당권자가 청구기각의 판결을 구하고 피담보채권의 존재를 주장하였다고 하더라도 이로써 직접 채무자에 대하여 재판상 청구를 한 것으로 볼 수는 없는 것이므로 피담보채권의 소멸시효에 관하여 규정한 「민법」 제168조 제1호 소정의 '청구'에 해당하지 아니한다(대판 2004. 1. 16. 2003다30890).

⑤ 소멸시효의 중단사유로서의 승인은 시효이익을 받을 당사자인 채무자가 그 권리의 존재를 인식하고 있다는 뜻을 표시함으로써 성립하는 것이므로 이는 소멸시효의 진행이 개시된 이후에만 가능하고 그 이전에 승인을 하더라도 시효가 중단되지는 않는다고 할 것이고, 또한 현존하지 아니하는 장래의 채권을 미리 승인하는 것은 채무자가 그 권리의 존재를 인식하고서 한 것이라고 볼 수 없어 허용되지 않는다고 할 것이다(대판 2001. 11. 9. 2001다52568).

169

소멸시효의 중단과
정지
2013년 제1회

소멸시효의 중단과 정지에 관한 설명으로 옳지 않은 것은?

① 파산절차참가는 채권자가 이를 취소한 때에는 시효중단의 효력이 없다.

② 임의출석의 경우에 화해가 성립되지 아니한 때에는 1월 내에 소를 제기하지 아니하면 시효중단의 효력이 없다.

③ 재판상의 청구를 한 후에 소의 각하가 있고 6월 내에 다시 재판상의 청구를 한 경우, 소멸시효는 다시 재판상의 청구를 한 때로부터 중단된 것으로 본다.

④ 천재 기타 사변으로 인하여 소멸시효를 중단할 수 없을 때에는 그 사유가 종료한 때로부터 1월 내에는 시효가 완성하지 아니한다.

⑤ 물상보증인의 부동산을 압류한 경우에 그 사실을 주채무자에게 통지한 후가 아니면 그 주채무자에게 시효중단의 효력이 없다.

정답해설 ③ 재판상의 청구는 소송의 각하, 기각 또는 취하의 경우에는 시효중단의 효력이 없다(제170조 제1항). 그러나 이 경우에도 재판 외의 최고로서의 효력은 인정되므로 6월 내에 재판상 청구, 파산절차참가, 압류 또는 가압류·가처분을 한 때에는 시효는 최초의 재판상 청구로 인하여 중단된 것으로 본다(제170조 제2항).

오답해설 ② 화해를 위한 소환은 상대방이 출석하지 아니하거나 화해가 성립되지 아니한 때에는 1월 내에 소를 제기하지 아니하면 시효중단의 효력이 없다. 임의출석의 경우에 화해가 성립되지 아니한 때에도 그러하다(제173조).

⑤ 압류, 가압류 및 가처분은 시효의 이익을 받은 자에 대하여 하지 아니한 때에는 이를 그에게 통지한 후가 아니면 시효중단의 효력이 없다(제176조).

Answer⁺ 168. ① 169. ③

170

소멸시효 중단에 관한 설명으로 옳지 않은 것은? (다툼이 있으면 판례에 따름)

① 지급명령에 의한 시효중단의 효과는 지급명령을 신청한 때에 발생한다.

② 시효이익을 받을 본인의 대리인은 소멸시효 중단사유인 채무의 승인을 할 수 있다.

③ 가압류의 피보전채권에 관하여 본안의 승소판결이 확정되면 가압류에 의한 시효중단의 효력은 당연히 소멸한다.

④ 재판상의 청구로 인하여 중단한 소멸시효는 재판이 확정된 때로부터 새로이 진행한다.

⑤ 시효중단의 효력 있는 승인에는 상대방의 권리에 관한 처분능력이나 권한 있음을 요하지 않는다.

정답해설 ③ 가압류의 피보전채권에 관하여 본안의 승소판결이 확정되었다고 하더라도 가압류에 의한 시효중단의 효력이 이에 흡수되어 소멸된다고 할 수 없다(대판 2000. 4. 25. 2000다11102).

오답해설 ① 지급명령의 신청이 있으면 소멸시효가 중단된다.

② 승인을 할 수 있는 자는 시효이익을 받을 자 및 그의 대리인이고, 승인의 상대방은 시효의 완성으로 권리를 잃게 될 자 및 그의 대리인이다.

④ 중단된 시효가 다시 기산하는 시기는 '중단사유가 종료한 때'이다. 재판상 청구는 재판이 확정된 때(제178조 제2항), 압류·가압류·가처분인 경우는 절차가 종료한 때, 승인인 경우에는 승인의 통지가 상대방에게 도달한 때 등이다.

⑤ 시효중단의 효력 있는 승인에는 상대방의 권리에 관한 처분의 능력이나 권한 있음을 요하지 아니한다(제177조). 승인은 상대방의 권리의 존재를 인정하는 것에 불과하기 때문이다.

171

소멸시효의 중단과 정지에 관한 설명으로 옳지 않은 것은? (다툼이 있으면 판례에 따름)

① 채무자가 제기한 소에 대하여 채권자가 응소하여 그 소송에서 적극적으로 권리를 주장하고 그것이 받아들여진 경우, 재판상의 청구가 될 수 있다.

② 승소 확정판결을 받은 채권자가 그 판결상 채권의 시효중단을 위해 후소를 제기하는 경우, 재판상 청구가 있다는 점에 대하여만 확인을 구하는 형태의 새로운 방식의 확인소송은 허용될 수 없다.

③ 상속재산에 속한 권리나 상속재산에 대한 권리는 상속인의 확정, 관리인의 선임 또는 파산선고가 있는 때로부터 6월내에는 소멸시효가 완성하지 아니한다.

④ 화해를 위한 소환은 상대방이 출석하지 아니한 때에는 화해신청인이 1월 내에 소를 제기하지 아니하면 시효중단의 효력이 없다.

⑤ 천재 기타 사변으로 소멸시효를 중단할 수 없을 때에는 그 사유가 종료한 때로부터 1월 내에는 시효가 완성하지 아니한다.

정답해설 ② 시효중단을 위한 후소로서 이행소송 외에 전소 판결로 확정된 채권의 시효를 중단시키기 위한 조치, 즉 '재판상의 청구'가 있다는 점에 대하여만 확인을 구하는 형태의 '새로운 방식의 확인소송'이 허용되고, 채권자는 두 가지 형태의 소송 중 자신의 상황과 필요에 보다 적합한 것을 선택하여 제기할 수 있다고 보아야 한다(대판 2018. 10. 18. 2015다232316).

오답해설 ① 민법 제168조 제1호, 제170조 제1항에서 시효중단사유의 하나로 규정하고 있는 재판상의 청구란, 통상적으로는 권리자가 원고로서 시효를 주장하는 자를 피고로 하여 소송물인 권리를 소의 형식으로 주장하는 경우를 가리키나, 이와 반대로 시효를 주장하는 자가 원고가 되어 소를 제기한 데 대하여 피고로서 응소하여 소송에서 적극적으로 권리를 주장하고 그것이 받아들여진 경우도 이에 포함된다(대판 2012. 1. 12. 2011다78606).
③ 제181조
④ 제173조
⑤ 제182조

172

중
소멸시효 종합
2018년 제6회

소멸시효완성 후 시효이익의 포기에 관한 설명으로 옳지 않은 것은? (다툼이 있으면 판례에 따름)

① 시효완성 후 시효이익의 포기는 허용되지만, 시효완성 전 시효이익의 포기는 허용되지 않는다.

② 시효이익의 포기는 그 의사표시로 인하여 권리에 직접적인 영향을 받는 상대방에게 도달한 때에 그 효력이 발생한다.

③ 주채무자가 시효이익을 포기하면 보증인에게도 그 효과가 미친다.

④ 시효이익을 포기한 경우에는 그때부터 새로이 소멸시효가 진행한다.

⑤ 시효완성 후 당해 채무의 이행을 채무자가 약정한 경우에는 특별한 사정이 없는 한, 시효이익을 포기한 것으로 보아야 한다.

풀이 TIP 소멸시효이익 포기의 요건과 효과를 판례 중심으로 정리한다.

정답해설 ③ 소멸시효이익의 포기는 상대적이며, 시효이익을 받을 자가 수인인 경우에 그중 1인이 포기하더라도 다른 사람에게는 영향을 미치지 않는다. 따라서 주채무자의 시효이익의 포기는 보증인에 대해서는 그 효력이 없다.

오답해설 ① 소멸시효의 이익은 미리 포기하지 못한다(제184조 제1항).

Answer 170. ③ 171. ② 172. ③

173

소멸시효의 중단사유에 관한 설명으로 옳지 않은 것은? (다툼이 있으면 판례에 따름)

① 지급명령 신청은 시효중단 사유가 아니다.

② 부동산의 가압류로 중단된 시효는 특별한 사정이 없는 한, 가압류등기가 말소된 때로부터 새로이 진행된다.

③ 채무승인이 있었다는 사실은 이를 주장하는 채권자 측에서 증명하여야 한다.

④ 채무의 일부변제도 채무승인으로서 시효중단사유가 될 수 있다.

⑤ 시효중단의 효력이 있는 승인에는 상대방의 권리에 관한 처분의 능력이나 권한이 있음을 요하지 않는다.

풀이 TIP 소멸시효의 중단사유는 세부적인 내용까지 암기해야 한다.

정답해설 ① 지급명령의 신청이 있으면 소멸시효가 중단된다.

174

소멸시효의 중단에 관한 설명으로 옳지 않은 것은? (다툼이 있으면 판례에 따름)

① 채무자가 제기한 소에 대하여 채권자가 응소하여 그 소송에서 적극적으로 권리를 주장하고 그것이 받아들여진 경우 재판상의 청구가 될 수 있다.

② 시효완성 전에 한 채무의 일부변제는 특별한 사정이 없는 한 시효중단사유가 될 수 있다.

③ 현존하지 않는 장래의 채권을 시효진행이 개시되기 전에 미리 승인하는 것도 허용된다.

④ 임의출석의 경우에 화해가 성립되지 아니한 때에는 1월 내에 소를 제기하지 아니하면 시효중단의 효력이 없다.

⑤ 시효의 중단은 당사자 및 그 승계인 사이에만 효력이 있는 것이 원칙이다.

정답해설 ③ 소멸시효의 중단사유로서의 승인은 시효이익을 받을 당사자인 채무자가 그 권리의 존재를 인식하고 있다는 뜻을 표시함으로써 성립하는 것이므로 이는 소멸시효의 진행이 개시된 이후에만 가능하고 그 이전에 승인을 하더라도 시효가 중단되지는 않는다고 할 것이고, 또한 현존하지 아니하는 장래의 채권을 미리 승인하는 것은 채무자가 그 권리의 존재를 인식하고서 한 것이라고 볼 수 없어 허용되지 않는다고 할 것이다(대판 2001. 11. 9. 2001다52568).

오답해설 ② 시효완성 전에 채무의 일부를 변제한 경우에는, 그 수액에 관하여 다툼이 없는 한 채무승인으로서의 효력이 있어 시효중단의 효과가 발생한다(대판 1996. 1. 23. 95다39854).

175

소멸시효 종합
2017년 제5회

소멸시효에 관한 설명으로 옳은 것은?

① 시효 중단사유가 종료하면 남은 시효기간이 경과함으로써 소멸시효는 완성된다.

② 주된 권리의 소멸시효가 완성되어도 종속된 권리에는 그 영향을 미치지 않는다.

③ 소멸시효중단의 효력은 당사자 사이에서만 효력이 있다.

④ 소멸시효는 특약에 의하여 이를 배제, 연장 또는 가중할 수 있다.

⑤ 판결에 의하여 확정된 채권은 단기의 소멸시효에 해당한 것이라도 그 소멸시효는 10년으로 한다.

[정답해설] ⑤ 판결에 의하여 확정된 채권은 단기의 소멸시효에 해당한 것이라도 그 소멸시효는 10년으로 한다(제165조 제1항).

[오답해설] ① 시효가 중단된 때에는 중단까지에 경과한 시효기간은 이를 산입하지 아니하고 중단사유가 종료한 때로부터 새로이 진행한다(제178조 제1항).
② 주된 권리의 소멸시효가 완성한 때에는 종속된 권리에 그 효력이 미친다(제183조).
③ 시효의 중단은 당사자 및 그 승계인 간에만 효력이 있다(제169조).
④ 소멸시효는 법률행위에 의하여 이를 배제, 연장 또는 가중할 수 없으나 이를 단축 또는 경감할 수 있다.

176

소멸시효 종합
2018년 제6회

소멸시효에 관한 설명으로 옳지 않은 것은? (다툼이 있으면 판례에 따름)

① 시효의 이익을 받은 자가 소송에서 소멸시효완성 사실을 주장하지 않으면, 그 의사에 반하여 재판할 수 없다.

② 천재 기타 사변으로 인하여 소멸시효를 중단할 수 없는 경우에는 그 사유가 종료한 때에 시효가 완성된다.

③ 부작위를 목적으로 하는 채권의 소멸시효는 위반행위를 한 때로부터 진행한다.

④ 파산절차에 의하여 확정된 채권이 확정 당시에 변제기가 이미 도래한 경우, 그 시효는 10년으로 한다.

⑤ 소멸시효는 그 기산일에 소급하여 효력이 생긴다.

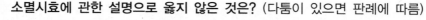

[풀이TIP] 소멸시효의 정지사유 4가지(제한능력자를 위한 정지, 혼인관계 종료에 의한 정지, 상속재산에 관한 정지, 사변에 의한 정지)를 암기하도록 한다.

[정답해설] ② 천재 기타 사변으로 인하여 소멸시효를 중단할 수 없을 때에는 그 사유가 종료한 때로부터 1월 내에는 시효가 완성하지 아니한다(제182조).

[오답해설] ③ 제166조 제2항 ④ 제165조 제2항 ⑤ 제167조

Answer⁺ 173. ① 174. ③ 175. ⑤ 176. ②

www.pmg.co.kr

177

소멸시효 종합
2021년 제9회

소멸시효에 관한 설명으로 옳지 않은 것은? (다툼이 있으면 판례에 따름)

① 시효기간 만료로 인한 권리의 소멸은 시효의 이익을 받은 자가 시효완성의 항변을 하지 않으면 그 의사에 반하여 재판할 수 없다.

② 시효를 원용할 수 있는 사람은 권리의 소멸에 의하여 직접 이익을 받는 사람에 한정된다.

③ 시효가 완성된 채권의 시효이익을 채무자가 포기하면 포기한 때로부터 그 채권의 시효가 새로 진행한다.

④ 시효는 법률행위에 의하여 이를 배제하거나 경감할 수 없다.

⑤ 시효는 그 기산일에 소급하여 효력이 생긴다.

[정답해설] ④ 소멸시효는 법률행위에 의하여 이를 배제, 연장 또는 가중할 수 없으나 이를 단축 또는 경감할 수 있다(제184조 제2항).

[오답해설] ① 당사자의 원용이 없어도 시효완성의 사실로서 채무는 당연히 소멸하고, 다만 소멸시효의 이익을 받는 자가 소멸시효 이익을 받겠다는 뜻을 항변하지 않는 이상 그 의사에 반하여 재판할 수 없을 뿐이다(대판 1979. 2. 13. 78다2157).

② 소멸시효를 원용할 수 있는 사람은 권리의 소멸에 의하여 직접 이익을 받는 자에 한정되는 바, 사해행위취소소송의 상대방이 된 사해행위의 수익자는, 사해행위가 취소되면 사해행위에 의하여 얻은 이익을 상실하고 사해행위취소권을 행사하는 채권자의 채권이 소멸하면 그와 같은 이익의 상실을 면하는 지위에 있으므로, 그 채권의 소멸에 의하여 직접 이익을 받는 자에 해당하는 것으로 보아야 한다(대판 2007. 11. 29. 2007다54849).

178

소멸시효 종합
2024년 제12회

소멸시효의 효력에 관한 설명으로 옳지 않은 것은? (다툼이 있으면 판례에 따름)

① 소멸시효는 그 기산일에 소급하여 효력이 생긴다.

② 주된 권리의 소멸시효가 완성한 때에는 종속된 권리에 그 효력이 미친다.

③ 소멸시효는 법률행위에 의하여 이를 배제할 수 없으나 연장할 수는 있다.

④ 소멸시효의 이익은 미리 포기하지 못한다.

⑤ 채무자가 소멸시효 완성 후 채권자에 대하여 채무 일부를 변제함으로써 시효의 이익을 포기한 경우, 포기한 때로부터 새로이 소멸시효가 진행한다.

[정답해설] ③ 소멸시효는 법률행위에 의하여 이를 배제, 연장 또는 가중할 수 없으나 이를 단축 또는 경감할 수 있다(제184조 제2항).

[오답해설] ① 제167조

② 제183조

④ 제184조 제1항

⑤ 채무자가 소멸시효 완성 후에 채권자에 대하여 채무 일부를 변제함으로써 시효의 이익을 포기한 경우에는 그때부터 새로이 소멸시효가 진행한다(대판 2013. 5. 23. 2013다12464).

179

소멸시효 종합
2016년 제4회

소멸시효에 관한 설명으로 옳은 것은? (다툼이 있으면 판례에 따름)

① 물상보증인이 채권자를 상대로 채무자의 채무가 모두 소멸하였다고 주장하면서 근저당권말소청구소송을 제기하였는데 채권자가 피고로서 응소하여 적극적으로 권리를 주장하고 받아들여진 경우에도 그 채권의 소멸시효는 중단되지 않는다.

② 비법인사단이 총유물을 매도한 후 그 대표자가 매수인에게 소유권이전등기의무에 대하여 시효중단의 효력이 있는 승인을 하는 경우에 있어 사원총회의 결의를 거치지 아니하였다면 그 승인은 무효이다.

③ 채권자가 물상보증인의 소유인 부동산에 경료된 근저당권을 실행하기 위하여 경매를 신청한 경우, 그 경매와 관련하여 채무자에게 압류사실이 통지되었는지 여부와 무관하게 소멸시효 중단의 효력이 발생한다.

④ 담보가등기가 경료된 부동산을 양수하여 소유권이전등기를 마친 자는 그 가등기담보권에 의하여 담보된 채권의 채무자가 시효이익을 포기한 경우 독자적으로 시효이익을 주장할 수 없다.

⑤ 대여금 채권의 소멸시효가 진행하는 중 채권자가 채무자 소유의 부동산에 가압류 집행을 함으로써 소멸시효의 진행을 중단시킨 경우 그 기입등기일로부터 새롭게 소멸시효기간이 진행한다.

정답해설 ① 시효를 주장하는 자의 소 제기에 대한 응소행위가 「민법」상 시효중단사유로서의 재판상 청구에 준하는 행위로 인정되려면 의무 있는 자가 제기한 소송에서 권리자가 의무 있는 자를 상대로 응소하여야 할 것이므로, 담보가등기가 설정된 후에 그 목적부동산의 소유권을 취득한 제3취득자나 물상보증인 등 시효를 원용할 수 있는 지위에 있으나 직접 의무를 부담하지 아니하는 자가 제기한 소송에서의 응소행위는 권리자의 의무자에 대한 재판상 청구에 준하는 행위에 해당한다고 볼 수 없다(대판 2007. 1. 11. 2006다33364).

오답해설 ② 비법인사단의 사원총회가 그 총유물에 관한 매매계약의 체결을 승인하는 결의를 하였다면, 통상 그러한 결의에는 그 매매계약의 체결에 따라 발생하는 채무의 부담과 이행을 승인하는 결의까지 포함되었다고 봄이 상당하므로, 비법인사단의 대표자가 그 채무에 대하여 소멸시효 중단의 효력이 있는 승인을 하거나 그 채무를 이행할 경우에는 특별한 사정이 없는 한 별도로 그에 대한 사원총회의 결의를 거칠 필요는 없다고 보아야 한다(대판 2009. 11. 26. 2009다64383).

③ 압류 등을 시효의 이익을 받을 자에 대하여 하지 않은 때에는, 이를 그에게 통지한 후가 아니면 시효중단의 효력이 없다(제176조). 따라서 물상보증인의 부동산을 압류한 경우에는, 그 사실을 채무자에게 통지하여야 그에게 시효중단의 효력이 미친다.

④ 소멸시효이익의 포기는 상대적이며, 시효이익을 받을 자가 수인인 경우에 그중 1인이 포기하더라도 다른 사람에게는 영향을 미치지 않는다.

⑤ 시효가 중단된 때에는 중단까지에 경과한 시효기간은 이를 산입하지 아니하고 중단사유가 종료한 때로부터 새로이 진행한다(제178조 제1항). 따라서 압류·가압류·가처분의 경우는 절차가 종료한 때로부터 새로이 진행한다.

Answer* 177. ④ 178. ③ 179. ①

180

소멸시효 종합
2014년 제2회

소멸시효에 관한 설명으로 옳은 것을 모두 고른 것은?

> ○ 기한을 정하지 않은 권리의 소멸시효는 권리가 발생한 때로부터 진행한다.
> ○ 소멸시효는 그 기산일에 소급하여 효력이 생긴다.
> ○ 소멸시효의 중단은 그 당사자 사이에만 효력이 생긴다.
> ○ 시효중단의 효력이 있는 승인에는 상대방의 권리에 관한 처분의 능력이나 권한 있음을 요하지 아니한다.

① ㉠, ㉡   ② ㉠, ㉢   ③ ㉢, ㉣
④ ㉠, ㉡, ㉣   ⑤ ㉡, ㉢, ㉣

정답해설 ㉠ 기한의 정함이 없는 권리는 권리가 발생한 때(예 채권성립 시)부터 소멸시효가 진행한다.
㉡ 제167조 ㉣ 제177조
오답해설 ㉢ 시효의 중단은 당사자 및 그 승계인 간에만 효력이 있다(제169조).

181

소멸시효 종합
2013년 제1회

소멸시효에 관한 설명으로 옳지 않은 것은? (다툼이 있는 경우에는 판례에 의함)

① 채권은 10년, 소유권 이외의 재산권은 20년 동안 행사하지 않으면 소멸시효가 완성됨이 원칙이다.

② 음식점의 음식료에 대한 채권이 판결에 의하여 확정된 경우, 그 소멸시효기간 은 1년이다.

③ 원본채권이 시효로 소멸하면, 변제기가 도래하지 아니한 이자채권도 소멸 한다.

④ 부작위를 목적으로 하는 채권은 위반행위를 한 때로부터 소멸시효가 진행 한다.

⑤ 소멸시효의 이익은 시효기간의 완성 전에는 포기할 수 없다.

정답해설 ② 판결에 의하여 확정된 채권은 단기의 소멸시효에 해당한 것이라도 그 소멸시효는 10년으로 한다(제165조 제1항).
오답해설 ① 채권은 10년간 행사하지 아니하면 소멸시효가 완성한다(제162조 제1항). 채권 및 소유권 이 외의 재산권은 20년간 행사하지 아니하면 소멸시효가 완성한다(제162조 제2항).
③ 주된 권리의 소멸시효가 완성한 때에는 종속된 권리에 그 효력이 미친다(제183조).
⑤ 소멸시효의 이익은 미리 포기하지 못한다(제184조 제1항).

182

중
소멸시효 종합
2024년 제12회

소멸시효에 관한 설명으로 옳지 않은 것은? (다툼이 있으면 판례에 따름)

① 부동산 매수인이 목적 부동산을 인도받아 계속 점유하고 있는 경우, 매수인의 소유권이전등기청구권은 채권이므로 소멸시효가 진행한다.

② 소유권에 기한 물권적 청구권은 소멸시효에 걸리지 아니한다.

③ 판결에 의하여 확정되고 판결 확정 당시에 변제기가 도래한 채권은 단기소멸시효에 해당한 것이라도 그 판결의 당사자 사이에서 그 시효기간은 10년으로 한다.

④ 시효의 중단은 원칙적으로 당사자 및 그 승계인 사이에만 효력이 있다.

⑤ 점유권은 시효에 걸리지 아니한다.

[정답해설] ① 매수인이 목적부동산을 인도받아 계속 점유하는 경우에는 그 소유권이전등기청구권의 소멸시효가 진행하지 않는다(대판 전합 1999. 3. 18. 98다32175).

[오답해설] ② 매매계약이 합의해제된 경우에도 매수인에게 이전되었던 소유권은 당연히 매도인에게 복귀하는 것이므로 합의해제에 따른 매도인의 원상회복청구권은 소유권에 기한 물권적 청구권이라고 할 것이고 이는 소멸시효의 대상이 되지 아니한다(대판 1982. 7. 27. 80다2968).

③ 판결에 의하여 확정된 채권은 단기의 소멸시효에 해당한 것이라도 그 소멸시효는 10년으로 한다(제165조 제1항). 전2항의 규정은 판결확정 당시에 변제기가 도래하지 아니한 채권에 적용하지 아니한다(제165조 제3항).

④ 시효의 중단은 당사자 및 그 승계인 간에만 효력이 있다(제169조).

⑤ 점유권은 점유라는 사실상태에 따르는 물권이므로 성질상 소멸시효에 걸리지 않는다.

행정사 1차
단원별 기출문제집

02

행정법

2과목

행정법통론

법치행정의 원리, 통치행위에 대한 판례, 행정법의 법원, 일반원칙, 공법관계와 사법관계의 분류, 시효제도, 부당이득, 사인의 공법행위가 빈출되는 영역이다. 기간계산에 대한 「행정기본법」의 내용을 반드시 정리해야 한다. 이 중 일반원칙과 사인의 공법행위는 매년 출제되는 영역이다.

01 행정

01

하
행정의 의의와 분류,
통치행위
2015년 제3회

행정법의 대상이 되는 행정에 관한 설명으로 옳지 않은 것은?

① 「헌법」의 구체화법인 행정법의 대상으로서 행정은 권력분립원리에 따라 확립된 개념이다.

② 행정의 목표로서 공익의 개념은 명백한 것이기 때문에 공익의 개념은 시간의 흐름에 따라 변하지 않는 고정적인 것이다.

③ 우리나라의 경우 대통령의 통치행위를 판례에서 인정한 바 있다.

④ 행정을 공법상 행정과 사법상 행정으로 구분하는 주된 실익은 양자에 적용되는 실체법이 다르고, 권리구제 방식 등이 다르기 때문이다.

⑤ 급부행정은 공법적인 방식 외에 사법적인 방식으로도 이루어진다.

풀이 TIP 행정법의 대상인 행정에 관한 전반적인 기초 지식을 묻는 문제로서, 자주 출제되는 영역은 아니므로 가볍게 학습해도 무방하다.

정답해설 ② 행정의 목표로서 공익의 개념은 고정적인 것이 아니라 시간의 흐름에 따라 변하는 것이다. 따라서 공익이라는 개념을 명백하게 개념 지을 수는 없다.

오답해설 ① 행정법의 대상은 국가작용 중 행정이며, 행정은 근대 국가 이후 권력분립원리에 따라 확립된 개념이다.
③ 대법원은 대통령의 비상계엄선포(대판 1964. 7. 21. 64초4, 대판 1979. 12. 7. 79초70)나 남북정상회담의 개최(대판 2004. 3. 26. 2003도7878) 등에 관하여 고도의 정치적 성격이 있는 행위로서 사법심사의 대상이 되지 않는 통치행위라고 판결한 바 있다.
④ 행정은 행위방식과 성질 등에 따라 공법상 행정과 사법상 행정으로 구별하는데, 공법상 행정은 공법 (행정법) 및 공법원칙이 적용되고 분쟁을 행정소송에 의해 해결하는 데 반해, 사법상 행정은 사법 및 사법원칙이 적용되고 분쟁을 민사소송에 의해 해결한다.
⑤ 국민의 복지를 적극적으로 증진하기 위한 수익적 활동인 급부행정은 그 방식에 있어 공법적인 방식에 의해서만이 아니라 사법적(私法的)인 방식으로도 이루어진다.

02

하
통치행위
2019년 제7회

통치행위에 해당하지 않는 것은? (다툼이 있으면 판례에 따름)

① 대통령의 서훈 취소
② 사면
③ 이라크파병 결정
④ 남북정상회담의 개최
⑤ 대통령의 비상계엄선포

> **풀이TIP** 통치행위는 일상적인 행정이 아니다.

정답해설 ① 판례는 서훈취소를 통치행위로 인정하지 않는다. 비록 서훈취소가 대통령이 국가원수로서 행하는 행위라고 하더라도 법원이 사법심사를 자제하여야 할 고도의 정치성을 띤 행위라고 볼 수는 없다(대판 2015. 4. 23. 2012두26920).

오답해설 ② 판례는 대통령의 사면을 통치행위로 인정하고 있다. 사면은 형의 선고의 효력 또는 공소권을 상실시키거나, 형의 집행을 면제시키는 국가원수의 고유한 권한을 의미하며, 사법부의 판단을 변경하는 제도로서 권력분립의 원리에 대한 예외가 된다(헌재결 2000. 6. 1. 97헌바74).
③ 외국에의 국군의 파견결정은 파견군인의 생명과 신체의 안전뿐만 아니라 국제사회에서의 우리나라의 지위와 역할, 동맹국과의 관계, 국가안보문제 등 궁극적으로 국민 내지 국익에 영향을 미치는 복잡하고도 중요한 문제로서 국내 및 국제정치관계 등 제반상황을 고려하여 미래를 예측하고 목표를 설정하는 등 고도의 정치적 결단이 요구되는 사안이다(헌재결 2004. 4. 29. 2003헌마814).
④ 남북정상회담의 개최는 고도의 정치적 성격을 지니고 있는 행위라 할 것이므로 특별한 사정이 없는 한 그 당부를 심판하는 것은 사법권의 내재적·본질적 한계를 넘어서는 것이 되어 적절하지 못하다(대판 2004. 3. 26. 2003도7878).
⑤ 대법원은 대통령의 계엄선포행위를 통치행위로 인정하고 있다(대판 1964. 7. 21. 64초3).

Answer 1. ② 2. ①

03

통치행위
2024년 제12회

통치행위에 관한 설명으로 옳은 것을 모두 고른 것은? (다툼이 있으면 판례에 따름)

> ㉠ 고도의 정치적 성격을 띤 국가행위로 사법심사 대상에서 제외된다.
> ㉡ 대통령의 서훈취소는 통치행위가 아니다.
> ㉢ 통치행위에 해당하는지의 최종적 판단은 오로지 사법부에 의하여 이루어져야 한다.
> ㉣ 남북정상회담 개최 과정에서 주무부 장관에게 신고하지 아니하거나 승인 없이 북한 측에 사업권의 대가 명목으로 송금한 행위는 통치행위가 아니다.

① ㉠, ㉢   ② ㉠, ㉣   ③ ㉠, ㉡, ㉢
④ ㉡, ㉢, ㉣   ⑤ ㉠, ㉡, ㉢, ㉣

풀이 TIP 통치행위는 일상적인 행정이 아니다.

정답해설 모두 옳은 지문
㉠ 통치행위는 고도의 정치적 성격을 띤 국가행위로 사법심사 대상에서 제외되는 국가작용을 말한다.
㉡ 대통령의 서훈취소는 「상훈법」에서 정한 요건과 절차에 의하는 것으로 사법심사가 배제되는 통치행위가 아니라는 것이 판례이다.
㉢ 통치행위의 개념을 인정한다고 하더라도 과도한 사법심사의 자제가 기본권을 보장하고 법치주의 이념을 구현하여야 할 법원의 책무를 태만히 하거나 포기하는 것이 되지 않도록 그 인정을 지극히 신중하게 하여야 하며, 그 판단은 오로지 사법부만에 의하여 이루어져야 한다(대판 2004. 3. 26. 2003도7878).
㉣ 남북정상회담의 개최는 고도의 정치적 성격을 지니고 있는 행위라 할 것이므로 특별한 사정이 없는 한 그 당부를 심판하는 것은 사법권의 내재적·본질적 한계를 넘어서는 것이 되어 적절하지 못하지만, 남북정상회담의 개최과정에서 재정경제부장관에게 신고하지 아니하거나 통일부장관의 협력사업 승인을 얻지 아니한 채 북한측에 사업권의 대가 명목으로 송금한 행위 자체는 헌법상 법치국가의 원리와 법 앞에 평등원칙 등에 비추어 볼 때 사법심사의 대상이 된다(대판 2004. 3. 26. 2003도7878).
산업인력공단은 ㉢ 지문에 최종적 판단이 들어간 것은 틀린 지문이라는 이의제기를 받아들여 정답 없음으로 처리하였으나 이는 의문이다.

02 **행정법**

04

법치행정의 원리
2020년 제8회

법치행정원리에 관한 설명으로 옳은 것은?

① 법률우위의 원칙에서 말하는 법률은 국회가 제정한 형식적 의미의 법률만을 말한다.

② 법률우위의 원칙은 사법형식의 행정작용에는 적용되지 않는다.

③ 법률우위의 원칙에 위반한 행정행위는 무효이다.

④ 법률유보의 원칙에서 말하는 법률에는 법률의 위임에 의해 제정된 법규명령도 포함된다.

⑤ 법률유보의 범위와 관련하여 본질성설에 따르는 경우 행정입법에의 위임은 금지된다.

> **풀이 TIP** 법률유보와 법률의 우위에 관한 문제로서 적용범위와 법률적 의미를 분석하는 문제가 출제되었다.

정답해설 ④ 법률유보는 행정권의 발동에는 법적 근거를 요하는 원리로서 여기서 법률은 국회가 제정하는 형식적 의미의 법률을 의미하지만 법률에 의하여 위임받은 법규명령도 포함된다.

오답해설 ① 법률우위에서 말하는 법률은 국회가 제정하는 형식적 의미의 법률뿐만 아니라 불문법을 포함한 모든 법규를 의미한다.

② 법률우위의 원칙은 행정의 모든 작용이 법령에 위반될 수 없다는 것을 의미하므로 행정이 하는 사법적 형식작용에도 적용된다.

③ 법률우위의 원칙에 위반된 행정작용은 위법한 작용이 되며 그 정도에 따라 무효 또는 취소사유가 된다. 언제나 무효가 되는 것은 아니다.

⑤ 법률유보에 관한 본질성설에서는 본질적인 것은 의회의 법률에 의하여 규율될 것을 요하고 세부적인 행정입법에 위임하는 것은 허용된다.

05

법치행정의 원리
2018년 제6회

판례에 의할 때 (   )에 들어갈 것은?

> 토지 등 소유자가 도시환경정비사업을 시행하는 경우 사업시행인가 신청 시 필요한 토지 등 소유자의 동의는, 개발사업의 주체 및 정비구역 내 토지 등 소유자를 상대로 수용권을 행사하고 각종 행정처분을 발할 수 있는 행정주체로서의 지위를 가지는 사업시행자를 지정하는 문제이므로, 사업시행인가 신청에 필요한 동의정족수를 토지 등 소유자가 자치적으로 정하여 운영하는 규약에 정하도록 한 것은 (   )원칙에 위반된다.

① 평등 　　② 비례 　　③ 법률유보
④ 신뢰보호 　　⑤ 적법절차

풀이 TIP 처분의 행사에는 법치주의가 적용되며, 특히 처분의 실행에 근거를 필요로 하는 것은 법률유보의 원칙이라는 것을 기억하여야 한다.

정답해설 ③ 사업시행인가 신청에 필요한 동의정족수를 토지 등 소유자가 자치적으로 정하여 운영하는 규약에 정하도록 한 것은 법률유보의 원칙에 위반된다.

오답해설 ⑤ 적법절차의 원칙은 공권력에 의한 국민의 자유와 권리침해는 반드시 실정법에 따라 합리적이고 정당한 절차에 의해야 한다는 원리이다.

06

법치행정의 원리
2023년 제11회

행정의 법원칙에 관한 판례의 내용으로 (   ) 안에 들어갈 것은?

> 텔레비전방송수신료 금액의 결정은 수신료에 관한 본질적인 중요한 사항이므로 국회가 스스로 행하여야 하는 사항에 속하는 것임에도 불구하고 한국방송공사법에서 국회의 결정이나 관여를 배제한 채 한국방송공사로 하여금 수신료금액을 결정해서 문화관광부장관의 승인을 얻도록 한 것은 (   )원칙에 위반된다.

① 비례 　　② 평등
③ 신뢰보호 　　④ 법률유보
⑤ 부당결부금지

풀이 TIP 법률유보의 범위에 대해 본질사항유보의 내용을 알아야 한다.

정답해설 ④ 텔레비전방송수신료는 대다수 국민의 재산권 보장의 측면이나 한국방송공사에게 보장된 방송자유의 측면에서 국민의 기본권실현에 관련된 영역에 속하고, 수신료금액의 결정은 납부의무자의 범위 등과 함께 수신료에 관한 본질적인 중요한 사항이므로 국회가 스스로 행하여야 하는 사항에 속하는 것임에도 불구하고 한국방송공사법 제36조 제1항에서 국회의 결정이나 관여를 배제한 채 한국방송공사로 하여금 수신료금액을 결정해서 문화관광부장관의 승인을 얻도록 한 것은 법률유보원칙에 위반된다 (헌재 1999. 5. 27. 98헌바70).

오답해설 ① 비례원칙, ② 평등원칙, ③ 신뢰보호원칙, ⑤ 부당결부금지원칙은 행정법의 일반원칙으로 법률우위의 원칙에 포함된다.

03 행정법의 법원

07

행정법의 법원
2022년 제10회

행정법의 법원(法源)에 해당하지 않는 것은?

① 대한민국헌법　　② 건축법시행규칙　　③ 서울특별시 성동구 조례

④ 헌법재판소규칙　　⑤ 사실인 관습

풀이 TIP 관습법과 사실인 관습의 차이를 구별해야 한다.

정답해설 ⑤ 사실인 관습은 관습법으로서 효력이 없는 단순사실상의 관행으로 행정법의 법원성이 부정된다.

오답해설 ①, ②, ③ 「헌법」, 시행규칙, 헌법재판소규칙은 행정작용이 준수해야 할 행정에 적용되는 법이다.
④ 조례는 지방자치단체의 자치법규에 해당하며 자치행정에 적용되는 법이다.

08

행정법의 법원
2016년 제4회

행정법의 법원(法源)에 관한 설명으로 옳지 않은 것은? (다툼이 있으면 판례에 따름)

① 행정법의 일반원칙은 법원의 성격을 갖는다.

② 행정법에는 「헌법」, 「민법」, 「형법」과 같은 단일 법전(法典)이 없다.

③ 위법한 행정처분이라 하더라도 수차례에 걸쳐 반복적으로 행해져 행정관행이 되었다면 행정청에 대하여 자기구속력을 갖는다.

④ 대법원의 판례가 법률해석의 일반적인 기준을 제시하였어도 사안이 서로 다른 사건을 재판하는 하급심법원을 직접 기속하는 것은 아니다.

⑤ '남북 사이의 화해와 불가침 및 교류협력에 관한 합의서'는 국가 간 맺은 조약이 아니므로 국내법과 동일한 효력을 가지는 것은 아니다.

풀이 TIP 위법한 처분은 시정을 해야 한다.

정답해설 ③ 위법한 행정처분이 수차례에 걸쳐 반복적으로 행하여졌다 하더라도 그러한 처분이 위법한 것인 때에는 행정청에 대하여 자기구속력을 갖게 된다고 할 수 없다(대판 2009. 6. 25. 2008두13132).

오답해설 ① 행정법의 법원(法源)에는 성문법원 외에 불문법원도 있다. 행정법의 일반원칙은 행정법의 불문법원에 해당한다.

② 행정법의 특성 중 하나가 단일 법전(法典)으로 되어 있지 않고 무수한 법령의 집합으로 이루어져 있다는 것이다.

④ 대법원의 판례가 법률해석의 일반적인 기준을 제시한 경우에 유사한 사건을 재판하는 하급심법원의 법관은 판례의 견해를 존중하여 재판하여야 하는 것이나, 판례가 사안이 서로 다른 사건을 재판하는 하급심법원을 직접 기속하는 효력이 있는 것은 아니다(대판 1996. 10. 25. 96다31307).

⑤ 남북 사이의 화해와 불가침 및 교류협력에 관한 합의서는 남북관계가 '나라와 나라 사이의 관계가 아닌 통일을 지향하는 과정에서 잠정적으로 형성되는 특수관계'임을 전제로, 조국의 평화적 통일을 이룩해야 할 공동의 정치적 책무를 지는 남북한 당국이 특수관계인 남북관계에 관하여 채택한 합의문서로서, 남북한 당국이 각기 정치적인 책임을 지고 상호 간에 그 성의 있는 이행을 약속한 것이기는 하나 법적 구속력이 있는 것은 아니어서 이를 국가 간의 조약 또는 이에 준하는 것으로 볼 수 없고, 따라서 국내법과 동일한 효력이 인정되는 것도 아니다(대판 1999. 7. 23. 98두14525).

Answer　5. ③　6. ④　7. ⑤　8. ③

2과목 ◆ 행정법

09

행정기본법의 내용
2021년 제9회

행정의 법원칙 중 「행정기본법」에 명문으로 규정하고 있는 것이 아닌 것은?

① 행정의 자기구속의 원칙   ② 부당결부금지의 원칙
③ 성실의무 및 권한남용금지의 원칙   ④ 비례의 원칙
⑤ 평등의 원칙

풀이TIP 「행정기본법」에 규정된 일반원칙의 종류를 정리하자.

정답해설 ① 「행정기본법」에는 행정의 자기구속의 원칙을 규정하고 있지 않다.

오답해설 ② 「행정기본법」 제13조에 규정되어 있다.
③ 「행정기본법」 제11조에 규정되어 있다.
④ 「행정기본법」 제10조에 규정되어 있다.
⑤ 「행정기본법」 제9조에 규정되어 있다.

10

행정법의 법원
2014년 제2회

판례에 의할 때 ( ) 안에 들어갈 행정법의 일반원칙은?

> 국가 산하 '진실·화해를 위한 과거사 정리위원회'가 피해자 등의 진실규명 신청에 따라 진실규명 신청 대상자를 희생자로 확인 또는 추정하는 진실규명 결정을 하고 피해자 등이 그 결정에 기초하여 상당한 기간 내에 권리행사를 한 경우, 국가가 소멸시효의 완성을 주장하는 것은 ( )에 반하는 권리남용에 해당하여 허용될 수 없다.

① 부당결부금지원칙   ② 비례원칙
③ 평등원칙   ④ 신의성실원칙
⑤ 최소침해원칙

풀이TIP 제시문 속의 '권리남용'이란 단어가 힌트이다.

정답해설 ④ '진실·화해를 위한 과거사 정리위원회'가 피해자 등의 진실규명 신청에 따라 진실규명 신청 대상자를 희생자로 확인 또는 추정하는 진실규명 결정을 하고 피해자 등이 그 결정에 기초하여 상당한 기간 내에 권리행사를 한 경우, 국가가 소멸시효 완성을 주장하는 것은 신의성실원칙에 반하는 권리남용에 해당하여 허용될 수 없다(대판 2014. 5. 29. 2013다217467).

오답해설 ① 부당결부금지원칙은 행정작용의 원인이나 목적과 실질적으로 관련 없는 사안을 결부시키는 것을 금지하는 원칙인 바, 위 문제와는 내용상 관련이 없다.
②, ⑤ 비례원칙(광의의 비례원칙)은 행정목적과 그 달성을 위한 수단 간에는 사회통념상 합리적이라고 인정할 수 있는 비례관계가 있을 것을 요한다는 것으로, 세부적으로 목적달성에 적합한 수단일 것(적합성), 목적달성에 적합한 수단 중에서도 상대방에게 필요 최소한의 침해를 가하는 수단을 택할 것(최소침해성), 그 수단의 사용에 따른 상대방의 불이익이 공익목적의 달성의 필요성보다 과도하게 크지 않을 것(상당성)이라는 3가지 원칙으로 구성되어 있다. 이와 같은 비례원칙은 위 문제와는 내용상 관련이 없다.
③ 평등원칙은 불합리한 사유로 국민을 차별 대우해서는 아니 된다는 원칙으로, 불합리한 차별의 금지 및 합리적 이유에 의한 차등일지라도 그 차등 정도가 과도해서는 아니 된다는 내용으로 이루어져 있다. 이와 같은 평등원칙은 위 문제와는 내용상 관련이 없다.

11

행정법의 일반원칙에 관한 설명으로 옳지 않은 것은? (다툼이 있으면 판례에 따름)

① 행정의 자기구속원칙의 인정근거는 평등원칙 또는 신뢰보호원칙이다.

② 행정관행이 위법한 경우 명문의 규정이 없는 한 행정청은 자기구속을 당하지 않는다.

③ 비례의 원칙은 헌법상의 원칙이다.

④ 신뢰보호원칙에서 법률에 대한 신뢰는 신뢰보호의 대상이 되지 않는다.

⑤ 신뢰보호원칙에서 특정 개인에 대한 공적인 견해표명이 있어야 하는 것은 아니다.

풀이 TIP 신뢰보호의 대상되는 국가작용의 범위는?

정답해설 ④ 법률에 대한 신뢰는 신뢰보호의 대상이 된다. 법령이 새롭게 제정되거나 개정된 경우 기존 상대방의 신뢰 보호로 인하여 법률은 소급할 수 없는 한계가 있게 된다.

오답해설 ① 자기구속의 법리의 근거에 대하여 다수설은 평등의 원칙에서 찾고 있지만, 판례는 평등의 원칙과 신뢰보호의 원칙 모두에서 근거를 찾고 있다.

② 행정의 자기구속의 법리는 행정선례가 적법한 경우에 인정되며 위법한 경우에는 자기구속의 법리가 적용되지 않는다.

③ 「헌법」은 기본권 제한의 일반원칙으로서 비례의 원칙을 인정하고 있다.

⑤ 신뢰보호의 견해표명은 반드시 특정 개인에 대한 견해표명일 필요가 없으며 다수인에 대한 견해표명도 인정된다.

12

행정법의 일반원칙
2022년 제10회

행정상 신뢰보호 원칙의 적용요건에 관한 설명으로 옳은 것은? (다툼이 있으면 판례에 따름)

① 공적 견해표명은 묵시적으로 할 수 없다.

② 신뢰보호의 대상은 특정 개인에 대한 행정작용에 한정되며, 법률에 대한 신뢰는 신뢰보호의 대상이 되지 않는다.

③ 행정청이 공적 견해표명을 한 후, 사정변경이 있는 경우에는 특별한 사정이 없는 한 행정청이 그 견해표명에 반하는 처분을 하더라도 신뢰보호 원칙에 위반된다고 할 수 없다.

④ 귀책사유의 유무는 상대방을 기준으로 판단하며 상대방으로부터 신청행위를 위임받은 수임인 등 관계자는 고려하지 않는다.

⑤ 단순히 착오로 어떠한 처분을 계속하다가 처분청이 추후 오류를 발견하여 합리적인 방법으로 변경할 경우 신뢰보호 원칙에 위배된다.

풀이 TIP 공적 견해표명 후 사정변경이 있는 경우 공적 견해표명은 그 효력이 실효된다는 판례를 기억하자.

정답해설 ③ 행정청의 공적 견해표명이 있은 후 사실적·법률적 상태가 변경되었다면 공적인 의사표명은 행정청의 별다른 의사표시를 기다리지 않고 실효될 수 있고 특별한 사정이 없는 한 행정청이 그 견해표명에 반하는 처분을 하더라도 신뢰보호 원칙에 위반된다고 할 수 없다.

오답해설 ① 신뢰보호의 대상이 되는 공적 견해표명은 명시적인 경우 외에 묵시적으로도 가능하다.

② 법률에 따른 개인의 행위가 국가에 의하여 일정 방향으로 유인된 것이라면 특별히 보호가치가 있는 신뢰이익이 인정될 수 있다.

④ 귀책사유의 유무는 상대방과 그로부터 신청행위를 위임받은 수임인 등 관계자 모두를 기준으로 판단하여야 한다.

⑤ 단순히 착오로 어떠한 처분을 계속한 경우 이는 신뢰보호의 대상되는 공적 견해표명으로 인정할 수 없고 처분청이 추후 오류를 발견하여 합리적인 방법으로 변경하더라도 신뢰보호 원칙에 위배되지 않는다.

13

하
행정법의 법원
2013년 제1회

주택사업계획을 승인하면서 그 주택사업과는 아무런 관련이 없는 토지를 기부채납하도록 부관을 붙인 경우 위법 판단의 근거로 제시할 수 있는 행정법의 일반원칙은?

① 신뢰보호의 원칙
② 부당결부금지의 원칙
③ 평등의 원칙
④ 투명성의 원칙
⑤ 행정의 자기구속의 원칙

풀이TIP 부당결부금지원칙의 의의를 알면 쉽게 해결할 수 있다.

정답해설 ② 주택사업계획승인을 하게 됨을 기회로 그 주택사업과는 아무런 관련이 없는 토지를 기부채납하도록 하는 부관을 위 주택사업계획승인에 붙인 사실이 인정되므로, 위 부관은 부당결부금지의 원칙에 위반되어 위법하다고 할 것이다(대판 1997. 3. 11. 96다49650).

오답해설 ① 신뢰보호의 원칙은 행정기관이 행한 언동의 정당성 또는 존속성에 대한 사인의 보호가치 있는 신뢰는 보호되어야 한다는 것으로, 위 문제와는 내용상 관련이 없다.
③ 평등의 원칙은 불합리한 사유로 국민을 차별 대우해서는 아니 된다는 원칙으로, 위 문제와는 내용상 관련이 없다.
④ 투명성의 원칙이란 행정작용은 그 내용이 구체적이고 명확하여야 한다는 것으로, 위 문제와는 내용상 관련이 없다.
⑤ 행정의 자기구속의 원칙이란 행정기관은 상대방 국민과의 관계에서 동종(同種)의 사안에 대해 이미 제3자에게 내린 결정기준에 구속된다는 것으로, 위 문제와는 내용상 관련이 없다.

---

04 법령의 효력범위

14

하
행정법의 효력
2016년 제4회

다음은 「법령 등 공포에 관한 법률」상 시행일에 관한 내용이다. (   ) 안에 들어갈 숫자로 옳은 것은?

> 대통령령, 총리령 및 부령은 특별한 규정이 없으면 공포한 날부터 (   )일이 경과함으로써 효력을 발생한다.

① 10
② 14
③ 15
④ 20
⑤ 30

풀이TIP 법령의 효력 발생시기의 원칙은 며칠일까?

정답해설 ④ 대통령령, 총리령 및 부령은 특별한 규정이 없으면 공포한 날부터 20일이 경과함으로써 효력을 발생한다(「법령 등 공포에 관한 법률」 제13조).

오답해설 대통령령, 총리령 및 부령, 조례와 규칙은 특별한 규정이 없으면 공포한 날부터 20일이 경과함으로써 효력을 발생한다(「법령 등 공포에 관한 법률」 제13조, 「지방자치법」 제26조 제8항). 다만, 국민의 권리 제한 또는 의무 부과와 직접 관련되는 법률, 대통령령, 총리령 및 부령은 긴급히 시행하여야 할 특별한 사유가 있는 경우를 제외하고는 공포일부터 적어도 30일이 경과한 날부터 시행되도록 하여야 한다 [「법령 등 공포에 관한 법률」 제13조의2(법령의 시행유예기간)].

Answer ⁺ 12. ③ 13. ② 14. ④

15

행정법의 효력에 관한 설명으로 옳은 것은? (다툼이 있으면 판례에 따름)

① 대통령령, 총리령 및 부령은 특별한 규정이 없으면 공포한 날부터 15일이 경과함으로써 효력을 발생한다.

② 법령은 지역적으로 대한민국의 영토전역에 걸쳐 효력을 가지는 것이 원칙이나 예외적으로 일부지역에만 적용될 수 있다.

③ 일반국민의 이해에 직접 관계가 없는 경우 등 특별한 사정이 있는 경우라도 법령의 소급적용은 허용되지 아니한다.

④ 인·허가신청 후 처분 전에 관계법령이 개정 시행된 경우, 행정행위는 신청 당시에 시행 중인 법령과 허가기준에 의하여 하는 것이 원칙이다.

⑤ 법령은 대한민국의 영토 내에 있는 모든 사람에게 적용되는 것이 원칙이므로 외국인에 대하여 특칙을 두거나 상호주의가 적용될 수 없다.

> **풀이 TIP** 행정법의 효력 ⇨ 시간적 효력, 지역적 효력, 대인적 효력과 관련하여 원칙과 예외를 이해하고 있어야 한다.

정답해설 ② 법령의 지역적 효력은 대한민국 영토범위 내 어디에나 효력이 미치는 것이 원칙이다. 다만 예외적으로 일부지역에만 국한하여 적용되는 법령이 있을 수 있다(예 「제주국제자유도시 특별법」).

오답해설 ① 대통령령, 총리령 및 부령은 특별한 규정이 없으면 공포한 날부터 20일이 경과함으로써 효력을 발생한다.
③ 소급입법은 원칙적으로 허용되지 않지만, 일반국민의 이해관계에 직접적 관계가 없거나 중대한 공익상 소급입법을 정당화하는 사유가 있는 경우에는 예외적으로 허용된다(판례).
④ 인·허가처분의 근거법령이 개정된 경우, 특별한 사정이 없는 한 처분은 신청 당시의 법령이 아닌 인·허가처분 시에 시행 중인 법령과 허가기준에 의하여 하는 것이 원칙이다(판례).
⑤ 법령은 대한민국의 영토 내에 있는 모든 사람에게 적용되는 것이 원칙이므로 국내의 외국인도 적용을 받는다. 다만 국내법령에서 외국인에 대하여 특칙을 두거나 상호주의를 규정할 수 있다.

16

법령등 시행일의 기간 계산에 관한 설명으로 옳은 것을 모두 고른 것은?

> ㉠ 법령등을 공포한 날부터 시행하는 경우에는 공포한 날을 시행일로 한다.
> ㉡ 법령등을 공포한 날부터 일정 기간이 경과한 날부터 시행하는 경우 법령을 공포한 날을 첫날에 산입하지 아니한다.
> ㉢ 법령등을 공포한 날부터 일정 기간이 경과한 날부터 시행하는 경우 그 기간의 말일이 토요일 또는 공휴일인 때에는 그 말일로 기간이 만료한다.
> ㉣ 대통령령은 특별한 규정이 없으면 공포한 날부터 10일이 경과함으로써 효력을 발생한다.

① ㉠, ㉡

② ㉠, ㉣

③ ㉢, ㉣

④ ㉠, ㉡, ㉢

⑤ ㉡, ㉢, ㉣

풀이 TIP 「행정기본법」의 법령 시행일과 법령 등 공포에 관한 법률의 내용을 정리하여야 한다.

정답해설 ④ 옳은 지문은 ㉠, ㉡, ㉢ 이다.
㉠ 「행정기본법」 제7조 제1호
㉡ 「행정기본법」 제7조 제2호
㉢ 「행정기본법」 제7조 제3호

오답해설
㉣ 대통령령, 총리령 및 부령은 특별한 규정이 없으면 공포한 날부터 20일이 경과함으로써 효력을 발생한다(「법령 등 공포에 관한 법률」 제13조).

17

중
행정법의 효력
2023년 제11회

「행정기본법」상 법 적용의 기준에 관한 내용이다. (   )에 들어갈 것으로 옳은 것은?

> • 당사자의 신청에 따른 처분은 법령등에 특별한 규정이 있거나 (㉠) 당시의 법령등을 적용하기 곤란한 특별한 사정이 있는 경우를 제외하고는 (㉠) 당시의 법령등에 따른다.
> • 법령등을 위반한 행위의 성립과 이에 대한 제재처분은 법령등에 특별한 규정이 있는 경우를 제외하고는 (㉡) 당시의 법령등에 따른다. 다만, 법령등을 위반한 행위 후 법령등의 변경에 의하여 그 행위가 법령등을 위반한 행위에 해당하지 아니하거나 제재처분 기준이 가벼워진 경우로서 해당 법령등에 특별한 규정이 없는 경우에는 변경된 법령등을 적용한다.

① ㉠: 신청   ㉡: 제재처분
② ㉠: 신청   ㉡: 법령등을 위반한 행위
③ ㉠: 신청   ㉡: 판결
④ ㉠: 처분   ㉡: 법령등을 위반한 행위
⑤ ㉠: 판결   ㉡: 제재처분

풀이 TIP 법령의 시간적 효력과 관련해서 「행정기본법」의 처분에 적용되는 법령의 내용을 숙지해야 한다.

정답해설 「행정기본법」 제14조 ② 당사자의 신청에 따른 처분은 법령 등에 특별한 규정이 있거나 처분 당시의 법령 등을 적용하기 곤란한 특별한 사정이 있는 경우를 제외하고는 처분 당시의 법령 등에 따른다. ③ 법령 등을 위반한 행위의 성립과 이에 대한 제재처분은 법령 등에 특별한 규정이 있는 경우를 제외하고는 법령 등을 위반한 행위 당시의 법령 등에 따른다. 다만, 법령 등을 위반한 행위 후 법령 등의 변경에 의하여 그 행위가 법령 등을 위반한 행위에 해당하지 아니하거나 제재처분 기준이 가벼워진 경우로서 해당 법령 등에 특별한 규정이 없는 경우에는 변경된 법령 등을 적용한다.

오답해설 ①, ②, ③, ⑤는 「행정기본법」 제14조의 내용과 맞지 않는다.

Answer 15. ② 16. ④ 17. ④

05 행정상 법률관계

18

행정상 법률관계의
의의와 종류
2018년 제6회

판례에 의할 때 공법상 법률관계에 해당하는 것을 모두 고른 것은?

㉠ 재개발조합과 조합임원 사이의 해임에 관한 법률관계
㉡ 국가의 부가가치세 환급세액 지급관계
㉢ 국가에서 근무하는 청원경찰의 근무관계
㉣ 일반재산인 국유림의 대부관계

① ㉠, ㉡ ② ㉠, ㉢ ③ ㉠, ㉣
④ ㉡, ㉢ ⑤ ㉢, ㉣

풀이 TIP 공법관계와 사법관계 관련 주요 판례를 기억

정답해설 ㉡ 국가의 부가가치세 환급세액 지급관계 – 납세의무자에 대한 국가의 부가가치세환급세액 지급의무는 그 납세의무자로부터 어느 과세기간에 과다하게 거래징수된 세액 상당을 국가가 실제로 납부받았는지와 관계없이 부가가치세법령의 규정에 의하여 직접 발생하는 것으로서, 그 법적 성질은 정의와 공평의 관념에서 수익자와 손실자 사이의 재산상태 조정을 위해 인정되는 부당이득 반환의무가 아니라 부가가치세법령에 의하여 그 존부나 범위가 구체적으로 확정되고 조세 정책적 관점에서 특별히 인정되는 공법상 의무라고 봄이 타당하다. 그렇다면 납세의무자에 대한 국가의 부가가치세환급세액 지급의무에 대응하는 국가에 대한 납세의무자의 부가가치세환급세액 지급청구는 민사소송이 아니라 「행정소송법」 제3조 제2호에 규정된 당사자소송의 절차에 따라야 한다(대판 2013. 3. 21. 2011다95564 전합).
㉢ 국가에서 근무하는 청원경찰의 근무관계 – 공법관계(대판 1993. 7. 13. 92다47564)

오답해설 ㉠ 재개발조합과 조합임원 사이의 해임에 관한 법률관계 – 구 「도시 및 주거환경정비법상」 재개발조합과 조합장 또는 조합임원사이의 선임·해임 등을 둘러싼 법률관계의 성질은 사법상의 법률관계이다(대판 2009. 9. 24. 2009마168·169).
㉣ 일반재산인 국유림의 대부관계 – 사법관계(대판 2000. 2. 11. 99다61675)

19 판례에 의할 때 공법상 법률관계에 해당하는 것을 모두 고른 것은?

중
행정상 법률관계의
의의와 종류
2017년 제5회

> ㉠ 무효인 과세처분에 의한 과오납금반환 채권과 채무
> ㉡ 국가에 대한 납세의무자의 부가가치세 환급세액 지급청구
> ㉢ 행정재산을 기부채납한 사인에 대한 그 행정재산의 사용허가
> ㉣ 공익사업을 위한 토지 등의 취득 및 보상에 관한 법령에 따른 토지의 협의취득

① ㉠, ㉡   ② ㉠, ㉢   ③ ㉠, ㉣

④ ㉡, ㉢   ⑤ ㉢, ㉣

풀이TIP 공법관계와 사법관계 관련 주요 판례를 기억하여야 한다.

정답해설 ㉡ 납세의무자에 대한 국가의 부가가치세 환급세액 지급의무에 대응하는 국가에 대한 납세의무자의 부가가치세 환급세액 지급청구는 민사소송이 아니라 「행정소송법」에 규정된 당사자소송의 절차에 따라야 한다(대판 2013. 3. 21. 2011다95564).
㉢ 공유재산의 관리청이 하는 행정재산의 사용·수익에 대한 허가는 순전히 사경제주체로서 행하는 사법상의 행위가 아니라 관리청이 공권력을 가진 우월적 지위에서 행하는 행정처분이라고 보아야 할 것인바, 행정재산을 보호하고 그 유지·보존 및 운용 등의 적정을 기하고자 하는 「지방재정법」 및 그 시행령 등 관련 규정의 입법 취지와 더불어 잡종재산에 대해서는 대부·매각 등의 처분을 할 수 있게 하면서도 행정재산에 대해서는 그 용도 또는 목적에 장해가 없는 한도 내에서 사용 또는 수익의 허가를 받은 경우가 아니면 이러한 처분을 하지 못하도록 하고 있는 「지방재정법」 등 규정의 내용에 비추어 볼 때 그 행정재산이 기부채납받은 재산이라 하여 그에 대한 사용·수익허가의 성질이 달라진다고 할 수는 없다(대판 2001. 6. 15. 99두509).

오답해설 ㉠ 조세부과처분이 당연무효임을 전제로 하여 이미 납부한 세금의 반환을 청구하는 것은 민사상의 부당이득반환청구로서 민사소송절차에 따라야 한다(대판 1995. 4. 28. 94다55019).
㉣ 공익사업을 위한 토지 등의 취득 및 보상에 관한 법령에 의한 협의취득은 사법상의 법률행위이므로 당사자 사이의 자유로운 의사에 따라 채무불이행책임이나 매매대금 과부족금에 대한 지급의무를 약정할 수 있다(대판 2012. 2. 23. 2010다91206).

20

중

행정상 법률관계의
의의와 종류
2014년 제2회

공법상의 법률관계에 해당하는 것은? (다툼이 있는 경우에는 판례에 의함)

① 일반재산인 국유림의 대부

② 조세부과처분이 당연무효임을 전제로 한 이미 납부한 세금의 반환청구

③ 한국마사회의 기수면허 취소

④ 공익사업을 위한 토지 등의 취득 및 보상에 관한 법령에 따른 협의취득

⑤ 국유 일반재산의 무단점유에 대한 변상금부과

풀이 TIP 공법관계와 사법관계 관련 주요 판례를 기억하여야 한다.

정답해설 ⑤ 「국유재산법」 제51조 제1항은 국유재산의 무단점유자에 대하여는 대부 또는 사용, 수익허가 등을 받은 경우에 납부하여야 할 대부료 또는 사용료 상당액 외에도 그 징벌적 의미에서 국가 측이 일방적으로 그 2할 상당액을 추가하여 변상금을 징수토록 하고 있으며, 동조 제2항은 변상금의 체납 시 「국세징수법」에 의하여 강제징수토록 하고 있는 점 등에 비추어 보면 국유재산의 관리청이 그 무단점유자에 대하여 하는 변상금부과처분은 순전히 사경제 주체로서 행하는 사법상의 법률행위라 할 수 없고 이는 관리청이 공권력을 가진 우월적 지위에서 행한 것으로서 행정소송의 대상이 되는 행정처분이라고 보아야 한다(대판 1988. 2. 23. 87누1046).

오답해설 ① 국유재산의 관리청이 국유잡종재산(현 일반재산)인 국유임야를 대부하거나 무상양여하는 것은 사경제주체로서 행하는 사법상의 법률행위에 해당하고 공권력을 가진 우월적 지위에서 하는 행정행위가 아니므로 행정소송의 대상이 되지 아니한다(대판 1983. 8. 23. 83누239).

② 조세부과처분이 당연무효임을 전제로 하여 이미 납부한 세금의 반환을 청구하는 것은 민사상의 부당이득반환청구로서 민사소송절차에 따라야 한다(대판 1995. 4. 28. 94다55019).

③ 한국마사회가 조교사 또는 기수의 면허를 부여하거나 취소하는 것은 국가 기타 행정기관으로부터 위탁받은 행정권한의 행사가 아니라 일반 사법상의 법률관계에서 이루어지는 단체 내부에서의 징계 내지 제재처분이다(대판 2008. 1. 31. 2005두8269).

④ 공익사업을 위한 토지 등의 취득 및 보상에 관한 법령에 의한 협의취득은 사법상의 법률행위이므로 당사자 사이의 자유로운 의사에 따라 채무불이행책임이나 매매대금 과부족금에 대한 지급의무를 약정할 수 있다(대판 2012. 2. 23. 2010다91206).

21

행정상 법률관계의
의의와 종류
2024년 제12회

공법관계에 관한 소송이 아닌 것은? (다툼이 있으면 판례에 따름)

① 행정재산의 사용허가 신청에 대한 거부를 다투는 소송
② 서울시립무용단 단원의 해촉에 관한 소송
③ 공익사업으로 인하여 이주하게 된 주거용 건축물의 세입자에게 인정되는 주거이전비보상을 둘러싼 소송
④ 주민등록전입신고와 그 수리 여부에 관한 소송
⑤ 한국마사회 기수의 면허취소를 다투는 소송

풀이TIP 공법관계와 사법관계 관련 주요 판례를 기억하여야 한다.

정답해설 ⑤ 한국마사회가 조교사 또는 기수의 면허를 부여하거나 취소하는 것은 국가 기타 행정기관으로부터 위탁받은 행정권한의 행사가 아니라 일반 사법상의 법률관계에서 이루어지는 단체 내부에서의 징계 내지 제재처분이다(대판 2008. 1. 31. 2005두8269).

오답해설 ① 행정재산의 사용·수익허가처분의 성질에 비추어 국민에게는 행정재산의 사용·수익허가를 신청할 법규상 또는 조리상의 권리가 있다고 할 것이므로 공유재산의 관리청이 행정재산의 사용·수익에 대한 허가 신청을 거부한 행위 역시 행정처분에 해당한다(대판 1998. 2. 27. 97누1105).
② 서울특별시립무용단 단원의 위촉은 공법상의 계약이라고 할 것이고, 따라서 그 단원의 해촉에 대하여는 공법상의 당사자소송으로 그 무효확인을 청구할 수 있다(대판 1995. 12. 22. 95누4636).
③ 주거이전비는 당해 공익사업 시행지구 안에 거주하는 세입자들의 조기이주를 장려하여 사업추진을 원활하게 하려는 정책적인 목적과 주거이전으로 인하여 특별한 어려움을 겪게 될 세입자들을 대상으로 하는 사회보장적인 차원에서 지급되는 금원의 성격을 가지므로, 적법하게 시행된 공익사업으로 인하여 이주하게 된 주거용 건축물 세입자의 주거이전비 보상청구권은 공법상의 권리이고, 따라서 그 보상을 둘러싼 쟁송은 민사소송이 아니라 공법상의 법률관계를 대상으로 하는 행정소송에 의하여야 한다(대판 2008. 5. 29. 2007다8129).
④ 「주민등록법」상 전입신고에 대한 수리거부는 항고소송의 대상되는 처분이다(대판 2009. 6. 18. 2008두10997).

Answer 20. ⑤ 21. ⑤

06 사인의 공법행위

22

사인의 공법행위로서
신고
2022년 제10회

판례에 따를 때 수리를 요하지 않는 신고에 해당하는 것은?

① 다른 법률에 의한 인·허가의제 효과를 수반하는 「건축법」상 건축신고
② 「건축법」 제14조 제1항에 따른 건축신고
③ 「수산업법」상 어업의 신고
④ 「노인장기요양보험법」상 장기요양기관의 폐업신고
⑤ 「식품위생법상」상 영업양도에 따른 지위승계 신고

풀이 TIP 「건축법」상 신고는 원칙적 수리를 요하지 않는 신고이다.

정답해설 ② 「건축법」상 다른 법률규정상 인·허가의제 효과를 수반하는 건축신고는 수리를 요하는 신고이지만 「건축법」 제14조 제1항에 따른 건축신고는 수리를 요하지 않는 신고에 해당한다는 것이 판례이다.

오답해설 ① 인·허가의제 효과를 수반하는 건축신고는 일반적인 건축신고와는 달리, 특별한 사정이 없는 한 행정청이 그 실체적 요건에 관한 심사를 한 후 수리하여야 하는 이른바 '수리를 요하는 신고'로 보는 것이 옳다(대판 2011. 1. 20. 2010두14954).
③ 「수산업법」상 신고어업은 수리를 요하는 신고이다(「수산업법」 제47조 제1항·제2항).
④ 장기요양기관의 폐업신고와 노인의료복지시설의 폐지신고는, 행정청이 관계 법령이 규정한 요건에 맞는지를 심사한 후 수리하는 이른바 '수리를 필요로 하는 신고'에 해당한다(대판 2018. 6. 12. 2018두33593).
⑤ 「식품위생법」 제39조 제1항, 제3항에 의한 영업양도에 따른 지위승계 신고를 행정청이 수리하는 행위는 단순히 양도·양수인 사이에 이미 발생한 사법상의 영업양도의 법률효과에 의하여 양수인이 그 영업을 승계하였다는 사실의 신고를 접수하는 행위에 그치는 것이 아니라, 양도자에 대한 영업허가 등을 취소함과 아울러 양수자에게 적법하게 영업을 할 수 있는 지위를 설정하여 주는 행위로서 영업허가자 등의 변경이라는 법률효과를 발생시키는 행위이다(대판 2020. 3. 26. 2019두38830).

23

상
사인의 공법행위로서
신고
2016년 제4회

사인(私人)의 공법행위로서의 신고에 관한 설명으로 옳지 않은 것은? (다툼이 있으면 판례에 따름)

① 법령상 신고사항이 아닌 신고를 수리한 경우, 그 수리는 항고소송의 대상이 되지 않는다.

② 행정청은 필요한 서류가 첨부되어 있지 않은 신고서가 제출된 경우에는 지체 없이 상당한 기간을 정하여 신고인에게 보완을 요구하여야 한다.

③ 법상 금지되어 있는 행위를 해제시키는 기능을 갖는 신고의 경우 그 신고 없이 한 행위는 위법하다.

④ 「건축법」에 따른 착공신고가 반려되었음에도 당해 건축물의 착공을 개시하면 시정명령, 이행강제금, 벌금 등의 대상이 될 우려가 있으므로 행정청의 착공신고 반려행위는 항고소송의 대상이 된다.

⑤ 적법한 요건을 갖추어 당구장업 영업신고를 한 경우 행정청이 그 신고에 대한 수리를 거부하였음에도 영업을 하면 무신고 영업이 된다.

> **풀이 TIP** 수리를 요하는 신고와 수리를 요하지 않는 신고를 구별하고, 「건축법」상 건축신고 반려의 처분성을 이해하자.

정답해설 ⑤ 당구장업은 수리를 요하지 않는 신고(자기완결적 신고)사항이므로, 적법한 요건을 갖춘 신고의 경우에는 행정청의 수리처분 등 별단의 조처를 기다릴 필요 없이 그 접수 시에 신고로서의 효력이 발생하는 것이므로 그 수리가 거부되었다고 하여 무신고 영업이 되는 것은 아니다(대판 1998. 4. 24. 97도3121).

오답해설 ① 공동주택 입주민의 옥외운동시설인 테니스장을 배드민턴장으로 변경하고 그 변동사실을 신고하여 관할 시장이 그 신고를 수리한 경우, 그 용도변경은 「주택건설촉진법」상 신고를 요하는 입주자 공유인 복리시설의 용도변경에 해당하지 아니하므로 그 변동 사실은 신고할 사항이 아니고 관할 시장이 그 신고를 수리하였다 하더라도 그 수리는 공동주택 입주민의 구체적인 권리의무에 아무런 변동을 초래하지 않으므로 항고소송의 대상이 되는 행정처분이 아니다(대판 2000. 12. 22. 99두455).
② 「행정절차법」 제40조 제3항의 내용이다. 부적법한 신고서나 신청서가 제출된 경우, 행정청은 즉시 거부할 것이 아니라 먼저 보정을 요구해야 하며 보정요구에 응하지 않는 경우에 거부가 가능하다.
③ 법상 금지되어 있는 행위를 해제시키는 기능을 갖는 신고는 적법한 신고가 있음으로써 금지의무가 해제되는 법적 효과를 갖는 것이므로 그 신고 없이 한 행위가 위법이 됨은 당연하다.
④ 건축주 등으로서는 착공신고가 반려될 경우, 당해 건축물의 착공을 개시하면 시정명령, 이행강제금, 벌금의 대상이 되거나 당해 건축물을 사용하여 행할 행위의 허가가 거부될 우려가 있어 불안정한 지위에 놓이게 된다. 따라서 착공신고 반려행위가 이루어진 단계에서 당사자로 하여금 반려행위의 적법성을 다투어 법적 불안을 해소한 다음 건축행위에 나아가도록 함으로써 장차 있을지도 모르는 위험에서 미리 벗어날 수 있도록 길을 열어 주고, 위법한 건축물의 양산과 철거를 둘러싼 분쟁을 조기에 근본적으로 해결할 수 있게 하는 것이 법치행정의 원리에 부합한다. 그러므로 행정청의 착공신고 반려행위는 항고소송의 대상이 된다고 보는 것이 옳다(대판 2011. 6. 10. 2010두7321).

Answer⁺ 22. ② 23. ⑤

24

사인의 공법행위로서
신고
2013년 제1회

사인의 공법행위에 관한 설명으로 옳지 않은 것은? (다툼이 있는 경우에는 판례에 의함)

① 사인의 공법행위는 공법적 효과의 발생을 목적으로 하는 행위인 점에서 사법행위와 구별된다.

② 사인의 공법행위는 행위의 효과를 기준으로 자기완결적(자체완성적) 공법행위와 행위요건적(행정요건적) 공법행위로 나눌 수 있다.

③ 자기완결적(자체완성적) 신고의 경우에 적법한 요건을 갖춘 신고가 있으면 행정청의 수리 여부에 관계없이 신고서가 접수기관에 도달된 때에 신고의무가 이행된 것으로 본다.

④ 신고대상이 아닌 사항의 신고에 대한 행정청의 수리거부는 취소소송의 대상이 되는 처분에 해당한다.

⑤ 사업양수에 따른 지위승계신고에 대한 허가관청의 수리에 대하여, 사업의 양도행위가 무효라고 주장하는 양도자는 민사소송으로 양도행위의 무효를 구함이 없이 곧바로 행정소송으로 위 신고수리처분의 무효확인을 구할 법률상 이익이 있다.

풀이 TIP 신고의무가 없다면 신고수리거부를 항고소송으로 다툴 수 없다.

정답해설 ④ 신고대상이 아닌 사항의 신고에 대한 행정청의 수리거부는 수리거부가 독립적으로 상대방의 권리·의무관계에 영향을 미치는 것이 아니므로 취소소송의 대상이 되는 처분에 해당하지 않는다 (대판 2000. 12. 22. 99두455 : 공동주택 입주민의 옥외운동시설인 테니스장을 배드민턴장으로 변경하고 그 변동사실을 신고한 사안).

오답해설 ① 사인의 법률행위는 공법적 효과의 발생을 목적으로 하는 공법행위와 사법적 효과의 발생을 목적으로 하는 사법행위로 구분할 수 있다.
② 사인의 공법행위는 다양한 기준에 따라 구분할 수 있으나, 행위의 효과를 기준으로 구분하면 사인의 행위만으로 법적 효과가 발생하는 자기완결적(자체완성적) 공법행위와 사인의 행위에 상응한 행정기관의 별도의 행위가 있어야 법적 효과가 발생하는 행위요건적(행정요건적) 공법행위로 나눌 수 있다.
③ 자기완결적(자체완성적) 신고는 수리를 요하지 않는 신고를 말하며 이는 행정청의 수리를 요하지 않고 적법한 신고서가 접수기관에 도달되는 것만이 핵심이다. 이와 달리 행위요건적(행정요건적) 신고는 수리를 요하는 신고를 말하며 이는 신고를 행정청이 수리하는 것이 핵심이다.
⑤ 사업양도·양수에 따른 허가관청의 지위승계신고의 수리는 적법한 사업의 양도·양수가 있었음을 전제로 하는 것이므로 그 수리대상인 사업양도·양수가 존재하지 아니하거나 무효인 때에는 수리를 하였다 하더라도 그 수리는 유효한 대상이 없는 것으로서 당연히 무효라 할 것이고, 사업의 양도행위가 무효라고 주장하는 양도자는 민사쟁송으로 양도·양수행위의 무효를 구함이 없이 막 바로 허가관청을 상대로 하여 행정소송으로 위 신고수리처분의 무효확인을 구할 법률상 이익이 있다(대판 2005. 12. 23. 2005두3554).

25

중
사인의 공법행위로서
신고
2019년 제7회

행정청은 장사 등에 관한 법령에 따른 납골당설치 신고를 한 甲에게 관계법령에 따른 준수사항을 이행하여야 한다는 것 등을 내용으로 하는 납골당설치 신고사항 이행통지를 하였다. 판례에 따를 때 옳지 않은 것을 모두 고른 것은?

㉠ 甲에 대한 신고필증 교부는 신고의 필수요건이다.
㉡ 위 이행통지는 수리처분과 다른 행정처분으로 볼 수 없다.
㉢ 신고가 위 법령의 모든 요건을 충족한다면 甲은 수리 전에 납골당을 설치할 수 있다.
㉣ 위 신고가 무효라면 신고수리행위도 무효이다.

---

① ㉠, ㉡   ② ㉠, ㉢   ③ ㉡, ㉣

④ ㉢, ㉣   ⑤ ㉠, ㉡, ㉢

풀이TIP 납골당설치 신고는 수리를 요하는 신고이다.

정답해설 ㉠ 납골당설치 신고는 '수리를 요하는 신고'이며 수리행위에 신고필증 교부 등 행위가 필요한 것은 아니라는 것이 판례의 입장이다(대판 2011. 9. 8. 2009두6766).
㉢ 납골당설치 신고는 수리를 요하는 신고이므로 수리 전에는 납골당을 설치할 수 없다.

오답해설 ㉡ 파주시장이 종교단체 납골당설치 신고를 한 甲 교회에 '구 장사 등에 관한 법률에 따라 필요한 시설을 설치하고 유골을 안전하게 보관할 수 있는 설비를 갖추어야 하며 관계 법령에 따른 허가 및 준수 사항을 이행하여야 한다.'는 취지의 납골당설치 신고사항 이행통지를 한 사안에서, 파주시장이 甲 교회에 이행통지를 함으로써 납골당설치 신고수리를 하였다고 보는 것이 타당하고, 이를 수리처분과 별도로 항고소송 대상이 되는 다른 처분으로 볼 수 없다(대판 2011. 9. 8. 2009두6766).
㉣ 수리를 요하는 신고의 경우 기본행위가 무효라면 수리행위도 무효가 된다.

Answer⁺ 24. ④ 25. ②

26

대물적 허가를 받아 영업을 하는 甲은 자신의 영업을 乙에게 양도하고자 乙과 영업의 양도·양수계약을 체결하고 관련법에 따라 관할 A행정청에 지위승계신고를 하였다. 이에 관한 설명으로 옳은 것을 모두 고른 것은? (다툼이 있으면 판례에 따름)

㉠ 적법한 지위승계신고를 하였다면, A행정청이 수리를 거부하더라도 乙에게 영업양수의 효과가 발생한다.

㉡ 지위승계신고가 있기 전에 A행정청이 위 영업허가를 취소하려는 경우 허가취소의 상대방은 甲이 된다.

㉢ 甲과 乙 사이의 영업양도·양수계약이 무효라면 지위승계신고가 수리되더라도 乙에게 영업양수의 효과가 발생하지 않는다.

㉣ 영업양도·양수가 유효하더라도 명문의 규정이 없는 한 양도 전 甲의 위반행위를 이유로 乙에 대하여 제재처분을 할 수는 없다.

---

① ㉠, ㉡   ② ㉠, ㉣   ③ ㉡, ㉢
④ ㉠, ㉢, ㉣   ⑤ ㉡, ㉢, ㉣

풀이 TIP 영업양도에 따른 지위승계신고는 수리를 요하는 신고이다. 수리의 법적 효과는?

정답해설 ㉡ 지위승계신고가 있기 전에는 처분의 명의자에 대하여 허가취소를 하여야 하므로 허가취소의 상대방은 甲이 된다.
㉢ 양도, 양수에 대한 신고가 무효인 경우에는 수리행위도 무효가 되므로 영업양수의 효과가 발생하지 않는다.

오답해설 ㉠ 대물적 허가를 지위승계하는 것은 행위요건적 신고에 해당하며 수리가 되지 않는 한 영업양도의 효과가 발생하지 않는다.
㉣ 대물적 허가는 그 위법성도 이전되므로 甲의 위반행위를 이유로 乙에 대하여 제재처분을 할 수 있다.

행정작용법

행정입법, 행정행위, 그 밖의 행정작용, 행정절차, 정보공개, 「개인정보 보호법」이 출제된다. 전체 시험범위 중 가장 출제가 많은 범위이므로 각 범위별 꼼꼼한 정리가 요구된다. 「행정절차법」과 「개인정보 보호법」의 경우에는 조문을 암기해야 풀 수 있는 문제가 출제되므로 미리 준비해야 한다.

01 행정입법

01

행정입법
2019년 제7회

행정입법에 관한 설명으로 옳은 것은? (다툼이 있으면 판례에 따름)

① 「헌법」이 규정하고 있는 위임입법의 형식은 열거적인 것이다.

② 법규명령이 위임의 근거가 없어 무효라면 나중에 법 개정으로 위임의 근거가 부여되더라도 유효한 법규명령이 될 수 없다.

③ 법 집행기관의 자의적 법집행이 배제되는지 여부는 법규범의 명확성 판단기준이 될 수 없다.

④ 재량준칙의 제정에는 법령상 근거가 필요하다.

⑤ 법령의 위임이 없음에도 법령에 규정된 처분 요건에 해당하는 사항을 부령에서 변경하여 규정한 경우에 그 규정은 국민에 대한 대외적 구속력이 없다.

> **풀이 TIP** 위임명령은 위임이 있어야 유효하다.

정답해설 ⑤ 법령의 위임이 없음에도 법령에 규정된 처분 요건에 해당하는 사항을 부령에서 변경하여 규정한 경우에는 그 부령의 규정은 행정청 내부의 사무처리 기준 등을 정한 것으로서 행정조직 내에서 적용되는 행정명령의 성격을 지닐 뿐 국민에 대한 대외적 구속력은 없다고 보아야 한다(대판 2013. 9. 12. 2011두10584).

오답해설 ① 행정규칙에 대한 위임입법이 허용되면서 「헌법」이 규정하고 있는 위임입법의 형식은 열거적인 것이 아니라 예시적인 것이 되었다는 것이 헌법재판소의 입장이다(헌재결 2004. 10. 28. 99헌바91).
② 일반적으로 법률의 위임에 의하여 효력을 갖는 법규명령의 경우, 구법에 위임의 근거가 없어 무효였더라도 사후에 법개정으로 위임의 근거가 부여되면 그때부터는 유효한 법규명령이 된다(대판 1995. 6. 30. 93추83).
③ 어떠한 법규범이 명확한지 여부는 그 법규범이 수범자에게 법규의 의미내용을 알 수 있도록 공정한 고지를 하여 예측가능성을 주고 있는지 여부 및 그 법규범이 법을 해석·집행하는 기관에게 충분한 의미 내용을 규율하여 자의적인 법해석이나 법집행이 배제되는지 여부, 다시 말하면 예측가능성 및 자의적 법집행 배제가 확보되는지 여부에 따라 이를 판단할 수 있다(대판 2006. 5. 11. 2006도920).
④ 재량준칙은 형식상으로는 행정규칙이므로 그 제정에 상위법의 근거를 요하지 않는다.

Answer 1. ⑤

02

행정입법
2018년 제6회

행정입법에 관한 설명으로 옳은 것을 모두 고른 것은? (다툼이 있으면 판례에 따름)

> ㉠ 법규명령은 원칙적으로 구체적 규범통제의 대상이 된다.
> ㉡ 집행명령은 법률의 명시적 위임규정이 없더라도 제정할 수 있다.
> ㉢ 법규명령의 위임근거가 되는 법률에 대하여 위헌결정이 선고되면 그 위임에 근거하여 제정된 법규명령도 원칙적으로 효력을 상실한다.
> ㉣ 위임명령이 법률에서 위임받은 사항에 관하여 대강을 정하고 그 중 특정사항을 범위를 정하여 하위법령에 다시 위임하는 것은 재위임금지의 원칙에 따라 허용되지 않는다.

① ㉠, ㉡   ② ㉠, ㉣   ③ ㉢, ㉣

④ ㉠, ㉡, ㉢   ⑤ ㉡, ㉢, ㉣

풀이 TIP 행정입법의 유형 중 법규명령 관련 주요 판례의 내용을 기억하여야 한다.

정답해설 ㉠ 「헌법」 제107조 제2항의 규정에 따라 법규명령은 원칙적으로 구체적 규범통제의 대상이 된다.

✦ **「헌법」 제107조** ① 법률이 헌법에 위반되는 여부가 재판의 전제가 된 경우에는 법원은 헌법재판소에 제청하여 그 심판에 의하여 재판한다.
② 명령·규칙 또는 처분이 헌법이나 법률에 위반되는 여부가 재판의 전제가 된 경우에는 대법원은 이를 최종적으로 심사할 권한을 가진다.

㉡ 집행명령은 법률의 명시적 위임규정이 없더라도 제정할 수 있다(대판 2006. 10. 27. 2004두12261).
㉢ 일반적으로 헌법재판소에 의하여 법규명령의 위임근거가 되는 법률에 대하여 위헌결정이 선고되면 그 위임에 근거하여 제정된 법규명령도 효력을 상실하는 것이 원칙이라고 할 것이다(대판 1998. 4. 10. 96다52359).

오답해설 ㉣ 위임명령이 법률에서 위임받은 사항에 관하여 대강을 정하고 그 중 특정사항을 범위를 정하여 하위법령에 다시 위임하는 것은 재위임이 허용된다(헌재결 1996. 2. 29. 94헌마213).

03

하
행정입법
2016년 제4회

행정입법에 관한 설명으로 옳은 것은? (다툼이 있으면 판례에 따름)

① 법률의 위임에 의해 효력을 갖게 된 법규명령이 법률의 개정으로 위임의 근거가 없어지게 되면 소급하여 무효인 법규명령이 된다.

② 감사원규칙은 총리령·부령과 마찬가지로 「헌법」에 명시적 근거가 있으므로 법규명령으로서의 효력을 갖는다.

③ 고시는 그 내용에 따라 법규명령 또는 행정규칙에 해당할 수도 있고 행정처분에 해당할 수도 있다.

④ 명령·규칙이 「헌법」에 위반되는 여부가 재판의 전제가 되는 경우에 대법원은 이를 최종적으로 심사할 수 없다.

⑤ 조례에 대한 법률의 위임은 반드시 구체적으로 범위를 정해서만 할 수 있으며 포괄적 위임은 허용되지 않는다.

풀이 TIP 행정입법 전반에 대한 기초적 이해 여부를 확인하려는 문제로, 행정입법 전반에 대한 지식을 요한다.

정답해설 ③ 어떠한 고시가 일반적·추상적 성격을 가질 때에는 법규명령 또는 행정규칙에 해당할 것이지만, 다른 집행행위의 매개 없이 그 자체로서 직접 국민의 구체적인 권리·의무나 법률관계를 규율하는 성격을 가질 때에는 항고소송의 대상이 되는 행정처분에 해당한다(대결 2003. 10. 9. 2003무23).

오답해설 ① 일반적으로 법률의 위임에 의하여 효력을 갖는 법규명령의 경우, 구법에 위임의 근거가 없어 무효였더라도 사후에 법개정으로 위임의 근거가 부여되면 그때부터는 유효한 법규명령이 된다. 한편, 구법의 위임에 의한 유효한 법규명령이 법개정으로 위임의 근거가 없어지게 되면 그때부터 무효인 법규명령이 된다(대판 1995. 6. 30. 93추83).
② 감사원규칙은 대통령령·총리령·부령과 달리 「헌법」에 명시적 근거가 없어 그 효력에 대해 법규명령설과 행정규칙설의 견해대립이 있으나, 다수설은 법규명령의 효력을 갖는다고 본다.
④ 명령·규칙 또는 처분이 「헌법」이나 법률에 위반되는 여부가 재판의 전제가 된 경우에는 대법원은 이를 최종적으로 심사할 권한을 가진다(「헌법」 제107조 제2항).
⑤ 조례에 대한 법률의 위임은 법규명령에 대한 법률의 위임과 같이 반드시 구체적으로 범위를 정하여 할 필요가 없으며 포괄적인 것으로 족하다(헌재 1995. 4. 20. 92헌마264).

04 법규명령에 관한 설명으로 옳지 않은 것은? (다툼이 있으면 판례에 따름)

행정입법
2020년 제8회

① 법률이 자치법적 사항을 공법적 단체의 정관에 위임하는 경우에는 포괄적 위임금지원칙이 적용되지 않는다.
② 행정입법부작위는 부작위위법확인소송의 대상이 된다.
③ 행정입법이 대법원에 의하여 위법하다는 판정이 있더라도 일반적으로 그 효력이 상실되는 것은 아니다.
④ 집행명령은 상위 법령의 수권 없이 제정될 수 있다.
⑤ 제재적 처분기준이 부령의 형식으로 규정되어 있는 때에는 국민에게 법적 구속력이 없다.

풀이 TIP 행정입법의 전체적인 내용을 묻는 문제이다. 위임과 행정입법부작위, 제재적 처분기준의 평이한 내용의 문제이다.

정답해설 ② 행정입법부작위는 그 자체로서 국민의 구체적인 권리·의무에 직접적 변동을 초래하는 것이 아니어서 행정소송(부작위위법확인소송)의 대상이 될 수 없다는 것이 판례의 입장이다(대판 1992. 5. 8. 91누11261).

오답해설 ① 법률이 공법적 단체 등의 정관에 자치법적 사항을 위임한 경우에는 「헌법」 제75조가 정하는 포괄적인 위임입법의 금지는 원칙적으로 적용되지 않는다(대판 2007. 10. 12. 2006두14476).
③ 법원에 의하여 위헌·위법으로 판단된 법규명령은 당해 사건에서만 적용거부될 뿐 일반적으로 소멸되는 것은 아니어서, 공식절차에 의하여 폐지되지 않는 한 이 규정은 형식적으로는 여전히 유효한 것으로 남아 있게 된다.
④ 집행명령은 상위법령의 시행을 위한 절차, 형식을 규율하는 것으로서 상위법령의 수권 없이 제정될 수 있다.
⑤ 판례는 제재적 처분기준이 대통령령 형식으로 규정된 경우에는 법규명령으로 보고 있지만, 부령(시행규칙) 형식의 제재적 처분기준에 대해서는 그 형식에도 불구하고 행정규칙으로 보고 있다.

05

행정입법
2022년 제10회

행정입법에 관한 설명으로 옳지 않은 것은? (다툼이 있으면 판례에 따름)

① 법령의 위임이 없음에도 법령에 규정된 처분 요건 사항을 부령에서 변경하여 규정한 경우, 이 부령의 규정은 대외적 구속력이 없다.

② 행정입법의 부작위는 항고소송으로 다툴 수 없다.

③ 재량준칙은 행정의 자기구속법리나 평등원칙 등에 의해 대외적 구속력을 가질 수 있다.

④ 「장기요양급여 제공기준 및 급여비용 산정방법 등에 관한 고시」에 대해 외부적 구속효를 인정한다.

⑤ 대법원판결에 의해 명령·규칙이 헌법 또는 법률에 위반된다는 것이 확정된 경우에는 대법원은 지체 없이 그 사유를 법무부장관에게 통보하여야 한다.

풀이TIP 법규명령에 대한 대법원의 위헌 또는 위법이라는 판결이 확정된 경우 판결문을 관보에 게재하는 「행정소송법」 제6조 제1항의 조문을 암기해야 풀 수 있다.

정답해설 ⑤ 행정소송에 대한 대법원판결에 의하여 명령·규칙이 헌법 또는 법률에 위반된다는 것이 확정된 경우에는 대법원은 지체 없이 그 사유를 행정안전부장관에게 통보하여야 한다(「행정소송법」 제6조 제1항).

오답해설 ① 법령의 위임이 없음에도 법령에 규정된 처분 요건에 해당하는 사항을 부령에서 변경하여 규정한 경우에는 그 부령의 규정은 행정청 내부의 사무처리 기준 등을 정한 것으로서 행정조직 내에서 적용되는 행정명령의 성격을 지닐 뿐 국민에 대한 대외적 구속력은 없다고 보아야 한다(대판 2013. 9. 12. 2011두10584).

② 행정입법 부작위는 그 자체로 직접 국민의 권리의무에 영향을 미치는 것이 아니므로 항고소송으로서 부작위위법확인소송의 대상이 되지 않는다는 것이 판례이다.

③ 재량준칙은 원칙적 행정규칙에 해당하나 행정의 자기구속법리나 평등원칙 등에 의해 대외적 구속력을 가질 수 있다.

④ 「노인장기요양보험법」 제39조 제3항과 같은 법 시행규칙 제32조에 따라 보건복지부장관이 정한 '장기요양급여 제공기준 및 급여비용 산정방법 등에 관한 고시'는 상위법령과 결합하여 대외적 구속력이 인정되므로 예외적으로 헌법소원의 대상이 된다는 것이 헌법재판소의 입장이다.

Answer⁺ 4. ② 5. ⑤

06

충
행정입법
2023년 제11회

행정입법에 관한 설명으로 옳지 않은 것은? (다툼이 있는 경우 판례에 의함)

① 입법 실제에 있어서 통상 대통령령에는 시행령이라는 이름을 붙이고 총리령과 부령에는 시행규칙이라는 이름을 붙인다.

②「헌법」이 인정하고 있는 위임입법의 형식은 예시적인 것이다.

③ 상위 법령의 집행을 위하여 필요한 경우에는 상위 법령의 위임이 없더라도 집행명령을 새로운 국민의 의무를 정할 수 있다.

④ 법원이 구체적 규범통제를 통해 위헌·위법으로 선언할 심판대상은 원칙적으로 재판의 전제성이 인정되는 조항에 한정된다.

⑤ 고시가 다른 집행행위의 매개 없이 그 자체로서 직접 국민의 구체적인 권리의무나 법률관계를 규율하는 성격을 가질 때에는 항고소송의 대상이 되는 행정처분에 해당한다.

풀이 TIP 집행명령의 의의와 한계에 관한 문제이다.

정답해설 ③ 법률에 의한 위임이 없는 한 법률이 규정한 개인의 권리·의무에 관한 내용을 변경·보충하거나 법률에 규정되지 아니한 새로운 내용을 규정할 수는 없다(대판 2020. 9. 3. 2016두32992)

오답해설 ① 일반적으로 대통령령을 시행령, 그 외의 법규명령을 시행규칙이라 한다.

② 헌법재판소는 헌법이 인정하고 있는 위임입법의 형식을 예시적인 것으로 보고 예외적으로 행정규칙으로의 위임도 가능하다는 입장이다(헌재 2006. 12. 28. 2005헌마59).

④ 법원이 구체적 규범통제를 통해 위헌·위법으로 선언할 심판대상은, 해당 규정의 전부가 불가분적으로 결합되어 있어 일부를 무효로 하는 경우 나머지 부분이 유지될 수 없는 결과를 가져오는 특별한 사정이 없는 한, 원칙적으로 해당 규정 중 재판의 전제성이 인정되는 조항에 한정된다(대판 2019. 6. 13. 2017두33985).

⑤ 어떠한 고시가 일반적·추상적 성격을 가질 때에는 법규명령 또는 행정규칙에 해당할 것이지만, 다른 집행행위의 매개 없이 그 자체로서 직접 국민의 구체적인 권리의무나 법률관계를 규율하는 성격을 가질 때에는 항고소송의 대상이 되는 행정처분에 해당한다(대결 2003. 10. 9. 2003무23).

07

법규명령의 통제에 관한 설명으로 옳지 않은 것은? (다툼이 있으면 판례에 따름)

상
법규명령
2017년 제5회

① 일반적·추상적인 법령이나 규칙은 항고소송의 대상이 될 수 없다.

② 행정부가 제정한 규칙이 별도의 집행행위를 기다리지 않고 직접 국민의 기본권을 침해하고 있는 경우에는 헌법소원의 대상이 된다.

③ 법규명령에 대하여는 국회도 직접적으로 통제할 수 있는 방법이 있다.

④ 법규명령에 대한 구체적 규범통제의 최종적 심사권은 헌법재판소에 전속한다.

⑤ 법규명령에 대한 국민의 통제수단으로는 여론·압력단체의 활동 등과 같은 간접적인 수단이 있다.

> **풀이TIP** 법규명령의 구체적 규범통제의 최종적 권한은 대법원에 속한다.

정답해설 ④ 「헌법」 제107조 제2항은 "명령·규칙 또는 처분이 「헌법」이나 법률에 위반되는 여부가 재판의 전제가 된 경우에는 대법원은 이를 최종적으로 심사할 권한을 가진다."고 규정하고 있어 구체적인 소송사건에서 명령·규칙의 위헌·위법 여부가 재판의 전제가 되었을 경우에 법규명령에 대한 심사권(= 구체적 규범통제의 최종적 심사권)은 법원에 전속한다.

오답해설 ① 항고소송의 대상이 되는 행정처분은 행정청의 공법상 행위로서 특정사항에 대하여 법률에 의하여 권리를 설정하고 의무를 명하며, 기타 법률상 효과를 발생케 하는 등 국민의 권리의무에 직접 관계가 있는 행위이어야 하고, 다른 집행행위의 매개 없이 그 자체로서 국민의 구체적인 권리의무나 법률관계에 직접적인 변동을 초래케 하는 것이 아닌 일반적·추상적인 법령 등은 그 대상이 될 수 없다(대판 2007. 4. 12. 2005두15168).

② 「헌법」 제107조 제2항이 규정한 명령·규칙에 대한 대법원의 최종심사권이란 구체적인 소송사건에서 명령·규칙의 위헌 여부가 재판의 전제가 되었을 경우 법률의 경우와는 달리 헌법재판소에 제청할 것 없이 대법원이 최종적으로 심사할 수 있다는 의미이며, 명령·규칙 그 자체에 의하여 직접 기본권이 침해되었음을 이유로 하여 헌법소원심판을 청구하는 것은 위 「헌법」 규정과는 아무런 상관이 없는 문제이다. 입법부·행정부·사법부에서 제정한 규칙이 별도의 집행행위를 기다리지 않고 직접 기본권을 침해하는 것일 때에는(당해 법령의 효력을 직접 다투는 것을 소송물로 하여 일반법원에 구제를 구할 수 있는 절차는 존재하지 아니하므로) 모두 헌법소원심판의 대상이 될 수 있는 것이다(헌재 1990. 10. 15. 89헌마178).

③ 우리나라의 경우, 법규명령의 효력 발생·소멸을 국회가 직접 통제하는 직접적 통제수단은 일반적으로는 인정되고 있지는 않지만, 대통령의 긴급명령과 긴급재정경제명령에 대해서는 국회의 사후승인을 얻지 못하면 그 효력이 소멸되도록 함으로써 직접적 통제수단이 인정되고 있다(「헌법」 제76조 제3항·제4항).

⑤ 법규명령에 대한 국민의 통제수단으로는 여론·압력단체의 활동 등과 같은 간접적인 수단만이 있을 뿐이며, 법규명령의 효력 발생·소멸을 국민이 직접 통제하는 직접적 통제수단은 인정되지 않고 있다.

Answer 6. ③ 7. ④

08

행정규칙에 관한 설명으로 옳은 것은? (다툼이 있으면 판례에 따름)

① 행정규칙의 제정에는 일반적으로 법적 근거가 필요하지 않다.

② 대통령령으로 정한 제재적 처분기준은 행정규칙으로서의 성질을 가진다.

③ 「행정절차법」상 처분의 기준이 되는 재량준칙을 변경하는 경우 이를 공표할 필요가 없다.

④ 재량권 행사의 준칙인 행정규칙에 관행이 성립되어 있지 않더라도 행정기관은 그 준칙에 따라야 할 자기구속을 받게 된다.

⑤ 상급 행정기관은 감독권에 근거하여서는 하급 행정기관에 대한 행정규칙을 발할 수 없다.

풀이 TIP 행정규칙의 법적 근거 필요 여부와 행정규칙이 예외적으로 대외적 구속력을 갖는 경우에 대한 판례정리가 되어야 풀 수 있다.

정답해설 ① 행정규칙은 일반 국민의 권리·의무에 관한 사항이 아닌 행정조직 내부의 사항을 정하는 것이므로, 행정규칙의 제정에는 일반적으로 법적 근거가 필요하지 않다.

오답해설 ② 대법원 판례는 일반적으로 대통령령(시행령)으로 정한 제재적 처분기준은 법규명령의 성질을, 부령(시행규칙)으로 정한 제재적 처분기준은 행정규칙으로서의 성질을 가진다고 본다.

③ 「행정절차법」은 제20조(처분기준의 설정·공표) 제1항에서 "행정청은 필요한 처분기준을 해당 처분의 성질에 비추어 되도록 구체적으로 정하여 공표하여야 한다. 처분기준을 변경하는 경우에도 또한 같다."고 규정하고 있다. 따라서 처분의 기준이 되는 재량준칙을 변경하는 경우 이를 공표하여야 한다.

④ 판례는 재량권 행사의 준칙인 행정규칙에 관행이 성립되어 있지 않은 경우에는 행정기관은 그 준칙에 따라야 할 자기구속을 받지 않는다고 본다. ⇨ 재량권 행사의 준칙인 행정규칙이 그 정한 바에 따라 되풀이 시행되어 행정관행이 이루어지게 되면 평등의 원칙이나 신뢰보호의 원칙에 따라 행정기관은 그 상대방에 대한 관계에서 그 규칙에 따라야 할 자기구속을 받게 되므로, 이러한 경우에는 특별한 사정이 없는 한 그를 위반하는 처분은 평등의 원칙이나 신뢰보호의 원칙에 위배되어 재량권을 일탈·남용한 위법한 처분이 된다(대판 2009. 3. 26. 2007다88828).

⑤ 행정규칙의 제정에는 일반적으로 법적 근거가 필요하지 않으며, 상급 행정기관은 감독권에 근거하여 하급 행정기관에 대한 행정규칙을 발할 수 있다.

09

행정규칙
2015년 제3회

행정규칙에 관한 설명으로 옳지 않은 것은? (다툼이 있으면 판례에 따름)

① 행정규칙은 원칙적으로 대외적 구속력이 없다.
② 재량준칙이 되풀이 시행되어 행정관행이 성립한 경우 당해 재량준칙에 자기 구속력을 인정한다.
③ 행정규칙의 제정에는 법령의 수권을 요하지 않는다.
④ 행정규칙에서 정한 요건을 충족하지 않으면 그 처분은 절차상의 하자로 위법한 처분이 된다.
⑤ 행정규칙은 대외적인 행위가 아니라 행정조직 내부에서의 행위이므로 원칙상 헌법소원의 대상이 되는 공권력 행사가 아니다.

풀이TIP 행정규칙에 관한 기초적인 이해를 요한다.

정답해설 ④ 행정규칙은 행정조직 내부에만 적용되는 내부규범이므로 대외적으로 국민이나 법원을 구속하지 않는다. 따라서 행정규칙에서 정한 절차를 위반한 처분이 행해진 경우에도, 이는 조직 내부에서 해당 공무원에 대한 징계사유가 될 수는 있어도 그것만으로 절차상 위법한 처분이 되는 것은 아니다.

오답해설 ① 상급행정기관이 하급행정기관에 대하여 업무처리지침이나 법령의 해석적용에 관한 기준을 정하여 발하는 이른바 행정규칙은 일반적으로 행정조직 내부에서만 효력을 가질 뿐 대외적으로 법원이나 일반국민에 대한 구속력을 갖는 것은 아니다(대판 1998. 6. 9. 97누19915).
② 재량권 행사의 준칙인 행정규칙이 규정한 바에 따라 되풀이 시행되어 행정관행이 정착되면 평등의 원칙이나 신뢰보호의 원칙에 따라 행정기관은 그 상대방에 대한 관계에서 그 규칙에 따라야 할 자기구속을 당하게 되고, 그러한 경우에는 대외적인 구속력을 가지게 된다(헌재 1990. 9. 3. 90헌마13).
③ 행정규칙은 일반 국민의 권리·의무에 관한 사항이 아닌 행정조직 내부의 사항을 정하는 것이므로, 행정규칙의 제정에는 일반적으로 법령의 수권을 요하지 않는다.
⑤ 경기도교육청의 1999. 6. 2.자 「학교장·교사 초빙제 실시」는 학교장·교사 초빙제의 실시에 따른 구체적 시행을 위해 제정한 사무처리지침으로서 행정조직 내부에서만 효력을 가지는 행정상의 운영지침을 정한 것이어서, 국민이나 법원을 구속하는 효력이 없는 행정규칙에 해당하므로 헌법소원의 대상이 되지 않는다(헌재 2001. 5. 31. 99헌마413).

10

행정규칙에 관한 설명으로 옳지 않은 것은? (다툼이 있으면 판례에 따름)

① 행정규칙은 특별한 사정이 없는 한 대외적으로 국민이나 법원을 구속하는 효력이 없다.

② 처분이 행정규칙을 따른 것이면 적법성이 보장된다.

③ 처분이 행정규칙을 위반하였다고 해서 그러한 사정만으로 곧바로 위법하게 되는 것은 아니다.

④ 행정규칙에 따른 처분의 적법성 여부는 상위법령의 규정과 입법 목적 등에 적합한지 여부에 따라 판단해야 한다.

⑤ 행정규칙이 그 정한 바에 따라 되풀이 시행되어 행정관행이 이루어지게 되면 행정기관은 그 상대방에 대한 관계에서 그 규칙에 따라야 할 자기구속을 받게 된다.

풀이 TIP 행정규칙으로 처분의 적법성 또는 위법성을 판단하지 않는다.

정답해설 ②, ③ 행정규칙은 행정조직 내부에만 적용되는 내부규범으로 대외적으로 국민이나 법원을 구속하지 않기 때문에 처분이 행정규칙을 따른 것이라 하여 적법성이 보장되는 것은 아니다. 반대로 처분이 행정규칙을 위반하였다고 해서 그러한 사정만으로 곧바로 위법하게 되는 것도 아니다.

오답해설 ① 행정규칙은 일반적으로 행정조직 내부에서만 효력을 가질 뿐 대외적으로 법원이나 일반국민에 대한 구속력을 갖는 것은 아니다(대판 1998. 6. 9. 97누19915).

④ 행정규칙에 따른 처분의 적법성 여부는 행정규칙을 기준으로 판단하지 않고 상위법령의 규정과 입법 목적 등에 적합한지 여부에 따라 판단해야 한다.

⑤ 그 재량준칙(행정규칙)이 정한 바에 따라 되풀이 시행되어 행정관행이 이루어지게 되면 평등의 원칙이나 신뢰보호의 원칙에 따라 행정청은 상대방에 대한 관계에서 그 규칙에 따라야 할 자기구속을 받게 되므로, 이러한 경우에는 특별한 사정이 없는 한 그에 반하는 처분은 평등의 원칙이나 신뢰보호의 원칙에 어긋나 재량권을 일탈·남용한 위법한 처분이 된다(대판 2014. 11. 27. 2013두18964).

11

중
행정규칙, 행정규칙
형식의 법규명령
2017년 제5회

고시(告示)에 관한 설명으로 옳지 않은 것은? (다툼이 있으면 판례에 따름)

① 고시가 국민의 기본권을 제한하는 내용을 담고 있어 상위법령과 결합하여 대외적 구속력을 가질 때에는 법규명령으로서의 성격을 가진다.

② 고시가 구체적인 규율의 성격을 갖더라도 행정처분에 해당하지 않는다.

③ 고시가 집행행위의 매개 없이 그 자체로서 직접 국민의 구체적인 권리의무를 규율할 때에는 항고소송의 대상이 된다.

④ 고시와 같은 형식으로 입법위임을 할 때에는 법령이 전문적 · 기술적 사항이나 경미한 사항으로서 업무의 성질상 위임이 불가피한 사항에 한정된다.

⑤ 고시의 규정 내용이 법령의 위임 범위를 벗어난 경우에는 대외적 구속력을 인정할 여지는 없다.

풀이 TIP 고시의 법적 성질 및 국회가 입법권을 위임할 때 행정규칙 형식인 고시로 할 수 있는 요건 등에 관하여 이해를 요한다.

정답해설 ② 고시가 구체적인 규율의 성격을 갖는 경우에는 행정처분에 해당한다. 고시 또는 공고의 법적 성질은 일률적으로 판단될 것이 아니라 고시에 담겨진 내용에 따라 구체적인 경우마다 달리 결정된다고 보아야 한다. 즉, 고시가 일반적 · 추상적 성격을 가질 때는 법규명령 또는 행정규칙에 해당하지만, 고시가 구체적인 규율의 성격을 갖는다면 행정처분에 해당한다(헌재 1998. 4. 30. 97헌마141).

오답해설 ① '청소년유해매체물의 표시방법'에 관한 정보통신부고시는 청소년유해매체물을 제공하려는 자가 하여야 할 전자적 표시의 내용을 정하고 있는데, 이는 「정보통신망 이용촉진 및 정보보호 등에 관한 법률」제42조 및 동법시행령 제21조 제2항, 제3항의 위임규정에 의하여 제정된 것으로서 국민의 기본권을 제한하는 것인바 상위법령과 결합하여 대외적 구속력을 갖는 법규명령으로 기능하고 있는 것이므로 헌법소원의 대상이 된다(헌재 2004. 1. 29. 2001헌마894).

③ 어떠한 고시가 일반적 · 추상적 성격을 가질 때에는 법규명령 또는 행정규칙에 해당할 것이지만, 다른 집행행위의 매개 없이 그 자체로서 직접 국민의 구체적인 권리 · 의무나 법률관계를 규율하는 성격을 가질 때에는 항고소송의 대상이 되는 행정처분에 해당한다(대판 2003. 10. 9. 2003무23).

④ 행정규칙은 법규명령과 같은 엄격한 제정 및 개정절차를 요하지 아니하므로, 재산권 등과 같은 기본권을 제한하는 작용을 하는 법률이 입법위임을 할 때에는 대통령령 · 총리령 · 부령 등 법규명령에 위임함이 바람직하고, 금융감독위원회의 고시와 같은 형식으로 입법위임을 할 때에는 적어도 「행정규제기본법」제4조 제2항 단서에서 정한 바와 같이 법령이 전문적 · 기술적 사항이나 경미한 사항으로서 업무의 성질상 위임이 불가피한 사항에 한정된다 할 것이고, 그러한 사항이라 하더라도 포괄위임금지의 원칙상 법률의 위임은 반드시 구체적 · 개별적으로 한정된 사항에 대하여 행하여져야 한다(헌재 2004. 10. 28. 99헌바91).

⑤ 행정 각부의 장이 정하는 고시가 비록 법령에 근거를 둔 것이라고 하더라도 그 규정 내용이 법령의 위임 범위를 벗어난 것일 경우에는 법규명령으로서의 대외적 구속력을 인정할 여지는 없다(대결 2006. 4. 28. 2003마715).

Answer 10. ② 11. ②

12

하

법규명령, 행정규칙,
법규명령 형식의
행정규칙
2013년 제1회

행정입법에 관한 설명으로 옳은 것은? (다툼이 있는 경우에는 판례에 의함)

① 행정소송에 대한 대법원 판결에 의하여 법규명령의 위헌 또는 위법이 확정된 경우에는 대법원은 지체 없이 그 사유를 행정안전부장관에게 통보하여야 한다.

② 범죄구성요건을 포괄적·추상적으로 법규명령에 위임하는 것도 가능하다.

③ 시행령으로 정한 제재적 처분기준은 행정규칙으로서의 성질을 가진다.

④ 상위법령이 개정된 경우 종전의 집행명령은 당연히 실효된다.

⑤ 행정규칙은 법률의 수권이 있는 경우에만 제정할 수 있다.

풀이 TIP 행정입법인 법규명령과 행정규칙에 관한 전반적인 이해를 요한다.

정답해설 ①「행정소송법」제6조의 규정 내용 그 자체이다. ➡ 행정소송에 대한 대법원 판결에 의하여 명령·규칙이 헌법 또는 법률에 위반된다는 것이 확정된 경우에는 대법원은 지체 없이 그 사유를 행정자치부장관에게 통보하여야 하며, 통보를 받은 행정안전부장관은 지체 없이 이를 관보에 게재하여야 한다 (「행정소송법」제6조).

오답해설 ② 범죄구성요건의 위임은 특히 긴급한 필요가 있거나 미리 법률로써 자세히 정할 수 없는 부득이한 사정이 있는 경우에 한정되고 이러한 경우에도 법률에 범죄구성요건을 구체적으로 정하여야 한다. ➡ 법률에 의한 처벌법규의 위임은 죄형법정주의의 원칙상 허용되지 않는 것이 원칙이지만, 특히 긴급한 필요가 있거나 미리 법률로써 자세히 정할 수 없는 부득이한 사정이 있는 경우에 한하여 수권법률(위임법률)이 구성요건의 점에서는 처벌대상인 행위가 어떠한 것인지 이를 예측할 수 있을 정도로 구체적으로 정하고, 형벌의 점에서는 형벌의 종류 및 그 상한과 폭을 명확히 규정하는 것을 전제로 위임입법이 허용되며, 이러한 위임입법은 죄형법정주의에 반하지 않는다(대판 2002. 11. 26. 2002도2998, 헌재 1991. 7. 8. 91헌가4).

③ 대통령령(시행령)으로 정한 제재적 처분기준은 법규명령으로서의 성질을 가진다는 것이 판례의 입장이다.

④ 상위법령이 폐지된 경우에는 집행명령도 실효되나, 상위법령이 개정된 경우에는 종전의 집행명령은 존속됨이 원칙이다. ➡ 집행명령은 근거법령인 상위법령이 폐지되면 특별한 규정이 없는 이상 실효(失效)되는 것이나, 상위법령이 개정됨에 그친 경우에는 개정법령과 성질상 모순·저촉되지 아니하고 개정된 상위법령의 시행에 필요한 사항을 규정하고 있는 이상 그 집행명령은 상위법령의 개정에도 불구하고 당연히 실효되지 아니하고 개정법령의 시행을 위한 집행명령이 제정·발효될 때까지는 여전히 그 효력을 유지한다(대판 1989. 9. 12. 88누6962).

⑤ 행정규칙은 일반 국민의 권리·의무에 관한 사항이 아닌 행정조직 내부의 사항을 정하는 내부규범이므로, 행정규칙의 제정에는 일반적으로 법령의 수권을 요하지 않는다.

13 행정입법에 관한 설명으로 옳지 않은 것은? (다툼이 있으면 판례에 따름)

행정입법의 내용
2021년 제9회

① 재량준칙은 일반적으로 행정조직 내부에서만 효력을 가질 뿐 대외적인 구속력을 갖는 것은 아니다.

② 재량권 행사의 준칙인 행정규칙이 정한 바에 따라 되풀이 시행되어 행정관행이 형성되어 행정기관이 그 상대방에 대한 관계에서 그 규칙에 따라야 할 자기구속을 당하게 되는 경우에는 헌법소원의 대상이 될 수 있다.

③ 법원이 구체적 규범통제를 통해 위헌·위법으로 선언할 심판대상은 원칙적으로 해당 규정 전체이고, 재판의 전제성이 인정되는 조항에 한정되지 않는다.

④ 헌법이 인정하고 있는 위임입법의 형식은 예시적인 것으로 보아야 한다.

⑤ 보건복지부 고시인 약제급여·비급여목록 및 급여상한금액표에 대해서는 취소소송으로 다툴 수 있다.

풀이 TIP 행정입법의 전체적인 내용을 이해하여야 한다.

정답해설 ③ 법원이 구체적 규범통제를 통해 위헌·위법으로 선언할 심판대상은, 해당 규정의 전부가 불가분적으로 결합되어 있어 일부를 무효로 하는 경우 나머지 부분이 유지될 수 없는 결과를 가져오는 특별한 사정이 없는 한, 원칙적으로 해당 규정 중 재판의 전제성이 인정되는 조항에 한정된다(대판 2019. 6. 13. 2017두33985).

오답해설 ① 행정청 내부의 사무처리에 관한 재량준칙의 경우 대외적으로 국민이나 법원을 기속하는 효력 즉 법규적 효력이 없으므로, 이러한 재량준칙에 기한 행정처분의 적법 여부는 그 처분이 재량준칙의 규정에 적합한 것인가의 여부에 따라 판단할 것이 아니다(대판 2013. 7. 11. 2013두1621).
② 재량권 행사의 준칙인 행정규칙이 정한 바에 따라 되풀이 시행되어 행정관행이 형성되어 행정기관이 그 상대방에 대한 관계에서 그 규칙에 따라야 할 자기구속을 당하게 되는 경우에는 법규명령에 준하는 효력을 갖게 되므로 헌법재판소의 헌법소원의 대상이 될 수 있다(헌재결 2005. 5. 26. 2004헌마49).
④ 헌법이 인정하고 있는 위임입법의 형식은 예시적인 것으로 보아야 할 것이고, 입법자가 규율의 형식도 선택할 수 있다. 그러한 영역에서 행정규칙에 대한 위임입법 제한적으로 인정될 수 있다(헌재결 2004. 10. 28. 99헌바91).
⑤ 보건복지부고시인 약제급여·비급여목록 및 급여상한금액표(보건복지부고시 제2002-46호로 개정된 것)는 다른 집행행위의 매개 없이 그 자체로서 국민건강보험가입자, 국민건강보험공단, 요양기관 등의 법률관계를 직접 규율하는 성격을 가지므로 항고소송의 대상이 되는 행정처분에 해당한다(대판 2006. 9. 22. 2005두2506).

Answer 12. ① 13. ③

02 행정행위

14

재량행위와 기속행위에 관한 설명으로 옳은 것은? (다툼이 있으면 판례에 따름)

① 「공유수면 관리 및 매립에 관한 법률」상 공유수면 점용허가는 기속행위이다.

② 재외동포에 대한 사증발급과 관련한 재량권 불행사는 그 자체로 재량권 일탈·남용에 해당하지 않으므로 해당 처분을 취소하여야 할 위법사유가 되지 않는다.

③ 「국토의 계획 및 이용에 관한 법률」에 의하여 지정된 도시지역 안에서 토지의 형질변경행위를 수반하는 건축허가의 법적 성질은 기속행위이다.

④ 법령상 감경사유가 있는 경우 이를 전혀 고려하지 않은 과징금 부과처분은 위법하다.

⑤ 행정청이 제재처분 양정을 하면서 이익형량을 하였다면 그 양정에 정당성·객관성이 결여된 경우라도 위법은 아니다.

> **풀이TIP** 기속행위와 재량행위에 대한 판례를 묻는 문제로서 행정행위의 내용과도 연결되는 문제이다. 기속행위와 재량행위를 개별사례에 적용할 수 있어야 한다.

정답해설 ④ 「부동산 실권리자명의 등기에 관한 법률 시행령」 제3조의2 단서의 과징금 임의적 감경사유가 있음에도 이를 전혀 고려하지 않거나 감경사유에 해당하지 않는다고 오인하여 과징금을 감경하지 않은 경우, 그 과징금부과처분은 재량권을 일탈·남용으로 위법한 것이다(대판 2010. 7. 15. 2010두7031).

오답해설 ① 「공유수면 관리 및 매립에 관한 법률」에 따른 공유수면의 점용·사용허가는 특정인에게 공유수면 이용권이라는 독점적 권리를 설정하여 주는 처분으로서 처분 여부 및 내용의 결정은 원칙적으로 행정청의 재량에 속한다(대판 2017. 4. 28. 2017두30139).

② 처분의 근거 법령이 행정청에 처분의 요건과 효과 판단에 일정한 재량을 부여하였는데도, 행정청이 자신에게 재량권이 없다고 오인한 나머지 처분으로 달성하려는 공익과 그로써 처분상대방이 입게 되는 불이익의 내용과 정도를 전혀 비교형량 하지 않은 채 처분을 하였다면, 이는 재량권 불행사로서 그 자체로 재량권 일탈·남용으로 해당 처분을 취소하여야 할 위법사유가 된다(대판 2019. 7. 11. 2017두38874).

③ 일반적인 건축허가는 기속행위이나, 「국토의 계획 및 이용에 관한 법률」에 의하여 지정된 도시지역 안에서 토지의 형질변경행위를 수반하는 건축허가는 재량행위이다(대판 2005. 7. 14. 2004두6181).

⑤ 행정청이 제재처분 양정을 하면서 공익과 사익의 형량을 전혀 하지 않았거나 이익형량의 고려대상에 마땅히 포함하여야 할 사항을 누락한 경우 또는 이익형량을 하였으나 정당성·객관성이 결여된 경우에는 제재처분은 재량권을 일탈·남용한 것이라고 보아야 한다(대판 2020. 6. 25. 2019두52980).

15 의사표시를 구성요소로 하는가에 따라 행정행위를 분류할 때 성질이 다른 하나는?

하
행정행위의 내용
2018년 제6회

① 면제　　　　② 특허　　　　③ 확인

④ 인가　　　　⑤ 대리

2과목 · 행정법

풀이 **TIP**　법률행위적 행정행위와 준법률행위적 행정행위의 종류를 구별하면 된다.

행정행위의 내용 → 법적 효과의 발생 원인 ─┬─ 법률행위적 행정행위 ─┬─ 명령적 행위 : 하명, 허가, 면제
　　　　　　　　　　　　　　　　　　　　　　　　　　　　　　　└─ 형성적 행위 : 특허, 인가, 대리
　　　　　　　　　　　　　　　　　　　└─ 준법률행위적 행정행위 : 확인, 공증, 통지, 수리

정답해설　③ 확인은 준법률행위적 행정행위에 해당한다.

오답해설　① 면제, ② 특허, ④ 인가, ⑤ 대리 등은 법률행위적 행정행위에 해당한다.

16 강학상 허가에 관한 설명으로 옳지 않은 것은? (다툼이 있으면 판례에 따름)

중
행정행위의 내용
2019년 제7회

① 반드시 신청을 전제로 하는 것은 아니다.

② 건축허가는 대물적 성질을 갖는 것이어서 그 허가를 할 때에 인적 요소에 관해서는 형식적 심사만 한다.

③ 허가에 붙은 기한이 그 허가된 사업의 성질상 부당하게 짧은 경우에는 그 허가조건의 존속기간으로 보아야 한다.

④ 허가신청 후 처분 전에 관계법령이 개정되었다면 원칙적으로 개정된 법령에 따라 허가여부를 결정하여야 한다.

⑤ 타법상의 인·허가가 의제되는 허가를 하는 경우, 행정청은 타법상의 인·허가 요건에 대한 심사 없이 허가처분을 할 수 있다.

풀이 **TIP**　허가에 관한 판례를 묻는 문제이다. 허가의 경우 타법상의 요건을 갖추어야 한다는 것을 기억해야 한다.

정답해설　⑤ 인·허가가 의제되는 허가를 하는 경우, 행정청은 타법상의 인·허가 요건에 대한 심사를 하여 허가 여부에 대한 처분을 할 수 있다.

오답해설　① 허가는 신청을 전제로 하는 경우가 보통이나 통행금지 해제처럼 신청이 없는 허가도 허용된다.
② 건축허가는 대물적 허가이므로 인적요소는 형식적 심사에 그친다.
③ 허가에 붙은 기한이 그 허가된 사업의 성질상 부당하게 짧은 경우, 이는 그 허가 자체의 존속기간이 아니라 그 허가조건의 존속기간이다(대판 2004. 11. 25. 2004두7023).
④ 허가 신청 후 처분 전에 법령이 변경된 경우에는 변경된 법령을 적용하여야 한다는 것이 판례의 입장이다(대판 1992. 12. 8. 92누13813).

Answer　14. ④　15. ③　16. ⑤

17

허가에 관한 설명으로 옳은 것은? (다툼이 있으면 판례에 따름)

① 허가권자는 중대한 공익상의 필요가 없는데도 관계 법령에서 정한 제한사유 이외의 사유를 들어 적법한 건축허가 신청을 거부할 수 없다.

② 허가는 반드시 신청을 전제로 한다.

③ 허가의 취소사유가 발생하면 취소가 가능하지만 일부취소는 불가능하다.

④ 허가가 있으면 당해 허가의 대상이 된 행위에 대한 금지가 해제될 뿐만 아니라 타법에 의한 금지까지 해제된다.

⑤ 인·허가의제 효과를 수반하는 건축신고는 수리를 요하는 신고에 해당하지 않는다.

> **풀이 TIP** 강학상 허가에 관하여는 여러 논점이 있으므로 이들 모두를 숙지하고 있어야 한다.

정답해설 ① 건축허가는 기속행위 내지 기속재량행위이므로 관계 법령에서 정하는 제한사유 이외의 사유를 들어 요건을 갖춘 자에 대한 허가를 거부할 수는 없다. 중대한 공익상 필요가 있는 경우 예외가 인정될 수는 있다. ⇨ 건축허가권자는 건축허가신청이 「건축법」, 「도시계획법」 등 관계 법규에서 정하는 어떠한 제한에 배치되지 않는 이상 당연히 건축허가를 하여야 하고, 중대한 공익상의 필요가 없음에도 불구하고 요건을 갖춘 자에 대한 허가를 관계 법령에서 정하는 제한사유 이외의 사유를 들어 거부할 수는 없다(대판 1992. 12. 11. 92누3038).

오답해설 ② 허가는 일반적으로 신청에 의해 행해지는 경우가 많지만 신청 없이 행해지는 허가도 있다 (예 통행금지·입산금지 해제).

③ 외형상 하나의 행정처분이라 하더라도 가분성이 있거나 그 처분대상의 일부가 특정될 수 있다면 그 일부만의 취소도 가능하고 그 일부의 취소는 당해 취소부분에 관하여 효력이 생긴다(대판 1995. 11. 16. 95누8850).

④ 허가가 있으면 특별한 규정이 없는 한 당해 허가의 대상이 된 행위에 대한 금지만 해제될 뿐 타법에 의한 금지까지 해제되는 것은 아니다. ⇨ 접도구역 내에서는 「도로법」에 의하여 도지사로부터 개축허가를 받았다고 하더라도 「건축법」에 의하여 시장 또는 군수의 건축허가를 다시 받아야 한다(「도로법」과 「건축법」에서 각각 규정하고 있는 건축허가는 그 허가권자의 허가를 받도록 한 목적, 허가의 기준, 허가 후의 감독에 있어서 같지 아니하므로)(대판 1991. 4. 12. 91도218).

⑤ 인·허가의제 효과를 수반하는 건축신고는 수리를 요하는 신고에 해당한다. ⇨ 인·허가의제 효과를 수반하는 건축신고는 일반적인 건축신고와는 달리, 특별한 사정이 없는 한 행정청이 그 실체적 요건에 관한 심사를 한 후 수리하여야 하는 이른바 '수리를 요하는 신고'로 보는 것이 옳다. … 일정한 건축물에 관한 건축신고는 「건축법」 제14조 제2항, 제11조 제5항 제3호에 의하여 「국토계획법」 제56조에 따른 개발행위허가를 받은 것으로 의제되는데, 「국토계획법」상의 개발행위허가로 의제되는 건축신고가 위와 같은 기준을 갖추지 못한 경우 행정청으로서는 이를 이유로 그 수리를 거부할 수 있다(대판 2011. 1. 20. 2010두14954).

18

행정행위의 내용
2024년 제12회

甲은 건축물을 신축하기 위하여 허가청인 A에게 건축허가(주된 허가)를 신청하였다. 甲은 건축허가를 신청하면서 산지전용허가도 받고자 하는데, 「건축법」상 甲이 건축허가를 받으면 「산지관리법」에 따른 산지전용허가(관련 허가)를 받은 것으로 의제된다. 이에 관한 설명으로 옳지 않은 것은? (단, 관련 허가의 허가청은 B임)

① 甲은 건축허가를 A에게 신청하면서 산지전용허가에 필요한 서류를 함께 제출하여야 한다.

② A는 건축허가를 하기 전에 산지전용허가에 관하여 미리 B와 협의하여야 한다.

③ B는 산지전용허가에 관한 법령을 위반하여 협의에 응해서는 아니 된다.

④ A와 B 사이에 협의가 되면 건축허가와 산지전용허가를 모두 받은 것으로 본다.

⑤ 산지전용허가가 의제된 경우 B는 산지전용허가를 직접 한 것으로 보아 관계 법령에 따른 관리·감독 등 필요한 조치를 하여야 한다.

풀이 TIP 주된 인·허가가 있을 때 의제되는 인·허가의 효력이 발생한다.

정답해설 ④ 협의가 된 사항에 대해서는 주된 인허가를 받았을 때 관련 인허가를 받은 것으로 본다(「행정기본법」 제25조 제1항).

오답해설 ① 인허가의제를 받으려면 주된 인허가를 신청할 때 관련 인허가에 필요한 서류를 함께 제출하여야 한다. 다만, 불가피한 사유로 함께 제출할 수 없는 경우에는 주된 인허가 행정청이 별도로 정하는 기한까지 제출할 수 있다(「행정기본법」 제24조 제2항).
② 주된 인허가 행정청은 주된 인허가를 하기 전에 관련 인허가에 관하여 미리 관련 인허가 행정청과 협의하여야 한다(「행정기본법」 제24조 제3항).
③ 협의를 요청받은 관련 인허가 행정청은 해당 법령을 위반하여 협의에 응해서는 아니 된다(「행정기본법」 제24조 제5항).
⑤ 인허가의제의 경우 관련 인허가 행정청은 관련 인허가를 직접 한 것으로 보아 관계 법령에 따른 관리·감독 등 필요한 조치를 하여야 한다(「행정기본법」 제26조 제1항).

19 형성적 행정행위에 해당하는 것을 모두 고른 것은?

행정행위의 내용
2019년 제7회

┌───┐
│ ㉠ 사인에게 권리를 설정해 주는 행위   │
│ ㉡ 작위의무를 명하는 행위   │
│ ㉢ 포괄적 법률관계를 설정하는 행위   │
│ ㉣ 행정청이 타인의 법률행위를 보충하여 그 효력을 완성시켜주는 행위 │
│ ㉤ 제3자가 해야 할 행위를 행정기관이 대신하여 행함으로써 제3자가 행한 것과 같 │
│   은 효과를 발생시키는 행위   │
└───┘

① ㉠, ㉡, ㉤   ② ㉠, ㉢, ㉣
③ ㉠, ㉢, ㉣, ㉤   ④ ㉡, ㉢, ㉣, ㉤
⑤ ㉠, ㉡, ㉢, ㉣, ㉤

풀이TIP 형성적 행위의 종류로는 특허, 인가, 대리가 있다.

정답해설 ③ 형성적 행정행위에 해당하는 것은 특허, 인가, 대리 등이다. 이에 해당하는 것은 ㉠, ㉢, ㉣, ㉤이다.
㉠ 사인에게 권리를 설정해 주는 행위는 설권행위로서 특허에 해당하며 형성적 행정행위에 속한다.
㉢ 포괄적 법률관계를 설정하는 행위는 특허로서 형성적 행정행위에 해당한다.
㉣ 타인의 법률행위를 보충하여 완성시켜주는 행위는 인가로서 형성적 행정행위에 해당한다.
㉤ 대리행위로서 형성적 행정행위에 해당한다.

오답해설 ㉡ 작위의무를 명하는 행위는 하명행위로서 명령적 행위에 해당한다.

20

강학상 인가에 해당하는 것은? (다툼이 있으면 판례에 따름)

① 공유수면 매립면허　　　② 재단법인 정관변경허가
③ 하천점용허가　　　　　④ 어업면허
⑤ 발명특허

> **풀이 TIP** 강학상의 허가, 특허, 인가의 예를 의의를 기준으로 이해해 두자.

정답해설 ② 재단법인의 정관변경 '허가'는 법률상의 표현이 허가로 되어 있기는 하나, 그 성질에 있어 법률행위의 효력을 보충해 주는 것이지 일반적 금지를 해제하는 것이 아니므로, 그 법적 성격은 인가라고 보아야 한다(대판 1996. 5. 16. 95누4810).

오답해설 ① 공유수면매립면허는 강학상의 특허에 해당한다. ⇨ 공유수면매립면허는 설권행위인 특허의 성질을 갖는 것이므로 원칙적으로 행정청의 자유재량에 속하며, 일단 실효된 공유수면매립면허의 효력을 회복시키는 행위도 특단의 사정이 없는 한 새로운 면허부여와 같이 면허관청의 자유재량에 속한다(대판 1989. 9. 12. 88누9206).
③ 하천점용허가는 강학상의 특허에 해당한다(대판 2011. 1. 13. 2009다21058).
④ 어업면허는 강학상의 특허에 해당한다. ⇨ 어업면허는 면허를 받은 사람에게 장기간에 걸쳐 권리를 설정하여 주는 이른바 특허이다(대판 1999. 5. 14. 98다14030).
⑤ 발명특허는 준법률행위적 행정행위인 확인에 해당한다. 특허라는 용어 표현에도 불구하고 내용상으로는 강학상의 특허가 아닌 작용의 대표적인 예가 「특허법」상의 발명특허이다. 발명특허는 특정인이 발명한 물건 등이 최초 발명한 것인지 여부를 판단하는 확인행위로서 그의 법적 효과는 법률이 정한 바에 따라 발생하는 준법률행위적 행정행위이다.

21

행정행위의 내용
2014년 제2회

재단법인의 정관변경 허가에 관한 다음의 판결 내용에서 (   ) 안에 들어갈 행정행위의 유형은?

> 「민법」에서 말하는 재단법인의 정관변경 '허가'는 법률상의 표현이 허가로 되어 있기는 하나, 그 성질에 있어 법률행위의 효력을 보충해 주는 것이지 일반적 금지를 해제하는 것이 아니므로 그 법적 성격은 (   )(이)라고 보아야 한다.

① 하명   ② 면제   ③ 특허
④ 인가   ⑤ 대리

 풀이TIP   강학상 인가의 의의를 묻는 문제이다.

정답해설   ④ 「민법」제45조와 제46조에서 말하는 재단법인의 정관변경 '허가'는 법률상의 표현이 허가로 되어 있기는 하나, 그 성질에 있어 법률행위의 효력을 보충해 주는 것이지 일반적 금지를 해제하는 것이 아니므로, 그 법적 성격은 인가라고 보아야 한다(대판 1996. 5. 16. 95누4810).

오답해설   ① 하명은 의무를 부과하는 행위를 말한다(에 조세부과, 건물철거명령, 영업정지처분).
② 면제는 작위의무·급부의무·수인의무를 해제하여 주는 행위를 말한다(에 병역면제, 조세면제).
③ 특허는 특정인에게 권리나 신분을 부여하는 행위를 말한다(에 개인택시운송사업면허, 어업면허, 공무원임명, 귀화허가).
⑤ 대리는 타인의 법률행위를 행정청이 대리하는 행위를 말한다(에 압류재산의 공매처분, 행려병사자의 유류품처분).

22

행정행위의 내용
2022년 제10회

강학상 인가에 해당하는 것은? (다툼이 있으면 판례에 따름)
① 「부동산 거래신고 등에 관한 법률」상 외국인등의 토지거래 허가
② 공유수면매립면허
③ 보세구역의 설영특허
④ 법무부장관의 공증 인가
⑤ 자동차운전면허대장상의 등재행위

풀이TIP   강학상 인가의 의의를 이해해야 하고, 토지거래허가제가 강학상 인가라는 판례를 알고 있어야 한다.

정답해설   ① 강학상 인가에 해당한다는 것이 판례이다.

오답해설   ②, ③, ④ 강학상 특허
⑤ 강학상 공증

23

중
행정행위의 내용
2017년 제5회

인가에 관한 설명으로 옳은 것을 모두 고른 것은? (다툼이 있으면 판례에 따름)

> ㉠ 행정청이 타인의 법률적 행위를 보충하여 그 법률적 효력을 완성시켜 주는 행정행위를 말한다.
> ㉡ 사립학교법인의 임원에 대한 취임승인행위는 인가에 해당한다.
> ㉢ 인가는 공법상의 행정처분이다.
> ㉣ 무효인 기본행위를 인가한 경우, 그 기본행위는 유효한 행위로 전환된다.

① ㉠, ㉡   ② ㉢, ㉣   ③ ㉠, ㉡, ㉢
④ ㉡, ㉢, ㉣   ⑤ ㉠, ㉡, ㉢, ㉣

풀이 TIP 강학상 인가에 관련된 쟁점을 정리하자.

정답해설 ㉠ 강학상 인가의 의의를 설명한 것으로 옳다.
㉡ 「사립학교법」에 의한 학교법인의 임원에 대한 감독청의 취임승인은 학교법인의 임원선임행위를 보충하여 그 법률상의 효력을 완성하게 하는 보충적 행정행위로서 성질상 기본행위를 떠나 승인처분 그 자체만으로는 법률상 아무런 효과도 발생할 수 없다(대판 2001. 5. 29. 99두7432).
㉢ 인가는 공법상의 행정행위로서 행정처분이기도 하다.

오답해설 ㉣ 인가는 타인의 법률행위(＝기본행위)를 보충하여 그 효력을 완성시켜 주는 보충적 행위이므로, 기본행위는 적법·유효한 인가가 있어야 그 효력이 발생한다. 따라서 기본행위가 불성립 또는 무효인 경우에는 그에 대한 인가가 있더라도 기본행위가 유효로 되지 않으며 인가도 무효이다. 즉, 인가는 기본행위의 하자를 치유하는 효력은 없다.

24

행정행위의 내용
2021년 제9회

행정행위의 법적 성질을 바르게 연결한 것은? (다툼이 있으면 판례에 따름)

> ㉠ 구 「자동차관리법」상 자동차정비조합설립인가
> ㉡ 구 「도시계획법」상 개발제한구역 내의 건축허가
> ㉢ 「기부금품모집규제법」상 기부금품모집허가

① ㉠: 인가, ㉡: 예외적 허가, ㉢: 특허
② ㉠: 인가, ㉡: 허가, ㉢: 특허
③ ㉠: 인가, ㉡: 예외적 허가, ㉢: 허가
④ ㉠: 특허, ㉡: 인가, ㉢: 허가
⑤ ㉠: 허가, ㉡: 특허, ㉢: 인가

풀이 TIP 행정행위의 내용 중에서 법률행위적 행정행위의 사례를 구별하는 문제이다. 대부분 판례의 문제를 출제하므로 이 부분에 대한 판례를 정리하여야 한다.

정답해설 ③ ㉠: 인가, ㉡: 예외적 허가, ㉢: 허가이다.

오답해설 ㉠ 구 「자동차관리법」 제67조 제1항, 제3항, 제4항, 제5항, 구 「자동차관리법」 시행규칙 제148조 제1항, 제2항의 내용 및 체계 등을 종합하면, 자동차관리법상 자동차관리사업자로 구성하는 사업자단체인 조합 또는 협회의 설립인가처분은 국토해양부장관 또는 시·도지사가 자동차관리사업자들의 단체결성행위를 보충하여 효력을 완성시키는 처분에 해당한다(대판 2015. 5. 29. 2013두635).
㉡ 개발제한구역 내에서의 건축허가는 예외적 허가로서 재량행위이다(대판 2001. 2. 9. 98두17593).
㉢ 「기부금품모집규제법」상의 기부금품모집허가는 공익목적을 위하여 일반적·상대적으로 제한된 기본권적 자유를 다시 회복시켜주는 강학상의 허가에 해당한다(대판 1999. 7. 23. 99두3690).

25

행정행위의
내용적 분류
2017년 제5회

준법률행위적 행정행위에 해당하는 것은? (다툼이 있으면 판례에 따름)
① 「도시 및 주거환경정비법」상 조합설립인가
② 「여객자동차운수사업법」상 개인택시운송사업면허
③ 선거인명부에의 등록
④ 불법광고물의 철거명령
⑤ 감독청에 의한 공법인의 임원 임명

풀이 TIP 준법률행위적 행정행위는 확인, 공증, 통지, 수리로 구별된다.

정답해설 ③ 선거인명부에의 등록은 준법률행위적 행정행위 중 공증의 예에 해당한다.

오답해설 ① 행정청이 「도시 및 주거환경정비법」 등 관련 법령에 근거하여 행하는 (주택재건축정비사업)조합설립인가처분은 「도시 및 주거환경정비법」상 주택재건축사업을 시행할 수 있는 권한을 갖는 행정주체(공법인)로서의 지위를 부여하는 일종의 설권적 처분으로 법률행위적 행정행위인 특허에 해당한다는 것이 판례이다.
② 「자동차운송사업법」에 의한 개인택시운송사업면허는 특정인에게 권리나 이익을 부여하는 행정행위로서 법률행위적 행정행위인 특허에 해당한다.
④ 불법광고물의 철거명령은 강학상 법률행위적 행정행위인 하명에 해당한다.
⑤ 감독청에 의한 공법인의 임원 임명은 강학상 법률행위적 행정행위인 대리에 해당한다.

26

중
행정행위의
내용적 분류
2023년 제11회

판례에 의할 때 항고소송의 대상이 되는 행정처분에 해당하는 것을 모두 고른 것은?

> ㉠ 지목변경신청 반려행위
> ㉡ 건축물 용도변경신청 거부행위
> ㉢ 건축물대장 작성신청 반려행위
> ㉣ 토지대장 직권말소행위
> ㉤ 토지대장상의 소유자명의변경신청 거부행위

① ㉠
② ㉡, ㉤
③ ㉢, ㉣, ㉤
④ ㉠, ㉡, ㉢, ㉣
⑤ ㉠, ㉡, ㉢, ㉣, ㉤

풀이TIP 각종 공적 장부에 대한 기재나 기재에 대한 변경신청에 대해 항고소송의 대상되는 처분성을 인정하는지 판례를 암기해야 한다.

정답해설 ㉠ 지목은 토지소유권을 제대로 행사하기 위한 전제요건으로서 토지소유자의 실체적 권리관계에 밀접하게 관련되어 있으므로 지적공부 소관청의 지목변경신청 반려행위는 국민의 권리관계에 영향을 미치는 것으로서 항고소송의 대상이 되는 행정처분에 해당한다(대판 2004. 4. 22. 2003두9015).
㉡ 건축물대장의 용도는 건축물의 소유권을 제대로 행사하기 위한 전제요건으로서 건축물 소유자의 실체적 권리관계에 밀접하게 관련되어 있으므로, 건축물대장 소관청의 용도변경신청 거부행위는 국민의 권리관계에 영향을 미치는 것으로서 항고소송의 대상이 되는 행정처분에 해당한다(대판 2009. 1. 30. 2007두7277).
㉢ 건축물대장의 작성은 건축물의 소유권을 제대로 행사하기 위한 전제요건으로서 건축물 소유자의 실체적 권리관계에 밀접하게 관련되어 있으므로 건축물대장 소관청의 작성신청 반려행위는 국민의 권리관계에 영향을 미치는 것으로서 항고소송의 대상이 되는 행정처분에 해당한다(대판 2009. 2. 12. 2007두17359).
㉣ 토지대장은 토지의 소유권을 제대로 행사하기 위한 전제요건으로서 토지 소유자의 실체적 권리관계에 밀접하게 관련되어 있으므로, 이러한 토지대장을 직권으로 말소한 행위는 국민의 권리관계에 영향을 미치는 것으로서 항고소송의 대상이 되는 행정처분에 해당한다(대판 2013. 10. 24. 2011두13286).

오답해설 ㉤ 토지대장상의 소유자 명의가 변경된다고 하여도 이로 인하여 당해 토지에 대한 실체상의 권리관계에 변동을 가져올 수 없고 토지 소유권이 지적공부의 기재만에 의하여 증명되는 것도 아니다. 따라서 소관청이 토지대장상의 소유자명의변경신청을 거부한 행위는 이를 항고소송의 대상이 되는 행정처분이라고 할 수 없다(대판 2012. 1. 12. 2010두12354).

Answer 24. ③ 25. ③ 26. ④

27

행정행위의 부관에 관한 설명으로 옳은 것은? (다툼이 있으면 판례에 따름)

① 전기공사 도중 도로를 훼손한 전기회사에 도로보수 공사비를 부담시키는 것은 행정행위의 부관이다.

② 부담인 부관이 무효인 경우에도 그 부담의 이행으로 한 사법(私法)상 법률행위가 당연히 무효가 되는 것은 아니다.

③ 재량행위에는 법령에 특별한 규정이 없다면 부관을 붙일 수 없다.

④ 부담부 행정행위의 경우에는 부담을 이행하여야 주된 행정행위의 효력이 발생한다.

⑤ 조건이 성취되어야 행정행위의 효력이 발생하는 부관은 해제조건이다.

> **풀이 TIP** 행정행위의 부관의 유형별 성질과 관련 판례를 기억하여야 한다.

정답해설 ② 행정처분에 부담인 부관을 붙인 경우 부관의 무효화에 의하여 본체인 행정처분 자체의 효력에도 영향이 있게 될 수는 있지만, 그 처분을 받은 사람이 부담의 이행으로 사법상 매매 등의 법률행위를 한 경우에는 그 부관은 특별한 사정이 없는 한 법률행위를 하게 된 동기 내지 연유로 작용하였을 뿐이므로 이는 법률행위의 취소사유가 될 수 있음은 별론으로 하고 그 법률행위 자체를 당연히 무효화하는 것은 아니다(대판 2009. 6. 25. 2006다18174).

오답해설 ① 전기공사 도중 도로를 훼손한 전기회사에 도로보수 공사비를 부담시키는 것은 행정행위의 부관이 아니고 손상자 부담금에 해당한다.

③ 재량행위에는 법령에 특별한 규정이 없어도 부관을 붙일 수 있다.

④ 부담부 행정행위의 경우에는 부담을 이행하지 않아도 주된 행정행위의 효력이 발생한다.

⑤ 조건이 성취되어야 행정행위의 효력이 발생하는 부관은 정지조건이다.

28

행정행위의 부관에 관한 설명으로 옳지 않은 것은? (다툼이 있는 경우 판례에 의함)

① 부담부 행정행위는 부담을 이행하여야 비로소 그 효력이 발생한다.

② 부담을 불이행한 것만으로는 주된 행정행위의 효력이 소멸하지 않는다.

③ 부담은 그 자체로서 행정쟁송의 대상이 될 수 있다.

④ 행정청은 처분에 재량이 없는 경우에는 법률에 근거가 있는 경우에 부관을 붙일 수 있다.

⑤ 어업면허처분 중 면허의 유효기간만 취소하여 달라는 소송을 제기하는 것은 허용될 수 없다.

풀이 TIP 행정행위의 부담에 대한 개념을 이해하면 쉽게 해결할 수 있다.

정답해설 ①, ② 부담부 행정행위는 처음부터 효력이 확정적으로 발생하고 부담을 이행하여야 비로소 그 효력이 발생하는 것은 아니다. 부담을 불이행한 경우 이를 이유로 철회할 수 있을 뿐이다.

오답해설 ③ 부담은 행정행위에 독립해서 의무를 부과하는 부관으로 그 자체로서 행정쟁송의 대상이 될 수 있다는 것이 판례이다.
④ 「행정기본법」 제17조 제2항
⑤ 면허의 유효기간은 유효기간만의 독립적 효력이 인정되지 않으므로 유효기간만 취소하여 달라는 소송을 제기하는 것은 허용될 수 없다.

29

중
행정행위의 부관
2024년 제12회

행정행위의 부관에 관한 설명으로 옳은 것은? (다툼이 있으면 판례에 따름)

① 행정청은 처분에 재량이 없는 경우에는 법률에 근거가 있는 경우에 부관을 붙일 수 있다.
② 부관은 해당 처분과 실질적인 관련이 있어야 하지만, 해당 처분의 목적에는 구속되지 않는다.
③ 법률이 예정하는 행정행위의 효과를 일부 배제하는 부관은 독립하여 행정소송의 대상이 될 수 있다.
④ 행정처분에 붙인 부담인 부관이 무효가 되면 그 부담의 이행으로 한 사법상 법률행위도 당연히 무효가 된다.
⑤ 「하천법」상 하천부지 점용허가에는 그 성질상 부관을 붙일 수 없다.

풀이 TIP 행정청에게 재량이 없는 경우 함부로 부관을 붙일 수 없다.

정답해설 ① 행정청은 처분에 재량이 없는 경우에는 법률에 근거가 있는 경우에 부관을 붙일 수 있다 (「행정기본법」 제17조 제2항).

오답해설 ② 부관은 해당 처분의 목적에 위배되지 않아야 한다(「행정기본법」 제17조 제4항 제1호).
③ 부담 외의 부관은 주된 행정처분과 독립해서 행정소송의 대상이 되지 않는다는 것이 판례이다.
④ 행정처분에 부담인 부관을 붙인 경우 부관의 무효화에 의하여 본체인 행정처분 자체의 효력에도 영향이 있게 될 수는 있지만, 그 처분을 받은 사람이 부담의 이행으로 사법상 매매 등의 법률행위를 한 경우에는 그 부관은 특별한 사정이 없는 한 법률행위를 하게 된 동기 내지 연유로 작용하였을 뿐이므로 이는 법률행위의 취소사유가 될 수 있음은 별론으로 하고 그 법률행위 자체를 당연히 무효화하는 것은 아니다 (대판 2009. 6. 25. 2006다18174).
⑤ 「하천법」상 하천부지 점용허가는 행정청의 재량처분이므로 행정청은 공익상 필요에 의해 부관을 붙일 수 있다.

Answer 27. ② 28. ① 29. ①

30

행정행위의 부관
2017년 제5회

행정행위의 부관에 관한 설명으로 옳지 않은 것은? (다툼이 있으면 판례에 따름)

① 부관은 주된 행위와 실질적 관련성을 가져야 한다.

② 부관은 주된 행위의 본질적 목적에 반해서는 안 된다.

③ 부관의 사후변경은 사정변경으로 인하여 당초에 부가한 목적을 달성할 수 없게 된 경우에 그 목적달성에 필요한 범위 내일지라도 허용되지 않는다.

④ 부관의 내용은 비례의 원칙에 적합하여야 한다.

⑤ 부관의 내용은 적법하고 이행 가능하여야 한다.

풀이**TIP** 행정행위의 부관이 지켜야 할 한계를 정리하자.

정답해설 ③ 행정처분에 이미 부담이 부가되어 있는 상태에서 그 의무의 범위 또는 내용 등을 변경하는 부관의 사후변경은, 법률에 명문의 규정이 있거나 그 변경이 미리 유보되어 있는 경우 또는 상대방의 동의가 있는 경우에 한하여 허용되는 것이 원칙이지만, 사정변경으로 인하여 당초에 부담을 부가한 목적을 달성할 수 없게 된 경우에도 그 목적달성에 필요한 범위 내에서 예외적으로 허용된다(대판 1997. 5. 30. 97누2627).

오답해설 ① 수익적 행정행위에 있어서는 법령에 특별한 근거규정이 없다고 하더라도 그 부관으로서 부담을 붙일 수 있으나, 그러한 부담은 비례의 원칙, 부당결부금지의 원칙에 위반되지 않아야만 적법하다(대판 1997. 3. 11. 96다49650). 행정처분과 부관 사이에 실체적 관련성이 있다고 볼 수 없는 경우 공무원이 위와 같은 공법상의 제한을 회피할 목적으로 행정처분의 상대방과 사법상 계약을 체결하는 형식을 취하였다면 이는 법치행정의 원리에 반하는 것으로서 위법하다(대판 2009. 12. 10. 2007다63966).

②, ④, ⑤ 행정행위에 부관을 붙일 수 있는 경우에도 부관의 내용은 적법하고 이행 가능하여야 하며, 비례원칙 및 평등원칙 등에 적합하고 행정처분의 본질적 효력을 해하지 아니하는 한도의 것이어야 한다(대판 1997. 3. 14. 96누16698).

31

중
행정행위의 부관
2014년 제2회

행정행위의 부관에 관한 설명으로 옳지 않은 것은? (다툼이 있는 경우에는 판례에 의함)

① 행정행위의 부관 가운데 부담은 그 자체로 항고소송의 대상이 될 수 있다.
② 부관부 행정행위에 불복하는 경우 부관이 없는 행정행위를 발급해 줄 것을 구하는 항고소송도 가능하다.
③ 사정변경으로 인하여 당초에 부담을 부가한 목적을 달성할 수 없게 된 경우에는 그 목적달성에 필요한 범위에서 부담의 내용을 변경할 수 있다.
④ 법정부관에 대해서는 행정행위에 부관을 붙일 수 있는 한계에 관한 일반적인 원칙이 적용되지 않는다.
⑤ 일반적으로 기속행위에는 부관을 붙일 수 없고 부관을 붙였다 하더라도 이는 무효이다.

풀이 TIP 부관에 관한 논의 전반을 이해해야 풀 수 있다.

정답해설 ② 부관부 행정행위에 불복하는 경우 부관이 없는 행정행위를 발급해 줄 것을 구하는 항고소송은 이른바 의무이행소송에 해당하는 것으로 허용되지 아니한다(판례). 다만, 부관이 없는 행정행위를 발급해 줄 것을 행정청에 신청하고 그 신청이 거부되면 그 거부처분을 대상으로 한 취소소송은 가능하며, 다른 한편으로 부관부 행정행위 전체를 대상으로 하여 그 전체의 취소를 구하는 소송을 제기하는 것이 가능하다(판례).

오답해설 ① 행정행위의 부관은 행정행위의 일반적인 효력이나 효과를 제한하기 위하여 의사표시의 주된 내용에 부가되는 종된 의사표시이지 그 자체로서 직접 법적 효과를 발생하는 독립된 처분이 아니므로 현행 행정쟁송제도 아래서는 부관 그 자체만을 독립된 쟁송의 대상으로 할 수 없는 것이 원칙이나, 부담은 그 자체로서 행정쟁송의 대상이 될 수 있다(대판 1992. 1. 21. 91누1264).
③ 행정처분에 이미 부담이 부가되어 있는 상태에서 그 의무의 범위 또는 내용 등을 변경하는 부관의 사후변경은, 법률에 명문의 규정이 있거나 그 변경이 미리 유보되어 있는 경우 또는 상대방의 동의가 있는 경우에 한하여 허용되는 것이 원칙이지만, 사정변경으로 인하여 당초에 부담을 부가한 목적을 달성할 수 없게 된 경우에도 그 목적달성에 필요한 범위 내에서 예외적으로 허용된다(대판 1997. 5. 30. 97누2627).
④ 법정부관으로서 행정청의 의사에 기하여 붙여지는 본래의 의미에서의 행정행위의 부관은 아니므로, 이와 같은 법정부관에 대하여는 행정행위에 부관을 붙일 수 있는 한계에 관한 일반적인 원칙이 적용되지는 않는다(대판 1994. 3. 8. 92누1728).
⑤ 일반적으로 기속행위나 기속적 재량행위에는 법령상 특별한 근거가 없는 한 부관을 붙일 수 없고 부관을 붙였다 하더라도 무효이다. ⇨ 건축허가를 하면서 일정 토지를 기부채납하도록 하는 내용의 허가조건은 부관을 붙일 수 없는 기속행위 내지 기속적 재량행위인 건축허가에 붙인 부담이거나 법령상 아무런 근거가 없는 부관이어서 무효이다(대판 1995. 6. 13. 94다56883).

Answer* 30. ③ 31. ②

32

행정행위의 부관에 관한 설명으로 옳지 않은 것은? (다툼이 있으면 판례에 따름)

① 법률의 근거 없이 기속행위에 그 효과를 제한하는 부관을 붙인 경우 그 부관은 무효이다.

② 사정변경으로 인하여 당초에 부담을 부가한 목적을 달성할 수 없게 된 경우 그 목적 달성에 필요한 범위 내에서 부담의 사후변경이 허용된다.

③ 법률이 예정하는 행정행위의 효과를 일부 배제하는 부관도 인정된다.

④ 다른 부관과 달리 부담은 독립하여 행정소송의 대상이 될 수 있다.

⑤ 부담의 내용을 미리 협약의 형식으로 정한 다음 처분을 하면서 이를 부담으로 부가하는 것은 허용되지 않는다.

풀이 TIP 행정행위의 부관에 관한 전반적인 내용을 묻는 문제이다. 판례의 내용으로서 이미 노출된 문제를 출제하였다.

정답해설 ⑤ 부담은 행정청이 행정처분을 하면서 일방적으로 부가할 수도 있지만 부담을 부가하기 이전에 상대방과 협의하여 부담의 내용을 협약의 형식으로 미리 정한 다음 행정처분을 하면서 이를 부가할 수도 있다(대판 2009. 2. 12. 2005다65500).

오답해설 ① 일반적으로 기속행위나 기속적 재량행위에는 부관을 붙일 수 없고 가사 부관을 붙였다 하더라도 무효이다(대판 1995. 6. 13. 94다56883).
② 부관의 사후변경은 법률에 명문규정이 있거나, 그 변경이 미리 유보되어 있는 경우, 상대방의 동의가 있는 경우에 한하여 허용되는 것이 원칙이지만, 사정변경으로 인하여 당초에 부담을 부가한 목적을 달성할 수 없게 된 경우에도 그 목적달성에 필요한 범위 내에서 예외적으로 허용된다(대판 1997. 5. 30. 97누2627).
③ 법률효과의 일부배제도 부관에 해당한다.
④ 부담은 그 자체가 하명행위로서 처분성이 인정되므로 독립하여 쟁송대상이 될 수 있다.

33 행정행위의 부관에 관한 설명으로 옳은 것을 모두 고른 것은?

행정행위의 부관
2013년 제1회

> ㉠ 기부채납받은 행정재산에 대한 사용·수익허가에 있어서 공유재산 관리청이 정한 사용·수익허가의 기간은 독립하여 취소소송의 대상이 될 수 있다.
> ㉡ 부담은 상대방과 협의하여 협약의 형식으로 내용을 미리 정한 다음 행정처분을 하면서 부가할 수 있다.
> ㉢ 부담에 의해 부과된 의무를 상대방이 불이행할 경우 처분청은 주된 행정행위를 철회할 수 있다.
> ㉣ 행정처분과 실체적 관련성이 없어 부관으로 붙일 수 없는 부담이더라도 사법상 계약의 형식으로 처분의 상대방에게 그 부담을 부과할 수 있다.

① ㉠, ㉡   ② ㉠, ㉢   ③ ㉠, ㉣
④ ㉡, ㉢   ⑤ ㉡, ㉣

풀이 TIP 부관의 종류와 그에 따른 논점들을 잘 파악하고 있을 것을 요한다.

정답해설 ㉡ 수익적 행정처분에 있어서는 법령에 특별한 근거규정이 없다고 하더라도 그 부관으로서 부담을 붙일 수 있고, 그와 같은 부담은 행정청이 행정처분을 하면서 일방적으로 부가할 수도 있지만 부담을 부가하기 이전에 상대방과 협의하여 부담의 내용을 협약의 형식으로 미리 정한 다음 행정처분을 하면서 이를 부가할 수도 있다(대판 2009. 2. 12. 2005다65500).

㉢ 부담에 의해 부과된 의무를 상대방이 불이행할 경우 처분청은 주된 행정행위를 철회할 수 있으며 부담만을 강제집행하거나 이후의 단계적 조치를 거부할 수도 있다.

오답해설 ㉠ 기부채납받은 행정재산에 대한 사용·수익허가에서 공유재산의 관리청이 정한 사용·수익허가의 기간은 그 허가의 효력을 제한하기 위한 행정행위의 부관으로서 이러한 사용·수익허가의 기간에 대해서는 독립하여 행정소송을 제기할 수 없다(대판 2001. 6. 15. 99두509).

㉣ 행정처분과 실체적 관련성이 없어 부관으로 붙일 수 없는 부담인 경우, 사법상 계약의 형식으로 처분의 상대방에게 그 부담을 부과할 수 없다.

Answer⁺ 32. ⑤ 33. ④

34

행정행위의 부관
2019년 제7회

2019. 2. 1. 행정청 甲은 乙에 대하여 2019. 3. 1.부터 2020. 4. 30.까지의 기간을 정하여 도로점용허가처분을 하면서, 매달 100만 원의 점용료를 납부할 의무를 명하는 부관을 부가하였다. 그리고 2019. 5. 1. 乙의 도로점용이 교통혼잡을 초래할 경우 도로점용허가를 취소할 수 있다는 부관을 부가하였다. 이 사례에 관한 설명으로 옳은 것은? (취소소송을 제기하는 경우 제소기간은 준수한 것으로 보며, 다툼이 있으면 판례에 따름)

① 매달 100만 원의 점용료를 납부하도록 하는 부관은 조건에 해당한다.

② 도로점용허가는 2020. 4. 30. 이후 행정청이 허가취소의 의사표시를 함으로써 효력이 소멸된다.

③ 2019. 3. 1.부터 2020. 4. 30.까지의 기간만의 취소를 구하는 乙의 소송에 대하여 법원은 기각판결을 해야 한다.

④ 매달 100만 원의 점용료를 납부하도록 하는 부관이 비례의 원칙에 위배되어 乙이 취소소송을 제기한 경우 법원은 이 부관만을 취소할 수 있다.

⑤ 2019. 5. 1. 甲이 부가한 부관은 乙의 동의가 있더라도 법령의 근거가 없으면 위법하다.

풀이 TIP 행정행위의 부관 중 부담에 관한 사례와 판례를 종합적으로 묻는 문제이다. 부관 중 부담을 반드시 정리해야 한다.

정답해설 ④ 도로점용허가에 붙여진 점용료 부과는 부관 중 부담으로서 부담에 하자가 있는 경우 독립하여 쟁송제기할 수 있으며 독립하여 취소될 수 있다는 것이 판례의 입장이다. 즉 부담에 대한 진정일부취소가 인정된다.

오답해설 ① 점용료를 납부하도록 한 부관은 조건이 아닌 부담에 해당한다.
② 점용허가에서 점용기간이 만료된 경우에는 행정청의 취소의 의사표시를 요하지 않고 효력이 당연히 소멸된다.
③ 기간만을 독립하여 쟁송대상으로 할 수 없으므로 각하판결을 하게 된다.
⑤ 부관은 재량행위에 붙일 수 있으며 이 경우 법령의 근거를 요하지 않는다.

35

행정행위의 부관
2021년 제9회

A시장은 甲소유 토지의 일부를 기부채납하는 조건(강학상 부담으로 본다)으로 甲이 신청한 개발제한구역 내의 토지형질변경행위허가를 한 후 甲과 기부채납 이행을 위한 증여계약을 체결하였다. 이에 관한 설명으로 옳지 않은 것은? (다툼이 있으면 판례에 따름)

① 甲이 기부채납을 불이행할 경우, A시장은 토지형질변경행위허가를 철회할 수 있다.

② 甲은 기부채납의 부관만을 대상으로 하여 취소소송을 제기할 수 있다.

③ 기부채납의 부관이 당연무효이거나 취소되지 아니한 이상 甲은 위 부관으로 인한 증여계약의 중요부분의 착오를 이유로 증여계약을 취소할 수 없다.

④ 토지형질변경행위허가를 함에 있어 부관을 붙일 필요가 있는지의 유무 등을 판단함에 있어서는 A시장에게 재량의 여지가 있다.

⑤ A시장은 토지형질변경행위허가를 한 후에는 甲의 동의가 있는 경우라도 부관을 새로 붙일 수 없다.

> **풀이 TIP** 행정행위의 부관을 사례 형식으로 출제한 문제이다. 부관에 대한 전체적인 내용을 이해하고 판례와 함께 정리해야 하는 문제로서 난이도가 있는 문제이다.

정답해설 ⑤ 처분을 한 후에 상대방의 동의가 있는 경우에는 사후에 부관을 붙일 수 있다(「행정기본법」 제17조 제3항 제2호). 「행정기본법」은 동의가 있는 경우 사후부관을 붙일 수 있다고 규정하고 있고, 판례 역시 동의가 있는 경우 사후부관을 붙일 수 있다는 입장이다(대판 1997. 5. 30. 97누2627).

오답해설 ① 부담을 불이행한 경우 이는 철회사유에 해당한다. 따라서 행정청은 철회할 수 있다.
② 부담은 그 자체로서 하명에 해당하므로 독립하여 쟁송을 제기할 수 있다.
③ 토지소유자가 토지형질변경행위허가에 붙은 기부채납의 부관에 따라 토지를 기부채납(증여)한 경우, 기부채납의 부관이 당연무효이거나 취소되지 않은 상태에서 그 부관으로 인하여 증여계약의 중요 부분에 착오가 있음을 이유로 증여계약을 취소할 수 없다(대판 1999. 5. 25. 98다53134).
④ 토지형질변경행위는 재량행위에 해당하므로 행정청은 부관을 붙일 수 있으며 부관을 붙일 필요가 있는 유무 등을 판단함에도 재량이 있다.

36

행정행위의 공정력에 관한 설명으로 옳은 것은? (다툼이 있으면 판례에 따름)

① 「행정소송법」은 공정력의 실정법적 근거를 명시적으로 인정하고 있다.

② 공정력은 행정행위가 무효인 경우에도 인정된다.

③ 공정력은 행정행위만 아니라 행정의 사실행위에도 인정되는 효력이다.

④ 공정력이란 행정행위가 위법하더라도 취소되지 않는 한 유효한 것으로 통용되는 효력을 의미한다.

⑤ 어떠한 행정행위에 공정력이 발생하면 그 처분을 한 행정청이라도 공정력을 부정하지 못한다.

풀이 TIP 공정력 취소 전 유효로 통용을 기억하자.

정답해설 ④ 행정행위의 공정력이라 함은 행정행위에 하자가 있더라도 당연무효가 아닌 한 권한 있는 기관에 의하여 취소될 때까지는 잠정적으로 유효한 것으로 통용되는 효력에 지나지 아니하는 것이므로, 행정행위가 취소되지 아니하여 공정력이 인정된다고 하더라도 그 상대방이나 이해관계인은 언제든지 그 행정행위가 위법한 것임을 주장할 수 있다(대판 1993. 11. 9. 93누14271).

오답해설 ① 「행정소송법」은 공정력에 관하여 규정을 하고 있지 않다. 현행 「행정기본법」 제15조는 공정력에 관한 명시적인 규정을 두고 있다.

② 공정력은 행정행위가 부존재이거나 무효인 경우는 인정되지 않는다(통설·판례). 행정의 실효성 확보나 법적 안정성(신뢰보호)의 문제가 생기지 않기 때문이다.

③ 공정력은 행정행위가 아닌 작용(예 행정입법·공법상 계약·공법상 합동행위·사실행위·사법상 행위)에는 인정되지 않는다.

⑤ 공정력이란 행정행위에 하자(위법)가 있더라도 그 하자가 중대하고 명백하여 당연무효가 아닌 한 권한 있는 기관에 의하여 취소되기 전까지는 일단 유효한 것으로 통용되어 취소권이 없는 타 국가기관 및 상대방·이해관계 있는 제3자가 그 효력을 부인할 수 없도록 구속하는 힘을 말한다. 처분청은 자신이 행한 행정행위(행정처분)를 직권으로 취소할 수 있으므로 공정력에 구속을 받지 않는다. 즉, 처분청은 공정력을 부정할 수 있다.

37

행정행위의 하자
2018년 제6회

甲은 과세처분에 따라 부과된 금액을 납부하였으나, 그 과세처분에 하자가 있음을 발견하고 이미 납부한 금액을 반환받고자 한다. 이에 관한 설명으로 옳지 않은 것은? (다툼이 있으면 판례에 따름)

① 과세처분에 취소사유가 있고 불가쟁력이 발생한 경우, 甲은 이미 납부한 금액을 부당이득반환청구소송을 통해 반환받을 수 없다.

② 과세처분에 불가쟁력이 발생한 경우, 甲이 국가배상청구소송을 제기하더라도 법원은 과세처분의 위법 여부를 판단할 수 없다.

③ 과세처분이 취소소송을 통해 취소된 경우, 甲은 이미 납부한 금액을 부당이득반환청구소송을 통해 반환받을 수 있다.

④ 과세처분이 무효인 경우, 甲은 이미 납부한 금액을 반환받기 위하여 무효확인소송을 제기할 수 있다.

⑤ 과세처분이 무효인 경우, 甲은 이미 납부한 금액을 부당이득반환청구소송을 통해 반환받을 수 있다.

> **풀이 TIP** 처분의 하자의 정도에 따라 불가쟁력 인정 여부 및 부당이득의 인정 여부 등에 관한 사항과 관련 판례의 태도를 기억하여야 한다.

정답해설 ② 과세처분에 불가쟁력이 발생한 경우에도 甲이 국가배상청구소송을 제기하였다면 국가배상 인정여부를 결정하기 위해서 법원은 과세처분의 위법 여부를 판단할 수 있다.

오답해설 ① 과세처분에 취소사유가 있고 불가쟁력이 발생한 경우라면 이에 대한 취소소송을 제기할 수 없으므로 甲은 이미 납부한 금액을 부당이득반환청구소송을 통해 반환받을 수 없다.
③ 과세처분이 취소소송을 통해 취소된 경우라면 부당이득이 인정되므로 甲은 이미 납부한 금액을 부당이득반환청구소송을 통해 반환받을 수 있다.
④ 과세처분이 무효인 경우에는 당연히 부당이득이 인정되므로 甲은 이미 납부한 금액을 반환받기 위하여 무효확인소송을 제기할 수 있다.
⑤ 과세처분이 무효인 경우에는 부당이득이 인정되므로 甲은 이미 납부한 금액을 부당이득반환청구소송을 통해 반환받을 수 있다.

Answer 36. ④ 37. ②

38

행정행위의 효력에 관한 설명으로 옳지 않은 것은? (다툼이 있으면 판례에 따름)

① 내용상 구속력은 행정행위의 실체법상 효력으로 관계인도 구속한다.

② 행정행위에 불가쟁력이 발생하면 판결에서와 같은 기판력이 발생하여 그 처분의 기초가 된 사실관계나 법률적 판단은 확정된다.

③ 행정행위가 당연무효가 아닌 한 권한 있는 기관에 의해 취소되기 전까지 누구도 그 효력을 부인할 수 없는 것은 공정력 때문이다.

④ 행정행위의 위법여부가 민사소송에서 선결문제가 된 경우 민사법원은 그 행정행위의 위법여부를 판단할 수 있다.

⑤ 행정행위의 불가변력은 모든 행정행위에서 발생하는 효력은 아니다.

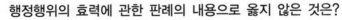

풀이 TIP 불가쟁력은 처분의 효력을 취소쟁송절차로 다툴 수 없는 효력이며 판결과 같은 효력은 아니라는 것을 숙지해야 한다.

정답해설 ② 행정처분이나 행정심판재결이 불복기간의 경과로 인하여 확정될 경우 확정력은 처분으로 인하여 법률상 이익을 침해받은 자가 처분이나 재결의 효력을 더 이상 다툴 수 없다는 의미일 뿐, 판결에 있어서와 같은 기판력이 인정되는 것은 아니어서 처분의 기초가 된 사실관계나 법률적 판단이 확정되고 당사자들이나 법원이 이에 기속되어 모순되는 주장이나 판단을 할 수 없게 되는 것은 아니다(대판 1993. 4. 13. 92누17181).

오답해설 ① 행정행위의 효력은 내용적 구속력으로서 실체법상 효력이 발생하며 관계인은 이에 구속된다.
③ 행정행위가 당연무효가 아닌 취소사유에 해당하는 경우에는 누구도 그 효력을 부인할 수 없는 공정력을 갖게 된다.
④ 행정행위의 위법 여부가 민사소송(국가배상)에서 선결문제가 되는 경우에는 공정력과 상관없는 위법성을 판단할 수 있다.
⑤ 행정행위의 불가쟁력은 모든 행위에 발생하지만, 불가변력은 일정한 행정행위에만 발생한다.

39

행정행위의 효력에 관한 판례의 내용으로 옳지 않은 것은?

① 행정행위는 불가쟁력의 효력이 있어 법령에 의한 불복기간이 경과한 경우에는 당사자는 그 행정처분의 효력을 다툴 수 없다.

② 연령미달의 결격자가 타인의 이름으로 운전면허시험에 응시, 합격하여 교부받은 운전면허는 당연무효는 아니다.

③ 민사소송에 있어서 어느 행정처분의 당연무효 여부가 선결문제로 되는 때에는 민사법원은 이를 판단하여 당연무효임을 전제로 판결할 수 있다.

④ 행정처분이 불복기간의 경과로 인하여 확정될 경우, 그 처분의 기초가 된 사실관계나 법률적 판단이 확정된다.

⑤ 구 「원자력법」에 따른 원자로 시설의 부지사전승인처분은 그 자체로서 독립한 행정처분이다.

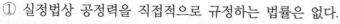

풀이TIP 불가쟁력은 취소쟁송으로 처분의 효력을 다툴 수 없다는 의미일 뿐이다.

정답해설 ④, ① 행정처분이나 행정심판재결이 불복기간의 경과로 인하여 확정될 경우 확정력은 처분으로 인하여 법률상 이익을 침해받은 자가 처분이나 재결의 효력을 더 이상 다툴 수 없다는 의미일 뿐, 판결에 있어서와 같은 기판력이 인정되는 것은 아니어서 처분의 기초가 된 사실관계나 법률적 판단이 확정되고 당사자들이나 법원이 이에 기속되어 모순되는 주장이나 판단을 할 수 없게 되는 것은 아니다 (대판 1993. 4. 13. 92누17181).

오답해설 ② 연령미달의 결격자가 타인의 이름으로 운전면허시험에 응시, 합격하여 교부받은 운전면허는 취소사유에 해당한다는 것이 판례이다.
③ 민사법원은 행정행위를 취소할 수는 없지만 선결적으로 무효는 확인할 수 있다.
⑤ 구 「원자력법」에 따른 원자로 시설의 부지사전승인처분은 전체 건설허가를 하기 전에 부지부분에 대한 부분허가로서 그 자체로서 독립한 행정처분이다.

40 행정행위의 효력에 관한 설명으로 옳지 않은 것은?

중
행정행위의 효력
2022년 제10회

① 실정법상 공정력을 직접적으로 규정하는 법률은 없다.
② 불가쟁력은 행정행위의 상대방이나 이해관계인에 대한 구속력이다.
③ 불가변력이란 처분청 스스로도 당해 행정행위에 구속되어 직권으로 취소·변경할 수 없는 것을 말한다.
④ 집행력은 의무가 부과되는 행정행위에서 문제된다.
⑤ 불가변력이 있는 행정행위일지라도 쟁송기간이 경과하지 않는 한 행정쟁송에 의한 취소가 가능하다.

풀이TIP 행정행위의 특질로서 공정력, 확정력, 집행력의 의미를 정리하자.

정답해설 ① 처분은 권한이 있는 기관이 취소 또는 철회하거나 기간의 경과 등으로 소멸되기 전까지는 유효한 것으로 통용된다. 다만, 무효인 처분은 처음부터 그 효력이 발생하지 아니한다(「행정기본법」 제15조). 「행정기본법」에 명시적 규정이 있다.

오답해설 ② 불가쟁력은 행정행위의 상대방이나 이해관계인은 쟁송제기 기간이 경과한 경우 행정행위의 효력을 쟁송으로 다툴 수 없다는 구속력을 말한다.
③ 불가변력이란 준사법적 행정행위는 처분청 스스로도 당해 행정행위에 구속되어 직권으로 취소·변경할 수 없는 것을 말한다.
④ 집행력은 행정행위로 의무를 부과한 경우 상대방이 이를 이행하지 않는 경우 행정청이 법원의 힘을 빌리지 않고 스스로 강제집행을 할 수 있다는 것을 뜻한다.
⑤ 불가변력이 있는 행정행위일지라도 쟁송기간이 경과하지 않는 한 행정행위의 상대방이나 이해관계인은 취소쟁송을 제기하여 행정쟁송에 의한 취소가 가능하다.

Answer 38. ② 39. ④ 40. ①

41

중
행정행위의 효력
2023년 제11회

행정행위의 불가변력과 불가쟁력에 관한 설명으로 옳은 것은? (다툼이 있는 경우 판례에 의함)

① 불가변력은 행정행위의 상대방이나 이해관계인을 구속하는 효력이고 불가쟁력은 행정청을 구속하는 효력이다.

② 불가변력은 모든 행정행위에 다 인정되지만, 불가쟁력은 예외적으로 일부 행정행위의 경우에만 인정된다.

③ 불가변력은 당해 행정행위에 대하여서만 인정되는 것이고, 동종의 행정행위라 하더라도 그 대상을 달리할 때에는 이를 인정할 수 없다.

④ 행정처분이 불복기간의 경과로 인하여 확정된 경우 처분의 기초가 된 사실관계나 법률적 판단이 확정되고, 당사자들이나 법원이 이에 기속되어 모순되는 주장이나 판단을 할 수 없게 된다.

⑤ 행정심판의 재결은 준사법적 행위로서 불가쟁력이 인정되므로 행정심판 청구인은 제소기간의 경과 여부를 불문하고 그 재결의 효력을 다툴 수 없게 된다.

> **풀이 TIP** 행정행위의 효력상 특질과 관련해서 존속력에 관한 문제이다. 존속력 발생사유로서 불가쟁력과 불가변력의 의의를 이해해야 한다.

정답해설 ③ 국민의 권리와 이익을 옹호하고 법적안정을 도모하기 위하여 특정한 행위에 대하여는 행정청이라 하여도 이것을 자유로이 취소, 변경 및 철회할 수 없다는 행정행위의 불가변력은 당해 행정행위에 대하여서만 인정되는 것이고, 동종의 행정행위라 하더라도 그 대상을 달리할 때에는 이를 인정할 수 없다(대판 1974. 12. 10. 73누129).

오답해설 ① 불가변력은 행정청을 구속하는 효력이고, 불가쟁력은 행정행위의 상대방이나 이해관계인을 구속하는 효력이다.
② 불가변력은 준사법적 행정행위에만 인정되지만, 불가쟁력은 항고소송의 대상되는 모든 행정행위에 인정되는 효력이다.
④ 행정처분이 불복기간의 경과로 인하여 확정될 경우 그 확정력은, 처분으로 인하여 법률상 이익을 침해받은 자가 해당 처분이나 재결의 효력을 더 이상 다툴 수 없다는 의미일 뿐, 더 나아가 판결에 있어서와 같은 기판력이 인정되는 것은 아니어서 처분의 기초가 된 사실관계나 법률적 판단이 확정되고 당사자들이나 법원이 이에 기속되어 모순되는 주장이나 판단을 할 수 없게 되는 것은 아니다(대판 2019. 10. 17. 2018두104).
⑤ 행정심판의 재결 자체에 고유한 위법이 있는 경우 제소기간이 경과하지 않았다면 이를 항고소송으로 다툴 수 있다.

42

행정행위의 하자에 관한 설명으로 옳은 것을 모두 고른 것은? (다툼이 있는 경우에는 판례에 의함)

> ㉠ 하자 있는 행정행위가 당연무효가 되기 위하여는 그 하자가 법규의 중요한 부분을 위반한 중대한 것으로서 객관적으로 명백한 것이어야 한다.
> ㉡ 처분의 방식으로 문서주의를 규정한 「행정절차법」 제24조를 위반하여 행하여진 행정청의 처분은 원칙적으로 무효이다.
> ㉢ 선행처분과 후행처분이 서로 결합하여 하나의 법률효과를 발생시키는 경우, 선행처분에 불가쟁력이 생겼으며 후행처분 자체에는 아무런 하자가 없다고 하더라도, 선행처분의 위법을 이유로 후행처분의 취소를 구할 수 있다.

① ㉠　　　　② ㉠, ㉡　　　　③ ㉠, ㉢
④ ㉡, ㉢　　　　⑤ ㉠, ㉡, ㉢

풀이 TIP 하자 있는 행정행위의 효력에 대해 전반적인 부분을 출제한 문제이다.

정답해설 ㉠ 행정처분이 당연무효라고 하기 위해서는 처분에 위법사유가 있다는 것만으로는 부족하고 하자가 법규의 중요한 부분을 위반한 중대한 것으로서 객관적으로 (외형상) 명백한 것이어야 하며, 하자의 중대·명백 여부를 판별함에 있어서는 법규의 목적·의미·기능 등을 목적론적으로 고찰함과 동시에 구체적 사안 자체의 특수성에 관하여도 합리적으로 고찰함을 요한다(대판 1993. 12. 7. 93누11432).
㉡ 대법원 판례의 내용 그 자체이다. 행정청의 처분의 방식을 규정한 「행정절차법」 제24조를 위반하여 행해진 행정청의 처분은 원칙적으로 무효이다(대판 2011. 11. 10. 2011도11109).
㉢ 두 개 이상의 행정처분이 연속적으로 행하여지는 경우 선행처분과 후행처분이 서로 결합하여 1개의 법률효과를 완성하는 때에는 선행처분에 하자가 있으면 그 하자는 후행처분에 승계되므로 선행처분에 불가쟁력이 생겨 그 효력을 다툴 수 없게 된 경우에도 선행처분의 하자를 이유로 후행처분의 효력을 다툴 수 있는 반면, 선행처분과 후행처분이 서로 독립하여 별개의 법률효과를 목적으로 하는 때에는 선행처분에 불가쟁력이 생겨 그 효력을 다툴 수 없게 된 경우에는 선행처분의 하자가 중대하고 명백하여 당연무효인 경우를 제외하고는 선행처분의 하자를 이유로 후행처분의 효력을 다툴 수 없는 것이 원칙이다(대판 1994. 1. 25. 93누8542).

43

행정행위의 하자
2013년 제1회

행정행위의 무효와 취소에 관한 설명으로 옳은 것은? (다툼이 있는 경우에는 판례에 의함)

① 무효인 행정행위에는 공정력이 인정되지 아니한다.

② 「행정절차법」상 처분의 직권취소는 처분 등이 있음을 안 날로부터 1년, 처분 등이 있은 날로부터 2년 이내에 하여야 한다.

③ 취소소송의 진행 중에는 처분청은 계쟁처분을 직권취소할 수 없다.

④ 행정사건을 선결문제로 하는 민사소송에서 법원은 무효인 행정행위의 효력을 확인할 수는 없지만, 취소할 수 있는 행정행위의 효력을 부인할 수는 있다.

⑤ 행정행위에 대한 무효확인소송에서도 제소기간을 준수하여야 한다.

풀이 TIP 행정행위가 무효인 경우와 취소사유인 경우의 차이점을 구별해서 정리해 두어야 한다.

정답해설 ① 공정력은 취소사유 있는 행정행위에서 인정되며, 행정행위가 부존재이거나 무효인 경우는 인정되지 않는다. 행정의 실효성 확보나 법적 안정성(신뢰보호)의 문제가 생기지 않기 때문이다.

오답해설 ② 우리의 경우는 독일과 달리 「행정절차법」에 처분청이 하자 있는 처분을 직권으로 취소할 수 있는 기간에 대하여 위와 같은 명시적 규정을 두고 있지 않다. 따라서 직권취소의 기간과 관련해서는 조리상의 실권의 법리에 의해 제한을 받을 뿐이다.

③ 취소소송의 진행 중에도 처분청은 계쟁처분을 직권취소할 수 있다. ⇨ 변상금 부과처분에 대한 취소소송이 진행 중이라도 그 부과권자로서는 위법한 처분을 스스로 취소하고 그 하자를 보완하여 다시 적법한 부과처분을 할 수도 있는 것이어서 그 권리행사에 법률상의 장애사유가 있는 경우에 해당한다고 할 수 없으므로, 그 처분에 대한 취소소송이 진행되는 동안에도 그 부과권의 소멸시효가 진행된다(대판 2006. 2. 10. 2003두5686).

④ 행정사건을 선결문제로 하는 민사소송에서 법원은 무효인 행정행위의 효력을 확인할 수는 있지만, 취소할 수 있는 행정행위는 공정력이 있으므로 행정행위의 취소권이 없는 민사법원은 그 효력을 부인할 수 없다.

⑤ 「행정소송법」상 행정행위에 대한 무효확인소송에는 취소소송의 제소기간이 준용되지 않으므로, 행정행위에 대한 무효확인소송에는 제소기간의 제한이 없다. 따라서 무효인 행정행위에는 불가쟁력이 발생하지 않는다.

44

행정행위의 하자
2019년 제7회

행정행위의 무효와 취소에 관한 설명으로 옳은 것은? (다툼이 있으면 판례에 따름)

① 하자의 치유는 무효인 행정행위에서만 인정된다.

② 행정심판의 필요적 전치주의가 적용되는 경우 무효확인소송을 제기하려면 무효확인심판의 재결을 거쳐야 한다.

③ 당연무효를 선언하는 의미에서의 취소소송을 제기할 때에는 취소소송의 제소기간을 준수해야 한다.

④ 헌법재판소에 의해 위헌으로 결정된 법률에 근거한 행정행위는 위헌결정이 있기 전에 발령된 행정행위라도 무효이다.

⑤ 불가쟁력이 발생한 과세처분의 근거법률이 후에 위헌으로 결정되었더라도 위헌결정 이후에 행한 그 과세처분에 따른 체납처분은 효력이 있다.

> **풀이 TIP** 행정행위의 하자에 관한 무효와 취소의 구별을 묻는 고전적인 문제이다. 무효와 취소에 대한 구별과 소송의 형태를 알아야 한다.

정답해설 ③ 행정처분의 당연무효를 선언하는 의미에서 그 취소를 구하는 행정소송을 제기하는 경우에는 전치절차와 그 제소기간의 준수 등 취소소송의 제소요건을 갖추어야 한다(대판 1987. 6. 9. 87누219). 따라서 옳은 지문이다.

오답해설 ① 하자의 치유는 취소할 수 있는 행정행위에 인정된다.

② 행정심판이 필요적 전치주의가 적용된다고 하더라도 무효확인소송에서는 전치주의를 거칠 필요가 없다.

④ 행정처분이 있은 후 사후에 헌법재판소에서 그 법령에 대하여 위헌결정을 한 경우 위헌결정 전에 행하여진 행정처분은 취소사유에 해당한다는 것이 판례의 입장이다(대판 2002. 11. 8. 2001두3181).

⑤ 과세처분의 근거법률이 후에 위헌으로 결정된 경우 이후에 이루어진 과세처분은 무효사유가 된다는 것이 판례의 입장이다(대판 2002. 6. 28. 2001두1925).

Answer⁺ 43. ① 44. ③

45

하자의 승계
2022년 제10회

행정행위의 하자승계 논의의 전제에 관한 설명으로 옳지 않은 것은? (다툼이 있으면 판례에 따름)

① 선행행위와 후행행위가 모두 항고소송의 대상인 행정처분이어야 한다.
② 선행행위에는 취소사유인 하자가 존재해야 한다.
③ 후행행위는 하자가 없이 적법해야 한다.
④ 선행행위에 불가쟁력이 발생해야 한다.
⑤ 후행행위에 불가변력이 발생해야 한다.

풀이TIP 행정행위의 하자승계가 어떤 경우 문제되는지 이해해야 풀 수 있는 문제이다.

정답해설 ⑤ 하자의 승계는 선행정행위와 후행정행위가 모두 행정행위에 해당하고 선행처분에 무효가 아닌 취소사유에 해당하는 하자가 존재하고 그 선행정행위에 불가쟁력이 발생하였음에도 후행정행위가 정상적인 처분인 경우에 선행처분을 후행정행위에서 다툴 수 있는가에 대하여 논의하는 것이다. 후행행위의 불가변력 여부는 하자승계 논의의 전제가 되지 않는다.

오답해설 ① 행정행위의 하자승계가 논의되기 위해서는 원칙적으로 선행행위와 후행행위가 모두 항고소송의 대상되는 행정처분일 때 문제된다.
② 선행행위에 하자가 취소사유인 경우 하자승계가 문제되고 선행행위가 당연무효인 경우에는 이를 기초로 한 후행행위도 당연무효가 되므로 하자승계를 논의할 실익이 없다.
③ 후행행위 자체는 하자 없이 적법해야 하고 후행행위가 위법한 경우 그 자체를 항고소송으로 다투면 되기 때문에 하자승계를 논의할 실익이 없다.
④ 하자승계는 선행행위의 하자가 제소기간을 경과(불가쟁력)하여 취소소송으로 이를 다툴 수 없는 경우 문제된다.

46

하자의 승계
2020년 제8회

행정행위 하자승계론의 전제요건에 해당하지 않는 것은?

① 선행행위와 후행행위가 모두 처분일 것
② 선행행위에 무효가 아닌 취소사유의 하자가 존재할 것
③ 선행행위에 불가쟁력이 발생하였을 것
④ 후행행위는 하자가 없는 적법한 행위일 것
⑤ 후행행위가 선행행위에 대하여 내용적 구속력이 있을 것

풀이TIP 하자의 승계의 요건을 묻는 문제이다. 하자의 승계 부분에서는 기초적인 문제가 출제되었다.

정답해설 ⑤ 하자의 승계는 선행정행위가 불가쟁력이 발생하고 후행정행위가 정상적인 경우에 논의되는 것이다. 후행정행위가 선행행위에 구속력이 있는 경우에는 논의하는 것이 아니다.

오답해설 ①, ②, ③, ④ 하자의 승계는 선행정행위와 후행정행위가 모두 행정행위에 해당하고 선행처분에 무효가 아닌 취소사유에 해당하는 하자가 존재하고 그 선행정행위에 불가쟁력이 발생하였음에도 후행정행위가 정상적인 처분인 경우에 선행처분을 후행정행위에서 다툴 수 있는가에 대하여 논의하는 것이다.

47

하자의 승계
2013년 제1회

판례에 의할 때 선행처분에 취소사유가 있음을 들어 후행처분의 위법을 주장할 수 있는 경우는? (단, 선행처분에 불가쟁력이 발생하였고, 후행처분에는 고유의 위법이 없음)

① 조세부과처분 – 체납처분
② 표준지공시지가결정 – 수용재결
③ 공무원 직위해제처분 – 공무원 면직처분
④ 택지개발예정지구 지정 – 택지개발계획 승인
⑤ 건물철거명령 – 대집행계고처분

풀이 **TIP** 하자승계를 인정한 판례를 암기한 후 여기에 해당하지 않는 경우는 부정으로 암기가 필요한 부분이다.

정답해설 ② (비교) 표준지공시지가결정과 수용재결은 서로 별개의 법적 효과를 목적으로 하는 사이이지만 판례는 선행처분에 대한 예측가능성과 수인한도론을 근거로 예외적으로 하자의 승계를 인정하였다.
⇨ 표준지공시지가결정은 이를 기초로 한 수용재결 등과는 별개의 독립된 처분으로서 서로 독립하여 별개의 법률효과를 목적으로 하는 것이나, … 표준지공시지가결정에 위법이 있는 경우에는 그 자체를 행정소송의 대상이 되는 행정처분으로 보아 그 위법 여부를 다툴 수 있음은 물론 수용보상금의 증액을 구하는 소송에서도 선행처분으로서 그 수용대상 토지 가격 산정의 기초가 된 비교표준지공시지가결정의 위법을 독립된 사유로 주장할 수 있다(대판 2008. 8. 21. 2007두13845).

오답해설 ① 조세부과처분 – 체납처분 사이는 서로 독립하여 별개의 법률효과를 목적으로 하는 것이란 이유로 하자의 승계가 부정되었다(대판 1977. 7. 12. 76누51, 대판 2001. 11. 27. 98두9530).
③ 공무원 직위해제처분 – 공무원 면직처분 사이는 서로 독립하여 별개의 법률효과를 목적으로 하는 것이란 이유로 하자의 승계가 부정되었다(대판 1984. 9. 1. 84누191).
④ 택지개발예정지구 지정 – 택지개발계획 승인 사이는 서로 독립하여 별개의 법률효과를 목적으로 하는 것이란 이유로 하자의 승계가 부정되었다(대판 2000. 10. 13. 99두653).
⑤ 건물철거명령 – 대집행계고처분 사이는 서로 독립하여 별개의 법률효과를 목적으로 하는 것이란 이유로 하자의 승계가 부정되었다(대판 1998. 9. 8. 97누20502).

Answer 45. ⑤ 46. ⑤ 47. ②

48

하자의 승계
2016년 제4회

판례에 의할 때, 선행처분에 취소사유가 있음을 들어 후행처분의 위법을 주장할 수 없는 경우는?

선행처분	후행처분
① 사업인정처분	수용재결처분
② 대집행 계고처분	대집행영장발부 통보처분
③ 대집행 계고처분	대집행비용납부 명령처분
④ 안경사시험합격 무효처분	안경사면허취소처분
⑤ 친일반민족행위자 결정처분	「독립유공자 예우에 관한 법률」 적용배제자 결정처분

풀이TIP 하자승계가 인정되는 판례와 하자승계가 인정되지 않는 판례를 암기해야 풀 수 있는 문제이다.

정답해설 ① 사업인정처분 자체의 위법은 사업인정단계에서 다투어야 하고 이미 그 쟁송기간이 도과한 수용재결단계에서는 사업인정처분이 당연무효라고 볼 만한 특단의 사정이 없는 한 그 위법을 이유로 재결의 취소를 구할 수는 없다(대판 1992. 3. 13. 91누4324).

오답해설 ② 대집행의 계고, 대집행영장에 의한 통지, 대집행의 실행, 대집행에 요한 비용의 납부명령 등은 동일한 행정목적을 달성하기 위하여 단계적인 일련의 절차로 연속하여 행하여지는 것으로서, 서로 결합하여 하나의 법률효과를 발생시키는 것이므로, … 후행처분인 대집행영장발부통보처분 자체에는 아무런 하자가 없다고 하더라도, 후행처분인 대집행영장발부통보처분의 취소를 청구하는 소송에서 청구원인으로 선행처분인 계고처분이 위법한 것이기 때문에 그 계고처분을 전제로 행하여진 대집행영장발부통보처분도 위법한 것이라는 주장을 할 수 있다(대판 1996. 2. 9. 95누12507).

③ 선행처분인 계고처분이 하자가 있는 위법한 처분이라면, 후행처분인 대집행비용납부명령의 취소를 청구하는 소송에서 청구원인으로 선행처분인 계고처분이 위법한 것이기 때문에 그 계고처분을 전제로 행하여진 대집행비용납부명령도 위법한 것이라는 주장을 할 수 있다(대판 1993. 11. 9. 93누14271).

④ 국립보건원장이 「의료기사법」 제7조 제2항에 의하여 안경사국가시험의 합격을 무효로 하는 처분을 함에 따라 보건사회부장관이 안경사면허를 취소하는 처분을 한 경우에, 합격무효처분과 면허취소처분은 동일한 행정목적을 달성하기 위하여 단계적인 일련의 절차로 연속하여 행하여지는 행정처분으로서, 안경사국가시험에 합격한 자에게 주었던 안경사면허를 박탈한다는 하나의 법률효과를 발생시키기 위하여 서로 결합된 선행처분과 후행처분의 관계에 있음이 명백하다. … 후행처분인 면허취소처분의 취소를 청구하는 이 사건 소송에서 청구원인으로 선행처분인 합격무효처분이 위법하기 때문에 합격무효처분을 전제로 하여 행하여진 면허취소처분도 위법한 것이라는 주장을 할 수 있다(대판 1993. 2. 9. 92누4567).

⑤ 갑을 친일반민족행위자로 결정한 친일반민족행위진상규명위원회(이하 '진상규명위원회'라 한다)의 최종발표(선행처분)에 따라 지방보훈지청장이 「독립유공자 예우에 관한 법률」 적용 대상자로 보상금 등의 예우를 받던 갑의 유가족 을 등에 대하여 「독립유공자법」 적용배제자 결정(후행처분)을 한 사안에서, … 을이 선행처분에 대하여 「일제강점하 반민족행위 진상규명에 관한 특별법」에 의한 이의신청절차를 밟거나 후행처분에 대한 것과 별개로 행정심판이나 행정소송을 제기하지 않았다고 하여 선행처분의 하자를 이유로 후행처분의 효력을 다툴 수 없게 하는 것은 을에게 수인한도를 넘는 불이익을 주고 그 결과가 을에게 예측가능한 것이라고 할 수 없어 선행처분의 후행처분에 대한 구속력을 인정할 수 없으므로 선행처분의 위법을 이유로 후행처분의 효력을 다툴 수 있다(대판 2013. 3. 14. 2012두6964).

49

행정행위의 취소
2020년 제8회

「행정기본법」상 행정행위의 취소·철회에 관한 설명으로 옳은 것은?

① 위법한 처분의 일부에 대해 취소할 수 없다.

② 부당한 처분에 대해서는 취소할 수 없다.

③ 당사자의 신뢰를 보호할 가치가 있는 경우에는 위법한 처분에 대해 장래를 향하여 취소할 수 있다.

④ 적법한 처분은 중대한 공익을 위하여 필요한 경우에도 그 처분의 전부를 철회할 수 없다.

⑤ 적법한 처분을 철회하는 경우에는 철회로 인하여 당사자가 입게 될 불이익을 철회로 달성되는 공익과 비교·형량할 필요는 없다.

풀이 TIP 「행정기본법」의 조문을 숙지해야 한다.

정답해설 ③, ①, ② 행정청은 위법 또는 부당한 처분의 전부나 일부를 소급하여 취소할 수 있다. 다만, 당사자의 신뢰를 보호할 가치가 있는 등 정당한 사유가 있는 경우에는 장래를 향하여 취소할 수 있다(「행정기본법」 제18조 제1항).

오답해설 ④ 「행정기본법」 제18조 제2항

⑤ 행정청은 처분을 철회하려는 경우에는 철회로 인하여 당사자가 입게 될 불이익을 철회로 달성되는 공익과 비교·형량하여야 한다(「행정기본법」 제18조 제2항).

50

행정행위의 취소
2020년 제8회

행정행위의 직권취소에 관한 설명으로 옳지 않은 것은? (다툼이 있으면 판례에 따름)

① 직권취소는 별도의 법적 근거가 없어도 가능하다.

② 직권취소는 당해 처분의 취소소송 중에도 할 수 있다.

③ 수익적 행정행위의 직권취소에 대한 직권취소는 인정되지 않는다.

④ 수익적 행정행위의 직권취소는 제한될 수 있다.

⑤ 수익적 행정행위의 직권취소의 소급효는 제한될 수 있다.

풀이 TIP 직권취소에 대한 전반적인 내용을 묻는 문제이다. 직권취소의 취소가 가능한가에 대한 내용으로서 쟁송취소와 비교해서 알아야 하는 문제이다.

정답해설 ③ 영업허가를 받아 영업을 하고 있는 상태에서 이를 직권취소를 하게 되면 영업을 할 수 없는 부담적 처분이 되고, 이러한 직권취소는 부담적 처분으로서 이를 다시 취소하여 영업을 하게 할 수 있다. 따라서 수익적 행정행위에 대한 직권취소를 다시 취소하여 원처분을 소생시킬 수 있다.

오답해설 ① 판례는 직권취소는 법적 근거 없이 할 수 있다는 입장이다.

② 변상금부과처분에 대한 취소소송이 진행 중이라도 그 부과권자로서는 위법한 처분을 스스로 취소하고 그 하자를 보완하여 다시 적법한 부과처분을 할 수도 있는 것이다(대판 2006. 2. 10. 2003두5686).

④ 수익적 행정행위를 직권취소하는 경우 상대방의 신뢰보호 등을 이유로 그 취소가 제한될 수 있다.

⑤ 부담적 행정행위를 쟁송취소하는 경우에는 소급효가 있지만, 수익적 행정행위를 직권취소하는 경우에는 기득권 보호를 위하여 그 소급효가 제한될 수 있다.

Answer 48. ① 49. ③ 50. ③

51

처분의 취소 또는 변경에 관한 설명으로 옳은 것은? (다툼이 있으면 판례에 따름)

① 처분의 위법은 직권취소의 사유가 되지만, 처분의 부당은 직권취소의 사유가 되지 않는다.

② 수익적 처분의 직권취소 필요성에 관한 증명책임은 처분의 상대방에 있다.

③ 수익적 처분에 대한 직권취소의 경우에는 행정절차법상 사전통지가 필요하지 않다.

④ 행정청은 행정소송이 계속되고 있는 때에는 직권으로 해당 처분을 변경할 수 없다.

⑤ 「산업재해보상보험법」상 연금지급결정을 취소하는 처분이 적법하다고 하여 그에 터 잡은 징수처분이 반드시 적법한 것은 아니다.

풀이TIP 행정행위의 취소와 철회 부분에 대한 전반적인 내용과 판례를 정리하여야 한다. 행정법 전체 부분에서 출제빈도가 높고 난이도가 높은 문제가 출제된다.

정답해설 ⑤ 「산업재해보상보험법」 제84조 제1항 제3호에 따라 보험급여를 받은 당사자로부터 잘못 지급된 보험급여액에 해당하는 금액을 징수하는 처분을 할 수 있는 경우 및 산업재해보상보험법상 각종 보험급여 지급결정을 변경 또는 취소하는 처분이 적법한 경우, 그에 터 잡은 징수처분도 반드시 적법하다고 판단해야 하는 것은 아니다(대판 2014. 7. 24. 2013두27159).

오답해설 ① 직권취소는 처분을 행한 행정청에 의해서 이루어지므로 위법사유뿐만 아니라 부당한 사유도 직권취소의 대상이 된다.

② 국민에게 일정한 이익과 권리를 취득하게 한 종전 행정처분을 직권으로 취소하는 행정처분을 할 수 있는 경우 및 종전 행정처분의 하자나 취소해야 할 필요성에 관한 증명책임의 소재는 행정청에게 있다(대판 2017. 6. 15. 2014두46843).

③ 수익적 행위를 직권취소하는 것은 부담적 효과를 가져오므로 「행정절차법」상 사전통지가 필요하다.

④ 변상금부과처분에 대한 취소소송이 진행 중이라도 그 부과권자로서는 위법한 처분을 스스로 취소하고 그 하자를 보완하여 다시 적법한 부과처분을 할 수도 있는 것이다(대판 2006. 2. 10. 2003두5686).

52

행정행위의 직권취소와 철회에 관한 설명으로 옳은 것만을 모두 고른 것은? (다툼이
있으면 판례에 따름)

> ㉠ 행정행위의 취소사유는 행정행위의 성립 당시에 존재하였던 하자를 말하고, 철
> 회사유는 행정행위의 성립 이후에 새로이 발생한 것으로서 행정행위의 효력을
> 존속시킬 수 없는 사유를 말한다.
> ㉡ 행정행위를 한 행정청은, 별도의 명시적인 법적 근거가 없다면, 행정행위의 성립
> 에 하자가 있더라도 직권으로 이를 취소할 수 없다.
> ㉢ 행정행위를 한 행정청은, 별도의 명시적인 법적 근거가 없다면, 원래의 행정행위
> 를 그대로 존속시킬 필요가 없게 된 사정변경이 생겼더라도 이를 철회할 수 없다.

① ㉠　　　　② ㉡　　　　③ ㉢
④ ㉠, ㉡　　　⑤ ㉡, ㉢

풀이 TIP 직권취소와 철회는 묶어서 출제하는 경우가 많으므로 양자를 잘 비교·정리해 둘 필요가
있다.

정답해설 ㉠ 행정행위의 취소는 일단 유효하게 성립한 행정행위를 그 행위에 위법 또는 부당한 하자가
있음을 이유로 소급하여 그 효력을 소멸시키는 별도의 행정처분이고, 행정행위의 철회는 적법요건을 구
비하여 완전히 효력을 발하고 있는 행정행위를 사후적으로 그 행위의 효력의 전부 또는 일부를 장래에
향해 소멸시키는 행정처분이므로, 행정행위의 취소사유는 행정행위의 성립 당시에 존재하였던 하자를
말하고, 철회사유는 행정행위가 성립된 이후에 새로이 발생한 것으로서 행정행위의 효력을 존속시킬 수
없는 사유를 말한다(대판 2003. 5. 30. 2003다6422).

오답해설 판례는 행정청이 하는 직권취소와 철회 모두의 경우 별도의 명시적인 법적 근거를 요하지 않는
다고 본다.
㉡ 행정처분(행정행위)을 한 처분청은 그 처분에 하자가 있는 경우에는 원칙적으로 별도의 법적 근거가
없더라도 스스로 이를 직권으로 취소할 수 있다(대판 1995. 9. 15. 95누631, 대판 2006. 6. 30. 2004두701).
㉢ 행정행위를 한 처분청은 비록 그 처분 당시에 별다른 하자가 없었고, 또 그 처분 후에 이를 철회할
별도의 법적 근거가 없다 하더라도 원래의 처분을 존속시킬 필요가 없게 된 사정변경이 생겼거나 또는
중대한 공익상의 필요가 발생한 경우에는 그 효력을 상실케 하는 별개의 행정행위로 이를 철회할 수
있다(대판 2004. 7. 22. 2003두7606).

Answer⁺ 51. ⑤ 52. ①

53

행정행위의 취소 및 철회에 관한 설명으로 옳지 않은 것은? (다툼이 있는 경우에는 판례에 의함)

① 쟁송취소의 효과는 당연히 소급한다.

② 직권취소의 경우에는 실권의 경우를 제외하고는 취소기간의 제한이 없다.

③ 상급행정청은 하급행정청에 대한 감독권 행사의 일환으로 하급행정청이 한 행정행위를 직접 철회할 수 있다.

④ 취소사유는 행정행위의 성립 당시에 존재하였던 하자이고, 철회사유는 행정행위가 성립된 이후에 새로이 발생한 것으로서 행정행위의 효력을 존속시킬 수 없는 사유이다.

⑤ 철회사유가 존재하는 경우, 별도의 법적 근거가 없더라도 철회할 수 있다.

풀이 TIP 직권취소와 철회는 묶어서 출제하는 경우가 많으므로 양자를 잘 비교·정리해야 한다.

정답해설 ③ 철회권자는 당해 행정행위를 행했던 처분청이며, 감독청은 특별한 규정이 없는 한 철회권자가 될 수 없다. 일반적인 감독권 속에는 하급행정청이 한 행정행위를 철회하도록 철회지시만 내릴 수 있는 권한만 있을 뿐, 특별한 규정이 없는 한 상급행정청의 감독권 속에 하급행정청의 행정행위를 직접 철회할 수 있는 권한까지는 없다고 봄이 통설이다.

오답해설 ① 쟁송취소는 침익적 행위가 그 대상이므로 상대방의 신뢰보호의 필요성이 없을 뿐만 아니라 행정행위에 하자가 있으면 취소하여 소급적으로 그 효력을 소멸시키는 것이 상대방에게 이익이 되므로 쟁송취소의 효과는 취소의 본래 의의대로 당연히 처분 당시로 소급한다.

② 우리의 경우는 독일과 달리 「행정절차법」에 처분청이 하자 있는 처분을 직권으로 취소할 수 있는 기간에 대하여 명시적 규정을 두고 있지 않으며, 직권취소의 기간과 관련해서는 조리상의 실권의 법리에 의해 제한을 받을 뿐이다.

④ 행정행위의 취소는 일단 유효하게 성립한 행정행위를 그 행위에 위법 또는 부당한 하자가 있음을 이유로 소급하여 그 효력을 소멸시키는 별도의 행정처분이고, 행정행위의 철회는 적법요건을 구비하여 완전히 효력을 발하고 있는 행정행위를 사후적으로 그 행위의 효력의 전부 또는 일부를 장래에 향해 소멸시키는 행정처분이므로, 행정행위의 취소사유는 행정행위의 성립 당시에 존재하였던 하자를 말하고, 철회사유는 행정행위가 성립된 이후에 새로이 발생한 것으로서 행정행위의 효력을 존속시킬 수 없는 사유를 말한다(대판 2003. 5. 30. 2003다6422).

⑤ 행정행위를 한 처분청은 비록 그 처분 당시에 별다른 하자가 없었고, 또 그 처분 후에 이를 철회할 별도의 법적 근거가 없다 하더라도 원래의 처분을 존속시킬 필요가 없게 된 사정변경이 생겼거나 또는 중대한 공익상의 필요가 발생한 경우에는 그 효력을 상실케 하는 별개의 행정행위로 이를 철회할 수 있다(대판 2004. 7. 22. 2003두7606).

03 기타의 행정작용

54

하
확약
2022년 제10회

확약에 관한 설명으로 옳지 않은 것은? (다툼이 있으면 판례에 따름)

① 확약은 일방적 행위라는 점에서 복수당사자의 의사의 합치인 공법상 계약과는 구분된다.

② 확약은 종국적 규율이 아니라는 점에서 종국적 규율을 하는 사전결정이나 부분허가와 구분된다.

③ 어업권면허에 선행하는 우선순위결정은 강학상 확약에 불과하고 행정처분은 아니다.

④ 확약 이후에 사실상태 또는 법적 상태가 변경된 경우에도 확약의 구속성이 상실되기 위해서는 행정청의 별도의 의사표시가 있어야 한다.

⑤ 확약은 정당한 권한을 가진 행정청에 의해서 그 권한의 범위 내에서만 발해질 수 있다.

> **풀이 TIP** 판례는 확약의 처분성을 인정하지 않는다는 것과 어업권면허에 선행하는 우선순위결정을 강학상 확약으로 본 판례를 알고 있어야 한다.

[정답해설] ④ 확약 이후에 사실상태 또는 법적 상태가 변경된 경우에는 행정청의 별도의 의사표시가 없더라도 그 확약은 실효된다는 것이 판례이다(대판 1996. 8. 20. 95누10877).

[오답해설] ① 확약은 본행정행위를 하기 전 행정청의 일방적 자기구속력 있는 약속이라는 점에서 복수당사자의 의사의 합치인 공법상 계약과는 구분된다.

② 확약은 종국적 규율이 아니라는 점에서 그 자체 종국적 규율을 하는 사전결정이나 부분허가와 구분된다.

③ 판례는 확약의 처분성을 인정하지 않는다는 입장에서 어업권면허에 선행하는 우선순위결정은 강학상 확약에 불과하고 행정처분이 아니라고 본다(대판 1995. 1. 20. 94누6529).

⑤ 확약은 본처분의 권한을 가지고 있는 행정청이 그 권한의 범위 내에서만 할 수 있다.

Answer 53. ③ 54. ④

55

상
행정계획
2018년 제6회

행정계획에 관한 설명으로 옳은 것은? (다툼이 있으면 판례에 따름)

① 행정계획은 헌법소원의 대상이 될 수 없다.

② 서로 양립할 수 없는 내용의 도시·군관리계획이 중복되어 결정·고시되었다면 특별한 사정이 없는 한 선행 계획은 후행 계획과 같은 내용으로 적법하게 변경된 것으로 보아야 한다.

③ 「행정절차법」은 행정계획의 수립절차에 대하여 규정하고 있다.

④ 「국토의 계획 및 이용에 관한 법률」에 따른 개발제한구역의 지정·고시는 처분성이 없다.

⑤ 행정청은 행정계획을 수립함에 있어 광범위한 형성의 자유를 가지나, 이를 변경함에 있어서는 형성의 자유가 인정되지 않는다.

풀이 TIP 행정계획의 성질과 관련 판례의 내용을 기억하여야 한다.

정답해설 ② 행정청은 이미 도시계획이 결정·고시된 지역에 대하여도 다른 도시계획을 결정·고시할 수 있고, 이 때에 후행 도시계획에 선행 도시계획과 서로 양립할 수 없는 내용이 포함되어 있다면, 특별한 사정이 없는 한 선행 도시계획은 후행 도시계획과 같은 내용으로 적법하게 변경되었다고 할 것이다(대판 1997. 6. 24. 96누1313).

오답해설 ① 행정계획도 헌법소원의 대상이 될 수 있다(헌재결 2000. 6. 1. 99헌마538 전합).

③ 「행정절차법」에는 행정청이 행정계획을 수립할 때 이익형량의 의무와 사전예고를 규정하고 있지만 행정계획을 수립하는 절차규정이 없다.

④ 어떠한 고시가 일반적·추상적 성격을 가질 때에는 법규명령 또는 행정규칙에 해당할 것이지만, 다른 집행행위의 매개 없이 그 자체로서 직접 국민의 구체적인 권리의무나 법률관계를 규율하는 성격을 가질 때에는 행정처분에 해당한다(대판 2006. 9. 22. 2005두2506).

⑤ 개발제한구역지정처분은 건설부장관이 법령의 범위 내에서 도시의 무질서한 확산 방지 등을 목적으로 도시정책상의 전문적·기술적 판단에 기초하여 행하는 일종의 행정계획으로서 그 입안·결정에 관하여 광범위한 형성의 자유를 가지는 계획재량처분이다(대판 1997. 6. 24. 96누1313).

56

중
행정계획
2015년 제3회

행정계획에 관한 설명으로 옳지 않은 것은? (다툼이 있으면 판례에 따름)

① 행정청이 이미 도시계획이 결정·고시된 지역에 대하여 다른 도시계획을 결정·고시한 경우, 특별한 사정이 없는 한 선행 도시계획은 후행 도시계획과 같은 내용으로 적법하게 변경되었다고 할 것이다.

② 행정주체가 행정계획을 입안·결정하는 데에는 광범위한 계획재량을 가지더라도, 행정계획에 관련된 자들의 이익을 공익 상호 간과 사익 상호 간까지 비교·교량하여야 할 필요는 없다.

③ 국토이용계획은 계획의 확정 후에 어떤 사정의 변동이 있다고 하여 지역주민이나 일반 이해관계인에게 일일이 그 계획의 변경을 신청할 권리를 인정하여 줄 수 없음이 원칙이다.

④ 도시계획구역 내 토지 등을 소유하고 있는 주민은 입안권자에게 도시계획입안을 요구할 수 있는 법규상 또는 조리상의 신청권이 있다.

⑤ 택지개발 예정지구 지정처분은 광범위한 재량행위라고 할 것이므로 그 재량권의 일탈·남용이 없는 이상 그 처분을 위법하다고 할 수 없다.

> **풀이 TIP** 행정계획은 행정주체의 광범위한 형성재량이 인정되지만, 이익형량을 하여야 한다는 제한이 있다.

정답해설 ② 행정주체는 구체적인 행정계획을 입안, 결정함에 있어서 비교적 광범위한 형성의 자유를 가진다고 할 것이지만, 행정주체가 가지는 이와 같은 형성의 자유는 무제한적인 것이 아니라 그 행정계획에 관련되는 자들의 이익을 공익과 사익 사이에서는 물론이고 공익 상호 간과 사익 상호 간에도 정당하게 비교·교량하여야 한다는 제한이 있다(대판 1996. 11. 29. 96누8567).

오답해설 ① 도시계획의 결정·변경 등에 관한 권한을 가진 행정청이 이미 도시계획이 결정·고시된 지역에 대하여 다른 내용의 도시계획을 결정·고시한 경우는 특별한 사정이 없는 한 선행 도시계획은 후행 도시계획과 같은 내용으로 변경되는 것이나, 후행 도시계획의 결정을 하는 행정청이 선행 도시계획의 결정·변경 등에 관한 권한을 가지고 있지 아니한 경우는 선행 도시계획과 양립할 수 없는 내용이 포함된 후행 도시계획결정의 효력은 무효이다(대판 2000. 9. 8. 99두11257).
③ 「국토이용관리법」상 주민이 국토이용계획의 변경에 대하여 신청을 할 수 있다는 규정이 없을 뿐만 아니라, 국토건설종합계획의 효율적인 추진과 국토이용질서를 확립하기 위한 국토이용계획은 장기성, 종합성이 요구되는 행정계획이어서 원칙적으로는 그 계획이 일단 확정된 후에 어떤 사정의 변동이 있다고 하여 그러한 사유만으로는 지역주민이나 일반 이해관계인에게 일일이 그 계획의 변경을 신청할 권리를 인정하여 줄 수는 없다(대판 2003. 9. 23. 2001두10936).
④ 「도시계획법」상 도시계획입안제안과 관련하여서는 주민이 입안권자에게 일정한 사항에 관하여 도시계획도서와 계획설명서를 첨부하여 도시계획의 입안을 제안할 수 있고, 위 입안제안을 받은 입안권자는 그 처리결과를 제안자에게 통보하도록 규정하고 있는 점 등과 「헌법」상 개인의 재산권 보장의 취지에 비추어 보면, 도시계획구역 내 토지 등을 소유하고 있는 주민으로서는 입안권자에게 도시계획입안을 요구할 수 있는 법규상 또는 조리상의 신청권이 있다고 할 것이고, 이러한 신청에 대한 거부행위는 항고소송의 대상이 되는 행정처분에 해당한다(대판 2004. 4. 28. 2003두1806).
⑤ 택지개발 예정지구 지정처분은 도시지역의 시급한 주택난 해소를 위한 택지를 개발·공급할 목적으로 주택정책상의 전문적·기술적 판단에 기초하여 행하는 일종의 행정계획으로서 재량행위라고 할 것이므로 그 재량권의 일탈·남용이 없는 이상 위법하다고 할 수 없다(대판 1997. 9. 26. 96누10096).

Answer 55. ② 56. ②

57

중
행정계획
2014년 제2회

행정계획에 관한 설명으로 옳지 않은 것은? (다툼이 있는 경우에는 판례에 의함)

① 행정주체는 구체적인 행정계획을 입안·결정함에 있어서 비교적 광범위한 형성의 자유를 가진다.

② 형량명령이란 행정계획을 입안·결정함에 있어서 관련된 이익을 정당하게 형량하여야 한다는 원칙을 말한다.

③ 행정계획의 확정·변경 또는 실효로 인한 국민의 재산상 손실의 보상에 관해서는 「행정절차법」에 일반적 규정을 두고 있다.

④ 도시·군관리계획은 국민의 권익에 직접 구체적인 영향을 미치는 점에서 항고소송의 대상이 된다.

⑤ 주민은 도시·군관리계획의 입안권자에게 지구단위계획구역의 변경에 관한 도시·군관리계획의 입안을 제안할 수 있다.

풀이 TIP 현행 「행정절차법」에는 행정계획의 수립에 관한 일반적 규정이 없다.

정답해설 ③ 행정계획의 확정·변경 또는 실효로 인한 국민의 재산상 손실의 보상에 관해 현행 「행정절차법」에서는 아무런 규정을 두고 있지 않다.

오답해설 ① 계획재량을 설명하고 있는 것이다. ⇨ 행정계획이라 함은 장래의 일정한 시점에 있어서 일정한 질서를 실현하기 위한 활동기준으로 설정된 것으로서, 「도시계획법」 등 관계 법령에는 추상적인 행정목표와 절차만이 규정되어 있을 뿐 행정계획의 내용에 대하여는 별다른 규정을 두고 있지 아니하므로 행정주체는 구체적인 행정계획을 입안·결정함에 있어서 비교적 광범위한 형성의 자유를 가진다(대판 1996. 11. 29. 96누8567).

② 계획재량에 대한 사법적 통제법리인 형량명령을 설명한 것이다. ⇨ 행정주체는 구체적인 행정계획을 입안·결정함에 있어서 비교적 광범위한 형성의 자유를 가진다고 할 것이지만, 행정주체가 가지는 이와 같은 형성의 자유는 무제한적인 것이 아니라 그 행정계획에 관련되는 자들의 이익을 공익과 사익 사이에서는 물론이고 공익 상호 간과 사익 상호 간에도 정당하게 비교교량하여야 한다는 제한이 있는 것이다(대판 1996. 11. 29. 96누8567).

④ 도시·군관리계획(구 도시관리계획 또는 도시계획)에 대해 판례는 처분성을 인정하고 있다. ⇨ 고시된 도시·군관리계획(구 도시관리계획 또는 도시계획)의 결정은 특정 개인의 권리 내지 법률상의 이익을 개별적이고 구체적으로 규제하는 효과를 가져오게 하는 행정청의 처분이라 할 것이고 이는 행정소송의 대상이 된다(대판 1982. 3. 9. 80누105).

⑤ 구 「도시계획법」(현 「국토의 계획 및 이용에 관한 법률」)은, 도시계획입안제안과 관련하여서는 주민이 입안권자에게 지구단위계획구역의 지정 및 변경과 지구단위계획의 수립 및 변경에 관한 사항에 관하여 '도시계획도서와 계획설명서를 첨부'하여 도시계획의 입안을 제안할 수 있고, 위 입안제안을 받은 입안권자는 그 처리결과를 제안자에게 통보하도록 규정하고 있는 점 등과 「헌법」상 개인의 재산권 보장의 취지에 비추어 보면, 도시계획구역 내 토지 등을 소유하고 있는 주민으로서는 입안권자에게 도시계획입안을 요구할 수 있는 법규상 또는 조리상의 신청권이 있다고 할 것이고, 이러한 신청에 대한 거부행위는 항고소송의 대상이 되는 행정처분에 해당한다(대판 2004. 4. 28. 2003두1806).

58

A시는 조례에 근거하여 甲회사와 생활폐기물수집·운반대행위탁계약을 체결하였다. 이 계약에 관한 설명으로 옳은 것은? (다툼이 있으면 판례에 따름)

① 사법상 계약으로 계약자유의 원칙이 적용된다.

② 국가를 당사자로 하는 계약에 관한 법률이 적용된다.

③ 계약의 체결에 관한 다툼은 공법상 당사자소송에 의한다.

④ 계약절차에는 행정절차법이 적용된다.

⑤ 계약의 해지 통보에 관한 다툼은 취소소송에 의한다.

풀이 TIP 공법상 계약의 처분성, 공법상 계약인지, 사법상 계약인지 구별하는 문제가 출제된다. 판례의 내용을 정리하여야 한다.

정답해설 ① 음식물류 폐기물의 수집·운반, 가로 청소, 재활용품의 수집·운반 업무의 대행을 위탁하고 그에 대한 대행료를 지급하는 것을 내용으로 하는 용역계약으로서 이 사건 변경계약에 따른 대행료 정산의무의 존부는 민사 법률관계에 해당하므로 이를 소송물로 다투는 소송은 민사소송에 해당하는 것으로 보아야 한다(대판 2018. 2. 13. 2014두11328). 사법상 계약의 성질을 갖는다면 사법상의 계약자유의 원칙이 적용된다.

오답해설 ② 지방자치단체가 한쪽 당사자이므로 「지방자치단체를 당사자로 하는 계약에 관한 법률」이 적용된다.

③ 사법관계에 해당하므로 공법상 당사자 소송이 아니라 민사소송에 의하게 된다.

④ 행정절차법은 공법관계의 내용에 적용되므로 사법관계에는 행정절차법이 적용되지 않는다.

⑤ 사법관계이므로 민사소송에 의하게 되며 취소소송에 의하지 않는다.

Answer⁺ 57. ③ 58. ①

59

공법상 계약
2023년 제11회

공법상 계약에 관한 설명으로 옳은 것은?

① 「행정절차법」은 공법상 계약의 절차에 관한 일반법이다.

② 행정청은 공법상 계약의 상대방을 선정하고 계약 내용을 정할 때 공법상 계약의 공공성만을 고려하여야 하고 제3자의 이해관계를 고려하여서는 아니 된다.

③ 행정청이 공법상 계약을 체결하는 경우 계약의 목적 및 내용을 명확하게 적은 계약서를 작성하여야 한다.

④ 공법상 계약에는 법률우위의 원칙이 적용되지 않는다.

⑤ 행정청이 공법상 계약을 체결할 때 법령등에 따른 관계 행정청의 동의, 승인 등이 필요하다고 하여 이를 모두 거쳐야 하는 것은 아니다.

풀이TIP 「행정기본법」상 공법상 계약의 내용을 알고 있으면 쉽게 해결할 수 있다.

정답해설 ③ 「행정기본법」 제27조 제2항

오답해설 ① 「행정절차법」에는 공법상 계약의 절차에 관한 일반적 규정이 존재하지 않는다.
② 행정청은 공법상 계약의 상대방을 선정하고 계약 내용을 정할 때 공법상 계약의 공공성과 제3자의 이해관계를 고려하여야 한다(「행정기본법」 제27조 제2항).
④ 공법상 계약에는 법률유보 원칙이 적용되지 않지만 법률우위의 원칙은 적용된다.
⑤ 행정청이 공법상 계약을 체결할 때 법령 등에 따른 관계 행정청의 동의, 승인 등이 필요하다면 이를 모두 거쳐야 한다.

60

공법상 계약
2024년 제12회

공법상 계약에 관한 설명으로 옳지 않은 것은? (다툼이 있으면 판례에 따름)

① 공법상 계약에는 법률우위의 원칙이 적용된다.

② 공법상 계약의 체결 시 계약의 목적 및 내용을 명확하게 적은 계약서를 작성하여야 한다.

③ 공법상 계약에 따른 권리·의무의 확인 소송은 공법상 당사자소송에 의한다.

④ 확약은 일방적 행위라는 점에서 복수당사자의 의사의 합치인 공법상 계약과는 구분된다.

⑤ 「국가를 당사자로 하는 계약에 관한 법률」에 따라 국가가 당사자가 되는 공공계약은 공법상 계약에 해당한다.

풀이TIP 판례는 '공공계약'도 사법상 계약으로 본다.

정답해설 ⑤ 국가를 당사자로 하는 계약이나 공공기관의 운영에 관한 법률의 적용 대상인 공기업이 일방 당사자가 되는 계약(이하 편의상 '공공계약'이라 한다)은 국가 또는 공기업이 사경제의 주체로서 상대방과 대등한 지위에서 체결하는 사법상의 계약으로서 본질적인 내용은 사인 간의 계약과 다를 바가 없으므로, 법령에 특별한 정함이 있는 경우를 제외하고는 서로 대등한 입장에서 당사자의 합의에 따라 계약을 체결하여야 하고 당사자는 계약의 내용을 신의성실의 원칙에 따라 이행하여야 하는 등사적 자치와 계약자유의 원칙을 비롯한 사법의 원리가 원칙적으로 적용된다(대판 2017. 12. 21. 2012다74076).

오답해설 ① 공법상 계약도 법률우위의 원칙의 적용을 받아 법령등을 위반하지 않는 범위에서 체결되어야 한다.
② 「행정기본법」 제27조 제2항
③ 공법상 계약에 따른 권리 · 의무의 확인 소송은 공법상 법률관계에 관한 소송이므로 공법상 당사자소송에 의한다.
④ 확약은 행정청의 행정행위에 대한 일방적 의사표시로서 약속이라는 점에서 복수당사자의 의사의 합치인 공법상 계약과는 구분된다.

61

하
공법상 계약
2022년 제10회

행정작용에 관한 설명으로 옳은 것은? (다툼이 있으면 판례에 따름)

① 행정계획은 사인의 신뢰보호를 위해 일반적으로 계획존속청구권이 인정된다.
② 행정사법작용에는 사적자치의 원칙이 통용되므로 공법적 제한을 받지 않는다.
③ 사실행위는 법적 효과의 제거대상이 될 수 없으므로, 권력적인지 비권력적인지를 불문하고 항고소송의 대상인 처분성이 인정되지 않는다.
④ 계약직공무원에 대한 채용계약해지를 함에 있어서는 「행정절차법」에 의하여 그 근거와 이유를 제시할 필요가 없다.
⑤ 행정지도는 상대방의 임의적인 협력을 구하는 것이므로, 법률우위의 원칙은 적용되지 않는다.

풀이 TIP 공법상 계약에는 「행정절차법」이 적용되지 않는다.

정답해설 ④ 계약직공무원에 관한 현행 법령의 규정에 비추어 볼 때, 계약직공무원 채용계약해지의 의사표시는 일반공무원에 대한 징계처분과는 달라서 항고소송의 대상이 되는 처분 등의 성격을 가진 것으로 인정되지 아니하고, 일정한 사유가 있을 때에 국가 또는 지방자치단체가 채용계약 관계의 한쪽 당사자로서 대등한 지위에서 행하는 의사표시로 취급되는 것으로 이해되므로, 이를 징계해고 등에서와 같이 그 징계사유에 한하여 효력 유무를 판단하여야 하거나, 행정처분과 같이 행정절차법에 의하여 근거와 이유를 제시하여야 하는 것은 아니다(대판 2002. 11. 26. 2002두5948).

오답해설 ① 행정계획에 대한 계획존속청구권은 일반적으로 인정되지 않고 행정계획에 직접적 이해관계를 갖는 사람에게만 인정된다.
② 행정사법작용에는 사적자치의 원칙이 통용되지만 일정한 공익을 위해 공법적 제한을 받는다.
③ 비권력적 사실행위는 항고소송의 대상되는 처분성이 인정되지 않지만 권력적 사실행위는 항고소송의 대상되는 처분성이 인정된다.
⑤ 행정지도는 원칙적 법률유보의 대상이 아니지만 법률우위의 원칙은 적용된다.

Answer 59. ③ 60. ⑤ 61. ④

62

중
행정지도
2018년 제6회

행정지도에 관한 설명으로 옳지 않은 것은? (다툼이 있으면 판례에 따름)

① 「주택법」에 따라 시장이 사업주체가 건설할 주택을 공업화주택으로 건설하도록 사업주체에게 권고한 것은 행정지도에 해당한다.
② 「행정절차법」은 행정지도에 법적 근거가 요구되는지에 대하여 규정하고 있지 않다.
③ 행정기관은 조직법상 주어진 권한의 범위 밖에서도 행정지도를 할 수 있다.
④ 행정지도에는 개별법상 명시적 규정의 유무를 불문하고 행정법의 일반원칙이 적용된다.
⑤ 사인의 행위가 위법한 행정지도에 따른 것이라는 사유만으로는 위법성이 조각되지 않는다.

풀이 TIP 행정지도의 성질과 「행정절차법」상 행정지도 관련 조문의 내용을 기억하여야 한다.

정답해설 ③ 행정지도는 비권력적 사실행위의 성질을 가지고 있으므로 작용법적 근거는 요하지 않지만 조직법적 근거는 필요하다. 따라서 주어진 권한의 범위 밖에서는 행정지도를 할 수 없다.

오답해설 ① 권고와 권유 등은 지도, 조언 등과 함께 상대방의 임의적 협력을 전제로 하는 비권력적 사실행위에 해당하는 것으로서 행정지도에 해당한다.
② 「행정절차법」은 행정지도의 원칙과 방식 등에 대해서는 규정하고 있지만 법적 근거가 요구되는지에 대하여 규정하고 있지 않다(「행정절차법」 제48조 내지 제51조).
④ 행정지도는 비권력적 사실행위이지만 개별법상 명시적 규정의 유무를 불문하고 행정법의 일반원칙은 당연히 적용되며, 현행 「행정절차법」 제48조에 비례원칙 등 일반원칙이 규정되어 있다.
⑤ 행정지도는 비권력적 사실행위이지만 법률우위의 원칙이 적용되므로 사인의 행위가 위법한 행정지도에 따른 것이라면 위법성이 인정된다.

63

행정지도에 관한 설명으로 옳지 않은 것은? (다툼이 있으면 판례에 따름)

① 행정지도는 상대방의 협력을 전제로 법적 효과의 발생을 목적으로 하는 행정청의 의사표시이다.

② 행정지도의 상대방은 해당 행정지도의 방식·내용에 관하여 행정기관에 의견제출을 할 수 있다.

③ 행정기관은 상대방이 행정지도에 따르지 않았다는 이유로 불이익한 조치를 하여서는 아니 된다.

④ 행정지도를 하는 자는 상대방에게 행정지도의 취지 및 내용과 신분을 밝혀야 한다.

⑤ 행정지도는 「국가배상법」 제2조의 직무행위에 해당된다.

> **풀이 TIP** 행정지도의 일반적인 내용의 문제이다. 행정지도의 성질과 행정지도에 대한 구제를 묻는 문제로 출제되었다.

(정답해설) ① 행정지도는 상대방의 협력을 전제로 하는 비권력적 사실행위이다. 법적 효과를 발생하게 하는 법적행위가 아니다.

(오답해설) ② 행정지도의 상대방은 당해 행정지도의 방식·내용 등에 관하여 행정기관에 의견제출을 할 수 있다(「행정절차법」 제50조).

③ 행정기관은 행정지도의 상대방이 행정지도를 따르지 아니하였다는 것을 이유로 불이익한 조치를 하여서는 아니 된다(「행정절차법」 제48조 제2항).

④ 행정지도를 하는 자는 그 상대방에게 행정지도의 취지·내용 및 신분을 밝혀야 한다(「행정절차법」 제49조 제1항).

⑤ 「국가배상법」상 공무원의 직무행위는 권력적 작용과 비권력적인 행정지도를 포함한다.

64

행정지도
2017년 제5회

세무서장 甲은 乙회사에 대한 세무조사를 하면서 乙회사의 주요 거래처인 丙회사에게 乙회사와의 거래를 일정기간 중지하여 줄 것을 요청하였다(이하, '이 사건 요청행위'라고 한다). 이로 인하여 乙회사는 경제적인 불이익을 입게 되었다. 이에 관한 설명으로 옳지 않은 것은? (다툼이 있으면 판례에 따름)

① 이 사건 요청행위는 권고 내지 협조를 구하는 권고적 성격의 행위로서 丙의 법률상의 지위에 직접적인 변동을 가져오는 행정처분은 아니다.

② 이 사건 요청행위가 규제적·구속적 성격을 상당히 강하게 가지게 될 경우 헌법소원의 대상이 될 수도 있다.

③ 이 사건 요청행위는 乙의 「국가배상법」상 손해배상청구 요건인 공무원의 직무에 해당하지 않는다.

④ 이 사건 요청행위를 할 때 甲은 그 목적 달성에 필요한 최소한도 내에서 하여야 한다.

⑤ 이 사건 요청행위를 할 때 甲은 丙에게 요청행위의 취지 및 내용과 신분을 밝혀야 한다.

풀이 TIP 행정지도가 「국가배상법」 제2조상 손해배상청구 요건인 '공무원의 직무'에 포함되는가?

정답해설 ③ 「국가배상법」이 정한 배상청구의 요건인 '공무원의 직무'에는 권력적 작용만이 아니라 행정지도와 같은 비권력적 작용도 포함되며 단지 행정주체가 사경제주체로서 하는 활동만 제외된다(대판 1998. 7. 10. 96다38971).

오답해설 ① 세무당국이 주류제조회사에게 특정 주류판매업자와의 주류거래를 일정기간 중지하여 줄 것을 요청한 행위는 권고 내지 협조를 요청하는 권고적 성격의 행위로서 주류제조회사나 원고인 주류판매업자의 법률상의 지위에 직접적인 법률상의 변동을 가져오는 행정처분이라고 볼 수 없는 것이므로 항고소송의 대상이 될 수 없다(대판 1980. 10. 27. 80누395).

② 행정지도가 단순한 행정지도로서의 한계를 넘어 규제적·구속적 성격을 상당히 강하게 갖는 경우는 헌법소원의 대상이 되는 공권력의 행사라고 볼 수 있다는 것이 헌법재판소의 입장이다. ⇨ 교육인적자원부장관의 대학총장들에 대한 학칙시정요구는 「고등교육법」과 동법시행령에 따른 것으로서 그 법적 성격은 대학총장의 임의적인 협력을 통하여 사실상의 효과를 발생시키는 행정지도의 일종이지만, 그에 따르지 않을 경우 일정한 불이익조치를 예정하고 있어 사실상 상대방에게 그에 따를 의무를 부과하는 것과 다를 바 없으므로 단순한 행정지도로서의 한계를 넘어 규제적·구속적 성격을 상당히 강하게 갖는 것으로서 헌법소원의 대상이 되는 공권력의 행사라고 볼 수 있다(헌재 2003. 6. 26. 2002헌마337).

④ 「행정절차법」 제48조 제1항의 규정 내용이다. ⇨ 행정지도는 그 목적 달성에 필요한 최소한도에 그쳐야 하며, 행정지도의 상대방의 의사에 반하여 부당하게 강요하여서는 아니 된다(「행정절차법」 제48조 제1항).

⑤ 「행정절차법」 제49조 제1항의 규정 내용이다. ⇨ 행정지도를 하는 자는 그 상대방에게 그 행정지도의 취지 및 내용과 신분을 밝혀야 한다(「행정절차법」 제49조 제1항).

65

행정지도
2015년 제3회

행정지도에 관한 설명으로 옳지 않은 것은? (다툼이 있으면 판례에 따름)

① 행정지도의 상대방은 해당 행정지도의 방식·내용 등에 관하여 행정기관에 의견 제출을 할 수 있다.

② 행정기관은 행정지도의 상대방이 행정지도에 따르지 아니하였다는 것을 이유로 불이익한 조치를 하여서는 안 된다.

③ 행정지도는 일정한 법적 효과의 발생을 목적으로 하는 처분이다.

④ 법치주의의 붕괴, 책임소재의 불분명으로 인한 책임행정의 이탈 등은 행정지도의 문제점에 해당된다.

⑤ 주무부처 장관의 대학총장들에 대한 학칙시정요구는 규제적·구속적 성격이 강하기 때문에 헌법소원의 대상이 된다.

2과목 · 행정법

풀이 TIP 행정지도에 대한 「행정절차법」의 조문과 행정지도는 원칙적 공권력행사가 아니라는 것을 알면 쉽게 해결된다.

정답해설 ③ 행정지도는 행정기관이 그 소관사무의 범위 안에서 일정한 행정목적을 실현하기 위하여 일정한 행위를 하거나 아니하도록 지도·권고·조언 등을 하는 비권력적 사실행위이다. 지도의 상대방에게 권리를 제한하거나 의무를 직접적으로 부담시키는 효과를 갖는 법적 행위가 아니므로 처분에 해당하지 않는 것이 원칙이다(통설 및 판례).

오답해설 ① 행정지도의 상대방은 해당 행정지도의 방식·내용 등에 관하여 행정기관에 의견제출을 할 수 있다(「행정절차법」 제50조).

② 행정기관은 행정지도의 상대방이 행정지도에 따르지 아니하였다는 것을 이유로 불이익한 조치를 하여서는 아니 된다(「행정절차법」 제48조 제2항).

④ 행정지도는 유용성과 아울러 문제점도 있는바, 문제점으로 지적되는 것을 옳게 설명하고 있다.

⑤ 교육인적자원부장관의 대학총장들에 대한 학칙시정요구는 「고등교육법」과 동법시행령에 따른 것으로서 그 법적 성격은 대학총장의 임의적인 협력을 통하여 사실상의 효과를 발생시키는 행정지도의 일종이지만, 그에 따르지 않을 경우 일정한 불이익조치를 예정하고 있어 사실상 상대방에게 그에 따를 의무를 부과하는 것과 다를 바 없으므로 단순한 행정지도로서의 한계를 넘어 규제적·구속적 성격을 상당히 강하게 갖는 것으로서 헌법소원의 대상이 되는 공권력의 행사라고 볼 수 있다(헌재 2003. 6. 26. 2002헌마337).

Answer 64. ③ 65. ③

66

행정지도
2013년 제1회

「행정절차법」상 행정지도에 관한 설명으로 옳지 않은 것은?

① 행정지도는 상대방의 의사에 반하여 부당하게 강요하여서는 아니 된다.

② 행정기관은 행정지도의 상대방이 행정지도에 따르지 아니하였다는 것을 이유로 불이익한 조치를 하여서는 아니 된다.

③ 행정지도는 법적 행위가 아니라 비권력적 사실행위에 불과하므로 비례원칙이 적용되지 아니한다.

④ 행정지도의 상대방은 해당 행정지도의 방식·내용 등에 관하여 행정기관에 의견제출을 할 수 있다.

⑤ 행정지도를 하는 자는 그 상대방에게 그 행정지도의 취지 및 내용과 신분을 밝혀야 한다.

> **풀이 TIP** 행정지도라도 비례원칙은 준수해야 한다는 것이다.

> **정답해설** ③ 「행정절차법」은 행정지도는 그 목적 달성에 필요한 최소한에 그쳐야 한다고 비례원칙을 명시적으로 규정하고 있으며(제48조 제1항), 모든 행정작용은 당연히 비례원칙의 구속을 받는다.

> **오답해설** ① 「행정절차법」 제48조 제1항, ② 「행정절차법」 제48조 제2항, ④ 「행정절차법」 제50조, ⑤ 「행정절차법」 제49조 제1항의 규정 내용이다.

67

행정지도
2023년 제11회

행정지도에 관한 설명으로 옳지 않은 것은?

① 행정지도를 반드시 서면으로 해야 하는 것은 아니다.

② 행정기관은 행정지도의 상대방이 행정지도에 따르지 아니하였다는 것을 이유로 불이익한 조치를 하여서는 아니 된다.

③ 행정기관이 같은 행정목적을 실현하기 위하여 많은 상대방에게 행정지도를 하려는 경우에는 특별한 사정이 없으면 행정지도에 공통적인 내용이 되는 사항을 공표하여야 한다.

④ 행정지도의 상대방은 해당 행정지도의 내용뿐만 아니라 행정지도의 방식에 관해서도 행정기관에 의견제출을 할 수 있다.

⑤ 「행정기본법」은 임의성의 원칙 등 행정지도의 원칙에 관하여 규정하고 있다.

> **풀이 TIP** 행정지도는 「행정절차법」에 규정되어 있다.

> **정답해설** ⑤ 「행정절차법」은 임의성의 원칙 등 행정지도의 원칙에 관하여 규정하고 있다.

> **오답해설** ① 행정지도가 말로 이루어지는 경우에 상대방이 서면의 교부를 요구하면 그 행정지도를 하는 자는 직무수행에 특별한 지장이 없으면 이를 교부하여야 한다(「행정절차법」 제49조 제2항).
> ② 「행정절차법」 제48조 제2항
> ③ 「행정절차법」 제51조
> ④ 「행정절차법」 제50조

04 행정절차 · 정보의 공개 · 개인정보의 보호

68

하

행정절차법의 적용범위
2021년 제9회

「행정절차법」이 정하고 있는 적용제외 대상이 아닌 것은?

① 국가안전보장 · 국방 · 외교 또는 통일에 관한 사항 중 행정절차를 거칠 경우
   국가의 중대한 이익을 현저히 해칠 우려가 있는 사항

② 감사원이 감사위원회의의 결정을 거쳐 행하는 사항

③ 심사청구, 해양안전심판, 조세심판, 특허심판, 행정심판, 그 밖의 불복절차에
   따른 사항

④ 국회 또는 지방의회의 의결을 거치거나 동의 또는 승인을 받아 행하는 사항

⑤ 처분의 전제가 되는 사실이 경찰의 수사에 의하여 객관적으로 증명된 사항

풀이 TIP 「행정절차법」의 적용제외 사항은 이후에도 출제가 예상된다.

정답해설 ⑤ 「행정절차법」 제3조 제2항의 예외사항에 해당하지 않는다.

오답해설 ①, ②, ③, ④ 「행정절차법」 제3조 제2항의 예외사항에 해당한다.

Answer 66. ③ 67. ⑤ 68. ⑤

69

중
행정절차
2018년 제6회

행정절차에 관한 설명으로 옳은 것은? (다툼이 있으면 판례에 따름)

① 신청에 대한 거부처분은 사전통지의 대상이 된다.

② 「국가공무원법」상 직위해제처분에는 의견청취에 관한 「행정절차법」의 규정이 적용된다.

③ 「행정절차법」상 의견제출을 할 수 있는 이해관계인은 행정청이 직권으로 행정절차에 참여하게 한 자에 한정된다.

④ 「국가공무원법」상 소청심사위원회가 소청사건을 심사하면서 소청인 또는 대리인에게 진술의 기회를 주지 아니하고 한 결정은 무효이다.

⑤ 무효사유인 절차상 하자는 판결 시까지 치유할 수 있다.

> **풀이 TIP** 「행정절차법」과 「국가공무원법」 등 법률 조문의 내용을 기억하여야 한다.

정답해설 ④ 「국가공무원법」상 소청심사위원회가 소청사건을 심사하면서 소청인 또는 대리인에게 진술의 기회를 주는 것은 필요적 절차이므로 이를 거치지 아니하고 한 결정은 무효이다(「국가공무원법」 제13조 제1항, 제2항).

오답해설 ① 신청에 대한 거부처분은 「행정절차법」 제21조 제1항 소정의 사전통지의 대상이 된다고 할 수 없다(대판 2003. 11. 28. 2003두674).

② 「국가공무원법」상 직위해제처분은 구 「행정절차법」 제3조 제2항 제9호, 구 「행정절차법 시행령」 제2조 제3호에 의하여 당해 행정작용의 성질상 행정절차를 거치기 곤란하거나 불필요하다고 인정되는 사항 또는 행정절차에 준하는 절차를 거친 사항에 해당하므로, 처분의 사전통지 및 의견청취 등에 관한 행정절차법의 규정이 별도로 적용되지 않는다(대판 2014. 5. 16. 2012두26180).

③ 당사자등은 처분 전에 그 처분의 관할 행정청에 서면이나 말로 또는 정보통신망을 이용하여 의견제출을 할 수 있다(「행정절차법」 제27조 제1항).

⑤ 무효사유인 절차상 하자는 치유 대상이 되지 않는다.

70

상
행정절차
2023년 제11회

「행정절차법」상 행정청의 관할 및 협조에 관한 설명으로 옳지 않은 것은?

① 행정청이 그 관할에 속하지 아니하는 사안을 접수한 경우 지체 없이 이를 관할 행정청에 이송하여야 하고 그 사실을 신청인에게 통지하여야 한다.

② 행정응원에 드는 비용은 응원을 하는 행정청이 부담한다.

③ 행정청은 행정의 원활한 수행을 위하여 서로 협조하여야 한다.

④ 행정응원을 요청받은 행정청은 응원을 거부하는 경우 그 사유를 응원을 요청한 행정청에 통지하여야 한다.

⑤ 행정청의 관할이 분명하지 아니한 경우이지만 공통으로 감독하는 상급 행정청이 없는 경우에는 각 상급 행정청이 협의하여 그 관할을 결정한다.

풀이 TIP 「행정절차법」상 관할과 응원에 관한 내용으로 조문의 내용을 숙지해야 해결할 수 있는 문제이다.

정답해설 ② 행정응원에 드는 비용은 응원을 요청한 행정청이 부담하며, 그 부담금액 및 부담방법은 응원을 요청한 행정청과 응원을 하는 행정청이 협의하여 결정한다(「행정절차법」 제8조 제6항).

오답해설 ① 「행정절차법」 제6조 제1항
③ 「행정절차법」 제7조 제1항
④ 「행정절차법」 제8조 제4항
⑤ 「행정절차법」 제6조 제2항

71

행정절차
2023년 제11회

「행정절차법」상 송달 및 기간·기한에 관한 설명으로 옳은 것은?

① 정보통신망을 이용한 송달은 송달받을 자의 동의 여부와 상관없이 언제든지 가능하다.

② 행정청은 송달하는 문서의 명칭과 송달받는 자의 성명을 확인할 수 있는 기록을 보존하지 않아도 된다.

③ 송달은 다른 법령등에 특별한 규정이 있는 경우를 제외하고는 해당 문서를 발신한 때 그 효력이 발생한다.

④ 천재지변으로 기한을 지킬 수 없는 경우에는 그 사유가 끝나는 날이 속하는 주말까지 기간의 진행이 정지된다.

⑤ 외국에 거주하거나 체류하는 자에 대한 기간 및 기한은 행정청이 그 우편이나 통신에 걸리는 일수를 고려하여 정하여야 한다.

풀이 TIP 「행정절차법」상 송달과 기간에 대한 조문의 내용을 숙지해야 해결할 수 있는 문제이다.

정답해설 ⑤ 「행정절차법」 제16조 제2항

오답해설 ① 정보통신망을 이용한 송달은 송달받을 자가 동의하는 경우에만 한다. 이 경우 송달받을 자는 송달받을 전자우편주소 등을 지정하여야 한다(「행정절차법」 제14조 제3항).
② 행정청은 송달하는 문서의 명칭, 송달받는 자의 성명 또는 명칭, 발송방법 및 발송 연월일을 확인할 수 있는 기록을 보존하여야 한다(「행정절차법」 제14조 제6항).
③ 송달은 다른 법령등에 특별한 규정이 있는 경우를 제외하고는 해당 문서가 송달받을 자에게 도달됨으로써 그 효력이 발생한다(「행정절차법」 제15조 제1항).
④ 천재지변이나 그 밖에 당사자등에게 책임이 없는 사유로 기간 및 기한을 지킬 수 없는 경우에는 그 사유가 끝나는 날까지 기간의 진행이 정지된다(「행정절차법」 제16조 제1항).

Answer 69. ④ 70. ② 71. ⑤

72

중
행정절차
2018년 제6회 변형

「행정절차법」상 의견청취에 관한 설명으로 옳지 않은 것은? (다툼이 있으면 판례에 따름)

① 고시의 방법으로 불특정 다수인을 상대로 권익을 제한하는 처분을 하는 경우, 행정청은 상대방에게 의견제출의 기회를 주어야 한다.

② 행정청은 법령상 다른 규정이 없는 한, 사인과의 협약을 통해 법령상 요구되는 청문을 생략할 수 없다.

③ 행정청은 법인이나 조합 등의 설립허가의 취소처분을 하는 경우 청문을 한다.

④ 당사자 등은 청문의 통지가 있는 날부터 청문이 끝날 때까지 행정청에 해당 사안의 조사 결과에 관한 문서의 복사를 요청할 수 있다.

⑤ 청문 주재자는 당사자 등이 주장하지 아니한 사실에 대하여도 증거조사를 할 수 있다.

풀이 TIP 「행정절차법」의 의견청취에 대한 관련 조문과 관련 판례를 기억하여야 한다.

정답해설 ① '고시'의 방법으로 불특정 다수인을 상대로 의무를 부과하거나 권익을 제한하는 처분은 성질상 의견제출의 기회를 주어야 하는 상대방을 특정할 수 없으므로, 이와 같은 처분에 있어서까지 구 「행정절차법」 제22조 제3항에 의하여 그 상대방에게 의견제출의 기회를 주어야 한다고 해석할 것은 아니다(대판 2014. 10. 27. 2012두7745).

오답해설 ② 「행정절차법」의 목적 및 청문제도의 취지 등에 비추어 볼 때, 위와 같은 협약의 체결로 청문의 실시에 관한 규정의 적용을 배제할 수 있다고 볼 만한 법령상의 규정이 없는 한, 이러한 협약이 체결되었다고 하여 청문의 실시에 관한 규정의 적용이 배제된다거나 청문을 실시하지 않아도 되는 예외적인 경우에 해당한다고 할 수 없다(대판 2004. 7. 8. 2002두8350).

③ 「행정절차법」 제22조 제1항

> ✦ **제22조(의견청취)** ① 행정청이 처분을 할 때 다음 각 호의 어느 하나에 해당하는 경우에는 청문을 한다.
>   1. 다른 법령등에서 청문을 하도록 규정하고 있는 경우
>   2. 행정청이 필요하다고 인정하는 경우
>   3. 다음 각 목의 처분을 하는 경우
>   가. 인허가 등의 취소
>   나. 신분·자격의 박탈
>   다. 법인이나 조합 등의 설립허가의 취소

④ 당사자등은 의견제출의 경우에는 처분의 사전 통지가 있는 날부터 의견제출기한까지, 청문의 경우에는 청문의 통지가 있는 날부터 청문이 끝날 때까지 행정청에 해당 사안의 조사결과에 관한 문서와 그 밖에 해당 처분과 관련되는 문서의 열람 또는 복사를 요청할 수 있다. 이 경우 행정청은 다른 법령에 따라 공개가 제한되는 경우를 제외하고는 그 요청을 거부할 수 없다(「행정절차법」 제37조 제1항).

⑤ 청문 주재자는 직권으로 또는 당사자의 신청에 따라 필요한 조사를 할 수 있으며, 당사자 등이 주장하지 아니한 사실에 대하여도 조사할 수 있다(「행정절차법」 제33조 제1항).

73 「행정절차법」의 내용으로 옳지 않은 것은?

하
행정절차
2017년 제5회

① 행정청에 전자문서로 처분을 신청하는 경우에는 행정청의 컴퓨터 등에 입력한 이후, 입력 내용을 문서로 제출한 때 신청한 것으로 본다.

② 상위법령 등의 단순한 집행을 위한 경우에는 입법예고를 하지 아니할 수 있다.

③ 행정상 입법예고기간은 예고할 때 정하되, 특별한 사정이 없으면 40일(자치법규는 20일) 이상으로 한다.

④ 예고된 입법안에 대하여 누구든지 의견을 제출할 수 있다.

⑤ 청문이란 행정청이 어떠한 처분을 하기 전에 당사자등의 의견을 직접 듣고 증거를 조사하는 절차를 말한다.

> 풀이 TIP 「행정절차법」 규정의 내용을 숙지하고 있어야 해결할 수 있는 문제이다.

정답해설 ① 처분을 신청할 때 전자문서로 하는 경우에는 행정청의 컴퓨터 등에 입력된 때에 신청한 것으로 본다(「행정절차법」 제17조 제2항).

오답해설 ② 「행정절차법」 제41조 제1항 제2호
③ 「행정절차법」 제43조
④ 「행정절차법」 제44조 제1항
⑤ 「행정절차법」 제2조 제5호

Answer 72. ① 73. ①

74

행정절차에 관한 설명으로 옳지 않은 것은? (다툼이 있으면 판례에 따름)

① 행정청이 처분을 할 때에는 신청내용을 모두 그대로 인정하는 경우에도 당사자에게 그 근거와 이유를 제시하여야 한다.

② 행정청은 해당 처분의 성질상 의견청취가 현저히 곤란하거나 명백히 불필요하다고 인정될 만한 상당한 이유가 있는 경우에는 처분의 사전통지를 하지 않을 수도 있다.

③ 「국가공무원법」상 직위해제처분의 경우에는 처분의 사전통지 및 의견청취 등에 관한 「행정절차법」상의 규정이 별도로 적용되지 않는다.

④ 법령상 청문이 요구되는 경우에, 행정처분의 상대방이 청문일시에 불출석하였다는 이유로 청문을 실시하지 아니하고 한 침해적 행정처분은 위법하다.

⑤ 행정청이 처분을 할 때에는 다른 법령등에 특별한 규정이 있는 경우를 제외하고는 문서로 하여야 하며, 일정한 경우 전자문서로 할 수 있다.

풀이 TIP 「행정절차법」 규정의 내용을 숙지하고 있어야 해결할 수 있는 문제이다.

정답해설 ① 행정청이 처분을 할 때에는 신청내용을 모두 그대로 인정하는 경우에도 당사자에게 그 근거와 이유제시를 생략할 수 있다(「행정절차법」 제23조 제1항).

오답해설 ② 「행정절차법」 제21조 제4항 제3호

> ✦ **「행정절차법」 제21조 제4항** 다음 각 호의 어느 하나에 해당하는 경우에는 제1항에 따른 통지를 하지 아니할 수 있다.
> 1. 공공의 안전 또는 복리를 위하여 긴급히 처분을 할 필요가 있는 경우
> 2. 법령 등에서 요구된 자격이 없거나 없어지게 되면 반드시 일정한 처분을 하여야 하는 경우에 그 자격이 없거나 없어지게 된 사실이 법원의 재판 등에 의하여 객관적으로 증명된 경우
> 3. 해당 처분의 성질상 의견청취가 현저히 곤란하거나 명백히 불필요하다고 인정될 만한 상당한 이유가 있는 경우

③ 「국가공무원법」상 직위해제처분은 성질상 행정절차를 거치기 곤란하거나 불필요하다고 인정되는 사항 또는 행정절차에 준하는 절차를 거친 사항에 해당하므로, 처분의 사전통지 및 의견청취 등에 관한 「행정절차법」의 규정이 별도로 적용되지 않는다(대판 2014. 5. 16. 2012두26180).

④ 행정처분의 상대방이 통지된 청문일시에 불출석하였다는 이유만으로 행정청이 관계 법령상 그 실시가 요구되는 청문을 실시하지 아니한 채 침해적 행정처분을 할 수는 없을 것이므로, 행정처분의 상대방에 대한 청문통지서가 반송되었다거나, 행정처분의 상대방이 청문일시에 불출석하였다는 이유로 청문을 실시하지 아니하고 한 침해적 행정처분은 위법하다(대판 2001. 4. 13. 2000두3337).

⑤ 「행정절차법」 제24조 제1항

75

중
행정절차
2020년 제8회

행정절차에 관한 설명으로 옳은 것은? (다툼이 있으면 판례에 따름)

① 행정청은 신청 내용을 모두 그대로 인정하는 처분을 하는 경우에도 당사자에게 이유제시를 하여야 한다.

② 행정청과 당사자가 청문절차를 배제하기로 협약을 체결하였다면 청문절차를 거치지 않아도 되는 예외적 경우에 해당한다.

③ 행정처분에 실제적 위법이 없는 한 절차적 하자만으로 독립된 취소사유가 되지 못한다.

④ 이유제시의 하자는 치유의 대상이 될 수 없다.

⑤ 「행정절차법」상 불복방법에 대한 고지절차에 관한 규정을 위반하였다고 하여 그러한 이유만으로 처분이 위법하게 되는 것은 아니다.

풀이 TIP 행정절차의 내용 중 처분절차에 관한 문제이다. 조문과 판례를 정리해서 풀어야 하는 문제이다.

정답해설 ⑤ 「행정절차법」제26조에 따른 불복방법을 고지하지 않았더라도 제소기간 내에 소를 제기한 이상 그 하자가 치유된 것으로 볼 수 있다면 행정처분이 위법하다고 볼 수 없다(대판 2018. 7. 11. 2014두 2119).

오답해설 ① 신청내용을 모두 인정하는 처분의 경우에는 이유부기를 하지 않아도 되는 예외사유에 해당한다.
② 불이익처분을 하면서 행정청과 당사자 사이의 합의에 의해 청문절차를 배제하기로 하였더라도 청문을 실시하지 않아도 되는 예외사유에 해당하지 아니한다(대판 2004. 7. 8. 2002두8350).
③ 행정처분에 실체적 위법사유가 없다고 하더라도 절차하자만으로도 독립된 취소사유가 될 수 있다는 것이 판례의 입장이다.
④ 이유제시의 하자는 절차하자로서 제한적으로 치유될 수 있다는 것이 판례의 입장이다.

Answer 74. ① 75. ⑤

76

하
행정절차
2022년 제10회

행정절차에 관한 설명으로 옳은 것은? (다툼이 있으면 판례에 따름)

① 행정절차에 관하여 다른 법률에 특별한 규정이 있는 경우에도 「행정절차법」이 우선한다.

② 행정청은 청문이 필요하다고 인정하는 경우에도 법령등에서 청문을 하도록 규정한 경우가 아니면 청문을 할 수 없다.

③ 신청에 대한 거부처분은 사전통지대상이다.

④ 행정청은 신청 내용을 모두 그대로 인정하는 처분을 하는 경우 처분의 근거와 이유를 제시하지 않아도 된다.

⑤ 「행정절차법」에는 행정지도에 관한 규정을 두고 있지 않다.

풀이TIP 행정절차법상 이유제시의 생략사유를 암기하고 있어야 풀 수 있는 문제이다.

정답해설 ④ 「행정절차법」상 이유제시 생략사유에 해당한다(「행정절차법」 제23조 제1항 제1호).

오답해설 ① 처분, 신고, 확약, 위반사실 등의 공표, 행정계획, 행정상 입법예고, 행정예고 및 행정지도의 절차에 관하여 다른 법률에 특별한 규정이 있는 경우를 제외하고는 이법에서 정하는 바에 따른다(「행정절차법」 제3조 제1항).
② 행정청은 법령등에서 청문을 하도록 하는 규정이 없는 경우라도 필요하다고 인정하는 경우 청문을 한다(「행정절차법」 제22조 제1항 제2호).
③ 판례는 신청에 대한 거부처분은 그 자체가 상대방의 권익을 제한하거나 의무를 부과하는 처분이 아니어서 의견청취나 사전통지의 대상이 아니라고 본다.
⑤ 「행정절차법」 제48조부터 행정지도를 규정하고 있다.

77

하
행정절차법의 내용
2024년 제12회

「행정절차법」상 처분절차에 관한 설명으로 옳은 것은?

① 행정청은 처분을 할 때에는 단순·반복적인 처분으로서 당사자가 그 이유를 명백히 알 수 있는 경우에도 당사자에게 그 근거와 이유를 사전에 제시하여야 한다.

② 행정청은 처분에 오기(誤記)가 있어서 직권으로 이를 정정한 경우에는 그 사실을 당사자에게 통지할 필요는 없다.

③ 행정청은 행정청의 편의를 위하여 신청인이 다른 행정청에 처분을 구하는 신청을 접수하게 할 수 있다.

④ 행정청은 다수의 행정청이 관여하는 처분을 구하는 신청을 접수한 경우에는 관계 행정청과의 신속한 협조를 통하여 그 처분이 지연되지 아니하도록 하여야 한다.

⑤ 행정청은 필요한 처분기준을 정하여 공표하는 것이 해당 처분의 성질상 현저히 곤란한 경우라도 그 처분기준을 공표하여야 한다.

풀이 TIP 처분은 지연되지 않도록 하는 것도 중요하다.

정답해설 ④ 「행정절차법」 제18조

오답해설 ① 행정청은 처분을 할 때에는 단순·반복적인 처분으로서 당사자가 그 이유를 명백히 알 수 있는 경우에도 당사자에게 그 근거와 이유를 사전에 제시하지 않을 수 있다(「행정절차법」 제23조 제1항 제2호).
② 행정청은 처분에 오기(誤記), 오산(誤算) 또는 그 밖에 이에 준하는 명백한 잘못이 있을 때에는 직권으로 또는 신청에 따라 지체 없이 정정하고 그 사실을 당사자에게 통지하여야 한다(「행정절차법」 제25조).
③ 행정청은 신청인의 편의를 위하여 다른 행정청에 신청을 접수하게 할 수 있다(「행정절차법」 제17조 제7항).
⑤ 처분기준을 공표하는 것이 해당 처분의 성질상 현저히 곤란하거나 공공의 안전 또는 복리를 현저히 해치는 것으로 인정될 만한 상당한 이유가 있는 경우에는 처분기준을 공표하지 아니할 수 있다(「행정절차법」 제20조 제3항).

78

중
행정절차법의 내용
2024년 제12회

「행정절차법」상 청문에 관한 설명으로 옳지 않은 것은?

① 행정청은 다수 국민의 이해가 상충되는 처분을 하려는 경우에는 청문 주재자를 2명 이상으로 선정할 수 있다.
② 청문은 당사자가 공개를 신청하더라도 제3자의 정당한 이익을 현저히 해칠 우려가 있는 경우에는 공개하여서는 아니 된다.
③ 청문 주재자는 직권으로 당사자등이 주장한 사실에 한하여 필요한 조사를 하여야 한다.
④ 청문 주재자는 필요하다고 인정할 때에는 관계 행정청에 필요한 문서의 제출을 요구할 수 있다.
⑤ 누구든지 청문을 통하여 알게 된 경영상의 비밀을 정당한 이유 없이 누설하여서는 아니 된다.

풀이 TIP 청문 주재자는 직권조사와 직권에 의한 증거조사가 가능하다.

정답해설 ③ 청문 주재자는 직권으로 또는 당사자의 신청에 따라 필요한 조사를 할 수 있으며, 당사자등이 주장하지 아니한 사실에 대하여도 조사할 수 있다(「행정절차법」 제33조 제1항).

오답해설 ① 「행정절차법」 제28조 제2항 제1호
② 청문은 당사자가 공개를 신청하거나 청문 주재자가 필요하다고 인정하는 경우 공개할 수 있다. 다만, 공익 또는 제3자의 정당한 이익을 현저히 해칠 우려가 있는 경우에는 공개하여서는 아니 된다(「행정절차법」 제30조).
④ 「행정절차법」 제33조 제3항
⑤ 「행정절차법」 제37조 제6항

Answer ⁺ 76. ④ 77. ④ 78. ③

79

중
행정절차법의 내용
2021년 제9회 변형

「행정절차법」상 처분절차에 관한 설명으로 옳지 않은 것은?

① 처분을 할 때 해당 처분의 영향이 광범위하여 널리 의견을 수렴할 필요가 있다고 행정청이 인정하는 경우에는 공청회를 개최한다.

② 행정청은 인허가 등의 취소처분을 할 때 청문을 한다.

③ 청문·공청회 또는 의견제출을 거쳤을 때에는 신속히 처분하여 해당 처분이 지연되지 아니하도록 하여야 한다.

④ 행정청은 처분을 할 때에는 이해관계인에게 그 근거와 이유를 제시하여야 한다.

⑤ 행정청은 처분을 신속히 처리할 필요가 있거나 사안이 경미한 경우에는 말 또는 그 밖의 방법으로 할 수 있다.

풀이 TIP 「행정절차법」의 조문의 중요부분 내용을 알아야 해결할 수 있다.

정답해설 ④ 행정청은 처분을 할 때에는 당사자에게 그 근거와 이유를 제시하여야 한다(「행정절차법」 제23조 제1항). 「행정절차법」상 이유제시는 이해관계인이 아닌 당사자에게 이유제시를 하도록 하고 있다.

오답해설 ① 「행정절차법」 제22조 제2항 제2호
② 「행정절차법」 제22조 제1항 제3호
③ 「행정절차법」 제22조 제5항
⑤ 「행정절차법」 제24조 제1항

80

하
행정절차
2014년 제2회

행정절차에 관한 설명으로 옳지 않은 것은?

① 지방의회의 승인을 받아 행하는 사항에 대해서는 「행정절차법」이 적용되지 않는다.

② 「행정절차법」은 행정계약절차를 규정하고 있지 않다.

③ 신청내용을 모두 그대로 인정하는 처분인 경우에는 「행정절차법」상 이유제시 의무가 면제된다.

④ 법인은 「행정절차법」상 절차의 당사자가 될 수 있지만, 법인이 아닌 사단은 당사자가 될 수 없다.

⑤ 당사자가 의견진술의 기회를 포기한다는 뜻을 명백히 표시한 경우에는 「행정절차법」상 의견청취 절차를 거치지 아니할 수 있다.

풀이 TIP 「행정절차법」 규정의 내용을 숙지하고 있어야 풀 수 있다.

정답해설 ④ 법인이 아닌 사단이나 재단도 행정절차의 당사자가 될 수 있다.

✦ 「행정절차법」 제9조(당사자 등의 자격) 다음 각 호의 어느 하나에 해당하는 자는 행정절차에서 당사자 등이 될 수 있다.
1. 자연인
2. 법인, 법인이 아닌 사단 또는 재단
3. 그 밖에 다른 법령 등에 따라 권리·의무의 주체가 될 수 있는 자

(오답해설) ① 국회 또는 지방의회의 의결을 거치거나 동의 또는 승인을 받아 행하는 사항에 대해서는 「행정절차법」이 적용되지 않는다(「행정절차법」 제3조 제2항 제1호).
② 현행 「행정절차법」에는 행정계약(공법상 계약)에 관한 규정을 두고 있지 않다.
③ 이유제시의 생략사유에 해당한다.
⑤ 「행정절차법」 제22조 제4항

81

하
행정절차
2013년 제1회

「행정절차법」의 내용에 관한 설명으로 옳은 것은?

① 행정청은 공청회를 개최하려는 경우에는 공청회 개최 20일 전까지 일시 및 장소 등의 사항을 당사자 등에게 통지하여야 한다.
② 판례에 의할 때 상대방의 신청에 대한 거부처분은 사전통지의 대상이다.
③ 「행정절차법」은 절차상 하자 있는 행정처분의 법적 효력에 관한 명문의 규정을 두고 있다.
④ 지방의회의 의결을 거쳐 행하는 사항에 대하여도 「행정절차법」이 적용된다.
⑤ 행정청은 직권으로 또는 당사자의 신청에 따라 여러 개의 사안을 병합하거나 분리하여 청문을 할 수 있다.

풀이 TIP 행정절차·정보의 공개·개인정보의 보호 ⇨ 행정절차. 「행정절차법」 규정의 내용과 관련 판례를 숙지하고 있어야 한다.

(정답해설) ⑤ 행정청은 직권으로 또는 당사자의 신청에 따라 여러 개의 사안을 병합하거나 분리하여 청문을 할 수 있다(「행정절차법」 제32조).

(오답해설) ① 행정청은 공청회를 개최하려는 경우에는 공청회 개최 14일 전까지 일정한 사항을 당사자 등에게 통지하고 관보, 공보, 인터넷 홈페이지 또는 일간신문 등에 공고하는 등의 방법으로 널리 알려야 한다(「행정절차법」 제38조).
② 신청에 따른 처분이 이루어지지 아니한 경우에는 아직 당사자에게 권익이 부과되지 아니하였으므로 특별한 사정이 없는 한 신청에 대한 거부처분이라고 하더라도 직접 당사자의 권익을 제한하는 것은 아니어서 신청에 대한 거부처분이 여기에서 말하는 '당사자의 권익을 제한하는 처분'에 해당한다고 할 수 없는 것이어서 처분의 사전통지대상이 된다고 할 수 없다(대판 2003. 11. 28. 2003두674).
③ 「행정절차법」은 처분의 절차에 관하여 규정하고 있지만 절차상 하자 있는 행정처분의 법적 효력에 관하여는 명문의 규정을 두고 있지 않다. 절차상 하자 있는 행정처분의 법적 효력에 관하여 판례는 주로 취소사유로 본다.
④ 국회 또는 지방의회의 의결을 거치거나 동의 또는 승인을 받아 행하는 사항에 대해서는 「행정절차법」의 적용이 배제된다(「행정절차법」 제3조 제2항 제1호).

(Answer) 79. ④ 80. ④ 81. ⑤

82

하
행정절차
2015년 제3회

「행정절차법」상 행정상 입법예고에 관한 내용으로 옳은 것을 모두 고른 것은?

> ㉠ 입법예고의 기준·절차 등에 관하여 필요한 사항은 대통령령으로 정한다.
> ㉡ 입법내용이 국민의 권리·의무 또는 일상생활과 관련이 없는 경우에도 예고를 하여야 한다.
> ㉢ 입법예고기간은 예고할 때 정하되, 특별한 사정이 없으면 40일(자치법규는 20일) 이상으로 한다.
> ㉣ 행정청은 예고된 입법안의 전문에 대한 열람 또는 복사를 요청받았을 때에는 특별한 사유가 없으면 그 요청에 따라야 한다.

① ㉠, ㉡   ② ㉡, ㉢   ③ ㉢, ㉣

④ ㉠, ㉢, ㉣   ⑤ ㉡, ㉢, ㉣

풀이 TIP 「행정절차법」 규정의 입법예고에 대한 조문문제이다.

정답해설 ㉠ 「행정절차법」 제41조 제5항
㉢ 「행정절차법」 제43조
㉣ 「행정절차법」 제42조 제5항

오답해설 ㉡ 「행정절차법」 제41조 제1항에는 입법예고를 하지 않을 수 있는 예외사유 5가지가 규정되어 있다. 이에 따르면 입법내용이 국민의 권리·의무 또는 일상생활과 관련이 없는 경우는 예고를 하지 않을 수 있다.

83

중
정보의 공개
2017년 제5회

「공공기관의 정보공개에 관한 법률」상 공공기관에 해당하지 않는 것은?

① 국회   ② 지방자치단체

③ 한국방송공사   ④ 「지방공기업법」에 따른 지방공사

⑤ 한국증권업협회

풀이 TIP 공공성을 갖는 단체는 원칙 공개의무를 부담한다.

정답해설 ⑤ '한국증권업협회'는 증권회사 상호 간의 업무질서를 유지하고 유가증권의 공정한 매매거래 및 투자자 보호를 위하여 일정 규모 이상인 증권회사 등으로 구성된 회원조직으로서, 「증권거래법」 또는 그 법에 의한 명령에 대하여 특별한 규정이 있는 것을 제외하고는 「민법」 중 사단법인에 관한 규정을 준용 받는 점, 그 업무가 국가기관 등에 준할 정도로 공동체 전체의 이익에 중요한 역할이나 기능에 해당하는 공공성을 갖는다고 볼 수 없는 점 등에 비추어, '한국증권업협회'는 「공공기관의 정보공개에 관한 법률 시행령」 제2조 제4호의 '특별법에 의하여 설립된 특수법인'에 해당한다고 보기 어렵다(대판 2010. 4. 29. 2008두5643).

오답해설 ①, ②, ④ 공공기관에 해당한다.
③ 한국방송공사는 정보공개의무가 있는 공공기관에 해당한다(판례). ⇨ 「방송법」이라는 특별법에 의하여 설립·운영되는 특수법인인 한국방송공사는 「정보공개법 시행령」 제2조 제4호의 '특별법에 의하여 설립된 특수법인'으로서 정보공개의무가 있는 공공기관에 해당한다(대판 2010. 12. 23. 2008두13101).

84

「공공기관의 정보공개에 관한 법률」의 내용 중 (   )에 들어갈 숫자가 옳게 연결된 것은?

> • 공개 대상 정보로서 자신과 관련된 정보에 대하여 공개 청구된 사실을 통지받은 제3자는 그 통지를 받은 날부터 (㉠)일 이내에 해당 공공기관에 대하여 자신과 관련된 정보를 공개하지 아니할 것을 요청할 수 있다.
> • 공개 대상 정보로서 자신과 관련된 정보의 비공개 요청에도 불구하고 공공기관이 공개 결정을 한 때에는 제3자는 공개 결정 이유와 공개 실시일의 통지를 받은 날부터 (㉡)일 이내에 해당 공공기관에 이의신청을 할 수 있다.

① ㉠: 3, ㉡: 7
② ㉠: 3, ㉡: 10
③ ㉠: 7, ㉡: 7
④ ㉠: 7, ㉡: 10
⑤ ㉠: 7, ㉡: 15

풀이 TIP 단순암기사항이다.

정답해설 ① 「공공기관의 정보공개에 관한 법률」 제21조(제3자의 비공개 요청 등) 제1항 및 제2항

오답해설 ②, ③, ④, ⑤ 「공공기관의 정보공개에 관한 법률」에서 '7일'은 제18조(이의신청) 제3항, 제21조(제3자의 비공개 요청 등) 제2항에서 언급되며, '10일'은 제11조(정보공개 여부의 결정) 제1항 및 제2항에서 언급된다.

Answer⁺ 82. ④ 83. ⑤ 84. ①

85

정보의 공개
2019년 제7회

「공공기관의 정보공개에 관한 법률」에 관한 설명으로 옳지 않은 것은? (다툼이 있으면 판례에 따름)

① 정보공개청구의 대상이 되는 문서는 원본이어야 한다.

② 권리능력 없는 사단은 그 설립목적을 불문하고 이 법에 의한 정보공개청구권을 갖는다.

③ 이미 다른 사람에게 공개되어 널리 알려져 있는 정보도 공개청구의 대상이 될 수 있다.

④ 공공기관이 정보공개청구인이 신청한 공개방법 이외의 방법으로 정보를 공개하기로 결정하였다면, 그 결정에 대하여 항고소송으로 다툴 수 있다.

⑤ 「고등교육법」에 따른 대학은 정보공개의무를 지는 공공기관이다.

> **풀이 TIP** 「공공기관의 정보공개에 관한 법률」의 내용과 판례를 묻는 문제로 기본적인 사항에 관한 문제이다.

정답해설 ① 「공공기관의 정보공개에 관한 법률」상 공개청구의 대상이 되는 정보란 공공기관이 직무상 작성 또는 취득하여 현재 보유·관리하고 있는 문서에 한정되는 것이기는 하나, 그 문서가 반드시 원본일 필요는 없다(대판 2006. 5. 25. 2006두3049).

오답해설 ② 정보공개를 청구할 수 있는 국민에는 자연인은 물론 법인, 권리능력 없는 사단·재단도 포함되고, 법인, 권리능력 없는 사단·재단 등의 경우에는 설립목적을 불문한다(대판 2003. 12. 12. 2003두8050).

③ 공개청구의 대상이 되는 정보가 이미 다른 사람에게 공개되어 널리 알려져 있다거나 인터넷 등을 통하여 공개되어 인터넷검색 등을 통하여 쉽게 알 수 있는 경우에도 소의 이익이 없다거나 그 비공개결정이 정당화될 수 없다(대판 2010. 12. 23. 2008두13101).

④ 정보공개 청구인에게 특정한 정보공개방법을 지정하여 청구할 수 있는 법령상 신청권이 있으며, 공공기관이 공개청구의 대상이 된 정보를 청구인이 신청한 공개방법 이외의 방법으로 공개하기로 하는 결정을 한 경우, 정보공개방법에 관한 부분에 대하여 일부 거부처분을 한 것이고, 이에 대하여 항고소송으로 다툴 수 있다(대판 2016. 11. 10. 2016두44674).

⑤ 사립대학교를 정보공개의무 있는 공공기관의 하나로 지정한 대통령령은 유효하다(대판 2006. 8. 24. 2004두2783).

86

정보의 공개
2017년 제5회

「공공기관의 정보공개에 관한 법률」에 의거하여, 甲은 A대학교에 대하여 재학 중인 체육특기생들의 일정기간 동안의 출석 및 성적 관리에 관한 정보공개를 청구하였다. 이에 관한 설명으로 옳은 것은? (다툼이 있으면 판례에 따름)

① 甲은 A대학교와 체육특기생들과는 아무런 이해관계가 없으므로 정보공개청구권을 가지지 아니한다.

② A대학교가 사립대학교라면 정보공개의무를 지는 공공기관에 해당하지 않는다.

③ 甲의 청구에 대하여 A대학교가 제3자의 권리침해를 이유로 하여 비공개 결정을 하였다면 이에 대한 甲의 불복절차는 없다.

④ A대학교 체육특기생 乙이 자신의 정보를 공개하지 아니할 것을 요청한 경우에도, A대학교는 乙에 대한 정보의 공개를 결정할 수 있다.

⑤ 甲의 A대학교에 대한 정보공개청구의 비용은 공익적 차원에서 A대학교가 부담한다.

> **풀이TIP** 「공공기관의 정보공개에 관한 법률」 규정의 내용 및 관련 판례를 숙지하고 있어야 한다.

정답해설 ④ A대학교 체육특기생 乙이 자신의 정보를 공개하지 아니할 것을 요청한 경우에도, A대학교는 乙에 대한 정보의 공개를 결정할 수 있다. 제3자의 비공개 요청에도 불구하고 공공기관은 공개 결정을 할 수 있다(「공공기관의 정보공개에 관한 법률」 제21조).

오답해설 ① 특정 정보에 대해 정보공개청구를 하는 경우 청구인에게 그 정보와 특정 이해관계가 있을 것을 요하지 아니하므로 甲은 정보공개청구권을 가진다.
② 사립대학교도 정보공개의무를 지는 공공기관에 해당한다(「공공기관의 정보공개에 관한 법률 시행령」 제2조 제1호).
③ 공개 청구된 사실을 통지받은 제3자는 그 통지를 받은 날부터 3일 이내에 해당 공공기관에 대하여 자신과 관련된 정보를 공개하지 아니할 것을 요청할 수 있고, 비공개 요청에도 불구하고 공공기관이 공개 결정을 한 경우 제3자는 해당 공공기관에 문서로 이의신청을 하거나 행정심판 또는 행정소송을 제기할 수 있다(「공공기관의 정보공개에 관한 법률」 제21조).
⑤ 정보공개청구의 비용은 청구인 甲이 부담한다. '정보의 공개 및 우송 등에 드는 비용은 실비의 범위에서 청구인이 부담한다.'(「공공기관의 정보공개에 관한 법률」 제17조 제1항).

87

정보의 공개
2016년 제4회

공공기관의 정보공개에 관한 법령상 정보공개에 관한 설명으로 옳지 않은 것은? (다툼이 있으면 판례에 따름)

① 사립대학교도 정보공개 의무기관인 공공기관에 해당된다.

② 모든 국민은 정보의 공개를 청구할 권리를 가진다.

③ 정보공개청구권자에 해당하는 국민에는 자연인은 물론 법인, 권리능력 없는 사단 또는 재단도 포함된다.

④ 정보공개청구는 정보공개청구서를 제출하는 것 외에 말로써도 할 수 있다.

⑤ 정보공개청구자는 공개를 구하는 정보를 공공기관이 보유·관리하고 있을 가능성이 전혀 없지 않다는 점만 입증하면 족하고, 공공기관은 그 정보를 폐기하여 더 이상 보유·관리하고 있지 않다는 항변을 할 수 없다.

풀이 TIP 공공기관이 공개청구한 정보를 보유·관리하고 있지 않다는 점에 대한 입증책임을 진다.

정답해설 ⑤ 공개청구자는 그가 공개를 구하는 정보를 공공기관이 보유·관리하고 있을 상당한 개연성이 있다는 점에 대하여 입증할 책임이 있으나, 공개를 구하는 정보를 공공기관이 한때 보유·관리하였으나 후에 그 정보가 담긴 문서들이 폐기되어 존재하지 않게 된 것이라면 그 정보를 더 이상 보유·관리하고 있지 않다는 점에 대한 증명책임은 공공기관에 있다(대판 2013. 1. 24. 2010두18918).

오답해설 ① 사립대학교도 정보공개의무를 지는 공공기관에 해당한다(「공공기관의 정보공개에 관한 법률 시행령」제2조 제1호).

② 모든 국민은 정보의 공개를 청구할 권리를 가진다(「공공기관의 정보공개에 관한 법률」제5조 제1항).

③ 정보공개청구권자에 해당하는 국민에는 자연인은 물론 법인, 권리능력 없는 사단·재단도 포함되고, 법인과 권리능력 없는 사단·재단 등의 경우에는 설립목적을 불문하며, 시민단체 등에 의한 일반적인 행정감시 목적의 정보공개청구도 인정된다(대판 2003. 12. 12. 2003두8050).

④ 정보의 공개를 청구하는 자는 해당 정보를 보유하거나 관리하고 있는 공공기관에 일정한 사항을 적은 정보공개청구서를 제출하거나 말로써 정보의 공개를 청구할 수 있다(「공공기관의 정보공개에 관한 법률」제10조 제1항).

88

중
정보의 공개
2015년 제3회

공공기관의 정보공개에 관한 법령상 정보공개에 관한 설명으로 옳은 것은? (다툼이 있으면 판례에 따름)

① 공개청구의 대상이 되는 정보는 그 문서가 반드시 원본이어야 한다.

② 권리능력 없는 사단은 정보공개청구권자에 해당하지 않는다.

③ 정보공개청구제도는 행정의 투명성과 적법성을 위한 것이므로 국민의 정보공개청구는 권리의 남용에 해당할 여지가 없다.

④ 외국인은 정보공개청구권이 인정되지 않는다.

⑤ 공공기관이 그 정보를 보유·관리하고 있지 아니한 경우에는 특별한 사정이 없는 한 정보공개 거부처분의 취소를 구할 법률상의 이익이 없다.

> **풀이 TIP** 공공기관이 공개청구한 정보를 보유·관리하고 있지 않다면 공개의무가 없다.

정답해설 ⑤ 공개의무 대상정보는 공공기관이 보유·관리하는 정보이며, 공공기관이 보유·관리하고 있지 않은 정보는 공공기관에 공개의무가 없으므로 정보공개청구의 거부를 다툴 법률상 이익이 인정되지 않는다(대판 2014. 6. 12. 2013두4309).

오답해설 ① 공개청구의 대상이 되는 정보에 해당하는 문서란 공공기관이 직무상 작성 또는 취득하여 현재 보유·관리하고 있는 문서에 한정되는 것이기는 하나, 그 문서가 반드시 원본일 필요는 없다(대판 2006. 5. 25. 2006두3049).

② 정보공개청구권자에 해당하는 국민에는 자연인은 물론 법인, 권리능력 없는 사단·재단도 포함되고, 법인과 권리능력 없는 사단·재단 등의 경우에는 설립목적을 불문하며, 시민단체 등에 의한 일반적인 행정감시 목적의 정보공개청구도 인정된다(대판 2003. 12. 12. 2003두8050).

③ 실제 해당 정보를 취득 또는 활용할 의사가 전혀 없이 정보공개제도를 이용하여 사회통념상 용인될 수 없는 부당한 이득을 얻으려 하거나, 오로지 공공기관의 담당공무원을 괴롭힐 목적으로 정보공개청구를 하는 경우처럼 권리의 남용에 해당하는 것이 명백한 경우에는 정보공개청구권의 행사를 허용하지 아니하는 것이 옳다(대판 2014. 12. 24. 2014두9349).

④ 외국인의 정보공개 청구에 관하여는 대통령령으로 정한다(「공공기관의 정보공개에 관한 법률」 제5조 제2항). 외국인 중 국내에 일정한 주소를 두고 거주하거나 학술·연구를 위하여 일시적으로 체류하는 사람이나 국내에 사무소를 두고 있는 법인 또는 단체는 정보공개를 청구할 수 있다(「공공기관의 정보공개에 관한 법률 시행령」 제3조).

Answer 87. ⑤ 88. ⑤

89

중

정보의 공개
2014년 제2회

공공기관의 정보공개에 관한 법령상 정보공개제도에 관한 설명으로 옳은 것은? (다툼이 있는 경우에는 판례에 의함)

① 정보공개청구권은 자연인에 대해서 인정되며, 법인에게는 인정되지 않는다.

② 자신과 이해관계가 없는 정보를 공익을 위해 공개청구하는 것은 허용되지 않는다.

③ 정보공개 거부결정에 대해서는 행정심판을 거치지 아니하고 행정소송을 제기할 수 있다.

④ 정보공개청구의 대상이 되는 문서는 원본이어야 한다.

⑤ 공공기관이 정보공개청구를 받은 날부터 20일이 경과하도록 공개 여부를 결정하지 않은 때에는 정보공개 결정이 있는 것으로 본다.

풀이 TIP 「정보공개법」상 이의신청과 행정심판은 반드시 거쳐야 할 필수적 전치는 아니다.

정답해설 ③ 「공공기관의 정보공개에 관한 법률」(정보공개법) 제19조 제2항에 따르면, 청구인은 공공기관의 정보공개 결정에 대해 제18조에 따른 이의신청 절차를 거치지 아니하고 행정심판을 청구할 수 있다. 그리고 공공기관의 정보공개 거부결정에 대한 불복은 개별법에서 필요적 행정심판전치주의를 규정한 예외에 속하지 않으므로, 행정심판 없이 바로 행정소송을 제기할 수 있다.

오답해설 ① 모든 국민은 정보의 공개를 청구할 권리를 가진다. 국민에는 자연인은 물론 법인, 권리능력 없는 사단·재단도 포함되고, 법인과 권리능력 없는 사단·재단 등의 경우에는 설립목적을 불문하며, 시민단체 등에 의한 일반적인 행정감시 목적의 정보공개청구도 인정된다(대판 2003. 12. 12. 2003두8050).

② 국민의 알 권리, 특히 국가정보에의 접근의 권리는 우리 「헌법」상 기본적으로 표현의 자유와 관련하여 인정되는 것으로, 그 권리의 내용에는 자신의 권익보호와 직접 관련이 있는 정보의 공개를 청구할 수 있는 이른바 개별적 청구권뿐만 아니라 일반국민 누구나 국가에 대하여 보유·관리하고 있는 정보의 공개를 청구할 수 있는 이른바 일반적인 정보공개청구권이 포함된다(대판 1999. 9. 21. 97누5114).

④ 공개청구의 대상이 되는 정보에 해당하는 문서란 공공기관이 직무상 작성 또는 취득하여 현재 보유·관리하고 있는 문서에 한정되는 것이기는 하나, 그 문서가 반드시 원본일 필요는 없다(대판 2006. 5. 25. 2006두3049).

⑤ 공공기관이 정보공개청구를 받은 날부터 20일이 경과하도록 공개 여부를 결정하지 않은 때에는 정보공개 결정도 비공개 결정도 아닌 아무런 결정이 없는 것(부작위)으로 보게 된다. 이에 대해서는 이의신청이나 행정심판 또는 행정소송을 제기할 수 있다.

90

정보공개법의 내용
2021년 제9회

「공공기관의 정보공개에 관한 법률」에 관한 설명으로 옳은 것은? (다툼이 있으면 판례에 따름)

① 국내에 학술·연구를 위하여 일시적으로 체류하는 외국인은 정보공개를 청구할 권리가 없다.

② 공개 청구한 정보가 비공개대상인 부분과 공개 가능한 부분이 혼합되어 있는 경우 부분공개는 할 수 없다.

③ 사립대학교는 정보공개의무를 지는 공공기관에 해당하지 않는다.

④ 정보공개를 요구받은 공공기관이 공개를 거부하는 경우에는 비공개사유에 해당하는지를 주장·입증하지 아니한 채 개괄적인 사유만을 들어 공개를 거부할 수 없다.

⑤ 청구인은 공공기관의 비공개 결정에 대하여 불복이 있는 경우 이의신청 절차를 거치지 아니하고는 행정심판을 청구할 수 없다.

풀이 TIP 정보공개를 하지 않을 때는 그 사유를 특정해야 하지 않을까?

정답해설 ④ 정보공개를 요구받은 공공기관이 공공기관의 정보공개에 관한 법률 제7조 제1항 몇 호 소정의 비공개사유에 해당하는지를 주장·입증하지 아니한 채 개괄적인 사유만을 들어 그 공개를 거부할 수 없다(대판 2003. 12. 11. 2001두8827).

오답해설 ① 국내에 일정한 주소를 두고 거주하거나 학술·연구를 위하여 일시적으로 체류하는 사람과 국내에 사무소를 두고 있는 법인 또는 단체는 정보공개청구를 할 수 있다(「공공기관의 정보공개에 관한 법률 시행령」 제3조).
② 공개청구한 정보가 비공개대상정보인 부분과 공개가 가능한 부분이 혼합되어 있는 경우, 공개청구의 취지에 어긋나지 아니하는 범위 안에서 두 부분을 분리할 수 있는 경우에는 비공개대상정보에 해당하는 부분을 제외하고 공개하여야 한다(「공공기관의 정보공개에 관한 법률」 제14조).
③ 사립대학교는 정보공개의무를 지는 공공기관에 해당한다(대판 2006. 8. 24. 2004두2783).
⑤ 청구인은 제18조에 따른 이의신청 절차를 거치지 아니하고 행정심판을 청구할 수 있다(「공공기관의 정보공개에 관한 법률」 제19조 제2항).

Answer 89. ③ 90. ④

91

상
정보의 공개
2013년 제1회

정보공개제도에 관한 판례의 입장이 아닌 것은?

① 정보공개청구권자로서의 국민에는 자연인은 물론 법인, 권리능력 없는 사단·재단도 포함되고, 법인, 권리능력 없는 사단·재단 등의 경우에는 설립목적을 불문한다.

② 공개청구의 대상이 되는 정보가 이미 다른 사람에게 공개되어 널리 알려져 있다거나 인터넷 등을 통하여 공개되어 인터넷검색 등을 통하여 쉽게 알 수 있다는 사정만으로는 소의 이익이 없다거나 비공개결정이 정당화될 수 없다.

③ 진행 중인 재판에 관련된 정보로서 정보공개를 거부하기 위해서는 그 정보가 재판과 관련된 것으로서 반드시 진행 중인 재판의 소송기록 자체에 포함된 내용일 것을 요한다.

④ 정보공개청구권은 법률상 보호되는 구체적인 권리이므로 청구인이 공공기관에 대하여 정보공개를 청구하였다가 거부처분을 받은 것 자체가 법률상 이익의 침해에 해당한다.

⑤ 정보의 부분 공개가 허용되는 경우란 그 정보의 공개방법 및 절차에 비추어 당해 정보에서 비공개대상정보에 관련된 기술 등을 제외 혹은 삭제하고 나머지 정보만을 공개하는 것이 가능하고 나머지 부분의 정보만으로도 공개의 가치가 있는 경우를 의미한다.

풀이TIP 정보공개청구에 대해 비공개사유로서 진행 중인 재판에 관한 정보의 범위에 대한 판례입장을 묻는 문제이다.

정답해설 ③ 진행 중인 재판에 관련된 정보로서 정보공개를 거부하기 위해서는 그 정보가 재판과 관련된 것으로서 반드시 그 정보가 진행 중인 재판의 소송기록 그 자체에 포함된 내용의 정보일 필요는 없으나, 재판에 관련된 일체의 정보가 그에 해당하는 것은 아니고 진행 중인 재판의 심리 또는 재판결과에 구체적으로 영향을 미칠 위험이 있는 정보에 한정된다(대판 2012. 4. 12. 2010두24913).

오답해설 ① 정보공개청구권자로서의 국민에는 자연인은 물론 법인, 권리능력 없는 사단·재단도 포함되고, 법인과 권리능력 없는 사단·재단 등의 경우에는 설립목적을 불문하며, 시민단체 등에 의한 일반적인 행정감시 목적의 정보공개청구도 인정된다(대판 2003. 12. 12. 2003두8050).

②, ④ 국민의 정보공개청구권은 법률상 보호되는 구체적인 권리이므로, 공공기관에 대하여 정보의 공개를 청구하였다가 공개거부처분을 받은 청구인은 행정소송을 통하여 그 공개거부처분의 취소를 구할 법률상의 이익이 있고, 공개청구의 대상이 되는 정보가 이미 다른 사람에게 공개하여 널리 알려져 있다거나 인터넷이나 관보 등을 통하여 공개하여 인터넷검색이나 도서관에서의 열람 등을 통하여 쉽게 알 수 있다는 사정만으로는 소의 이익이 없다거나 비공개결정이 정당화될 수는 없다(대판 2007. 7. 13. 2005두8733, 대판 2008. 11. 27. 2005두15694).

⑤ 정보의 부분 공개가 허용되는 경우란 그 정보의 공개방법 및 절차에 비추어 당해 정보에서 비공개대상정보에 관련된 기술 등을 제외 혹은 삭제하고 나머지 정보만을 공개하는 것이 가능하고 나머지 부분의 정보만으로도 공개의 가치가 있는 경우를 의미한다. … 재소자가 교도관의 가혹행위를 이유로 형사고소 및 민사소송을 제기하면서 그 증명자료 확보를 위해 '근무보고서'와 '징벌위원회 회의록' 등의 정보공개를 요청하였으나 교도소장이 이를 거부한 사안에서, 근무보고서는 비공개대상정보에 해당한다고 볼 수 없고, 징벌위원회 회의록 중 비공개 심사·의결 부분은 비공개사유에 해당하지만 재소자의 진술, 위원장 및 위원들과 재소자 사이의 문답 등 징벌절차 진행 부분은 비공개사유에 해당하지 않는다고 보아 분리공개가 허용된다(대판 2009. 12. 10. 2009두12785).

92

하
정보의 공개
2020년 제8회

「공공기관의 정보공개에 관한 법률」에 따른 정보공개제도에 관한 설명으로 옳지 않은 것은? (다툼이 있으면 판례에 따름)

① 공개를 청구하는 정보는 사회일반인의 관점에서 청구대상정보의 내용과 범위를 알 수 있을 정도로 특정되어야 한다.

② 공개청구한 정보를 공공기관이 보유·관리하고 있지 않은 경우에는 특별한 사정이 없는 한 해당 정보에 대한 공개거부처분의 취소를 구할 법률상의 이익이 없다.

③ 정보공개청구의 목적이 오로지 담당공무원을 괴롭힐 목적인 경우처럼 권리의 남용이 명백한 경우에는 정보공개청구권의 행사가 허용되지 않는다.

④ 비공개결정에 대해 이의신청을 거친 경우에는 행정심판을 제기할 수 없다.

⑤ 청구인이 신청한 공개방법 이외의 방법으로 정보를 공개하기로 결정한 경우 청구인은 그에 대하여 항고소송으로 다툴 수 있다.

풀이 TIP 정보공개에 관한 판례를 묻는 문제이다. 이미 기출된 지문 위주로 출제되었다.

정답해설 ④ 「공공기관의 정보공개에 관한 법률」상 이의신청은 행정심판이 아니므로 이의신청을 거친 후에도 행정심판을 청구할 수 있다.(「공공기관의 정보공개에 관한 법률」 제19조).

오답해설 ① 청구대상정보를 기재함에 있어서는 사회일반인의 관점에서 청구대상정보의 내용과 범위를 확정할 수 있을 정도로 특정함을 요한다(대판 2007. 6. 1. 2007두2555).

② 공공기관이 그 정보를 보유·관리하고 있지 아니한 경우에는 특별한 사정이 없는 한 정보공개거부처분의 취소를 구할 법률상 이익이 없다(대판 2006. 1. 13. 2003두9459).

③ 해당 정보를 취득 또는 활용할 의사가 전혀 없이 정보공개 제도를 이용하여 사회통념상 용인될 수 없는 부당한 이득을 얻으려 하거나, 오로지 공공기관의 담당공무원을 괴롭힐 목적으로 정보공개청구를 하는 경우처럼 권리의 남용에 해당하는 것이 명백한 경우에는 정보공개청구권의 행사를 허용하지 아니하는 것이 옳다(대판 2014. 12. 24. 2014두9349).

⑤ 정보공개 청구인에게 특정한 정보공개방법을 지정하여 청구할 수 있는 법령상 신청권이 있으며, 공공기관이 공개청구의 대상이 된 정보를 청구인이 신청한 공개방법 이외의 방법으로 공개하기로 하는 결정을 한 경우, 정보공개방법에 관한 부분에 대하여 일부 거부처분을 한 것이고, 이에 대하여 항고소송으로 다툴 수 있다(대판 2016. 11. 10. 2016두44674).

93

정보공개
2022년 제10회

공공기관의 정보공개에 관한 법령상 정보공개에 관한 설명으로 옳지 않은 것은? (다툼이 있으면 판례에 따름)

① 공개청구의 대상이 되는 정보는 공공기관이 보유·관리하고 있는 정보에 한정된다.
② 일정한 요건을 갖춘 외국인은 정보공개 청구를 할 수 있다.
③ 정보공개 청구권자의 권리구제 가능성이 없는 경우에는 비공개 대상 정보에 해당하지 않는 정보라도 공개하지 않을 수 있다.
④ 정보공개청구에 대한 공공기관의 비공개결정에 대한 불복절차로 이의신청, 행정심판, 행정소송이 있다.
⑤ 법인이 거래하는 금융기관의 계좌번호에 관한 정보는 법인의 영업상 비밀에 관한 사항으로서 비공개 대상 정보에 해당한다.

풀이 TIP 정보공개청구사유는 제한이 없다는 것을 기억하자.

정답해설 ③ 정보공개 청구권자의 권리구제 가능성 여부는 비공개사유에 해당하지 않으므로 이를 이유로 비공개하는 것은 허용되지 않는다.

오답해설 ① 공공기관이 보유·관리하고 있지 않은 정보는 공개의무가 없다는 것이 판례이다.
② 외국인도 대통령령으로 정하는 일정한 요건을 갖춘 경우 정보공개청구권이 예외적으로 인정된다.
④ 「공공기관의 정보공개에 관한 법률」 제18조·제19조·제20조
⑤ 법인등이 거래하는 금융기관의 계좌번호에 관한 정보는 법인등의 영업상 비밀에 관한 사항으로서 공개될 경우 법인등의 정당한 이익을 현저히 해할 우려가 있다고 인정되는 정보에 해당한다고 한 사례(대판 2004. 8. 20. 2003두8302)

94

정보공개 판례
2021년 제9회

판례에 의할 때 「공공기관의 정보공개에 관한 법률」에 관한 설명으로 옳은 것을 모두 고른 것은?

┌───
│ ㉠ 학교폭력대책자치위원회의 회의록은 '공개될 경우 업무의 공정한 수행에 현저한 지장을 초래한다고 인정할 만한 상당한 이유가 있는 정보'에 해당한다.
│ ㉡ 의사결정과정에 제공된 회의관련자료나 의사결정과정이 기록된 회의록은 의사가 결정되거나 의사가 집행된 경우에는 더 이상 의사결정과정에 있는 사항 그 자체라고는 할 수 없으나, 의사결정과정에 있는 사항에 준하는 사항으로서 비공개대상정보에 포함될 수 있다.
│ ㉢ '진행 중인 재판에 관련된 정보'에 해당한다는 사유로 정보공개를 거부하기 위하여는 반드시 그 정보가 진행 중인 재판의 소송기록 자체에 포함되어야 한다.
└───

① ㉠   ② ㉡
③ ㉠, ㉡   ④ ㉡, ㉢
⑤ ㉠, ㉡, ㉢

풀이TIP 정보공개에 관한 판례를 정리하여야 하는 문제이다. 정보공개의 판례는 모두 다 출제빈도가 높으므로 반드시 정리하여야 한다.

정답해설 ③ 옳은 지문은 ㉠, ㉡이다.

㉠ '학교폭력대책자치위원회의 회의록'은 「공공기관의 정보공개에 관한 법률」 제9조 제1항 제5호의 '공개될 경우 업무의 공정한 수행에 현저한 지장을 초래한다고 인정할 만한 상당한 이유가 있는 정보(비공개정보)'에 해당한다(대판 2010. 6. 10. 2010두2913).

㉡ 의사결정과정에 제공된 회의관련자료나 의사결정과정이 기록된 회의록 등은 의사가 결정되거나 의사가 집행된 경우에는 더 이상 의사결정과정에 있는 사항 그 자체라고는 할 수 없으나, 의사결정과정에 있는 사항에 준하는 사항으로서 비공개대상정보에 포함될 수 있다(대판 2003. 8. 22. 2002두12946).

오답해설 ㉢ '진행 중인 재판에 관련된 정보'에 해당한다는 사유로 정보공개를 거부하기 위해서는 반드시 그 정보가 진행 중인 재판의 소송기록 그 자체에 포함된 내용의 정보일 필요는 없으나, 재판에 관련된 일체의 정보가 그에 해당하는 것은 아니고 진행 중인 재판의 심리 또는 재판결과에 구체적으로 영향을 미칠 위험이 있는 정보에 한정된다고 봄이 상당하다(대판 2011. 11. 24. 2009두19021).

95

정보공개
2019년 제7회

「공공기관의 정보공개에 관한 법률」의 내용으로 옳지 않은 것은?

① 공개될 경우 부동산 투기, 매점매석 등으로 특정인에게 이익 또는 불이익을 줄 우려가 있다고 인정되는 정보라도 공공기관이 보유·관리하는 정보라면 이를 공개하여야 한다.

② 공공기관은 부득이한 사유가 없다면 정보공개의 청구를 받은 날부터 10일 이내에 공개여부를 결정하여야 한다.

③ 공공기관은 공개 청구된 공개 대상 정보의 일부가 제3자와 관련이 있다고 인정할 때에는 그 사실을 제3자에게 지체 없이 통지하여야 한다.

④ 공공기관은 정보의 공개를 결정한 경우 해당 청구인이 사본의 교부를 원하는 때에는 이를 교부하여야 한다.

⑤ 정보공개청구는 말로써 할 수 있다.

풀이TIP 비공개사유 중 하나를 찾자!

정답해설 ① 공개될 경우 부동산 투기, 매점매석 등으로 특정인에게 이익 또는 불이익을 줄 우려가 있다고 인정되는 정보는 공개하지 아니할 수 있다(「공공기관의 정보공개에 관한 법률」 제9조 제1항 제8호).

오답해설 ② 「공공기관의 정보공개에 관한 법률」 제11조 제1항·제2항

③ 「공공기관의 정보공개에 관한 법률」 제11조 제3항

④ 공공기관은 청구인이 사본 또는 복제물의 교부를 원하는 경우에는 이를 교부하여야 한다(「공공기관의 정보공개에 관한 법률」 제13조 제2항).

⑤ 정보공개를 청구하는 자는 정보공개 청구서를 제출하거나 말로써 정보의 공개를 청구할 수 있다(「공공기관의 정보공개에 관한 법률」 제10조 제1항).

Answer⁺ 93. ③ 94. ③ 95. ①

96

하
개인정보 보호법
2019년 제7회

「개인정보 보호법」에 관한 설명으로 옳은 것은?

① 법인의 정보는 이 법의 보호대상이다.

② 사자(死者)의 정보는 이 법의 보호대상이다.

③ 정보처리자는 정보주체와의 계약의 체결을 위하여 불가피한 경우에는 정보주체의 동의 없이 개인정보를 제3자에게 제공할 수 있다.

④ 개인정보처리자가 이 법에 위반한 행위로 정보주체에게 손해를 입힌 경우, 개인정보처리자의 손해배상책임은 무과실책임이다.

⑤ 정보주체의 권리침해행위의 금지·중지를 구하는 단체소송을 제기하려면 법원의 허가를 받아야 한다.

> 풀이 **TIP** 「개인정보 보호법」의 내용에 관한 문제이다. 「개인정보 보호법」의 적용대상과 단체 소송에 관한 내용을 숙지해야 한다.

[정답해설] ⑤ 개인정보처리자가 집단분쟁조정을 거부하거나 집단분쟁조정의 결과를 수락하지 아니한 경우에는 법원에 권리침해 행위의 금지·중지를 구하는 소송(단체소송)을 제기할 수 있다. 단체소송을 제기하는 단체는 법원의 허가를 받아야 한다(「개인정보 보호법」 제54조·제55조).

[오답해설] ① "개인정보"란 살아 있는 개인에 관한 정보를 의미하므로 법인의 정보는 이 법의 보호대상이 아니다.
② 사자(死者)의 정보는 「개인정보 보호법」의 보호대상이 아니다.
③ 개인정보를 제3자에게 제공할 수 있는 경우인 「개인정보 보호법」 제18조의 내용에 해당하지 않는다.
④ 정보주체는 개인정보처리자가 이 법을 위반한 행위로 손해를 입으면 개인정보처리자에게 손해배상을 청구할 수 있다. 이 경우 그 개인정보처리자는 고의 또는 과실이 없음을 입증하지 아니하면 책임을 면할 수 없다(제39조 제1항). 따라서 개인정보처리자의 손해배상책임은 과실책임이다.

97

하
개인정보 보호법
2023년 제11회

「개인정보 보호법」상 개인정보 보호원칙에 관한 설명으로 옳지 않은 것은?

① 개인정보처리자는 개인정보의 처리 목적에 필요한 범위에서 적합하게 개인정보를 처리하여야 한다.

② 개인정보처리자는 개인정보의 처리 목적에 필요한 범위에서 개인정보의 정확성, 완전성 및 최신성이 보장되도록 하여야 한다.

③ 개인정보처리자는 정보주체의 사생활 침해를 최소화하는 방법으로 개인정보를 처리하여야 한다.

④ 개인정보처리자는 개인정보 처리방침 등 개인정보의 처리에 관한 사항을 공개하여야 한다.

⑤ 개인정보처리자는 개인정보를 익명 또는 가명으로 처리하여서는 아니 된다.

풀이 TIP 현행 「개인정보 보호법」상 가명정보도 보호대상이라는 것을 알면 쉽게 풀 수 있는 문제이다.

정답해설 ⑤ 개인정보처리자는 개인정보를 익명 또는 가명으로 처리하여도 개인정보 수집목적을 달성할 수 있는 경우 익명처리가 가능한 경우에는 익명에 의하여, 익명처리로 목적을 달성할 수 없는 경우에는 가명에 의하여 처리될 수 있도록 하여야 한다(「개인정보 보호법」 제3조 제7항).

오답해설 ① 「개인정보 보호법」 제3조 제2항
② 「개인정보 보호법」 제3조 제3항
③ 「개인정보 보호법」 제3조 제6항
④ 「개인정보 보호법」 제3조 제5항

98

상
개인정보 보호법
2022년 제10회

「개인정보 보호법」상 정보주체가 자신의 개인정보 처리와 관련하여 가지는 권리가 아닌 것은?

① 개인정보의 처리에 관한 정보를 제공받을 권리
② 개인정보의 처리 정지를 요구할 권리
③ 개인정보의 처리 여부를 확인하고 개인정보에 대하여 사본의 발급을 요구할 권리
④ 개인정보의 처리에 관한 동의 여부, 동의 범위 등을 결정할 권리
⑤ 개인정보처리자의 가명정보 처리에 동의할 권리

풀이 TIP 「개인정보 보호법」의 제4조를 암기해야 풀 수 있다. 가명정보는 별도의 기술적 처리가 아니면 알아 볼 수 없는 정보로서 동의 대상이 아님을 이해해야 한다.

정답해설 ⑤ 「개인정보 보호법」상 정보주체의 권리로 규정되어 있지 않다.

> ✦ 「개인정보 보호법」
> **제4조(정보주체의 권리)** 정보주체는 자신의 개인정보 처리와 관련하여 다음 각 호의 권리를 가진다.
>   1. 개인정보의 처리에 관한 정보를 제공받을 권리
>   2. 개인정보의 처리에 관한 동의 여부, 동의 범위 등을 선택하고 결정할 권리
>   3. 개인정보의 처리 여부를 확인하고 개인정보에 대하여 열람(사본의 발급을 포함한다. 이하 같다)을 요구할 권리
>   4. 개인정보의 처리 정지, 정정·삭제 및 파기를 요구할 권리
>   5. 개인정보의 처리로 인하여 발생한 피해를 신속하고 공정한 절차에 따라 구제받을 권리
> **제28조의2(가명정보의 처리 등)** ① 개인정보처리자는 통계작성, 과학적 연구, 공익적 기록보존 등을 위하여 정보주체의 동의 없이 가명정보를 처리할 수 있다.

Answer⁺ 96. ⑤   97. ⑤   98. ⑤

99 「행정규제기본법」에서 규정하고 있는 내용이 아닌 것은?

행정규제기본법
2015년 제3회

① 규제 옴부즈만 제도　　　　　② 규제법정주의
③ 규제영향분석　　　　　　　　④ 규제의 등록
⑤ 규제심사제도

풀이TIP　더 이상 출제될 가능성이 없는 문제이다.

정답해설　① 「행정규제기본법」은 규제 옴부즈만 제도에 관하여는 규정을 두고 있지 않다.

오답해설　②, ③, ④, ⑤ 「행정규제기본법」은 규제법정주의(제4조), 규제의 등록 및 공표(제6조), 규제
영향분석 및 자체심사(제7조), 규제의 존속기한 및 재검토기한 명시(제8조), 규제개혁위원회에 의한
심사(제10~18조) 등을 규정하고 있다.

Answer⁺　99. ①

행정상 실효성 확보수단(의무이행확보수단)

대집행, 이행강제금은 빈출영역이다. 「행정조사기본법」과 「질서위반행위규제법」은 조문을 정리해야 한다. 행정형벌과 통고처분도 자주 출제된다. 새로운 의무이행확보수단은 과징금이 출제되고, 최근에는 의무이행확보수단을 종합적으로 출제하는 경향이 있다. 「행정절차법」상 위반사실공표는 출제가 유력하다.

01 행정강제

01

행정강제의 종류
2024년 제12회

「행정기본법」상 의무자가 행정상 의무를 이행하지 아니하는 경우 행정청이 의무자의 신체나 재산에 실력을 행사하여 그 행정상 의무의 이행이 있었던 것과 같은 상태를 실현하는 것은?

① 행정대집행   ② 이행강제금의 부과   ③ 직접강제
④ 강제징수   ⑤ 즉시강제

풀이 TIP 행정상 강제의 종류와 의의를 생각하자.

정답해설 ③ 행정상 강제 중 직접강제에 대한 설명이다.

오답해설 ①, ②, ④, ⑤ 아래의 조항 참고

> ✦ 「행정기본법」 제30조(행정상 강제) ① 행정청은 행정목적을 달성하기 위하여 필요한 경우에는 법률로 정하는 바에 따라 필요한 최소한의 범위에서 다음 각 호의 어느 하나에 해당하는 조치를 할 수 있다.
> 1. 행정대집행: 의무자가 행정상 의무(법령등에서 직접 부과하거나 행정청이 법령등에 따라 부과한 의무를 말한다. 이하 이 절에서 같다)로서 타인이 대신하여 행할 수 있는 의무를 이행하지 아니하는 경우 법률로 정하는 다른 수단으로는 그 이행을 확보하기 곤란하고 그 불이행을 방치하면 공익을 크게 해칠 것으로 인정될 때에 행정청이 의무자가 하여야 할 행위를 스스로 하거나 제3자에게 하게 하고 그 비용을 의무자로부터 징수하는 것
> 2. 이행강제금의 부과: 의무자가 행정상 의무를 이행하지 아니하는 경우 행정청이 적절한 이행기간을 부여하고, 그 기한까지 행정상 의무를 이행하지 아니하면 금전급부의무를 부과하는 것
> 3. 직접강제: 의무자가 행정상 의무를 이행하지 아니하는 경우 행정청이 의무자의 신체나 재산에 실력을 행사하여 그 행정상 의무의 이행이 있었던 것과 같은 상태를 실현하는 것
> 4. 강제징수: 의무자가 행정상 의무 중 금전급부의무를 이행하지 아니하는 경우 행정청이 의무자의 재산에 실력을 행사하여 그 행정상 의무가 실현된 것과 같은 상태를 실현하는 것
> 5. 즉시강제: 현재의 급박한 행정상의 장해를 제거하기 위한 경우로서 다음 각 목의 어느 하나에 해당하는 경우에 행정청이 곧바로 국민의 신체 또는 재산에 실력을 행사하여 행정목적을 달성하는 것
>   가. 행정청이 미리 행정상 의무 이행을 명할 시간적 여유가 없는 경우
>   나. 그 성질상 행정상 의무의 이행을 명하는 것만으로는 행정목적 달성이 곤란한 경우

Answer⁺ 1. ③

02

「행정대집행법」상 대집행에 관한 설명으로 옳지 않은 것은?

① 비대체적 작위의무의 불이행에 대해서는 대집행이 가능하지 않다.
② 대집행은 대체적 작위의무의 불이행이 있다고 하여 언제든지 인정되는 것은 아니다.
③ 대집행을 실제 수행하는 자는 당해 행정청이어야 하는 것은 아니다.
④ 대집행을 한다는 뜻의 계고는 문서로 하여야 한다.
⑤ 대집행에 대하여는 행정심판을 제기할 수 없다.

풀이 TIP 대집행은 행정심판의 대상이다.

정답해설 ⑤ 대집행에 대하여는 행정심판을 제기할 수 있다(「행정대집행법」 제7조).

오답해설 ① 대집행은 대체적 작위의무의 불이행이 있는 경우가 그 대상이므로 비대체적 작위의무의 불이행에 대해서는 대집행이 가능하지 않다.
② 「행정대집행법」 제2조는 대집행의 요건으로 3가지(1. 대체적 작위의무의 불이행이 있을 것, 2. 다른 수단으로 의무이행확보가 곤란할 것, 3. 의무불이행을 방치하는 것이 심히 공익을 해할 것)를 규정하고 있다. 따라서 대체적 작위의무의 불이행이 있다고 하여 언제든지 대집행이 인정되는 것은 아니다.
③ 「행정대집행법」 제2조는 의무를 부과한 당해 행정청이 스스로 의무자가 하여야 할 행위를 하거나 또는 제3자로 하여금 이를 하게 할 수 있다고 규정하고 있다. 따라서 대집행을 실제 수행하는 자는 당해 행정청이어야만 하는 것은 아니며 제3자에게 실행하게 할 수도 있다.
④ 「행정대집행법」 제3조는 대집행을 하려 함에 있어서는 상당한 이행기한을 정하여 그 기한까지 이행되지 아니할 때에는 대집행을 한다는 뜻을 미리 문서로써 계고하여야 한다고 규정하고 있다. 따라서 대집행을 한다는 뜻의 계고는 문서로 하여야 하며 말(구두)로 할 수 없다.

03

「행정대집행법」상 대집행의 요건이 아닌 것은?

① 공법상 의무의 불이행이 있을 것
② 불이행된 의무를 타인이 대신하여 행할 수 있을 것
③ 의무를 명하는 처분에 불가쟁력이 발생하였을 것
④ 다른 수단으로써 의무 이행의 확보가 곤란할 것
⑤ 의무불이행을 방치하는 것이 심히 공익을 해할 것

풀이 TIP 강제집행 중 대집행의 요건을 묻는 문제이다. 대집행의 요건에 대한 조문의 내용을 정리하면 쉽게 풀리는 문제이다.

정답해설 ③ 「행정대집행법」은 행정처분의 불가쟁력의 발생을 대집행실행의 전제로 하고 있지 않다. 불가쟁력이 발생하기 전에도 대집행할 수 있으므로 의무자는 취소쟁송단계에서 집행정지결정을 신청할 필요가 있다.

오답해설 ①, ②, ④, ⑤ 「행정대집행법」상 대집행의 요건에 해당한다.

✦ **「행정대집행법」제2조(대집행과 그 비용징수)** 법률(법률의 위임에 의한 명령, 지방자치단체의 조례를 포함한다. 이하 같다)에 의하여 직접 명령되었거나 또는 법률에 의거한 행정청의 명령에 의한 행위로서 타인이 대신하여 행할 수 있는 행위를 의무자가 이행하지 아니하는 경우 다른 수단으로써 그 이행을 확보하기 곤란하고 또한 그 불이행을 방치함이 심히 공익을 해할 것으로 인정될 때에는 당해 행정청은 스스로 의무자가 하여야 할 행위를 하거나 또는 제3자로 하여금 이를 하게 하여 그 비용을 의무자로부터 징수할 수 있다.

04 「행정대집행법」상의 대집행에 관한 설명으로 옳지 않은 것은? (다툼이 있으면 판례에 따름)

하
대집행
2019년 제7회

① 대집행을 할 수 있는 권한을 가진 행정청은 대집행권한을 타인에게 위탁할 수 있다.
② 대집행을 하려는 경우 상당한 이행기한을 정하여 그 기한까지 이행되지 아니할 때에는 대집행을 한다는 뜻을 미리 문서로써 계고하여야 한다.
③ 관계 법령에 위반하여 장례식장 영업을 하고 있는 자의 장례식장 사용중지의무는 대집행의 대상이 아니다.
④ 토지·건물의 명도의무는 대집행의 대상이 될 수 있다.
⑤ 대집행에 요한 비용은 「국세징수법」의 예에 의하여 징수할 수 있다.

풀이 TIP 「행정대집행법」의 내용과 판례를 묻는 문제이다. 기출이 많이 되었던 판례가 출제되었다.

정답해설 ④ 도시공원시설(매점) 점유자의 퇴거 및 명도의무는 그것을 강제적으로 실현함에 있어 직접적인 실력행사가 필요한 것이지 대체적 작위의무에 해당하는 것은 아니어서 직접강제의 방법에 의하는 것은 별론으로 하고 「행정대집행법」에 의한 대집행의 대상이 되는 것은 아니다(대판 1998. 10. 23. 97누157).

오답해설 ① 대집행은 당해 행정청은 스스로 의무자가 하여야 할 행위를 하거나 또는 제3자로 하여금 이를 하게 하여 그 비용을 의무자로부터 징수할 수 있다(「행정대집행법」 제2조).
② 「행정대집행법」 제3조 제1항
③ 관계 법령에 위반하여 장례식장영업을 하고 있는 자의 장례식장사용중지의무는 비대체적 부작위의무에 대한 것이므로, 「행정대집행법」 제2조의 규정에 의한 대집행의 대상이 아니다(대판 2005. 9. 28. 2005두7464).
⑤ 대집행에 소요된 비용은 당해 행정청이 의무자로부터 징수한다. 비용징수는 그 금액과 납부기일을 정하여 의무자에게 문서로써 명하고, 이때 의무자가 기일 내에 납부하지 않을 때에는 국세체납처분의 예에 의하여 강제징수할 수 있다(「행정대집행법」 제5조·제6조 제1항).

Answer 2.⑤ 3.③ 4.④

05

행정대집행에 관한 설명으로 옳지 않은 것은? (다툼이 있으면 판례에 따름)

① 행정대집행에 있어서 1차 계고에 이어 2차 계고를 행한 경우, 2차 계고는 새로운 행정처분이다.

② 대집행영장에 의한 통지는 비상시 등 그 절차를 취할 여유가 없는 경우 당해 수속을 거치지 아니하고 대집행을 할 수 있다.

③ 대집행을 실시하기 위하여 지출한 비용은 「국세징수법」의 예에 의하여 징수할 수 있다.

④ 행정상 의무이행확보수단으로 행정대집행의 절차가 인정되는 경우에는 따로 민사소송의 방법으로 의무이행을 구할 수는 없다.

⑤ 비대체적 부작위의무를 대상으로 하는 행정대집행명령은 위법하다.

풀이 TIP 대집행에 대한 계고는 항고소송의 대상이 되는 처분이라는 것과 반복적 계고의 경우 1차 계고만 처분이 된다는 판례를 알고 있다면 쉽게 해결되는 문제이다.

정답해설 ① 행정대집행에 있어서 1차 계고에 이어 2차 계고를 행한 경우, 2차 계고는 새로운 행정처분이 아니다(판례). ⇨ 건물의 소유자에게 위법건축물을 일정기간까지 철거할 것을 명함과 아울러 불이행할 때에는 대집행한다는 내용의 철거대집행 계고처분을 고지한 후에 불응하자 다시 제2차, 제3차 계고서를 발송하여 일정기간까지의 자진철거를 촉구하고 불이행하면 대집행한다는 뜻을 고지하였다면 「행정대집행법」상의 건물철거의무는 제1차 철거명령 및 계고처분으로서 발생하였고 제2차, 제3차의 계고처분은 새로운 철거의무를 부과한 것이 아니고 다만 대집행기한의 연기통지에 불과하므로 행정처분이 아니다(대판 1994. 10. 28. 94누5144).

오답해설 ② 「행정대집행법」 제3조 제3항 규정의 내용이다.

③ 「행정대집행법」 제6조 제1항 규정의 내용이다.

④ 공법상의 의무불이행에 대하여 행정대집행의 절차가 인정되는 경우에는 따로 민사소송의 방법으로 공작물의 철거·수거 등을 구할 수는 없다(대판 2000. 5. 12. 99다18909).

⑤ 용도위반부분을 장례식장으로 사용하는 것이 관계법령에 위반한 것이라는 이유로 장례식장의 사용을 중지할 것과 이를 불이행할 경우 「행정대집행법」에 의하여 대집행하겠다는 내용의 대집행계고처분은 '장례식장 사용중지의무'가 '타인이 대신'할 수도 없고, 타인이 대신하여 '행할 수 있는 행위'라고도 할 수 없는 비대체적 부작위의무에 대한 것이므로, 그 자체로 위법함이 명백하다(대판 2005. 9. 28. 2005두7464).

06

행정대집행에 관한 설명으로 옳은 것은? (다툼이 있는 경우에는 판례에 의함)

① 대집행에 있어서 계고는 반드시 문서에 의하여야 하는 것은 아니므로 구두에 의한 계고도 가능하다.

② 행정청이 토지나 건물의 인도의무를 부과한 경우 이는 대체적 작위의무로서 「행정대집행법」상 대집행의 대상이다.

③ 대집행영장에 의한 통지는 준법률행위적 행정행위로서 취소소송의 대상이 될 수 없다.

④ 「행정대집행법」은 대체적 작위의무의 부과처분에 불가쟁력이 발생할 것을 대집행의 요건으로 규정하고 있다.

⑤ 위법건축물에 대한 철거명령 및 계고처분에 불응하여 행한 제2차, 제3차의 계고처분은 대집행 기한의 연기통지에 불과하므로 행정처분이 아니다.

풀이 TIP 대집행에 대한 계고의 법적 효력을 알고 있어야 풀 수 있는 문제이다.

정답해설 ⑤ 건물의 소유자에게 위법건축물을 일정기간까지 철거할 것을 명함과 아울러 불이행할 때에는 대집행한다는 내용의 철거대집행 계고처분을 고지한 후에 불응하자 다시 제2차, 제3차 계고서를 발송하여 일정기간까지의 자진철거를 촉구하고 불이행하면 대집행한다는 뜻을 고지하였다면 「행정대집행법」상의 건물철거의무는 제1차 철거명령 및 계고처분으로서 발생하였고 제2차, 제3차의 계고처분은 새로운 철거의무를 부과한 것이 아니고 다만 대집행기한의 연기통지에 불과하므로 행정처분이 아니다(대판 1994. 10. 28. 94누5144).

오답해설 ① 「행정대집행법」 제3조는 대집행을 하려함에 있어서는 상당한 이행기한을 정하여 그 기한까지 이행되지 아니할 때에는 대집행을 한다는 뜻을 미리 문서로써 계고하여야 한다고 규정하고 있다. 따라서 대집행을 한다는 뜻의 계고는 문서로 하여야 하며 말(구두)로 할 수 없다.
② 토지나 건물의 인도의무는 비대체적 작위의무로서 대집행의 대상이 되지 않는다(판례). ⇨ 피수용자 등이 기업자에 대하여 부담하는 수용대상 토지의 인도의무에서의 '인도'에는 명도도 포함되는 것으로 보아야 하고, 이러한 명도의무는 그것을 강제적으로 실현하면서 직접적인 실력행사가 필요한 것이지 대체적 작위의무라고 볼 수 없으므로 특별한 사정이 없는 한 「행정대집행법」에 의한 대집행의 대상이 될 수 있는 것이 아니다(대판 2005. 8. 19. 2004다2809).
③ 대집행영장의 통지는 준법률행위적 행정행위인 통지행위이며, 독립적인 처분으로서 행정쟁송의 대상이 된다(통설·판례).
④ 「행정대집행법」은 대체적 작위의무의 부과처분에 불가쟁력이 발생할 것을 대집행의 요건으로 규정하고 있지 않다. 대집행의 요건으로는 공법상의 대체적 작위의무 불이행이 있을 것, 다른 수단으로 의무이행을 확보하기 곤란할 것(보충성), 의무불이행을 방치함이 심히 공익을 해하는 것일 것(비례성)이 있다.

07

하
대집행
2021년 제9회

「행정대집행법」상 대집행에 관한 설명으로 옳은 것은? (다툼이 있으면 판례에 따름)

① 철거대집행 계고처분 후 행한 제2차 계고는 대집행기한의 연기통지가 아니라 새로운 철거의무를 부과한 것이다.

② 철거명령과 계고처분은 계고서라는 명칭의 1장의 문서로 이루어질 수 있다.

③ 대집행은 처분청 스스로 하여야 하며, 대집행 권한을 제3자에게 위임·위탁할 수 없다.

④ 후행처분인 대집행영장발부통보처분의 취소소송에서, 선행처분인 계고처분의 위법을 이유로 대집행영장발부통보처분이 위법하다는 주장을 할 수 없다.

⑤ 행정청이 대집행의 방법으로 건물철거의무의 이행을 실현할 수 있는 경우, 건물철거 대집행 과정에서 부수적으로 건물의 점유자들에 대한 퇴거 조치를 할 수 없다.

> **풀이 TIP** 철거명령과 대집행의 계고는 서로 별개의 처분이라는 것을 이해하자.

[정답해설] ② 철거명령과 계고를 결합해서 1장의 문서로 할 수 있는가에 대하여 판례는 이를 인정하고 있다(대판 1992. 6. 12. 91누13564).

[오답해설] ① 제2차 계고와 같이 반복된 계고는 연기통지에 불과할 것이며 새로운 계고에 해당하지 않는다는 것이 판례의 입장이다(대판 2000. 2. 22. 98두4665).

③ 대집행은 행정청이 할 수 있지만(자기집행), 제3자에게 위탁하여 할 수도 있다(타자집행)(「행정대집행법」 제2조).

④ 후행처분인 대집행영장발부통보처분의 취소청구소송에서 선행처분인 계고처분이 위법하다는 이유로 대집행영장발부통보처분도 위법한 것이라는 주장을 할 수 있다(대판 1996. 2. 9. 95누12507).

⑤ 관계 법령상 행정대집행의 절차가 인정되어 행정청이 행정대집행의 방법으로 건물의 철거 등 대체적 작위의무의 이행을 실현할 수 있는 경우에는 따로 민사소송의 방법으로 그 의무의 이행을 구할 수 없다. 한편 건물의 점유자가 철거의무자일 때에는 건물철거의무에 퇴거의무도 포함되어 있는 것이어서 별도로 퇴거를 명하는 집행권원이 필요하지 않다(대판 2017. 4. 28. 2016다213916).

08

중
대집행
2022년 제10회

행정대집행에 관한 설명으로 옳은 것을 모두 고른 것은? (다툼이 있으면 판례에 따름)

> ㉠ 대집행영장에 의한 통지는 취소소송의 대상이 된다.
> ㉡ 「행정대집행법」에서는 대집행에 대해 행정심판을 제기할 수 있음을 규정하고 있다.
> ㉢ 계고처분의 후속절차인 대집행에 위법이 있다고 하더라도, 그와 같은 후속절차에 위법성이 있다는 점을 들어 선행절차인 계고처분이 부적법하다는 사유로 삼을 수는 없다.
> ㉣ 대집행은 대집행의 대상이 되는 의무를 명하는 처분청이 그 주체가 되며 타인에게 위탁할 수 없다.

① ㉠

② ㉡, ㉢

③ ㉠, ㉡, ㉢

④ ㉡, ㉢, ㉣

⑤ ㉠, ㉡, ㉢, ㉣

풀이 TIP 대집행의 절차 전반을 숙지하고 있어야 한다.

정답해설 ㉠ 대집행영장에 의한 통지는 준법률행위적 행정행위로서 항고소송의 대상되는 처분에 해당한다.
㉡ 대집행에 대하여는 행정심판을 제기할 수 있다(「행정대집행법」 제7조).
㉢ 계고처분의 후속절차인 대집행에 위법이 있다고 하더라도, 그와 같은 후속절차에 위법성이 있다는 점을 들어 선행절차인 계고처분이 부적법하다는 사유로 삼을 수는 없다(대판 1997. 2. 14. 96누15428).

오답해설 ㉣ 행정대집행은 의무를 명하는 처분청이 직접 행할 수도 있고 실행을 제3자에게 위탁하여 행할 수도 있다.

09 「행정대집행법」의 내용에 관한 설명으로 옳은 것은?

상
대집행
2023년 제11회

① 의무자가 동의한 경우라도 행정청은 해가 뜨기 전에는 대집행을 착수할 수 없다.
② 해가 지기 전에 대집행을 착수한 경우라도 해가 진 후에는 행정청은 즉시 대집행을 중단해야 한다.
③ 대집행에 대하여는 행정심판을 제기할 수 없다.
④ 대집행에 요한 비용은 「민사집행법」의 예에 의하여 징수하여야 한다.
⑤ 대집행에 요한 비용에 대하여서는 행정청은 사무비의 소속에 따라 국세에 다음가는 순위의 선취득권을 가진다.

풀이 TIP 현행 「행정대집행법」 조문을 알고 있어야 풀 수 있는 문제이다.

정답해설 ⑤ 「행정대집행법」 제6조 제2항

오답해설 ① 의무자가 동의한 경우에는 행정청은 해가 뜨기 전이나 해가 진 후에 대집행이 가능하다 (「행정대집행법」 제4조 제1항 제1호).
② 해가 지기 전에 대집행을 착수한 경우에는 해가 진 후에도 행정청은 대집행이 가능하다(「행정대집행법」 제4조 제1항 제2호).
③ 대집행에 대하여는 행정심판을 제기할 수 있다(「행정대집행법」 제7조).
④ 대집행에 요한 비용은 「국세징수법」의 예에 의하여 징수하여야 한다(「행정대집행법」 제6조 제1항).

Answer⁺ 7. ② 8. ③ 9. ⑤

10

이행강제금(집행벌)
2016년 제4회

이행강제금에 관한 설명으로 옳은 것은? (다툼이 있으면 판례에 따름)

① 이행강제금은 그에 관한 법적 근거가 없더라도 부과할 수 있다.

② 이행강제금에 관한 일반법으로는 「건축법」이 있다.

③ 「건축법」상 이행강제금은 반복하여 부과할 수 없다.

④ 이행강제금과 행정벌의 병과는 허용된다.

⑤ 이행강제금은 대체적 작위의무 위반에 대해서는 부과될 수 없다.

> **풀이 TIP** 이행강제금(집행벌)은 이후에도 출제가 예상된다.

> **정답해설** ④ 이행강제금(집행벌)은 과거의 의무위반에 대한 제재로서의 처벌이 아니고 장래 의무이행을 확보하기 위한 강제집행의 수단이므로 행정벌(과태료나 형벌)과는 목적과 성질이 다르므로 양자를 병과할 수 있다(판례).

> **오답해설** ① 이행강제금은 강제적으로 금전납부의무를 부과하는 것이므로 그에 관한 법적 근거가 있어야만 부과할 수 있다.
> ② 이행강제금에 관한 일반법은 없으며, 「건축법」 등 개별법들만 있다.
> ③ 「건축법」상 이행강제금은 최초의 시정명령이 있었던 날을 기준으로 하여 1년에 2회의 범위 내에서 그 시정명령이 이행될 때까지 반복하여 부과·징수할 수 있다(「건축법」 제80조 제5항).
> ⑤ 전통적으로 행정대집행은 대체적 작위의무에 대한 강제집행수단으로, 이행강제금은 부작위의무나 비대체적 작위의무에 대한 강제집행수단으로 이해되어 왔으나, 이는 이행강제금제도의 본질에서 오는 제약은 아니며, 이행강제금은 대체적 작위의무의 위반에 대하여도 부과될 수 있다. 현행 「건축법」상 위법건축물에 대한 이행강제수단으로 대집행과 이행강제금(제83조 제1항)이 인정되고 있는데, 양 제도는 각각의 장·단점이 있으므로 행정청은 개별사건에 있어서 위반내용, 위반자의 시정의지 등을 감안하여 대집행과 이행강제금을 선택적으로 활용할 수 있으며, 합리적인 재량에 의해 선택하여 활용하는 이상 중첩적인 제재에 해당한다고 볼 수 없다(헌재 2004. 2. 26. 2001헌바80).

11

하
의무이행확보수단
전반적 내용
2021년 제9회

행정의 실효성 확보수단에 관한 설명으로 옳은 것은? (다툼이 있으면 판례에 따름)

① 「건축법」상 이행강제금 부과처분은 항고소송으로 다툴 수는 없다.

② 이행강제금은 대체적 작위의무의 위반에 대하여 부과될 수 없다.

③ 「건축법」상 이행강제금의 납부의무는 상속인에게 승계될 수 없는 일신전속적인 성질의 것이다.

④ 대집행에 요한 비용은 「국세징수법」의 예에 의하여 징수할 수 없다.

⑤ 병무청장이 병역법에 따라 병역의무 기피자의 인적사항을 인터넷 홈페이지에 공개하는 결정은 항고소송의 대상이 되는 행정처분이 아니다.

> **풀이 TIP** 대집행, 이행강제금 명단공표 중에서 중요한 내용 위주로 출제하였다. 의무이행확보수단에서 중요한 내용을 중심으로 정리하여야 한다.

정답해설 ③ 구 「건축법」상의 이행강제금 납부의무는 상속인 기타의 사람에게 승계될 수 없는 일신전속적인 성질의 것이므로 이미 사망한 사람에게 이행강제금을 부과하는 내용의 처분이나 결정은 당연무효이고, 이행강제금을 부과받은 사람의 이의에 의하여 비송사건절차법에 의한 재판절차가 개시된 후에 그 이의한 사람이 사망한 때에는 사건 자체가 목적을 잃고 절차가 종료한다(대판 2006. 12. 8. 2006마470).

오답해설 ① 「건축법」상 이행강제금은 특별한 불복절차를 규정하고 있지 않으므로 항고소송으로 다툴 수 있다.

② 「건축법」상 이행강제금이 부과되면서 대체적 작위의무 위반에 대하여도 이행강제금을 부과할 수 있게 되었다.

④ 대집행에 요한 비용은 「국세징수법」의 예에 의하여 징수할 수 있다(「행정대집행법」 제6조 제1항).

⑤ 병무청장이 「병역법」에 따라 병역의무 기피자의 인적사항 등을 인터넷 홈페이지에 게시한 것이 항고소송의 대상인 행정처분에 해당한다(대판 2019. 6. 27. 2018두49130).

12 행정상 강제징수에 관한 설명으로 옳지 않은 것은? (다툼이 있으면 판례에 따름)

강제징수
2018년 제6회

① 체납자는 공매처분취소소송에서 다른 권리자에 대한 공매통지의 하자를 이유로 공매처분의 취소를 구할 수 있다.

② 한국자산관리공사가 압류재산을 인터넷을 통하여 재공매하기로 한 결정은 항고소송의 대상이 될 수 없다.

③ 압류처분과 공매처분 간에는 하자가 승계된다.

④ 압류처분 후 과세처분의 근거법률이 위헌으로 결정된 경우에 체납자의 압류해제신청을 거부한 행정청의 행위는 위법하다.

⑤ 세무서장이 독촉 또는 납부최고를 하면 국세징수권의 소멸시효는 중단된다.

풀이 TIP 행정상 강제징수 관련 주요 판례의 내용을 기억하여야 한다.

정답해설 ① 체납자는 공매처분취소소송에서 다른 권리자에 대한 공매통지의 하자를 이유로 공매처분의 취소를 구할 수 없다(대판 2008. 11. 20. 2007두18154).

오답해설 ② 한국자산공사가 당해 부동산을 인터넷을 통하여 재공매(입찰)하기로 한 결정 자체는 내부적인 의사결정에 불과하여 항고소송의 대상이 되는 행정처분이라고 볼 수 없고, 또한 한국자산공사가 한 공매통지는 공매의 요건이 아니라 공매사실 자체를 체납자에게 알려주는 데 불과한 것으로서, 통지의 상대방의 법적 지위나 권리 · 의무에 직접 영향을 주는 것이 아니라고 할 것이므로 이것 역시 행정처분에 해당한다고 할 수 없다(대판 2007. 7. 27. 2006두8464).

③ 대집행절차상의 행위들(계고 − 통지 − 실행 − 비용부과 및 징수) 사이와 강제징수절차상의 행위들(독촉 및 가산금부과 − 압류 − 매각 − 청산) 사이는 하자의 승계가 인정된다. 따라서 압류처분과 공매처분 간에는 하자가 승계된다(대판 2011. 3. 24. 2010두25527).

④ 압류처분 후 과세처분의 근거법률이 위헌으로 결정된 경우에 체납자의 압류해제신청을 거부한 행정청의 행위는 위법하다(대판 2002. 8. 23. 2001두2959).

⑤ 납부고지, 독촉, 교부청구, 압류의 사유로 소멸시효가 중단된다(「국세기본법」 제28조 제1항).

Answer ⁺ 10. ④ 11. ③ 12. ①

13

행정조사
2015년 제3회

행정조사에 관한 설명으로 옳지 않은 것은? (다툼이 있으면 판례에 따름)

① 행정기관의 장은 법령 등에서 규정하고 있는 조사사항을 조사대상자로 하여금 스스로 신고하도록 하는 제도를 운영할 수 있다.

② 행정조사는 법령 등의 위반에 대한 처벌보다는 법령 등을 준수하도록 유도하는 데 중점을 두어야 한다.

③ 행정기관은 유사하거나 동일한 사안에 대하여는 공동조사 등을 실시함으로써 행정조사가 중복되지 아니하도록 하여야 한다.

④ 조사대상자의 자발적인 협조를 얻어 행정조사를 실시하고자 하는 경우 조사대상자는 당해 행정조사를 거부할 수 있다.

⑤ 세무조사결정은 납세의무자의 권리·의무에 직접 영향을 미치는 공권력의 행사에 따른 행정작용이 아니므로 항고소송의 대상이 될 수 없다.

> **풀이 TIP** 「행정조사기본법」의 규정내용을 알고 있어야 풀 수 있는 문제이다.

정답해설 ⑤ 부과처분을 위한 과세관청의 질문조사권이 행해지는 세무조사결정이 있는 경우 납세의무자는 세무공무원의 과세자료 수집을 위한 질문에 대답하고 검사를 수인하여야 할 법적 의무를 부담하게 되는 점 등을 종합하면, 세무조사결정은 납세의무자의 권리·의무에 직접 영향을 미치는 공권력의 행사에 따른 행정작용으로서 항고소송의 대상이 된다(대판 2011. 3. 10. 2009두23617).

오답해설 ① 「행정조사기본법」 제25조 제1항
② 「행정조사기본법」 제4조 제4항
③ 「행정조사기본법」 제4조 제3항
④ 「행정조사기본법」 제20조 제1항

02 행정벌

14

상
행정질서벌
2016년 제4회

「질서위반행위규제법」상 과태료에 관한 설명으로 옳은 것은? (다툼이 있으면 판례에 따름)

① 과태료 부과에 대해서는 항고소송으로 다툴 수 있다.
② 과태료는 행정벌에 해당하므로 이에는 소멸시효가 인정되지 않는다.
③ 하나의 행위가 둘 이상의 질서위반행위에 해당하는 경우에는 각 질서위반행위에 대하여 정한 과태료를 모두 합산하여 부과한다.
④ 과태료의 부과대상인 질서위반행위에 대해 책임주의 원칙이 적용되고 있다.
⑤ 과태료의 부과·징수 등의 절차에 관해 「질서위반행위규제법」과 저촉되는 다른 법률의 규정이 있다면 「질서위반행위규제법」보다 그 법률의 규정이 우선 적용된다.

풀이 TIP 「질서위반행위규제법」의 조문을 숙지하자.

정답해설 ④ 「질서위반행위규제법」 제7조는 "고의 또는 과실이 없는 질서위반행위는 과태료를 부과하지 아니한다."고 규정하고 있다. 따라서 질서위반행위자에게 책임(고의 또는 과실)이 있어야만 과태료를 부과할 수 있으므로 과태료의 부과대상인 질서위반행위에 대해 책임주의 원칙이 적용되고 있다.

오답해설 ① 행정청의 과태료부과처분은 상대방의 이의제기가 있으면 그 효력이 상실되고 별도의 재판 절차에 의하도록 되어 있으므로 행정소송의 대상이 되는 처분이 아니다(대판 1995. 7. 28. 95누2623).
② 과태료는 행정청의 과태료 부과처분이나 법원의 과태료 재판이 확정된 후 5년간 징수하지 아니하거나 집행하지 아니하면 시효로 인하여 소멸한다(「질서위반행위규제법」 제15조).
③ 하나의 행위가 2 이상의 질서위반행위에 해당하는 경우에는 각 질서위반행위에 대하여 정한 과태료 중 가장 중한 과태료를 부과한다(「질서위반행위규제법」 제13조 제1항).
⑤ 과태료의 부과·징수, 재판 및 집행 등의 절차에 관한 다른 법률의 규정 중 이 법의 규정에 저촉되는 것은 「질서위반행위규제법」으로 정하는 바에 따른다(「질서위반행위규제법」 제5조).

Answer⁺ 13. ⑤   14. ④

15

상
행정벌
2014년 제2회

행정벌에 관한 설명으로 옳은 것은? (다툼이 있는 경우에는 판례에 의함)

① 명문의 규정이 있는 경우뿐만 아니라 관련 행정형벌 법규의 해석에 의하여 과실행위도 처벌한다는 뜻이 도출되는 경우에는 과실행위에 대해서 행정형벌을 부과할 수 있다.

② 양벌규정에 의한 영업주의 처벌은 금지위반행위자인 종업원의 처벌을 전제로 하는 것이므로 종업원이 무죄인 경우에는 영업주를 처벌할 수 없다.

③ 「도로교통법」상 경찰서장의 통고처분에 대해서는 행정소송을 통하여 불복할 수 있다.

④ 과태료는 행정벌의 일종이므로 그 과벌절차에는 「형사소송법」이 적용된다.

⑤ 과실에 의한 질서위반행위에 대해서는 과태료를 부과할 수 없다.

풀이 TIP 행정형벌은 과실범 처벌의 명문의 규정이 없더라도 해석상 과실범도 처벌하는 취지가 명백하다면 처벌 가능하다.

정답해설 ① 행정형벌에 있어서는 과실범은 「형법」과 달리 명문의 규정이 있는 경우뿐만 아니라 해석상 과실범을 처벌하려는 취지가 명확한 경우에는 처벌할 수 있다(판례). ⇨ 행정상의 단속을 주안으로 하는 법규라 하더라도 '명문규정이 있거나 해석상 과실범도 벌할 뜻이 명확한 경우'를 제외하고는 「형법」의 원칙에 따라 '고의'가 있어야 벌할 수 있다(대판 2010. 2. 11. 2009도9807).

오답해설 ② 양벌규정에 의한 영업주의 처벌은 금지위반행위자인 종업원의 처벌에 종속하는 것이 아니라 독립하여 그 자신의 종업원에 대한 선임감독상의 과실로 인하여 처벌되는 것이므로 종업원의 범죄성립이나 처벌이 영업주 처벌의 전제조건이 될 필요는 없다(대판 1987. 11. 10. 87도1213, 대판 2006. 2. 24. 2005도7673).

③ 「도로교통법」에서 규정하는 경찰서장의 통고처분은 행정소송의 대상이 되는 행정처분이 아니므로 그 처분의 취소를 구하는 소송은 부적법하고, 「도로교통법」상의 통고처분을 받은 자가 그 처분에 대하여 이의가 있는 경우에는 통고처분에 따른 범칙금의 납부를 이행하지 아니함으로써 경찰서장의 즉결심판청구에 의하여 법원의 심판을 받을 수 있게 될 뿐이다(대판 1995. 6. 29. 95누4674).

④ 과태료는 행정벌의 일종이지만 형벌에 해당하는 것이 아니므로 그 과벌절차에는 「형사소송법」이 아니라 「질서위반행위규제법」이 적용된다.

⑤ 고의 또는 과실이 없는 질서위반행위에 대해서는 과태료를 부과하지 아니한다(「질서위반행위규제법」 제7조). 따라서 질서위반행위에 과실이 있으면 과태료를 부과할 수 있다.

16 「질서위반행위규제법」의 내용에 관한 설명으로 옳지 않은 것은?

행정질서벌
2013년 제1회

① 신분에 의하여 성립하는 '질서위반행위'에 신분이 없는 자가 가담한 경우 신분이 없는 자에 대하여는 '질서위반행위'가 성립하지 아니한다.

② 과태료는 행정청의 과태료 부과처분이나 법원의 과태료 재판이 확정된 후 5년간 징수하지 아니하거나 집행하지 아니하면 시효로 인하여 소멸한다.

③ 고의 또는 과실이 없는 '질서위반행위'는 과태료를 부과하지 아니한다.

④ 「질서위반행위규제법」 시행령으로 정하는 법률에 따른 징계사유에 해당하여 과태료를 부과하는 행위는 '질서위반행위'에 해당하지 않는다.

⑤ 당사자와 검사는 과태료 재판에 대하여 즉시항고를 할 수 있으며, 이 경우 즉시항고는 집행정지의 효력이 있다.

풀이 TIP 신분이 없는 자도 과태료를 부과한다.

정답해설 ① 신분에 의하여 성립하는 질서위반행위에 신분이 없는 자가 가담한 때에는 신분이 없는 자에 대하여도 질서위반행위가 성립한다(「질서위반행위규제법」 제12조 제2항).

오답해설 ② 「질서위반행위규제법」 제15조 제1항

③ 「질서위반행위규제법」 제7조

④ 「질서위반행위규제법」 제2조 제1호

⑤ 「질서위반행위규제법」 제38조 제1항

17

하
행정질서벌
2024년 제12회

「질서위반행위규제법」의 내용으로 옳지 않은 것은?

① 과태료 재판은 검사의 명령으로써 집행한다.

② 신분에 의하여 성립하는 질서위반행위에 신분이 없는 자가 가담한 때에는 신분이 없는 자에 대하여는 질서위반행위가 성립하지 아니한다.

③ 질서위반행위 후 법률이 변경되어 그 행위가 질서위반행위에 해당하지 아니하게 된 때에는 법률에 특별한 규정이 없는 한 변경된 법률을 적용한다.

④ 「질서위반행위규제법」은 대한민국 영역 밖에서 질서위반행위를 한 대한민국의 국민에게 적용한다.

⑤ 하나의 행위가 2 이상의 질서위반행위에 해당하는 경우에는 각 질서위반행위에 대하여 정한 과태료 중 가장 중한 과태료를 부과한다.

> **풀이 TIP** 신분이 없는 자도 과태료를 부과한다.

> **정답해설** ② 신분에 의하여 성립하는 질서위반행위에 신분이 없는 자가 가담한 때에는 신분이 없는 자에 대하여도 질서위반행위가 성립한다(「질서위반행위규제법」 제12조 제2항).

> **오답해설** ① 「질서위반행위규제법」 제42조 제1항
> ③ 「질서위반행위규제법」 제3조 제2항
> ④ 「질서위반행위규제법」 제4조 제2항
> ⑤ 「질서위반행위규제법」 제13조 제1항

18

하
행정벌
2020년 제8회

「질서위반행위규제법」의 내용으로 옳지 않은 것은?

① 행정청이 부과한 과태료는 부과처분이 확정된 후 5년간 징수하지 아니하면 시효로 인하여 소멸한다.

② 질서위반행위의 성립과 과태료 처분은 처분 시의 법률에 따른다.

③ 고의 또는 과실이 없는 질서위반행위는 과태료를 부과하지 않는다.

④ 2인 이상이 질서위반행위에 가담한 때에는 각자가 질서위반행위를 한 것으로 본다.

⑤ 행정청의 과태료 부과에 대해 당사자의 이의제기가 있는 경우에는 행정청의 과태료 부과처분은 효력을 상실한다.

> **풀이 TIP** 「질서위반행위규제법」의 내용을 조문으로 정리하자.

정답해설 ② 질서위반행위의 성립과 과태료 처분은 행위 시의 법률에 따른다(「질서위반행위규제법」 제3조).

오답해설 ① 과태료는 행정청의 과태료부과처분이나 법원의 과태료 재판이 확정된 후 5년간 징수하지 아니하거나 집행하지 아니하면 시효로 인하여 소멸한다(「질서위반행위규제법」 제15조 제1항).
③ 고의 또는 과실이 없는 질서위반행위는 과태료를 부과하지 아니한다(「질서위반행위규제법」 제7조).
④ 2인 이상이 질서위반행위에 가담한 때에는 각자가 질서위반행위를 한 것으로 본다(「질서위반행위규제법」 제12조 제1항).
⑤ 행정청의 과태료부과에 불복하는 당사자는 과태료부과통지를 받은 날부터 60일 이내에 해당 행정청에 서면으로 이의제기를 할 수 있다. 이의제기가 있는 경우에는 행정청의 과태료부과처분은 그 효력을 상실한다(「질서위반행위규제법」 제20조 제1항·2항).

19

하
행정질서벌
2019년 제7회

행정질서벌에 관한 설명으로 옳지 않은 것은?

① 행정청이 질서위반행위에 대하여 과태료를 부과하고자 하는 때에는 당사자에게 사전통지하고, 의견을 제출할 기회를 주어야 한다.
② 질서위반행위의 성립과 과태료 처분은 행위 시의 법률에 따른다.
③ 고의 또는 과실이 없는 질서위반행위는 과태료를 부과하지 아니한다.
④ 행정청의 과태료부과행위는 「행정소송법」상 항고소송의 대상이 된다.
⑤ 법률에 따르지 아니하고는 어떤 행위도 질서위반행위로 과태료를 부과하지 아니한다.

풀이 TIP 과태료재판은 별도로 인정된다.

정답해설 ④ 과태료부과처분은 행정청을 피고로 하는 행정소송의 대상이 되는 행정처분이라고 볼 수 없다(대판 2012. 10. 11. 2011두19369).

오답해설 ① 행정청이 질서위반행위에 대하여 과태료를 부과하고자 하는 때에는 미리 당사자(고용주 등을 포함)에게 대통령령으로 정하는 사항을 통지하고, 10일 이상의 기간을 정하여 의견을 제출할 기회를 주어야 한다. 이 경우 지정된 기일까지 의견제출이 없는 경우에는 의견이 없는 것으로 본다(「질서위반행위규제법」 제16조 제1항).
② 질서위반행위의 성립과 과태료 처분은 행위 시의 법률에 따른다(「질서위반행위규제법」 제3조 제1항).
③ 「질서위반행위규제법」 제7조
⑤ 「질서위반행위규제법」 제6조

Answer · 17. ② 18. ② 19. ④

20

행정질서벌
2023년 제11회

「질서위반행위규제법」의 내용에 관한 설명으로 옳지 않은 것은?

① 다른 법률에 특별한 규정이 없는 한 14세가 되지 아니한 자의 질서위반행위에 대해서도 과태료를 부과한다.

② 고의 또는 과실이 없는 질서위반행위는 과태료를 부과하지 아니한다.

③ 법률에 따르지 아니하고는 어떤 행위도 질서위반행위로 과태료를 부과하지 아니한다.

④ 대한민국 영역 밖에 있는 대한민국 선박 또는 항공기 안에서 질서위반행위를 한 외국인에게도 적용한다.

⑤ 대한민국 영역 밖에서 질서위반행위를 한 대한민국의 국민에게도 적용한다.

풀이 TIP 현행 「질서위반행위규제법」상 과태료부과의 요건을 암기하고 있어야 한다.

정답해설 ① 14세가 되지 아니한 자의 질서위반행위는 과태료를 부과하지 아니한다. 다만, 다른 법률에 특별한 규정이 있는 경우에는 그러하지 아니하다(「질서위반행위규제법」 제9조).

오답해설 ② 「질서위반행위규제법」 제7조
③ 「질서위반행위규제법」 제6조
④ 「질서위반행위규제법」 제4조 제3항
⑤ 「질서위반행위규제법」 제4조 제2항

21

행정강제, 행정벌
2018년 제6회

행정의 실효성 확보수단에 관한 설명으로 옳은 것을 모두 고른 것은? (다툼이 있으면 판례에 따름)

ⓒ 이행강제금부과처분의 상대방이 사망하면 미납된 이행강제금의 납부의무는 상속인에게 승계된다.

ⓒ 권원 없이 국유재산에 설치된 시설물에 대하여 대집행을 실시할 수 있는 경우 행정청은 민사소송의 방법으로 그 시설물의 철거를 구할 수 없다.

ⓒ 「건축법」상 시정명령이 없으면 이행강제금을 부과할 수 없다.

ⓒ 「질서위반행위규제법」상 과태료는 고의 또는 과실이 없는 질서위반행위에 대해서도 부과될 수 있다.

---

① ㉠, ㉡   ② ㉠, ㉢   ③ ㉠, ㉣
④ ㉡, ㉢   ⑤ ㉢, ㉣

풀이 TIP 의무이행확보수단에 대해 전반을 묻는 문제이다. 핵심적 사항을 숙지하자.

정답해설 ○ 권원 없이 국유재산에 설치된 시설물에 대하여 대집행을 실시할 수 있는 경우 행정청은 민사소송의 방법으로 그 시설물의 철거를 구할 수 없다(대판 2009. 6. 11. 2009다122).
© 「건축법」상 시정명령이 없으면 이행강제금을 부과할 수 없다(「건축법」 제80조).

오답해설 ○ 이행강제금부과처분의 상대방이 사망하면 미납된 이행강제금의 납부의무는 상속인에게 승계되지 않는다(대결 2006. 12. 8. 2006마470).
② 「질서위반행위규제법」상 과태료는 고의 또는 과실이 없는 질서위반행위에 대해서는 부과될 수 없다(「질서위반행위규제법」 제7조).

22

중
행정강제, 행정벌
2017년 제5회

행정의 실효성 확보수단에 관한 설명으로 옳은 것을 모두 고른 것은? (다툼이 있으면 판례에 따름)

> ㉠ 이행강제금과 행정벌의 병과는 허용된다.
> ㉡ 직접강제는 일반적으로 목전에 급박한 행정상 장해를 제거할 필요가 있는 경우에 미리 의무를 명할 시간적 여유가 없는 경우에 사용하는 수단이다.
> ㉢ 「질서위반행위규제법」상 질서위반행위의 성립과 과태료 처분은 처분 시의 법률에 따른다.
> ㉣ 「도로교통법」상 경찰서장의 통고처분은 행정소송의 대상이 되는 처분이 아니다.

① ㉠, ㉡   ② ㉠, ㉣   ③ ㉡, ㉢
④ ㉡, ㉣   ⑤ ㉢, ㉣

풀이 TIP 의무이행확보수단에 대해 전반을 묻는 문제이다. 핵심적 사항을 숙지하자.

정답해설 ㉠ 이행강제금과 행정벌의 병과는 허용된다(판례). ⇨ 개발제한구역 내의 건축물에 대하여 허가를 받지 않고 한 용도변경행위에 대한 형사처벌과 「건축법」 제83조 제1항에 의한 시정명령 위반에 대한 이행강제금의 부과는 그 처벌 내지 제재대상이 되는 기본적 사실관계로서의 행위를 달리하며, 또한 그 보호법익과 목적에서도 차이가 있으므로 이중처벌에 해당한다고 할 수 없다(대판 2005. 8. 19. 2005마30).
㉣ 「도로교통법」상 경찰서장의 통고처분은 행정소송의 대상이 되는 처분이 아니다(판례). ⇨ 「도로교통법」에서 규정하는 경찰서장의 통고처분은 행정소송의 대상이 되는 행정처분이 아니므로 그 처분의 취소를 구하는 소송은 부적법하고, 「도로교통법」상의 통고처분을 받은 자가 그 처분에 대하여 이의가 있는 경우에는 통고처분에 따른 범칙금의 납부를 이행하지 아니함으로써 경찰서장의 즉결심판청구에 의하여 법원의 심판을 받을 수 있게 될 뿐이다(대판 1995. 6. 29. 95누4674).

오답해설 ㉡ 일반적으로 목전에 급박한 행정상 장해를 제거할 필요가 있는 경우에 미리 의무를 명할 시간적 여유가 없는 경우에 사용하는 수단은 즉시강제(직접강제 ×)이다.
㉢ 질서위반행위의 성립과 과태료 처분은 행위 시(처분 시 ×)의 법률에 따른다(「질서위반행위규제법」 제3조 제1항).

Answer 20. ① 21. ④ 22. ②

03 새로운 의무이행확보수단

23

상
행정강제,
새로운 의무이행
확보수단
2014년 제2회

행정의 실효성 확보수단에 관한 설명으로 옳지 않은 것은? (다툼이 있는 경우에는 판례에 의함)

① 건축물 철거와 같은 대체적 작위의무의 위반이 있는 경우 행정청은 대집행과 이행강제금을 선택적으로 활용할 수 있다.

② 과징금은 행정상 의무위반에 대한 제재이므로 과징금부과처분에는 「행정절차법」이 적용되지 않는다.

③ 대집행에 있어 1차 계고처분 후에 동일한 내용으로 2차 계고처분을 한 경우, 2차 계고처분은 항고소송의 대상이 되는 행정처분이 아니다.

④ 불법건축물에 대하여 철거명령과 계고처분을 계고서라는 1장의 문서로써 동시에 행한 경우에도 「건축법」에 의한 철거명령과 「행정대집행법」에 의한 계고처분은 독립하여 존재하는 것으로 각각 그 요건을 충족한다.

⑤ 도시공원시설인 매점에 대해 점유자의 점유를 배제하고 그 점유를 이전받는 것은 대집행의 대상이 아니다.

풀이 TIP 의무이행확보수단에 대해 전반을 묻는 문제이다. 핵심적 사항을 숙지하자.

정답해설 ② 과징금부과처분에도 「행정절차법」이 적용된다(판례). ⇨ 「행정절차법」 제3조 제2항, 동법 시행령 제2조 제6호에 의하면 공정거래위원회의 의결·결정을 거쳐 행하는 사항에는 「행정절차법」의 적용을 제외하게 되어 있으므로, 설사 공정거래위원회의 시정조치 및 과징금납부명령에 「행정절차법」 소정의 의견청취절차 생략사유가 존재한다고 하더라도, 공정거래위원회는 「행정절차법」을 적용하여 의견청취절차를 생략할 수는 없다(대판 2001. 5. 8. 2000두10212).

오답해설 ① 현행 「건축법」상 위법건축물에 대한 이행강제수단으로 대집행과 이행강제금(제83조 제1항)이 인정되고 있는데, 양 제도는 각각의 장단점이 있으므로 행정청은 개별사건에 있어서 위반내용, 위반자의 시정의지 등을 감안하여 대집행과 이행강제금을 선택적으로 활용할 수 있으며, 합리적인 재량에 의해 선택하여 활용하는 이상 중첩적인 제재에 해당한다고 볼 수 없다(헌재 2004. 2. 26. 2001헌바80).
③ 건물의 소유자에게 위법건축물을 일정기간까지 철거할 것을 명함과 아울러 불이행할 때에는 대집행한다는 내용의 철거대집행 계고처분을 고지한 후에 불응하자 다시 제2차, 제3차 계고서를 발송하여 일정기간까지의 자진철거를 촉구하고 불이행하면 대집행한다는 뜻을 고지하였다면 「행정대집행법」상의 건물철거의무는 제1차 철거명령 및 계고처분으로서 발생하였고 제2차, 제3차의 계고처분은 새로운 철거의무를 부과한 것이 아니고 다만 대집행기한의 연기통지에 불과하므로 행정처분이 아니다(대판 1994. 10. 28. 94누5144).

④ 계고서라는 명칭의 1장의 문서로써 일정기간 내에 위법건축물의 자진철거를 명함과 동시에 그 소정 기한 내에 자진철거를 하지 아니할 때에는 대집행할 뜻을 미리 계고한 경우라도 위 「건축법」에 의한 철 거명령과 「행정대집행법」에 의한 계고처분은 독립하여 있는 것으로서 각 그 요건이 충족되었다고 볼 것 이고, 이 경우 철거명령에서 주어진 일정기간이 자진철거에 필요한 상당한 기간이라면 그 기간 속에는 계고 시에 필요한 '상당한 이행기간'도 포함되어 있다고 보아야 할 것이다(대판 1992. 6. 12. 91누13564).
⑤ 도시공원시설인 매점의 관리청이 그 공동점유자 중의 1인에 대하여 소정의 기간 내에 위 매점으로부 터 퇴거하고 이에 부수하여 그 판매시설물 및 상품을 반출하지 아니할 때에는 이를 대집행하겠다는 내용 의 계고처분은 그 주된 목적이 매점의 원형을 보존하기 위하여 점유자가 설치한 불법시설물을 철거하고 자 하는 것이 아니라, 매점에 대한 점유자의 점유를 배제하고 그 점유이전을 받는 데 있다고 할 것인데, 이러한 의무는 그것을 강제적으로 실현함에 있어 직접적인 실력행사가 필요한 것이지 대체적 작위의무 에 해당하는 것은 아니어서 직접강제의 방법에 의하는 것은 별론으로 하고 「행정대집행법」에 의한 대집 행의 대상이 되는 것은 아니다(대판 1998. 10. 23. 97누157).

24
과징금
2022년 제10회

과징금에 관한 설명으로 옳지 않은 것은? (다툼이 있으면 판례에 따름)

① 행정법규 위반에 대해 벌금 이외에 과징금을 부과하는 것은 이중처벌금지의 원칙에 반하지 않는다.

② 제재적 행정처분으로서의 과징금은 현실적인 행위자가 아닌 법령상 책임자에 게 부과할 수 있다.

③ 제재적 행정처분으로서의 과징금은 원칙적으로 위반자의 고의 또는 과실을 요한다.

④ 과징금은 국가의 형벌권을 실행하는 과벌이 아니다.

⑤ 법령으로 정한 '과징금을 부과하는 위반행위와 과징금의 금액'에 열거되지 않 은 위반행위에 대해 사업정지처분을 갈음하여 과징금을 부과할 수 없다.

풀이 TIP 과징금은 형사처벌이 아니다.

정답해설 ③ 과징금은 형사처벌이 아니므로 위반행위에 대한 고의 또는 과실을 요하지 않는다.

오답해설 ①, ④ 과징금은 형사처벌이 아니므로 행정법규 위반에 대해 벌금 이외에 과징금을 부과한다고 해서 이중처벌금지의 원칙에 위반된다고 할 수 없다.
⑤ 대판 2020. 5. 28. 2017두73693

행정구제법

국가배상, 손실보상, 「공익사업을 위한 토지등의 취득 및 보상에 관한 법률」, 행정심판, 「행정소송법」이 출제된다. 행정심판은 「행정심판법」의 조문을 출제하고 있고 「행정소송법」은 항고소송의 소송요건과 가구제, 판결의 효력에 출제가 집중된다. 항고소송과 당사자소송을 구별하는 문제의 출제가 유력하므로 준비해야 한다.

01 행정상 손해전보제도

행정상 손해배상
2018년 제6회

「국가배상법」 제2조에 관한 설명으로 옳지 않은 것은? (다툼이 있으면 판례에 따름)

① 공무원의 직무행위에는 입법작용이 포함된다.

② 헌법재판소 재판관이 청구기간 내에 제기된 헌법소원심판청구 사건에서 청구기간을 오인하여 각하결정을 한 경우 국가배상책임이 성립한다.

③ 중과실에 의한 직무상 불법행위가 있는 경우 가해 공무원의 배상책임이 인정된다.

④ 부작위에 의한 국가배상책임의 성립요건인 직무상 작위의무는 조리에 의해서도 성립할 수 있다.

⑤ 국가공무원이 자신의 승용차를 운전하여 공무수행 중 사람을 치어 사망케 했다면 국가는 「자동차손해배상 보장법」상 운행자로서 배상책임을 진다.

풀이 TIP 「국가배상법」 조문의 내용과 관련 판례의 내용을 기억하여야 한다.

정답해설 ⑤ 자동차의 운행으로 말미암아 다른 사람을 사망하게 하거나 부상하게 함으로써 발생한 손해에 대한 공무원의 손해배상책임의 내용과 범위는 이와는 달리 「자동차손해배상 보장법」이 정하는 바에 의할 것이므로, 공무원이 직무상 자동차를 운전하다가 사고를 일으켜 다른 사람에게 손해를 입힌 경우에는 그 사고가 자동차를 운전한 공무원의 경과실에 의한 것인지 중과실 또는 고의에 의한 것인지를 가리지 않고, 그 공무원이 「자동차손해배상 보장법」 제3조 소정의 '자기를 위하여 자동차를 운행하는 자'에 해당하는 한 「자동차손해배상 보장법」상의 손해배상책임을 부담한다(대판 1996. 3. 8. 94다23876).

오답해설 ① 공무원의 직무행위에는 입법작용이 포함된다(대판 1997. 6. 13. 96다56115).

② 헌법재판소 재판관이 청구기간 내에 제기된 헌법소원심판청구 사건에서 청구기간을 오인하여 각하결정을 한 경우 국가배상책임이 성립한다(대판 2003. 7. 11. 99다24218).

③ 중과실에 의한 직무상 불법행위가 있는 경우 가해 공무원의 배상책임이 인정된다(대판 1996. 2. 15. 95다38677 전합).

④ 부작위에 의한 국가배상책임의 성립요건인 직무상 작위의무는 법령, 법률행위, 선행행위로 인한 경우는 물론, 신의성실의 원칙이나 사회상규 혹은 조리상 작위의무가 기대되는 경우에도 인정된다(대판 2015. 11. 12. 2015도6809).

02

국가배상제도에 관한 설명으로 옳지 않은 것은? (다툼이 있는 경우에는 판례에 의함)

① 「국가배상법」상 공무원에는 신분상 공무원 외에 널리 공무를 위탁받아 실질적으로 공무에 종사하는 모든 자가 포함된다.

② 국회의 입법작용도 「국가배상법」상 직무행위에 포함된다.

③ 국가배상의 대상이 되는 손해는 적극적 손해인지 소극적 손해인지를 불문하나, 적어도 재산상의 손해이어야 하며 정신적 손해는 포함되지 않는다.

④ 「국가배상법」상 공공의 영조물에는 행정주체가 적법한 권원에 기하여 관리하고 있는 공물뿐 아니라 사실상 관리를 하고 있는 것도 포함된다.

⑤ 영조물의 설치·관리자와 비용부담자가 상이한 경우 비용부담자가 부담하는 책임은 「국가배상법」이 정한 자신의 고유한 배상책임이다.

풀이 TIP 「국가배상법」의 내용과 관련 판례는 출제가 빈번한 영역이므로 꼼꼼히 공부하여야 한다.

[정답해설] ③ 국가배상의 대상이 되는 손해는 위법한 국가작용으로 인해 발생한 손해이면 충분하고 적극적 손해인지 소극적 손해인지를 불문하며, 재산상의 손해인지 정신적 손해인지도 불문한다.

[오답해설] ① 「국가배상법」 제2조 소정의 '공무원'이라 함은 「국가공무원법」이나 「지방공무원법」에 의하여 공무원으로서의 신분을 가진 자에 국한하지 않고, 널리 공무를 위탁받아 실질적으로 공무에 종사하고 있는 일체의 자를 가리키는 것으로서, 공무의 위탁이 일시적이고 한정적인 사항에 관한 활동을 위한 것이어도 달리 볼 것은 아니다(대판 2001. 1. 5. 98다39060).

② 「국가배상법」이 정한 손해배상청구의 요건인 '공무원의 직무'에는 국가나 지방자치단체의 권력적 작용뿐만 아니라 행정지도와 같은 비권력적 작용도 포함되지만 단순한 사경제의 주체로서 하는 작용은 포함되지 않는다(대판 1998. 7. 10. 96다38971). 따라서 국가의 권력작용에 해당하는 국회의 입법작용도 「국가배상법」상 직무행위에 포함된다.

④ 「국가배상법」 제5조 제1항 소정의 '공공의 영조물'이라 함은 국가 또는 지방자치단체에 의하여 특정 공공의 목적에 공여된 유체물 내지 물적 설비를 지칭하며, 특정 공공의 목적에 공여된 물이라 함은 일반 공중의 자유로운 사용에 직접적으로 제공되는 공공용물에 한하지 아니하고, 행정주체 자신의 사용에 제공되는 공용물도 포함하며 국가 또는 지방자치단체가 소유권, 임차권, 그 밖의 권한에 기하여 관리하고 있는 경우뿐만 아니라 사실상의 관리를 하고 있는 경우도 포함한다(대판 1995. 1. 24. 94다45302).

⑤ 영조물의 설치·관리자와 비용부담자가 상이한 경우 비용부담자가 부담하는 책임은 「국가배상법」 제6조에서 정한 자신의 고유한 배상책임이다(판례).

Answer 1. ⑤ 2. ③

03

국가배상에 관한 설명으로 옳지 않은 것은? (다툼이 있는 경우에는 판례에 의함)

① 국가가 국가배상책임을 이행한 경우 공무원에게 고의 또는 중과실이 있으면 국가는 그 공무원에게 구상할 수 있다.

② 행정규칙상의 처분기준에 따른 영업허가취소처분이 행정심판에서 재량하자를 이유로 취소되었다면 영업허가취소처분을 한 공무원에게 「국가배상법」상의 과실이 인정된다.

③ 지방자치단체로부터 공무를 위탁받아 공무에 종사하는 사인은 「국가배상법」 제2조 소정의 공무원에 해당한다.

④ 「국가배상법」 제2조에 의한 공무원의 직무에는 국가나 지방자치단체의 권력적 작용뿐만 아니라 비권력적 작용도 포함되지만 단순한 사경제의 주체로서 하는 작용은 포함되지 않는다.

⑤ 공무원의 경과실에 의한 위법행위로 인하여 국가배상책임이 성립하는 경우 가해 공무원 개인은 그로 인한 손해배상책임을 부담하지 아니한다.

풀이 TIP 「국가배상법」의 내용과 관련 판례는 출제가 빈번한 영역이므로 꼼꼼히 공부하여야 한다.

정답해설 ② 행정처분이 나중에 행정심판에 의하여 재량권을 일탈한 위법한 처분임이 판명되어 취소되었다고 하더라도 행정규칙에 정해진 행정처분기준에 따른 것인 이상 그 처분이 공무원에게 직무집행상의 과실이 있다고 할 수는 없다(대판 1994. 11. 8. 94다26141).

오답해설 ① 국가가 국가배상책임을 이행한 경우 공무원에게 고의 또는 중과실이 있으면 국가는 그 공무원에게 구상할 수 있다(「국가배상법」 제2조 제2항).

③ 「국가배상법」 제2조 소정의 '공무원'이라 함은 「국가공무원법」이나 「지방공무원법」에 의하여 공무원으로서의 신분을 가진 자에 국한하지 않고, 널리 공무를 위탁받아 실질적으로 공무에 종사하고 있는 일체의 자를 가리키는 것으로서, 공무의 위탁이 일시적이고 한정적인 사항에 관한 활동을 위한 것이어도 달리 볼 것은 아니다. … 지방자치단체가 '교통할아버지 봉사활동 계획'을 수립한 후 관할 동장으로 하여금 '교통할아버지'를 선정하게 하여 어린이 보호, 교통안내, 거리질서 확립 등의 공무를 위탁하여 집행하게 하던 중 '교통할아버지'로 선정된 노인이 위탁받은 업무 범위를 넘어 교차로 중앙에서 교통정리를 하다가 교통사고를 발생시킨 경우, 지방자치단체가 「국가배상법」 제2조 소정의 배상책임을 부담한다(대판 2001. 1. 5. 98다39060).

④ 「국가배상법」이 정한 손해배상청구의 요건인 '공무원의 직무'에는 국가나 지방자치단체의 권력적 작용뿐만 아니라 행정지도와 같은 비권력적 작용도 포함되지만 단순한 사경제의 주체로서 하는 작용은 포함되지 않는다(대판 1998. 7. 10. 96다38971).

⑤ 공무원이 직무수행 중 불법행위로 타인에게 손해를 입힌 경우에 국가 등이 국가배상책임을 부담하는 외에 공무원 개인도 고의 또는 중과실이 있는 경우에는 불법행위로 인한 손해배상책임을 진다고 할 것이지만, 공무원에게 경과실뿐인 경우에는 공무원 개인은 손해배상책임을 부담하지 아니한다고 해석하는 것이 「헌법」 제29조 제1항 본문과 단서 및 「국가배상법」 제2조의 입법취지에 조화되는 올바른 해석이다(대판 1996. 2. 15. 95다38677).

04

국가배상에 관한 설명으로 옳지 않은 것은? (다툼이 있으면 판례에 따름)

① 인사업무담당 공무원이 다른 공무원의 공무원증을 위조한 행위는 직무집행행위에 해당한다.
② 행정처분이 후에 항고소송에서 취소되면 그 기판력에 의하여 당해 행정처분은 공무원의 고의·과실 여부와 관계없이 곧바로 불법행위를 구성한다.
③ 생명·신체의 침해로 인한 국가배상을 받을 권리는 양도하지 못한다.
④ 경찰관이 범죄수사를 함에 있어 법규상 또는 조리상의 한계를 위반하였다면 이는 법령을 위반한 경우에 해당한다.
⑤ 영조물 설치·관리상의 하자는 공공의 목적에 공여된 영조물이 그 용도에 따라 통상 갖추어야 할 안전성을 갖추지 못한 상태에 있음을 말한다.

풀이 TIP 국가배상의 요건으로서 위법성의 의미와 공무원의 과실에 대한 판단기준을 알고 있어야 해결할 수 있다.

정답해설 ② 어떠한 행정처분이 후에 항고소송에서 취소되었다고 할지라도 그 기판력에 의하여 당해 행정처분이 곧바로 공무원의 고의 또는 과실로 인한 것으로서 불법행위를 구성한다고 단정할 수는 없는 것이고, 그 행정처분의 담당공무원이 보통 일반의 공무원을 표준으로 하여 볼 때 객관적 주의의무를 결하여 그 행정처분이 객관적 정당성을 상실하였다고 인정될 정도에 이른 경우에 「국가배상법」 제2조 소정의 국가배상책임의 요건을 충족하였다고 봄이 상당하다(대판 2000. 5. 12. 99다70600).

오답해설 ① 인사업무담당 공무원이 다른 공무원의 공무원증 등을 위조한 행위에 대하여 실질적으로는 직무행위에 속하지 아니한다 할지라도 외관상으로 국가배상법 제2조 제1항의 직무집행관련성을 인정한다(대판 2005. 1. 14. 2004다26805).
③ 「국가배상법」 제4조
④ 수사기관이 범죄수사를 하면서 지켜야 할 법규상 또는 조리상의 한계를 위반하였다면 이는 법령을 위반한 경우에 해당한다(대판 2020. 4. 29. 2015다224797).
⑤ 국가배상법 제5조 제1항에 규정된 '영조물 설치·관리상의 하자'는 공공의 목적에 공여된 영조물이 그 용도에 따라 통상 갖추어야 할 안전성을 갖추지 못한 상태에 있음을 말한다(대판 2022. 7. 28. 2022다225910).

05

하
국가배상
2020년 제8회

국가배상에 관한 설명으로 옳지 않은 것은? (다툼이 있으면 판례에 따름)

① 국가가 국가배상책임을 이행한 경우 공무원에게 경과실이 있으면 국가는 그 공무원에게 구상할 수 없다.

② 「국가배상법」 제5조에는 점유자에게 과실이 없는 경우 점유자의 책임이 면책되는 규정이 없다.

③ 국가배상청구소송은 배상심의회에 배상신청을 하지 아니하고도 제기할 수 있다.

④ 부작위에 의한 국가배상책임은 조리상 작위의무를 위반한 경우에는 성립하지 않는다.

⑤ 공무원의 고의·중과실에 의한 불법행위로 국가배상책임이 성립하는 경우 가해 공무원 개인은 그로 인한 손해배상책임을 부담한다.

> **풀이 TIP** 국가배상의 전체적인 내용을 묻는 문제이다. 국가배상의 요건과 판례를 정리하여야 하는 문제이다.

정답해설 ④ 법령에 명시적으로 공무원의 작위의무가 규정되어 있지 않은 경우에도 공무원의 부작위로 인한 국가배상책임을 인정할 수 있다는 것이 판례의 입장이다(대판 2001. 4. 24. 2000다57856).

오답해설 ① 공무원에게 구상하기 위해서는 가해 행위를 한 공무원에게 고의, 중과실이 있어야 한다(「국가배상법」 제2조 제2항). 따라서 경과실의 경우에는 구상할 수 없다.

② 「민법」에서의 공작물 책임은 점유자의 면책을 인정하고 있지만, 「국가배상법」 제5조의 영조물 하자책임에서는 점유자의 면책규정이 적용되지 않는다.

③ 국가배상심의회의 전치절차는 2000년 12월 「국가배상법」의 개정으로 임의적 전치주의로 전환하였다.

⑤ 공무원의 고의, 중과실의 경우에는 가해 공무원도 책임을 인정하여 피해자는 국가와 공무원에게 선택청구를 할 수 있다는 것이 판례의 입장이다(대판 1996. 2. 15. 95다38677 전합).

06

국가배상
2021년 제9회

국가배상에 관한 설명으로 옳지 않은 것은? (다툼이 있으면 판례에 따름)

① 공무를 위탁받은 사인의 직무집행행위에 대해서도 국가배상책임이 성립할 수 있다.

② 가해행위인 처분에 대해 취소판결이 확정된 경우에는 기판력에 의해 국가배상소송에서도 국가배상책임이 인정된다.

③ 생명·신체의 침해로 인한 국가배상을 받을 권리는 압류하지 못한다.

④ 피해자나 그 법정대리인이 손해 및 가해자를 알지 못한 경우 국가배상청구권의 소멸시효기간은 5년이다.

⑤ 외국인이 피해자인 경우에는 해당 국가와 상호 보증이 있을 때에만 「국가배상법」이 적용된다.

풀이 TIP 국가배상의 요건으로 공무원의 고의 또는 과실에 의한 법령위반의 의미를 이해하고 있어야 해결되는 문제이다.

정답해설 ② 행정처분에 대한 취소소송에서 위법한 것으로 취소판결이 확정되었다고 하더라도 행정처분을 행한 공무원에게 고의 또는 과실이 있었다고 단정할 수 없으므로 곧바로 국가배상책임이 인정되는 것은 아니다(대판 2000. 5. 12. 99다70600).

오답해설 ① 「국가배상법」 제2조 제2항

③ 「국가배상법」 제4조

④ 피해자나 그 법정대리인이 손해 및 가해자를 알지 못한 경우에는 「국가재정법」 제96조 제2항에 따라 5년간 이를 행사하지 아니하면 시효로 소멸한다.

⑤ 「국가배상법」 제7조

Answer 5. ④ 6. ②

07

국가배상법상
이중배상금지
2021년 제9회

「국가배상법」 제2조 제1항 단서의 이중배상금지에 관한 설명으로 옳지 않은 것은?
(다툼이 있으면 판례에 따름)

① 피해자가 군인·군무원·경찰공무원 또는 예비군대원이어야 한다.

② 병역법상 공익근무요원은 군인에 해당하여 이중배상이 금지되는 자에 속한다.

③ 전투·훈련 또는 이에 준하는 직무집행 뿐만 아니라 일반 직무집행에 관하여
도 적용된다.

④ 전투훈련 중 민간인이 군인과 공동불법행위를 한 경우 민간인은 자신의 부담
부분만을 피해 군인에게 배상하면 된다는 것이 대법원판례의 입장이다.

⑤ 전투·훈련 등 직무집행과 관련하여 전사·순직하거나 공상을 입은 손해에
한한다.

풀이 TIP 국가배상에서 이중배상금지가 적용되는 공무원의 범위에 대한 판례의 입장을 이해하여야
한다. 판례가 한정되어 있으므로 쉽게 접근할 수 있는 문제이다.

정답해설 ② 공익근무요원은 「병역법」 제2조 제1항 제9호, 제5조 제1항의 규정에 의하면 국가기관 또는
지방자치단체의 공익목적수행에 필요한 경비·감시·보호 또는 행정업무 등의 지원과 국제협력 또는 예
술·체육의 육성을 위하여 소집되어 공익분야에 종사하는 사람으로서 보충역에 편입되어 있는 자이기
때문에, 소집되어 군에 복무하지 않는 한 군인이라고 말할 수 없다(대판 1997. 3. 28. 97다4036).

오답해설 ① 이중배상이 금지되는 공무원을 「국가배상법」은 제2조 단서는 군인·군무원·경찰공무원
또는 예비군대원으로 규정하고 있다.
③ 경찰공무원의 일반 직무집행 중 사망에 대하여 대법원은 이중배상이 제한되는 경우로 해석하고 있다
(대판 2011. 3. 10. 2010다85942).
④ 민간인과 군인의 공동불법행위의 경우 대법원은 공동불법행위의 일반적인 경우와 달리 예외적으로
민간인은 피해군인 등에 대하여 그 손해 중 국가 등이 민간인에 대한 구상의무를 부담한다면 그 내부적
인 관계에서 부담하여야 할 부분을 제외한 나머지 자신의 부담부분에 한하여 손해배상의무를 부담하고,
한편 국가 등에 대하여는 그 귀책부분의 구상을 청구할 수 없다고 해석하고 있다(대판 2001. 2. 15. 96다
42420 전합).
⑤ 이중배상이 금지되는 직무집행은 전투·훈련 등 직무집행과 관련하여 전사·순직하거나 공상을 입은
손해로 규정하고 있다(「국가배상법」 제2조 단서).

08

국가배상
2019년 제7회

「국가배상법」에 관한 설명으로 옳은 것은? (다툼이 있으면 판례에 따름)

① 「국가배상법」 제2조의 공무원이란 「국가공무원법」이나 「지방공무원법」에 의해 공무원으로서의 신분을 가진 자에 국한한다.

② 국가배상책임에 있어서 공무원에게 중과실이 있는 경우 국가나 지방자치단체는 그 공무원에게 구상할 수 없다.

③ 공공의 영조물의 설치·관리의 하자에는 물적 하자만이 아니라 기능적 하자 또는 이용상 하자도 포함된다.

④ 국가배상책임이 있는 경우에 공무원의 선임·감독을 맡은 자와 공무원의 봉급·급여를 부담하는 자가 동일하지 아니하면 선임·감독을 맡은 자만이 손해를 배상한다.

⑤ 생명·신체의 침해로 인한 국가배상을 받을 권리는 양도할 수 있지만, 압류할 수는 없다.

풀이TIP 영조물 하자란?

정답해설 ③ 영조물 하자는 물리적·외형적 흠결이나 불비로 인하여 그 이용자에게 위해를 끼칠 위험성이 있는 경우뿐만 아니라, 그 영조물이 공공의 목적에 이용됨에 있어 그 이용 상태 및 정도가 일정한 한도를 초과하여 제3자에게 사회통념상 수인할 것이 기대되는 한도를 넘는 피해를 입히는 경우까지 포함된다고 보아야 한다(대판 2005. 1. 27. 2003다49566).

오답해설 ① 「국가배상법」 제2조의 공무원은 최광의의 공무원을 의미하므로 행정부 공무원뿐만 아니라 입법부 및 사법부 소속공무원은 물론이고, 널리 공무를 위탁받아 실질적으로 그에 종사하는 공무수탁사인 등 모든 자가 포함되며, 공무의 위탁이 일시적이고 한정적인 사항에 관한 활동이라도 「국가배상법」상 공무원에 해당한다.
② 공무원에게 고의 또는 중대한 과실이 있으면 국가나 지방자치단체는 그 공무원에게 구상할 수 있다 (「국가배상법」 제2조 제2항).
④ 공무원의 선임·감독을 맡은 자와 공무원의 봉급·급여를 부담하는 자가 동일하지 아니하면 선임·감독을 맡은 자와 봉급·급여를 부담하는 자가 같이 손해를 배상한다(「국가배상법」 제6조 제1항).
⑤ 생명·신체의 침해로 인한 국가배상을 받을 권리는 양도하거나 압류하지 못한다(「국가배상법」 제4조).

09

국가배상
2024년 제12회

국가배상책임에 관한 설명으로 옳지 않은 것은? (다툼이 있으면 판례에 따름)

① 「국가배상법」 제2조상의 직무행위에는 입법작용과 사법작용이 포함된다.

② 국가가 국가배상책임을 이행한 경우 공무원에게 경과실이 있으면 국가는 그 공무원에게 구상할 수 있다.

③ 「국가배상법」은 「민법」 제756조 제1항 단서상의 사용자 면책조항에 상응하는 규정을 두고 있지 않다.

④ 부작위에 의한 국가배상책임의 성립요건 상 직무상 작위의무는 조리에 의해서도 성립할 수 있다.

⑤ 「국가배상법」 제5조상의 공공의 영조물에는 행정주체가 적법한 권한에 기하여 관리하고 있는 공물뿐만 아니라 사실상 관리하고 있는 공물도 포함된다.

풀이 TIP 공무원은 경과실인 경우 면책된다.

정답해설 ② 공무원에게 고의 또는 중대한 과실이 있으면 국가나 지방자치단체는 그 공무원에게 구상(求償)할 수 있다(「국가배상법」 제2조 제2항).

오답해설 ① 「국가배상법」 제2조상의 직무행위에는 사경제 작용을 제외한 모든 국가작용이 포함되므로 입법작용과 사법작용도 포함된다.
③ 「국가배상법」에는 「민법」 제756조 제1항 단서상의 사용자 면책조항과 같은 규정이 없다.
④ 부작위에 의한 국가배상이 성립하기 위해서는 공무원에게 법률상 또는 일반원칙(조리)상의 작위의무가 인정되어야 한다.
⑤ 국가배상법 제5조 제1항 소정의 '공공의 영조물'이라 함은 국가 또는 지방자치단체에 의하여 특정 공공의 목적에 공여된 유체물 내지 물적 설비를 말하며, 국가 또는 지방자치단체가 소유권, 임차권 그 밖의 권한에 기하여 관리하고 있는 경우뿐만 아니라 사실상의 관리를 하고 있는 경우도 포함된다(대판 1998. 10. 23. 98다17381).

10

「공익사업을 위한 토지 등의 취득 및 보상에 관한 법률」상 손실보상의 원칙에 관한 설명으로 옳지 않은 것은?

① 공익사업에 필요한 토지 등의 취득 또는 사용으로 인하여 토지소유자나 관계인이 입은 손실은 사업시행자가 보상하여야 한다.

② 손실보상은 개인별로 보상액을 산정할 수 있는 경우에는 토지소유자나 관계인에게 개인별로 하여야 한다.

③ 사업시행자는 동일한 사업지역에 보상 시기를 달리하는 동일인 소유의 토지 등이 여러 개 있는 경우 토지소유자나 관계인이 요구할 때에는 한꺼번에 보상금을 지급하도록 하여야 한다.

④ 보상액의 산정은 협의에 의한 경우에는 협의 성립 당시의 가격을, 재결에 의한 경우에는 수용 또는 사용의 재결 당시의 가격을 기준으로 한다.

⑤ 보상액을 산정할 경우에 해당 공익사업으로 인하여 토지 등의 가격이 변동되었을 때에는 이를 고려한다.

풀이TIP 「공익사업을 위한 토지 등의 취득 및 보상에 관한 법률」의 내용과 관련 판례는 출제가 빈번한 영역이므로 정리를 잘해두어야 한다.

정답해설 ⑤ 보상액을 산정할 경우에 해당 공익사업으로 인하여 토지 등의 가격이 변동되었을 때에는 이를 고려하지 아니한다(「공익사업을 위한 토지 등의 취득 및 보상에 관한 법률」 제67조 제2항). 그러나 해당 공공사업과는 관계없는 다른 사업의 시행으로 인한 개발이익은 이를 배제하지 아니한 가격으로 평가하여야 한다(대판 1992. 2. 11. 91누7774).

오답해설 ① 「공익사업을 위한 토지 등의 취득 및 보상에 관한 법률」 제61조
② 「공익사업을 위한 토지 등의 취득 및 보상에 관한 법률」 제64조
③ 「공익사업을 위한 토지 등의 취득 및 보상에 관한 법률」 제65조
④ 「공익사업을 위한 토지 등의 취득 및 보상에 관한 법률」 제67조 제1항

Answer 9. ② 10. ⑤

11

행정상 손실보상
2021년 제9회

「공익사업을 위한 토지 등의 취득 및 보상에 관한 법률」에 관한 설명으로 옳지 않은 것은? (다툼이 있으면 판례에 따름)

① 사업인정처분이 당연무효이면 그것이 유효함을 전제로 이루어진 수용재결도 무효이다.
② 수용재결에 대한 이의신청은 행정소송을 하기 위한 필수적인 전심절차이다.
③ 수용재결에 대한 취소소송의 제기는 사업의 진행 및 토지의 수용 또는 사용을 정지시키지 아니한다.
④ 토지소유자가 보상금 증액청구소송을 제기할 경우 사업시행자를 피고로 하여야 한다.
⑤ 보상금증감청구소송의 제기기간은 이의신청을 거친 경우 이의신청에 대한 재결서를 받은 날부터 60일 이내이다.

> **풀이TIP** 「공익사업을 위한 토지 등의 취득 및 보상에 관한 법률」 중에서 토지수용에 대한 불복절차를 정리하여야 한다. 보상의 원칙과 불복절차가 중요하다.

정답해설 ② 수용재결에 대한 이의신청 절차는 필수가 아닌 임의절차이다.

오답해설 ① 선행처분이 무효이면 후행처분도 무효에 해당한다(하자의 승계). 따라서 사업인정처분이 무효이면 수용재결도 당연히 무효가 된다.
③ 「공익사업을 위한 토지 등의 취득 및 보상에 관한 법률」 제88조
④ 보상금의 증감청구 소송은 형식적 당사자 소송으로서 소유자가 보상금의 증액청구소송을 제기하는 경우에는 행정주체인 사업시행자를 피고로 하여야 한다(「공익사업을 위한 토지 등의 취득 및 보상에 관한 법률」 제85조 제2항).
⑤ 사업시행자, 토지소유자 또는 관계인이 제34조에 따른 재결에 불복할 때에는 재결서를 받은 날부터 90일 이내에 이의신청을 거쳤을 시, 이의신청에 대한 재결서를 받은 날부터 60일 이내에 각각 행정소송을 제기할 수 있다(「공익사업을 위한 토지 등의 취득 및 보상에 관한 법률」 제85조 제1항).

12

중
행정상 손실보상
2013년 제1회

「공익사업을 위한 토지 등의 취득 및 보상에 관한 법률」에 관한 내용이다. ( ) 안에 들어갈 것으로 옳은 것은?

> 토지수용위원회의 재결에서 정한 보상금에 대하여 사업시행자 또는 토지소유자가 그 증감을 다투는 행정소송을 제기하는 경우, 그 소송을 제기하는 자가 토지소유자일 때에는 (㉠)을/를, 사업시행자일 때에는 (㉡)을/를 피고로 한다.

① ㉠ : 토지수용위원회   ㉡ : 국토교통부장관
② ㉠ : 국토교통부장관   ㉡ : 토지수용위원회
③ ㉠ : 토지수용위원회   ㉡ : 토지소유자
④ ㉠ : 사업시행자   ㉡ : 토지소유자
⑤ ㉠ : 사업시행자   ㉡ : 토지수용위원회

풀이 TIP 토지수용위원회의 보상금재결에 대해 행정소송을 제기하는 경우 피고를 누구로 지정해야 하는지를 묻는 문제이다.

정답해설 ④ 토지수용위원회의 재결에서 정한 보상금에 대하여 사업시행자 또는 토지소유자가 그 증감을 다투는 행정소송을 제기하는 경우, 그 소송을 제기하는 자가 토지소유자일 때에는 사업시행자를, 사업시행자일 때에는 토지소유자를 피고로 한다(「공익사업을 위한 토지 등의 취득 및 보상에 관한 법률」 제85조 제2항).

✦ 「공익사업을 위한 토지 등의 취득 및 보상에 관한 법률」 제85조(행정소송의 제기) ① 사업시행자, 토지소유자 또는 관계인은 제34조에 따른 재결에 불복할 때에는 재결서를 받은 날부터 90일 이내에, 이의신청을 거쳤을 때에는 이의신청에 대한 재결서를 받은 날부터 60일 이내에 각각 행정소송을 제기할 수 있다. 이 경우 사업시행자는 행정소송을 제기하기 전에 제84조에 따라 늘어난 보상금을 공탁하여야 하며, 보상금을 받을 자는 공탁된 보상금을 소송이 종결될 때까지 수령할 수 없다.
② 제1항에 따라 제기하려는 행정소송이 보상금의 증감에 관한 소송인 경우 그 소송을 제기하는 자가 토지소유자 또는 관계인일 때에는 사업시행자를, 사업시행자일 때에는 토지소유자 또는 관계인을 각각 피고로 한다.

Answer 11. ② 12. ④

13

행정상 손실보상
2019년 제7회

「공익사업을 위한 토지 등의 취득 및 보상에 관한 법률」에 따른 손실보상에 관한 설명으로 옳지 않은 것은?

① 손실보상은 다른 법률에 특별한 규정이 있는 경우를 제외하고는 현금지급을 원칙으로 한다.

② 토지소유자가 토지수용위원회의 재결에 불복하여 제기하려는 행정소송이 보상금의 증감(增減)에 관한 소송인 경우 토지수용위원회를 피고로 한다.

③ 공익사업에 필요한 토지 등의 취득으로 인하여 토지소유자가 입은 손실은 사업시행자가 보상하여야 한다.

④ 지방토지수용위원회의 재결에 이의가 있는 자는 해당 지방토지수용위원회를 거쳐 중앙토지수용위원회에 이의를 신청할 수 있다.

⑤ 보상액의 산정은 협의에 의한 경우에는 협의 성립 당시의 가격을, 재결에 의한 경우에는 수용 또는 사용의 재결 당시의 가격을 기준으로 한다.

풀이TIP 수용재결 외에는 보상금의 증감청구소송, 보상금증감청구소송은 형식적 당사자소송이다. 그렇다면 피고는 누가 될까?

정답해설 ② 토지소유자가 토지수용위원회의 재결에 불복하여 제기하려는 행정소송이 보상금의 증감에 관한 소송인 경우, 그 소송을 제기하는 자가 토지소유자 또는 관계인일 때에는 사업시행자를, 사업시행자일 때에는 토지소유자 또는 관계인을 각각 피고로 한다(「공익사업을 위한 토지 등의 취득 및 보상에 관한 법률」 제85조 제2항). 형식적 당사자소송으로서 행정주체를 피고로 하여야 한다.

오답해설 ① 손실보상은 다른 법률에 특별한 규정이 있는 경우를 제외하고는 현금으로 지급하여야 한다(「공익사업을 위한 토지 등의 취득 및 보상에 관한 법률」 제63조).
③ 공익사업에 필요한 토지 등의 취득 또는 사용으로 인하여 토지소유자 또는 관계인이 입은 손실은 사업시행자가 이를 보상하여야 한다(「공익사업을 위한 토지 등의 취득 및 보상에 관한 법률」 제61조).
④ 「공익사업을 위한 토지 등의 취득 및 보상에 관한 법률」 제83조 제2항
⑤ 「공익사업을 위한 토지 등의 취득 및 보상에 관한 법률」 제67조 제1항

14

행정상 손실보상
2020년 제8회

「공익사업을 위한 토지 등의 취득 및 보상에 관한 법률」의 내용에 관한 설명으로 옳은 것은? (다툼이 있으면 판례에 따름)

① 수용재결 신청 전 협의에 의한 취득은 사법상의 법률행위에 해당한다.
② 사업인정은 고시된 날로부터 7일이 경과한 날에 효력을 발생한다.
③ 수용재결은 행정심판 재결의 일종으로서 「행정심판법」상 재결의 기속력 규정이 준용된다.
④ 수용재결에 대해 이의재결을 거쳐 취소소송을 제기하는 경우 이의재결을 소송의 대상으로 하여야 한다.
⑤ 보상금액에 불복하여 사업시행자가 제기하는 보상금감액청구소송은 민사소송에 해당하므로 토지소유자 또는 관계인을 피고로 한다.

풀이 TIP 「공익사업을 위한 토지 등의 취득 및 보상에 관한 법률」의 내용을 숙지하자.

정답해설 ① 구 「공공용지의 취득 및 손실보상에 관한 특례법」은 사업시행자가 토지 등의 소유자로부터 토지 등의 협의취득 및 그 손실보상의 기준과 방법을 정한 법으로서, 이에 의한 협의취득 또는 보상합의는 공공기관이 사경제주체로서 행하는 사법상 매매 내지 사법상 계약의 실질을 가진다(대판 2004. 9. 24. 2002다68713).

오답해설 ② 사업인정은 고시한 날부터 그 효력이 발생한다(「공익사업을 위한 토지 등의 취득 및 보상에 관한 법률」 제22조 제3항).
③ 수용재결이 아닌 이의재결에 「행정심판법」의 규정이 적용된다(대법원 1992. 6. 9. 92누565).
④ 토지소유자 등이 수용재결에 불복하여 이의신청을 거친 후 취소소송을 제기하는 경우 피고적격은 수용재결을 한 토지수용위원회이며 소송의 대상은 수용재결이다(대판 2010. 1. 28. 2008두1504).
⑤ 보상금액에 불복하여 사업시행자가 제기하는 보상금감액청구소송은 형식적 당사자 소송으로서 토지소유자를 피고로 하여야 한다(「공익사업을 위한 토지 등의 취득 및 보상에 관한 법률」 제85조 제2항).

Answer⁺ 13. ② 14. ①

15

행정상 손실보상
2014년 제2회

「공익사업을 위한 토지 등의 취득 및 보상에 관한 법률」에 따른 토지수용에 대한 이의신청 및 행정소송에 관한 설명으로 옳지 않은 것은? (다툼이 있는 경우에는 판례에 의함)

① 이의신청은 행정심판으로서의 성질을 가지며, 이에 관한 규정은 「행정심판법」에 대한 특별규정이다.

② 수용재결에 불복하여 취소소송을 제기하는 때에는 이의신청을 거친 경우에도 수용재결의 취소를 구하여야 한다.

③ 보상금증감청구소송은 공법상 당사자소송에 해당한다.

④ 보상금증감청구소송을 제기하는 자가 토지소유자일 때에는 사업시행자를 피고로 한다.

⑤ 수용재결에 대한 행정소송이 제기되면 사업의 진행 및 토지의 수용 또는 사용은 정지된다.

풀이 TIP 수용재결에 대해 행정소송을 제기하는 경우 집행부정지의 원칙이라는 것을 기억하자.

정답해설 ⑤ 토지수용위원회의 수용재결에 대한 이의신청이나 행정소송의 제기는 사업의 진행 및 토지의 수용 또는 사용을 정지시키지 아니한다(「공익사업을 위한 토지 등의 취득 및 보상에 관한 법률」 제88조).

오답해설 ① 이의신청은 행정심판으로서의 성질을 가지며, 이에 관한 규정은 「행정심판법」에 대한 특별규정이다. ⇨ 토지수용위원회의 수용재결에 대한 이의절차는 실질적으로 행정심판의 성질을 갖는 것이므로 「토지수용법」(현 「공익사업을 위한 토지 등의 취득 및 보상에 관한 법률」)에 특별한 규정이 있는 것을 제외하고는 「행정심판법」의 규정이 적용된다고 할 것이다(대판 1992. 6. 9. 92누565).

② 수용재결에 불복하여 취소소송을 제기하는 때에는 이의신청을 거친 경우에도 수용재결의 취소를 구하여야 한다(판례). ⇨ 수용재결에 불복하여 취소소송을 제기하는 때에는 이의신청을 거친 경우에도 수용재결을 한 중앙토지수용위원회 또는 지방토지수용위원회를 피고로 하여 수용재결의 취소를 구하여야 하고, 다만 이의신청에 대한 재결 자체에 고유한 위법이 있음을 이유로 하는 경우에는 그 이의재결을 한 중앙토지수용위원회를 피고로 하여 이의재결의 취소를 구할 수 있다고 보아야 한다(대판 2010. 1. 28. 2008두1504).

③ 이의재결에 대하여 불복하는 행정소송을 제기하는 경우, 이것이 보상금의 증감에 관한 소송인 때에는 이의재결에서 정한 보상금이 증액 변경될 것을 전제로 하여 사업시행업자를 상대로 보상금의 지급을 구하는 공법상의 당사자소송을 규정한 것으로 볼 것이다(대판 1991. 11. 26. 91누285).

④ 제기하려는 행정소송이 보상금의 증감에 관한 소송인 경우 그 소송을 제기하는 자가 토지소유자 또는 관계인일 때에는 사업시행자를, 사업시행자일 때에는 토지소유자 또는 관계인을 각각 피고로 한다(「공익사업을 위한 토지 등의 취득 및 보상에 관한 법률」 제85조 제2항).

02 행정쟁송

16

상
행정심판
2022년 제10회

행정심판으로 적법하게 청구된 것을 모두 고른 것은?

> ㉠ 국세부과처분에 대해 국세청장에 심사청구
> ㉡ 국가공무원 면직처분에 대해 징계위원회에 재심사청구
> ㉢ 지방토지수용위원회의 수용재결에 대해 중앙토지수용위원회에 이의신청
> ㉣ 지방노동위원회의 구제명령 불이행에 대한 이행강제금부과처분에 대해 중앙노동위원회에 재심신청

① ㉠, ㉡   ② ㉠, ㉢   ③ ㉡, ㉢

④ ㉡, ㉣   ⑤ ㉢, ㉣

풀이TIP 개별법상 행정심판에 해당하는 사안을 묻는 문제로 암기할 사항이다.

정답해설 ㉠ 국세부과처분에 대해 국세청장에 심사청구는 「국세기본법」상 인정되는 행정심판에 해당한다. ㉢ 지방토지수용위원회의 수용재결에 대해 중앙토지수용위원회에 이의신청은 공익사업을 위한 토지 등의 취득 및 보상에 관한 법률상 인정되는 행정심판에 해당한다(「공익사업을 위한 토지 등의 취득 및 보상에 관한 법률」 제83조).

오답해설 ㉡ 징계위원회에 재심사청구는 징계의결 등을 요구한 기관의 장이 징계위원회의 의결이 가볍다고 인정하면 청구하는 것으로 행정심판에 해당하지 않는다. 징계처분에 대한 행정심판은 소청심사가 있다. ㉣ 「근로기준법」 제31조 제1항은 지방노동위원회의 구제명령이나 기각결정에 불복하는 경우 중앙노동위원회에 재심을 신청하도록 하고 구제명령 불이행에 대한 이행강제금부과처분에 대해서는 중앙노동위원회에 대한 재심신청 규정이 없다.

17

상
행정심판
2018년 제6회

甲은 수형자로서 A교도소 내에서의 난동을 이유로 교도소장으로부터 10일 간의 금치처분을 받았다. 甲은 교도소장을 상대로 난동 당시 담당 교도관의 근무보고서의 공개를 청구하였으나, 교도소장은 「공공기관의 정보공개에 관한 법률」 제9조 제1항 제4호에 근거하여 근무보고서의 공개가 교정업무의 수행을 현저히 곤란하게 할 우려가 있다는 사유로 공개를 거부하였다. 이에 관한 설명으로 옳지 않은 것은? (다툼이 있으면 판례에 따름)

① 甲은 취소심판뿐만 아니라 의무이행심판을 선택적으로 청구할 수 있다.

② 취소심판의 피청구인은 A교도소장이 된다.

③ 甲은 행정심판을 청구하지 않고 곧바로 취소소송을 제기할 수 있다.

④ 甲이 취소심판을 제기하여 인용재결을 받았음에도 교도소장이 재처분의무를 이행하지 않으면 행정심판위원회는 甲의 신청에 따라 간접강제 또는 직접 처분을 할 수 있다.

⑤ 행정심판의 심리과정에서 교도소장은 당초의 처분사유를 사생활의 비밀을 침해할 우려가 있는 정보가 포함되어 있다는 사유로 변경할 수 없다.

풀이 TIP 「행정심판법」 조문의 내용과 판례의 내용을 기억하여야 한다.

정답해설 ④ 행정심판위원회의 직접처분은 그 처분의 성질이나 그 밖의 불가피한 사유로 위원회가 직접처분을 할 수 없는 경우에는 그러하지 아니하다. 정보공개위원회는 대상 정보를 보유하고 있지 않으므로 직접처분으로 정보공개를 할 수 없게 된다. 사안에서는 위원회의 간접강제만 가능하다.

오답해설 ① 정보공개거부는 거부처분의 성질을 가지고 있으므로 이에 대하여 甲은 취소심판뿐만 아니라 거부처분에 대한 의무이행심판을 선택적으로 청구할 수 있다.

② 취소심판의 피청구인은 정보공개 거부처분의 처분권자인 A교도소장이 된다.

③ 「정보공개법」 제20조와 「행정소송법」 제18조의 규정에 따라 甲은 행정심판을 청구하지 않고 곧바로 취소소송을 제기할 수 있다.

⑤ 처분의 사유변경은 기본적 사실관계의 동일성이 인정되어야 하므로, 행정심판의 심리과정에서 교도소장은 당초의 처분사유를 사생활의 비밀을 침해할 우려가 있는 정보가 포함되어 있다는 사유로 변경할 수 없다(대판 2011. 5. 26. 2010두28106).

18 행정심판에 관한 설명으로 옳은 것은?

행정심판
2017년 제5회

① 청구인적격이 없는 자가 제기한 행정심판이라고 하더라도 본안심리를 거쳐서 기각하여야 한다.

② 행정심판의 대상은 행정청의 위법·부당한 처분에 한정되며, 부작위는 대상이 될 수 없다.

③ 대통령의 처분에 대하여는 다른 법률에서 행정심판을 청구할 수 있도록 정한 경우 외에는 행정심판을 청구할 수 없다.

④ 취소심판의 청구기간은 무효등확인심판청구에도 적용한다.

⑤ 법인이 아닌 사단은 대표자나 관리인이 정하여져 있는 경우에도 그 사단의 이름으로 심판청구를 할 수 없다.

> **풀이TIP** 대통령의 처분은 행정심판대상이 될까?

정답해설 ③ 대통령의 처분에 대하여는 다른 법률에서 행정심판을 청구할 수 있도록 정한 경우 외에는 행정심판을 청구할 수 없다(「행정심판법」 제3조 제2항).

오답해설 ① 청구인적격이 없는 자가 제기한 심판청구는 부적법한 것으로서 흠결이 보정될 수 없다(대판 1990. 2. 9. 89누4420). 따라서 청구인적격이 없는 자가 제기한 행정심판은 요건심리를 거쳐 각하된다.
② 행정심판의 대상은 행정청의 위법 또는 부당한 처분이나 부작위이다(「행정심판법」 제1조 및 제2조, 제3조).
④ 취소심판의 청구기간은 거부처분에 대한 의무이행심판에는 적용되지만, 무효등확인심판과 부작위에 대한 의무이행심판에는 적용되지 않는다(「행정심판법」 제27조 제7항).
⑤ 법인이 아닌 사단 또는 재단으로서 대표자나 관리인이 정하여져 있는 경우에는 그 사단이나 재단의 이름으로 심판청구를 할 수 있다(「행정심판법」 제14조).

Answer 17. ④ 18. ③

19

행정심판
2017년 제5회

「행정심판법」상 (   ) 안에 들어갈 용어로 옳은 것은?

> 행정심판위원회는 처분 또는 부작위가 위법·부당하다고 상당히 의심되는 경우로서 처분 또는 부작위 때문에 당사자가 받을 우려가 있는 중대한 불이익이나 당사자에게 생길 급박한 위험을 막기 위하여 임시지위를 정하여야 할 필요가 있는 경우에는 직권으로 또는 당사자의 신청에 의하여 (   )을/를 결정할 수 있다.

① 집행정지   ② 직접강제
③ 간접강제   ④ 임시처분
⑤ 의무이행청구

풀이 TIP 임시지위를 정하는 가구제는?

정답해설 ④ 행정심판위원회는 처분 또는 부작위가 위법·부당하다고 상당히 의심되는 경우로서 처분 또는 부작위 때문에 당사자가 받을 우려가 있는 중대한 불이익이나 당사자에게 생길 급박한 위험을 막기 위하여 임시지위를 정하여야 할 필요가 있는 경우에는 직권으로 또는 당사자의 신청에 의하여 임시처분을 결정할 수 있다(「행정심판법」 제31조 제1항).

오답해설 ① 행정심판위원회는 처분, 처분의 집행 또는 절차의 속행 때문에 중대한 손해가 생기는 것을 예방할 필요성이 긴급하다고 인정할 때에는 직권으로 또는 당사자의 신청에 의하여 처분의 효력, 처분의 집행 또는 절차의 속행의 전부 또는 일부의 정지를 결정할 수 있다. 다만, 처분의 효력정지는 처분의 집행 또는 절차의 속행을 정지함으로써 그 목적을 달성할 수 있을 때에는 허용되지 아니한다(「행정심판법」 제30조 제2항).
② 직접강제란 행정상의 의무불이행이 있는 경우에 행정청이 직접 의무자의 신체 또는 재산에 실력을 가하여 의무이행이 있었던 것과 동일한 상태를 실현하는 작용을 말하며, 행정상 강제집행수단의 일종이다.
③ 행정청이 거부처분취소판결과 부작위위법확인판결에 따른 재처분을 하지 아니하는 때에는 제1심 수소법원은 당사자의 신청에 의하여 결정으로써 상당한 기간을 정하고 행정청이 그 기간 내에 이행하지 아니하는 때에는 그 지연기간에 따라 일정한 배상을 할 것을 명하거나 즉시 손해배상을 할 것을 명할 수 있다(「행정소송법」 제34조, 제38조 제2항).
⑤ 의무이행청구는 일반적으로 행정청이 신청에 따른 의무를 이행하지 않는 경우에 신청인이 행정심판이나 행정소송을 제기하여 그 의무의 이행을 청구하는 것을 말한다.

20

중
행정심판
2016년 제4회

행정심판에 관한 설명으로 옳지 않은 것은? (다툼이 있으면 판례에 따름)

① 행정심판에서는 사정재결이 인정되고 있지 않다.

② 「행정소송법」에는 의무이행소송이 규정되어 있지 않은 반면, 「행정심판법」에는 의무이행심판이 규정되어 있다.

③ 서울특별시장과 서울시의회의 처분 또는 부작위에 대한 심판청구는 중앙행정심판위원회에서 심리·재결한다.

④ '새로운 처분의 처분사유'와 '종전 처분에 관하여 위법한 것으로 재결에서 판단된 사유'가 기본적 사실관계에 있어 동일성이 없다면 새로운 처분은 종전 처분에 대한 재결의 기속력에 저촉되지 않는다.

⑤ 심판청구에 대한 재결이 있으면 그 재결 및 같은 처분 또는 부작위에 대하여 다시 행정심판을 청구할 수 없다.

풀이 TIP 「행정심판법」상 사정재결의 의의를 알면 쉽게 풀 수 있는 문제이다.

정답해설 ① 행정소송에서 사정판결이 인정되는 것처럼 행정심판에서도 사정재결이 인정되고 있다.
⇨ 행정심판위원회는 심판청구가 이유가 있다고 인정하는 경우에도 이를 인용하는 것이 공공복리에 크게 위배된다고 인정하면 그 심판청구를 기각하는 재결을 할 수 있다(「행정심판법」 제44조 제1항).

오답해설 ② 「행정소송법」에는 의무이행소송이 규정되어 있지 않은 대신 부작위위법확인소송을 규정하고 있고, 「행정심판법」에는 의무이행심판이 규정되어 있는 대신 부작위위법확인심판을 규정하고 있지 않다.
③ 특별시장·광역시장·특별자치시장·도지사·특별자치도지사(특별시·광역시·특별자치시·도 또는 특별자치도의 교육감을 포함한다) 또는 특별시·광역시·특별자치시·도·특별자치도의 의회(의장, 위원회의 위원장, 사무처장 등 의회 소속 모든 행정청을 포함한다)의 처분 또는 부작위에 대한 심판청구에 대하여는 「부패방지 및 국민권익위원회의 설치와 운영에 관한 법률」에 따른 국민권익위원회에 두는 중앙행정심판위원회에서 심리·재결한다(「행정심판법」 제6조 제2항).
④ 재결의 기속력은 재결의 주문 및 그 전제가 된 요건사실의 인정과 판단, 즉 처분 등의 구체적 위법사유에 관한 판단에만 미친다고 할 것이고, 종전 처분이 재결에 의하여 취소되었다 하더라도 종전 처분 시와는 다른 사유를 들어서 처분을 하는 것은 기속력에 저촉되지 않는다고 할 것이며, 여기에서 동일 사유인지 다른 사유인지는 종전 처분에 관하여 위법한 것으로 재결에서 판단된 사유와 기본적 사실관계에 있어 동일성이 인정되는 사유인지 여부에 따라 판단되어야 한다. … 새로운 처분의 처분사유와 종전 처분에 관하여 위법한 것으로 재결에서 판단된 사유가 기본적 사실관계에 있어 동일성이 없다면 새로운 처분은 종전 처분에 대한 재결의 기속력에 저촉되지 않는다(대판 2005. 12. 9. 2003두7705).
⑤ 「행정심판법」 제51조(행정심판 재청구의 금지)의 규정 내용이다.

Answer ✝ 19. ④ 20. ①

21

「행정심판법」에 대한 설명으로 옳지 않은 것은?

① 부작위란 행정청이 당사자의 신청에 대하여 상당한 기간 내에 일정한 처분을 하여야 할 법률상 의무가 있는 데도 처분을 하지 아니하는 것을 말한다.

② 행정심판은 처분이 있음을 알게 된 날부터 180일 이내에 청구하여야 한다.

③ 청구인이 경제적 능력으로 인해 대리인을 선임할 수 없는 경우에는 행정심판위원회에 국선대리인을 선임하여 줄 것을 신청할 수 있다.

④ 여러 명의 청구인이 공동으로 심판청구를 할 때에는 청구인들 중에서 3명 이하의 선정대표자를 선정할 수 있다.

⑤ 의무이행심판은 처분을 신청한 자로서 행정청의 거부처분 또는 부작위에 대하여 일정한 처분을 구할 법률상 이익이 있는 자가 청구할 수 있다.

풀이 TIP 행정심판의 청구기간과 그 기산점의 의의를 알면 쉽게 해결되는 문제이다.

정답해설 ② 행정심판은 처분이 있음을 알게 된 날부터 90일 이내에 청구하여야 한다(「행정심판법」 제27조 제1항).

오답해설 ① 「행정심판법」 제2조 제2호
③ 「행정심판법」 제18조의2
④ 「행정심판법」 제15조 제1항
⑤ 「행정심판법」 제13조 제3항

22

상
행정심판
2015년 제3회

행정심판에 관한 설명으로 옳지 않은 것은? (다툼이 있으면 판례에 따름)

① 처분의 취소를 구하는 취지의 처분청에 대한 진정서 제출은 「행정심판법」 소정의 행정심판청구가 될 수 있다.

② 고시 또는 공고에 의하여 행정처분을 하는 경우, 행정심판 청구기간의 기산일은 고시 또는 공고의 효력발생일이다.

③ 행정심판에 있어서 행정심판위원회는 재결 당시까지 제출된 모든 자료를 종합하여 행정처분의 위법·부당 여부를 판단할 수 있다.

④ 형성적 재결이 있는 경우에는 그 대상이 된 행정처분은 재결 자체에 의하여 당연히 취소되어 소멸된다.

⑤ 「행정심판법」상 재결의 기속력은 당해 처분에 관하여 재결주문 및 그 전제가 된 요건사실의 인정과 판단뿐만 아니라 이와 직접 관계가 없는 다른 처분에 대하여도 미친다.

> **풀이 TIP** 행정심판의 인용재결의 범위를 묻는 문제이다.

정답해설 ⑤ 재결의 기속력은 재결주문 및 그 전제가 된 요건사실의 인정과 판단(당해 처분의 구체적 위법사유에 관한 판단)에만 미치고 이와 직접관계가 없는 간접사실에 대하여는 미치지 아니한다(대판 1998. 2. 27. 96누13972, 대판 2001. 3. 23. 99두5238).

오답해설 ① 행정심판청구는 엄격한 형식을 요하지 아니하는 서면행위이어서 그 보정이 가능하므로 진정서·불복신청서·취소신청서 등의 표제를 사용하고 「행정심판법」상의 기재사항을 기재하고 있지 않더라도 그 내용이 일정한 행정행위의 시정을 구하는 것이라면 적법한 행정심판청구를 한 것으로 보아야 한다(대판 2000. 6. 9. 98두2621).

② 통상 고시 또는 공고에 의하여 행정처분을 하는 경우에는 그 처분의 상대방이 불특정 다수인이고, 그 처분의 효력이 불특정 다수인에게 일률적으로 적용되는 것이므로, 그에 대한 행정심판 청구기간도 그 행정처분에 이해관계를 갖는 자가 고시 또는 공고가 있었다는 사실을 현실적으로 알았는지 여부에 관계없이 고시 또는 공고가 효력을 발생하는 날에 행정처분이 있음을 알았다고 보아야 한다(대판 2000. 9. 8. 99두11257).

③ 행정심판에 있어서 행정처분의 위법·부당 여부는 원칙적으로 처분 시를 기준으로 판단하여야 할 것이나, 재결청(현 행정심판위원회)은 처분 당시 존재하였거나 행정청에 제출되었던 자료뿐만 아니라, 재결 당시까지 제출된 모든 자료를 종합하여 처분 당시 존재하였던 객관적 사실을 확정하고 그 사실에 기초하여 처분의 위법·부당 여부를 판단할 수 있다(대판 2001. 7. 27. 99두5092).

④ 행정심판 재결의 내용이 처분청에게 처분의 취소를 명하는 것이 아니라 재결청(현 행정심판위원회)이 스스로 처분을 취소하는 것일 때에는 그 재결의 형성력에 의하여 당해 처분은 별도의 행정처분을 기다릴 것 없이 당연히 취소되어 소멸되는 것이다(대판 1998. 4. 24. 97누17131).

Answer⁺ 21. ② 22. ⑤

23

중
행정심판법 조문
2021년 제9회

「행정심판법」에 관한 설명으로 옳은 것은?

① 행정심판위원회는 당사자의 동의가 없더라도 심판청구의 신속하고 공정한 해결을 위하여 조정을 할 수 있다.

② 행정심판위원회는 사정재결시 그 재결의 주문에서 그 처분 또는 부작위가 위법하거나 부당하다는 것을 구체적으로 밝혀야 한다.

③ 집행정지로 목적을 달성할 수 있는 경우에도 임시처분이 허용된다.

④ 처분청이 심판청구기간을 법정기간보다 긴 기간으로 잘못 고지한 경우, 심판청구기간은 당해 처분이 있은 날부터 180일이 된다.

⑤ 행정심판위원회는 심판청구의 대상이 되는 처분보다 청구인에게 불리한 재결을 할 수 있다.

> **풀이 TIP** 행정심판에서 자주 언급되는 조문의 내용을 묻는 문제이다. 「행정심판법」의 중요한 조문을 정리하여야 한다. 특히 재결에 관한 조문의 내용이 중요하다.

정답해설 ② 위원회는 심판청구가 이유가 있다고 인정하는 경우에도 이를 인용(認容)하는 것이 공공복리에 크게 위배된다고 인정하면 그 심판청구를 기각하는 재결을 할 수 있다. 이 경우 위원회는 재결의 주문(主文)에서 그 처분 또는 부작위가 위법하거나 부당하다는 것을 구체적으로 밝혀야 한다(「행정심판법」 제44조 제1항).

오답해설 ① 위원회는 당사자의 권리 및 권한의 범위에서 당사자의 동의를 받아 심판청구의 신속하고 공정한 해결을 위하여 조정을 할 수 있다(「행정심판법」 제43조의2 제1항). 조정은 당사자의 동의를 요한다.
③ 임시처분은 제30조 제2항에 따른 집행정지로 목적을 달성할 수 있는 경우에는 허용되지 아니한다(「행정심판법」 제31조 제3항).
④ 행정청이 심판청구 기간을 90일로 규정된 기간보다 긴 기간으로 잘못 알린 경우 그 잘못 알린 기간에 심판청구가 있으면 그 행정심판은 90일로 규정된 기간에 청구된 것으로 본다(「행정심판법」 제27조 제5항). 잘못 고지된 경우에는 잘못 고지된 기간 내에 심판제기된 것으로 본다.
⑤ 불이익변경금지(「행정심판법」 제47조 제2항)

24

상
행정심판
2013년 제1회

「행정심판법」의 내용에 관한 설명으로 옳은 것은?

① 감사원의 처분에 대한 행정심판의 청구는 중앙행정심판위원회에서 심리·재결한다.

② 처분 등을 원인으로 하는 법률관계에 관한 다툼이 있는 경우 당사자는 당사자심판을 제기할 수 있다.

③ 무효확인심판에도 사정재결이 허용된다.

④ 행정심판위원회는 필요하면 당사자가 주장하지 아니한 사실에 대하여도 심리할 수 있다.

⑤ 시·도행정심판위원회의 재결에 불복하는 청구인은 중앙행정심판위원회에 행정심판을 재청구할 수 있다.

풀이TIP 「행정심판법」상 직권심리를 알고 있는지를 묻는 문제이다.

정답해설 ④ 행정심판위원회는 필요하다고 인정할 때에는 당사자가 주장하지 아니한 사실에 대하여도 심리할 수 있다(「행정심판법」 제39조).

오답해설 ① 감사원의 처분에 대한 행정심판의 청구는 감사원 소속으로 두는 행정심판위원회에서 심리·재결한다(「행정심판법」 제6조 제1항).
② 「행정심판법」에는 처분·부작위를 다투는 항고심판 3종류만이 규정되어 있고 처분 등을 원인으로 하는 법률관계를 대상으로 다투는 당사자심판은 규정되어 있지 않다. 따라서 처분 등을 원인으로 하는 법률관계에 관한 다툼이 있는 경우 당사자는 당사자심판을 제기할 수 없다.
③ 무효확인심판에는 사정재결이 허용되지 않는다. 「행정심판법」상 사정재결은 취소심판과 의무이행심판에서만 허용되고 있다.
⑤ 심판청구에 대한 재결이 있으면 그 재결 및 같은 처분 또는 부작위에 대하여 다시 행정심판을 청구할 수 없다(「행정심판법」 제51조). 따라서 청구인은 시·도행정심판위원회의 재결에 불복하여 중앙행정심판위원회에 행정심판을 재청구할 수 없다.

25

중
행정심판
2019년 제7회

「행정심판법」상 재결에 해당하지 않는 것은?
① 취소심판에서의 처분취소명령재결
② 취소심판에서의 처분변경명령재결
③ 의무이행심판에서의 처분재결
④ 의무이행심판에서의 처분명령재결
⑤ 무효등확인심판에서의 무효등확인재결

풀이TIP 행정심판 재결의 종류를 묻는 문제이다.

정답해설 ① 위원회는 취소심판의 청구가 이유가 있다고 인정하면 처분을 취소 또는 다른 처분으로 변경하거나 처분을 다른 처분으로 변경할 것을 피청구인에게 명한다(제43조 제3항). 취소심판에서 처분취소명령재결은 현행 「행정심판법」에서는 인정되지 않는다.

오답해설 ② 취소심판에서의 처분변경명령재결은 인정되는 재결이다.
③, ④ 행정심판위원회는 의무이행심판의 청구가 이유가 있다고 인정하면 지체 없이 신청에 따른 처분을 하거나 처분을 할 것을 피청구인에게 명한다(「행정심판법」 제43조 제5항). 의무이행심판에서는 형성재결로서 처분재결이 인정되고, 이행재결로서 처분명령재결이 인정된다.

Answer 23. ② 24. ④ 25. ①

26

하
행정심판
2023년 제11회

「행정심판법」상 재결에 관한 설명으로 옳지 않은 것은?

① 재결은 서면으로 한다.

② 행정심판위원회는 사정재결을 할 수 없다.

③ 재결은 청구인에게 재결서의 정본이 송달되었을 때에 그 효력이 생긴다.

④ 행정심판위원회는 심판청구의 대상이 되는 처분보다 청구인에게 불리한 재결을 하지 못한다.

⑤ 행정심판위원회는 심판청구가 적법하지 아니하면 그 심판청구를 각하한다.

> **풀이 TIP** 행정심판 재결의 종류를 알고 있어야 문제를 해결할 수 있다.

> **정답해설** ② 위원회는 심판청구가 이유가 있다고 인정하는 경우에도 이를 인용(認容)하는 것이 공공복리에 크게 위배된다고 인정하면 그 심판청구를 기각하는 재결을 할 수 있다(「행정심판법」 제44조 제1항). 이를 '사정재결'이라 한다.

> **오답해설** ① 「행정심판법」 제46조 제1항
> ③ 「행정심판법」 제48조 제2항
> ④ 「행정심판법」 제47조 제1항
> ⑤ 「행정심판법」 제43조 제1항

27

중
행정심판
2020년 제8회

행정심판에 관한 설명으로 옳은 것은? (다툼이 있으면 판례에 따름)

① 행정심판 재결에는 특별한 사유가 없는 한 불가변력이 발생하지 않는다.

② 취소심판에는 처분사유의 추가·변경이 허용되지 않는다.

③ 「행정심판법」은 무효등확인심판에서는 사정재결을 할 수 없음을 명문으로 규정하고 있다.

④ 청구인은 행정심판청구서를 피청구인인 행정청에 제출할 수 없다.

⑤ 「행정심판법」상 처분의 부존재확인심판은 허용되지 않는다.

> **풀이 TIP** 행정심판의 절차와 재결에 관한 문제이다. 행정소송과 비교하는 내용을 정리하면 풀 수 있는 문제이다.

> **정답해설** ③ 「행정심판법」 제44조 제3항에서는 무효등확인심판에서는 사정재결이 인정될 수 없다고 규정하고 있다.

> **오답해설** ① 행정심판 재결은 준사법적 행위로서 불가변력이 발생한다. 따라서 재결을 행한 행정심판위원회도 재결을 취소, 변경할 수 없다.
> ② 취소심판에서는 기본적 사실관계의 동일성이 있는 경우 처분사유의 추가, 변경이 인정된다.
> ④ 행정심판을 청구하려는 자는 제28조에 따라 심판청구서를 작성하여 피청구인이나 위원회에 제출하여야 한다(「행정심판법」 제23조 제1항).
> ⑤ 무효등확인심판의 구체적 종류는 무효확인심판, 유효확인심판, 실효확인심판, 존재확인심판, 부존재확인심판 등으로 구분된다. 따라서 부존재확인심판도 허용된다.

28

행정심판에 관한 설명으로 옳은 것은? (다툼이 있으면 판례에 따름)

① 의무이행심판에서 청구가 이유 있으면 신청에 따른 처분을 하거나 처분을 할 것을 피청구인에게 명하는 재결을 한다.

② 심판청구기간을 법상 규정된 기간보다 긴 기간으로 잘못 고지한 경우에도 규정된 행정심판기간 내에 심판청구를 하여야 한다.

③ 시·도지사의 처분에 대한 심판청구는 시·도지사 소속으로 두는 행정심판위원회에서 심리·재결한다.

④ 심리는 구술심리나 서면심리로 하고, 당사자가 구술심리를 신청한 경우에는 서면심리는 할 수 없다.

⑤ 항고소송에서의 처분사유의 추가·변경의 법리는 행정심판에 적용되지 않는다.

> **풀이TIP** 의무이행심판에 대한 인용재결의 형식을 알고 있어야 한다.

정답해설 ① 위원회는 의무이행심판의 청구가 이유가 있다고 인정하면 지체 없이 신청에 따른 처분을 하거나 처분을 할 것을 피청구인에게 명한다(「행정심판법」 제43조 제5항).

오답해설 ② 행정청이 심판청구기간을 제1항의 규정에 의한 기간보다 긴 기간으로 잘못 알린 경우에 그 잘못 알린 기간 내에 심판청구가 있으면 그 심판청구는 제1항의 규정에 의한 기간 내에 제기된 것으로 본다(「행정심판법」 제27조 제5항).

③ 시·도지사의 처분에 대한 심판청구는 국민권익위원회 소속의 중앙행정심판위원회에서 심리·재결한다(「행정심판법」 제6조 제2항).

④ 행정심판의 심리는 구술심리나 서면심리로 한다. 다만, 당사자가 구술심리를 신청한 경우에는 서면심리만으로 결정할 수 있다고 인정되는 경우 외에는 구술심리를 하여야 한다(「행정심판법」 제40조 제1항).

⑤ 처분사유의 추가·변경은 행정심판법상 명문의 규정이 없지만 행정심판에서도 행정소송과 동일한 기준으로 인정된다.

29

행정심판
2022년 제10회

「행정심판법」상 직접 처분과 간접강제에 관한 설명으로 옳은 것은?

① 거부처분 취소심판의 경우 행정심판위원회는 직접 처분을 할 수 있다.
② 의무이행심판의 인용재결이 처분명령재결인 경우 행정심판위원회는 직접 처분을 할 수 없다.
③ 행정심판위원회는 사정의 변경이 있어 당사자가 신청하는 경우에도 간접강제 결정의 내용을 변경할 수 없다.
④ 행정심판의 청구인은 간접강제 결정에 불복하는 경우 그 결정에 대하여 행정소송을 제기할 수 있다.
⑤ 간접강제 결정에 기초한 강제집행에 관하여 「행정심판법」에 특별한 규정이 없는 사항에 대하여는 「행정기본법」의 규정을 준용한다.

> **풀이 TIP** 「행정심판법」상 간접강제에 관한 조문 내용이다.

> **정답해설** ④ 「행정심판법」 제50조의2 제4항

> **오답해설** ①, ② 행정심판위원회의 직접처분은 당사자의 신청을 거부하거나 부작위로 방치한 처분의 이행을 명하는 재결이 있을 때 하는 것이고 취소심판의 경우에는 인정되지 않는다(「행정심판법」 제50조 제1항).
> ③ 위원회는 사정의 변경이 있는 경우에는 당사자의 신청에 의하여 간접강제 결정의 내용을 변경할 수 있다(「행정심판법」 제50조의2 제2항).
> ⑤ 간접강제 결정에 기초한 강제집행에 관하여 이 법에 특별한 규정이 없는 사항에 대하여는 「민사집행법」의 규정을 준용한다(「행정심판법」 제50조의2 제6항).

30

행정심판, 행정소송
2016년 제4회

행정구제제도에 관한 설명으로 옳지 않은 것은? (다툼이 있으면 판례에 따름)

① 행정심판을 권리구제를 위한 필요적 전심절차로 규정하면서도 그 절차에 사법절차를 준용하지 않는 것은 「헌법」에 위반된다.
② 행정처분에 대해 행정소송으로는 위법성 통제만 가능한 데 반하여, 행정심판으로는 위법성뿐만 아니라 부당성 통제도 가능하다.
③ 처분의 효과가 기간의 경과로 인하여 소멸된 뒤에도 그 처분의 취소로 인하여 회복되는 법률상 이익이 있는 자의 경우에는 취소소송을 제기할 수 있다.
④ 「행정소송법」상의 당사자소송에는 「민사집행법」상의 가처분에 관한 규정이 준용된다.
⑤ 「행정소송법」은 행정소송에 대한 각급 판결에 의하여 명령·규칙이 「헌법」 또는 법률에 위반되는 것이 확정된 경우에는 각급 법원은 지체 없이 그 사유를 행정안전부장관에게 통보하도록 규정하고 있다.

풀이TIP 행정소송절차에 관한 「행정소송법」의 내용과 관련 판례는 반드시 출제되는 영역이므로 꼼꼼히 공부하여야 한다.

정답해설 ⑤ '각급 판결'과 '각급 법원'이 아니라 '대법원 판결'과 '대법원'이다. ⇨ 행정소송에 대한 대법원 판결에 의하여 명령·규칙이 「헌법」 또는 법률에 위반된다는 것이 확정된 경우에는 대법원은 지체 없이 그 사유를 행정안전부장관에게 통보하여야 하며, 통보를 받은 행정안전부장관은 지체 없이 이를 관보에 게재하여야 한다(「행정소송법」 제6조).

오답해설 ① 「헌법」 제107조 제3항은 "재판의 전심절차로서 행정심판을 할 수 있다. 행정심판의 절차는 법률로 정하되, 사법절차가 준용되어야 한다."고 규정하고 있으므로, 입법자가 행정심판을 전심절차가 아니라 종심절차로 규정함으로써 정식재판의 기회를 배제하거나, 어떤 행정심판을 필요적 전심절차로 규정하면서도 그 절차에 사법절차가 준용되지 않는다면 이는 위 헌법조항, 나아가 재판청구권을 보장하고 있는 「헌법」 제27조에도 위반되며, 「헌법」 제107조 제3항은 사법절차가 "준용"될 것만을 요구하고 있으나 판단기관의 독립성과 공정성, 대심적 심리구조, 당사자의 절차적 권리보장 등의 면에서 사법절차의 본질적 요소를 현저히 결여하고 있다면 "준용"의 요청에 마저 위반된다(헌재 2001. 6. 28. 2000헌바30).
② 행정심판은 행정청의 위법 또는 부당한 처분이나 부작위로 침해된 국민의 권리 또는 이익을 구제하고, 아울러 행정의 적정한 운영을 꾀함을 목적으로 하는 데 비해(「행정심판법」 제1조), 행정소송은 행정청의 위법한 처분 그 밖에 공권력의 행사·불행사 등으로 인한 국민의 권리 또는 이익의 침해를 구제하고, 공법상의 권리관계 또는 법적용에 관한 다툼을 적정하게 해결함을 목적으로 한다(「행정소송법」 제1조).
③ 취소소송은 처분 등의 취소를 구할 법률상 이익이 있는 자가 제기할 수 있다. 처분 등의 효과가 기간의 경과, 처분 등의 집행 그 밖의 사유로 인하여 소멸된 뒤에도 그 처분 등의 취소로 인하여 회복되는 법률상 이익이 있는 자의 경우에는 또한 같다(「행정소송법」 제12조).
④ 당사자소송에 대하여는 「행정소송법」 제23조 제2항의 집행정지에 관한 규정이 준용되지 아니하므로, 이를 본안으로 하는 가처분에 대하여는 「행정소송법」 제8조 제2항에 따라 「민사집행법」상 가처분에 관한 규정이 준용되어야 한다(대결 2015. 8. 21. 2015무26).

31

하

행정소송
2019년 제7회

「행정소송법」에서 규정하고 있는 행정소송의 종류에 해당하지 않는 것은?

① 당사자소송
② 기관소송
③ 민중소송
④ 부작위위법확인소송
⑤ 예방적 금지소송

풀이TIP 「행정소송법」에서 인정하고 있지 않는 소송은?

정답해설 ⑤ 예방적 금지소송은 「행정소송법」상 허용되지 않는다. 신축건물의 준공처분을 하여서는 아니 된다는 내용의 부작위를 구하는 원고의 예비적 청구는 행정소송에서 허용되지 아니한다(대판 1987. 3. 24. 86누182).

오답해설 ①, ②, ③, ④ 행정소송의 유형에 해당한다(「행정소송법」 제3조).

Answer⁺ 29. ④ 30. ⑤ 31. ⑤

32

중
행정소송
2018년 제6회

「행정소송법」상 허용되지 않는 것은? (다툼이 있으면 판례에 따름)

① 무효확인소송의 제기와 함께 행하는 집행정지신청
② 무효인 파면처분에 대하여 제기하는 공무원지위확인소송
③ 집행정지 기각결정에 대한 신청인의 즉시항고
④ 적법한 행정심판청구를 각하한 재결을 대상으로 한 취소소송
⑤ 소송참가를 하였지만 패소한 제3자가 제기하는 「행정소송법」 제31조에 따른 재심청구

풀이 **TIP** 행정소송 관련 조문과 주요 판례의 내용을 기억하여야 한다.

정답해설 ⑤ 「행정소송법」 제31조 제1항에 따르면, 처분등을 취소하는 판결에 의하여 권리 또는 이익의 침해를 받은 제3자는 자기에게 책임 없는 사유로 소송에 참가하지 못함으로써 판결의 결과에 영향을 미칠 공격 또는 방어방법을 제출하지 못한 때에는 이를 이유로 확정된 종국판결에 대하여 재심의 청구를 할 수 있다.

오답해설 ① 「행정소송법」 제23조 제2항, 제38조 제1항
② 「행정소송법」 제3조·제4조
③ 「행정소송법」 제23조 제5항
④ 취소소송은 처분등을 대상으로 한다. 다만, 재결취소소송의 경우에는 재결 자체에 고유한 위법이 있음을 이유로 하는 경우에 한한다(「행정소송법」 제19조).

33

행정소송
2015년 제3회

행정소송제도에 관한 설명으로 옳은 것은? (다툼이 있으면 판례에 따름)

① 판례는 예방적 부작위청구소송(예방적 금지소송)을 인정한다.
② 주민소송은 주관적 소송에 해당한다.
③ 현행 「행정소송법」은 취소소송중심주의를 규정하고 있다.
④ 행정처분에 대한 무효확인청구와 취소청구는 선택적 청구로서의 병합은 허용된다.
⑤ 당사자소송의 인정에 있어서는 개별법의 근거가 필요하다.

> **풀이 TIP** 「행정소송법」의 내용과 관련 판례는 반드시 출제되는 영역이므로 꼼꼼히 공부하여야 한다.

정답해설 ③ 현행 「행정소송법」은 행정소송의 종류에 관하여 정하고 그중 취소소송에 관하여 상세히 규정을 둔 후 이를 무효등확인소송이나 부작위위법확인소송 등에 준용하도록 하는 방식을 취함으로써 취소소송 중심으로 규정하고 있다.

오답해설 ① 판례는 「행정소송법」에 규정되어 있지 않은 예방적 부작위청구소송과 같은 무명항고소송을 일체 인정하지 않고 있다.
② 「지방자치법」상 주민소송은 「행정소송법」상의 객관적 소송의 일종인 민중소송에 해당한다. 따라서 개인의 구체적인 권익의 침해가 없어도 제기할 수 있다.
④ 행정처분에 대한 무효확인과 취소청구는 서로 양립할 수 없는 청구로서 주위적·예비적 청구로서만 병합이 가능하고 선택적 청구로서의 병합이나 단순병합은 허용되지 아니한다(대판 1999. 8. 20. 97누 6889).
⑤ 현행 「행정소송법」은 항고소송과 당사자소송의 형태를 모두 규정하고 있고, 당사자소송에 관하여 특별한 제한을 두고 있지 않으므로 공법상의 권리관계의 분쟁에 있어서는 그 권리구제의 방법에 관하여 항고소송에 의하도록 하는 등의 특별한 사정이 없는 한 당사자소송은 개별법에 규정이 없더라도 허용되는 것으로 본다(대판 1994. 5. 24. 92다35783).

Answer⁺ 32. ⑤ 33. ③

34

행정소송
2019년 제7회

「행정소송법」상 항고소송에 관한 설명으로 옳은 것은?

① 취소소송은 처분 등의 취소를 구할 정당한 이익이 있는 자가 제기할 수 있다.

② 취소소송은 다른 법률에 특별한 규정이 없는 한 국가·공공단체 그 밖의 권리주체를 피고로 한다.

③ 「행정소송법」상 항고소송의 종류로는 취소소송, 무효등확인소송, 의무이행소송이 있다.

④ 처분 등을 취소하는 확정판결은 당사자 간에 효력이 있고, 제3자에 대하여는 효력이 미치지 아니한다.

⑤ 법원은 필요하다고 인정할 때에는 직권으로 증거조사를 할 수 있고, 당사자가 주장하지 아니한 사실에 대하여도 판단할 수 있다.

풀이TIP 행정소송의 일반적인 내용을 묻는 문제이다. 원고적격과 행정소송의 심리, 판결의 효력 등을 종합적으로 정리해야 한다.

정답해설 ⑤ 법원이 필요하다고 인정할 때에는 직권으로 증거조사를 할 수 있고 당사자가 주장하지 아니하는 사실에 대하여도 판단할 수 있다(「행정소송법」 제26조). 즉, 「행정소송법」은 심리에 있어서 직권심리주의를 채택하고 있다.

오답해설 ① 취소소송은 처분 등의 취소를 구할 법률상 이익이 있는 자가 제기할 수 있다(「행정소송법」 12조). 정당한 이익이 아니라 법률상 이익이 있는 자가 제기할 수 있다.

② 취소소송은 다른 법률에 특별한 규정이 없는 한 그 처분 등을 행한 행정청을 피고로 한다(「행정소송법」 제13조 제1항).

③ 「행정소송법」상 항고소송은 취소소송, 무효등확인소송, 부작위위법확인소송이 있다.

④ 처분 등을 취소하는 확정판결은 당사자뿐만 아니라 제3자에게도 효력이 있는 대세효가 인정된다.

35

행정소송
2023년 제11회

취소소송에 관한 설명으로 옳은 것은? (다툼이 있으면 판례에 따름)

① 제약회사는 보건복지부 고시인 '약제급여·비급여 목록 및 급여 상한금액표' 중 그 제약회사가 제조·공급하는 약제의 상한금액 인하 부분의 취소를 구할 원고적격이 있다.

② 처분의 효과가 소멸된 뒤에는 그 처분의 취소로 인하여 회복되는 법률상 이익이 있어도 그 처분에 대한 취소소송을 제기할 수 없다.

③ 지방법무사회가 법무사의 사무원 채용승인 신청을 거부한 경우 채용승인을 신청한 법무사가 아닌 자는 취소소송을 제기하지 못한다.

④ 기존의 시외버스운송사업자인 갑회사는 동일노선을 운행하는 을회사에 대한 시외버스운송사업계획변경인가 처분으로 인하여 갑회사의 수익감소가 예상되는 경우라도 그 처분의 취소를 구할 법률상의 이익이 없다.

⑤ 「주택법」상 입주자는 건축물의 하자를 이유로 그 건축물에 대한 사용검사처분의 취소를 구할 법률상 이익이 있다.

> **풀이 TIP** 보건복지부 고시인 '약제급여·비급여 목록 및 급여 상한금액표'는 항고소송의 대상되는 처분이고 제약회사에게 직접적인 영향을 미친다는 판례를 알아야 해결할 수 있다.

정답해설 ① 보건복지부 고시인 약제급여·비급여목록 및 급여상한금액표로 인하여 자신이 제조·공급하는 약제의 상한금액이 인하됨에 따라 위와 같이 보호되는 법률상 이익이 침해당할 경우, 제약회사는 위 고시의 취소를 구할 원고적격이 있다(대판 2006. 9. 22. 2005두2506).

오답해설 ② 처분등의 집행 그 밖의 사유로 인하여 소멸된 뒤에도 그 처분등의 취소로 인하여 회복되는 법률상 이익이 있는 자는 처분의 취소를 구할 법률상 이익이 인정된다(「행정소송법」 제12조).

③ 채용승인을 신청한 법무사가 아니더라도 그 때문에 사무원이 될 수 없게 된 사람에게 항고소송을 제기할 원고적격이 인정된다(대판 2020. 4. 9. 2015다3444).

④ 시외버스운송사업계획변경인가처분으로 인하여 기존의 시내버스운송사업자의 노선 및 운행계통과 시외버스운송사업자들의 그것들이 일부 중복되게 되고 기존업자의 수익감소가 예상된다면, 기존의 시내버스운송사업자와 시외버스운송사업자들은 경업관계에 있는 것으로 봄이 상당하다 할 것이어서 기존의 시내버스운송사업자에게 시외버스운송사업계획변경인가처분의 취소를 구할 법률상의 이익이 있다(대판 2002. 10. 25. 2001두4450).

⑤ 입주자나 입주예정자들은 사용검사처분의 무효확인을 받거나 처분을 취소하지 않고도 민사소송 등을 통하여 분양계약에 따른 법률관계 및 하자 등을 주장·증명함으로써 사업주체 등으로부터 하자의 제거·보완 등에 관한 권리구제를 받을 수 있으므로 입주자나 입주예정자는 사용검사처분의 무효확인 또는 취소를 구할 법률상 이익이 없다는 것이 판례이다(대판 2015. 1. 29. 2013두24976).

Answer 34. ⑤ 35. ①

36 항고소송의 피고에 관한 설명으로 옳지 않은 것은? (다툼이 있으면 판례에 따름)

하
행정소송
2020년 제8회

① 처분이 있은 뒤에 그 처분에 관계되는 권한이 다른 행정청에 승계된 때에는 이를 승계한 행정청을 피고로 한다.

② 공정거래위원회의 처분에 대한 항고소송의 피고는 공정거래위원회가 된다.

③ 조례에 대한 무효확인소송의 경우 해당 지방의회의 의장이 피고가 된다.

④ 원고가 피고를 잘못 지정한 때에는 법원은 원고의 신청에 의하여 결정으로써 피고의 경정을 허가할 수 있다.

⑤ 소의 종류의 변경 시에도 피고의 경정이 인정된다.

풀이 TIP 행정소송의 피고적격을 묻는 문제이다. 「행정소송법」 조문의 내용과 판례를 정리하면 풀 수 있는 기본적인 문제이다.

정답해설 ③ 처분적 조례가 항고소송의 대상이 되는 경우에는 조례의 공포권자인 지방자치단체의 장이 라는 것이 판례의 입장이다(대판 1996. 9. 20. 95누8003).

오답해설 ① 취소소송은 다른 법률에 특별한 규정이 없는 한 그 처분등을 행한 행정청을 피고로 한다. 다만, 처분등이 있은 뒤에 그 처분등에 관계되는 권한이 다른 행정청에 승계된 때에는 이를 승계한 행정 청을 피고로 한다(「행정소송법」 제13조 제1항).
② 합의제 행정관청이 처분을 한 경우에는 합의제 행정관청 자체가 피고가 된다. 따라서 공정거래위원회 가 피고가 된다.
④ 「행정소송법」 제14조 제1항
⑤ 행정소송에서는 피고를 달리하는 소의 변경이 인정되므로 소의 변경 시 피고의 경정이 인정된다.

37 「행정소송법」상 집행정지에 관한 설명으로 옳은 것은?

행정소송
2015년 제3회

① 집행정지의 결정 또는 기각의 결정에 대하여는 즉시항고할 수 없다.
② 집행정지는 공공복리에 중대한 영향을 미칠 우려가 있을 때에도 허용된다.
③ 취소소송의 제기는 처분 등의 효력이나 그 집행 또는 절차의 속행에 영향을 준다.
④ 처분의 효력정지는 처분 등의 집행 또는 절차의 속행을 정지함으로써 목적을 달성할 수 있는 경우에는 허용되지 않는다.
⑤ 긴급한 필요가 있다고 인정할 때에는 본안이 계속되고 있는 법원은 직권에 의하여 처분 등의 효력의 전부 또는 일부의 정지를 결정할 수 없다.

> **풀이 TIP** 「행정소송법」상 집행정지에 대한 문제이다. 처분의 효력정지는 처분의 집행이나 절차속행을 정지하는 것으로 목적달성이 가능한 경우 인정되지 않는다.

정답해설 ④ 취소소송이 제기된 경우에 처분등이나 그 집행 또는 절차의 속행으로 인하여 생길 회복하기 어려운 손해를 예방하기 위하여 긴급한 필요가 있다고 인정할 때에는 본안이 계속되고 있는 법원은 당사자의 신청 또는 직권에 의하여 처분 등의 효력이나 그 집행 또는 절차의 속행의 전부 또는 일부의 정지를 결정할 수 있다. 다만, 처분의 효력정지는 처분 등의 집행 또는 절차의 속행을 정지함으로써 목적을 달성할 수 있는 경우에는 허용되지 아니한다(「행정소송법」 제23조 제2항).

오답해설 ① 집행정지의 결정 또는 기각의 결정에 대하여는 즉시항고할 수 있다(「행정소송법」 제23조 제5항).
② 집행정지는 공공복리에 중대한 영향을 미칠 우려가 있을 때에는 허용되지 아니한다(「행정소송법」 제23조 제3항).
③ 취소소송의 제기는 처분 등의 효력이나 그 집행 또는 절차의 속행에 영향을 주지 아니한다(「행정소송법」 제23조 제1항). 이를 '집행부정지 원칙'이라 한다.
⑤ 법원은 당사자의 신청 또는 직권에 의하여 집행정지를 결정할 수 있다(「행정소송법」 제23조 제2항).

38

행정소송
2019년 제7회

「행정소송법」상 가구제에 관한 설명으로 옳지 않은 것은?

① 「행정심판법」에서 인정되는 임시처분제도가 「행정소송법」에는 없다.

② 집행정지는 공공복리에 중대한 영향을 미칠 우려가 있을 때에는 허용되지 아니한다.

③ 집행정지신청이 인용되려면 취소소송이 제기된 경우에 처분 등이나 그 집행 또는 절차의 속행으로 인하여 생길 중대한 손해를 예방하기 위한 경우이어야 한다.

④ 집행정지의 결정을 신청함에 있어서는 그 이유에 대한 소명이 있어야 한다.

⑤ 처분의 효력정지는 처분 등의 집행 또는 절차의 속행을 정지함으로써 목적을 달성할 수 있는 경우에는 허용되지 아니한다.

풀이 TIP 행정소송에서 집행정지의 요건에 관해 묻고 있다. 행정심판의 집행정지와 행정소송의 집행정지를 비교해서 기억해야 한다.

정답해설 ③ 집행정지가 인정되려면 처분등이나 그 집행 또는 절차의 속행으로 인하여 생길 회복하기 어려운 손해를 예방하기 위하여 긴급한 필요가 있다고 인정할 때에 인정된다(「행정소송법」 제23조 제2항). 중대한 손해는 행정심판에서의 집행정지의 요건이다.

오답해설 ① 거부처분에 대하여 행정심판에서는 임시처분이 인정되고 있으나, 행정소송에서는 임시처분과 유사한 가처분이 인정되지 않는다.
② 「행정소송법」 제23조 제3항
④ 「행정소송법」 제23조 제4항
⑤ 처분의 효력정지는 처분 등의 집행 또는 절차의 속행을 정지함으로써 목적을 달성할 수 있는 경우에는 허용되지 아니한다(「행정소송법」 제23조 제2항).

39

하
거부처분에 대한
신청권
2021년 제9회

신청에 대한 거부처분에 관한 설명으로 옳은 것은? (다툼이 있으면 판례에 따름)

① 거부처분은 당사자의 권익을 제한하는 처분에 해당하므로 원칙적으로 행정절차법상 사전통지의 대상이 된다.

② 거부처분에 대하여는 행정소송법상 집행정지를 구할 이익이 있어 집행정지가 허용된다.

③ 거부처분의 취소판결의 취지에 따라 행정청이 처분을 하지 않는 경우, 당사자는 수소법원에 직접강제를 신청할 수 있다.

④ 거부처분이 성립되려면 신청인에게 그 행위발동을 요구할 법규상 또는 조리상 신청권이 있어야 한다.

⑤ 거부처분에 대하여는 행정소송법상 명문의 규정으로 의무이행소송이 허용된다.

풀이 TIP 행정처분이 되기 위해서는 신청권이 있어야 하는데, 신청에 대한 거부처분의 처분성을 더 중심적으로 이해하여야 한다.

정답해설 ④ 거부처분의 처분성을 인정하기 위한 전제요건이 되는 신청권이 있어야 하며 그 신청권의 존부는 구체적 사건에서 신청인이 누구인가를 고려하지 않고 관계 법규의 해석에 의하여 일반 국민에게 그러한 신청권을 인정하고 있는가를 살펴 추상적으로 결정되는 것이고, 신청인이 그 신청에 따른 단순한 응답을 받을 권리를 넘어서 신청의 인용이라는 만족적 결과를 얻을 권리를 의미하는 것은 아니다(대판 1996. 6. 11. 95누12460).

오답해설 ① 신청에 대한 거부처분은 처분 전에 권익을 부여하지 않았기 때문에 '당사자의 권익을 제한하는 처분'에 해당한다고 할 수 없어 처분의 사전통지대상이 된다고 할 수 없다(대판 2003. 11. 28. 2003두674).
② 거부처분 등과 같은 소극적 처분에 대해서는 효력을 정지하여도 불허가처분·거부처분이 없었던 것과 같은 상태로 돌아갈 뿐이지 신청이 허가된 것과 같은 상태가 형성되는 것은 아니기 때문에 집행정지를 할 수 없다(대판 1992. 2. 13. 91두47).
③ 거부처분의 취소판결의 취지에 따라 행정청이 처분을 하지 않는 경우, 당사자는 수소법원에 손해배상을 명하는 간접강제를 신청할 수 있다(「행정소송법」 제34조 제1항).
⑤ 거부처분에 대한 의무이행소송은 「행정소송법」상 인정되지 않는다.

Answer⁺ 38. ③ 39. ④

40

행정소송, 행정심판
2024년 제12회

甲의 건축허가 신청에 대하여 관할 군수 乙은 거부처분을 하였으나, 해당 거부처분에 무효사유에 해당하는 하자가 있어 甲이 행정쟁송으로 다투고자 한다. 이에 관한 설명으로 옳지 않은 것은? (다툼이 있으면 판례에 따름)

① 甲은 거부처분 무효확인심판을 제기할 수 있다.

② 甲은 의무이행심판을 제기할 수 있다.

③ 甲이 거부처분 무효확인소송을 제기한 경우 무효인 사유를 주장·증명할 책임은 甲에게 있다.

④ 甲이 거부처분 무효확인소송을 제기한 경우 「행정소송법」상 취소소송의 사정판결 규정은 준용되지 않는다.

⑤ 甲이 무효의 선언을 구하는 의미의 취소소송을 제기한 경우 제소기간의 제한이 없다.

풀이 TIP 취소소송은 제소기간의 제한이 있다.

정답해설 ⑤ 행정처분의 당연무효를 선언하는 의미에서 그 취소를 청구하는 행정소송을 제기하는 경우에도 심판전치와 제소기간의 준수등 취소소송의 제소요건을 갖추어야 한다(대판 1984. 5. 29. 84누175).

오답해설 ①, ② 거부처분에 대해서는 취소심판, 무효확인심판, 의무이행심판이 모두 가능하다.

③ 처분이 위법한 경우 무효인 것은 예외적이므로 무효를 주장하는 원고인 甲이 증명책임을 부담한다.

④ 무효확인소송에는 사정판결이 준용되지 않는다.

41

행정소송
2018년 제6회

판례에 의할 때 항고소송의 대상이 아닌 것은?

① 국세환급금결정 ② 세무조사결정

③ 건축신고 반려행위 ④ 지방의회의원 징계의결

⑤ 폐기물처리사업계획 부적합통보

풀이 TIP 행정소송 관련 판례의 주요 내용을 기억하여야 한다.

정답해설 ① 국세환급금결정이나 이 결정을 구하는 신청에 대한 환급거부결정은 납세의무자가 갖는 환급청구권의 존부나 범위에 구체적이고 직접적인 영향을 미치는 처분이 아니어서 항고소송의 대상이 되는 처분이라고 볼 수 없다(대판 2009. 11. 26. 2007두4018).

오답해설 ② 세무조사결정(대판 2011. 3. 10. 2009두23617)

③ 건축신고 반려행위(대판 2007. 10. 11. 2007두1316)

④ 지방의회의원 징계의결(대판 1993. 11. 26. 93누7341)

⑤ 폐기물처리사업계획 부적합통보(대판 1998. 4. 28. 97누21086)

42

중
행정소송
2017년 제5회

「행정소송법」상 항고소송의 대상에 해당하지 않는 것을 모두 고른 것은? (다툼이 있으면 판례에 따름)

> ㉠ 도지사의 혁신도시 최종입지 선정행위
> ㉡ 지방의회의장에 대한 불신임의결
> ㉢ 「국가공무원법」상의 당연퇴직인사발령
> ㉣ 「병역법」상 군의관의 신체등위판정
> ㉤ 한국마사회의 기수 면허 취소

① ㉡, ㉢
② ㉠, ㉣, ㉤
③ ㉡, ㉣, ㉤
④ ㉠, ㉢, ㉣, ㉤
⑤ ㉠, ㉡, ㉢, ㉣, ㉤

풀이 TIP 항고소송의 대상이 되는 처분성 인정 여부에 대한 판례가 암기되어 있어야 풀 수 있는 문제이다.

정답해설 ㉠「국가균형발전 특별법」과 동법시행령 및 '혁신도시 입지선정지침'에는 공공기관의 지방이전을 위한 정부 등의 조치와 공공기관이 이전할 혁신도시 입지선정을 위한 사항 등을 규정하고 있을 뿐 혁신도시입지 후보지에 관련된 지역 주민 등의 권리의무에 직접 영향을 미치는 규정을 두고 있지 않으므로, 정부의 수도권 소재 공공기관의 지방이전시책을 추진하는 과정에서 도지사가 도 내 특정시를 공공기관이 이전할 혁신도시 최종입지로 선정한 행위는 항고소송의 대상이 되는 행정처분이 아니다(대판 2007. 11. 15. 2007두10198).

㉢「국가공무원법」제69조에 의하면 공무원이 제33조 각 호의 1에 해당할 때에는 당연히 퇴직한다고 규정하고 있으므로, 「국가공무원법」상 당연퇴직은 결격사유가 있을 때 법률상 당연히 퇴직하는 것이지 공무원관계를 소멸시키기 위한 별도의 행정처분을 요하는 것이 아니며, 당연퇴직의 인사발령은 법률상 당연히 발생하는 퇴직사유를 공적으로 확인하여 알려주는 이른바 관념의 통지에 불과하고 공무원의 신분을 상실시키는 새로운 형성적 행위가 아니므로 행정소송의 대상이 되는 독립한 행정처분이라고 할 수 없다(대판 1995. 11. 14. 95누2036).

㉣「병역법」상 신체등위판정은 행정청이라고 볼 수 없는 군의관이 하도록 되어 있으며, 그 자체만으로 바로 「병역법」상의 권리의무가 정하여지는 것이 아니라 그에 따라 지방병무청장이 병역처분을 함으로써 비로소 병역의무의 종류가 정하여지는 것이므로 항고소송의 대상이 되는 행정처분이라 보기 어렵다(대판 1993. 8. 27. 93누3356).

㉤ 한국마사회가 조교사 또는 기수의 면허를 부여하거나 취소하는 것은 경마를 독점적으로 개최할 수 있는 지위에서 우수한 능력을 갖추었다고 인정되는 사람에게 경마에서의 일정한 기능과 역할을 수행할 수 있는 자격을 부여하거나 이를 박탈하는 것에 지나지 아니하므로, 이는 국가 기타 행정기관으로부터 위탁받은 행정권한의 행사가 아니라 일반 사법상의 법률관계에서 이루어지는 단체 내부에서의 징계 내지 제재처분이다(대판 2008. 1. 31. 2005두8269).

오답해설 ㉡ 지방의회를 대표하고 의사를 정리하며 회의장 내의 질서를 유지하고 의회의 사무를 감독하며 위원회에 출석하여 발언할 수 있는 등의 직무권한을 가지는 지방의회의장에 대한 불신임의결은 의장으로서의 권한을 박탈하는 행정처분의 일종으로서 항고소송의 대상이 된다(대결 1994. 10. 11. 94두23).

43

행정소송
2021년 제9회

판례에 의할 때 항고소송의 대상인 것을 모두 고른 것은?

> ㉠ 어업권 면허에 선행하는 우선순위결정
> ㉡ 「농지법」상 이행강제금 부과처분
> ㉢ 구 「청소년보호법」상 청소년유해매체물 결정 및 고시처분
> ㉣ 두밀분교를 폐교하는 경기도의 조례

① ㉠, ㉡

② ㉠, ㉢

③ ㉡, ㉢

④ ㉡, ㉣

⑤ ㉢, ㉣

풀이 TIP 행정처분에 해당하는가의 문제는 고정적으로 출제되는 내용이다. 처분에 대한 해당 여부를 반드시 정리하여야 한다.

정답해설 ㉢ 처분성 인정. 청소년 보호법에 따른 청소년유해매체물 결정 및 고시처분은 당해 유해매체물의 소유자 등 특정인만을 대상으로 한 행정처분이 아니라 일반 불특정 다수인을 상대방으로 하여 일률적으로 표시의무, 포장의무, 청소년에 대한 판매·대여 등의 금지의무 등 각종 의무를 발생시키는 행정처분이다(대판 2007. 6. 14. 2004두619).

㉣ 처분성 인정. 두밀분교폐지조례는 집행행위의 개입 없이도 그 자체로서 직접 국민의 구체적인 권리·의무나 법적 이익에 영향을 미치는 등의 법률상 효과를 발생하므로 항고소송의 대상이 되는 행정처분에 해당한다(대판 1996. 9. 20. 95누8003).

오답해설 ㉠ 처분성 부정. 어업권면허에 선행하는 우선순위결정은 행정청이 우선권자로 결정된 자의 신청이 있으면 어업권면허처분을 하겠다는 것을 약속하는 행위로서 강학상 확약에 불과하고 행정처분은 아니다(대판 1995. 1. 20. 94누6529).

㉡ 처분성 부정. 「농지법」 제62조 제1항에 따른 이행강제금 부과처분에 불복하는 경우에는 「비송사건절차법」에 따른 재판절차가 적용되어야 하고, 「행정소송법」상 항고소송의 대상은 될 수 없다(대판 2019. 4. 11. 2018두42955).

44 판례에 의할 때 항고소송의 대상이 되는 처분에 해당하지 않는 것은?

행정소송
2014년 제2회

① 과세관청의 「부가가치세법」상 사업자등록의 직권말소행위
② 거부처분 이후에 동일한 내용의 신청에 대해 다시 반복된 거부처분
③ 폐기물관리법령상 폐기물처리업 허가 전의 사업계획에 대한 부적정 통보
④ 국가인권위원회의 성희롱 결정 및 시정조치 권고
⑤ 건축주 명의변경신고 수리거부행위

> **풀이 TIP** 항고소송의 대상이 되는 처분성 인정 여부에 대한 판례를 알고 있는지 묻는 문제이다.

정답해설 ① 「부가가치세법」상의 사업자등록은 과세관청으로 하여금 부가가치세의 납세의무자를 파악하고 그 과세자료를 확보케 하려는 데 입법취지가 있는 것으로서, 이는 단순한 사업사실의 신고로서 사업자가 소관 세무서장에서 소정의 사업자등록신청서를 제출함으로써 성립되는 것이고, 사업자등록증의 교부는 이와 같은 등록사실을 증명하는 증서의 교부행위에 불과한 것이며, 「부가가치세법」 제5조 제5항에 의하면 사업자가 폐업하거나 또는 신규로 사업을 개시하고자 하여 사업개시일 전에 등록한 후 사실상 사업을 개시하지 아니하게 되는 때에는 과세관청이 직권으로 이를 말소하도록 하고 있는데, 사업자등록의 말소 또한 폐업사실의 기재일 뿐 그에 의하여 사업자로서의 지위에 변동을 가져오는 것이 아니라는 점에서 과세관청의 사업자등록 직권말소행위는 불복의 대상이 되는 행정처분으로 볼 수가 없다(대판 2000. 12. 22. 99두6903).

오답해설 ② 거부처분은 관할 행정청이 국민의 처분신청에 대하여 거절의 의사표시를 함으로써 성립되고, 그 이후 동일한 내용의 새로운 신청에 대하여 다시 거절의 의사표시를 한 경우에는 새로운 거부처분이 있는 것으로 보아야 할 것이다(대판 2002. 3. 29. 2000두6084).
③ 「폐기물관리법」 관계 법령의 규정에 의하면 폐기물처리업의 허가를 받기 위하여는 먼저 사업계획서를 제출하여 허가권자로부터 사업계획에 대한 적정통보를 받아야 하고, 그 적정통보를 받은 자만이 일정기간 내에 시설, 장비, 기술능력, 자본금을 갖추어 허가신청을 할 수 있으므로, 결국 부적정통보는 허가신청 자체를 제한하는 등 개인의 권리 내지 법률상의 이익을 개별적이고 구체적으로 규제하고 있어 행정처분에 해당한다(대판 1998. 4. 28. 97누21086).
④ 구 「남녀차별금지 및 구제에 관한 법률」 제28조에 의하면, 국가인권위원회의 성희롱결정과 이에 따른 시정조치의 권고는 불가분의 일체로 행하여지는 것인데 국가인권위원회의 이러한 결정과 시정조치의 권고는 성희롱 행위자로 결정된 자의 인격권에 영향을 미침과 동시에 공공기관의 장 또는 사용자에게 일정한 법률상의 의무를 부담시키는 것이므로 국가인권위원회의 성희롱결정 및 시정조치권고는 행정소송의 대상이 되는 행정처분에 해당한다고 보지 않을 수 없다(대판 2005. 7. 8. 2005두487).
⑤ 건축주 명의변경신고 수리거부행위는 행정청이 허가대상건축물 양수인의 건축주 명의변경신고라는 구체적인 사실에 관한 법집행으로서 그 신고를 수리하여야 할 법령상의 의무를 지고 있음에도 불구하고 그 신고의 수리를 거부함으로써, 양수인이 건축공사를 계속하기 위하여 또는 건축공사를 완료한 후 자신의 명의로 소유권보존등기를 하기 위하여 가지는 구체적인 법적 이익을 침해하는 결과가 되었다고 할 것이므로, 비록 건축허가가 대물적 허가로서 그 허가의 효과가 허가대상건축물에 대한 권리변동에 수반하여 이전된다고 하더라도, 양수인의 권리의무에 직접 영향을 미치는 것으로서 취소소송의 대상이 되는 처분이라고 하지 않을 수 없다(대판 1992. 3. 31. 91누4911).

Answer 43. ⑤ 44. ①

45

행정소송
2013년 제1회

판례에 의할 때 항고소송의 대상이 아닌 것은?

① 「독점규제 및 공정거래에 관한 법률」에 의한 공정거래위원회의 고발조치
② 국유재산의 무단점유자에 대한 변상금부과처분
③ 지적공부 소관청의 지목변경신청 반려행위
④ 건축물대장 소관청의 건축물 용도변경신청 거부행위
⑤ 지방의회의장에 대한 지방의회의 불신임의결

> **풀이 TIP** 항고소송의 대상이 되는 처분성 인정 여부에 대한 판례가 암기되어 있어야 풀 수 있는 문제이다.

정답해설 ① 이른바 고발은 수사의 단서에 불과할 뿐 그 자체 국민의 권리의무에 어떤 영향을 미치는 것이 아니고, 특히 「독점규제 및 공정거래에 관한 법률」 제71조는 공정거래위원회의 고발을 위 법률위반죄의 소추요건으로 규정하고 있어 공정거래위원회의 고발조치는 사직 당국에 대하여 형벌권 행사를 요구하는 행정기관 상호 간의 행위에 불과하여 항고소송의 대상이 되는 행정처분이라 할 수 없으며, 더욱이 공정거래위원회의 고발 의결은 행정청 내부의 의사결정에 불과할 뿐 최종적인 처분은 아닌 것이므로 이 역시 항고소송의 대상이 되는 행정처분이 되지 못한다(대판 1995. 5. 12. 94누13794).

오답해설 ② 「국유재산법」 제51조 제1항은 국유재산의 무단점유자에 대하여는 대부 또는 사용, 수익허가 등을 받은 경우에 납부하여야 할 대부료 또는 사용료 상당액 외에도 그 징벌적 의미에서 국가 측이 일방적으로 그 2할 상당액을 추가하여 변상금을 징수토록 하고 있으며 동조 제2항은 변상금의 체납 시 「국세징수법」에 의하여 강제징수토록 하고 있는 점 등에 비추어 보면 국유재산의 관리청이 그 무단점유자에 대하여 하는 변상금부과처분은 순전히 사경제 주체로서 행하는 사법상의 법률행위라 할 수 없고 이는 관리청이 공권력을 가진 우월적 지위에서 행한 것으로서 행정소송의 대상이 되는 행정처분이라고 보아야 한다(대판 1988. 2. 23. 87누1046).
③ 구 「지적법」 제20조, 제38조 제2항의 규정은 토지소유자에게 지목변경신청권과 지목정정신청권을 부여한 것이고, 한편 지목은 토지에 대한 공법상의 규제, 개발부담금의 부과대상, 지방세의 과세대상, 공시지가의 산정, 손실보상가액의 산정 등 토지행정의 기초로서 공법상의 법률관계에 영향을 미치고, 토지소유자는 지목을 토대로 토지의 사용·수익·처분에 일정한 제한을 받게 되는 점 등을 고려하면, 지목은 토지소유권을 제대로 행사하기 위한 전제요건으로서 토지소유자의 실체적 권리관계에 밀접하게 관련되어 있으므로 지적공부 소관청의 지목변경신청 반려행위는 국민의 권리관계에 영향을 미치는 것으로서 항고소송의 대상이 되는 행정처분에 해당한다(대판 2004. 4. 22. 2003두9015).
④ 구 「건축법」 제14조 제4항의 규정은 건축물의 소유자에게 건축물대장의 용도변경신청권을 부여한 것이고, 한편 건축물의 용도는 토지의 지목에 대응하는 것으로서 건물의 이용에 대한 공법상의 규제, 「건축법」상의 시정명령, 지방세 등의 과세대상 등 공법상 법률관계에 영향을 미치고, 건물소유자는 용도를 토대로 건물의 사용·수익·처분에 일정한 영향을 받게 된다. 이러한 점 등을 고려해 보면, 건축물대장의 용도는 건축물의 소유권을 제대로 행사하기 위한 전제요건으로서 건축물 소유자의 실체적 권리관계에 밀접하게 관련되어 있으므로, 건축물대장 소관청의 용도변경신청 거부행위는 국민의 권리관계에 영향을 미치는 것으로서 항고소송의 대상이 되는 행정처분에 해당한다(대판 2009. 1. 30. 2007두7277).
⑤ 지방의회를 대표하고 의사를 정리하며 회의장 내의 질서를 유지하고 의회의 사무를 감독하며 위원회에 출석하여 발언할 수 있는 등의 직무권한을 가지는 지방의회의장에 대한 불신임의결은 의장으로서의 권한을 박탈하는 행정처분의 일종으로서 항고소송의 대상이 된다(대결 1994. 10. 11. 94두23).

46

행정소송
2024년 제12회

관할 시장 A는 2024. 2. 5. 甲에 대하여 1,000만 원의 과징금부과처분을 하였고, 甲은 2024. 2. 6. 처분서를 수령하였다. 甲은 과징금부과처분 취소심판을 제기하였는데, 관할 행정심판위원회는 2024. 4. 23. 1,000만 원의 과징금부과처분을 700만 원으로 감액하는 일부취소재결을 하여, 해당 재결서의 정본이 2024. 4. 24. 甲에게 송달되었다. 이때 甲이 일부취소재결에도 아직 취소되지 않고 남아있는 부분이 위법하다고 보아 취소소송을 제기하는 경우 소의 대상과 제소기간의 기산일은? (일부취소재결 고유의 하자는 없으며, 다툼이 있으면 판례에 따름)

소의 대상	제소기간 기산일
① 700만 원으로 감액된 2024. 2. 5. 자 과징금부과처분	2024. 4. 24.
② 700만 원으로 감액된 2024. 2. 5. 자 과징금부과처분	2024. 2. 6.
③ 700만 원으로 감액한 2024. 4. 23. 자 일부취소재결	2024. 4. 24.
④ 700만 원으로 감액한 2024. 4. 23. 자 일부취소재결	2024. 2. 6.
⑤ 2024. 2. 5. 자 1,000만 원의 과징금부과처분	2024. 2. 6.

풀이 TIP 행정심판을 거친 경우 제소기간의 기산점과 인용재결에 대한 항고소송의 대상을 묻는 문제로서 난이도가 높은 문제이다.

정답해설 ① 일부취소재결의 경우 취소되고 남은 원처분이 취소소송의 대상이 된다. 다만 행정심판을 거친 경우이므로 재결서정본을 송달받은 날로부터 90일 이내에 취소소송을 제기해야 한다.

오답해설 ② 제소기간은 재결서정본을 송달받은 날인 2024. 4. 24.이 기산일이 된다.
③ 일부취소재결은 그 자체 고유한 하자가 없는 이상 취소소송의 대상이 되지 않는다.
④, ⑤ 소의 대상과 제소기간의 기산일이 모두 틀린 지문이다.

Answer⁺ 45. ① 46. ①

47

상
행정소송
2018년 제6회

행정소송의 심리에 관한 설명으로 옳은 것은? (다툼이 있으면 판례에 따름)

① 행정심판기록의 제출명령에 관한 규정은 당사자소송에는 준용되지 않는다.

② 행정소송의 심리에 있어서 직권탐지주의가 원칙이고, 당사자주의·변론주의는 보충적으로 적용된다.

③ 「행정소송법」 제16조에 따른 소송참가가 허용되지 않는 제3자라 하더라도 「민사소송법」에 따라 공동소송적 보조참가를 할 수 있다.

④ 관련청구소송을 취소소송에 병합한 경우, 법원은 취소소송이 부적법하더라도 관련청구소송에 대하여 본안판결을 내릴 수 있다.

⑤ 무효확인소송에서 처분의 무효사유에 대한 주장·입증책임은 피고인 행정청이 부담한다.

풀이TIP 「행정소송법」 조문의 내용과 관련 판례의 내용을 기억하여야 한다.

정답해설 ③ 「행정소송법」 제16조에 따른 소송참가가 허용되지 않는 제3자라 하더라도 「민사소송법」에 따라 공동소송적 보조참가를 할 수 있다. ⇨ 행정소송 사건에서 참가인이 한 보조참가가 「행정소송법」 제16조가 규정한 제3자의 소송참가에 해당하지 않는 경우에도, 판결의 효력이 참가인에게까지 미치는 점 등 행정소송의 성질에 비추어 보면 그 참가는 「민사소송법」 제78조에 규정된 공동소송적 보조참가이다(대판 2013. 3. 28. 2011두13729).

오답해설 ① 행정심판기록의 제출명령에 관한 규정은 당사자소송에도 준용된다(「행정소송법」 제25조, 제44조 제1항).

② 행정소송의 심리에 있어서 당사자주의가 원칙이고, 직권탐지주의가 보충적으로 적용된다(「행정소송법」 제26조).

④ 관련청구소송을 취소소송에 병합한 경우, 법원은 취소소송이 부적법하다면 관련청구소송에 대하여 본안판결을 내릴 수 없다. ⇨ 「행정소송법」 제10조 소정의 관련청구소송의 병합은 본래의 항고소송이 적법할 것을 요건으로 하는 것인데, 직권면직처분부존재·무효확인 등의 본래의 항고소송이 행정처분이 아닌 것을 대상으로 한 부적법한 것이어서 각하되어야 하는 이상 (관련청구소송으로서 병합된) 금원지급청구의 소 역시 각하를 면할 수 없다(대판 1997. 3. 14. 95누13708, 대판 1997. 11. 11. 97누1990).

⑤ 무효확인소송에서 처분의 무효사유에 대한 주장·입증책임은 원고가 처분 등의 하자가 중대하고 명백하여 무효임을 주장하고 이를 입증할 책임이 있다고 본다(대판 1984. 2. 28. 82누154).

48

상
행정소송
2020년 제8회

행정쟁송에 있어 가구제에 관한 설명으로 옳지 않은 것은? (다툼이 있으면 판례에 따름)

① 「행정심판법」상 임시처분은 집행정지로 목적을 달성할 수 없는 경우에 허용된다.

② 「행정심판법」상 임시처분은 당사자의 신청이 있는 경우에만 할 수 있다.

③ 취소소송에서는 「민사집행법」상의 가처분이 인정되지 않는다.

④ 취소소송상 집행정지의 신청은 적법한 본안소송이 계속 중일 것을 요한다.

⑤ 당사자소송에서는 「행정소송법」상의 집행정지가 인정되지 않는다.

풀이 TIP 행정심판과 행정소송에서 집행정지에 관한 내용이다. 행정심판, 행정소송, 당사자소송의 가구제에 관한 전체적인 내용을 알아야 한다.

정답해설 ② 「행정심판법」상 임시처분은 당사자의 신청 또는 직권으로 할 수 있다(「행정심판법」 제31조 제1항).

오답해설 ① 「행정심판법」상 임시처분은 집행정지로 목적달성할 수 없는 거부처분과 부작위에 대해서 인정된다(「행정심판법」 제31조 제3항).
③ 취소소송에서는 행정심판과 달리 거부처분에 대한 가처분이 인정되지 않고 있다.
④ 취소소송의 집행정지는 적법한 본안이 계속 중인 경우에 인정된다(「행정소송법」 제23조 제2항).
⑤ 당사자소송에 대하여는 「행정소송법」 제23조 제2항의 집행정지에 관한 규정이 준용되지 아니하므로, 이를 본안으로 하는 가처분에 대하여는 「행정소송법」 제8조 제2항에 따라 「민사집행법」상 가처분에 관한 규정이 준용되어야 한다(대판 2015. 8. 21. 2015무26).

49

상
행정소송
2024년 제12회

행정소송상 집행정지에 관한 설명으로 옳은 것을 모두 고른 것은?

> ㉠ 「행정소송법」상 집행정지는 부작위위법확인소송에는 인정되지 않는다.
> ㉡ 처분이 가분적이더라도 처분의 일부에 대한 집행정지는 허용되지 않는다.
> ㉢ 처분의 효력정지는 처분등의 집행을 정지함으로써 목적을 달성할 수 있는 경우에는 허용되지 않는다.
> ㉣ 집행정지의 결정에 대한 즉시항고에는 결정의 집행을 정지하는 효력이 인정된다.

① ㉠, ㉡
② ㉠, ㉢
③ ㉡, ㉣
④ ㉠, ㉢, ㉣
⑤ ㉡, ㉢, ㉣

풀이 TIP 집행정지에 대한 전반적 내용을 묻는 문제이다.

정답해설 ㉠ 부작위는 정지시킬 처분이 존재하지 않으므로 집행정지가 인정되지 않는다.
㉢ 처분의 효력정지는 처분등의 집행 또는 절차의 속행을 정지함으로써 목적을 달성할 수 있는 경우에는 허용되지 아니한다(「행정소송법」 제23조 제2항).

오답해설 ㉡ 처분이 가분적인 경우 처분의 일부에 대한 집행정지도 허용된다(「행정소송법」 제23조 제2항).
㉣ 집행정지의 결정 또는 기각의 결정에 대하여는 즉시항고할 수 있다. 이 경우 집행정지의 결정에 대한 즉시항고에는 결정의 집행을 정지하는 효력이 없다(「행정소송법」 제23조 제5항).

Answer 47. ③ 48. ② 49. ②

50

행정소송
2017년 제5회

「행정소송법」상의 사정판결에 관한 설명으로 옳지 않은 것은?

① 무효확인소송에서는 사정판결을 할 수 없다.
② 사정판결 시 법원은 그 판결의 주문에서 그 처분 등이 위법함을 명시하여야 한다.
③ 당사자의 주장이 없더라도 법원은 직권으로 사정판결을 할 수 있다.
④ 사정판결이 있으면 취소소송의 대상인 처분은 당해 처분이 위법함에도 불구하고 그 효력이 유지된다.
⑤ 사정판결은 기각판결이므로 소송비용은 원고가 부담한다.

> **풀이 TIP** 사정판결의 의의를 묻는 문제이다. 사정판결은 원고가 패소한 것이지만 소송비용은 피고부담으로 한다.

정답해설 ⑤ 사정판결은 원고의 청구가 이유 있다고 인정하면서도 처분 등을 취소하는 것이 현저히 공공복리에 적합하지 아니하다고 인정하는 때에 원고의 청구를 기각하는 특수한 기각판결이므로 「행정소송법」은 소송비용은 일반적인 패소자부담원칙이 적용되지 않고 승소자인 피고행정청이 부담하도록 규정하고 있다.
⇨ 취소청구가 제28조(사정판결)의 규정에 의하여 기각되거나 행정청이 처분 등을 취소 또는 변경함으로 인하여 청구가 각하 또는 기각된 경우에는 소송비용은 피고의 부담으로 한다(「행정소송법」 제32조).

오답해설 ① 「행정소송법」은 사정판결을 취소소송에서만 인정하고 있다. 무효확인소송과 부작위위법확인소송에서는 사정판결을 할 수 없다.
② 사정판결 시 법원은 그 판결의 주문에서 그 처분등이 위법함을 명시하여야 한다(「행정소송법」 제28조 제1항).
③ 「행정소송법」 제26조는 법원은 필요하다고 인정할 때에는 직권으로 증거조사를 할 수 있고 당사자가 주장하지 아니한 사실에 대하여도 판단할 수 있다고 규정하고 있으므로 행정소송에 있어서 법원이 「행정소송법」 제28조 소정의 사정판결을 할 필요가 있다고 인정하는 때에는 당사자의 명백한 주장이 없는 경우에도 일건 기록에 나타난 사실을 기초로 하여 직권으로 사정판결을 할 수 있다(대판 1992. 2. 14. 90누9032).
④ 사정판결은 원고의 청구가 이유 있다고 인정됨에도 처분 등을 취소하는 것이 현저히 공공복리에 적합하지 아니하다고 인정하는 때에 원고의 청구를 기각하는 것인바, 사정판결이 있으면 취소소송의 대상인 처분은 당해 처분이 위법함에도 불구하고 그 효력이 유지된다.

51

행정소송
2022년 제10회

「행정소송법」상 취소소송에 관한 설명으로 옳은 것은? (다툼이 있으면 판례에 따름)

① 무효인 처분에 대하여는 무효확인청구소송을 제기하여야 하고 취소소송을 제기할 수는 없다.
② 신청에 대한 거부행위는 취소소송의 대상이 될 수 없다.
③ 처분등을 할 정당한 권한을 가진 행정청만이 피고적격을 갖는다.
④ 처분이 위법한 것으로 인정되는 경우에도 공공복리를 위하여 원고의 청구가 기각될 수 있다.
⑤ 과세처분취소소송에서 적법하게 부과될 정당한 세액이 산출되더라도 법원은 정당한 세액을 초과하는 부분만 취소할 수는 없고 전부를 취소하여야 한다.

풀이 TIP 취소소송의 전반적 내용을 묻는 문제이다. 사정판결의 의의를 알면 쉽게 풀 수 있다.

정답해설 ④ 원고의 청구가 이유 있다고 인정하는 경우에도 처분 등을 취소하는 것이 현저히 공공복리에 적합하지 아니하다고 인정하는 때에는 법원은 원고의 청구를 기각할 수 있다(「행정소송법」 제28조 제1항).

오답해설 ① 무효인 처분에 대해 취소소송을 제기하는 경우에도 취소소송의 제기요건을 갖춘 경우 이를 허용하는 것이 판례이다.
② 처분을 신청할 법규상 또는 조리상 신청권이 있는 자의 신청에 대한 거부는 항고소송의 대상이 된다.
③ 취소소송의 피고는 처분 등을 행한 행정청을 피고로 하며 이때 행정청이 처분을 행할 실질적 권한 유무는 따지지 않고 처분을 행한 명의 행정청이 기준이라는 것이 판례이다.
⑤ 과세처분취소소송에서 적법하게 부과될 정당한 세액이 산출될 수 있는 경우에는 법원은 정당한 세액을 초과하는 부분만 취소할 수는 있다(대판 2001. 6. 12. 99두8930).

52

행정소송
2023년 제11회

「행정소송법」의 내용에 관한 설명으로 옳지 않은 것은?

① 처분등을 취소하는 확정판결은 당사자에 대해서만 효력이 있다.
② 처분등이라 함은 행정청이 행하는 구체적 사실에 관한 법집행으로서의 공권력의 행사 또는 그 거부와 그 밖에 이에 준하는 행정작용 및 행정심판에 대한 재결을 말한다.
③ 행정소송의 종류로는 항고소송, 당사자소송, 민중소송, 기관소송이 규정되어 있다.
④ 무효등 확인소송은 처분등의 효력 유무 또는 존재 여부의 확인을 구할 법률상 이익이 있는 자가 제기할 수 있다.
⑤ 행정청의 재량에 속하는 처분이라도 재량권의 한계를 넘거나 그 남용이 있는 때에는 법원은 이를 취소할 수 있다.

풀이 TIP 확정판결의 효력은 제3자에게도 있다는 의미를 알고 있다면 쉽게 해결되는 문제이다.

정답해설 ① 처분등을 취소하는 확정판결은 제3자에 대하여도 효력이 있다(「행정소송법」 제29조 제1항).

오답해설 ② 「행정소송법」 제2조 제1항 제1조
③ 「행정소송법」 제3조
④ 「행정소송법」 제35조
⑤ 「행정소송법」 제27조

Answer 50. ⑤ 51. ④ 52. ①

53

행정소송
2018년 제6회

「행정소송법」상 취소소송에 관한 규정 중 무효등확인소송에 준용되지 않는 것은?

① 사정판결　　　　　　　　　② 피고경정
③ 공동소송　　　　　　　　　④ 행정청의 소송참가
⑤ 처분변경으로 인한 소의 변경

> **풀이 TIP** 반복출제될 가능성이 높은 판례이다.

> **정답해설** ① 「행정소송법」 제28조에 규정되어 있는 사정판결에 대한 규정은 무효등확인소송에 준용되지 않는다.

> ✚ **「행정소송법」 제38조(준용규정)** ① 제9조, 제10조, 제13조 내지 제17조, 제19조, 제22조 내지 제26조, 제29조 내지 제31조 및 제33조의 규정은 무효등확인소송의 경우에 준용한다.
> ② 제9조, 제10조, 제13조 내지 제19조, 제20조, 제25조 내지 제27조, 제29조 내지 제31조, 제33조 및 제34조의 규정은 부작위위법확인소송의 경우에 준용한다.

> **오답해설** ② 「행정소송법」 제14조, 제38조 제1항
> ③ 「행정소송법」 제15조, 제38조 제1항
> ④ 「행정소송법」 제17조, 제38조 제1항
> ⑤ 「행정소송법」 제22조, 제38조 제1항

54

행정소송
2020년 제8회

취소소송에 적용되는 「행정소송법」 규정 중 무효등확인소송에 준용되지 않는 것은?

① 행정심판기록의 제출명령　　② 관련청구소송의 병합
③ 집행정지　　　　　　　　　④ 처분변경으로 인한 소의 변경
⑤ 간접강제

> **풀이 TIP** 취소소송이 무효등확인소송에 준용되는 규정을 묻는 문제이다. 「행정소송법」 조문의 내용과 이에 대한 판례를 정리하여야 한다.

> **정답해설** ⑤ 무효확인판결이 내려진 경우에는 그 행정처분이 거부처분인 경우에도 행정청에 판결의 취지에 따른 재처분의무가 인정될 뿐 그에 대하여 간접강제까지 허용되는 것은 아니라고 할 것이다(대판 1998. 12. 24. 98무37).

> **오답해설** ①, ②, ③, ④ 「행정소송법」 제38조 제1항에 의하여 준용되는 규정이다.

55

甲의 도로점용허가 신청에 대하여 처분청 X는 거부처분을 하였다. 이에 대한 설명으로 옳은 것을 모두 고른 것은? (다툼이 있으면 판례에 따름)

ⓐ 甲은 거부처분취소심판이나 의무이행심판을 제기할 수 있다.
ⓑ 만약, X가 거부처분에 앞서 사전통지를 하지 않았다면 그 거부처분에는 절차상 하자가 있다.
ⓒ 甲이 거부처분취소소송을 제기하여 인용판결이 확정되었다면 X는 도로점용허가를 발령하여야 한다.
ⓓ 甲이 거부처분취소소송을 제기하여 인용판결이 상고심에서 확정되었음에도 X가 아무런 조치를 취하지 아니하면 상고심 법원은 甲의 신청에 의해 간접강제 결정을 할 수 있다.

① ⓐ 　　② ⓐ, ⓒ 　　③ ⓐ, ⓓ
④ ⓑ, ⓒ 　　⑤ ⓑ, ⓓ

풀이 TIP 행정소송의 판결에 관한 난도 높은 문제이다. 행정소송과 행정절차, 행정심판을 비교하면서 정리하여야 하는 문제이다.

정답해설 ⓐ 거부처분에 대해서는 의무이행심판을 제기할 수도 있고 취소심판도 제기할 수 있다.

오답해설 ⓑ 신청에 대한 거부처분의 경우 사전통지를 하지 않아도 된다는 것이 판례의 입장이다. 따라서 절차상의 하자가 있는 것은 아니다.
ⓒ 거부처분취소소송을 제기하여 인용판결이 확정된 경우 행정청은 반드시 점용허가를 발령하여야 하는 것은 아니며 다른 사유를 들어 다시 거부처분을 할 수도 있다.
ⓓ 행정청이 제30조 제2항의 규정에 의한 처분을 하지 아니하는 때에는 제1심수소법원은 당사자의 신청에 의하여 결정으로써 상당한 기간을 정하고 행정청이 그 기간내에 이행하지 아니하는 때에는 그 지연기간에 따라 일정한 배상을 할 것을 명하거나 즉시 손해배상을 할 것을 명할 수 있다(「행정소송법」 제34조 제1항). 간접강제에 따른 손해배상은 상고심이 아닌 제1심 수소법원이 하게 된다.

56

판례에 의할 때 당사자소송으로 다툴 수 없는 것은?

① 국가에 대한 납세의무자의 부가가치세 환급세액 지급청구소송

② 「도시 및 주거환경정비법」상 관리처분계획에 대한 행정청의 인가·고시 후 관리처분계획안에 대한 조합총회결의의 효력을 다투는 소송

③ 지방자치단체가 보조금지급결정을 하면서 일정 기한 내에 보조금을 반환하도록 하는 교부조건을 부가한 경우에 그 지방자치단체가 제기하는 보조금반환청구소송

④ 「공익사업을 위한 토지 등의 취득 및 보상에 관한 법률」상의 보상금증액청구소송과 보상금감액청구소송

⑤ 「공익사업을 위한 토지 등의 취득 및 보상에 관한 법률」상 세입자의 주거이전비 청구소송

풀이 TIP 행정소송 중 당사자소송의 대상되는 판례를 알고 있는지 묻는 문제이다.

정답해설 ② 「도시 및 주거환경정비법」상 주택재건축정비사업조합이 수립한 관리처분계획에 대하여 관할 행정청의 인가·고시가 있게 되면 관리처분계획은 행정처분으로서 효력이 발생하게 되므로, 총회결의의 하자를 이유로 하여 행정처분의 효력을 다투는 항고소송의 방법으로 관리처분계획의 취소 또는 무효확인을 구하여야 하고, 그와 별도로 행정처분에 이르는 절차적 요건 중 하나에 불과한 총회결의 부분만을 따로 떼어내어 효력 유무를 다투는 확인의 소를 제기하는 것은 특별한 사정이 없는 한 허용되지 않는다(대판 2009. 9. 17. 2007다2428).

오답해설 ① 부가가치세법령의 내용, 형식 및 입법 취지 등에 비추어 보면, 납세의무자에 대한 국가의 부가가치세 환급세액 지급의무는 그 납세의무자로부터 어느 과세기간에 과다하게 거래징수된 세액 상당을 국가가 실제로 납부받았는지와 관계없이 부가가치세법령의 규정에 의하여 직접 발생하는 것으로서, 그 법적 성질은 정의와 공평의 관념에서 수익자와 손실자 사이의 재산상태 조정을 위해 인정되는 부당이득 반환의무가 아니라 부가가치세법령에 의하여 그 존부나 범위가 구체적으로 확정되고 조세 정책적 관점에서 특별히 인정되는 공법상 의무라고 봄이 타당하다. 그렇다면 납세의무자에 대한 국가의 부가가치세 환급세액 지급의무에 대응하는 국가에 대한 납세의무자의 부가가치세 환급세액 지급청구는 민사소송이 아니라 「행정소송법」 제3조 제2호에 규정된 당사자소송의 절차에 따라야 한다(대판 2013. 3. 21. 2011다95564).

③ 지방자치단체가 보조금 지급결정을 하면서 일정 기한 내에 보조금을 반환하도록 하는 교부조건을 부가한 사안에서, 보조사업자의 지방자치단체에 대한 보조금 반환의무는 행정처분인 위 보조금 지급결정에 부가된 부관상 의무이고, 이러한 부관상 의무는 보조사업자가 지방자치단체에 부담하는 공법상 의무이므로, 보조사업자에 대한 지방자치단체의 보조금반환청구는 공법상 권리관계의 일방 당사자를 상대로 하여 공법상 의무이행을 구하는 청구로서 「행정소송법」 제3조 제2호에 규정한 당사자소송의 대상이다(대판 2011. 6. 9. 2011다2951).

④ 구 「토지수용법」 제75조의2 제2항(현 「공익사업을 위한 토지 등의 취득 및 보상에 관한 법률」 제85조 제2항)의 규정상 보상금증액청구소송과 보상금감액청구소송은 공법상의 당사자소송을 규정한 것으로 볼 것이다(대판 1991. 11. 26. 91누285).

⑤ 「공익사업을 위한 토지 등의 취득 및 보상에 관한 법률」상 세입자의 주거이전비는 당해 공익사업 시행지구 안에 거주하는 세입자들의 조기이주를 장려하여 사업추진을 원활하게 하려는 정책적인 목적과 주거이전으로 인하여 특별한 어려움을 겪게 될 세입자들을 대상으로 하는 사회보장적인 차원에서 지급되는 금원의 성격을 가지므로, 적법하게 시행된 공익사업으로 인하여 이주하게 된 주거용 건축물 세입자의 주거이전비 보상청구권은 공법상의 권리이고, 따라서 그 보상을 둘러싼 쟁송은 민사소송이 아니라 공법상의 법률관계를 대상으로 하는 행정소송(당사자소송)에 의하여야 한다(대판 2008. 5. 29. 2007다8129).

57

중
행정소송
2014년 제2회

당사자소송에 관한 설명으로 옳은 것은? (다툼이 있는 경우에는 판례에 의함)

① 당사자소송에는 행정청의 소송 참가가 허용되지 않는다.

② 당사자소송의 피고는 원칙적으로 처분을 행한 행정청이 된다.

③ 지방소방공무원이 소속 지방자치단체를 상대로 초과근무수당의 지급을 구하는 소송은 당사자소송 절차에 따라야 한다.

④ 지방전문직공무원 채용계약의 해지에 대한 불복은 당사자소송이 아니라 항고소송으로 하여야 한다.

⑤ 당사자소송의 제소기간에 대해서는 취소소송의 제소기간에 관한 규정이 준용된다.

풀이 **TIP** 행정소송 중 항고소송의 대상과 당사자소송의 대상을 구별할 수 있는지를 묻는 문제이다.

정답해설 ③ 지방자치단체와 그 소속 경력직 공무원인 지방소방공무원 사이의 관계, 즉 지방소방공무원의 근무관계는 사법상의 근로계약관계가 아닌 공법상의 근무관계에 해당하고, 그 근무관계의 주요한 내용 중 하나인 지방소방공무원의 보수에 관한 법률관계는 공법상의 법률관계라고 보아야 한다. 나아가 「지방공무원법」 제44조 제4항, 제45조 제1항이 지방공무원의 보수에 관하여 이른바 근무조건 법정주의를 채택하고 있고, 「지방공무원 수당 등에 관한 규정」 제15조 내지 제17조가 초과근무수당의 지급 대상, 시간당 지급 액수, 근무시간의 한도, 근무시간의 산정 방식에 관하여 구체적이고 직접적인 규정을 두고 있는 등 관계 법령의 내용, 형식 및 체제 등을 종합하여 보면, 지방소방공무원의 초과근무수당 지급청구권은 법령의 규정에 의하여 직접 그 존부나 범위가 정하여지고 법령에 규정된 수당의 지급요건에 해당하는 경우에는 곧바로 발생한다고 할 것이므로, 지방소방공무원이 자신이 소속된 지방자치단체를 상대로 초과근무수당의 지급을 구하는 청구에 관한 소송은 「행정소송법」 제3조 제2호에 규정된 당사자소송의 절차에 따라야 한다(대판 2013. 3. 28. 2012다102629).

오답해설 ① 당사자소송에서도 제3자 및 관계행정청의 소송참가가 인정된다(「행정소송법」 제44조·제16조·제17조).

② 당사자소송에서는 국가·공공단체 그 밖의 권리주체가 피고적격을 가진다(「행정소송법」 제39조).

④ 현행 실정법이 지방전문직공무원 채용계약 해지의 의사표시를 일반공무원에 대한 징계처분과는 달리 항고소송의 대상이 되는 처분 등의 성격을 가진 것으로 인정하지 아니하고, 「지방전문직공무원규정」 제7조 각 호의 1에 해당하는 사유가 있을 때 지방자치단체가 채용계약관계의 한쪽 당사자로서 대등한 지위에서 행하는 의사표시로 취급하고 있는 것으로 이해되므로, 지방전문직공무원 채용계약 해지의 의사표시에 대하여는 대등한 당사자 간의 소송형식인 공법상 당사자소송으로 그 의사표시의 무효확인을 청구할 수 있다(대판 1993. 9. 14. 92누4611).

⑤ 당사자소송의 제소기간에 대해 취소소송의 제소기간에 관한 규정이 준용되지 않으며, 당사자소송은 원칙적으로 제소기간의 제한이 없다. 다만, 다른 법령에 특별히 제소기간이 규정된 경우에는 그에 의하며, 그 기간은 불변기간으로 한다(「행정소송법」 제41조).

Answer 56. ② 57. ③

행정조직법

행정조직과 관련해서는 권한의 위임과 대리가 빈출된다. 「지방자치법」상 주민의 권리, 지방의회와 단체장의 관계, 국가의 통제관계가 주요 출제영역이다. 또 공무원법상 임용관계와 공무원에 대한 징계가 출제되는 영역이다. 행정법총론과 연계된 문제가 출제되므로 서로 연결해서 정리하도록 해야 한다.

01 행정조직법 통론

01

행정조직 법정주의
2023년 제11회

「정부조직법」상 국무총리 소속 행정기관에 해당하는 것은?

① 법제처
② 특허청
③ 국세청
④ 통계청
⑤ 대통령경호처

> **풀이 TIP** 현행 「정부조직법」의 정부조직에 관해 알고 있어야 풀 수 있다. 예상하지 못한 출제이다.

정답해설 ① 법제처는 국무총리 소속이다(「정부조직법」 제23조 제1항).

오답해설 ② 특허청은 산업통상자원부장관 소속이다(「정부조직법」 제38조 제4항).
③ 국세청은 기획재정부장관 소속이다(「정부조직법」 제27조 제3항).
④ 통계청은 기획재정부장관 소속이다(「정부조직법」 제27조 제9항).
⑤ 대통령경호처는 「대통령경호법」에 의한 독립적 조직이다(「정부조직법」 제16조).

02

행정관청의 권한
2018년 제6회

권한의 위임과 내부위임에 관한 설명으로 옳은 것은? (다툼이 있으면 판례에 따름)

① 내부위임에는 법적 근거가 필요하다.
② 권한이 위임된 경우 수임기관이 위임기관의 명의로 권한을 행사한다.
③ 내부위임의 경우 수임기관이 자신의 명의로 처분을 하였다면, 위임기관이 항고소송의 피고가 된다.
④ 내부위임의 경우 수임기관이 자신의 명의로 처분을 하였다면, 그 처분의 하자는 원칙적으로 취소사유에 해당한다.
⑤ 행정권한의 위임 및 위탁에 관한 규정에 따르면 수임사무의 처리에 관하여 위임기관은 수임기관에 대하여 사전승인을 받을 것을 요구할 수 없다.

풀이 TIP 위임과 내부위임의 성질과 「행정권한의 위임 및 위탁에 관한 규정」의 내용을 기억하여야 한다.

정답해설 ⑤ 「행정권한의 위임 및 위탁에 관한 규정」 제7조에 따르면 수임 및 수탁사무의 처리에 관하여 위임 및 위탁기관은 수임 및 수탁기관에 대하여 사전승인을 받거나 협의를 할 것을 요구할 수 없다.

오답해설 ① 내부위임에는 법적 근거가 필요하지 않다.
② 권한이 위임된 경우 수임기관이 자신의 명의로 권한을 행사한다.
③ 내부위임의 경우 수임기관이 자신의 명의로 처분을 하였다면, 수임기관이 항고소송의 피고가 된다(대판 1991. 10. 8. 91누520).
④ 내부위임의 경우 수임기관이 자신의 명의로 처분을 하였다면, 그 처분의 하자는 원칙적으로 무효사유에 해당한다(대판 1995. 11. 28. 94누6475).

03

하
행정관청의 권한
2023년 제11회

행정조직과 권한의 위임 등에 관한 설명으로 옳지 않은 것은? (다툼이 있으면 판례에 따름)

① 행정기관은 법령으로 정하는 바에 따라 그 소관사무의 일부를 하급행정기관에 위임할 수 있다.
② 행정기관 또는 소속기관을 설치하거나 공무원의 정원을 증원할 때에는 반드시 예산상의 조치가 병행되어야 한다.
③ 행정권한의 위임은 권한의 법적인 귀속을 변경하는 것이므로 법률이 위임을 허용하고 있는 경우에 한하여 인정된다.
④ 행정권한의 내부위임은 법률이 위임을 허용하고 있는 경우에 한하여 인정된다.
⑤ 헌법은 행정각부의 설치·조직과 직무범위는 법률로 정한다고 규정하고 있다.

풀이 TIP 권한의 위임과 내부위임의 차이점을 알고 있는지가 문제해결의 핵심이다.

정답해설 ④, ③ 권한의 위임은 법령상 위임청의 권한이 수임청으로 이전되므로 법률이 위임을 허용하는 경우에 한하여 인정된다. 그러나 내부위임은 권한의 이전이 없으므로 법률의 근거를 요하지 않는다.

오답해설 ① 행정기관은 법령으로 정하는 바에 따라 그 소관사무의 일부를 보조기관 또는 하급행정기관에 위임하거나 다른 행정기관·지방자치단체 또는 그 기관에 위탁 또는 위임할 수 있다(「정부조직법」 제6조 제1항).
② 「정부조직법」 제9조
⑤ 행정각부의 설치·조직과 직무범위는 법률로 정한다(「헌법」 제96조)

Answer⁺ 1. ① 2. ⑤ 3. ④

04

행정관청의 권한
2017년 제5회

권한의 위임에 관한 설명으로 옳지 않은 것은? (다툼이 있으면 판례에 따름)

① 권한의 위임은 법적 근거를 요하지 않는다.

② 권한의 위임은 위임청의 권한의 일부에 한하여 인정된다.

③ 권한의 위임이 기간의 도래로 인해 종료되면 위임된 권한은 다시 위임기관에 회복된다.

④ 보조기관에게 권한을 위임하는 경우 권한의 위임기관은 그 보조기관의 권한 행사를 지휘·감독할 수 있다.

⑤ 권한을 위임받은 기관은 특히 필요한 경우에는 법령으로 정하는 바에 따라 위임받은 사무의 일부를 하급행정기관에게 재위임할 수 있다.

> **풀이 TIP** 행정관청의 권한의 위임과 대리, 내부위임에 관한 일반이론과 관련 판례는 자주 출제되는 영역이므로 꼼꼼히 공부하여야 한다.

정답해설 ① 권한의 위임으로 법률에서 정한 행정관청의 권한의 분배가 대외적으로 변경되고, 이로 인해 법적 지위가 상이한 수임기관으로 이전되므로, 권한의 위임은 반드시 법적 근거를 요한다.

오답해설 ② 권한의 위임은 위임청의 권한의 일부에 대해서만 인정되고 권한의 전부 또는 주요 부분의 위임은 허용되지 않는다. 권한의 전부위임을 인정하는 것은 위임청의 권한 자체를 폐지하는 것과 다름이 없기 때문이다.

③ 위임은 위임의 해제 또는 해제조건의 성취, 종기의 도래 등에 의하여 종료된다. 위임이 종료되면 위임되었던 권한은 위임청의 권한으로 복귀된다.

④ 위임관청은 수임기관이 위임관청의 하급기관이나 보조기관인 경우에는 그 권한행사를 지휘·감독할 수 있다. 다만 지휘·감독하에 있지 않은 수임기관에 대해서는 지휘·감독권이 없다고 봄이 일반적 견해이다.

⑤ 행정기관은 법령으로 정하는 바에 따라 그 소관사무의 일부를 보조기관 또는 하급행정기관에 위임하거나 다른 행정기관·지방자치단체 또는 그 기관에 위탁 또는 위임할 수 있다. 이 경우 위임 또는 위탁을 받은 기관은 특히 필요한 경우에는 법령으로 정하는 바에 따라 위임 또는 위탁을 받은 사무의 일부를 보조기관 또는 하급행정기관에 재위임할 수 있다(「정부조직법」 제6조 제1항).

✦ 권한의 대리와 위임의 비교

구분	권한의 대리	권한의 위임
목적	직무수행능력의 결여 보충	직무수행의 합리성·능률성 제고
권한의 이전 여부	권한자체 이전(귀속변경) × ⇨ 피대리관청은 해당 권한을 상실하지 않으며, 이미 대리사무가 처리된 경우를 제외하고는 피대리관청은 여전히 대리사무에 대한 처리권을 가짐	권한자체 이전(귀속변경) ○ ⇨ 위임관청은 당해 권한을 상실하며, 수임청이 해당 권한을 행사하지 않더라도 위임관청이 당해 권한을 행사할 수 없음
법적 근거	불요(임의대리 경우)	반드시 요함
범위	권한의 전부(법정대리 경우) 또는 일부	권한의 일부만
권한행사 방식	피대리관청을 위한 것임을 표시하고 대리기관의 명의로	수임청의 명의로
법적 효과	피대리관청의 행위로서 효력발생	수임기관의 행위로서 효력발생
항고소송의 피고	피대리관청	수임청
대상 기관	통상적으로 보조기관	통상적으로 하급행정관청

05

행정관청의 권한
2013년 제1회

행정권한의 위임에 관한 설명으로 옳지 않은 것은? (다툼이 있는 경우에는 판례에 의함)

① 권한의 위임은 권한 자체가 수임자에게 이전된다는 점에서 권한 자체를 이전하지 않는 권한의 대리와 구별된다.

② 내부위임의 경우 수임관청은 위임관청의 이름으로만 그 권한을 행사할 수 있다는 점에서 권한의 위임과 구별된다.

③ 권한의 위임이 있는 경우에는 처분의 명의자가 수임기관으로 되어 있다 하더라도 그 처분에 대한 취소소송의 피고는 위임기관이 된다.

④ 소속 하급행정청에 대한 위임은 위임청의 일방적 위임행위에 의하여 성립하고, 수임기관의 동의를 요하지 않는다.

⑤ 도지사는 조례에 의해서도 그 권한에 속하는 자치사무의 일부를 소속 행정기관에 위임할 수 있다.

풀이 TIP 권한의 위임이 있는 경우 수임행정청의 처분은 수임행정청을 피고로 항고소송을 제기한다는 것을 알고 있다면 쉽게 해결할 수 있는 문제이다.

정답해설 ③ 권한의 위임이 있으면 위임관청은 그 권한을 상실하며, 해당 권한은 수임청의 권한으로 되어 수임청은 자신의 명의와 책임으로 해당 권한을 행사하고, 그 권한행사의 효과는 수임청 자신의 행위로서 효력을 발생하므로 행정소송(항고소송)에 있어서의 피고도 위임관청이 아니라 수임청이 된다.

오답해설 ① 위임의 경우는 권한 자체가 수임기관에 이전되므로 법령의 근거를 필요로 하나, 대리(임의대리)의 경우에는 권한의 귀속 자체에는 변경이 없으므로 법령의 근거를 요하지 않는다.
② 행정권한의 위임은 행정관청이 법률에 따라 특정한 권한을 다른 행정관청에 이전하여 수임관청의 권한으로 행사하도록 하는 것이어서 권한의 법적인 귀속을 변경하는 것임에 대하여, 행정권한의 내부위임은 행정관청의 내부적인 사무처리의 편의를 도모하기 위하여 그의 보조기관 또는 하급행정관청으로 하여금 그의 권한을 사실상 행하도록 하는 데 그치는 것이므로, 권한위임의 경우에는 수임관청이 자기의 이름으로 그 권한을 행사할 수 있지만, 내부위임의 경우에는 수임관청은 위임관청의 이름으로만 그 권한을 행사할 수 있을 뿐 자기의 이름으로는 그 권한을 행사할 수 없다(대판 1989. 9. 12. 89누671).
④ 권한의 위임은 행정관청이 자신의 권한 일부를 다른 행정기관에 이전하여 수임기관의 권한으로 행사하도록 하는 것을 말하며, 소속 하급행정청에 대한 권한의 위임은 위임청의 일방적 행위로서 수임기관의 동의를 요하지 않는다.
⑤ 지방자치단체의 장은 조례나 규칙으로 정하는 바에 따라 그 권한에 속하는 사무의 일부를 보조기관, 소속 행정기관 또는 하부행정기관에 위임할 수 있다(「지방자치법」 제117조 제1항).

Answer 4. ① 5. ③

06

행정권한의 대리와 위임에 관한 설명으로 옳지 않은 것은? (다툼이 있으면 판례에 따름)

① 임의대리에서 대리관청이 대리관계를 밝히고 처분을 한 경우 피대리관청이 처분청으로서 항고소송의 피고가 된다.

② 법정대리는 특별한 규정이 없는 한 피대리관청의 권한 전부에 미친다.

③ 권한을 내부위임 받은 수임행정청은 위임행정청의 이름으로 권한을 행사하여야 한다.

④ 권한의 내부위임은 법률의 근거가 없어도 가능하다.

⑤ 권한의 일부에 대한 위임뿐만 아니라 권한 전부의 위임도 가능하다.

풀이 TIP 권한의 대리와 위임에 관한 전체적인 내용을 비교하는 문제이다.

정답해설 ⑤ 권한의 위임은 일부에 대한 위임만 허용되며 전부위임은 권한분배의 원칙에 반하므로 허용되지 않는다.

오답해설 ① 대리관청이 정상적으로 대리관계를 밝히고 처분을 한 경우 피대리관청이 항고소송의 피고가 된다.

② 법정대리에 있어서의 대리권은 피대리관청의 '권한의 전부'에 미친다.

③ 내부위임의 경우에는 권한이 이전되는 것이 아니므로 수임행정청은 위임행정청의 이름으로 권한을 행사하여야 한다.

④ 내부위임은 권한변경을 가져오는 것이 아니므로 법적 근거가 없어도 가능하다.

07

행정조직법
2024년 제12회

권한의 대리와 위임에 관한 설명으로 옳은 것은? (다툼이 있으면 판례에 의함)

① 권한의 위임은 권한 자체를 수임자에게 이전하지 않는 점에서 권한 자체가 이전되는 권한의 대리와 구별된다.

② 국가사무가 도지사에게 기관위임된 경우 도지사가 이를 군수에게 재위임하기 위해서는 도 조례에 의하여야 한다.

③ 「정부조직법」에 따르면 권한의 위임은 위임기관의 권한의 일부에 한하여 인정된다.

④ 내부위임에 따라 수임관청이 자신의 이름으로 처분을 한 경우 그 처분에 대한 무효확인소송의 피고는 위임관청이 된다.

⑤ 「행정권한의 위임 및 위탁에 관한 규정」에 따르면 수임사무의 처리에 관하여 위임기관은 수임기관에 대하여 사전승인을 받을 것을 요구할 수 있다.

풀이TIP 권한의 대리와 위임의 의의를 정확히 이해하자.

정답해설 ③ 행정기관은 법령으로 정하는 바에 따라 그 소관사무의 <u>일부</u>를 보조기관 또는 하급행정기관에 위임하거나 다른 행정기관·지방자치단체 또는 그 기관에 위탁 또는 위임할 수 있다(「정부조직법」 제6조 제1항).

오답해설 ① 대리관청이 정상적으로 대리관계를 밝히고 처분을 한 경우 피대리관청이 항고소송의 피고가 된다.

② 조례가 아닌 규칙에 의하여야 한다. ⇨ 특별시장·광역시장·특별자치시장·도지사 또는 특별자치도지사(특별시·광역시·특별자치시·도 또는 특별자치도의 교육감을 포함한다. 이하 같다)나 시장·군수 또는 구청장(자치구의 구청장을 말한다. 이하 같다)은 행정의 능률향상과 주민의 편의를 위하여 필요하다고 인정될 때에는 수임사무의 일부를 그 위임기관의 장의 승인을 받아 <u>규칙으로 정하는 바</u>에 따라 시장·군수·구청장(교육장을 포함한다) 또는 읍·면·동장, 그 밖의 소속기관의 장에게 다시 위임할 수 있다(「행정권한의 위임 및 위탁에 관한 규정」 제4조).

③ 수임관청이 자신의 이름으로 처분한 경우 수임관청이 피고가 된다.

④ 수임 및 수탁사무의 처리에 관하여 위임 및 위탁기관은 수임 및 수탁기관에 대하여 사전승인을 받거나 협의를 할 것을 요구할 수 없다(「행정권한의 위임 및 위탁에 관한 규정」 제7조).

Answer 6. ⑤ 7. ③

08

행정권한의 위임 등에 관한 설명으로 옳지 않은 것은? (다툼이 있으면 판례에 따름)

① 행정권한의 위임은 법률에 규정된 행정기관의 장의 권한 중 일부를 그 보조기관 또는 하급행정기관의 장이나 지방자치단체의 장에게 맡겨 그의 권한과 책임 아래 행사하도록 하는 것이다.

② 행정권한의 내부위임은 법률이 위임을 허용하고 있지 아니한 경우에도 행정관청의 내부적인 사무처리의 편의를 도모하기 위하여 그의 보조기관 또는 하급행정관청으로 하여금 그의 권한을 사실상 행사하게 하는 것이다.

③ 위임기관은 수임기관의 수임사무 처리에 대하여 지휘·감독하고, 그 처리가 위법하거나 부당하다고 인정될 때에는 이를 취소하거나 정지시킬 수 있다.

④ 수임사무의 처리에 관하여 위임기관은 수임기관에 대하여 사전승인을 받거나 협의를 할 것을 요구할 수 없다.

⑤ 행정기관은 위임을 받은 사무의 전부 또는 일부를 보조기관 또는 하급행정기관에 재위임할 수 없다.

풀이 TIP 행정권한의 위임과 대리, 내부위임에 관한 내용은 자주 출제되는 내용이다. 대부분 기출된 내용에서 반복적으로 출제되고 있다.

정답해설 ⑤ 행정기관은 법령으로 정하는 바에 따라 그 소관사무의 일부를 보조기관 또는 하급행정기관에 위임하거나 다른 행정기관·지방자치단체 또는 그 기관에 위탁 또는 위임할 수 있다. 이 경우 위임 또는 위탁을 받은 기관은 특히 필요한 경우에는 법령으로 정하는 바에 따라 위임 또는 위탁을 받은 사무의 일부를 보조기관 또는 하급행정기관에 재위임할 수 있다(「정부조직법」 제6조 제1항).

오답해설 ① 「행정권한의 위임 및 위탁에 관한 규정」 제2조 제1호
② 행정권한의 내부위임은 법령상 처분권자인 행정관청이 내부적인 사무처리의 편의를 도모하기 위하여 그의 보조기관 또는 하급 행정관청으로 하여금 그의 권한을 사실상 행사하게 하는 것으로서 법률이 위임을 허용하지 않는 경우에도 인정된다(대판 1998. 2. 27. 97누1105).
③ 「행정권한의 위임 및 위탁에 관한 규정」 제6조
④ 「행정권한의 위임 및 위탁에 관한 규정」 제7조

09 권한의 대리와 위임에 관한 설명으로 옳은 것을 모두 고른 것은? (다툼이 있으면 판례에 따름)

행정조직법
2022년 제10회

> ⊙ 지방자치단체의 장이 수임한 기관위임사무의 일부를 재위임하고자 하는 경우 위임자의 승인을 얻어 규칙으로 재위임할 수 있다.
> ⓒ 내부위임의 경우 수임관청이 자신의 명의로 행정처분을 하였더라도 항고소송에서의 피고는 위임관청이 된다.
> ⓒ 권한의 위임은 반드시 법적 근거를 요하는 것은 아니다.
> ⓔ 지정대리란 법정사실이 발생하면 법상 당연히 특정한 자에게 대리권이 부여되어 대리관계가 성립하는 것을 말한다.

① ⊙
② ⓒ, ⓒ
③ ⊙, ⓒ, ⓒ
④ ⓒ, ⓒ, ⓔ
⑤ ⊙, ⓒ, ⓒ, ⓔ

풀이 TIP 권한의 대리와 위임의 의의와 차이점을 이해하면 쉽게 풀 수 있다. 권한의 법정대리의 종류를 알고 있어야 한다.

정답해설 ⊙ 지방자치단체의 장은 조례나 규칙으로 정하는 바에 따라 그 권한에 속하는 사무의 일부를 보조기관, 소속 행정기관 또는 하부행정기관에 위임할 수 있고, 지방자치단체의 장이 위임받거나 위탁받은 사무의 일부를 다시 위임하거나 위탁하려면 미리 그 사무를 위임하거나 위탁한 기관의 장의 승인을 받아야 한다(「지방자치법」 제117조 제1항·제4항).

오답해설 ⓒ 내부위임의 경우 수임관청이 자신의 명의로 처분을 하였다면 실제 처분을 행한 수임관청이 항고소송에서의 피고가 된다는 것이 판례이다.
ⓒ 권한의 위임은 위임청의 권한이 수임청에게 이전되므로 법적 근거가 있어야 한다.
ⓔ 지정대리란 일정한 법정사실이 발생하면 일정한 자가 대리자를 지정함으로써 법정대리관계가 발생하는 경우를 말한다.

10

(상)
행정관청의 권한,
지방자치법
2017년 제5회

행정조직에 관한 설명으로 옳지 않은 것은? (다툼이 있으면 판례에 따름)

① 기관위임사무는 법령에 별도의 위임이 없는 한 조례의 규율대상이 되지 않는다.

② 법령상 규칙으로 행정권한을 위임해야 함에도 조례에 의한 위임에 따라 행해진 수임기관의 처분은 당연무효이다.

③ 행정권한의 내부위임임에도 불구하고 수임기관이 자기의 이름으로 처분을 한 경우 항고소송의 피고는 실제로 처분을 한 수임기관이 된다.

④ 행정권한을 위탁받은 공공단체 또는 그 기관이나 사인은 「행정절차법」상의 행정청에 해당한다.

⑤ 공법인의 경우도 사경제 주체로서 활동하는 경우에는 기본권의 주체가 될 수 있다.

> **풀이 TIP** 행정조직법 ⇨ 행정조직법 통론 ⇨ 행정관청의 권한, 「지방자치법」. 위 문제는 행정관청 권한의 내부위임, 「지방자치법」과 「행정절차법」 등의 법령과 관련 판례를 묶어서 출제한 것으로 난도가 높다.

정답해설 ② 법령상 규칙으로 행정권한을 위임해야 함에도 조례에 의한 위임에 따라 행해진 수임기관의 처분은 결과적으로 적법한 위임 없이 권한 없는 자에 의하여 행하여진 것과 마찬가지가 되어 그 하자가 중대하나, 지방자치단체의 사무에 관한 조례와 규칙은 조례가 보다 상위규범이라고 할 수 있고, 또한 「헌법」 제107조 제2항의 "규칙"에는 지방자치단체의 조례와 규칙이 모두 포함되는 등 이른바 규칙의 개념이 경우에 따라 상이하게 해석되는 점 등에 비추어 보면, 위 처분의 위임과정의 하자가 객관적으로 명백한 것이라고 할 수 없어 그 하자가 중대하나 명백하다고는 할 수 없으므로 당연무효는 아니다(대판 1995. 8. 22. 94누5694).

오답해설 ① 지방자치단체가 자치조례를 제정할 수 있는 것은 원칙적으로 자치사무와 단체위임사무에 한하므로, 국가사무가 지방자치단체의 장에게 위임된 기관위임사무와 같이 지방자치단체의 장이 국가기관의 지위에서 수행하는 사무일 뿐 지방자치단체 자체의 사무라고 할 수 없는 것은 원칙적으로 자치조례의 제정범위에 속하지 않는다. 다만 기관위임사무에 있어서도 그에 관한 개별 법령에서 일정한 사항을 조례로 정하도록 위임하고 있는 경우에는 지방자치단체의 자치조례 제정권과 무관하게 이른바 위임조례를 정할 수 있다(대판 1999. 9. 17. 99추30).

③ 행정권한의 내부위임이나 대리권을 수여받은 데 불과하여 원행정청 명의나 대리관계를 밝히지 아니하고는 그의 명의로 처분 등을 할 권한이 없는 행정청이 권한 없이 그의 명의로 한 처분에 대하여도 처분 명의자인 행정청이 피고가 되어야 한다(대판 1994. 6. 14. 94누1197).

④ "행정청"이란 행정에 관한 의사를 결정하여 표시하는 국가 또는 지방자치단체의 기관, 그 밖에 법령 또는 자치법규에 따라 행정권한을 가지고 있거나 위임 또는 위탁받은 공공단체 또는 그 기관이나 사인을 말한다(「행정절차법」 제2조 제1호).

⑤ 기본권 보장 규정인 「헌법」 제2장은 그 제목을 '국민의 권리와 의무'로 하고 있고, 제10조 내지 제39조는 "모든 국민은 …… 권리를 가진다."고 규정하고 있으므로 공권력의 행사자인 국가, 지방자치단체나 그 기관 또는 국가조직의 일부나 공법인은 국민의 기본권을 보호 내지 실현해야 할 '책임'과 '의무'를 지는 주체로서 헌법소원을 청구할 수 없다. 다만 공법인이나 이에 준하는 지위를 가진 자라 하더라도 공무를 수행하거나 고권적 행위를 하는 경우가 아닌 사경제 주체로서 활동하는 경우나 조직법상 국가로부터 독립한 고유 업무를 수행하는 경우, 그리고 다른 공권력 주체와의 관계에서 지배복종관계가 성립되어 일반 사인처럼 그 지배하에 있는 경우 등에는 기본권 주체가 될 수 있다. 이러한 경우에는 이들이 기본권을 보호해야 하는 국가적 기능을 담당하고 있다고 볼 수 없기 때문이다(헌재 2013. 9. 26. 2012헌마271).

02 국가행정조직법

11

중
정부조직법
2018년 제6회

합의제행정기관에 관한 설명으로 옳은 것을 모두 고른 것은?

> ㉠ 행정기관에는 그 소관사무의 일부를 독립하여 수행할 필요가 있는 때에는 법률로 정하는 바에 따라 행정위원회 등 합의제행정기관을 둘 수 있다.
> ㉡ 지방자치단체는 그 소관사무의 일부를 독립하여 수행할 필요가 있으면 법령이나 그 지방자치단체의 조례로 정하는 바에 따라 합의제행정기관을 설치할 수 있다.
> ㉢ 소청심사위원회는 심사·결정권과 함께 대외적 표시권한을 갖는 행정청이다.
> ㉣ 중앙노동위원회의 처분에 대한 항고소송의 피고는 중앙노동위원회가 된다.

① ㉠, ㉡   ② ㉠, ㉣   ③ ㉡, ㉢
④ ㉠, ㉡, ㉢   ⑤ ㉡, ㉢, ㉣

풀이 TIP 「정부조직법」, 「지방자치법」, 「국가공무원법」 등 관련 조문의 내용을 기억하여야 한다.

정답해설 ㉠ 행정기관에는 그 소관사무의 일부를 독립하여 수행할 필요가 있는 때에는 법률로 정하는 바에 따라 행정위원회 등 합의제행정기관을 둘 수 있다(「정부조직법」 제5조).
㉡ 지방자치단체는 그 소관 사무의 일부를 독립하여 수행할 필요가 있으면 법령이나 그 지방자치단체의 조례로 정하는 바에 따라 합의제행정기관을 설치할 수 있다(「지방자치법」 제129조 제1항).
㉢ 소청심사위원회는 심사·결정권과 함께 대외적 표시권한을 갖는 합의제 행정청이다(「국가공무원법」 제9조·제14조).

오답해설 ㉣ 중앙노동위원회의 처분에 관한 소는 합의제 행정청인 중앙노동위원회가 아닌 중앙노동위원회 위원장을 피고로 하여 제기하여야 한다(「노동위원회법」 제27조).

Answer⁺ 10. ② 11. ④

12

행정기관 중 합의제 행정기관 혹은 위원회에 관한 설명으로 옳지 않은 것은?

① 중앙행정기관인 위원회의 설치와 직무범위는 법률로 정한다.

② 지방자치단체는 그 소관 사무의 범위에서 조례로 위원회 등의 자문기관을 설치·운영할 수 있다.

③ 심의기관의 결정에는 특별한 규정이 없는 한 법적 구속력이 없다.

④ 「헌법」에 따라 설치되는 위원회에 대하여는 「행정기관 소속 위원회의 설치·운영에 관한 법률」을 적용한다.

⑤ 의결권만을 갖는 의결기관인 위원회는 결정된 의사의 대외적 표시권한을 갖지 못한다.

풀이 TIP 「행정기관 소속 위원회의 설치·운영에 관한 법률」의 내용을 묻는 문제이다. 법 적용 대상에 관한 내용을 정리해 두어야 한다.

정답해설 ④ 「헌법」에 따라 설치되는 위원회 및 「정부조직법」 제2조 제2항에 따라 다른 법률에 의하여 중앙행정기관으로 설치되는 위원회에 대하여는 이 법을 적용하지 아니한다(「행정기관 소속 위원회의 설치·운영에 관한 법률」 제3조 제2항).

오답해설 ① 「정부조직법」 제2조 제1항
② 「지방자치법」 제130조 제1항
③ 심의기관이 자문기관인 경우 특별한 규정이 없는 한 법적 구속력은 없다.
⑤ 의결기관은 국가의 의사를 결정할 권한을 가지고 있으나 이를 대외적으로 표시할 수 있는 권한을 갖지 못한 합의제 행정기관을 말한다.

13

하
정부조직법
2016년 제4회

「정부조직법」상 행정청의 조직과 권한에 관한 설명으로 옳지 않은 것은?

① 행정기관은 법령으로 정하는 바에 따라 그 소관사무의 일부를 보조기관 또는 하급행정기관에 위임할 수 있다.

② 상급행정기관으로부터 사무를 위임받은 하급행정기관은 특히 필요한 경우 법령으로 정하는 바에 따라 위임받은 사무의 일부를 보조기관에 재위임할 수 있다.

③ 행정기관은 법령으로 정하는 바에 따라 그 소관사무 중 조사·검사·검정·관리 업무 등 국민의 권리·의무와 직접 관계되지 아니하는 사무를 지방자치단체가 아닌 단체 또는 개인에게 위탁할 수 있다.

④ 부·처의 장은 그 소관사무의 효율적 추진을 위하여 필요한 경우에는 국무총리에게 소관사무와 관련되는 다른 행정기관의 사무에 대한 조정을 요청할 수 있다.

⑤ 행정기관 또는 소속기관을 설치하거나 공무원의 정원을 증원할 때에는 반드시 예산상의 조치가 병행될 필요는 없다.

풀이 TIP 행정조직법 ⇨ 국가행정조직법. 국가행정조직에 관한 「정부조직법」의 내용은 자주 출제되므로 꼼꼼히 공부하여야 한다.

정답해설 ⑤ 행정기관 또는 소속기관을 설치하거나 공무원의 정원을 증원할 때에는 반드시 예산상의 조치가 병행되어야 한다(「정부조직법」 제9조).

오답해설 ①, ② 「정부조직법」 제6조 제1항
③ 「정부조직법」 제6조 제3항
④ 「정부조직법」 제7조 제5항

Answer* 12. ④ 13. ⑤

14

정부조직법
2013년 제1회

행정조직에 관한 설명으로 옳지 않은 것은?

① 현행 「헌법」은 행정조직법정주의를 채택하고 있다.

② 행정 각부의 장관과 지방자치단체의 장은 행정청에 해당한다.

③ 보조기관도 행정청으로부터 위임된 권한을 행사하는 경우에는 그 한도에서 행정청의 지위를 가진다.

④ 행정기관에는 그 소관사무의 일부를 독립하여 수행할 필요가 있는 때에는 법률로 정하는 바에 따라 행정위원회 등 합의제행정기관을 둘 수 있다.

⑤ 각종 징계위원회나 지방의회와 같은 부속기관의 설치에는 법령의 근거를 요하지 않는다.

풀이 TIP 부속기관의 설치에도 법령의 근거가 있어야 한다는 것을 알고 있어야 한다. 지방의회의 설치는 법률에 근거가 있어야 한다는 점을 구별해서 암기하자.

정답해설 ⑤ 각종 징계위원회나 지방의회와 같은 부속기관의 설치에도 법령의 근거를 요한다. 「정부조직법」 제4조(부속기관의 설치)에 따르면, 행정기관에는 그 소관사무의 범위에서 필요한 때에는 대통령령으로 정하는 바에 따라 시험연구기관·교육훈련기관·문화기관·의료기관·제조기관 및 자문기관 등을 둘 수 있다고 나와 있다. 즉, 부속기관을 설치할 때는 대통령령인 「행정기관의 조직과 정원에 관한 통칙」 제19조에서 정하는 바에 따라야 한다. 한편, 부속기관 중 지방의회는 「헌법」 제118조 "지방자치단체에 의회를 둔다. 지방의회의 조직·권한·의원선거와 지방자치단체의 장의 선임방법 기타 지방자치단체의 조직과 운영에 관한 사항은 법률로 정한다."에 따라 필수적으로 설치하도록 인정된 기관이다.

오답해설 ① 「헌법」 제96조는 "행정각부의 설치·조직과 직무범위는 법률로 정한다."고 규정하여 행정조직법정주의를 택하고 있으며 이에 따라 「정부조직법」이 제정되어 있다.

② 소속 행정주체를 위하여 그 의사를 결정하고 이를 자기의 명의로 대외적으로 표시할 수 있는 권한을 가진 행정기관을 행정청이라 하는바, 행정각부의 장관과 지방자치단체의 장은 이러한 행정청에 해당한다.

③ 보조기관은 위임받은 사항에 대하여는 그 범위에서 행정기관으로서 그 사무를 수행한다(「정부조직법」 제6조 제2항). 따라서 보조기관도 행정청으로부터 위임된 권한을 행사하는 경우에는 그 한도에서 행정청의 지위를 가진다.

④ 행정기관에는 그 소관사무의 일부를 독립하여 수행할 필요가 있는 때에는 법률로 정하는 바에 따라 행정위원회 등 합의제행정기관을 둘 수 있다(「정부조직법」 제5조).

15

행정기관의 내용
2021년 제9회

행정기관에 관한 설명으로 옳지 않은 것은? (다툼이 있으면 판례에 따름)

① 법령에 따라 행정권한을 위탁받은 사인은 행정청이 될 수 없다.

② 행정에 관한 의사를 결정하여 표시하는 국가 또는 지방자치단체의 기관은 행정청이다.

③ 지방자치단체는 소관 사무의 일부를 독립하여 수행할 필요가 있으면 법령이나 그 지방자치단체의 조례로 정하는 바에 따라 합의제행정기관을 설치할 수 있다.

④ 행정기관의 장은 소관사무를 통할하고 소속공무원을 지휘·감독한다.

⑤ 「정부조직법」은 합의제행정기관의 설치에 관한 법적 근거를 두고 있다.

> **풀이 TIP** 「정부조직법」상 행정기관과 행정청에 관한 내용, 그리고 「지방자치법」의 내용을 정리하는 문제이다. 「정부조직법」에서 자주 언급되는 내용을 정리하여야 한다.

정답해설 ① 법령에 따라 행정권한을 위탁받은 사인은 행정청이 될 수 있고 행정처분을 발할 수 있다.

오답해설 ② 행정주체의 의사를 결정하여 대외적으로 표시하는 행정기관을 행정청이라고 한다.

③ 「지방자치법」 제129조

④ 「정부조직법」 제7조 제1항

⑤ 행정기관에는 그 소관사무의 일부를 독립하여 수행할 필요가 있는 때에는 법률로 정하는 바에 따라 행정위원회 등 합의제행정기관을 둘 수 있다(「정부조직법」 제5조). 「정부조직법」 제5조는 합의제 행정기관의 설치에 관한 법적 근거를 두고 있다.

16

행정관청
2019년 제7회

행정관청 간의 관계에 관한 설명으로 옳은 것은? (다툼이 있으면 판례에 따름)

① 상급관청의 훈령권에는 법령상 근거가 요구된다.

② 대외적 구속력이 없는 훈령을 위반한 조치는 위법하다.

③ 하급행정관청의 권한행사에 대한 상급행정관청의 내부적인 승인·인가는 행정처분이 아니다.

④ '동의'를 의미하는 관계기관의 '협의' 의견은 주무관청을 구속하지 않는다.

⑤ 상급관청의 하급관청에 대한 감시권에는 개별적인 법령상 근거를 요한다.

> **풀이 TIP** 행정관청 상호 간의 관계에 관한 문제이다. 훈령에 관한 내용과 행정처분성 여부를 정리해야 한다.

정답해설 ③ 상급행정기관의 하급행정기관에 대한 승인·동의·지시 등이 행정처분에 해당하지 않는다(대판 1997. 9. 26. 97누8540).

오답해설 ① 훈령권은 감독권에 당연히 내포된 것이기 때문에 법적 근거를 요하지 않는다.

② 훈령은 행정규칙에 해당하므로 이를 위반한 조치는 위법하지 않다.

④ 동의기관의 동의 의견이나 부동의 의견에 구속되므로 '동의'를 의미하는 관계기관의 '협의' 의견은 주무관청을 구속한다.

⑤ 감시권 발동에는 개별적인 법적 근거를 요하지 않는다.

Answer 14. ⑤ 15. ① 16. ③

17

하
행정관청
2022년 제10회

행정조직에 관한 설명으로 옳지 않은 것은?

① 훈령이란 상급관청이 하급관청의 권한행사를 지휘하기 위해 발하는 명령이다.

② 공무원이 대외적 구속력이 없는 훈령에 위반한 경우에도 위법은 아니며 징계책임이 부과될 수 있을 뿐이다.

③ 상급관청은 직권에 의해 하급관청의 위법 · 부당한 행위의 취소를 명할 수 있다.

④ 징계위원회 같은 의결기관으로서의 위원회는 의결권은 물론이고 정해진 의사를 대외적으로 표시할 권한을 갖는다.

⑤ 주관쟁의결정권이란 하급관청 사이에 권한의 분쟁이 있는 경우, 상급관청이 그 분쟁을 해결하고 결정하는 권한을 말한다.

풀이 TIP 행정청의 개념을 알고 있어야 한다. 의결기관의 의의를 알면 쉽게 해결되는 문제이다.

정답해설 ④ 의결기관은 행정주체의 의사를 결정하는 권한만을 가지고 이를 외부에 표시할 권한은 가지지 못한다.

오답해설 ① 상급관청이 하급관청의 권한행사를 지휘 · 감독하기 위해 발하는 명령을 훈령이라 한다.

② 공무원이 대외적 구속력이 없는 훈령에 위반한 경우에 위법은 아니지만, 명령복종의무의 위반이 되므로 징계의 대상이 된다.

③ 상급관청이 하급관청의 위법 · 부당한 행위를 법적 근거가 없는 경우에도 이를 취소 또는 정지할 수 있는가에 관하여 견해대립이 있다. 법적 근거가 없다면 직접 취소 · 정지할 수 없고 취소 또는 정지를 명령할 수 있다고 보는 견해가 다수설이다.

⑤ 하급관청 사이에 권한의 분쟁이 있는 경우 상급행정관청이 권한 있는 기관을 결정할 권한을 주관쟁의결정권이라 한다.

03 지방자치법

18 지방자치단체의 관할 구역 경계변경에 관한 「지방자치법」 조문의 일부이다. ( )에 들어갈 내용으로 옳은 것은?

상
지방자치단체의 구역
2023년 제11회

> 지방자치단체의 장은 관할 구역과 생활권과의 불일치 등으로 인하여 주민생활에 불편이 큰 경우 등 대통령령으로 정하는 사유가 있는 경우에는 행정안전부장관에게 경계변경이 필요한 지역 등을 명시하여 경계변경에 대한 조정을 신청할 수 있다. 이 경우 지방자치단체의 장은 지방의회 재적의원 (㉠)의 출석과 출석의원 (㉡) 이상의 동의를 받아야 한다.

① ㉠: 3분의 1 이상　　　㉡: 2분의 1
② ㉠: 과반수　　　　　　㉡: 2분의 1
③ ㉠: 과반수　　　　　　㉡: 3분의 2
④ ㉠: 3분의 2 이상　　　㉡: 2분의 1
⑤ ㉠: 3분의 2 이상　　　㉡: 3분의 2

풀이TIP 현행 「지방자치법」의 경계변경에 관한 조문을 알고 있어야 풀 수 있는 문제이다.

정답해설 ③ 아래의 조항 참고

✦「지방자치법」제6조(지방자치단체의 관할 구역 경계변경 등) ① 지방자치단체의 장은 관할 구역과 생활권과의 불일치 등으로 인하여 주민생활에 불편이 큰 경우 등 대통령령으로 정하는 사유가 있는 경우에는 행정안전부장관에게 경계변경이 필요한 지역 등을 명시하여 경계변경에 대한 조정을 신청할 수 있다. 이 경우 지방자치단체의 장은 지방의회 재적의원 과반수의 출석과 출석의원 3분의 2 이상의 동의를 받아야 한다.

오답해설 ①, ②, ④, ⑤ 「지방자치법」 제6조 제1항의 내용에 맞지 않는다.

Answer 17. ④　18. ③

19

하
지방자치단체의 사무
2019년 제7회

지방자치단체의 사무에 관한 설명으로 옳지 않은 것은? (다툼이 있으면 판례에 따름)

① 자치사무에 대한 국가의 감독은 적법성 통제에 그친다.

② 조례안으로 지방자치단체 사무의 민간위탁에 관하여 지방의회의 사전 동의를 받도록 하는 것은 위법하지 않다.

③ 자치사무에 있어서 시·도와 시·군·자치구의 사무가 경합하는 경우 시·군·자치구가 먼저 처리한다.

④ 호적사무는 사법적(司法的) 성격이 강한 국가의 사무이다.

⑤ 개별법령에서 조례로 정하도록 위임한 경우 기관위임사무에 대해서도 조례를 정할 수 있다.

풀이 TIP 지방자치단체의 사무에 관한 문제이다. 대표적인 판례와 지방자치단체의 사무처리에 관한 내용을 묻고 있다.

정답해설 ④ 호적사무는 국가의 사무로서 국가의 기관위임에 의하여 수행되는 사무가 아니고 「지방자치법」 제9조가 정하는 지방자치단체의 사무라 할 것이고, 단지 일반 행정사무와는 달리 사법적 성질이 강하여 법원의 감독을 받게 하는 데 지나지 아니한다(대판 1995. 3. 28. 94다45654).

오답해설 ① 자치사무에 대한 국가의 감독은 적법성 통제에 그치며 합목적성 심사를 하지 않는다.
② 「서울특별시 중구 사무의 민간위탁에 관한 조례안」 제4조 제3항 등이 지방자치단체 사무의 민간위탁에 관하여 지방의회의 사전 동의를 받도록 한 것과 지방자치단체장이 동일 수탁자에게 위탁사무를 재위탁하거나 기간연장 등 기존 위탁계약의 중요한 사항을 변경하고자 할 때 지방의회의 동의를 받도록 한 것은 위법하지 않다(대판 2011. 2. 10. 2010추11).
③ 시·도와 시·군 및 자치구는 사무를 처리할 때 서로 경합하지 아니하도록 하여야 하며, 사무가 서로 경합하면 시·군 및 자치구에서 먼저 처리한다(「지방자치법」 제14조 제3항).
⑤ 개별 법률에서 기관위임사무를 조례로 규율하도록 규정하면 위임조례로서 정할 수 있다.

20

상
지방자치제도
2020년 제8회

A장관을 주무부장관으로 하는 국가사무인 X사무가 법령에 의해 B지방자치단체의 장에게 위임되었다. X사무의 처리에 관한 설명으로 옳은 것은? (다툼이 있으면 판례에 따름)

① 법령이 X사무에 대해 조례에 위임하는 경우 포괄적 위임도 가능하다.

② A장관은 X사무의 처리가 위법한 경우에 한하여 B지방자치단체의 장을 감독할 수 있다.

③ A장관이 X사무의 처리에 관하여 시정명령을 발한 경우 B지방자치단체의 장은 이에 대해 대법원에 제소할 수 있다.

④ B지방자치단체의 장이 X사무를 처리하면서 불법행위를 하여 국가배상책임이 성립하는 경우 B지방자치단체도 배상책임이 있다.

⑤ A장관이 X사무의 해태를 이유로 직무이행명령을 발한 경우 B지방자치단체의 장은 이에 대해 대법원에 제소할 수 없다.

풀이TIP 지방자치제도와 행정입법, 국가배상에 관한 종합적인 문제로서 행정법의 전체적인 내용을 정리해야 하는 문제이다.

정답해설 ④ 기관위임사무를 처리하는 지방자치단체의 장의 불법행위에 대해서는 국가와 지방자치단체 모두 국가배상책임을 부담한다.

오답해설 ① 기관위임사무에 있어서 그에 관한 개별법령에서 일정한 사항을 조례로 정하도록 위임하고 있는 경우에는 지방자치단체의 자치조례 제정권과 무관하게 이른바 위임조례를 정할 수 있다고 하겠으나 이때에도 그 내용은 개별법령이 위임하고 있는 사항에 관한 것으로서 개별법령의 취지에 부합하는 것이라야만 하고, 그 범위를 벗어난 경우에는 위임조례로서의 효력도 인정할 수 없다(대판 1999. 9. 17. 99추30). 따라서 포괄적 위임은 허용되지 않는다.
② 위임사무에 대한 국가기관의 감독은 합법성, 합목적성 모두 감독할 수 있다. 따라서 위법한 경우뿐만 아니라 부당한 경우에도 감독할 수 있다.
③ 기관위임사무에는 시정명령이 적용되지 않는다는 것이 판례의 입장이다(대판 2013. 5. 23. 2011추56).
⑤ 지방자치단체의 장은 감독청의 직무이행명령에 이의가 있으면 이행명령서를 접수한 날부터 15일 이내에 대법원에 소를 제기할 수 있다(「지방자치법」 제189조 제6항).

21

주민의 권리
2018년 제6회 변형

지방자치단체의 주민에 관한 설명으로 옳지 않은 것은? (다툼이 있으면 판례에 따름)

① 감사청구한 주민이라면 1인이라도 「지방자치법」상 주민소송을 제기할 수 있다.
② 주민소환제는 지방자치의 본질적인 내용이라 할 수 없다.
③ 주민투표권은 헌법이 보장하는 참정권이라 할 수 없다.
④ 주민은 지방자치단체의 조례를 제정하거나 개정하거나 폐지할 것을 청구할 수 있다.
⑤ 주민이 지방의회 본회의의 안건 심의 중 방청인으로서 안건에 관하여 발언하는 것은 선거제도를 통한 대표제 원리에 위반되지 않는다.

풀이TIP 「지방자치법」 조문의 내용과 관련 판례의 내용을 정리해서 기억하여야 한다.

정답해설 ⑤ 「지방자치법」상의 의회대표제하에서 의회의원과 주민은 엄연히 다른 지위를 지니는 것으로서 의원과는 달리 정치적, 법적으로 아무런 책임을 지지 아니하는 주민이 본회의 또는 위원회의 안건 심의 중 안건에 관하여 발언한다는 것은 선거제도를 통한 대표제원리에 정면으로 위반되는 것으로서 허용될 수 없다(대판 1993. 2. 26. 92추109).

오답해설 ① 「지방자치법」 제21조 및 제22조
② 주민소환제도는 주민의 지방행정에의 참여를 활성화하여 지방자치의 적정실현을 제고하고자 하는 제도이며, 지방자치의 본질적인 내용이라 할 수 없다.
③ 주민투표권은 「지방자치법」 제13조 제2항의 규정에 의한 권리이고, 주민투표실시는 「지방자치법」의 규정에 의한 것이며 이는 임의규정이라는 것이 헌법재판소의 태도(헌재결 1994. 12. 29. 94헌마201)이다.
④ 「지방자치법」 제19조 제1항

Answer 19. ④ 20. ④ 21. ⑤

22

지방자치법
2017년 제5회

지방자치법령의 내용으로 옳은 것은?

① 조례의 제정청구권은 지방자치단체의 주민의 권리에 해당하지 않는다.
② 비례대표 지방의회의원은 주민소환의 대상자가 된다.
③ 「주민소환에 관한 법률」은 주민소환사유를 제한하고 있지 않다.
④ 감사청구를 하지 않은 주민도 주민소송의 원고가 될 수 있다.
⑤ 주민소송과 관련한 세부사항은 「주민소송법」에서 별도로 정하고 있다.

풀이TIP 행정조직법 ⇨ 「지방자치법」. 지방행정조직에 관한 「지방자치법」의 내용은 자주 출제되므로 꼼꼼히 공부하여야 한다.

정답해설 ③ 「주민소환에 관한 법률」은 주민소환사유를 제한하고 있지 않다. ⇨ 「주민소환에 관한 법률」이 주민소환의 청구사유에 제한을 두지 않은 것은 주민소환제를 기본적으로 정치적인 절차로 설계함으로써 위법행위를 한 공직자뿐만 아니라 정책적으로 실패하거나 무능하고 부패한 공직자까지도 그 대상으로 삼아 공직에서의 해임이 가능하도록 하여 책임정치 혹은 책임행정의 실현을 기하려는 데 그 입법목적이 있다(헌재 2009. 3. 26. 2007헌마843).

오답해설 ① 조례의 제정청구권은 지방자치단체의 주민의 권리에 해당한다(「지방자치법」 제17조).

✦ 지방자치단체 주민의 권리와 의무

권리	의무
• 재산과 공공시설 이용권 • 균등하게 행정혜택을 받을 권리 • 지방선거에 참여할 권리 • 주민투표권 • 조례의 제정·개폐청구권 • 주민감사청구권 • 주민소송권 • 주민소환권 • 청원권	• 법령으로 정하는 바에 따라 소속 지방자치단체의 비용을 분담하여야 하는 의무 • 「지방자치법」상의 지방세, 사용료, 수수료, 분담금 등 • 「농어업재해대책법」 제7조의 노력·물품제공의무 등

② 주민은 그 지방자치단체의 장 및 지방의회의원(비례대표 지방의회의원은 제외한다)을 소환할 권리를 가진다(「지방자치법」 제25조 제1항).
④ 감사청구를 하지 않은 주민은 주민소송의 원고가 될 수 없다. ⇨ 「지방자치법」 제21조 제1항에 따라 공금의 지출에 관한 사항 등 일정한 사항을 감사청구한 주민은 그 감사청구한 사항과 관련이 있는 위법한 행위나 업무를 게을리한 사실에 대하여 해당 지방자치단체의 장을 상대방으로 하여 소송을 제기할 수 있다(「지방자치법」 제22조 제1항).
⑤ 주민소송에 관해서는 「지방자치법」에서만 규정하고 있을 뿐이며 「주민소송법」이라는 별도의 법률은 존재하지 아니한다. ⇨ 주민소송에 관하여는 이 법에 규정된 것 외에는 「행정소송법」에 따른다(「지방자치법」 제22조 제18항).

23

지방자치단체의 주민의 권리에 관한 설명으로 옳은 것을 모두 고른 것은? (다툼이 있으면 판례에 따름)

ㄱ 주민투표권은 「헌법」이 보장하는 기본권 또는 「헌법」상 제도적으로 보장되는 주관적 공권이다.

ㄴ 「주민소환에 관한 법률」에 따르면 전체 주민소환투표자의 수가 주민소환투표권자 총수의 3분의 1에 미달하는 때에는 개표를 하지 않는다.

ㄷ 주민은 지방자치단체의 조례를 제정하거나 개정하거나 폐지할 것을 청구할 수 있다.

ㄹ 주민의 감사청구와는 달리 주민소송은 「지방자치법」상 인정되고 있지 않다.

---

① ㄱ, ㄴ   ② ㄱ, ㄷ   ③ ㄱ, ㄹ

④ ㄴ, ㄷ   ⑤ ㄴ, ㄹ

풀이 TIP 지방자치단체의 주민의 권리가 어떠한 것이 있는지 개관을 하고 「주민소환에 관한 법률」에서 개표 정족수를 암기해야 한다.

정답해설 ㄴ 「주민소환에 관한 법률」 제22조 제2항은 전체 주민소환투표자의 수가 주민소환투표권자 총수의 3분의 1에 미달하는 때에는 개표를 하지 않는다고 규정하고 있다.
ㄷ 「지방자치법」 제19조 제1항

오답해설 ㄱ 주민투표권은 「헌법」이 보장하는 기본권 또는 「헌법」상 제도적으로 보장되는 주관적 공권이 아니라 법률에 의해 인정되는 권리일 뿐이다(헌재 2001. 6. 28. 2000헌마735).
ㄹ 「지방자치법」은 제21조에서 주민의 감사청구에 대해 규정하고 있으며, 제22조에서 감사청구한 주민의 주민소송에 관하여 규정하고 있다.

24

지방자치법상 주민소송
2014년 제2회

「**지방자치법**」상 주민소송에 관한 설명으로 옳지 않은 것은?

① 감사청구전치주의를 취하고 있다.

② 「행정소송법」상 민중소송에 해당한다.

③ 법인 등 단체는 주민소송을 제기할 당사자적격이 없다.

④ 피고는 비위를 저지른 공무원이다.

⑤ 원고는 감사청구를 한 주민이면 한 명이라도 가능하다.

> **풀이 TIP** 주민소송의 원고적격과 피고적격을 묻는 문제로서 빈출영역이므로 암기를 요한다.

[정답해설] ④ 감사청구한 주민은 일정한 사유에 해당하는 경우에 그 감사청구한 사항과 관련이 있는 위법한 행위나 업무를 게을리한 사실에 대하여 해당 지방자치단체의 장을 상대방으로 하여 소송을 제기할 수 있다(「지방자치법」 제22조 제1항). 따라서 「지방자치법」상 주민소송의 피고는 해당 지방자치단체의 장이다.

[오답해설] ①, ⑤ 「지방자치법」 제22조 제1항에 따라 옳다.
② 주민소송은 「행정소송법」상의 객관적 소송의 일종인 민중소송에 해당한다. 따라서 개인의 구체적인 권익의 침해가 없어도 제기할 수 있다.
③ 주민소송은 감사청구를 한 주민만이 제기할 수 있는데, 감사청구는 18세 이상의 주민만이 할 수 있으므로, 법인 등 단체는 주민소송을 제기할 당사자적격이 없다(「지방자치법」 제21조·제22조).

25

지방자치법상 주민소송
2021년 제9회

「**지방자치법**」상 주민소송에 관한 설명으로 옳지 않은 것은? (다툼이 있으면 판례에 따름)

① 주민소송을 제기하기 전에 주민감사청구를 거쳐야 한다.

② 지방의회의원에게 손해배상청구를 할 것을 요구하는 주민소송은 인정되지 않는다.

③ 공금의 부과·징수 업무를 게을리한 사실의 위법 확인을 요구하는 주민소송은 인정된다.

④ 행정처분인 해당 행위의 취소를 요구하는 주민소송은 인정된다.

⑤ 주민소송의 대상이 되는 위법한 행위나 해태사실은 감사청구한 사항과 동일할 필요는 없고 관련성이 있으면 된다.

풀이 TIP 「지방자치법」상 주민의 권리에 관한 내용은 중요하다. 조례제정개폐청구권, 감사청구권, 주민소송 등을 중심으로 이해하여야 한다.

정답해설 ② 주민소송으로서 해당 지방자치단체의 장 및 직원, 지방의회의원, 해당 행위와 관련이 있는 상대방에게 손해배상청구 또는 부당이득반환청구를 할 것을 요구하는 소송을 제기할 수 있다(「지방자치법」 제22조 제2항 제4호).

오답해설 ① 주민소송은 감사청구한 주민이 제기할 수 있다. 즉, 감사청구전치주의가 적용된다(「지방자치법」 제22조 제1항).
③ 주민소송은 공금의 지출에 관한 사항, 재산의 취득ㆍ관리ㆍ처분에 관한 사항, 해당 지방자치단체를 당사자로 하는 매매ㆍ임차ㆍ도급 계약이나 그 밖의 계약의 체결ㆍ이행에 관한 사항 또는 지방세ㆍ사용료ㆍ수수료ㆍ과태료 등 공금의 부과ㆍ징수를 게을리한 사항을 감사청구한 주민이 제기하는 소송이다(「지방자치법」 제22조 제1항).
④ 행정처분인 해당 행위의 취소를 요구하는 주민소송은 주민소송을 규정한 「지방자치법」 제22조의 대상이다.
⑤ 주민소송의 대상이 되는 위법한 행위나 게을리한 사실은 감사청구한 사항과 동일할 필요는 없고 관련성이 있으면 된다.

26

지방의회
2015년 제3회 변형

지방의회에 관한 설명으로 옳지 않은 것은? (다툼이 있으면 판례에 따름)

① 지방의회는 지방자치단체의 구성부분으로 「헌법」이 인정하는 기관이다.
② 지방의회는 그 의결로 소속 지방의회의원의 사직을 허가할 수 있다. 다만, 폐회 중에는 사직할 수 없다.
③ 지방의회의 회의는 공개가 원칙이지만 의원 3명 이상의 발의로 출석의원 3분의 2 이상이 찬성한 경우에는 공개하지 않을 수 있다.
④ 체포 또는 구금된 지방의회의원이 있으면 관계 수사기관의 장은 지체 없이 해당 의장에게 영장의 사본을 첨부하여 그 사실을 알려야 한다.
⑤ 지방의회는 그 지방자치단체의 사무에 대하여 행정사무 감사권 및 조사권을 갖는다.

정답해설 ② 지방의회는 그 의결로 소속 지방의회의원의 사직을 허가할 수 있다. 다만, 폐회 중에는 지방의회의 의장이 허가할 수 있다(「지방자치법」 제89조).
오답해설 ① 지방자치단체에 의회를 둔다(「헌법」 제118조 제1항).
③ 「지방자치법」 제75조 제1항
④ 「지방자치법」 제113조 제1항
⑤ 「지방자치법」 제49조 제1항

Answer · 24. ④ 25. ② 26. ②

27

지방자치제도
2020년 제8회

지방자치제도에 관한 설명으로 옳지 않은 것은? (다툼이 있으면 판례에 따름)

① 제주특별자치도와 세종특별자치시는 「지방자치법」상 특별지방자치단체에 해당한다.

② 외국인도 지방자치단체의 주민의 지위를 가질 수 있다.

③ 「지방자치법」상 주민소송은 객관적 소송으로서 민중소송에 해당한다.

④ 비례대표 지방의회의원에 대해서는 주민소환을 할 수 없다.

⑤ 이행강제금의 부과·징수를 게을리한 행위는 주민소송의 대상이 되는 공금의 부과·징수를 게을리한 행위에 해당한다.

> **풀이 TIP** 지방자치제도의 전체적인 내용을 묻는 문제이다. 지방자치단체의 종류와 주민소환과 주민소송의 내용을 정리하여야 한다.

정답해설 ① 제주특별자치도와 세종특별자치시는 「지방자치법」상 특별지방자치단체에 해당하지 않고 일반지방자치단체에 해당한다(「지방자치법」 제2조).

오답해설 ② 지방자치단체의 주민이란 지방자치단체의 구역 안에 주소를 가진 자를 말하므로(「지방자치법」 제16조) 주소를 가진 자이면 연령이나 성별, 내국인·외국인·무국적자, 자연인·법인 모두 주민의 지위를 가질 수 있다.

③ 주민소송은 위법한 재무회계행위를 시정하고자 하는 공익목적을 가지고 제기되는 소송으로서 민중소송이며 구체적 권익의 침해가 없어도 제기되고 적법성 통제를 목적으로 하는 소송으로서 객관소송의 성질을 갖는다.

④ 비례대표 지방의회의원에 대해서는 주민소환을 할 수 없다(「주민소환에 관한 법률」 제7조).

⑤ 이행강제금의 부과·징수를 게을리한 행위는 주민소송의 대상이 되는 공금의 부과·징수를 게을리한 행위에 해당한다(「지방자치법」 제22조 제1항).

28

지방자치단체의 사무에 관한 설명으로 옳은 것을 모두 고른 것은? (다툼이 있으면 판례에 따름)

ㄱ. 지방의회는 집행기관의 고유권한에 속하는 사항의 행사에 관하여 견제의 범위 내에서 소극적·사후적으로 개입할 수 있을 뿐만 아니라 사전에 적극적으로 개입할 수 있다.

ㄴ. 지방의회는 자치사무에 관하여 법률에 특별한 규정이 없는 한 조례로써 위와 같은 지방자치단체장의 고유권한을 침해하지 않는 범위 내에서 조례를 제정할 수 있다.

ㄷ. 지방의회는 지방자치단체 및 그 장이 위임받아 처리하는 국가사무와 시·도의 사무에 대하여 국회와 시·도의회가 직접 감사하기로 한 사무도 감사할 수 있다.

ㄹ. 국가사무가 지방자치단체의 장에게 위임된 기관위임사무는 원칙적으로 자치조례의 제정범위에 속하지 않는다.

---

① ㄱ, ㄷ   ② ㄱ, ㄹ   ③ ㄴ, ㄷ

④ ㄴ, ㄹ   ⑤ ㄷ, ㄹ

풀이 TIP 지방자치단체의 지방의회가 갖는 권한의 범위를 알고 있어야 한다. 특히 지방자치단체의 장의 전속권한에 속하는 것은 관여할 수 없다는 것을 기억하자.

정답해설 ㄴ 「헌법」 제117조 제1항과 「지방자치법」 제22조에 의하면 지방자치단체는 법령의 범위 안에서 그 사무에 관하여 조례를 제정할 수 있고, 「지방자치법」은 의결기관으로서의 지방의회와 집행기관으로서의 지방자치단체장에게 독자적 권한을 부여하는 한편, 지방의회는 행정사무감사와 조사권 등에 의하여 지방자치단체장의 사무집행을 감시 통제할 수 있게 하고 지방자치단체장은 지방의회의 의결에 대한 재의요구권 등으로 의회의 의결권 행사에 제동을 가할 수 있게 함으로써 상호 견제와 균형을 유지하도록 하고 있으므로, 지방의회는 자치사무에 관하여 법률에 특별한 규정이 없는 한 조례로써 위와 같은 지방자치단체장의 고유권한을 침해하지 않는 범위 내에서 조례를 제정할 수 있다고 할 것이다(대판 2013. 4. 11. 2012추22).

ㄹ 지방자치단체가 자치조례를 제정할 수 있는 것은 원칙적으로 자치사무와 단체위임사무에 한하므로, 국가사무가 지방자치단체의 장에게 위임된 기관위임사무와 같이 지방자치단체의 장이 국가기관의 지위에서 수행하는 사무일 뿐 지방자치단체 자체의 사무라고 할 수 없는 것은 원칙적으로 자치조례의 제정범위에 속하지 않는다(대판 1999. 9. 17. 99추30).

오답해설 ㄱ 지방의회가 집행기관의 인사권에 관하여 견제의 범위 내에서 소극적·사후적으로 개입하는 것은 허용되나, 집행기관의 인사권을 독자적으로 행사하거나 동등한 지위에서 합의하여 행사할 수는 없고, 그에 관하여 사전에 적극적으로 개입하는 것도 원칙적으로 허용되지 아니한다(대판 2009. 9. 24. 2009추53).

ㄷ 지방의회는 지방자치단체 및 그 장이 위임받아 처리하는 국가사무와 시·도의 사무에 대하여 국회와 시·도의회가 직접 감사하기로 한 사무 외에는 그 감사를 각각 해당 시·도의회와 시·군 및 자치구의회가 할 수 있다. 이 경우 국회와 시·도의회는 그 감사결과에 대하여 그 지방의회에 필요한 자료를 요구할 수 있다(「지방자치법」 제49조 제3항). 따라서 지방의회는 위임사무에 대하여 국회와 시·도의회가 직접 감사하기로 한 사무는 감사할 수 없다.

Answer 27. ①   28. ④

29

자치입법권
2013년 제1회

지방자치단체의 조례에 관한 설명으로 옳지 않은 것은? (다툼이 있는 경우에는 판례에 의함)

① 주민의 권리 제한 또는 의무 부과에 관한 사항이나 벌칙을 조례로 정할 때에는 법률의 위임이 있어야 한다.

② 지방자치단체의 장은 조례안에 대하여 이의가 있는 경우 조례안의 일부에 대하여 또는 조례안을 수정하여 지방의회에 재의를 요구할 수 있다.

③ 조례가 집행행위의 개입 없이도 그 자체로서 직접 국민의 구체적인 권리의무나 법적 이익에 영향을 미치는 등의 법률상 효과를 발생하는 경우 그 조례는 항고소송의 대상이 되는 행정처분에 해당한다.

④ 기관위임사무는 원칙적으로 조례의 제정범위에 속하지 않지만, 그에 관한 개별법령에서 일정한 사항을 조례로 정하도록 위임하고 있는 경우에는 위임받은 사항에 관하여 개별법령의 취지에 부합하는 범위 내에서 위임조례를 정할 수 있다.

⑤ 조례는 특별한 규정이 없으면 공포한 날부터 20일이 지나면 효력을 발생한다.

풀이 TIP 지방자치단체의 장의 지방의회에 대한 재의요구에는 조례안의 일부나 수정재의가 인정되지 않는다는 것을 암기하고 있어야 한다.

정답해설 ② 지방자치단체의 장은 이송받은 조례안에 대하여 이의가 있으면 이송받은 날부터 20일 이내에 이유를 붙여 지방의회로 환부(還付)하고, 재의(再議)를 요구할 수 있다. 이 경우 지방자치단체의 장은 조례안의 일부에 대하여 또는 조례안을 수정하여 재의를 요구할 수 없다(「지방자치법」 제32조 제3항).

오답해설 ① 지방자치단체는 법령의 범위 안에서 그 사무에 관하여 조례를 제정할 수 있다. 다만, 주민의 권리 제한 또는 의무 부과에 관한 사항이나 벌칙을 정할 때에는 법률의 위임이 있어야 한다(「지방자치법」 제28조 제1항).

③ 조례가 집행행위의 개입 없이도 그 자체로서 직접 국민의 구체적인 권리의무나 법적 이익에 영향을 미치는 등의 법률상 효과를 발생하는 경우 그 조례는 항고소송의 대상이 되는 행정처분에 해당하고, 이러한 조례에 대한 무효확인소송을 제기함에 있어서 피고적격이 있는 처분 등을 행한 행정청은, 행정주체인 지방자치단체 또는 지방자치단체의 내부적 의결기관으로서 지방자치단체의 의사를 외부에 표시한 권한이 없는 지방의회가 아니라, 지방자치단체의 집행기관으로서 조례로서의 효력을 발생시키는 공포권이 있는 지방자치단체의 장이다(대판 1996. 9. 20. 95누8003).

④ 지방자치단체가 자치조례를 제정할 수 있는 것은 원칙적으로 자치사무와 단체위임사무에 한하며, 국가사무가 지방자치단체의 장에게 위임된 기관위임사무는 원칙적으로 자치조례의 제정범위에 속하지 않는다 할 것이고, 다만 개별법령에서 일정한 사항을 조례로 정하도록 위임하고 있는 경우에는 위임받은 사항에 관하여 개별법령의 취지에 부합하는 범위 내에서 이른바 위임조례를 정할 수 있다(대판 2004. 6. 11. 2004추34).

⑤ 조례와 규칙은 특별한 규정이 없으면 공포한 날부터 20일이 지나면 효력을 발생한다(「지방자치법」 제31조 제8항).

30

지방의회의 권한
2024년 제12회

「지방자치법」상 지방의회의 권한에 해당하지 않는 것은?

① 청원의 수리와 처리에 관한 의결권
② 결산과 관련한 검사위원 선임권
③ 주민투표 회부권
④ 지방의회의원의 자격상실에 대한 의결권
⑤ 기금의 설치·운용에 관한 의결권

풀이 TIP 단체장의 권한인 것을 찾아보자.

정답해설 ③ 지방자치단체의 장은 주민에게 과도한 부담을 주거나 중대한 영향을 미치는 지방자치단체의 주요 결정사항 등에 대하여 주민투표에 부칠 수 있다(「지방자치법」 제18조 제1항).

오답해설 ①, ②, ④, ⑤ 지방의회의 권한에 속한다.

31

지방자치법상 주민소송
2022년 제10회

「지방자치법」상 주민소송에 관한 설명으로 옳지 않은 것은?

① 주민소송은 민중소송이며 객관소송이다.
② 해당 행위를 계속하면 회복하기 곤란한 손해가 발생할 우려가 있는 경우에 그 행위의 전부나 일부를 중지할 것을 요구하는 소송을 주민소송으로 제기할 수 있다.
③ 주민소송을 제기하기 위해서는 그에 앞서 당해 사안에 대해 주민감사청구를 하여야 한다.
④ 소송의 계속(繫屬) 중에 소송을 제기한 주민이 사망하면 소송절차는 중단된다.
⑤ 주민소송이 진행 중이라도 다른 주민은 같은 사항에 대하여 별도의 소송을 제기할 수 있다.

풀이 TIP 주민소송에 대한 「지방자치법」 조문을 암기하고 있어야 한다. 중복소송제기금지가 핵심이다.

정답해설 ⑤ 주민소송이 진행 중이라도 다른 주민은 같은 사항에 대하여 별도의 소송을 제기할 수 없다(「지방자치법」 제22조 제5항).

오답해설 ① 주민소송은 지방자치단체의 행정에 대한 적법성 통제를 목적으로 하는 「행정소송법」상 민중소송에 해당하며 이는 권리구제가 목적인 주관적 소송과 달리 행정의 합법성 통제를 목적으로 하는 객관적 소송에 해당한다.
② 주민소송으로는 해당 행위를 계속하면 회복하기 어려운 손해를 발생시킬 우려가 있는 경우에 그 행위의 전부나 일부를 중지할 것을 요구하는 소송도 가능하다(「지방자치법」 제22조 제2항 제1호).
③ 주민소송은 주민감사청구를 한 주민만이 제기할 수 있으므로 주민감사청구를 필수적으로 거쳐야 한다.
④ 소송의 계속(繫屬) 중에 소송을 제기한 주민이 사망하거나 주민의 자격을 잃으면 소송절차는 중단된다(「지방자치법」 제22조 제6항).

Answer 29. ② 30. ③ 31. ⑤

32

지방자치단체의 종류
2013년 제1회

「지방자치법」상 지방자치단체에 해당하지 않는 것은?

① 광역시　　　　　② 특별자치시　　　　　③ 특별자치도
④ 군(郡)　　　　　⑤ 읍(邑)

풀이TIP　보통지방자치단체의 종류를 묻는 문제이다. 읍·면·동은 행정구역으로 지방자치단체에 해당하지 않는다.

정답해설　⑤ 지방자치단체는 두 가지 종류(특별시, 광역시, 특별자치시, 도, 특별자치도 / 시, 군, 구)로 구분한다. 지방자치단체인 구(＝자치구)는 특별시와 광역시의 관할 구역 안의 구만을 말한다(「지방자치법」 제2조 제1항·제2항). 따라서 현행 「지방자치법」상 읍·면·동·리는 행정구역에 불과하고 지방자치단체에 속하지 않는다.

오답해설　①, ②, ③ 광역시, 특별자치시, 특별자치도는 「지방자치법」상 (광역)지방자치단체에 속한다.
④ 군(郡)은 「지방자치법」상 (기초)지방자치단체에 속한다.

✦ 지방자치단체의 종류

보통지방 자치단체	• 광역지방자치단체: 특별시, 광역시, 특별자치시, 도, 특별자치도 • 기초지방자치단체: 시, 군, 자치구 • 광역지방자치단체와 기초지방자치단체는 서로 대등한 공법인이며 양자가 상하 복종관계에 있는 것은 아님. 지방자치단체인 구(자치구)는 특별시와 광역시의 관할구역 안의 구만을 말하며, 자치구의 자치권의 범위는 법령으로 정하는 바에 따라 시·군과 다르게 할 수 있음
특별지방 자치단체	• 보통지방자치단체 외에 특정한 목적을 수행하기 위하여 필요하면 따로 특별지방자치단체를 설치할 수 있음 • 지방자치단체조합: 2개 이상의 지방자치단체가 하나 또는 둘 이상의 사무를 공동으로 처리할 필요가 있을 때에는 규약을 정하여 그 지방의회의 의결을 거쳐 시·도는 행정안전부장관의, 시·군 및 자치구는 시·도지사의 승인을 받아 지방자치단체조합을 설립할 수 있음

33

지방자치단체의 종류
2022년 제10회

공무원관계에 관한 판례의 태도로 옳은 것은?

① 공무원임용결격사유가 있는지의 여부는 임용당시가 아닌 채용후보자 명부에 등록한 때에 시행되던 법률을 기준으로 하여 판단하여야 한다.

② 임용당시 공무원임용결격사유가 있었다면 비록 국가의 과실에 의하여 임용결격자임을 밝혀내지 못하였다 하더라도 그 임용행위는 당연무효이다.

③ 국가가 공무원임용결격사유가 있는 자에 대해 결격사유가 있음을 알지 못하고 임용하였다가 사후에 결격사유가 있는 자임을 발견하고 임용행위를 취소하는 경우, 그 취소권은 시효의 제한을 받는다.

④ 시험승진후보자명부에서의 삭제행위는 행정처분이다.

⑤ 직위해제는 징계처분에 해당한다.

풀이TIP　공무원임용결격자에 대한 임용의 효력을 알면 쉽게 해결된다.

정답해설　② 임용결격자에 대한 공무원의 임용은 비록 국가가 과실에 의해 임용결격자임을 밝혀내지 못하였더라도 당연무효이다(대판 2005. 7. 28. 2003두469).

오답해설 ① 공무원임용결격사유가 있는지의 여부는 채용후보자명부에 등록한 때가 아닌 임용 당시에 시행되던 법률을 기준으로 하여 판단하여야 한다(대판 1987. 4. 14. 86누459).
③ 국가가 공무원임용결격사유가 있는 자에 대해 결격사유가 있음을 알지 못하고 임용하였다가 사후에 결격사유가 있는 자임을 발견하고 임용행위를 취소하는 것은 임용이 무효임을 확인하는 것에 불과하므로 그 취소권은 시효의 제한을 받지 않는다.
④ 시험승진후보자명부에서의 삭제행위는 결국 그 명부에 등재된 자에 대한 승진 여부를 결정하기 위한 행정청 내부의 준비과정에 불과하고, 그 자체가 어떠한 권리나 의무를 설정하거나 법률상 이익에 직접적인 변동을 초래하는 별도의 행정처분이 된다고 할 수 없다(대판 1997. 11. 14. 97누7325).
⑤ 직위해제는 징계처분이 아니다.

04 공무원법

34

상
공무원법
2023년 제11회

국가공무원에 관한 설명으로 옳지 않은 것은? (다툼이 있는 경우에는 판례에 의함)

① 공무원의 신분과 지위의 특수성상 공무원에 대해서는 일반 국민에 비해 보다 넓고 강한 기본권 제한이 가능하다.

② 공무원이 그 직무를 수행함에 있어 소속 상관의 명백한 위법 내지 불법한 명령에 따라야 할 의무는 없다.

③ 법관, 검사, 외무공무원은 일반직공무원에 해당한다.

④ 모든 공무원은 법령을 준수하며 성실히 직무를 수행하여야 한다.

⑤ 국가기간의 장은 소속 공무원을 임용할 때 합리적인 이유 없이 사회적 신분을 이유로 차별해서는 아니 된다.

풀이 TIP 일반직공무원과 특정직공무원을 구별하고 있는지를 묻는 문제이다. 현행 「정부조직법」의 정부조직에 관해 알고 있어야 풀 수 있다. 예상하지 못한 출제이다.

정답해설 ③ 법관, 검사, 외무공무원, 경찰공무원, 소방공무원, 교육공무원, 군인, 군무원, 헌법재판소 헌법연구관, 국가정보원의 직원, 경호공무원과 특수 분야의 업무를 담당하는 공무원으로서 다른 법률에서 특정직공무원으로 지정하는 공무원을 특정직공무원이라 한다. 일반직공무원은 기술·연구 또는 행정 일반에 대한 업무를 담당하는 공무원을 말한다(「국가공무원법」 제2조 제1항·제2항).

오답해설 ① 공무원도 기본권의 주체이지만, 공무원의 신분과 지위의 특수성상 일반 국민에 비해 보다 넓고 강한 기본권 제한을 받는다.
② 공무원은 직무를 수행할 때 소속 상관의 직무상 명령에 복종하여야 하지만, 소속 상관의 명백한 위법 내지 불법한 명령에 따라야 할 의무는 없다.
④ 「국가공무원법」 제56조
⑤ 「국가공무원법」 제26조의2

Answer⁺ 32. ⑤ 33. ② 34. ③

35

공무원의 책임
2017년 제5회

국가공무원법령상 공무원의 징계와 관련된 설명으로 옳은 것은?

① 형벌과 징계벌 사이에는 일사부재리의 원칙이 적용된다.

② 징계 중 파면, 해임, 강등을 중징계라 하고, 정직, 감봉, 견책을 경징계라 한다.

③ 금전의 수수행위에 대한 징계의결 등의 요구는 징계 등의 사유가 발생한 날부터 3년이 지나면 하지 못한다.

④ 징계처분에 대한 행정소송은 소청심사위원회의 심사·결정을 거치지 아니하고도 제기할 수 있다.

⑤ 수사기관에서 수사 중인 사건에 대하여는 수사개시의 통보를 받은 날로부터 징계 절차를 진행하지 아니할 수 있다.

> **풀이 TIP** 행정조직법 ⇨ 공무원법. 공무원에 관한 「국가공무원법」의 내용과 관련 판례는 자주 출제되므로 꼼꼼히 공부하여야 한다.

정답해설 ⑤ 검찰·경찰, 그 밖의 수사기관에서 수사 중인 사건에 대하여는 수사개시 통보를 받은 날부터 징계 의결의 요구나 그 밖의 징계 절차를 진행하지 아니할 수 있다(「국가공무원법」 제83조 제2항). 한편 이와 달리 감사원에서 조사 중인 사건에 대하여는 조사개시 통보를 받은 날부터 징계 의결의 요구나 그 밖의 징계 절차를 진행하지 못한다(「국가공무원법」 제83조 제1항).

오답해설 ① 징계벌과 형벌은 그 목적이나 성질 등이 다르므로 병과할 수 있으며, 병과하더라도 일사부재리의 원칙에 반하지 않는다(통설 및 판례).

② 징계 중 파면, 해임, 강등과 정직을 중징계라 하고, 감봉과 견책을 경징계라 한다(「공무원징계령」 제2조의3).

③ 원칙적으로 징계의결 등의 요구는 징계 등의 사유가 발생한 날부터 3년이 지나면 하지 못하는 것이지만, 금전의 수수행위에 대한 징계의결 등의 요구는 징계 등의 사유가 발생한 날부터 5년이 지나면 하지 못한다(「국가공무원법」 제83조의2 제1항).

④ 징계처분에 대한 행정소송은 소청심사위원회의 심사·결정을 거치지 아니하면 제기할 수 없다(「국가공무원법」 제16조 제1항).

36

공무원관계의
발생·변경·소멸
2016년 제4회

공무원의 신분관계에 관한 설명으로 옳은 것은? (다툼이 있으면 판례에 따름)

① 「국가공무원법」상 임용결격사유는 모두 당연퇴직사유에 해당된다.

② 「지방공무원법」상 정규공무원 임용행위와 시보임용행위는 별도의 임용행위 이므로 그 요건과 효력은 개별적으로 판단해야 한다.

③ 직위해제처분이 있은 후 동일한 사유에 대해 다시 해임처분이 있다면 일사부 재리의 법리에 어긋난다.

④ 징계의 종류로서 파면과 해임은 둘 다 공무원 신분을 박탈시키며 공직취임 제한기간이 동일하다는 점에 있어서는 차이가 없다.

⑤ 공무원 임용결격사유가 있는지의 여부는 임용 당시가 아니라 채용후보자 명 부에 등록한 때의 법률을 기준으로 판단해야 한다.

풀이 TIP 정규공무원임용과 시보임용은 서로 별도의 임용행위라는 것을 알고 있으면 쉽게 해결할 수 있는 문제이다.

정답해설 ② 「지방공무원법」상 정규공무원 임용행위는 시보임용행위와는 별도의 임용행위이므로 그 요 건과 효력은 개별적으로 판단하여야 할 것이다(대판 2005. 7. 28. 2003두469).

오답해설 ① 「국가공무원법」 제33조의 결격사유 중 '파산선고를 받고 복권되지 아니한 자'는 파산선고를 받은 사람으로서 「채무자 회생 및 파산에 관한 법률」에 따라 신청기한 내에 면책신청을 하지 아니하였거 나 면책불허가 결정 또는 면책취소가 확정된 경우만 당연퇴직사유에 해당하고, '금고 이상의 형의 선고유 예를 받은 경우에 그 선고유예 기간 중에 있는 자'는 「형법」 제129조부터 제132조까지, 제303조 또는 「성 폭력범죄의 처벌 등에 관한 특례법」 제10조 및 직무와 관련하여 「형법」 제355조 또는 제356조에 규정된 죄를 범한 사람으로서 금고 이상의 형의 선고유예를 받은 경우만 당연퇴직사유에 해당한다(「국가공무원 법」 제69조). 따라서 「국가공무원법」상 임용결격사유가 모두 당연퇴직사유에 해당하는 것은 아니다.
③ 직위해제는 과거의 비위행위에 대하여 행하는 징벌적 제재로서의 징계와는 그 성질이 다르므로 직위 해제 중인 자에 대한 징계처분은 일사부재리 원칙의 위반이 아니다(대판 1983. 10. 25. 83누184).
④ 파면과 해임은 둘 다 공무원 신분을 박탈시키는 점에서는 동일하나, 공직취임 제한기간이 파면은 5년 인데 해임은 3년으로 다르다(「국가공무원법」 제33조).
⑤ 공무원관계는 채용후보자 명부에 등록한 때가 아니라 국가의 임용이 있는 때에 설정되는 것이므로 공무원 임용결격사유가 있는지의 여부는 채용후보자 명부에 등록한 때가 아닌 임용 당시에 시행되던 법 률을 기준으로 하여 판단하여야 한다(대판 1987. 4. 14. 86누459).

Answer⁺ 35. ⑤ 36. ②

37

판례에 의할 때 공무원의 신분관계에 관한 설명으로 옳은 것은?

① 임용 당시 공무원임용 결격사유가 있었다면 비록 국가의 과실에 의하여 임용결격자임을 밝혀내지 못하였다 하더라도 그 임용행위는 당연 무효이다.

② 공무원에 대한 직위해제처분이 있은 후 동일한 사유로 다시 해임처분을 하는 것은 일사부재리의 법리에 어긋난다.

③ 「국가공무원법」상 당연퇴직의 인사발령은 항고소송의 대상이 되는 처분에 해당한다.

④ 「국가공무원법」상의 직위해제처분에는 의견청취에 관한 「행정절차법」 규정이 적용된다.

⑤ 임용행위의 하자로 임용행위가 취소되어 소급적으로 공무원의 지위를 상실한 자도 「공무원연금법」에서 정한 퇴직급여를 청구할 수 있다.

> **풀이 TIP** 임용결격자를 임용하면 그 임용은 무효이다.

정답해설 ① 임용 당시 공무원임용결격사유가 있었다면 비록 국가의 과실에 의하여 임용결격자임을 밝혀내지 못하였다 하더라도 그 임용행위는 당연무효로 보아야 한다(대판 1987. 4. 14. 86누459).

오답해설 ② 직위해제는 징계가 아니므로 직위해제 후 징계처분으로 해임을 하더라도 일사부재리의 법리에 어긋나지 않는다.
③ 직위해제는 과거의 비위행위에 대하여 행하는 징벌적 제재로서의 징계와는 그 성질이 다르므로 직위해제 중인 자에 대한 징계처분은 일사부재리 원칙의 위반이 아니다(대판 1983. 10. 25. 83누184).
④ 당연퇴직의 경우에는 결격사유가 있어 법률상 당연퇴직되는 것이지 공무원관계를 소멸시키기 위한 별도의 행정처분을 요하지 아니한다 할 것이며 위와 같은 사유의 발생으로 당연퇴직의 인사발령이 있었다 하여도 이는 퇴직사실을 알리는 이른바 관념의 통지에 불과하여 행정소송의 대상이 되지 아니한다(대판 1992. 1. 21. 91누2687).
⑤ 임용결격자가 공무원으로 임용되어 사실상 근무하여 왔다 하더라도 적법한 공무원으로서의 신분을 취득하지 못한 자로서는 「공무원연금법」이나 「근로자퇴직급여 보장법」에서 정한 퇴직급여를 청구할 수 없다. 나아가 이와 같은 법리는 임용결격사유로 인하여 임용행위가 당연무효인 경우뿐만 아니라 임용행위의 하자로 임용행위가 취소되어 소급적으로 지위를 상실한 경우에도 마찬가지로 적용된다(대판 2017. 5. 11. 2012다200486).

38

공무원의 권리와 의무에 관한 설명으로 옳지 않은 것은? (다툼이 있으면 판례에 따름)

① 「지방공무원법」에 따라 공무원은 직무수행 시 소속상사의 직무상 명령에 복종하여야 하지만, 이에 대한 의견을 진술할 수 있다.

② 공무원이 보수에 해당하는 금원지급을 구할 경우 해당 보수항목이 국가예산에 계상되어 있어야만 하는 것은 아니다.

③ 「지방공무원법」에 따른 고충심사의 결정은 행정처분이 아니다.

④ 지급결정된 연금의 지급청구소송은 공법상 당사자소송으로 제기되어야 한다.

⑤ 「공무원연금법」상 연금수급권은 사회보장수급권과 재산권의 성격을 함께 가진다.

풀이TIP 공무원법에 관한 최신 판례를 묻는 문제이다. 공무원법상 권리구제와 쟁송방법, 공무원의 보수에 관한 전반적인 내용을 정리해야 한다.

정답해설 ② 공무원이 국가를 상대로 실질이 보수에 해당하는 금원의 지급을 구하려면 공무원의 '근무조건 법정주의'에 따라 국가공무원법령 등 공무원의 보수에 관한 법률에 그 지급근거가 되는 명시적 규정이 존재하여야 하고, 나아가 해당 보수 항목이 국가예산에도 계상되어 있어야만 한다(대판 2018. 2. 28. 2017두64606).

오답해설 ① 「지방공무원법」 제49조

③ 「지방공무원법」 제67조의2에서 규정하고 있는 고충심사제도는 공무원으로서의 권익을 보장하고 적정한 근무환경을 조성하여 주기 위하여 근무조건 또는 인사관리 기타 신상문제에 대하여 법률적인 쟁송의 절차에 의하여서가 아니라 사실상의 절차에 의하여 그 시정과 개선책을 청구하여 줄 것을 임용권자에게 청구할 수 있도록 한 제도로서, 고충심사결정 자체에 의하여는 어떠한 법률관계의 변동이나 이익의 침해가 직접적으로 생기는 것은 아니므로 고충심사의 결정은 행정상 쟁송의 대상이 되는 행정처분이라고 할 수 없다(대판 1987. 12. 8. 87누657·658).

④ 연금청구권은 공권이므로 지급결정된 연금의 지급청구소송은 공법상 당사자소송에 의한다.

⑤ 「공무원연금법」상 연금수급권은 사회적 기본권의 하나인 사회보장수급권의 성격과 재산권의 성격을 아울러 지니고 있다(헌재결 2016. 3. 31. 2015헌바18).

39

하
공무원법
2020년 제8회

「국가공무원법」상 소청에 관한 설명으로 옳은 것은?

① 소청을 통해 위법한 거부처분에 대하여 의무이행을 구하는 심사청구를 할 수 없다.

② 징계처분에 대해 소청심사위원회의 심사·결정을 거치지 아니하면 행정소송을 제기할 수 없다.

③ 소청심사위원회가 소청인에게 진술 기회를 주지 아니하고 내린 결정은 취소 사유의 하자가 있다.

④ 징계처분에 대한 소청에 대하여는 불이익변경금지원칙이 적용되지 아니한다.

⑤ 행정기관소속 공무원의 소청을 심사하는 소청심사위원회는 법제처에 둔다.

> **풀이 TIP** 공무원법의 내용을 묻는 문제로, 공무원법의 조문을 정리하여야 하는 문제이다.

정답해설 ② 본인의 의사에 반한 불리한 처분이나 부작위(不作爲)에 관한 행정소송은 소청심사위원회의 심사·결정을 거치지 아니하면 제기할 수 없다(「국가공무원법」 제16조 제1항).

오답해설 ① 위법 또는 부당한 거부처분이나 부작위에 대하여 의무이행을 구하는 심사청구가 이유 있다고 인정되면 지체 없이 청구에 따른 처분을 하거나 이를 할 것을 명한다(「국가공무원법」 제14조 제5항 제5호). 따라서 거부처분에 대하여 의무이행을 구하는 심사청구를 할 수 있다.

③ 소청심사위원회가 소청 사건을 심사할 때에는 대통령령등으로 정하는 바에 따라 소청인 또는 제76조 제1항 후단에 따른 대리인에게 진술 기회를 주어야 하고, 진술 기회를 주지 아니한 결정은 무효로 한다(「국가공무원법」 제13조).

④ 소청심사위원회가 징계처분 또는 징계부가금 부과처분(이하 "징계처분등"이라 한다)을 받은 자의 청구에 따라 소청을 심사할 경우에는 원징계처분보다 무거운 징계 또는 원징계부가금 부과처분보다 무거운 징계부가금을 부과하는 결정을 하지 못한다(「국가공무원법」 제14조 제8항). 따라서 불이익변경금지원칙이 적용된다.

⑤ 행정기관 소속 공무원의 징계처분, 그 밖에 그 의사에 반하는 불리한 처분이나 부작위에 대한 소청을 심사·결정하게 하기 위하여 인사혁신처에 소청심사위원회를 둔다(「국가공무원법」 제9조 제1항).

40

하
국가공무원법의 내용
2021년 제9회

「국가공무원법」상 징계처분과 소청 등에 관한 설명으로 옳지 않은 것은? (다툼이 있으면 판례에 따름)

① 공무원에 대한 직위해제처분은 징계처분이다.

② 직위해제처분과 그 후속 직권면직처분은 별개 독립의 처분으로 일사부재리원칙에 위배되지 않는다.

③ 소청심사위원회가 소청 사건을 심사할 때 소청인에게 진술 기회를 주지 아니한 결정은 무효이다.

④ 소청심사위원회의 결정은 처분 행정청을 기속한다.

⑤ 소청심사위원회의 결정은 그 이유를 구체적으로 밝힌 결정서로 하여야 한다.

풀이 TIP 「국가공무원법」의 중요 조문을 이해하여야 한다. 대표적인 조문으로서 항상 출제되는 내용이 반복해서 출제되고 있다.

정답해설 ① 공무원에 대한 직위해제처분은 「국가공무원법」 제79조의 징계에 해당하지 않는다.

오답해설 ② 직위해제처분과 동일한 사유로 해임처분을 한 경우 일사부재리원칙위반이 아니다(대판 1984. 2. 28. 83누489).
③ 「국가공무원법」 제13조 제2항
④ 「국가공무원법」 제15조
⑤ 「국가공무원법」 제14조 제9항

Answer▸ 39. ② 40. ①

41

하
공무원관계의
발생·변경·소멸,
공무원의 의무
2014년 제2회

공무원관계에 관한 내용으로 옳지 않은 것은? (다툼이 있는 경우에는 판례에 의함)

① 임용 당시 공무원 임용 결격사유가 있었다면 비록 국가의 과실에 의하여 임용 결격자임을 밝혀내지 못하였다 하더라도 그 임용행위는 당연무효이다.

② 직위해제는 「국가공무원법」상 징계에 해당한다.

③ 공무원은 소속 상관이 종교 중립에 위배되는 직무상 명령을 한 경우에는 따르지 아니할 수 있다.

④ 공무원이 한 사직의 의사표시는 의원면직처분이 있고 난 이후에는 철회나 취소를 할 수 없다.

⑤ 임용결격자가 공무원으로 임용되어 사실상 근무하였다 하더라도 「공무원연금법」이나 「근로기준법」 소정의 퇴직금 청구를 할 수 없다.

> **풀이 TIP** 직위해제는 공무원법상 징계에 속하지 않는다는 것을 알면 쉽게 해결할 수 있다. 빈출지문 이므로 반드시 숙지해야 한다.

정답해설 ② 「국가공무원법」상 징계의 종류에는 6가지(견책, 감봉, 정직, 강등, 해임, 파면)가 있으며, 직위해제는 「국가공무원법」상 징계의 종류에 속하지 않는다.

오답해설 ① 임용 당시 공무원 임용 결격사유가 있었다면 비록 국가의 과실에 의하여 임용결격자임을 밝혀내지 못하였다 하더라도 그 임용행위는 당연무효로 보아야 한다(대판 1987. 4. 14. 86누459).

③ 공무원은 종교에 따른 차별 없이 직무를 수행하여야 한다. 공무원은 소속 상관이 종교 중립 의무에 위배되는 직무상 명령을 한 경우에는 이에 따르지 아니할 수 있다(「국가공무원법」 제59조의2).

④ 공무원이 한 사직 의사표시의 철회나 취소는 그에 터잡은 의원면직처분이 있을 때까지 할 수 있는 것이고, 일단 면직처분이 있고 난 이후에는 철회나 취소할 여지가 없다(대판 2001. 8. 24. 99두9971).

⑤ 「공무원연금법」이나 「근로기준법」에 의한 퇴직금은 적법한 공무원으로서의 신분취득 또는 근로고용 관계가 성립되어 근무하다가 퇴직하는 경우에 지급되는 것이고, 당연무효인 임용결격자에 대한 임용행위에 의하여서는 공무원의 신분을 취득하거나 근로고용관계가 성립될 수 없는 것이므로 임용결격자가 공무원으로 임용되어 사실상 근무하여 왔다고 하더라도 그러한 피임용자는 위 법률소정의 퇴직금 청구를 할 수 없다(대판 1987. 4. 14. 86누459).

42

공무원법
2020년 제8회

국가공무원의 법률관계에 관한 설명으로 옳지 않은 것은? (다툼이 있으면 판례에 따름)

① 공무원임용에 결격사유가 있는지의 여부는 임용 당시에 시행되던 법률을 기준으로 판단하여야 한다.

② 공무원은 임용장이나 임용통지서에 적힌 날짜에 임용된 것으로 본다.

③ 공무원임용 결격사유가 있는 자를 공무원에 임명하는 행위는 당연무효이다.

④ 「국가공무원법」상의 직위해제처분에는 사전통지에 관한 「행정절차법」 규정이 적용된다.

⑤ 당연퇴직의 사실을 알리는 통지행위는 「행정소송법」상 처분에 해당하지 않는다.

> **풀이 TIP** 공무원법의 내용과 행정절차를 묻는 문제이다. 공무원법에 관련된 판례를 정리하면 풀 수 있는 기본적인 문제이다.

정답해설 ④ 「국가공무원법」상 직위해제처분은 행정작용의 성질상 행정절차를 거치기 곤란하거나 불필요하다고 인정되는 사항 또는 행정절차에 준하는 절차를 거친 사항에 해당하므로, 처분의 사전통지 및 의견청취 등에 관한 「행정절차법」의 규정이 별도로 적용되지 않는다(대판 2014. 5. 16. 2012두26180).

오답해설 ① 공무원관계설정시점 및 공무원 임용 결격사유가 있는지 여부는 채용후보자 명부에 등록한 때가 아니라 임용 당시에 시행되던 법률을 기준으로 판단해야 한다(대판 1987. 4. 14. 86누459).

② 공무원은 임용장이나 임용통지서에 적힌 날짜에 임용된 것으로 보며, 임용일자를 소급해서는 아니된다(「공무원임용령」 제6조 제1항).

③ 임용결격자에 대한 공무원의 임용은 무효이다(대판 2005. 7. 28. 2003두469).

⑤ 당연퇴직의 인사발령은 법률상 당연히 발생하는 퇴직사유를 공적으로 확인하여 알려주는 이른바 관념의 통지에 불과하고 공무원의 신분을 상실시키는 새로운 형성적 행위가 아니므로 행정소송의 대상이 되는 독립한 행정처분이라고 할 수 없다(대판 1995. 11. 14. 95누2036).

특별행정작용법

경찰행정, 공물의 특성과 이용관계, 국유재산의 분류가 자주 출제된다. 「경찰관 직무집행법」과 공용부담, 특히 공용수용관계가 출제 유력한 영역이다. 그 외 범위는 자세히 보기에는 시간적 한계가 있으므로 기출문제 중심으로 준비하는 것이 효율적이다.

---

01 **경찰행정법**

01

상

경찰관 직무집행법
2023년 제11회

「경찰관 직무집행법」상 사실의 확인을 위하여 경찰관이 출석 요구서를 보내 경찰관서에 출석할 것을 요구할 수 있는 직무수행으로 명시되어 있지 않은 것은?

① 미아를 인수할 보호자 확인
② 유실물을 인수할 권리자 확인
③ 사고로 인한 사상자 확인
④ 긴급구호를 요청받은 보건의료기관에 대한 요청사실의 확인
⑤ 행정처분을 위한 교통사고 조사에 필요한 사실확인

> **풀이 TIP** 현행 「경찰관 직무집행법」상 출석요구에 대한 조문을 알고 있어야 풀 수 있다. 예상하지 못한 출제이다.

정답해설 ④ 긴급구호를 요청받은 보건의료기관에 대한 요청사실의 확인은 경찰관서에 출석할 것을 요구할 수 있는 사항에 명시되어 있지 않다. 요청받은 보건의료기관이나 공공구호기관은 정당한 이유 없이 긴급구호를 거절할 수 없다(「경찰관 직무집행법」 제4조 제2항).

오답해설 ①, ②, ③, ⑤ 아래의 조항 참고

> ✦ **「경찰관 직무집행법」 제8조(사실의 확인 등)** ② 경찰관은 다음 각 호의 직무를 수행하기 위하여 필요하면 관계인에게 출석하여야 하는 사유·일시 및 장소를 명확히 적은 출석 요구서를 보내 경찰관서에 출석할 것을 요구할 수 있다.
>   1. 미아를 인수할 보호자 확인
>   2. 유실물을 인수할 권리자 확인
>   3. 사고로 인한 사상자(死傷者) 확인
>   4. 행정처분을 위한 교통사고 조사에 필요한 사실 확인

02

경찰권 발동의
근거와 한계
2015년 제3회

경찰권 발동의 조리상 한계에 해당하지 않는 것은?

① 사주소불가침의 원칙
② 경찰비례의 원칙
③ 경찰공공의 원칙
④ 경찰평등의 원칙
⑤ 경찰적극목적의 원칙

> **풀이TIP** 경찰권 발동의 조리상 한계(일반원칙) 5가지, 즉 '경찰비례의 원칙, 경찰공공의 원칙(사생활불가침, 사주소불가침, 민사관계불간섭), 경찰평등의 원칙, 경찰책임의 원칙, 경찰소극목적의 원칙'에 대해서 숙지하고 있어야 한다.

정답해설 ⑤ 경찰권은 사회질서의 유지와 회복이라는 소극적 목적을 위해서만 발동할 수 있고 공공복리 증진과 같은 적극적인 목적을 위해서는 발동할 수 없다. 이를 경찰소극목적의 원칙이라고 한다.

오답해설 ① 사주소불가침의 원칙은 경찰권은 사회공공의 안녕·질서와 직접적 관련이 없는 사주소 내에 대해서는 관여할 수 없다는 것으로, 경찰공공의 원칙의 일부이다.
② 경찰비례의 원칙은 경찰권은 사회공공의 안녕·질서 유지상 묵과할 수 없는 위해가 발생하였거나 발생할 것이 확실히 예측되는 경우에(경찰권 발동의 조건) 그 유지를 위해 필요한 최소한도 내에서 발동되어야 한다(경찰권 발동의 정도: 적합성·필요성·상당성의 원칙 준수)는 것이다.
③ 경찰공공의 원칙이란 경찰권은 사회공공의 안녕·질서와 직접적 관련이 없는 생활관계에 대해서는 관여할 수 없다는 원칙을 말하며, 사생활불가침의 원칙과 사주소불가침의 원칙, 민사관계불간섭의 원칙을 그 내용으로 한다.
④ 경찰평등의 원칙은 경찰권을 발동함에 있어서는 상대방의 성별·종교·사회적 신분·인종 등을 이유로 불합리한 차별을 해서는 안 된다는 것이다.

Answer 1. ④ 2. ⑤

03

( )에 들어갈 수 있는 것으로 옳은 것을 모두 고른 것은?

「경찰관 직무집행법」에 따르면, 경찰관은 주위 사정을 합리적으로 판단해 볼 때 ( )에 해당하는 것이 명백하고 응급구호가 필요하다고 믿을 만한 상당한 이유가 있는 사람을 발견하였을 때에는 보건의료기관에 긴급구호를 요청하거나 경찰관서에 보호하는 등 적절한 조치를 할 수 있다.

ⓒ 자살을 시도하는 사람
ⓒ 정신착란을 일으켜 타인의 신체에 위해를 끼칠 우려가 있는 사람
ⓒ 술에 취하여 자신의 재산에 위해를 끼칠 우려가 있는 사람
ⓒ 부상자로서 적당한 보호자가 없음에도 구호를 거절하는 사람

① ㉠, ㉡   ② ㉢, ㉣   ③ ㉠, ㉡, ㉢
④ ㉡, ㉢, ㉣   ⑤ ㉠, ㉡, ㉢, ㉣

풀이 TIP 「경찰관 직무집행법」 제4조 제1항 제3호의 예외 조항에 주의하여야 한다.

정답해설 ㉠ 「경찰관 직무집행법」 제4조 제1항 제2호
㉡, ㉢ 「경찰관 직무집행법」 제4조 제1항 제1호

오답해설 ㉣ 「경찰관 직무집행법」 제4조 제1항 제3호

✦ **「경찰관 직무집행법」 제4조(보호조치 등)** ① 경찰관은 수상한 행동이나 그 밖의 주위 사정을 합리적으로 판단해 볼 때 다음 각 호의 어느 하나에 해당하는 것이 명백하고 응급구호가 필요하다고 믿을 만한 상당한 이유가 있는 사람(이하 "구호대상자"라 한다)을 발견하였을 때에는 보건의료기관이나 공공구호기관에 긴급구호를 요청하거나 경찰관서에 보호하는 등 적절한 조치를 할 수 있다.
  1. 정신착란을 일으키거나 술에 취하여 자신 또는 다른 사람의 생명·신체·재산에 위해를 끼칠 우려가 있는 사람
  2. 자살을 시도하는 사람
  3. 미아, 병자, 부상자 등으로서 적당한 보호자가 없으며 응급구호가 필요하다고 인정되는 사람. 다만, 본인이 구호를 거절하는 경우는 제외한다.

04

「경찰관 직무집행법」의 내용으로 옳지 않은 것은?

① 경찰관은 어떠한 죄를 범하려 하고 있다고 의심할 만한 상당한 이유가 있는 사람에 대하여 정지시켜 질문할 수 있다.

② 경찰관이 불심검문 장소에서 질문하는 것이 교통에 방해가 된다고 인정하여 가까운 경찰서로 동행을 요구한 경우, 동행을 요구받은 사람은 이를 거절할 수 없다.

③ 외국 정부기관 및 국제기구와의 국제협력은 경찰관의 직무에 해당한다.

④ 경찰관은 대테러 작전 등 국가안전에 관련되는 작전을 수행할 때에는 개인화기 외에 공용화기를 사용할 수 있다.

⑤ 경찰장구란 경찰관이 휴대하여 범인 검거와 범죄 진압 등의 직무수행에 사용하는 수갑, 포승 등을 말한다.

풀이 TIP 특별행정작용법 ⇨ 경찰행정법. 경찰행정법 영역에서는 경찰권의 근거와 한계, 「경찰관 직무집행법」의 내용과 관련 판례를 꼼꼼히 공부하여야 한다.

정답해설 ② 경찰관이 임의동행을 요구한 경우, 동행을 요구받은 사람은 이를 거절할 수 있다. ⇨ 경찰관은 불심검문한 사람을 정지시킨 장소에서 질문을 하는 것이 그 사람에게 불리하거나 교통에 방해가 된다고 인정될 때에는 질문을 하기 위하여 가까운 경찰서 · 지구대 · 파출소 또는 출장소 등 경찰관서로 동행할 것을 요구할 수 있다. 이 경우 동행을 요구받은 사람은 그 요구를 거절할 수 있다(「경찰관 직무집행법」 제3조 제2항).

오답해설 ① 「경찰관 직무집행법」 제3조(불심검문) 제1항
③ 「경찰관 직무집행법」 제2조(직무의 범위)
④ 「경찰관 직무집행법」 제10조의4(무기의 사용) 제3항
⑤ 「경찰관 직무집행법」 제10조의2(경찰장구의 사용) 제2항

Answer 3. ③ 4. ②

05

「경찰관 직무집행법」의 내용으로 옳지 않은 것은?

① 경찰장구란 경찰관이 휴대하며 범인 검거와 범죄 진압 등의 직무 수행에 사용하는 수갑, 포승, 경찰봉, 방패 등을 말한다.

② 경찰관이 보호조치를 하는 경우에 구호대상자가 휴대하고 있는 무기 등 위험을 일으킬 수 있는 물건을 경찰관서에 임시로 영치하여 놓을 수 있다.

③ 경찰관이 불심검문 과정에서 경찰서에 동행할 것을 요구한 경우, 동행을 요구받은 사람은 이를 거절할 수 없다.

④ 경찰관은 불심검문과 관련하여 동행요구에 응해 경찰서로 동행한 사람을 6시간을 초과하여 경찰관서에 머물게 할 수 없다.

⑤ 경찰관의 적법한 직무집행으로 인하여 손실을 입은 경우에 대한 보상은 「경찰관 직무집행법」에 명문화되어 있다.

풀이TIP 불심검문상 동행요구는 강제성이 없다는 것을 알고 있다면 쉽게 해결할 수 있다.

정답해설 ③ 경찰관은 불심검문 과정에서 상대방을 정지시킨 장소에서 질문을 하는 것이 그 사람에게 불리하거나 교통에 방해가 된다고 인정될 때에는 질문을 하기 위하여 가까운 경찰관서로 동행할 것을 요구할 수 있다. 이 경우 동행을 요구받은 사람은 그 요구를 거절할 수 있다(「경찰관 직무집행법」 제3조 제2항).

오답해설 ① 「경찰관 직무집행법」 제10조의2(경찰장구의 사용) 제2항
② 「경찰관 직무집행법」 제4조(보호조치) 제3항
④ 「경찰관 직무집행법」 제3조(불심검문) 제6항
⑤ 「경찰관 직무집행법」 제11조의2(손실보상)에서 경찰관의 적법한 직무집행으로 인하여 재산상의 손실을 입은 경우에 대한 보상을 명문으로 규정하고 있다.

06

「경찰관 직무집행법」의 내용으로 옳지 않은 것은?

① 불심검문과정에서 경찰관으로부터 가까운 경찰서로 동행할 것을 요구받은 사람은 그 요구를 거절할 수 있다.

② 불심검문과정에서 경찰관은 그 대상이 되는 사람에게 질문을 할 때에 흉기를 가지고 있는지를 조사할 수 있다.

③ 불심검문과정에서 경찰관으로부터 질문을 받은 사람은 그 의사에 반하여 답변을 강요당하지 아니한다.

④ 경찰관은 재산에 중대한 손해를 끼칠 우려가 있는 인공구조물의 파손이 있을 때에는 그 장소에 있는 사람에게 위해를 방지하기 위하여 필요하다고 인정되는 조치를 하게 할 수 있다.

⑤ 경찰관의 적법한 직무집행으로 인하여 손실을 입은 자는 그 손실발생의 원인에 대하여 책임이 있는 경우라도 그 손실 전부에 대하여 보상을 받을 수 있다.

풀이TIP 손실보상은 귀책사유가 없는 손실에 대한 보상이다.

정답해설 ⑤ 아래의 조항 참고

✦ 「**경찰관 직무집행법**」**제11조의2(손실보상)** ① 국가는 경찰관의 적법한 직무집행으로 인하여 다음 각 호의 어느 하나에 해당하는 손실을 입은 자에 대하여 정당한 보상을 하여야 한다.
    1. 손실발생의 원인에 대하여 <u>책임이 없는</u> 자가 생명·신체 또는 재산상의 손실을 입은 경우(손실발생의 원인에 대하여 책임이 없는 자가 경찰관의 직무집행에 자발적으로 협조하거나 물건을 제공하여 생명·신체 또는 재산상의 손실을 입은 경우를 포함한다)
    2. 손실발생의 원인에 대하여 <u>책임이 있는</u> 자가 자신의 책임에 상응하는 정도를 초과하는 생명·신체 또는 재산상의 손실을 입은 경우

오답해설 ① 「경찰관 직무집행법」 제3조 제2항
② 「경찰관 직무집행법」 제3조 제3항
③ 「경찰관 직무집행법」 제3조 제7항
④ 경찰관은 사람의 생명 또는 신체에 위해를 끼치거나 재산에 중대한 손해를 끼칠 우려가 있는 천재(天災), 사변(事變), 인공구조물의 파손이나 붕괴, 교통사고, 위험물의 폭발, 위험한 동물 등의 출현, 극도의 혼잡, 그 밖의 위험한 사태가 있을 때에는 다음 각 호의 조치를 할 수 있다(「경찰관 직무집행법」 제5조 제1항).

07 경찰책임에 관한 설명으로 옳은 것은?

경찰책임
2019년 제7회

① 경찰위험에 책임이 없는 제3자에게 경찰권을 발동하려면 경찰긴급상태의 요건을 갖추어야 한다.
② 물건으로 인한 위험이나 장해로부터 발생하는 경찰책임을 행위책임이라고 한다.
③ 행위책임은 공법적 책임이므로 고의나 과실을 요한다.
④ 사법상 법인은 경찰책임을 부담하지 아니한다.
⑤ 외국인은 경찰책임을 부담하지 아니한다.

풀이TIP 경찰책임에 관한 문제이다. 경찰책임의 요건에 관한 내용을 정리해야 한다.

정답해설 ① 경찰비책임자에 대한 경찰권의 발동은 경찰상의 위해 방지나 장애 제거를 위해 당해 위해나 장애발생에 관계없는 제3자에 대한 예외적인 경찰권발동으로서 경찰상의 긴급상태라고 한다. 이 경우에는 직접적인 경찰책임자에 비해 엄격한 요건을 갖추어야 한다.

오답해설 ② 물건으로 인한 위험이나 장해로부터 발생하는 경찰책임은 상태책임이다.
③ 행위책임은 당사자의 고의나 과실을 묻지 않으며 단지 객관적인 위해의 발생만이 의미를 갖는다는 것이 통설이다.
④ 자기의 행위 또는 자기의 보호·감독하에 있는 자의 행위로 인해 경찰위해가 발생한 경우에 있어서 자연인이나 법인이 지는 책임이 행위책임이다. 따라서 사법상 법인도 경찰책임을 부담한다.
⑤ 경찰책임은 국적과도 무관하므로 외국인이나 무국적자도 경찰책임을 부담한다.

Answer⁺   5. ③   6. ⑤   7. ①

08

하
경찰책임
2022년 제10회

경찰책임에 관한 설명으로 옳지 않은 것은?

① 행위능력이 없는 자도 경찰책임자가 될 수 있다.

② 경찰책임자에 대한 경찰권의 발동이 어려운 경우에는 예외적으로 경찰책임이 없는 자에게도 경찰권이 발동될 수 있다.

③ 물건에 대한 권원의 유무와 관계없이 물건을 현실적으로 지배하고 있는 자에게도 상태책임이 인정된다.

④ 행위책임의 행위에는 부작위를 포함한다.

⑤ 타인을 감독하는 자가 타인의 행위에 대하여 지는 경찰책임은 자기책임이 아니라 타인의 책임을 대신하여 지는 것이다.

> **풀이 TIP** 경찰책임의 의의를 이해하고 있어야 하며 경찰권발동의 대상을 알고 있어야 풀 수 있다.

정답해설 ⑤ 타인을 감독하는 자가 타인의 행위에 대하여 지는 경찰책임은 그 타인에 대한 선임·감독상의 자기책임이지 타인의 책임을 대신하여 지는 것이 아니다.

오답해설 ① 경찰책임은 행위능력의 유무를 불문한다.
② 경찰책임자에 대한 경찰권의 발동이 어려운 경우에는 예외적으로 상황이 급박한 경우 경찰책임이 없는 자에게도 경찰권이 발동될 수 있다.
③ 상태책임은 물건에 대한 권원의 유무와 관계없이 물건을 현실적으로 지배하고 있는 자에게도 인정된다.
④ 행위책임의 행위에는 작위뿐만 아니라 부작위를 포함한다.

02 급부행정법

09

중
공물법
2022년 제10회

공물에 관한 설명으로 옳은 것은?

① 공공용물은 직접 행정주체 자신의 사용에 제공된 공물을 말한다.

② 국가 또는 지방자치단체가 소유권자인 공물을 국유공물이라 한다.

③ 공물의 관리주체와 공물의 귀속주체가 다른 공물을 자유공물(自有公物)이라고 한다.

④ 경찰견은 동산공물에 해당한다.

⑤ 도로, 공원 등은 자연공물에 해당한다.

> **풀이 TIP** 공물의 의의와 분류기준에 따른 구별을 묻는 문제이다.

정답해설 ④ 경찰견은 행정주체 자신의 사용에 제공된 공용물로서 동산인 공물에 해당한다.

오답해설 ① 직접 행정주체 자신의 사용에 제공된 공물은 공용물이라 한다. 공공용물은 일반 공중의 사용에 제공된 재산을 뜻한다.
② 국가가 소유권자인 공물을 국유공물이라 한다. 지방자치단체가 소유한 공물을 공유공물이라 한다.
③ 공물의 관리주체와 공물의 귀속주체가 다른 공물을 타유공물(他有公物)이라고 한다. 공물의 관리주체와 공물의 귀속주체가 일치하는 공물을 자유공물(自有公物)이라 한다.
⑤ 도로, 공원 등은 인공공물에 해당한다.

10

중
공물법
2017년 제5회

공물과 관련한 설명으로 옳지 않은 것은? (다툼이 있으면 판례에 따름)

① 도로의 지하는 「도로법」상의 도로점용의 대상이 아니다.
② 공용폐지의 의사표시는 묵시적으로 할 수 있으나 적법한 의사표시이어야 한다.
③ 「국유재산법」상 행정재산은 시효취득에 관한 「민법」의 규정에도 불구하고 시효취득의 대상이 되지 않는다.
④ 원래의 행정재산이 공용폐지되어 시효취득의 대상이 된다는 입증책임은 시효취득을 주장하는 자에게 있다.
⑤ 「국가배상법」상 공공의 영조물은 국가 또는 지방자치단체에 의하여 특정 공공목적에 공여된 유체물 내지 물적 설비를 의미한다.

풀이 TIP 공물의 사용관계 중 공물의 사용수익을 위해서는 허가를 받아야 한다.

정답해설 ① 도로의 지하도 「도로법」상 도로점용의 대상이 된다(판례). ⇨ 「도로법」 제40조에 규정된 도로의 점용이라 함은 일반공중의 교통에 공용되는 도로에 대하여 이러한 일반사용과는 별도로 도로의 지표뿐만 아니라 그 지하나 지상 공간의 특정 부분을 유형적, 고정적으로 특정한 목적을 위하여 사용하는 이른바 특별사용을 뜻하는 것이므로, 허가 없이 도로를 점용하는 행위의 내용이 위와 같은 특별사용에 해당할 경우에 한하여 「도로법」 제80조의2의 규정에 따라 도로점용료 상당의 부당이득금을 징수할 수 있다(대판 1998. 9. 22. 96누7342).

오답해설 ② 공용폐지의 의사표시는 명시적이든 묵시적이든 상관없으나 적법한 의사표시가 있어야 하며, 행정재산이 사실상 본래의 용도에 사용되고 있지 않다는 사실만으로 공용폐지의 의사표시가 있었다고 볼 수 없다(대판 1997. 8. 22. 96다10737).
③ 국・공유재산 중 행정재산은 「민법」 제245조에도 불구하고 시효취득의 대상이 되지 아니한다(「국유재산법」 제7조 제2항, 「공유재산 및 물품관리법」 제6조 제2항).
④ 원래의 행정재산이 공용폐지되어 취득시효의 대상이 된다는 입증책임은 시효취득을 주장하는 자에게 있다(대판 1997. 8. 22. 96다10737).
⑤ 「국가배상법」 제5조 제1항의 "공공의 영조물"이라 함은 국가 또는 지방자치단체에 의하여 특정 공공의 목적에 공여된 유체물 내지 물적 설비를 지칭한다(대판 1995. 1. 24. 94다45302). 따라서 「국가배상법」 제5조 제1항의 "공공의 영조물"은 강학상의 공물을 의미한다고 본다.

Answer 8. ⑤ 9. ④ 10. ①

11

충
공물법
2015년 제3회

공물에 관한 설명으로 옳은 것은? (다툼이 있으면 판례에 따름)

① 지방자치단체가 법령상의 의무에 위반하여 국가가 관리하는 자연공물인 바닷가를 매립함과 동시에 준공인가신청 및 준공인가를 하여 지방자치단체에 귀속시키더라도 불법이 아니다.

② 도로점용의 허가는 특정인에게 일정한 내용의 공물사용권을 설정하는 설권행위에 해당하지 않는다.

③ 공유수면의 일부가 사실상 매립되어 대지화되었다 하더라도 공용폐지를 하지 아니하였다면 법률상으로는 여전히 공유수면으로서의 성질을 보유하고 있다고 볼 수 있다.

④ 행정재산은 사법상 거래의 대상이 되지 아니하는 불융통물이지만 관재 당국이 이를 모르고 매각하였다면 그 매매는 유효하다.

⑤ 하천의 점용허가권은 특허에 의한 공물사용권의 일종으로 일정한 특별사용을 청구할 수 있는 대세적 효력이 있는 물권이다.

풀이 TIP 공물의 폐지는 인공공물이건 자연공물이건 행정청의 공용폐지의 의사표시가 있어야 한다는 것을 알고 있는지 묻는 문제이다.

정답해설 ③ 공유수면은 소위 자연공물로서 그 자체가 직접 공공의 사용에 제공되는 것이므로 공유수면의 일부가 사실상 매립되어 대지화되었다고 하더라도 국가가 공유수면으로서의 공용폐지를 하지 아니하는 이상 법률상으로는 여전히 공유수면으로서의 성질을 보유하고 있다(대판 2013. 6. 13. 2012두2764).

오답해설 ① 자연공물인 바닷가의 관리권자이자 매립공사의 준공인가에 의하여 바닷가 매립지에 대한 소유권을 취득할 지위에 있는 국가에 대한 불법행위가 될 수 있다(대판 2014. 5. 29. 2011다35258).

②, ⑤ 도로점용의 허가나 하천점용허가는 특정인에게 일정한 내용의 공물사용권을 설정하는 설권행위(특허)에 해당하며, 도로나 하천의 점용허가권은 특허에 의한 공물사용권의 일종으로 일정한 특별사용을 청구할 수 있는 공법상 채권에 불과하고 대세적 효력이 있는 물권은 아니다(대판 1990. 2. 13. 89다카2302, 헌재 2007. 12. 27. 2004헌바98).

④ 행정재산은 사법상 거래의 대상이 되지 아니하는 불융통물이므로 비록 관재 당국이 이를 모르고 매각하였다 하더라도 그 매매는 당연무효라 아니할 수 없으며, 사인 간의 매매계약 역시 불융통물에 대한 매매로서 무효임을 면할 수 없다(대판 1995. 11. 14. 94다50922).

12 공물의 사용관계에 관한 내용으로 옳지 않은 것은? (다툼이 있는 경우에는 판례에 의함)

중
공물법
2014년 제2회

① 공공용물에 관하여 적법한 개발행위가 이루어짐으로써 일정 범위의 사람들의 일반사용이 종전에 비하여 제한받게 되었다면 그로 인한 불이익은 일반적으로 손실보상의 대상이 되는 특별한 손실에 해당한다.

② 구체적으로 공물을 사용하지 않고 있는 이상 그 공물의 인접주민이라는 사정만으로는 공물에 대한 고양된 일반사용권이 인정될 수 없다.

③ 하천부지에 대한 점용허가 여부는 관리청의 자유재량에 속하므로 이에 대해서 부관을 붙여 허가할 수 있다.

④ 하천부지의 점용허가를 받은 사람은 그 하천부지를 권원 없이 점유·사용하는 자에 대하여 직접 부당이득의 반환을 구할 수 있다.

⑤ 국유재산의 관리청이 행정재산의 사용·수익 허가를 받은 자에 대하여 하는 사용료 부과는 행정처분이다.

> **풀이 TIP** 공물의 일반사용에 대한 제한은 특별한 손실로 볼 수 없어서 손실보상의 대상이 되지 않는다는 판례를 알고 있다면 쉽게 해결할 수 있다.

정답해설 ① 일반공중의 이용에 제공되는 공공용물에 대하여 특허 또는 허가를 받지 않고 하는 일반사용은 다른 개인의 자유이용과 국가 또는 지방자치단체 등의 공공목적을 위한 개발 또는 관리·보존행위를 방해하지 않는 범위 내에서만 허용된다 할 것이므로, 공공용물에 관하여 적법한 개발행위 등이 이루어짐으로 말미암아 이에 대한 일정범위의 사람들의 일반사용이 종전에 비하여 제한받게 되었다 하더라도 특별한 사정이 없는 한 그로 인한 불이익은 손실보상의 대상이 되는 특별한 손실에 해당한다고 할 수 없다(대판 2002. 2. 26. 99다35300).

오답해설 ② 구체적으로 공물을 사용하지 않고 있는 이상 그 공물의 인접주민이라는 사정만으로는 공물에 대한 고양된 일반사용권이 인정될 수 없다. 재래시장 내 점포의 소유자가 점포 앞의 도로에 대하여 일반사용을 넘어 특별한 이해관계를 인정할 만한 사용을 하고 있었다는 사정을 인정할 수 없으므로 위 소유자는 도로에 좌판을 설치·이용할 수 있는 권리가 없다(대판 2006. 12. 22. 2004다68311).

③ 하천부지 점용허가 여부는 관리청의 재량에 속하고 재량행위에 있어서는 법령상의 근거가 없어도 부관을 붙일 것인가의 여부는 당해 행정청의 재량에 속하며, 또한 구 「하천법」 제33조 단서가 하천의 점용허가에는 하천의 오염으로 인한 공해 기타 보건위생상 위해를 방지함에 필요한 부관을 붙이도록 규정하고 있으므로, 하천부지 점용허가의 성질의 면으로 보나 법 규정으로 보나 부관을 붙일 수 있음은 명백하다(대판 2008. 7. 24. 2007두25930).

④ 하천부지의 점용허가를 받은 사람은 그 하천부지를 권원 없이 점유·사용하는 자에 대하여 직접 부당이득의 반환을 구할 수 있다(대판 1994. 9. 9. 94다4592).

⑤ 국유재산의 관리청이 행정재산의 사용·수익을 허가한 다음 그 사용·수익하는 자에 대하여 하는 사용료 부과는 순전히 사경제주체로서 행하는 사법상의 이행청구라 할 수 없고, 이는 관리청이 공권력을 가진 우월적 지위에서 행한 것으로서 항고소송의 대상이 되는 행정처분이라 할 것이다(대판 1996. 2. 13. 95누11023).

Answer⁺ 11. ③ 12. ①

13

공물에 관한 설명으로 옳은 것은? (다툼이 있으면 판례에 따름)

① 공공용물의 일반사용의 경우에는 사용료를 납부하여야 한다.

② 공물의 인접주민에게는 구체적으로 공물을 사용하지 않고 있더라도 공물에 대한 고양된 일반사용권이 인정된다.

③ 행정재산이 공용폐지되어 시효취득의 대상이 된다는 증명책임은 시효취득을 주장하는 자에게 있다.

④ 「하천법」상 하천의 점용허가권은 대세적 효력이 있는 물권이다.

⑤ 중앙관서의 장은 특별한 제한 없이 행정재산의 사용허가를 할 수 있다.

풀이 TIP 공물의 사용관계를 정리해야 해결된다.

정답해설 ③ 원래의 행정재산이 공용폐지되어 취득시효의 대상이 된다는 입증책임은 시효취득을 주장하는 자에게 있다(대판 1997. 8. 22. 96다10737).

오답해설 ① 공공용물의 일반사용의 경우는 사용료를 납부하지 않는다.

② 구체적으로 공물을 사용하지 않고 있는 이상 그 공물의 인접주민이라는 사정만으로는 공물에 대한 고양된 일반사용권이 인정될 수 없다(대판 2006. 12. 22. 2004다68311, 68328).

③ 국·공유재산 중 행정재산은 「민법」 제245조에도 불구하고 시효취득의 대상이 되지 아니한다(「국유재산법」 제7조 제2항, 「공유재산 및 물품관리법」 제6조 제2항).

④ 도로점용의 허가나 하천점용허가는 특정인에게 일정한 내용의 공물사용권을 설정하는 설권행위(특허)에 해당하며, 도로나 하천의 점용허가권은 특허에 의한 공물사용권의 일종으로 일정한 특별사용을 청구할 수 있는 공법상 채권에 불과하고 대세적 효력이 있는 물권은 아니다(대판 1990. 2. 13. 89다카2302).

⑤ 아래의 조항 참고

> ✦ **「국유재산법」 제30조(사용허가)** ① 중앙관서의 장은 다음 각 호의 범위에서만 행정재산의 사용허가를 할 수 있다.
> 1. 공용·공공용·기업용 재산: 그 용도나 목적에 장애가 되지 아니하는 범위
> 2. 보존용재산: 보존목적의 수행에 필요한 범위

14

하
공물법
2013년 제1회

공물에 관한 설명으로 옳지 않은 것은? (다툼이 있는 경우 판례에 의함)

① 「국유재산법」상 행정재산은 「민법」의 규정에 의한 시효취득의 대상이 된다.
② 공용물은 직접 행정주체 자신의 사용에 제공된 공물을 말한다.
③ 「국가배상법」 제5조에 의한 공공의 영조물은 강학상 공물을 의미한다.
④ 국유 하천부지는 명시적·묵시적 공용폐지가 없는 한 공물로서의 성질을 유지한다.
⑤ 행정재산의 목적 외 사용·수익에 대한 허가는 강학상 특허에 해당한다.

> **풀이 TIP** 행정재산은 「민법」상 시효취득의 대상이 되지 않는다는 것을 암기하고 있어야 한다.

[정답해설] ① 행정재산은 「민법」 제245조에도 불구하고 시효취득(時效取得)의 대상이 되지 아니한다(「국유재산법」 제7조 제2항).

[오답해설] ② 공물은 그 제공목적을 기준으로 공용물(직접 행정주체 자신의 사용에 제공된 공물), 공공용물(직접 일반공중의 자유로운 이용에 제공된 공물), 보존공물(문화재처럼 그 물건 자체의 보존이 목적인 공물)로 구분된다.
③ 「국가배상법」 제5조 제1항의 "공공의 영조물"이라 함은 국가 또는 지방자치단체에 의하여 특정 공공의 목적에 공여된 유체물 내지 물적 설비를 지칭한다(대판 1995. 1. 24. 94다45302). 따라서 「국가배상법」 제5조 제1항의 "공공의 영조물"은 강학상의 공물을 의미한다고 본다(통설).
④ 국유 하천부지는 공공용 재산이므로 그 일부가 사실상 대지화되어 그 본래의 용도에 공여되지 않는 상태에 놓여 있더라도 국유재산법령에 의한 명시적·묵시적 공용폐지가 없는 한 당연히 잡종재산(현 일반재산)으로 된다고는 할 수 없다(대판 1997. 8. 22. 96다10737).
⑤ 행정재산의 (목적 외) 사용·수익에 대한 허가는 순전히 사경제주체로서 행하는 사법상의 행위가 아니라 관리청이 공권력을 가진 우월적 지위에서 행하는 행정처분으로서 특정인에게 행정재산을 사용할 수 있는 권리를 설정하여 주는 강학상 특허에 해당한다(대판 1998. 2. 27. 97누1105).

15

중
공물법
2020년 제8회

공물에 관한 설명으로 옳은 것은? (다툼이 있으면 판례에 따름)

① 어떤 토지의 지목이 도로이고 국유재산대장에 등재되어 있다면 그 토지는 도로로서 행정재산에 해당한다고 보아야 한다.

② 공용폐지의 의사표시는 묵시적인 방법으로도 가능하므로 행정재산이 본래의 용도에 제공되지 않는 상태에 있다면 묵시적인 공용폐지가 있다고 보아야 한다.

③ 행정재산은 사법상 거래의 대상이 되지 아니하는 불융통물이므로 관재 당국이 이를 모르고 매각하였더라도 그 매매는 당연무효이다.

④ 적법한 개발행위로 인하여 공공용물의 일반사용이 종전에 비하여 제한을 받게 되었다면 특별한 사정이 없는 한 그로 인한 불이익은 손실보상의 대상이 된다.

⑤ 특허에 의한 공물사용권은 공물의 관리주체에 대해 특별사용을 청구할 수 있는 채권에 그치는 것이 아니라 대세적 효력이 있는 물권이다.

> **풀이 TIP** 공물의 특징을 묻는 문제이다. 공물에 관한 판례의 내용을 정리하고 이해하여야 하는 문제이다.

정답해설 ③ 행정재산은 사법상 거래의 대상이 되지 아니하는 불융통물이므로 비록 관재 당국이 이를 모르고 매각하였다 하더라도 그 매매는 당연무효라 아니할 수 없으며, 사인간의 매매계약 역시 불융통물에 대한 매매로서 무효임을 면할 수 없다(대판 1995. 11. 14. 94다50922).

오답해설 ① 토지의 지목이 도로이고 국유재산대장에 등재되어 있다는 사정만으로 그 토지가 도로로서 행정재산에 해당하지 않는다(대판 2000. 2. 25. 99다54332).

② 행정재산이 사실상 본래의 용도에 사용되고 있지 않다는 사실만으로 공용폐지의 의사표시가 있었다고 볼 수는 없으며, 원래의 행정재산이 공용폐지되어 취득시효의 대상이 된다는 입증책임은 시효취득을 주장하는 자에게 있다(대판 1995. 11. 14. 94다42877).

④ 공공용물에 관하여 적법한 개발행위 등이 이루어짐으로 말미암아 이에 대한 일정범위의 사람들의 일반사용이 종전에 비하여 제한받게 되었다 하더라도 특별한 사정이 없는 한 그로 인한 불이익은 손실보상의 대상이 되는 특별한 손실에 해당한다고 할 수 없다(대판 2002. 2. 26. 99다35300).

⑤ 하천의 점용허가권은 특허에 의한 공물사용권의 일종으로서 하천의 관리주체에 대하여 일정한 특별사용을 청구할 수 있는 채권에 지나지 아니하고 대세적 효력이 있는 물권이라 할 수 없다(대판 1990. 2. 13. 89다카23022).

16

중
공물법
2019년 제7회

공물에 관한 설명으로 옳은 것은? (다툼이 있으면 판례에 따름)

① 행정재산은 시효취득의 대상이 된다.

② 「국유재산법」상 행정재산의 사용허가는 사법상 계약의 성질을 가진다.

③ 국유공물은 「민사집행법」에 의한 강제집행의 대상이 될 수 있다.

④ 국유재산의 무단점유에 대한 변상금의 징수는 재량행위이다.

⑤ 도로부지에는 저당권을 설정할 수 있다.

풀이 TIP 공물에 관한 「도로법」의 내용을 묻고 있다. 공물에 관한 전체적인 내용과 「도로법」의 내용을 정리해야 한다.

정답해설 ⑤ 도로를 구성하는 부지, 옹벽, 그 밖의 시설물에 대해서는 사권(私權)을 행사할 수 없다. 다만, 소유권을 이전하거나 저당권을 설정하는 경우에는 사권을 행사할 수 있다(「도로법」 제4조). 따라서 도로부지에 저당권을 설정할 수 있다.

오답해설 ① 행정재산은 일반재산을 제외하고는 시효취득의 대상이 되지 않는다.

② 행정재산의 사용, 허가는 공법관계로서 특허에 해당한다.

③ 「민사집행법」 제192조는 "국가에 대한 강제집행은 국고금을 압류함으로써 한다."라고 규정하고 있으므로 국유의 도로 및 하천에 대하여는 강제집행이 인정되지 않고, "국유재산에는 사권을 설정하지 못한다."고 규정하고 있으므로(「국유재산법」 제11조 제2항) 강제집행의 대상이 될 수 없다.

④ 국유재산의 무단점유 등에 대한 변상금징수의 요건은 「국유재산법」 제51조 제1항에 명백히 규정되어 있으므로 변상금을 징수할 것인가는 처분청의 재량을 허용하지 않는 기속행위이다(대판 2000. 1. 28. 97누4098).

Answer 15. ③ 16. ⑤

17

국유재산법의 내용
2021년 제9회

「국유재산법」에 관한 설명으로 옳지 않은 것은? (다툼이 있으면 판례에 따름)

① 행정재산의 사용허가기간은 원칙상 5년 이내로 한다.

② 일반재산은 「민법」상 시효취득의 대상이 되지 아니한다.

③ 행정재산에는 사권을 설정하지 못한다.

④ 보존용재산은 법령이나 그 밖의 필요에 따라 국가가 보존하는 재산이다.

⑤ 중앙관서의 장은 사용허가한 행정재산을 국가가 직접 공용으로 사용하기 위하여 필요하게 된 경우에는 사용허가를 철회할 수 있다.

> **풀이 TIP** 「국유재산법」의 내용을 묻는 문제이다. 「국유재산법」의 중요 조문을 이해하여야 한다.

> **정답해설** ② 행정재산은 시효취득의 대상이 되지 않지만(「국유재산법」 제7조 제2항), 일반재산은 사법관계로서 시효취득의 대상이 된다.

> **오답해설** ① 「국유재산법」 제35조 제1항
> ③ 국유재산에는 사권을 설정하지 못한다. 다만, 일반재산에 대하여 대통령령으로 정하는 경우에는 그러하지 아니하다(「국유재산법」 제11조 제2항).
> ④ 「국유재산법」 제6조 제2항 제4호
> ⑤ 「국유재산법」 제36조 제2항

18

국유재산법의 내용
2024년 제12회

「국유재산법」상 (   )에 들어갈 용어는?

> (   )(이)란 사용허가나 대부계약 없이 국유재산을 사용·수익하거나 점유한 자(사용허가나 대부계약 기간이 끝난 후 다시 사용허가나 대부계약 없이 국유재산을 계속 사용·수익하거나 점유한 자를 포함한다)에게 부과하는 금액을 말한다.

① 과징금   ② 이행강제금   ③ 과태료
④ 부담금   ⑤ 변상금

> **풀이 TIP** 무단점유자에 대한 제재는 변상금이다.

> **정답해설** ⑤ "변상금"이란 사용허가나 대부계약 없이 국유재산을 사용·수익하거나 점유한 자(사용허가나 대부계약 기간이 끝난 후 다시 사용허가나 대부계약 없이 국유재산을 계속 사용·수익하거나 점유한 자를 포함한다. 이하 "무단점유자"라 한다)에게 부과하는 금액을 말한다(「국유재산법」 제2조 제9호).

> **오답해설** ① 과징금은 법령 등을 위반한 행위로 얻은 불법적 이익을 박탈하는 것이다.
> ② 이행강제금은 의무자가 행정상 의무를 이행하지 아니하는 경우 행정청이 적절한 이행기간을 부여하고, 그 기한까지 행정상 의무를 이행하지 아니하면 금전급부의무를 부과하는 것이다.
> ④ 과태료는 질서위반행위에 대해서 과하는 질서벌이다.
> ⑤ 부담금은 공익사업경비를 그 사업에 이해관계를 가진 사람에게 부담시키기 위하여 과하는 공법상의 금전급여의무이다.

03 공용부담법

19

중
공용부담, 공용수용
2015년 제3회

공용부담 및 공용수용에 관한 설명으로 옳지 않은 것은? (다툼이 있으면 판례에 따름)

① 공용수용은 당사자와의 협력을 기반으로 하기 때문에 최소침해의 원칙이 적용되지 않는다.

② 공용부담이라 함은 일정한 공공복리를 적극적으로 증진하기 위하여 개인에게 부과되는 공법상의 경제적 부담을 말한다.

③ 판례는 공익사업을 위한 토지 등의 취득 및 보상에 관한 법령에 의한 협의취득을 사법상의 법률행위로 본다.

④ 공용수용에 있어서 사업인정고시가 된 후 권리의 변동이 있을 때에는 그 권리를 승계한 자가 보상금 또는 공탁금을 받는다.

⑤ 헌법재판소는 환매권을 「헌법」상의 재산권 보장으로부터 도출되는 것으로 보고 있다.

풀이 TIP 특별행정작용법 ⇨ 공용부담법. 공용부담법에서는 공용부담의 종류, 물적 공용부담으로서 공용수용에 관한 법규정과 관련 판례가 중요하다.

정답해설 ① 공용수용에 있어서도 최소침해의 원칙(비례원칙)이 적용된다. ⇨ 공용수용은 공익사업을 위하여 타인의 특정한 재산권을 법률의 힘에 의하여 강제적으로 취득하는 것이므로 수용할 목적물의 범위는 원칙적으로 사업을 위하여 필요한 최소한도에 그쳐야 한다(대판 1987. 9. 8. 87누395, 대판 2005. 11. 10. 2003두7507).

오답해설 ② 공용부담의 의의를 설명한 것으로 옳다.

③ 공익사업을 위한 토지 등의 취득 및 보상에 관한 법령에 의한 협의취득은 사법상의 법률행위이므로 당사자 사이의 자유로운 의사에 따라 채무불이행책임이나 매매대금 과부족금에 대한 지급의무를 약정할 수 있다(대판 2012. 2. 23. 2010다91206).

④ 수용토지에 대하여 사업승인고시가 있은 후 소유권의 변동이 있었으나, 토지수용위원회가 소유권변동사실을 알지 못한 채 사업승인고시 당시의 소유자를 소유자로 보고 수용재결을 한 경우 위 토지의 소유권 등을 승계한 수용당시의 소유자가 위 토지수용에 의한 손실보상금이나, 또는 기업자가 위 보상금을 공탁하는 경우 그 공탁금의 수령권자가 된다(대판 1986. 3. 25. 84다카2431).

⑤ 공용수용(公用收用)된 토지 등에 대한 환매권(還買權)은 「헌법」 제23조 제1항이 보장하는 재산권의 내용에 포함되는 권리이다(헌재 1995. 10. 26. 95헌바22).

Answer⁺ 17. ② 18. ⑤ 19. ①

20

공용부담
2018년 제6회

「공익사업을 위한 토지 등의 취득 및 보상에 관한 법률」상 사업인정에 관한 설명으로 옳은 것은? (다툼이 있으면 판례에 따름)

① 사업인정은 해당 사업이 토지를 수용할 수 있는 공익사업임을 확인하는 행위일 뿐 형성행위로 볼 수는 없다.

② 사업인정에 대한 쟁송기간이 도과한 경우, 사업인정이 당연무효가 아닌 한 그 위법을 이유로 수용재결의 취소를 구할 수 없다.

③ 사업시행자에게 해당 공익사업을 수행할 의사와 능력이 있는지 여부는 사업인정의 요건이 아니다.

④ 사업인정은 고시한 다음날부터 효력이 발생한다.

⑤ 사업인정 고시가 있은 후에는 다수의 이해관계인이 발생하므로 사업인정이 실효될 수 없다.

> **풀이 TIP** 사업인정의 성질과 행정행위의 특질로서 형식적 존속(확정)력인 불가쟁력의 인정범위 및 효과를 기억하여야 한다.

정답해설 ② 사업의 인정과 수용재결은 서로 별개효과의 처분으로 하자승계가 되지 않으므로 사업인정의 하자가 무효에 해당하지 않는 경우에는 그 위법성을 이유로 수용재결의 취소를 구할 수 없다.

오답해설 ① 사업인정은 해당 사업이 토지를 수용할 수 있는 권리를 설정하여 주는 특허처분이므로 형성적 행위의 성질을 가진다.
③ 사업시행자에게 해당 공익사업을 수행할 의사와 능력이 있는지 여부는 사업인정의 요건에 해당하며, 국토교통부장관이 관계부처장관 및 도지사와 협의하는 과정에서 이에 대하여 당연히 요건 충족 여부를 심의하게 된다.
④ 사업인정은 고시한 날로부터 효력이 발생한다.
⑤ 사업시행자(기업자)가 사업인정의 고시가 있은 날로부터 1년 이내에 토지수용위원회에 그에 대한 재결을 신청하지 않을 때에는 그 기간 만료일의 익일부터 사업인정은 그 효력을 상실한다(대판 1987. 3. 10. 84누158).

21

상
공용부담
2024년 제12회

「공익사업을 위한 토지 등의 취득 및 보상에 관한 법률」상 사업인정과 수용재결에 관한 설명으로 옳지 않은 것은? (다툼이 있으면 판례에 따름)

① 사업인정은 항고소송의 대상이 되는 처분에 해당한다.
② 사업인정에 불가쟁력이 발생한 경우 당연무효가 아닌 한 사업인정의 하자를 이유로 수용재결의 취소를 구할 수 없다.
③ 사업인정은 사업인정이 고시된 날부터 효력을 발생한다.
④ 수용재결은 행정심판의 재결의 성질을 갖는다.
⑤ 수용재결의 효과로서 수용에 의한 사업시행자의 토지소유권 취득은 법률의 규정에 의한 원시취득이다.

> **풀이 TIP** 수용재결은 원처분, 이의신청에 의한 재결은 행정심판으로서 재결이라는 것을 구별해야 한다.

정답해설 ④ 토지수용위원회의 수용재결은 처분에 해당하고, 이에 대한 이의신청에 대한 수용재결은 행정심판재결에 해당한다.

오답해설 ① 사업인정은 그 후 일정한 절차를 거칠 것을 조건으로 하여 일정한 내용의 수용권을 설정해주는 행정처분의 성격을 띠는 것으로서 그 사업인정을 받음으로써 수용할 목적물의 범위가 확정되고 수용권으로 하여금 목적물에 관한 현재 및 장래의 권리자에게 대항할 수 있는 일종의 공법상의 권리로서의 효력을 발생시킨다(대판 1988. 12. 27. 87누1141).
② 사업의 인정과 수용재결은 서로 별개효과의 처분으로 하자승계가 되지 않으므로 사업인정의 하자가 무효에 해당하지 않는 경우에는 그 위법성을 이유로 수용재결의 취소를 구할 수 없다.
③ 사업인정은 고시한 날로부터 효력이 발생한다.
⑤ 토지보상법상 수용은 일정한 요건하에 그 소유권을 사업시행자에게 귀속시키는 행정처분으로서 이로 인한 효과는 소유자가 누구인지와 무관하게 사업시행자가 그 소유권을 취득하게 하는 원시취득이다(대판 2018. 12. 13. 2016두51719).

22

공익사업을 위한 토지 등의 취득 및 보상에 관한 법령상 손실보상에 관한 설명으로 옳지 않은 것은? (다툼이 있으면 판례에 따름)

① 토지수용재결시 대상토지의 평가는 재결에서 정한 수용시기가 아닌 수용재결일을 기준으로 한다.

② 관할 토지수용위원회에 잔여지수용청구를 하려는 토지소유자는 사업완료일까지 그 수용청구를 하여야 한다.

③ 이주대책대상자는 사업시행자가 이주대책에 대한 구체적인 계획을 수립하여 공고한 때에 수분양권을 취득한다.

④ 공익사업시행지구 밖의 영업손실에 대해서도 일정한 요건 하에 보상을 받을 수 있다.

⑤ 재결에서 정한 보상금액이 일부 보상항목은 과소하고 다른 보상항목은 과다할 경우 법원은 보상항목 상호간의 유용을 허용하여 보상금을 결정할 수 있다.

풀이TIP 토지수용에 대한 이주대책대상자의 분양받을 권리의 발생시점을 알고 있는지 묻는 문제이다. 그 외 토지수용과 관련된 판례를 묻는 문제이다.

정답해설 ③ 이주자가 수분양권을 취득하기를 희망하여 이주대책에 정한 절차에 따라 사업시행자에게 이주대책 대상자 선정신청을 하고 사업시행자가 이를 받아들여 이주대책 대상자로 확인·결정하여야만 비로소 구체적인 수분양권이 발생하게 된다(대판 1995. 10. 12. 94누11279).

오답해설 ① 재결에 의한 경우에는 수용재결 당시의 가격을 기준으로 한다(「공익사업을 위한 토지 등의 취득 및 보상에 관한 법률」 제67조 제1항).

② 관할 토지수용위원회에 대한 수용청구는 사업인정 이후에 하여야 하고 사업완료일까지 하여야 한다 (「공익사업을 위한 토지 등의 취득 및 보상에 관한 법률」 제74조 제1항).

④ 공익사업시행지구 밖의 영업손실도 그 장소에서 영업을 계속할 수 없는 경우나 부득이한 사유로 인해 일정한 기간 동안 휴업하는 것이 불가피한 경우 보상하여야 한다(「공토법 시행규칙」 제64조 제1항 제1호·제2호).

⑤ 재결에서 정한 보상금액이 일부 보상항목의 경우 과소하고 다른 보상항목의 경우 과다한 것으로 판명되었다면, 법원은 보상항목 상호 간의 유용을 허용하여 항목별로 과다 부분과 과소 부분을 합산하여 보상금의 합계액을 정당한 보상금으로 결정할 수 있다(대판 2018. 5. 15. 2017두41221).

04 국토개발행정법(토지행정법)

23

공시지가
2016년 제4회 변형

「부동산 가격공시에 관한 법률」상 공시지가에 관한 설명으로 옳지 않은 것은? (다툼이 있으면 판례에 따름)

① 개별공시지가는 국세·지방세 등 각종 세금의 부과, 그 밖의 다른 법령에서 정하는 목적을 위한 지가산정에 적용한다.

② 개별공시지가에 이의가 있는 자는 개별공시지가의 결정·공시일부터 30일 이내에 서면으로 시장·군수 또는 구청장에게 이의를 신청할 수 있다.

③ 표준지공시지가는 토지수용에 대한 보상금 산정의 기준이 된다.

④ 표준지공시지가의 결정은 항고소송의 대상인 처분으로 볼 수 없다.

⑤ 표준지공시지가에 이의가 있는 자는 표준지공시지가의 공시일부터 30일 이내에 서면으로 국토교통부장관에게 이의를 신청할 수 있다.

풀이 TIP 특별행정작용법 ⇨ 국토개발행정법(토지행정법). 국토개발행정법(토지행정법)에서는 「국토의 계획 및 이용에 관한 법률」상의 도시계획, 토지거래허가제, 지가공시제에 관한 법규정과 관련 판례가 중요하다.

정답해설 ④ 표준지공시지가의 결정은 항고소송의 대상인 처분에 해당한다(판례). ⇨ 표준지공시지가 결정이 위법한 경우에는 그 자체를 행정소송의 대상이 되는 행정처분으로 보아 그 위법 여부를 다툴 수 있다(대판 2008. 8. 21. 2007두13845).

오답해설 ① 「부동산 가격공시에 관한 법률」 제10조 제1항
② 「부동산 가격공시에 관한 법률」 제11조 제1항
③ 「부동산 가격공시에 관한 법률」 제8조, 제9조
⑤ 「부동산 가격공시에 관한 법률」 제7조 제1항

Answer⁺ 22. ③ 23. ④

05 재무행정법

24

국유재산의
구분, 종류
2018년 제6회

「국유재산법」에서 사용하는 용어의 설명으로 옳은 것은?

① "총괄청"이란 국무총리를 말한다.

② "일반재산"이란 행정재산 외의 모든 국유재산을 말한다.

③ "사용허가"란 행정재산을 국가 외의 자가 일정 기간 유상(무상인 경우는 제외한다)으로 사용·수익할 수 있도록 허용하는 것을 말한다.

④ "대부계약"이란 행정재산을 국가 외의 자가 일정 기간 유상이나 무상으로 사용·수익할 수 있도록 체결하는 계약을 말한다.

⑤ "과징금"이란 사용허가나 대부계약 없이 국유재산을 사용·수익하거나 점유한 자에게 부과하는 금액을 말한다.

> **풀이 TIP** 「국유재산법」 관련 조문의 "정의" 조항의 내용을 기억해 두어야 한다.

정답해설 ② "일반재산"이란 행정재산 외의 모든 국유재산을 말한다(「국유재산법」 제6조 제3항).

오답해설 ① "총괄청"이란 기획재정부장관을 말한다(「국유재산법」 제2조 제10호).
③ "사용허가"란 행정재산을 국가 외의 자가 일정 기간 유상이나 무상으로 사용·수익할 수 있도록 허용하는 것을 말한다(「국유재산법」 제2조 제7호).
④ "대부계약"이란 일반재산을 국가 외의 자가 일정 기간 유상이나 무상으로 사용·수익할 수 있도록 체결하는 계약을 말한다(「국유재산법」 제2조 제8호).
⑤ 사용허가나 대부계약 없이 국유재산을 사용·수익하거나 점유한 자에게 부과하는 금액을 "변상금"이라고 한다(「국유재산법」 제2조 제9호).

25

하

국유재산의
구분, 종류
2017년 제5회

「국유재산법」상 국유재산의 구분과 종류에 관한 다음 설명에서 (   ) 안에 들어갈 용어가 옳게 연결된 것은?

> 국유재산 중 국가가 직접 사무용으로 사용하는 관공서의 청사는 (㉠)에 해당하고, 행정주체에 의해 일반 공중의 사용에 제공된 도로는 (㉡)에 해당한다.

① ㉠: 공용재산   ㉡: 공공용재산
② ㉠: 공용재산   ㉡: 일반재산
③ ㉠: 공공용재산   ㉡: 공용재산
④ ㉠: 공공용재산   ㉡: 일반재산
⑤ ㉠: 일반재산   ㉡: 공공용재산

풀이 TIP 특별행정작용법 ⇨ 재무행정법. 재무행정법에서는 물품회계와 관련하여 「국유재산법」상의 국유재산의 구분과 종류가 주로 출제되고 있으므로, 「국유재산법」의 내용을 잘 파악하고 있어야 한다.

정답해설 ① 「국유재산법」 제6조(국유재산의 구분과 종류)에 의하면, 국유재산은 그 용도에 따라 행정재산과 일반재산(행정재산 외의 모든 국유재산)으로 구분된다. 그리고 행정재산의 종류에는 공용재산, 공공용재산, 기업용재산, 보존용재산이 있으며 이들에 대해서는 다음과 같이 명시되어 있다.

공용재산	국가가 직접 사무용·사업용 또는 공무원의 주거용으로 사용하거나 대통령령으로 정하는 기한까지 사용하기로 결정한 재산
공공용재산	국가가 직접 공공용으로 사용하거나 대통령령으로 정하는 기한까지 사용하기로 결정한 재산
기업용재산	정부기업이 직접 사무용·사업용 또는 그 기업에 종사하는 직원의 주거용으로 사용하거나 대통령령으로 정하는 기한까지 사용하기로 결정한 재산
보존용재산	법령이나 그 밖의 필요에 따라 국가가 보존하는 재산

오답해설 ②, ④, ⑤ 질문은 모두 직접 공익 목적에 제공하는 재산 즉, 행정재산에 관한 것인바, 답지에 일반재산이 들어가 있으므로 답이 될 수 없다.
③ 국가가 직접 자신의 행정목적에 사용하는 재산이 공용재산이고, 일반 공중의 이용에 제공되는 재산이 공공용재산인바, 반대로 기술되었으므로 정답이 아니다.

Answer⁺ 24. ② 25. ①

26

국유재산의
구분, 종류
2016년 제4회

국유재산 중 시효취득의 대상이 되는 것은?

① 공용재산
② 일반재산
③ 기업용재산
④ 보존용재산
⑤ 공공용재산

> **풀이 TIP** 국유재산 중 행정재산은 시효취득의 대상이 되지 않지만 일반재산은 시효취득의 대상이 된다는 것을 알고 있는지 묻는 문제이다.

> **정답해설** ② 행정재산은 시효취득의 대상이 되지 아니한다(「국유재산법」 제7조 제2항). 따라서 국유재산 중 행정재산을 제외한 일반재산만이 시효취득의 대상이 될 수 있다.

> **오답해설** ①, ③, ④, ⑤ 행정재산은 그 용도에 따라 공용재산, 공공용재산, 기업용재산, 보존용재산으로 구분된다(「국유재산법」 제6조 제2항). 따라서 공용재산, 공공용재산, 기업용재산, 보존용재산은 시효취득의 대상이 되지 아니한다.

27

하

국유재산의
구분, 종류
2014년 제2회

「국유재산법」상 행정재산에 해당하지 않는 것은?

① 공용재산
② 일반재산
③ 공공용재산
④ 기업용재산
⑤ 보존용재산

> **풀이 TIP** 행정재산의 종류를 알고 있으면 쉽게 풀 수 있는 문제이다.

> **정답해설** ② 국유재산은 그 용도에 따라 행정재산과 일반재산(행정재산 외의 모든 국유재산)으로 구분되고, 행정재산은 다시 공용재산, 공공용재산, 기업용재산, 보존용재산으로 구분된다.

> **오답해설** 「국유재산법」 제6조(국유재산의 구분과 종류)에 의하면, 국유재산은 그 용도에 따라 행정재산과 일반재산(행정재산 외의 모든 국유재산)으로 구분된다. 그리고 행정재산의 종류에는 공용재산, 공공용재산, 기업용재산, 보존용재산이 있다.

28

하
지방자치단체의 구역
2023년 제11회

「국유재산법」상 행정재산의 종류 중 법령이나 그 밖의 필요에 따라 국가가 보존하는 재산은?

① 공용재산
② 공공용재산
③ 기업용재산
④ 보존용재산
⑤ 일반재산

풀이TIP 행정재산의 종류와 그 의의를 알고 있어야 풀 수 있는 문제이다.

정답해설 ④ 보존용재산에 대한 설명이다(「국유재산법」 제6조 제2항 제4호).

오답해설 ① 공용재산은 국가가 직접 사무용 · 사업용 또는 공무원의 주거용으로 사용하거나 대통령령으로 정하는 기한까지 사용하기로 결정한 재산을 말한다.
② 공공용재산은 국가가 직접 공공용으로 사용하거나 대통령령으로 정하는 기한까지 사용하기로 결정한 재산을 말한다.
③ 기업용재산은 정부기업이 직접 사무용 · 사업용 또는 그 기업에 종사하는 직원의 주거용으로 사용하거나 대통령령으로 정하는 기한까지 사용하기로 결정한 재산을 말한다.
⑤ 일반재산은 행정재산이 아닌 국가 소유의 재산을 말한다.

29

상
재무행정
2023년 제11회

「국가재정법」의 내용에 관한 설명으로 옳지 않은 것은?

① 정부는 재정건전성의 확보를 위하여 최선을 다하여야 한다.
② 정부는 「성별영향평가법」에 따른 성별영향평가의 결과를 포함하여 예산이 여성과 남성에게 미치는 효과를 평가하고, 그 결과를 정부의 예산편성에 반영하기 위하여 노력하여야 한다.
③ 한 회계연도의 모든 수입을 세입으로 하고, 모든 지출을 세출로 한다.
④ 예산은 예산총칙 · 세입세출예산 · 계속비 · 명시이월비 및 국고채무부담행위를 총칭한다.
⑤ 정부는 예측할 수 없는 예산 외의 지출에 충당하기 위하여 일반회계 예산총액의 100분의 10 이내의 금액을 예비비로 세입세출예산에 계상하여야 한다.

풀이TIP 현행 「국가재정법」상 예산에 관한 조문내용을 묻는 문제이다. 예상치 못한 문제이다.

정답해설 ⑤ 정부는 예측할 수 없는 예산 외의 지출 또는 예산초과지출에 충당하기 위하여 일반회계 예산총액의 100분의 1 이내의 금액을 예비비로 세입세출예산에 계상할 수 있다(「국가재정법」 제22조 제1항).

오답해설 ① 「국가재정법」 제16조 제1호
② 「국가재정법」 제16조 제5호
③ 「국가재정법」 제17조 제1항
④ 「국가재정법」 제19조

Answer 26. ② 27. ② 28. ④ 29. ⑤

행정사 1차
단원별 기출문제집

03

행정학개론

3과목

행정학총론

행정학총론에서는 늘 많은 문제가 출제된다. 행정과 행정학의 개념 및 특징, 행정이론, 베버의 관료제 등의 기출 빈도가 높은 편이니 해당 내용을 잘 정리하자.

01

행정의 의의
2013년 제1회

행정(학)에 관한 설명으로 옳지 않은 것은?

① 행정은 민주성, 능률성, 합법성, 효과성, 형평성 등을 추구한다.

② 행정학은 행정현상의 과학화를 목적으로 하기 때문에 이론과 실제를 분리하여 연구하는 학문이다.

③ 행정학은 시민사회, 정치집단, 시장과의 상호작용 속에서 공공가치의 달성을 위해 정부가 수행하는 정책이나 관리활동에 대한 지식과 이론을 연구대상으로 한다.

④ 좁은 의미의 행정은 행정부의 구조와 공무원을 포함한 정부 관료제를 중심으로 이뤄지는 활동을 의미한다.

⑤ 행정학은 정치학, 경제학, 경영학, 사회학, 법학, 심리학 등의 이론과 지식을 접목하여 사용하고 있다.

풀이TIP 사회과학은 '종합' 학문이다!

정답해설 ② 행정학은 사회과학이고, 사회과학은 가치지향성을 띤다. 그러나 모든 학문은 사실에 기초하여 논리와 주장을 전개해 나간다. 가치지향적이기 때문에 규범적 접근법을 사용하고, 사실에 근거하기 때문에 경험적 접근법을 가미한다. 즉, 행정학은 규범적 접근법과 경험적 접근법을 통합하여 실천적 접근법을 지향하는 학문이다. 따라서 지문처럼 행정학은 행정현상의 과학화를 목적으로 하기 때문에 이론과 실제를 분리하여 연구하는 것이 아니라, 사실에 기초한 과학성과 가치에 기초한 규범성을 동시에 고려해야 하므로 이론과 실제의 통합을 지향하여야 한다.

오답해설 ① 행정은 효율성(능률성, 합리성, 합법성, 효과성)을 수단으로 목적인 공공성(형평성, 민주성)을 지향한다.

③ 행정의 거버넌스적 성격이다.

④ 행정은 협의로는 정부가, 광의로는 정부 및 민간이 주체가 되어 서비스를 공급하는 활동이다.

⑤ 행정학은 사회과학의 한 분야로서 종합 학문적 성격을 띤다.

02

하
행정의 개념
2020년 제8회

행정개념에 관한 설명으로 옳지 않은 것은?

① 행정의 실체와 역할은 정부를 둘러싼 정치적 · 사회적 · 문화적 환경 등의 다양한 환경 속에서 규정된다.

② 행정의 영역과 범위는 명확하게 설정되고 있지 않으며 그 한계도 분명하지 않아서 고도로 체계화된 개념화는 어렵다.

③ 행정에 대한 연구대상의 선택이나 연구방법의 변화에 따라 다르게 이해되어 왔다.

④ 행정개념이 기능개념이기 때문에 기능 변화와 다양화에 따라 여러 시각으로 설명될 수는 없다.

⑤ 오늘날에는 행정에 대한 개념 해석이 계속 확대되고 있다.

풀이 TIP 차분하게 읽어보면 답이 보이는 문제이다.

정답해설 ④ 행정개념이 기능개념이기 때문에 기능 변화와 다양화에 따라 여러 시각으로 설명될 수 있다. 즉, 정부가 하는 일은 시대에 따라 달라질 수 있는 까닭에 행정을 기능개념으로 접근할 경우 기능의 변화와 더불어 다양한 관점에서 정의할 수 있다.

오답해설 ① 행정의 실체와 역할은 정부를 둘러싼 정치적 · 사회적 · 문화적 환경 등의 다양한 환경 속에서의 규정이다. 예를 들어 지식정보화 사회에서 행정부는 정보시스템 개선을 통해 전자거버넌스 체계를 구축하였다.
② 정부의 역할은 시대와 환경에 따라 달라지는바 행정의 영역과 범위는 명확하게 설정되고 있지 않으며 그 한계도 분명하지 않아서 고도로 체계화된 개념화가 어렵다.
③ 생태론은 국가 혹은 집단을 둘러싼 환경에 연구의 초점을 두었기 때문에 행정을 설명할 때 개방체제 관점을 적용한다.
⑤ 행정부의 역할은 가변적인 면이 있기 때문에 오늘날에는 행정에 대한 개념 해석이 계속 확대되고 있다.

Answer⁺ 1. ② 2. ④

03

중
행정의 개념
2021년 제9회

행정이 국가발전이라는 목표를 달성하기 위해 정치를 비롯하여 경제·사회의 변동을 주도해나가야 한다는 행정학설은?

① 행정관리설
② 행정목적실현설
③ 행정행태설
④ 발전기능설
⑤ 법함수설

풀이 TIP 박정희 정권을 떠올려 보자.

정답해설 ④ 발전기능설, 즉 발전행정론은 행정부 주도의 국가발전 현상을 설명한 이론이다(정치행정새일원론·행정우위론).

오답해설 ① 행정관리설 : 능률적인 관리 및 집행을 달성하기 위한 원리를 발견하려는 관리패러다임
③ 행정행태설 : 인간의 의사결정에 영향을 미치는 원인을 탐구해서 보편적 이론을 발견하려는 접근방법
②, ⑤ 행정법학적 행정개념에 대한 학설
• 행정목적실현설(국가목적실현설) : 행정이란 법의 테두리 안에서 법의 규제를 받으면서 국가목적을 실행하는 지속적인 국가활동
• 법함수설 : 행정이란 법률이 정한 바에 따라 그 기능이 변하기 때문에 행정의 선험적 개념을 부정함
⇨ 행정과 법은 함수관계
• 삼권분립적 공제설 : 사법도 입법도 아닌 나머지의 모든 국가기능

04

하
행정학의 학문적 성격
2019년 제7회

행정학의 학문적 성격에 관한 설명으로 옳은 것은?

① 행정학의 과학성을 강조하는 사람들은 행정현상의 보편적인 원칙을 인정하지 않는다.
② 행정학에서 기술성은 행태주의에 의해 중요하게 제기되었다.
③ 상대적으로 사이몬(H. A. Simon)은 기술성을, 왈도(D. Waldo)는 과학성을 더 강조하였다.
④ 행정학은 다른 학문으로부터 많은 이론과 지식을 받아들여 종합학문적인 성격을 지니고 있다.
⑤ 1950년대에 공공선택론, 신행정론 등의 영향으로 행정학의 정체성 위기가 처음 등장했다.

풀이 TIP 행정학은 응용학문이다.

정답해설 ④ 행정학은 사회문제해결을 위해 다양한 학문을 활용하는 특징이 있다.

오답해설 ① 행정학의 과학성을 강조하는 사람들은 행정현상의 보편적인 원칙을 인정한다.
② 행정학에서 기술성은 후기행태주의 등에 의해 중요하게 제기되었다.
③ 상대적으로 사이몬(H. A. Simon)은 과학성을, 왈도(D. Waldo)는 기술성을 더 강조하였다.
⑤ 행정학의 정체성 위기는 1970년대에 오스트롬에 의해 제기되었다.

05

행정의 의의
2014년 제2회

공공행정에 관한 설명으로 옳지 않은 것은?

① 행정은 사회환경과 밀접한 관계를 갖고 있다.

② 행정국가는 정치행정일원론의 입장에서 설명할 수 있다.

③ 행정은 경영보다 엄격한 법적 규제를 받는다.

④ 행정에 있어서 의사결정은 가치체계와 밀접한 관계를 갖고 있다.

⑤ 국민의 권리를 제한하고 의무를 부과하는 것은 행정의 본질과 거리가 멀다.

> **풀이 TIP** 공·사행정은 정도상의(양적) 차이만 있을 뿐 본질적 차이는 없다!

> **정답해설** ⑤ 국민의 권리를 제한하고 의무를 부과하는 규제활동이 행정의 본질이며, 현실적으로 규제정책이 가장 많은 영역을 차지하고 있기도 하다.

> **오답해설** ① 행정은 개방체제 속에서 활동하기 때문이다.
> ② 1930년대 이후 행정영역이 확장되던 시기에 행정국가가 등장하였다. 이때 행정이 정책결정 영역까지 확대됨으로써 정치행정일원론이 주를 이뤘고, 이처럼 재량권이 확대되면서 ③ 행정은 경영보다 엄격한 법적 규제를 받아야 했고, ④ 가치지향적 결정이 늘어나게 되었다.

06

행정의 특징
2020년 제8회

행정에 관한 설명으로 옳지 않은 것은?

① 공익을 지향하며 공공문제의 해결이라는 공공 목적을 달성한다.

② 공공서비스를 생산하고 공급하며 배분하는 모든 활동을 의미한다.

③ 오늘날에는 정부가 공공서비스의 생산 및 공급을 독점한다.

④ 참여와 협력이라는 거버넌스 개념을 지향해가고 있다.

⑤ 공공서비스의 생산·분배 과정에서 국민의 의견을 존중하고 국민에 대해 책임을 다해야 한다.

> **풀이 TIP** 최근 행정은 거버넌스를 지향한다.

> **정답해설** ③ 오늘날에는 정부가 시민, 시민사회와 함께 협동하는 파트너십 관계를 상정하는바 서비스의 생산 및 공급을 독점하지 않는다.

> **오답해설** ① 행정은 사회문제 해결을 통해 공익을 달성한다.
> ② 행정은 정부가 다양한 주체와 함께 공공서비스를 생산하고 공급하며 배분하는 모든 활동을 의미한다.
> ④ 현대 행정은 정부가 시민사회, 시장과 협력하는 거버넌스 개념을 지향해가고 있다.
> ⑤ 행정은 공공서비스의 생산·분배 과정에서 국민의 의견을 존중하는 민주성을 지향하고, 국민에 대해 책임을 다해야 한다.

Answer 3. ④ 4. ④ 5. ⑤ 6. ③

07

하
행정과 경영
2013년 제1회

행정과 경영의 차이점에 관한 설명으로 옳지 않은 것은?

① 행정은 공익추구를 핵심가치로 하지만, 경영은 이윤추구를 핵심가치로 한다.
② 행정은 경영보다 의회, 정당, 이익단체로부터 더 강한 비판과 통제를 받는다.
③ 행정은 공익을 추구하기 때문에 경영보다 법적 규제를 적게 받는다.
④ 행정은 경영보다 더 강한 권력수단을 갖는다.
⑤ 행정은 모든 국민에게 법 앞에 평등원칙이 지배하지만 경영은 고객에 따라 대우를 달리할 수 있다.

풀이TIP 공공성을 추구하면 법의 통제도 강하다!

정답해설 ③ 행정은 공익을 추구하기 때문에 경영보다 법적 규제를 더 많이 받는다.

✦ **행정과 경영의 차이**

구분	행정	경영
주체	정부	기업
목적	공익	사익
정치성	강함	약함
권력성	강제적 권력	공리적(功利的) 권력
능률의 척도	사회적 능률	기계적 능률
법적 제한	강함	약함
평등성	적용	배제
독점성	강함	약함
공개성	강함	약함

08

행정과 경영
2019년 제7회

행정과 경영의 비교에 관한 설명으로 옳지 않은 것은?

① 행정의 목적은 공익 추구이고, 경영의 목적은 이윤 극대화이다.

② 행정은 경영보다 상대적으로 엄격한 법적 규제를 받는다.

③ 행정은 모든 국민에 대한 평등성이 강조되지만 경영은 이윤 추구 과정에서 고객 간 차별대우가 용인된다.

④ 행정과 경영은 능률성을 추구하는 과정에서 유사한 관리기법을 많이 활용한다.

⑤ 상대적으로 행정은 관리적 측면이 강하게 나타나고 경영은 권력적 측면이 강하게 나타난다.

풀이TIP 행정과 경영에 대한 문제는 상식적으로 접근하자.

정답해설 ⑤ 행정과 경영 모두 관리성을 지니지만, 경영에 비해 상대적으로 행정은 국민이나 의회가 개입하는 정치성과 법적인 강제성(권력성)이 강하게 나타나고 경영은 상대적으로 행정에 비해 관리적 측면(능률적인 관리 현상)이 강하게 나타난다.

오답해설 ① 행정의 목적은 공익추구이고, 경영의 목적은 기업의 이윤극대화이다.

② 행정은 법치행정을 기초로 하기 때문에 경영보다 상대적으로 엄격한 법적 규제를 받는다.

③ 행정은 모든 국민에 대한 평등성(형평성)이 강조되지만 경영은 이윤추구 과정에서 고객 간 차별 대우를 인정한다.

④ 행정과 경영은 능률성을 촉진하기 위한 조직관리기법을 많이 활용한다.

09

정부와 행정
2015년 제3회

공무원의 수가 업무량에 관계없이 일정비율로 증가하는 현상을 무엇이라 하는가?

① 피터의 원리(Peter Principle)

② 과두제의 철칙(Iron Law of Oligarchy)

③ 딜론의 원칙(Dillon's Rule)

④ 파킨슨의 법칙(Parkinson's Law)

⑤ 세이어의 법칙(Sayre's Law)

정답해설 ④ 파킨슨 법칙에 대한 설명이다. 영국 해군성을 분석한 파킨슨에 따르면, 공무원 수는 업무 증가와 무관하게 매년 5.7%씩 증가하였다.

오답해설 ① 무능력자의 승진 한계를 지적하는 원리다.

② 소수가 다수를 지배하는 현상을 말하는데, 이는 목표전환을 초래하는 원인 중 하나다.

③ 지방정부는 주정부의 창조물이므로 주정부의 권한을 넘어설 수 없다는 딜론의 판결을 가리키는 것으로 중앙집권화를 반영한다.

⑤ 공·사행정은 중요하지 않은 점에서만 같다는 세이어의 주장으로서 공사행정이원론, 정치행정일원론의 입장을 반영한다.

Answer 7. ③ 8. ⑤ 9. ④

10

정치와 행정
2016년 제4회

정치행정일원론과 정치행정이원론에 관한 설명으로 옳은 것은?

① 정치행정이원론은 행정의 정치적 기능을 강조한다.
② 과학적 관리론은 정치행정일원론의 발전에 기여했다.
③ 정치행정일원론은 정치와 행정을 엄격히 구분한다.
④ 정치행정이원론은 엽관주의의 폐해를 극복하기 위하여 대두되었다.
⑤ 윌슨(Wilson)은 정치행정일원론의 입장을 견지하였다.

> **풀이 TIP** 정치·행정의 분리가 현실적으로 필요했던 계기는?

> **정답해설** ④ 정당정치에 기초한 엽관주의로 인해 행정의 문외한인 집권당의 정치인들이 행정업무를 장악하여 행정의 비효율성과 부패를 초래하게 되었다. 이러한 엽관주의의 폐해를 극복하기 위하여 정치와 행정의 분리 필요성이 제기된 것이다.

> **오답해설** ① 정치행정일원론의 특징이다.
> ② 과학적 관리론은 정치행정이원론의 발전에 기여하였다.
> ③ 정치행정이원론의 특징이다.
> ⑤ 윌슨은 정치행정이원론의 입장을 견지하였다.

11

정치와 행정
2015년 제3회

정치행정일원론에 관한 설명으로 옳지 않은 것은?

① 경제대공황(Great Depression), 뉴딜정책 이후 정부의 적극적 역할이 강조된 시기에 발달되었다.
② 행정에 있어서 정책수립이라는 정치적·가치 배분적 기능이 중요시된다.
③ 정치와 행정은 불가분의 관계에 있으므로 둘은 상호배타적이라기보다 서로 협조적 관계에 있다.
④ 디목(M. E. Dimock), 애플비(P. H. Appleby) 등에 의해 주장되었다.
⑤ 행정에 있어서 절약과 능률을 최고 가치로 추구한다.

> **풀이 TIP** 가치지향적 ⇨ 정치행정일원론, 사실지향적 ⇨ 정치행정이원론

> **정답해설** ⑤ 행정학 성립 초기 윌슨(W. Wilson), 화이트(H. D. White) 등이 주장한 정치행정이원론의 특징이다.

> **오답해설** 나머지 지문은 모두 1930년 이후 행정국가(정치행정일원론)의 특징에 대한 설명이다.

12

중
행정의 환경
2018년 제6회

시장실패에 관한 설명으로 옳은 것은?

① 시장에서의 정보 비대칭성은 자원배분의 효율성과는 무관하다.

② 전기·수도와 같은 공공서비스 공급에 정부가 개입하는 이유는 해당 서비스가 비경합성과 비배제성을 지니고 있기 때문이다.

③ 긍정적 외부효과가 존재하는 시장의 경우 과소공급에 따른 비효율성이 초래된다.

④ 코우즈 정리(Coase Theorem)에서는 부정적 외부효과의 해결을 위한 정부의 규제정책을 강조한다.

⑤ 자연독점산업의 경우 경쟁의 촉진이 산업 전체의 생산비용 절감 측면에서 유리하다.

풀이TIP 긍정적 외부효과는 남 좋은 일이다.

정답해설 ③ 긍정적 외부효과란 '남 좋은 일'로서 특정한 대가 없이 외부의 누군가에게 이익을 주는 효과이다. 따라서 합리적인 개인이라면 남 좋은 일을 하지 않으려고 하는바 적정 수준보다 과소공급의 우려가 있다.

오답해설 ① 시장에서의 정보 비대칭성은 시장실패의 원인 중 하나이다.

② 전기, 수도는 요금재에 해당하는 것으로, 비경합성과 배제성을 특징으로 한다. 일부 요금재를 정부가 개입하여 공급하는 이유는 규모의 경제 효과로 인해 자연독점 현상이 발생할 수 있기 때문이다.

④ 코즈의 정리(Coase Theorem)에서는 부정적 외부효과의 해결을 위해 정부의 규제정책이 아니라 시장 내 당사자 간의 자발적인 협상을 강조한다.

13

하
시장실패
2019년 제7회

시장실패의 원인으로 옳지 않은 것은?

① 공공재   ② 외부효과   ③ 파생적 외부성
④ 정보의 비대칭성   ⑤ 불완전한 경쟁

풀이TIP 시장실패의 원인과 대응방식을 정확히 파악하고 있어야 한다.

정답해설 ③ 파생적 외부성은 정부실패의 원인에 해당한다.

✦ 시장실패의 원인과 대응방식

구분	공적공급	공적유도(보조금)	정부규제
공공재의 존재	○		
외부효과(외부성)		○	○
자연독점	○		○
불완전경쟁			○
정보의 비대칭성		○	○

Answer⁺ 10. ④ 11. ⑤ 12. ③ 13. ③

14

하
시장실패
2020년 제8회

시장실패의 요인으로 옳은 것을 모두 고른 것은?

㉠ 불완전한 경쟁	㉡ 비용과 수입의 절연
㉢ 정보의 불충분성	㉣ 내부조직목표와 사회적 목표의 괴리
㉤ 파생적 외부효과	㉥ 외부효과

① ㉠, ㉢, ㉥

② ㉠, ㉣, ㉤

③ ㉠, ㉣, ㉥

④ ㉡, ㉢, ㉤

⑤ ㉡, ㉣, ㉤

풀이 TIP **두문자** 시험공부는 외롭고 독하게!

정답해설 ㉠, ㉢, ㉥ 일반적인 시장실패 원인은 공공재 생산, 불완전한 정보, 외부효과, 독과점 등이 있다. 파생적인 외부효과, 내부조직목표와 사회적인 목표의 괴리(내부성), 비용과 수입의 절연 등은 정부실패 원인에 해당한다.

15

하
행정의 환경
2017년 제5회

시장실패의 요인으로 옳지 않은 것은?

① 비용과 편익의 괴리

② 외부효과의 발생

③ 공공재의 존재

④ 소득의 불공정한 분배

⑤ 독과점의 출현

풀이 TIP 자기 돈이 아니라면 비용편익분석을 할까?

정답해설 ① 비용과 편익의 괴리는 정부실패요인이다. 비용과 편익의 괴리(분리)란 정부의 생산비용은 생산과 전혀 관계없이 조세수입으로 충당되기 때문에 비용과 수입 간의 연계 고리가 없고, 이 때문에 정부 산출물의 가치가 생산비용과 분리되는 현상을 말한다. 특히 공공부문에서처럼 수혜자와 비용부담자가 상이할 경우에는 잠재적인 수혜자집단이 정치적 조직화와 로비를 통해서 수요를 창출하려는 경향이 강한데, 이렇게 창출된 수요는 비효율적일 수밖에 없게 된다.

16

행정의 환경
2018년 제6회

경합성과 배제성을 기준으로 분류한 재화의 유형에 관한 설명으로 옳지 않은 것은?

① 공유재는 경합성과 비배제성을 지니고 있다.
② 유료재(toll goods)는 고속도로나 공원 같이 배제원칙의 적용이 가능한 공공재를 포함한다.
③ 순수공공재의 공급은 정부가 담당하지만 그 비용은 수익자가 자신의 편익에 정비례하여 직접 부담한다.
④ 순수민간재는 경합성과 배제성을 동시에 지니고 있다.
⑤ 공공재의 존재는 시장실패를 초래할 수 있다.

> **풀이 TIP** 공공재는 무임승차자 문제가 발생한다.

정답해설 ③ 순수공공재의 공급은 정부가 담당한다. 그리고 비용은 불특정 다수(국민 전체)가 부담하지만 비배제성으로 인해 무임승차자가 발생한다. 이는 돈을 낸 사람 외의 주체가 혜택을 누릴 수 있다는 것으로써 수익자가 비용을 부담한 만큼 비례해서 편익을 향유하지 못하고 무임승차자와 편익을 나누어 갖는 현상이 발생할 수 있다는 것을 의미한다.

오답해설 ①, ④ 아래의 표 참고

✦ **사바스의 공공서비스 유형**

구분	비경합성	경합성
비배제성	공공재(집합재·순수공공재) • 무임승차 ⇨ 정부공급 가능	공유재 • 공유지 비극 ⇨ 정부공급 가능
배제성	요금재(유료재) • 자연독점 ⇨ 정부공급 가능	사유재(민간재·사적재) • 가치재 ⇨ 정부공급 가능

② 지문에서 언급된 공원은 소유권이 지정된 넓은 공원이라고 생각할 것
⑤ 공공재의 존재는 시장실패 원인 중 하나에 해당한다.

3과목 • 행정학개론

17

행정의 환경
2016년 제4회

다음은 무엇에 관한 설명인가?

> 정부가 민간부문과 계약을 통해 공공서비스를 제공하는 방법이다. 이 경우 정부는 공공서비스의 공급결정자가 되고, 민간부문은 그 서비스의 생산·공급자가 된다.

① 성과관리
② 품질관리
③ 민간위탁
④ 책임경영
⑤ 자조활동

풀이 TIP '계약'의 다른 명칭은?

정답해설 ③ 제시문은 민간위탁(계약) 방식에 대한 설명이다.

오답해설 ④ 책임경영이란 정부가 공공서비스의 공급 주체이지만 시장방식을 도입하여 효율성을 추구하는 운영방식이다. 대개 공공부문 내 또는 산하에 독립조직(공기업 등)을 설치하여 단일서비스만 수행하는 방식으로 이뤄진다.
⑤ 자조활동이란 공공서비스의 수혜자와 제공자가 같은 집단에 소속되어 서로 돕는 봉사활동을 말한다.

18

하
행정이 추구하는 가치
2016년 제4회

행정이 추구하는 가치 중 본질적 가치에 해당하는 것은?

① 능률성
② 형평성
③ 합법성
④ 합리성
⑤ 효과성

풀이 TIP 본질은 정의와 관계있다!

정답해설 ② 본질적 가치이다. 정의, 평등, 자유, 복지 등이 이에 속한다.

오답해설 ① 능률성은 투입 대비 산출의 양, ③ 합법성은 법의 준수를 의미하며, ④ 합리성은 목적달성에 최상의 수단을 선택하는 것, ⑤ 효과성은 목표달성 정도를 뜻한다.

✦ 행정이념의 분류

본질적 행정가치	• 행정을 통해 이룩하고자 하는 궁극적 가치(⑩ 공익, 정의, 형평, 자유, 평등, 복지 등) • 공익 : 불특정 다수인의 이익 또는 개인이나 집단의 대립적 특수이익이나 사익을 초월한 사회 전체에 공유된 가치(Shared Value)로서의 사회일반의 공동이익 • 정의 : 협동 생산된 재화의 공정한 배분상태. 즉 사회구성원이 각자가 향유해야 할 사회적·경제적 가치의 응분의 몫을 누리는 상태 • 사회적 형평성 : 1970년대 신행정론에서 강조한 이념으로서, '같은 것은 같게 다른 것은 다르게' 취급하는 것을 뜻함. 이는 적극적인 분배의 평등이념임
수단적 행정가치	본질적 가치를 달성하기 위한 수단이 되는 가치(⑩ 합법성, 능률성, 민주성, 효과성, 생산성, 합리성, 투명성, 신뢰성, 가외성 등)

19

행정이 추구하는 가치
2018년 제6회

실체설의 관점에서 본 공익의 개념에 관한 설명으로 옳은 것은?

① 개인의 사익을 초월한 공익이 존재한다.

② 개인의 사익 추구가 결과적으로 공동체의 선을 최대한 증대시킨다.

③ 공익은 사익의 총합이거나 사익 간의 타협 및 조정과정을 통해 얻어진다.

④ 공익은 민주적 정치체제 내의 개인과 집단 간 정치활동의 결과물이다.

⑤ 여러 사회집단의 대립과 협상과정에서 결과적으로 다수 이익에 일치되는 것이 공익으로 도출된다.

> **풀이 TIP** 실체설에서 공익은 집단 전체를 위한 이익이다.

정답해설 ① 실체설에서는 공익을 사익을 초월한(각 개인의 견해를 초월한) 별도의 실체(국가공동체를 위한 이익)로 파악한다.

오답해설 ② 개인의 사익추구(각 개인의 견해 반영)를 강조하는 것은 과정설이다.

③, ④ 과정설에 해당한다. ⇨ 과정설에서 공익은 각 개인의 견해를 조정한 결과이다.

⑤ 과정설에 대한 내용이다. ⇨ 과정설은 사회 내 각 개인의 견해를 수렴해서 공익을 규정한다.

20

행정이 추구하는 가치
2018년 제6회 변형

행정이 추구하는 가치에 관한 설명으로 옳은 것은?

① 효율성은 효과성은 같은 개념이다.

② 형평성은 '최대 다수의 최대 행복'을 강조한다.

③ 윌슨(W. Wilson)의 정치행정이원론은 행정의 정책결정권한 및 적극성을 강조한다.

④ 롤스(J. Rawls)의 「정의론」은 사회적으로 최소의 혜택을 받는 사람들에게 차별적 이익을 제공하는 이론적 근거를 제공한다.

⑤ 현대 행정에서 적극적(실질적) 의미의 민주성은 의회의 결정에 대한 철저한 순응과 법치행정을 강조한다.

> **풀이 TIP** 롤스는 사회 내 극빈자에 대한 지원이 있다면 불평등이 있어도 된다는 입장이다.

정답해설 ④ 롤스(J. Rawls)의 「정의론」은 극빈자에 대한 지원을 제도화하는 최소극대화 원리를 강조한다.

오답해설 ① 능률성은 가성비이고, 효과성은 목표의 달성도이므로 양자는 다른 개념이다.

② '최대 다수의 최대 행복'을 강조하는 철학은 공리주의이다. ⇨ 공리주의는 선택과 집중의 논리에 따라 특정 영역에 대한 투자로 인해 사회의 전체 효용이 증가할 경우 이를 찬성하는 입장이므로 능률성과 연관된다.

③ 윌슨(W. Wilson)의 정치행정이원론은 행정의 능률적인 정책집행 역할에 중점을 두는 관점이다.

⑤ 의회의 결정에 대한 철저한 순응과 법치행정을 강조하는 것은 소극적(형식적) 의미의 민주성이다. 적극적인 민주성은 정부의 결정을 일부 인정한다.

Answer 17. ③   18. ②   19. ①   20. ④

21

발전목표의 설정과 달성을 통해 국가발전을 추진하던 1960년대 발전 행정적 사고가 지배적일 때 부각되어 중요시되었던 행정가치는?

① 능률성

② 효과성

③ 합법성

④ 사회적 효율성

⑤ 법적 책임성

풀이TIP '목표 설정'을 했으니 그것을 달성해야 하지 않을까?

정답해설 ② 발전행정은 절대적 빈곤문제를 해결하기 위하여 목표를 정해놓고 그 달성을 강조하기 때문에 목표달성도, 즉 효과성을 강조한다.

22

행정에 있어서 가외성에 관한 설명으로 옳지 않은 것은?

① 중첩성이라고도 한다.

② 작고 효율적인 행정개혁을 저해할 수도 있다.

③ 조직의 실패 확률을 감소시켜 안정성을 높여준다.

④ 환경의 불확실성이 커질수록 가외성의 필요성은 감소한다.

⑤ 환경에 대한 조직의 적응성을 높여준다.

풀이TIP 주전 이외에 같은 포지션에 후보를 뽑는 이유는?

정답해설 ④ 환경의 불확실성이나 위기가 커질수록 가외성의 필요성은 증가한다. 가외성(redundancy) 이란 행정의 불확실성에 대비하기 위하여 여유분, 중첩, 중복을 허용하는 것이기 때문이다.

오답해설 ② 중복장치는 비용증가를 가져오기 때문이다. 그러나 이는 불확실성을 줄임으로써 ⑤ 환경에 대한 조직의 적응성을 높이고, ③ 조직의 실패 확률을 감소시켜 안정성을 높여준다.

23

행정가치에 관한 설명으로 옳지 않은 것은?

① 합법성은 시민권의 신장과 자유권의 옹호가 중요했던 입법국가 시대의 주요 가치이다.

② 신공공관리론에서는 정치적 책임성과 법적 책임성 외에도 시장 책임성을 강조한다.

③ 효과성은 1960년대 발전행정의 사고가 지배적일 때 주된 가치판단 기준이었다.

④ 사회적 능률성은 민주성의 개념으로 이해되는데 신행정론에서 처음 주창된 가치이다.

⑤ 민원처리 과정을 온라인으로 공개함으로써 과정의 투명성을 확보할 수 있다.

> **풀이 TIP** 사회적 능률성은 인간적·상대적·장기적·질적 능률로서 기능적 행정학이 강조한다!

정답해설 ④ 사회적 능률성은 민주성의 개념으로 이해되며, 1930년대 기능적 행정학에서 중시한 개념이다. 1970년대 신행정론에서 처음 주창된 가치는 형평성이다.

오답해설 ⑤와 관련된 대표적 제도에는 서울시가 도입, 시행하고 있는 민원처리과정 공개제도(OPEN system)가 있다.

✦ **행정이념의 종류와 변천**

이념	개념	시기 및 행정이론
합법성	법률 적합성	19C 관료제이론
능률성	산출/투입	1900년대 행정관리설
민주성	국민을 위한 행정	1930년대 통치기능설
합리성	목표에 대한 수단의 적합성	1940년대 행태론
효과성	목표달성도	1960년대 발전행정론
형평성	소외계층 위주의 행정	1970년대 신행정론
생산성	능률성+효과성	1980년대 신공공관리론
신뢰성	정부에 대한 국민의 믿음	2000년대 뉴거버넌스

Answer 21. ② 22. ④ 23. ④

24

행정이 추구하는 가치
2019년 제7회

투입에 대한 산출의 비율로서 과학적 관리론에서 추구하는 행정가치는?

① 형평성　　　　　② 민주성　　　　　③ 가외성
④ 능률성　　　　　⑤ 합법성

풀이 TIP 과학적 관리론은 관리주의에 속하는 이론이다.

정답해설 ④ 투입에 대한 산출의 비율로서 과학적 관리론에서 추구하는 행정이념은 능률성(기계적 능률성)이다.

오답해설 ① 형평성: 모든 인간에게 평등하게 대우하는 것으로써 수평적·수직적 형평 등으로 구분
② 민주성: 국민이나 조직구성원의 견해를 수렴하는 특성
③ 가외성: 불확실성에 대비하기 위한 나머지 혹은 잉여장치
⑤ 합법성: 입법부에서 제정한 법률에 따라 공무를 집행하는 특성

25

행정이 추구하는 가치
2015년 제3회

사회적 자본(social capital)에 관한 설명으로 옳은 것은?

① 귤릭(L. Gulick), 어윅(L. Urwick), 페이욜(H. Fayol) 등이 주장하였다.
② 가치중립적이며 과학적인 탐구를 강조한다.
③ 경제대공황(great depression)을 극복하기 위한 방법론을 제시하였다.
④ 사회구성원들 간의 신뢰와 협력을 중시한다.
⑤ 신행정학의 이론 형성에 영향을 끼쳤다.

풀이 TIP 따뜻함인가 차가움인가?

정답해설 ④ 사회적 자본은 공동체가 가진 구조적 능력, 속성으로서 신뢰, 상호호혜규범, 네트워크로 구성된다.

오답해설 ① 이들은 모두 행정관리학파로서 1900년대 초반의 행정학 성립기에 등장한 고전적 이론가들이다.
② 행태주의에 대한 설명이다.
③ 케인즈이론에 기반을 두고 공공투자를 확대하였던 1930년대의 행정국가에 대한 설명이다.
⑤ 1960년 말 신행정학 이론 형성에 영향을 끼친 직접적인 사건들은 너무나 많다(행태주의에 대한 반발, 인종차별문제, 경제적 불황, 반전운동, 워터게이트 사건 등). 그러나 사회적 자본이 본격적으로 등장한 시점은 2000년대 초반이다.

26

행정학의 학문적
성격과 특징
2018년 제6회

행정(학)의 성격에 관한 설명으로 옳지 않은 것은?

① 행정에서 '가치의 권위적 배분'을 강조하는 것은 행정의 정치적 특성을 나타낸다.

② POSDCORB는 행정의 관리적 측면을 강조하는 것이다.

③ 행정학은 실증학문일 뿐만 아니라 가치지향적인 규범학문의 성격도 지닌다.

④ 행정 관료의 정책형성에 대한 영향력 증가는 대의민주제의 정치적 책무성(political accountability)을 강화시킨다.

⑤ 행정학은 학제간(interdisciplinary) 성격을 갖는다.

풀이 TIP 공무원의 영향력이 커지면 민주주의가 증진될까? 한번 생각해 보자.

정답해설 ④ 행정관료의 정책 형성에 대한 영향력 증가는 대의민주제의 정치적 책무성(political accountability)을 약화시킬 수 있다. ⇨ 즉, 해당 지문은 풍부한 실무 경험과 지식을 지닌 공무원을 의회나 국민이 견제하기 어렵다는 의미이다.

오답해설 ① 정부가 정책, 즉 '가치의 권위적 배분'을 하는 과정에서 다양한 이해관계자의 개입(정치적 특성)이 발생할 수 있다.

② POSDCORB는 귤릭 등이 제시한 최고관리자의 7가지 기능으로써 행정의 능률적 관리적 측면을 강조하는 개념이다.

③ 행정학은 실증 학문일 뿐만 아니라 사회문제해결을 위해 가치지향적인 규범학문의 성격도 지닌다.

⑤ 행정학은 공공문제 해결을 위해 여러 학문을 활용하는(학제 간) 특징을 지닌다.

27

인간관계론
2021년 제9회

인간관계론에 관한 설명으로 옳지 않은 것은?

① 비공식적 집단의 역할을 강조한다.

② 메이요(E. Mayo)의 호손(Hawthorne) 실험은 인간관계론의 형성에 영향을 주었다.

③ 인간을 생존에 대한 기본적인 욕구에 의해 동기 부여되는 것으로 본다.

④ 과학적 관리론과 마찬가지로 생산성 향상을 추구한다.

⑤ 작업환경이나 물리적 조건보다 조직구성원의 사회심리적 요인을 중시한다.

> **풀이 TIP** 인간이 기본적인 욕구, 즉 생리적 욕구만 충족하면 된다고 보는 관점은 과학적 관리론이다.

정답해설 ③ 인간주의에서 인간은 사회심리적인 존재이다. 즉, 능동적인 자아실현을 통해 심리적 만족감이 생기면 열심히 일할 수 있다. ⇨ 인간을 생존에 대한 기본적인 욕구에 의해 동기 부여되는 존재로 간주하는 것은 과학적 관리론이다.

오답해설 ① 인간주의는 조직 내 친한 집단 등, 즉 비공식적 집단의 역할을 강조한다.

② 메이요(E. Mayo)의 호손(Hawthorne) 실험은 조직관리에 있어서 비공식적 요인을 강조하는 계기가 되었으며, 이는 인간관계론의 형성에 영향을 주었다.

④ 인간주의는 과학적 관리론과 마찬가지로 생산성 향상을 추구한다. ⇨ 다만 양자는 생산성을 제고하기 위한 방법에 차이가 있다.

⑤ 인간주의는 작업환경이나 물리적 조건보다 조직구성원의 사회심리적 요인과 같은 비공식 요인을 중시한다.

28

과학적 관리론과
인간관계론
2016년 제4회

과학적 관리론과 인간관계론에 관한 설명으로 옳지 않은 것은?

① 과학적 관리론은 비공식적 집단의 역할을 강조하지만, 인간관계론은 공식적 조직의 역할을 중시한다.

② 메이요(Mayo)의 호손(Hawthorne) 실험은 인간관계론의 형성에 영향을 주었다.

③ 인간관계론은 작업환경이나 물리적 조건보다 조직구성원들의 사회심리적 요인을 중시한다.

④ 과학적 관리론과 인간관계론은 생산성 향상을 추구한다는 점에서 유사하다.

⑤ 과학적 관리론은 과업목표의 달성을 위해 체계적인 관리와 통제를 중시하는 관료제 조직에 적합하다.

> **풀이 TIP** 과학(차가움) 대 인간(따뜻함)의 대비다!

> **정답해설** ① 과학적 관리론은 공식적 집단의 역할을, 인간관계론은 비공식적 조직의 역할을 중시한다.

29

행태론
2013년 제1회

다음 지문에서 설명하는 행정 이론은?

> 인간행위를 연구대상으로 정립했으며 행정연구에 과학주의를 도입하여 가치중립적인 객관적 분석을 가능하게 하였다. 그러나 이 이론은 과학적·계량적 연구방법론의 강조로 연구대상과 범위의 제한을 가져왔다는 비판을 받고 있다.

① 과학적 관리론
② 인간관계론
③ 행정체제이론
④ 신공공서비스론
⑤ 행정행태론

> **풀이 TIP** 행위, 과학주의, 가치중립적, 과학적 방법론 등이 힌트다!

> **정답해설** ⑤ 제시문은 행태주의에 대한 설명이다. 인간의 (표출된) 행태를 연구함으로써 사실 중심의 과학적 연구를 확립하고자 했던 것이 행태주의의 기본노선이다.

> **오답해설** ① 과학적 관리론은 정치행정이원론의 발전에 기여한 이론으로 공식적 집단의 역할을 강조하고 생산성 향상을 추구한다. 과업목표의 달성을 위해 체계적인 관리와 통제를 중시하는 관료제 조직에 도입하기에 적합하다.
> ② 인간관계론은 작업환경이나 물리적 조건보다 조직구성원들의 사회심리적 요인을 중시하며 비공식적 조직의 역할을 중시한다.
> ④ 신공공서비스론은 공공서비스 전달 및 공공문제 해결과정에서 정부와 민간부문 간의 협력적 네트워크를 적극 활용한다.

Answer 27. ③ 28. ① 29. ⑤

30

생태론적 접근방법
2020년 제8회

리그스(F. W. Riggs)의 프리즘적 모형(Prismatic Model)에 관한 설명으로 옳지 않은 것은?

① 개발도상국의 행정체제를 설명하기 위한 이론적 모형이다.

② 프리즘적 사회는 농업사회에서 산업사회로 넘어가는 과도기적 사회를 말한다.

③ 프리즘적 사회의 특징은 형식주의, 정실주의, 이질혼합성을 들 수 있다.

④ 생태론적 접근방법에 의해 설명된다.

⑤ 농업사회에서 지배적인 행정 모형을 사랑방 모형(Sala Model)이라 한다.

풀이 TIP 프리즘 사회는 개발도상국을 의미한다.

정답해설 ⑤ 리그스에 따르면 개발도상국에서 지배적인 행정모형은 사랑방 모형이다. 사랑방은 정부관료제가 비정의성에 의해 움직이지 않고 공과 사가 혼재된 부정적인 관료제를 의미한다. 이러한 정부관료제가 자리잡혀 있는 프리즘적 사회는 형식주의(복잡한 절차), 정실주의(혈연, 지연 등의 공무원 임용), 이질혼합성(농업사회와 선진국의 특징이 혼재) 등의 특징을 보인다.

오답해설 ① 프리즘 모형은 개발도상국의 행정체제를 설명하기 위한 이론적 모형이다.

② 프리즘적 사회는 농업사회에서 산업사회로 넘어가는 과도기적 사회를 뜻한다.

④ 프리즘 모형은 환경의 중요성을 강조하는 생태론적 접근방법에 의해 설명된다. 즉, 선진국의 행정체제를 후진국에 도입할 때 왜 제대로 작동하지 않는지를 설명한 이론이다.

31

신행정학
2017년 제5회

신행정학(new public administration)이 중요시하여 추구하였던 것은?

① 행정의 탈정치화 ② 가치와 사실의 분리

③ 논리실증주의 ④ 절약과 능률

⑤ 현실적합성

풀이 TIP 차가움(사실이론)과 따뜻함(가치이론)의 차이는?

정답해설 ⑤ 1960년대 말 신행정학은 현실문제에 대한 해결책을 제시하지 못했던 행태주의에 대한 반발로 등장하였다. 즉 현실적합성 없는 이론인 행태주의에 대한 반발이 신행정학의 핵심 테마이다. 신행정학은 행정이 현실적합성을 회복하기 위해서는 행정의 정치화, 가치와 사실의 통합, 반실증주의 방향으로 나아가야 한다고 주장하였다.

오답해설 ① 행정의 탈정치화는 고전행정학 또는 신공공관리론 등 객관주의이론의 특징이다.

②, ③ 가치와 사실의 분리, 논리실증주의는 행태주의의 특징이다.

④ 절약과 능률은 고전행정학의 특징이다.

32 행정현상에 대한 접근방법의 설명으로 옳은 것은?

상
행정학의
접근방법 종합
2018년 제6회

① 행태론적 접근방법은 행정현상에 관한 이론의 맥락성과 상대성을 강조한다.

② 체제론적 접근방법은 현상의 전체성보다는 구성부분 사이의 일방적·선형적 인과관계를 강조한다.

③ 사회학적 신제도주의는 제도가 국가나 조직의 경계를 넘어 유사한 형태로 수렴된다고 본다.

④ 전통적인 법적·제도적 접근방법은 제도가 일단 형성되면 일정한 경로를 유지하기 때문에 환경변화에 적응하지 못하는 점을 강조한다.

⑤ 합리적 선택 신제도주의에서는 제도를 개인의 합리적 선택의 일방적 결정요인으로 간주한다.

풀이 TIP 사회학적 신제도주의는 제도적 동형화를 통해 제도의 신설 및 수정을 설명한다.

정답해설 ③ 사회학적 신제도주의는 제도가 국가나 조직의 경계를 넘어 유사한 형태로 수렴된다고 본다. 이를 '동형화'라고 한다.

오답해설 ① 행태론적 접근방법은 보편적 법칙을 강조한다.
② 체제론적 접근방법은 방법론적 총체주의를 지향하므로 현상의 전체성을 강조한다.
④ 구제도주의가 아니라 역사적 신제도주의에 대한 내용이다.
⑤ 합리적 선택 신제도주의에서는 제도를 개인과 제도와의 상호작용의 결과로 인식한다.

Answer 30. ⑤ 31. ⑤ 32. ③

33

하
공공선택론
2018년 제6회

다음 가정을 기본전제로 하는 이론은?

> • 한 국가는 수많은 지방정부들로 구성되어 있다.
> • 각 지방정부는 주민들의 의사에 따라 지출과 조세에 대한 의사결정을 할 수 있다.
> • 개인들은 비용을 들이지 않고 자유롭게 지역 간 이주가 가능하다.

① 발에 의한 투표(voting with feet)
② 딜론의 원칙(Dillon's rule)
③ 보충성의 원칙(subsidiary principle)
④ 쿨리 독트린(Cooley doctrine)
⑤ 파킨슨 법칙(Parkinson's law)

풀이 TIP 발에 의한 투표는 주민의 지자체 간 이동을 의미한다.

정답해설 ① 티부가설에 따르면 다수의 지방정부가 경쟁상태에 있으면서 나름의 의사결정을 통해 주민의 선호에 맞는 공공서비스를 공급한다. 아울러 각 지방정부에 거주하고 있는 주민은 자신의 선호에 맞는 서비스를 공급받기 위해서 자유로운 이동(발에 의한 투표)을 할 수 있다.

오답해설 ② 딜론의 원칙(Dillon's Rule)은 주정부의 지방정부에 대한 권력적인 우위를 설명하는 이론이다. ③, ④ 보충성의 원칙(Subsidiary Principle)과 쿨리 독트린(Cooley doctrine)은 지방자치의 중요성을 강조하는 원칙이다.

✦ **보충성의 원칙**
「**지방분권법**」 **제9조(사무배분의 원칙)** ② 국가는 제1항에 따라 사무를 배분하는 경우 지역주민생활과 밀접한 관련이 있는 사무는 원칙적으로 시·군 및 자치구(이하 "시·군·구"라 한다)의 사무로, 시·군·구가 처리하기 어려운 사무는 특별시·광역시·특별자치시·도 및 특별자치도(이하 "시·도"라 한다)의 사무로, 시·도가 처리하기 어려운 사무는 국가의 사무로 각각 배분하여야 한다.

✦ **쿨리 독트린(Cooley doctrine)**
딜런의 견해가 나오고 3년 뒤 디트로이트(Detroit)시와 미시간(Michigan)주 사이에 벌어진 한 소송에서 미시간 주의 대법관이었던 쿨리(Thomas Cooley)가 제시한 주장으로서 '지방정부의 자치권은 절대적인 것이며 주는 이를 앗아갈 수 없다'는 내용을 골자로 함

⑤ 파킨슨 법칙(Parkinson's Law)은 공무원의 수가 본질적인 업무량과 관계없이 증가한다는 법칙으로서 상승하는 피라미드의 법칙이라고 불린다.

34

공공선택론
2020년 제8회

다음 내용과 밀접한 관련이 있는 이론은?

• 관료의 사익추구	• 예산극대화
• 지대추구행위	• 정치·행정 현상의 경제학적 분석

① 체제이론
② 거버넌스이론
③ 신행정학이론
④ 공공선택이론
⑤ 포스트모더니즘이론

> **풀이 TIP** 공공선택론에서 인간은 이기적인 존재이다.

> **정답해설** ④ 공무원도 사익을 추구하는 인간이라는 전제하에 경제수학을 활용하여 예산극대화 모형, 지대추구 모형 등을 제시한 이론은 공공선택론이다.

35

공공선택론
2015년 제3회

공공선택이론에 관하여 설명한 것은?

① 행정현상을 자연·사회·문화적 환경과 관련시켜 이해하며 집행적 행위나 제도를 거시적 수준에서 분석한다.
② 공공서비스의 효율적 공급을 위해 공공부문의 시장경제화를 추구하며 정치적 및 행정현상에 경제학적 분석도구를 적용하여 설명한다.
③ 인간의 주관적 관념, 의식 및 동기의 의미를 이해하는 데에 초점을 맞추어 조직문제에 대한 폭넓은 사고방식과 준거의 틀을 정립한다.
④ 정책결정자가 대안들의 표면화된 가치를 비교할 수 없어 선택이 어려운 상황에서 행하는 의사결정 방법과 전략을 탐구한다.
⑤ 공공서비스 전달 및 공공문제 해결과정에서 정부와 민간부문 간의 협력적 네트워크를 적극 활용한다.

> **풀이 TIP** 공공선택론 = 정치경제학 = 비시장문제에 대한 경제학적 접근법!

> **정답해설** ② 공공선택이론은 정치·행정적 문제(공공문제)에 대해 경제학(합리적 선택이론)적 방법론을 적용하여 해법을 모색한다.

> **오답해설** ①은 생태론 또는 비교행정, ③은 현상학, ④는 정책딜레마모형, ⑤는 거버넌스 또는 신공공서비스론에 대한 설명이다.

Answer 33. ① 34. ④ 35. ②

36

상
신제도주의
2019년 제7회

신제도주의에 관한 설명으로 옳지 않은 것은?

① 사람의 행태에 대한 연구에서 제도를 중요시한다.

② 사회학적 제도주의는 제도의 범위에 관습과 문화도 포함한다.

③ 공공선택론은 합리적 선택 제도주의의 대표적 이론 중 하나이다.

④ 역사적 제도주의는 각국 정책의 상이성과 효과를 역사적으로 형성된 각국의 제도에서 찾는다.

⑤ 정책 또는 행정환경은 내생변수가 아닌 외생변수로 다룬다.

> **풀이 TIP** 신제도주의는 제도를 변화할 수 있는 변수, 즉 내생변수로 간주한다.

정답해설 ⑤ 신제도주의에서 정책이나 행정환경 등은 외생변수(변화할 수 없는 변수)가 아닌 내생변수 (무언가의 영향을 받아서 변화할 수 있는 변수)로 간주한다. 즉, 정책이나 행정환경도 문화나 법과 같은 제도에 의해 변화될 수 있다.

오답해설 ① 신제도주의는 제도가 사람의 행동에 영향을 미치는 현상을 설명할 수 있다.
② 사회학적 제도주의는 비공식적 제도에 초점을 두는 이론이기 때문에 제도의 범위에 관습과 문화가 포함된다.
③ 공공선택론 계열 이론은 합리선택적 신제도주의가 형성되는 데 영향을 준 이론에 해당한다.
④ 역사적 제도주의는 각 나라의 역사 속에서 형성된 정책을 제도로 간주하는바 각국 정책의 상이성과 효과를 설명할 수 있다.

37

상
뉴거버넌스론
2017년 제5회

다음에서 설명하는 피터스(Peters)의 거버넌스 정부개혁모형은?

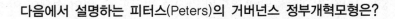

> 정부관료제가 공공봉사 의지를 지닌 대규모의 헌신적인 구성원으로 구성되어 있다는 것을 전제하여, 정부의 내부규제가 제거되거나 축소되면 정부관료제가 훨씬 역동적이고 효율적으로 기능할 것이라고 가정한다.

① 시장모형(market model)

② 참여모형(participatory model)

③ 유연모형(flexible model)

④ 저통제모형(deregulation model)

⑤ 기업가적 모형(entrepreneurial model)

> **풀이 TIP** 피터스(Peters)의 모형 중 1980년대의 작은 정부 흐름과 상반되는 것은?

정답해설 ④ 제시문은 저통제(탈규제)모형에 대한 설명이다.

오답해설 ① 시장모형은 정부의 독점적 지위를 타파하고 민간의 경쟁체제를 도입하여 효율성을 추구하는 모형이다.
② 참여모형은 정부의 폐쇄성을 타파하여 시민의 참여를 통해 정부개혁을 추구하는 모형이다.
③ 유연모형은 정부의 항구성을 타파하여 신축성을 확보함으로써 저비용과 조정능력을 확보하려는 모형이다.
⑤ 기업가적 모형은 기업의 관리철학을 공공부문에 도입하려는 거버넌스모형이다.

✦ 피터스(G. Peters)의 탈내부규제(저통제) 모형(deregulated government model)

의의	정부축소와 통제라는 1980년대 이후의 흐름과는 상반된 모형. 구조보다는 절차문제에 초점
가정	• 공공부문에 내재해 있는 잠재력을 통해 더 나은 정부활동이 가능하므로 많은 내부규제를 제거할 경우 정부는 보다 효율적으로 기능할 수 있음 • 시장모형처럼 내부통제의 제거를 통해 관리자들의 관리 능력을 향상시킬 수 있음 • 참여모형처럼 재량이 규칙·규제보다 성과 측면에서 더 나은 결과를 가져옴
이념	중앙─지방 간 관계에서의 규제완화. 그러나 탈규제모형을 적용할 경우 어느 정도의 오류는 불가피함
구조	전통적인 계층제 구조에 좀 더 친화적임
관리	• 전통적인 관리구조와 형태는 수용 가능한 것이며, 바람직한 것일 수도 있음. 여기서의 관리자의 리더십은 시장모형에서 요구하는 기업가뿐만 아니라 참여모형에서 제시하는 민주적 지도자의 자격도 구비할 것을 요구함 • 참여모형에서처럼, 정부의 창조적인 힘이 발휘되기 위해서는 고위직 관리자와 그 외에 모든 계층의 관리자들이 참여하여야 함. 이 점은 구성원의 참여에 비중을 두지 않는 시장모형과 상반됨
정책결정	주로 의사결정 및 법 집행 '절차'에 관심 많음. 특히 정책결정에서 관료조직에게 많은 분권이 이루어짐
공익	공공부문의 책임성 확보 수단으로 전통적인 규제 대신에 다른 형태의 통제(예 촉매적 통제)로 대체 • 그래서 공공부문이 적극적이고 개입주의적일 때 공익이 더 잘 달성될 수 있음 • 집합적 행동은 문제이기보다는 해결책으로 보기 때문에, 사회의 문제는 집합적 방식으로 해결될 수 있고, 이를 위해 관료제가 신속하고 능률적인 행동을 통해 공헌할 것을 요구함

38

신공공서비스론(NPS)
2019년 제7회

신공공서비스론에 관한 설명으로 옳은 것은?

① 정부의 역할을 '노젓기'보다는 '방향잡기'로 규정한다.
② 관료는 사회문제를 해결하는 과정에서 협상과 중재 기능을 담당한다.
③ 공익을 행정활동으로 생성되는 부산물로 간주한다.
④ 정부관료제에 경쟁 원리를 도입하여 개혁할 것을 강조한다.
⑤ 기업가적 목표달성을 위하여 폭넓은 행정재량을 허용한다.

풀이 TIP 신공공서비스론에서 공무원은 담론의 장을 만들고 시민참여를 유도한다.

정답해설 ② 신공공서비스론에서 관료는 공론의 장을 형성하고 다수의 견해를 수렴하는 봉사자, 즉 중재 및 타협을 관리하는 기능을 담당한다.

오답해설 ①, ④, ⑤ NPM에 대한 내용이다.
③ 신공공서비스론에서 공익은 궁극적인 목적에 해당한다.

Answer 36. ⑤　37. ④　38. ②

39

상
신공공서비스론(NPS)
2021년 제9회

신공공서비스론에 관한 설명으로 옳은 것은?

① 행정의 민주성 보다는 시장논리에 따라 생산성이나 효율성을 강조한다.

② 관료는 사회문제를 해결하는 과정에서 협상과 중재 기능을 담당한다.

③ 공익을 행정활동으로 생성되는 부산물로 간주한다.

④ 기업가적 목표달성을 위한 광범위한 행정재량을 인정한다.

⑤ 상명하복하는 관료적 조직구조와 고객에 대한 규제와 통제를 선호한다.

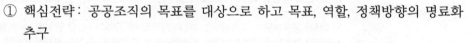

풀이 TIP 신공공서비스론에서 공무원은 담론의 장을 만들고 국민의 참여를 유도한다.

정답해설 ② 신공공서비스론에서 공익은 담론의 결과이다. 즉, 공익은 시민이 정하므로 관료는 사회문제를 해결하는 과정에서 협상과 중재 기능을 담당한다.

오답해설 ①, ④ NPM에 대한 내용이다.
③ 신공공서비스론은 공익을 행정의 궁극적 목적으로 간주한다.

40

중
신공공관리론
2019년 제7회

오스본(D. Osborne)과 플래스트릭(P. Plastrik)의 '기업가 정부'를 만들기 위한 다섯 가지 전략에 관한 설명으로 옳지 않은 것은?

① 핵심전략 : 공공조직의 목표를 대상으로 하고 목표, 역할, 정책방향의 명료화 추구

② 성과전략 : 업무유인의 개선을 위해 경쟁을 도입하고 성과관리 추진

③ 고객전략 : 정부조직의 책임을 대상으로 고객에 대한 정부의 책임확보 및 고객에 의한 선택의 확대 추구

④ 통제전략 : 권력을 대상으로 하고 집권화를 추구

⑤ 문화전략 : 조직문화를 대상으로 구성원의 가치, 규범, 태도 그리고 기대를 바꾸려는 것

풀이 TIP 5C전략과 신공공관리론은 같은 내용이다.

정답해설 ④ 오스본과 플라스트릭의 5C전략은 신공공관리론의 내용과 일치함 ⇨ 5C전략 중 통제전략은 집권화가 아닌 분권화를 의미한다.

오답해설 ①, ②, ③, ⑤

✦ Osborne과 Plastrick의 5C 전략 : 신공공관리론을 대변하는 정부혁신전략

틀잡기	신공공관리 = 5C 전략	
등장배경	① Osborne(오스본)과 Plastrick(플라스트릭)은 '관료제의 추방'(1997)에서 미국행정에서 기업형 정부구현을 위한 5C 전략 제시 ② 5C 전략 = 신공공관리	
내용	핵심전략(core strategy) : 구체적인 목표설정	핵심전략을 달성하기 위해서는 목표의 명확화, 역할의 명확화, 방향의 명확화가 필요
	결과(성과)전략(consequence strategy) : 성과관리 강조	결과전략을 위해 기업식 관리, 경쟁관리, 성과관리 등
	고객전략(customer strategy) : 고객주의 강조	고객선택 접근법, 고객품질보증 등
	통제전략(controls strategy) : 분권화 강조	실무조직 및 실무자에 대한 권한부여, 지역사회에 대한 권한부여 등 ⇨ 분권화
	문화전략(culture strategy) : 기업가 정신 강조	조직문화를 바꾸기 위해서는 조직구성원 사고의 틀을 먼저 바꾸어야 함 ⇨ 기업가 정신을 중시하는 문화

41 신공공관리(New Public Management)에 관한 설명으로 옳지 않은 것은?

신공공관리론
2020년 제8회

① 정부는 시민을 위해 정부서비스의 품질을 향상시켜야 한다.
② 자원배분의 투명성을 높이고 거래비용을 최소화해야 한다.
③ 정부의 기능을 민간화하고 지출을 팽창시켜야 한다.
④ 공공관리와 시민에 대한 공공서비스 공급의 효율화를 위해 시장기제를 도입해야 한다.
⑤ 정부서비스 공급의 관리는 산출·성과지향적이어야 한다.

풀이TIP 신공공관리는 작은 정부를 지향한다.

정답해설 ③ 신공공관리는 작고 능률적인 정부를 지향한다. 따라서 정부의 일부 기능을 민간화하고 지출을 감소시킨다.

오답해설 ① 신공공관리에서 정부는 고객만족을 위해 정부서비스의 품질을 향상시켜야 한다.
② 신공공관리하에서 정부는 자원배분의 투명성을 높이고 거래비용을 최소화하여 능률성을 추구해야 한다.
④ 신공공관리론은 기업의 운영방식(시장기제)을 정부에 도입하여 작고 능률적인 정부를 지향한다.
⑤ 정부서비스 공급의 관리는 규칙 중심이 아니라 산출·성과지향적이어야 한다.

Answer 39. ② 40. ④ 41. ③

42

중
신공공관리,
뉴거버넌스
2014년 제2회

신공공관리론과 뉴거버넌스론의 특징이 옳게 연결된 것을 모두 고른 것은?

	구분	신공공관리론	뉴거버넌스론
㉠	인식론적 기초	신자유주의	공동체주의
㉡	관리가치	신뢰	결과
㉢	작동원리	경쟁	협력
㉣	관료역할	조정자	공공기업가
㉤	서비스	민영화, 민간위탁	시민 및 기업의 참여를 통한 공동공급

① ㉠, ㉡, ㉢ ② ㉠, ㉡, ㉣ ③ ㉠, ㉢, ㉤

④ ㉡, ㉣, ㉤ ⑤ ㉢, ㉣, ㉤

풀이 TIP 시장주의(차가움)인가 아니면 공동체주의(따뜻함)인가?

오답해설 ㉡, ㉣이 반대로 기술되었다.

✦ **신공공관리와 뉴거버넌스의 비교**

구분	신공공관리	뉴거버넌스
작동원리	갈등과 경쟁(시장메커니즘)	신뢰와 협력체제(참여메커니즘)
관리방식	고객지향	임무중심
분석수준	조직 내	조직 간
이데올로기	우파	탈이념성
혁신초점	정부재창조(미국)	시민재창조(영국)
참여형태	자원봉사주의	시민주의(civicism)
정치성	탈정치화	재정치화

43

상
행정학의
접근방법 종합
2016년 제4회

행정학의 주요이론과 접근방법에 관한 설명으로 옳은 것은?

① 생태론적 접근방법은 행정의 가치지향성과 기술성을 중시하며, 시장원리에 입각한 공공관리에 초점을 둔다.

② 행태론적 접근방법은 행정현상을 자연·사회·문화적 환경과 관련시켜 설명한다.

③ 신행정론은 고객 중심의 행정, 사회적 형평성 등을 강조한다.

④ 체제론적 접근방법은 행정과 환경의 상호작용을 중시하고, 선진국보다 개발도상국의 행정현상을 설명하는 데 유용하다.

⑤ 신공공관리론은 상호 신뢰에 기반한 조정과 협조를 강조하지만, 뉴거버넌스론(New Governance)은 상호 경쟁의 원리를 중시한다.

풀이TIP 민주성과 사회적 정의를 갈망하던 시기는?

정답해설 ③ 1968년 미노브룩회의에서 출발한 신행정론은 국민인 고객의 참여를 통해 당시의 사회문제를 해결하기 위한 처방을 강조하였다. 특히 빈부격차나 인종차별의 시정을 촉구하면서 사회적 형평성을 지향하였다.

오답해설 ① 생태론은 사실 중심의 객관주의이론이므로 과학성을 지향한다. 시장원리에 입각한 공공관리는 신공공관리론의 특징이다.
② 행정현상을 자연·사회·문화적 환경과 관련시켜서 설명하는 것은 생태론의 특징이다.
④ 체제이론은 균형과 안정을 중시하기 때문에 개발도상국의 역동적인 사회현상을 설명하는 데는 적합하지 않다는 비판을 받는다.
⑤ 반대로 서술하고 있다.

44

하
행정학의
접근방법 종합
2018년 제6회

행정개혁(행정혁신)의 관점에 관한 설명으로 옳은 것은?

① 신공공관리론은 사회적 자본에 기초한 시민의 집단적 역량과 참여를 강조한다.
② 뉴거버넌스 참여주체인 시민사회는 상호의존적 종속관계에 기초한 자율적 교환을 특징으로 한다.
③ 신공공서비스론은 고객으로서의 주민보다는 공론의 장에 참여하는 시민으로서의 주민을 강조한다.
④ 신공공관리론은 현대사회의 난제(wicked problems) 해결을 위해 행정부서들 또는 기관들 사이의 협력을 강조한다.
⑤ 뉴거버넌스 이론은 정부실패가 아닌 시장실패를 바로잡기 위한 처방으로 간주된다.

풀이TIP 신공공서비스론은 국민을 고객이 아닌 주권자로 인식한다.

정답해설 ③ 신공공서비스론은 정부 혹은 관료가 공론의 장을 형성하여 주권자인 국민의 참여를 유도하는 봉사를 강조하는 이론이다.

오답해설 ① 거버넌스에 해당하는 지문이다.
② 뉴거버넌스 참여 주체인 시민사회는 상호의존적이기는 하지만 종속관계가 아니라 수평적 관계에 기초하여 자율적 교환을 특징으로 한다.
④ 거버넌스론은 정부의 실패, 즉 현대사회의 난제(Wicked Problems) 해결을 위해 행정부서 또는 기관들 사이의 협력을 강조한다.
⑤ 뉴거버넌스 이론은 전통적 행정과 신공공관리를 비판한다는 점에서 정부실패를 바로잡기 위한 처방이다.

Answer 42. ③ 43. ③ 44. ③

45

행정학의 주요 접근방법과 그 내용을 연결한 것으로 옳지 않은 것은?

① 뉴거버넌스론 - 로즈(R. A. W. Rhodes) - 민관협력 네트워크
② 생태론 - 리그스(F. W. Riggs) - 행정체제의 개방성
③ 공공선택론 - 오스트롬(V. Ostrom) - 정치경제학적 연구
④ 후기행태주의 - 이스턴(D. Easton) - 가치중립적·과학적 연구 강조
⑤ 신공공관리론 - 오스본(D. Osborne)과 게블러(T. Gaebler) - 기업가적 정부

> **풀이 TIP** 반행태주의·후기행태주의는 따뜻함이다(먼저 색깔 구분하기)!

정답해설 ④ 후기행태주의는 행태주의의 반대 경향을 주장하는 입장으로서, 후기행태주의자인 이스턴(D. Easton)은 그 경향성으로 가치지향적·실천적 연구를 강조하였다. 한편 가치중립적·과학적 연구는 행태주의의 특징이다.

오답해설 ① 뉴거버넌스론은 전통적인 행정국가에 의한 정부실패와 신공공관리(NPM)에 의한 시장실패 가능성을 모두 극복하기 위한 새로운 대안으로 등장한 모형이다. 이는 복잡하고 불확실한 사회문제를 해결하기 위해 관료제 단독으로 대응하거나 시장에 방임하는 것보다는 다양한 주체가 공동으로 협력하여 대응하는 것이 더 효율적일 것이라는 가정에서 출발하였다.

② 생태론은 행정을 하나의 유기체로 파악하고 환경적 요인이 행정에 미치는 영향과 행정이 환경에 대응해 나가는 기능을 중심으로 행정을 연구하는 방법론이다. 생태론은 가우스(J. M. Gaus)의 「행정에 관한 반성(1947)」에서 시작되었고, 리그스(F. W. Riggs)의 「행정의 생태학(1961)」에서 비교행정을 위한 하나의 모형으로 완성되었다.

③ 공공선택론은 1963년 11월 뷰캐넌(J. M. Buchanan)과 털럭(G. Tullock)이 주최한 '정치경제학에 관한 회의'에서, 집단적·정치적·사회적인 정책결정 행위에 경제학적 논의를 적용시켜야 한다는 주장으로 출발하였으며, 1973년 오스트롬(V. Ostrom)의 「미국정부의 지적 위기」를 통해 행정학에 도입되었다.

⑤ 신공공관리론은 시장과 경쟁원칙 등 민간 영역에 적용되는 관리기법을 공공행정 부문에 도입하고자 하는 운동으로, 정부 부문의 성과와 실적을 중시하고 관리자의 개인적 책임을 강조하고자 하는 방법론이다. 기존 행정은 1970년대 후반부터 대두하기 시작한 반정부·반관료주의·반조세로 특징되는 신관리주의·후기관료적 패러다임·기업가적 패러다임의 도전에 직면하게 되는데, 경제협력개발기구(OECD)에서는 이 같은 조류를 신공공관리라고 부른다.

46

중
포스트모더니즘
2017년 제5회

행정학의 접근방법 중 포스트모더니즘의 특성이 아닌 것은?

① 상상(imagination)

② 탈영역화(deterritorialization)

③ 은유(metaphor)

④ 과학주의(scientism)

⑤ 해체(deconstruction)

> **풀이 TIP** 이성, 과학, 역사진보는 차가움(모더니즘의 특징)이다!

정답해설 ④ 과학주의는 모더니즘의 특징이다. 모더니즘은 과학을 특권적인 지위를 가진 이성의 형태 또는 진리의 매개체라고 인식한다. 이는 인간의 이성을 근거로 하는 '합리적인 사고'를 조장하였고, 합리적 사고는 사물을 객관적으로 볼 수 있게 함으로써 '과학적 지식'을 발전시켰다.

오답해설 ① 상상이란 이미지를 다루는 능력을 키우는 것을 말한다. 부정적으로는 규칙에 얽매이지 않는 행정의 운영, 긍정적으로는 문제의 특수성을 인정한다는 의미이다.

② 탈영역화란 과학도 하나의 담론에 불과하다고 보며 지식의 성격과 조직의 고유영역(장벽)을 해체하는 현상(= 지식의 경계 타파)을 말한다.

③ 은유란 일반적으로 유사성을 근거로 하나의 사물을 다른 사물에 비교하여 의미를 더하는 수사학적 기법을 가리키는데, 이는 언어의 절대성과 보편성을 중시하는 모더니즘에 대한 반발로 등장한 포스트모더니즘의 직관적·비유적 표현 방식을 가리키기도 한다.

⑤ 해체란 텍스트(언어, 몸짓, 이야기, 설화, 이론)의 근거를 파헤쳐 보는 것(일종의 해독)으로, 맞는 해석을 제공하는 것도 아니고 틀린 해석을 제공하는 것도 아닌 특별한 해독을 의미한다.

✦ **모더니즘과 포스트모더니즘의 비교**

구분	모더니즘	포스트모더니즘
기본 가정	인간의 이성과 과학의 힘, 합리성을 중시하며, 사유의 주체로서의 인간의 자율성과 사유의 도구로서의 언어의 동일성에 대한 믿음을 토대로 하여, 인류 역사의 진보와 낙관적 미래를 가정한다.	이성에 기초한 일반원리를 부정한다. 과학이 아닌 직관과 상상, 은유가 인간발전의 동력이다.
진리에 대한 인식	진리는 맥락과 상황으로부터 자유로운 방법으로 탐구한다.	진리는 맥락 의존적(context-dependent) 방법으로 탐구하여야 한다.
특징	이성, 경험적 지식, 보편주의, 과학, 영역분리, 통합, 즉자성, 집중화, 구심성, 전체성, 획일화, 메타설화, 공통분모, 질서	상상, 직관적 지식, 상대주의, 탈과학, 영역해체, 해체(분열), 타자성, 분산화, 원심성, 파편성, 다원화, 개별적 문장, 비공통분모, 무질서

3과목 · 행정학개론

47

행정이론에 관한 설명으로 옳지 않은 것은?

① 신행정론은 관료들이 정책결정을 해야만 한다는 적극적 정치행정일원론을 주장한다.

② 공공선택이론은 집권적 관료제가 공공서비스를 제공하는데 있어서 유일한 최선의 방안은 아니라고 한다.

③ 포스트모더니즘 행정이론은 사회적 맥락에 대한 고려 없이 보편적 이론을 발견하고자 하는 실증주의를 배격한다.

④ 신공공관리론은 고객의 개인적 이익이 아닌 시민 전체로서의 공익에 대한 책임성과 대응성을 강조한다.

⑤ 신제도주의 이론은 제도가 개인행위를 제약하지만, 개인 간 상호작용의 결과로 제도가 변화될 수도 있다고 본다.

> **풀이TIP** 신공공관리론은 고객주의를 지향한다.

정답해설 ④ 신공공관리론은 시민이 아닌 고객의 만족을 위한 대응성을 강조한다.

오답해설 ① 신행정론은 사회문제 해결을 위해 관료들이 정책결정을 해야만 한다는 적극적 정치행정일원론을 주장한다.
② 공공선택이론은 집권적 관료제가 사익추구를 촉진하는바 공공서비스를 제공하는 데 있어서 유일한 최선의 방안은 아니라고 한다.
③ 포스트모더니즘 행정이론은 다양성을 강조하는 까닭에 사회적 맥락에 대한 고려 없이 보편적 이론을 발견하고자 하는 실증주의를 배격한다.
⑤ 신제도주의 이론에서 제도는 독립변수이면서, 종속변수이다.

48

주인–대리인이론(Principal–Agent Theory)에 관한 설명으로 옳은 것을 모두 고른 것은?

ㄱ 주인과 대리인 간 정보의 대칭성을 가정한다.
ㄴ 주인과 대리인의 관계에 관한 경제학적 모형에 근거한 이론이다.
ㄷ 대리인의 도덕적 해이(moral hazard) 현상을 설명하는 데 유용하다.
ㄹ 주인과 대리인의 상충적 이해관계로 대리손실(agency loss)이 발생한다.

① ㄱ, ㄴ   ② ㄷ, ㄹ   ③ ㄱ, ㄴ, ㄷ
④ ㄱ, ㄷ, ㄹ   ⑤ ㄴ, ㄷ, ㄹ

풀이TIP 국민과 국회의원, 국회와 행정부, 의사와 환자 등의 관계를 생각해 보자.

정답해설 ⓒ, ⓒ, ⓔ 주인대리인론은 주인과 대리인 간의 정보밀집성으로 인해 역선택(전문성이 부족한 대리인 선택), 도덕적 해이(대리인의 태만) 등의 대리손실(업무를 대리인에게 위탁함으로써 주인에게 발생하는 손해)이 발생한다는 점에 주목하고 있다. 이는 경제학에 기초한 공공선택론의 영향을 받은 이론이다.

오답해설 ⓙ 주인대리인 이론은 주인과 대리인 간의 정보의 비대칭성으로 인한 대리손실 문제에 주목하는 이론이다.

49 성과평가(성과관리)에 관한 설명으로 옳지 않은 것은?

성과관리
2018년 제6회

① 전략목표는 성과목표의 상위목표로 기능한다.
② 효과성은 산출(Output)보다는 결과(Outcome)에 초점을 둔다.
③ 성과평가 논리모형에서 영향(Impact)은 프로그램이 의도한 재화와 서비스의 생산량을 의미한다.
④ 교육프로그램의 경우 산출의 질적 성과를 측정하기 위해 만족도와 같은 성과지표를 활용한다.
⑤ 미션과 비전은 구체적이고 경험적인 검증보다는 추상적이고 규범적인 평가차원에서 다루어진다.

풀이TIP 공공서비스 성과평가 지표에 대한 문제이다. 영향지표는 가장 추상적인 지표를 뜻한다.

정답해설 ③ 성과평가 논리모형에서 프로그램이 의도한 재화와 서비스의 생산량을 의미하는 것은 산출(Output)이다. 영향(Impact)은 그 산출이 가져오는 결과 이후에 발생하는 장기적 효과이다.

오답해설 ①, ⑤ 미션과 비전은 미래에 도달하고자 하는 조직의 바람직한 상태(추상적이고 규범적인 목표)이다. 이는 전략목표라고도 하며, 조직은 이를 달성하기 위해 구체적인 성과목표를 지정하게 된다.
② 효과성은 목표의 달성도를 의미하므로 산출(Output)보다는 결과(Outcome)에 초점을 둔다.
④ 교육프로그램(교육정책)의 경우 산출의 질적 성과를 측정하기 위해 만족도(결과)와 같은 성과지표를 활용한다.

50

전자정부에 관한 설명으로 옳지 않은 것은?

① 전자정부의 기반 기술 패러다임은 유비쿼터스 컴퓨팅과 네트워크 기술에서 모바일 기술로, 다시 모바일 기술에서 인터넷 발전으로 진화하고 있다.

② 국민을 위해 언제 어디서나 한번에 서비스가 제공되고 24시간 처리가 가능한 원 스톱(one stop) 전자민원서비스를 제공한다.

③ 전자정부는 정부 내 공문서나 자료가 전자적으로 처리되어 종이 없는 행정을 구현한다.

④ 행정정보가 풍부한 정보네트워크를 통해 국민과의 소통이 원활하게 되어 국민과 하나가 되는 정부를 구현하는 데 기여한다.

⑤ 전자정부는 정보공개를 촉진하며, 인터넷, 키오스크 등 다양한 매체를 활용하여 정부가 보유한 정보에 쉽게 접근할 수 있도록 하여 국민의 알 권리를 충족시키는 데 기여한다.

> **풀이TIP** 웹 진화과정을 생각하자!

정답해설 ① 전자정부의 기반 기술 패러다임은 인터넷에서 모바일 기술로, 다시 모바일 기술에서 유비쿼터스 컴퓨팅과 네트워크 기술로 진화하고 있다.

오답해설 ⑤ 키오스크(KIOSK)는 전자민원문서 자동발급기이다.

51

「전자정부법」에 규정된 전자정부의 원칙으로 행정기관 등이 전자정부의 구현·운영 및 발전을 추진할 때 우선적으로 고려해야 할 사항으로 옳은 것은 모두 몇 개인가?

- 대민서비스의 전자화 및 국민편익의 증진
- 행정업무의 혁신 및 생산성·효율성의 향상
- 정보시스템의 안전성·신뢰성의 확보
- 개인정보 및 사생활의 보호
- 행정정보의 공개 및 공동이용의 확대

① 1개   ② 2개   ③ 3개
④ 4개   ⑤ 5개

풀이TIP 전자정부는 대내적 '효율성'과 대외적 '민주성' 실현을 지향한다!

정답해설 ⑤ 5개 모두 전자정부 운영원칙에 해당한다.

> ✦ **「전자정부법」 제4조(전자정부의 원칙)** ① 행정기관 등은 전자정부의 구현·운영 및 발전을 추진
> 할 때 다음 각 호의 사항을 우선적으로 고려하고 이에 필요한 대책을 마련하여야 한다.
>   1. 대민서비스의 전자화 및 국민편익의 증진
>   2. 행정업무의 혁신 및 생산성·효율성의 향상
>   3. 정보시스템의 안전성·신뢰성의 확보
>   4. 개인정보 및 사생활의 보호
>   5. 행정정보의 공개 및 공동이용의 확대
>   6. 중복투자의 방지 및 상호운용성 증진
> ② 행정기관 등은 전자정부의 구현·운영 및 발전을 추진할 때 정보기술아키텍처를 기반으로 하
> 여야 한다.
> ③ 행정기관 등은 상호간에 행정정보의 공동이용을 통하여 전자적으로 확인할 수 있는 사항을 민
> 원인에게 제출하도록 요구하여서는 아니 된다.
> ④ 행정기관 등이 보유·관리하는 개인정보는 법령에서 정하는 경우를 제외하고는 당사자의 의사
> 에 반하여 사용되어서는 아니 된다.

52

전자정부의 특징
2017년 제5회

전자정부에 관한 설명으로 옳은 것을 모두 고른 것은?

> ㉠ 전자정부는 정보통신기술을 활용하여 효율적인 행정, 질 높은 대민서비스, 투명
> 하고 민주적인 정부를 구현하는 실천적인 수단이다.
> ㉡ 우리나라 전자정부시스템에는 '정부민원포털(민원24)', '국가종합전자조달시스템
> (나라장터)', '전자통관시스템(UNI-PASS)' 등이 있다.
> ㉢ 스마트워크센터는 출장지 등 원격지에서 업무가 가능하도록 정보통신기술 기반
> 의 원격업무시스템을 갖춘 사무공간을 말한다.
> ㉣ 행정기관 등의 장은 원격지 간 업무수행을 할 때에는 온라인 영상회의를 우선적
> 으로 활용하도록 노력하여야 한다.

① ㉠, ㉡   ② ㉢, ㉣   ③ ㉠, ㉡, ㉢
④ ㉡, ㉢, ㉣   ⑤ ㉠, ㉡, ㉢, ㉣

정답해설 ㉠, ㉡, ㉢, ㉣ 모두 옳은 지문이다.
㉠ "전자정부"란 정보기술을 활용하여 행정기관 및 공공기관(이하 "행정기관 등"이라 한다)의 업무를 전
자화하여 행정기관 등의 상호 간의 행정업무 및 국민에 대한 행정업무를 효율적으로 수행하는 정부를
말한다(「전자정부법」 제2조 제1호).
㉣ 행정기관 등의 장은 행정업무를 수행할 때 정보통신망을 이용한 온라인 영상회의 방식을 활용할 수
있다. 이 경우 행정기관 등의 장은 원격지(遠隔地) 간 업무수행을 할 때에는 온라인 영상회의를 우선적으
로 활용하도록 노력하여야 한다(「전자정부법」 제32조 제1항).

Answer 50. ① 51. ⑤ 52. ⑤

53

전자정부의 특징
2018년 제6회

전자정부의 주요 특징에 관한 설명으로 옳지 않은 것은?

① 시민이나 민간조직 등과의 네트워크를 통해 폭넓은 거버넌스를 구축한다.
② 수요자 중심보다는 공급자 중심의 행정서비스를 강조하는 열린 정부이다.
③ 정부의 정책과정에 대한 국민의 참여와 보편적 접근을 제고한다.
④ 행정업무 절차의 전산화가 항상 행정의 생산성을 보장해주는 것은 아니다.
⑤ 시민 개개인의 프라이버시를 존중하고 보호하기 위해 노력한다.

풀이 TIP 전자정부는 국민을 위한 시스템이다.

정답해설 ② 전자정부는 공급자 중심보다는 수요자 중심의 행정서비스를 강조하는 열린 정부이다.

오답해설 ①, ③ 전자정부는 전자거버넌스와 같은 시민이나 민간조직 등과의 네트워크를 통해 폭넓은 협력체계를 구축한다. 이러한 인터넷 네트워크는 정부의 정책과정에 대한 국민의 참여와 보편적 접근을 제고한다.
④ 일반적으로 행정업무 절차의 전산화가 행정의 생산성 및 능률성을 제고하지만, 항상 그런 것은 아니다.
➪ 예를 들어, 연로한 고객의 경우 전산화된 시스템을 활용하는 데 어려움을 겪을 수 있다.
⑤ 전자정부는 개인의 프라이버시 및 인권침해의 소지가 크기 때문에 시민 개개인의 프라이버시를 존중하고 보호하기 위해 노력한다.

54

전자정부의 특징
2019년 제7회

우리나라 전자정부에 관한 설명으로 옳지 않은 것은?

① 수요자 중심보다는 공급자 중심의 행정서비스를 강조한다.
② 정부의 정책과정과 업무절차에 대한 투명성과 접근성을 높인다.
③ 국민과의 소통과 협력을 확대하고, 24시간 행정서비스를 제공한다.
④ 스마트워크센터를 통해 시·공간 제약없이 유연한 근무를 가능하게 한다.
⑤ 인터넷이나 DB기술 활용을 통해 부서 간 효율적인 정보교류가 가능하다.

풀이 TIP 전자정부는 국민 편의를 우선시한다.

정답해설 ① 우리나라는 공급자(정부) 중심보다는 수요자(국민) 중심의 행정서비스를 강조한다.

오답해설 ②, ③ 전자정부는 정부의 정책 과정과 업무 절차에 대한 투명성과 접근성을 제고하여 국민과의 소통과 협력을 확대하고, 24시간 행정서비스를 제공한다.
④ 정보통신기술을 활용한 스마트워크센터를 통해 시·공간 제약 없이 유연한 근무가 가능하다.
⑤ 전자정부는 인터넷이나 DB기술 활용을 통해 부서 간 효율적인 정보 교류를 촉진하며, 이는 정부의 생산성 제고로 이어질 수 있다.

55

중
정부 3.0
2016년 제4회

정부 3.0에 관한 설명으로 옳지 않은 것은?

① 2010년 이명박 정부에서 처음 실시되었다.
② 정부와 국민 간의 양방향 소통을 중시하며, 국민에게 맞춤형 서비스 제공을 목적으로 한다.
③ 인터넷, 스마트기기, 빅데이터 등 정보통신기술을 적극 활용한다.
④ 투명한 정부, 유능한 정부, 서비스 정부를 목표로 한다.
⑤ 개방, 공유, 소통, 협력을 핵심가치로 한다.

> **풀이 TIP** 정부 3.0은 박근혜 정부다!

정답해설 ① 정부 3.0은 박근혜 정부의 전자정부운영 비전이다. 정부 3.0이란 정부가 보유한 공공정보를 적극적으로 개방하여 국민과 공유하고, 정부 부처 간 소통을 가로막던 칸막이를 걷어내어 서로 협력함으로써 국민맞춤형 서비스를 제공하고, 일자리 창출과 창조경제를 지원하는 새로운 정부운영 패러다임을 말한다.

✦ 박근혜 정부의 정부 3.0 체계도

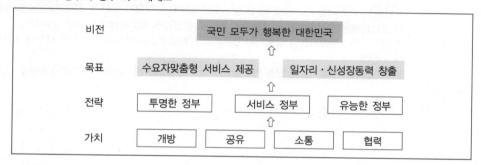

✦ 정부 3.0의 8대 핵심 과제

소통하는 투명한 정부	• 정보공개제도 전면 재정비 • 공공데이터의 민간 활용 기반 혁신
일 잘하는 유능한 정부	• 클라우드 기반의 지능형 정부 구현 • 협업과 소통을 통한 정부정책 역량 제고 • 빅데이터를 활용한 과학행정 구현
국민 중심의 서비스 정부	• 찾아가는 서비스 및 사각지대 해소 • 개인 맞춤형 통합 서비스 제공 • 민간참여로 서비스 전달체계 혁신

Answer 53. ② 54. ① 55. ①

3과목 ✦ 행정학개론

56

중
전자정부
2020년 제8회

전자정부와 행정의 변화에 관한 설명으로 옳은 것은?

① 정보행정은 정보기술을 활용하여 수요자중심으로 행정서비스를 개선한다.

② 전자정부는 단순히 정보기술에 의하여 정부의 업무처리 방식만을 변화시킨다.

③ 정보정책은 행정업무를 전자화하는 것으로 행정업무처리 재설계와는 관계가 없다.

④ 전자정부는 정보기술을 활용하여 업무처리 전반을 혁신시켜야 하기 때문에 실무보다는 이론이 강조되는 분야이다.

⑤ 전자정부는 행정부문에 정보기술의 도입 및 활용에 초점을 두기보다 정보기술 그 자체를 연구의 대상으로 한다.

풀이 TIP 전자정부에서 행하는 정보행정은 국민을 위한 시스템이다.

정답해설 ① 지식정보 사회에서 전자정부를 활용한 행정은 공급자가 아닌 수요자 중심으로 행정서비스를 개선해야 한다.

오답해설 ② 전자정부는 정보기술을 활용하여 정부의 업무처리 방식 및 전자거버넌스를 실현해야 한다.

③ 정보정책은 행정업무를 전자화하는 것으로 행정업무처리 재설계를 위한 수단이다.

④ 전자정부는 정보기술을 활용하여 업무처리 전반을 혁신시켜야 하기 때문에 실무와 이론 모두를 고려해야 한다.

⑤ 전자정부는 정보기술에 대한 연구를 바탕으로 행정부에 정보기술을 도입하고 활용할 수 있어야 한다.

57

전자정부법
2021년 제9회

전자정부법상 (㉠)과 (㉡)에 들어갈 용어로 옳은 것은?

> • (㉠)(이)란 행정기관 등이 보유하고 있는 행정정보, 전자적 수단에 의하여 행정정보의 수집·가공·검색을 하기 쉽게 구축한 정보시스템, 정보시스템의 구축에 적용되는 정보기술, 정보화예산 및 정보화인력 등을 말한다.
> • (㉡)(이)란 전기통신기본법 제2조 제2호에 따른 전기통신설비를 활용하거나 전기통신설비와 컴퓨터 및 컴퓨터 이용기술을 활용하여 정보를 수집·가공·저장·검색·송신 또는 수신하는 정보통신체제를 말한다.
> ※ 전기통신기본법 제2조 제2호에 따른 전기통신설비라 함은 전기통신을 하기 위한 기계·기구·선로 기타 전기통신에 필요한 설비를 말한다.

① ㉠: 정보자원　　　　　　　㉡: 정보통신망
② ㉠: 정보자원　　　　　　　㉡: 정보기술아키텍처
③ ㉠: 정보시스템감리　　　　㉡: 정보통신망
④ ㉠: 정보시스템감리　　　　㉡: 정보기술아키텍처
⑤ ㉠: 정보기술아키텍처　　　㉡: 정보통신망

풀이 TIP 해당 문제는 외우지 말고 경험만 해 두자.

정답해설 ① 아래의 조항 참고

> ✦ **전자정부법 제2조(정의)** 이 법에서 사용하는 용어의 뜻은 다음과 같다.
> 　10. "정보통신망"이란 「전기통신기본법」 제2조 제2호에 따른 전기통신설비를 활용하거나 전기통신설비와 컴퓨터 및 컴퓨터 이용기술을 활용하여 정보를 수집·가공·저장·검색·송신 또는 수신하는 정보통신체제를 말한다.
> 　11. "정보자원"이란 행정기관등이 보유하고 있는 행정정보, 전자적 수단에 의하여 행정정보의 수집·가공·검색을 하기 쉽게 구축한 정보시스템, 정보시스템의 구축에 적용되는 정보기술, 정보화예산 및 정보화인력 등을 말한다.
> 　12. "정보기술아키텍처"란 일정한 기준과 절차에 따라 업무, 응용, 데이터, 기술, 보안 등 조직 전체의 구성요소들을 통합적으로 분석한 뒤 이들 간의 관계를 구조적으로 정리한 체제 및 이를 바탕으로 정보화 등을 통하여 구성요소들을 최적화하기 위한 방법을 말한다.
> 　14. "정보시스템 감리"란 감리발주자 및 피감리인의 이해관계로부터 독립된 자가 정보시스템의 효율성을 향상시키고 안전성을 확보하기 위하여 제3자의 관점에서 정보시스템의 구축 및 운영 등에 관한 사항을 종합적으로 점검하고 문제점을 개선하도록 하는 것을 말한다.
> 　(※ 참고: 감리는 감독 및 관리를 뜻함)

58

관료제
2014년 제2회

공공조직에서 막스 베버가 제시한 관료제의 주요 특징에 해당되지 않는 것은?

① 업무의 분업구조 속에서 직무에 대한 권한과 관할범위의 규정
② 조직형태에 있어서 명확한 계서제적 구조
③ 권한 및 업무에 있어서 자의성과 개인적 선호가 배제된 문서화된 법규
④ 비개인성을 배제한 업무수행
⑤ 업무에 있어서 조직구성원의 전문화와 전임화

풀이 TIP 이상적 관료제는 학연, 지연을 배제한다!

정답해설 ④ 베버의 관료제는 관료들이 업무수행을 함에 있어 개인적 감정이나 편견, 열정과 증오를 배제한 비개인화[비인격성, 몰가치성, 비정의성(impersonalism)]를 추구한다. 따라서 비개인성을 배제하는 것이 아니라 비개인성을 준수하여야 한다. 이는 공정한 공공서비스 제공을 위한 수단이다.

59

관료제
2021년 제9회

관료제의 특징으로 옳지 않은 것은?

① 분업구조   ② 계층구조
③ 문서화된 법규   ④ 실적주의
⑤ 정의적(personal) 업무 처리

풀이 TIP 관료제 내에서 공무원은 개인적인 감정에 따라 업무를 처리하지 않는다.

정답해설 ⑤ 관료제는 비정의적(Impersonal)업무 처리를 특징으로 한다.

오답해설 ① 분업구조: 능률적인 업무처리를 위한 분업강조
② 계층구조: 집권적 의사결정구조를 통한 상명하복 강조
③ 문서화된 법규: 조직 내 규칙을 문서화하고, 이를 바탕으로 조직을 규율함
④ 실적주의: 조직 내 충원 및 승진은 조직이 법으로 규정한 전문적인 자격을 참고(실적주의적 성격)함
⇨ 즉, 전문지식과 기술을 가진 관료가 모든 직무를 담당하며, 이들은 시험 또는 자격증 등에 의해 공개적으로 채용된다. 나아가서 조직에서의 승진은 연공서열(이념적 관료제에서 승진을 위한 자격에 해당함)을 통해 이루어진다.

60

막스 베버(M. Weber)가 제시한 관료제에 관한 설명으로 옳지 않은 것은?

하
관료제
2018년 제6회

① 계층제의 원리를 근간으로 한다.
② 업무수행에 필요한 전문성을 강조한다.
③ 합법적 권위로부터 관료제의 정당성을 찾는다.
④ 개인성(personality)을 고려한 업무처리를 강조한다.
⑤ 규칙과 절차의 강조로 형식주의(red tape)와 같은 역기능이 초래된다.

> **풀이 TIP** 관료제를 회사나 정부조직으로 생각해보자.

> **정답해설** ④ 관료제는 업무처리 시 개인적 상황을 고려하지 않는 비개인성(비사인성), 비정의성을 특징으로 한다.

> **오답해설** ①, ②, ③ 관료제는 조직의 목적을 합리적으로 달성하기 위해 계층제를 통한 상명하복, 능력주의, 법에 의한 규율(합법적 권위) 등을 특징으로 한다.
> ⑤ 관료제는 규칙과 절차의 강조로 불필요한 규칙이 많은 형식주의(Red Tape)와 같은 역기능을 초래할 수 있다.

61

베버(M. Weber)가 제시한 관료제의 특징으로 옳지 않은 것은?

하
관료제
2020년 제8회

① 합법적으로 제정한 법규에 근거를 두고 운영된다.
② 권한과 책임이 명백한 계층제 구조로 이루어진다.
③ 관료는 임무수행을 구두가 아니라 문서로 한다.
④ 임무수행에 필요한 전문적 훈련을 받은 사람들이 관료로 채용된다.
⑤ 임무수행은 인격성(personality)과 비합리성이 중시된다.

> **풀이 TIP** 관료제 내에서 공무원은 감정에 따라 업무를 처리하지 않는다.

> **정답해설** ⑤ 관료제 내에서 임무수행은 비정의성(impersonality; 법치행정)과 합리성에 의해 이루어진다.

> **오답해설** ① 관료제는 합법적 권위에 기초해서 조직을 규율하기 때문에 합법적으로 제정한 법규에 근거를 두고 운영된다.
> ② 관료제는 계층마다 권한과 책임을 구분한 계층제 구조로 이루어진다.
> ③ 관료는 임무수행을 구두가 아니라 문서로 하는 문서주의를 특징으로 한다.
> ④ 임무수행에 필요한 전문적 훈련을 받은 사람들이 관료제의 관료로 채용되어 능률적인 행정을 추진한다.

Answer⁺ 58. ④ 59. ⑤ 60. ④ 61. ⑤

62

탈관료제
2013년 제1회

지식정보화 시대에 필요한 학습조직의 특징을 설명한 것으로 옳지 않은 것은?

① 학습조직은 자신과 다른 사람의 경험 및 시행착오를 통한 학습활동을 높게 평가한다.

② 학습조직은 불확실한 환경에서 조직 스스로 문제해결을 할 수 있도록 조직구성원에게 권한 강화와 학습기회를 제공한다.

③ 학습조직은 결정과 기획 등 핵심기능만 남기고 기타 집행사업기능을 각각 전문업체에 위탁경영하여 일을 수행하는 조직이다.

④ 학습조직은 변화를 위한 학습역량 함양을 통해 미래 행동의 기반을 구축한다.

⑤ 학습조직은 관계지향성과 집합적 행동을 장려한다.

> **풀이 TIP** 위탁, 아웃소싱(outsourcing)과 관련된 조직은?

정답해설 ③ 네트워크조직에 대한 설명이다.

오답해설 ⑤ 학습은 다양한 경험의 축적에서 나오기 때문이다. 그러므로 학습조직은 특히 비공식적 대면 접촉과 집합적 행동을 장려한다.

63

하

탈관료제
2022년 제10회

기계적 조직과 학습조직의 특성에 관한 내용으로 옳지 않은 것은?

① 기계적 조직은 위계적·경직적 조직문화를 갖는데 비해 학습조직은 적응적 조직문화를 갖는다.

② 기계적 조직은 조직원의 재량과 책임을 중시하나 학습조직은 조직원 과업을 상세히 규정한 표준화·분업화에 의해 수행한다.

③ 기계적 조직은 경쟁을 중시하나 학습조직은 협력을 중시한다.

④ 기계적 조직은 수직적 구조이나 학습조직은 수평적 구조를 지향한다.

⑤ 기계적 조직은 정보가 최고관리층에 집중되는 반면에 학습조직은 조직원들에게 공유된다.

> **풀이 TIP** 탈관료제의 낮은 수준의 복잡성, 공식화, 집권화를 특징으로 한다.

정답해설 ② 지문의 내용이 바뀌었다. 학습조직은 유기적 구조이므로 조직원의 재량과 책임을 중시하나 기계적 조직은 조직원 과업을 상세히 규정한 표준화·분업화에 의해 수행한다.

오답해설 ①, ③, ④ 기계적 조직과 유기적 구조의 특징을 생각하면서 풀면 되는 지문이다.

✦ **기계적 구조와 유기적 구조**

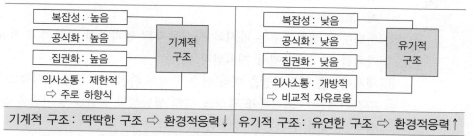

⑤ 기계적 조직은 집권적이므로 정보가 최고관리층에 집중되는 반면에 학습조직은 공동체 문화를 중시하는바 조직원들에게 공유된다.

64

상
조직의 유형 종합
2021년 제9회

행정조직에 관한 설명으로 옳은 것은?

① 위원회 조직은 결정권한의 최종 책임이 기관장 한 사람에게 집중되어 있는 조직이다.

② 방송통신위원회, 공정거래위원회와 같은 행정위원회는 결정권한을 갖고 있으며 집행까지 책임을 진다.

③ 책임운영기관은 중앙통제 중심의 관료제적 성격을 갖는 조직으로 실제 일을 맡아 집행하는 사람들에게 재량권을 부여하지 않는다.

④ 책임운영기관은 수익성보다는 정부기능이 갖고 있는 공익성만을 강조하며, 효율성보다는 사회적 형평성을 관리의 주요 가치로 삼는다.

⑤ 애드호크라시는 현대의 복잡하고 불확실한 환경에서 발생하는 문제에 신속하게 대응하지 못한다.

풀이 TIP 행정위원회는 일반적으로 법률로 설치된 위원회 조직이다.

정답해설 ② 방송통신위원회, 공정거래위원회, 금융위원회와 같은 행정위원회는 결정권한을 갖고 있으며 집행까지 책임을 진다.

오답해설 ① 위원회 조직은 분권적인 조직이므로 결정권한의 최종 책임이 기관장 한 사람에게 집중되어 있지 않다.
③ 책임운영기관은 책임운영기관장에게 운영상의 자율성을 부여하되, 성과에 대한 책임을 지우는 조직이다.
④ 책임운영기관은 공공성 및 수익성을 모두 고려한다. 따라서 효율성과 더불어 사회적 형평성도 중시한다.
⑤ 애드호크라시는 유기적인 구조이므로 현대의 복잡하고 불확실한 환경에서 발생하는 문제에 신속하게 대응할 수 있다.

Answer 62. ③ 63. ② 64. ②

65

하
행정이론
2022년 제10회

행정학의 주요 이론에 관한 내용으로 옳지 않은 것은?

① 신제도주의론은 공식적 제도나 구조는 물론 비공식적 제도와 규범도 중요하게 강조한다.
② 행태주의 행정연구는 가치와 사실문제를 엄격하게 구분하고 자유와 평등의 가치를 연구대상에서 제외한다.
③ 체제이론은 행정현상을 여러 변수 중에서 환경을 포함해 거시적으로 접근한다.
④ 인간관계론은 조직목표 달성을 위해 생산성과 능률성에 기반을 둔 금전적 보상과 경제적 인간관을 강조한다.
⑤ 신행정학 이론은 참여와 형평의 가치를 중심으로 현실문제의 처방적 연구를 중시한다.

풀이 TIP 금전적 보상을 중시하는 건 과학적 관리론이다.

정답해설 ④ 과학적 관리론에 대한 내용이다.

오답해설 ① 신제도주의론은 인간의 행동에 영향을 미치는 제도의 범위를 광범위하게 정의한다.
② 행태주의는 연구의 대상을 가치와 사실로 구분한 뒤, 사실의 연구(검증가능한 영역)에 초점을 둔다.
③ 체제이론은 개방체제 관점, 방법론적 총체주의 등을 특징으로 한다.
⑤ 신행정학은 국민 참여, 사회적 형평 등을 중심으로 기술성을 강조한다.

66

중
행정이론
2022년 제10회

신공공서비스 행정이론에 관한 설명으로 옳은 것을 모두 고른 것은?

㉠ 시민을 자율적인 소비자 또는 고객으로 간주한다.
㉡ 민주적 시민의식론과 조직적 인본주의를 이념으로 한다.
㉢ 공공행정의 다양한 가치와 책임성 문제에 관심을 둔다.
㉣ 공공서비스의 공급에 있어 합리적 선택과 방법론적 개인주의를 강조한다.

① ㉠, ㉡   ② ㉠, ㉢   ③ ㉡, ㉢
④ ㉡, ㉣   ⑤ ㉢, ㉣

풀이 TIP 신공공서비스론은 신공공관리론과 구별해서 공부해 두자.

정답해설 ㉡ 신공공서비스론은 민주적 시민이론, 지역공동체와 시민사회모형, 조직인본주의, 담론이론, 비판이론, 실증주의, 해석학, 포스트모더니즘 등에 인식론적 토대를 두고 있다(이론적 토대가 복합적임 ⇨ 단, 공공선택론 제외).
㉢ 신공공서비스론은 능률성 외 다양한 가치를 추구하며, 다면적 책임성을 중시한다.

오답해설 ㉠ 신공공관리론에 대한 내용이다.
㉣ 공공선택론에 대한 내용이다.

67 전자정부와 공공행정의 변화에 관한 설명으로 옳지 않은 것은?

하
전자정부
2022년 제10회

① 전자정부 발전으로 인한 정보화의 역기능은 사회적 질서와 안전을 위협하는 디지털위험으로 진행될 수 있다.

② 일반적으로 정보는 공공재 성격이 강하기 때문에 행정정보의 비대칭성 문제는 해소 내지 완화되어야 하는 것이 바람직하다.

③ 정부의 맞춤형 전자서비스와 빅데이터 산업 고도화 차원에서 개인정보의 행정기관 간 공동 활용은 중요하다.

④ 전자정부 서비스는 이용자들의 거래비용과 기회비용 및 민원업무 감소에 기여한다.

⑤ 전자정부의 발달에 의한 공공데이터 개방은 행정정보의 독점적 소유를 촉진시키고 있다.

풀이 TIP 전자정부는 투명성을 중시한다.

정답해설 ⑤ 공공데이터를 개방하면 행정정보의 독점적 소유를 제한하게 된다.

오답해설 ① 정보화의 역기능, 예를 들어 사이버 범죄 등의 발생은 사회적 질서와 안전을 위협하는 디지털위험으로 진행될 수 있다.
② 정보의 비대칭성이 발생하지 않도록 정보관리는 비배제성의 원리가 적용되어야 한다(정보=공공재).
⇨ 이를 통해 정보공유를 촉진할 수 있다.
③ 우리나라는 행정기관 간 정보 공동활용 시스템을 활용하고 있다.

✦ **「전자정부법」 제37조(행정정보 공동이용센터)** ① 행정안전부장관은 행정정보의 원활한 공동이용을 위하여 행정안전부장관 소속으로 행정정보 공동이용센터(이하 "공동이용센터"라 한다)를 두고 대통령령으로 정하는 바에 따라 공동이용에 필요한 시책을 추진하게 할 수 있다.

④ 전자정부는 다양한 기술을 활용해서 행정의 능률성을 제고할 수 있다.

68

하
시장실패
2022년 제10회

시장실패의 이유에 관한 내용으로 옳은 것을 모두 고른 것은?

> ㉠ 정부의 공공지출에 대한 순편익 극대화 보장의 어려움
> ㉡ 공공서비스 성과평가의 객관적 기준설정의 어려움
> ㉢ 국방 및 치안서비스 활동과 같은 공공재의 독점적 성격
> ㉣ 환경오염으로 인한 외부불경제 효과

① ㉠, ㉡   ② ㉠, ㉣   ③ ㉡, ㉢
④ ㉡, ㉣   ⑤ ㉢, ㉣

풀이 TIP **두문자** 시험공부는 외롭고 독하게!

정답해설 ㉢, ㉣ 공공재, 외부효과 등은 시장실패 원인에 해당한다. ⇨ 아래의 표 참고

✦ **시장실패 원인과 정부의 대응방식**

원인/대응	공적 공급(직접 공급)	공적 유도(보조금)	정부 규제(공적 규제)
공공재 공급	○		
불완전한 정보		○	○
외부경제		○	
외부불경제			○
독점	○		○
과점			○

오답해설 ㉠ 시장실패나 정부실패와 관련성이 없는 지문이다.
㉡ 울프의 비시장실패론에 해당한다.

✦ **울프의 비시장실패론**

수요측면	• 행정수요 팽창 　－ 민주화와 민권의 신장: 국민이 정부에게 바라는 게 많아짐 • 정치인의 높은 시간할인율 　－ 정치인들의 목적은 재선임 ⇨ 따라서 임기 이후의 이익은 할인(discount)하고 임기 내 단기적인 이익을 추구 　－ 시간할인율(조급함의 정도): 미래에 발생하는 불확실한 가치를 현재가치로 환산할 때 할인(discount)하는 정도로서 미래의 가치를 선호하지 않을수록 할인율이 커짐
공급측면	• 정부의 독점적 생산: 정부는 시장에 비해 경쟁이 부족한 까닭에 나태함이 발생함 • 성과측정의 모호성: 정부는 공익이라는 추상적인 목표를 추구하는바 성과를 측정하기 어려움 • 생산기술의 불확실성: 공익은 추상적인 목표이기 때문에 이를 달성하기 위한 수단도 명확하지 않다는 뜻 • 종결 메커니즘의 결여: 정부기관은 애초에 정한 조직의 목표를 달성해도 또 다른 목표를 설정하여 수명을 이어간다는 것 • 내부성(사익추구): 최신 기술에 집착, 더 많은 예산의 확보, 정보와 지식의 독점

69

중
행태주의
2023년 제11회

행정학의 행태론적 접근방법의 특징으로 옳지 않은 것은?

① 종합학문적 접근방법
② 일반 법칙성 추구
③ 환경과의 상호작용을 통한 진화과정 강조
④ 조직구조보다는 인간 중심의 접근
⑤ 가치중립적 접근의 강조

(정답해설) ③ 행태론은 폐쇄체제 관점의 이론이다.

(오답해설) ①, ④ 행태론은 인간행동을 연구하기 위해 심리학, 통계학 등 다양한 학문을 활용한다.
② 행태론은 행동을 야기하는 원인을 탐구한다.
⑤ 행태론은 사실 중심의 연구에 초점을 둔다.

70

중
신제도주의
2023년 제11회

신제도주의에 관한 설명으로 옳은 것은?

① 합리적 선택 제도주의는 개인의 표준화된 행동코드로서 제도의 준수를 통한 소속감을 강조한다.
② 역사적 제도주의는 서로 다른 국가들 사이의 제도가 유사해지는 현상을 설명하는 데 유리하다.
③ 사회학적 제도주의는 동일한 상황에서 국가 간의 상이한 제도로 인해 서로 다른 정책이 채택되고 효과도 다르게 나타나는 현상을 강조한다.
④ 사회학적 제도주의는 개인에 대한 가정에 기초한 미시적·연역적 방법에 주로 의존한다.
⑤ 합리적 선택 제도주의의 연장선상에서 오스트롬(E. Ostrom)은 '공유재의 비극'의 해결방안으로 공동체 중심의 자치제도를 제시한다.

(정답해설) ⑤ 공유지 비극을 막기 위한 자발적 규칙설정은 합리선택적 신제도주의의 예시로 볼 수 있다.

(오답해설) ① 사회학적 신제도주의의 내용이다.
② 선지는 제도적 동형화에 대한 내용이므로 ②는 사회학적 신제도주의를 의미한다.
③ 역사적 제도주의는 각국의 독특한 정책 등을 제도로 간주한다.
④ 선지는 합리선택적 신제도주의에 대한 내용이다.

(Answer) 68. ⑤   69. ③   70. ⑤

71

충
정부실패
2023년 제11회

정부실패이론의 설명으로 옳지 않은 것은?

① 정부예산의 공유재적 성격 때문에 자원배분의 비효율성이 발생한다.

② 정부의 X-비효율성은 정부서비스의 공급측면보다는 사회적·정치적 수요 측면 때문에 발생한다.

③ 선거에 민감한 정치인들의 정치적 보상기제로 인해 사회문제가 과장되거나 단기적 해결책에 그치는 경우가 발생한다.

④ 사회문제 해결의 목표보다는 내부적인 절차와 규칙에 집착하는 정부조직 목표의 대치(displacement) 현상이 발생한다.

⑤ 정부 개입에 의한 인위적 지대(rent)를 획득하는 과정에서 불필요한 자원 낭비가 발생한다.

[정답해설] ② X-비효율성은 정부관료제에서 발생하는 낭비현상이므로 공급자 측면의 문제이다.

[오답해설] ① 정부예산은 공무원의 입장에서 봤을 때 공유재처럼 인식될 수 있다.
③ 정치인은 단기적 이익, 즉 재선을 중시하는바 불필요한 예산증액을 유도할 수 있다.
④ 과잉동조는 관료제의 역기능을 나타내므로 올바른 선지이다.
⑤ 이익집단 등은 지대를 획득하기 위해 지대추구를 할 수 있다. ⇨ 이는 정부실패 원인 중 하나이다.

72

하
거버넌스
2023년 제11회

행정학의 패러다임에 관한 설명으로 옳은 것은?

① 뉴거버넌스는 정부 내부의 관리보다는 외부 주체와의 관계를 강조한다.

② 신공공관리는 부서 간 또는 기관 간 경쟁보다 협력을 강조한다.

③ 신행정학은 행정의 능률성과 중립성을 강조한다.

④ 전통적 관료제 중심의 행정은 환경변화에 대한 유연한 적응에 유리하다.

⑤ 신공공관리의 고객은 사회적 책임의식을 갖춘 적극적 시민성을 특징으로 한다.

[정답해설] ① 거버넌스는 정부, 시장, 시민사회 간 협치를 뜻한다.

[오답해설] ② 신공공관리는 부서 간 또는 기관 간 경쟁을 강조한다.
③ 신행정학은 행정의 형평성을 강조한다.
④ 관료제는 기계적 구조이므로 환경변화에 둔감하다.
⑤ 신공공관리에서 고객은 개인의 만족을 추구하는 소비자이다.

73

실체설 및 과정설
2023년 제11회

공익의 실체설과 과정설에 관한 설명으로 옳은 것을 모두 고른 것은?

> ㉠ 사익과 차별화되는 공익의 존재를 인정하는 실체설은 공익이 행정의 구체적인 지침이 될 수 있다고 본다.
> ㉡ 실체설은 개인이나 집단 사이의 이해를 조정하는 행정의 조정자 역할을 강조한다.
> ㉢ 과정설은 이해당사자 사이의 협상과 타협을 통해 규범적 절대가치에 도달할 수 있다고 본다.
> ㉣ 「지방재정법」에 규정된 주민참여예산제도의 준수를 통해 지방자치단체의 예산을 배분하는 것은 과정설에 해당된다.

① ㉠, ㉡   ② ㉠, ㉣   ③ ㉡, ㉢
④ ㉠, ㉢, ㉣   ⑤ ㉡, ㉢, ㉣

[정답해설] ㉠ 실체설에 따르면 공익은 사익을 초월해서 존재하며, 공익이 행정의 안내자, 기준, 지침이 될 수 있다.
㉣ 주민참여예산제도는 예산편성에 주민의 견해를 반영하므로 과정설에 가까운 제도이다.

[오답해설] ㉡ 관료의 중재자 및 조정자의 역할을 강조하는 것은 과정설이다.
㉢ 규범적 절대가치, 즉 도덕적 절대가치는 실체설에서 제시하는 공익의 예시에 해당한다.

74

행정의 수단적 가치
2023년 제11회

행정의 능률성(efficiency)과 효과성(effectiveness)에 관한 설명으로 옳은 것은?

① 효과성은 목표와 무관하게 자원을 낭비 없이 사용하는 것을 의미한다.
② 능률성은 사회문제의 해결정도를 의미한다.
③ 어떤 해결대안이 효과적이면 그 대안은 항상 능률적이다.
④ 비용효과(cost-effectiveness) 분석은 효과를 화폐가치로 측정하기 어려운 상황에서 적용된다.
⑤ 효과성은 행정의 수단적 가치인 반면, 능률성은 민주성과 마찬가지로 본질적 가치이다.

[정답해설] ④ 비용효과(cost-effectiveness) 분석은 범죄율처럼 화폐가치로 측정하기 어려운 정책효과를 분석할 때 사용된다.

[오답해설] ① 능률성에 대한 내용이다.
② 효과성에 대한 내용이다.
③ 어떤 해결대안이 효과적이더라도 그 대안은 비능률적일 수 있다.
⑤ 효과성, 능률성, 민주성은 모두 수단적 가치에 해당한다.

Answer 71. ② 72. ① 73. ② 74. ④

75

기계적(mechanistic) 구조와 대비되는 유기적(organic) 구조의 조직 특성에 해당하는 것은?

① 모호한 책임관계
② 표준운영절차
③ 좁은 직무범위
④ 계층제
⑤ 공식적/몰인간적 대면관계

정답해설 ① 유기적 구조는 기계적 구조에 비해 세세한 분업을 지양한다.

오답해설 ②, ③, ④, ⑤ 모두 기계적 구조에 대한 내용이다.

✦ **기계적 구조와 유기적 구조**

구분	기계적 구조	유기적 구조
장점	예측 가능성	적응성
조직 특성	• 좁은 직무 범위(분업화된 체계) • 표준운영절차 • 분명한 책임 관계 • 계층제 ⇨ 집권화 • 공식적 · 몰인간적 대면 관계(제한적 의사소통)	• 넓은 직무 범위 • 적은 규칙 · 절차 • 모호한 책임 관계 • 분화된 채널(다원화된 의사소통채널) 　⇨ 분권화 • 비공식적 · 인간적 대면 관계
상황 조건	• 명확한 조직목표와 과제(안정적인 환경에 적합) • 분업적 과제 • 단순한 과제 • 성과측정 용이 • 금전적 동기 부여 • 권위의 정당성 확보(집권적 구조)	• 모호한 조직목표와 과제 • 분업이 어려운 과제 • 복합적 과제 • 성과측정 어려움 • 복합적 동기부여 • 도전받는 권위

76

학습조직에 관한 설명으로 옳지 않은 것은?

① 리더의 사려 깊은 리더십이 요구된다.
② 구성원의 권한강화를 강조한다.
③ 수평적 구조의 팀으로 구성된다.
④ 전체보다 부분을 중시한다.
⑤ 조직구성원은 조직의 공식자료에 접근할 수 있어야 한다.

정답해설 ④ 학습조직은 공동체 문화를 중시하는 바 전체를 강조한다.

오답해설 ① 학습조직은 능동적 학습을 위한 개인배려와 지식공유를 강조하는 사려 깊은 리더십을 요구한다.
②, ③ 학습조직은 유기적 구조이다.
⑤ 학습조직에서 조직구성원은 능동적 학습을 위해 조직의 공식자료에 접근할 수 있어야 한다.

77

중
참모와 계선
2023년 제11회

조직구조 설계 시 고려해야 할 기본 요소에 관한 설명으로 옳지 않은 것은?

① 누구에게 보고하는지를 정하는 명령 체계
② 상관에게 보고하는 부하의 수를 의미하는 통솔 범위
③ 의사결정이 이루어지는 계층이 위치한 수준을 의미하는 집권과 분권
④ 문서화된 정도를 의미하는 공식화
⑤ 조직의 일차적 목표와 관련된 사업을 수행하는 참모와 이를 지원하는 계선

[정답해설] ⑤ 참모와 계선의 위치가 바뀌었다.

[오답해설] ① 명령 체계는 조직의 보고체계를 뜻한다.
② 통솔 범위는 적절한 부하의 수를 의미한다.
③ 집권 및 분권은 의사결정권이 집중된 정도를 나타낸다.
④ 공식화는 표준화 정도를 의미한다.

78

하
전자정부
2023년 제11회

지식행정에 관한 설명으로 옳은 것은?

① 행정지식은 구조적이고 단기간에 창출되기 때문에 관리에 많은 시간과 자원이 소요되지 않는다.
② 지식은 정보와 동일하므로 지식행정은 정보행정과 동일한 수준의 활동이다.
③ 지식행정은 행정활동의 프로세스 개선과 무관하다.
④ 지식행정은 지식사회를 설계하고 지식관리를 통해 가치를 창출하고 극대화하는 것을 의미한다.
⑤ 지식행정은 문제 해결 및 사회변화 예견을 위해 정보관리기술에 의존하지 않는다.

[정답해설] ④ 지식행정은 체계적인 지식관리를 지향하는 행정이다.

[오답해설] ① 행정지식은 구조적이고 장기간에 창출되기 때문에 관리에 많은 시간과 자원이 소요된다.
② 지식은 정보와 다른 개념이므로 지식행정은 정보행정과 다른 수준의 활동이다.
③ 지식행정은 행정활동의 프로세스 개선과 연관되어 있다.
⑤ 지식행정은 문제 해결 및 사회변화 예견을 위해 정보관리기술을 활용한다.

Answer⁺ 75. ① 76. ④ 77. ⑤ 78. ④

79

시장실패
2024년 제12회

외부효과에 관한 설명으로 옳지 않은 것은?

① 긍정적 외부효과는 사회적 적정수준보다 과잉생산의 결과를 가져온다.

② 불법주차, 환경오염 등은 부정적 외부효과를 야기시키는 행위이다.

③ 외부효과란 시장을 거치지 않고 제3자에게 이익을 주거나 비용을 부담시키는 행위이다.

④ 부정적 외부효과를 해결하기 위해 조세를 부과할 수도 있다.

⑤ 긍정적 외부효과의 대표적인 예는 교육, 교통정리 등이 있다.

정답해설 ① 긍정적 외부효과는 다른 경제주체에게 좋은 영향을 미치는 것으로 사회적 적정수준보다 과소생산의 우려가 있다.

오답해설 ② 불법주차, 환경오염 등은 타인에게 피해를 주는 행위, 즉 부정적 외부효과에 해당한다.

③ 외부효과는 긍정적 · 부정적 외부효과로 구분된다.

④ 타인에 대한 피해를 막기 위해 과태료 등을 부과하는 공적규제를 사용할 수 있다.

⑤ 긍정적 외부효과는 남 좋은 일이므로 무료과외, 시민의 자발적 교통정리 등을 그 예로 볼 수 있다.

80

행정의 목적
2024년 제12회

행정이론과 추구하는 행정이념의 연결이 옳지 않은 것은?

① 인간관계론 - 사회적 능률성

② 행정행태론 - 효과성

③ 신공공관리론 - 효율성

④ 과학적 관리론 - 기계적 능률성

⑤ 신행정론 - 사회적 형평성

정답해설 ② 행정행태론은 합리성을 강조한다.

오답해설 ① 인간관계론 - 능률성과 민주성의 조화를 나타내는 사회적 능률성 강조

③ 신공공관리론 - 생산성, 능률성, 효율성 등 강조

④ 과학적 관리론 - 능률과 절약 강조

⑤ 신행정론 - 인종차별을 해결하기 위해 사회적 형평성 강조

81

하
행정이론
2024년 제12회

오스본(D. Osborne)과 게블러(T. Gaebler)의 전통적 행정과 신공공관리에 관한 비교설명으로 옳지 않은 것은?

구분	기준	전통적 행정	신공공관리
㉠	정부역할	노 젓기	방향잡기
㉡	서비스공급	독점적 공급	경쟁 도입
㉢	행정가치	관료 중심	고객 중심
㉣	행정주체	집권적 계층제	참여와 팀워크
㉤	관리방식	업무 중심	규칙 중심

① ㉠   ② ㉡   ③ ㉢

④ ㉣   ⑤ ㉤

정답해설 ⑤ 전통적 행정은 규칙 위주의 행정을 강조하지만, 신공공관리는 일의 목표달성을 강조한다.

✦ **신공공관리와 전통적 행정 비교**

기업가적 접근 (신공공관리)	전통적 행정
방향을 잡아주는 정부 : 방향잡기	노를 젓는 정부 : 정부의 직접 공급
권한을 부여해주는 정부	서비스를 직접 제공하는 정부
서비스 제공에 있어서 경쟁 중시	서비스 독점
임무지향적 정부	규칙을 중시하는 정부
성과와 연계한 예산 배분	투입 중심의 예산제도
고객지향적	관료지향적
수익 창출	지출 위주
예방적 정부	치료 중심적 정부
팀워크와 참여 중시	계층조직

3과목 ✦ 행정학개론

Answer⁺   79. ①   80. ②   81. ⑤

82

공공서비스 공급방식
유형
2024년 제12회

공급의 담당주체와 수단의 결합방식으로 공공서비스를 아래와 같이 나타낼 때 (　　)
에 들어갈 내용으로 옳은 것은?

구분		공급주체	
		공공부문	민간부문
공급수단	권력	㉠	㉡
	시장	㉢	㉣

① ㉠ 일반행정 ㉡ 책임경영 ㉢ 민간위탁 ㉣ 민간기업
② ㉠ 책임경영 ㉡ 일반행정 ㉢ 민간기업 ㉣ 민간위탁
③ ㉠ 민간기업 ㉡ 민간위탁 ㉢ 책임경영 ㉣ 일반행정
④ ㉠ 일반행정 ㉡ 민간위탁 ㉢ 책임경영 ㉣ 민간기업
⑤ ㉠ 책임경영 ㉡ 민간위탁 ㉢ 일반행정 ㉣ 민간기업

정답해설 ④ 아래의 표 참고

✦ 사바스의 공공서비스 공급방식 유형

구분		생산의 주체 : 누가 서비스를 생산하는가?	
		공공부문(정부)	민간부문(민간업체 등)
생산수단	권력 • 배제성 획일적 적용 ✕ • 정부책임 ○	일반행정	민간위탁
	시장 • 배제성 적용	책임경영 (책임운영기관)	민영화

83

하
바우처 제도
2024년 제12회

공공서비스 생산방식 중 이용권(voucher)에 관한 설명으로 옳지 않은 것은?

① 공공서비스의 생산을 민간에 위탁하는 방법 중의 하나이다.
② 시민들은 정부가 지정하는 하나의 서비스 제공 기관에서 이용권을 사용하여
　야 한다.
③ 보건복지부는 각종 돌봄서비스에서 전자이용권을 제공하고 있다.
④ 소비자 중심의 맞춤형 사회서비스가 강조되면서 서비스가 확대되고 있다.
⑤ 노인, 장애인, 보육 정책 등에서 서비스가 확대되고 있다.

정답해설 ② 바우처 방식은 특정 기준에 부합하는 소비자의 선택권을 보장하는 제도이다(하나의 서비스
제공기관에서 사용 ✕).

오답해설 ① 바우처 방식은 면허방식, 자조활동과 더불어 민간위탁 방식 중 하나이다.
③ 바우처 방식은 문화체육관광부, 보건복지부 등 다양한 조직에서 사용하고 있다.

84

전자정부
2024년 제12회

우리나라 스마트 전자정부의 비전에 관한 설명으로 옳지 않은 것은?

① 국민이 직접 증명하는 공급자 중심의 획일적인 서비스를 극대화하는 정부이다.
② 부처 간 장벽이 없는 네트워크를 통해 서비스 연계 · 통합이 가능한 정부이다.
③ 모바일 기기 등으로 어디서나 편리한 서비스를 제공하는 정부이다.
④ 국민의 수요에 실시간으로 반응하는 서비스를 제공하는 정부이다.
⑤ 참여 · 소통으로 수요자가 원하는 서비스와 정보를 제공하는 정부이다.

[정답해설] ① 전자정부는 수요자 중심의 다양한 서비스를 제공하는 정부이다.

[오답해설] ② 전자정부는 부처 간 상호운용성 증진을 중시하는 정부이다.
③ 전자정부는 언제, 어디서든 서비스를 제공할 수 있도록 모바일 기기 등을 활용한다.

85

행정이론
2024년 제12회

관리과학에 관한 설명으로 옳은 것은?

① 정책이 내포하는 목적가치를 중요시한다.
② 자원과 비용의 사회적 배분을 고려한다.
③ 질적 분석을 중요시한다.
④ 정치적 요인을 고려한다.
⑤ 계량적 분석에 입각하여 처방을 제시한다.

[정답해설] ⑤ 관리과학, 즉, 관리주의는 조직관리에 있어서 기계적 능률성(계량적 분석)을 중시한다.

[오답해설] ① 관리과학은 수단가치(능률성)를 중시한다.
② 관리과학은 사회적 배분보다 내부적 관리를 강조한다.
③ 관리과학은 양적 분석을 중시한다.
④ 관리과학은 정치적 요인을 고려하지 않는다.

Answer' 82. ④ 83. ② 84. ① 85. ⑤

Part 02 정책학

정책학에서는 정책유형론과 정책결정모형이 중요하다. 따라서 해당 부분을 중심으로 공부하되, 정책집행모형, 의제설정모형 등도 최근에 출제되고 있으니 추가로 공부해 두자.

01 정책학의 기초

01

정책유형
2020년 제8회

로위(T. Lowi)의 정책유형에 해당하는 것을 모두 고른 것은?

㉠ 분배정책	㉡ 규제정책	㉢ 보호적 규제정책
㉣ 자율규제정책	㉤ 재분배정책	㉥ 구성정책

① ㉠, ㉡, ㉢, ㉣
② ㉠, ㉡, ㉤, ㉥
③ ㉠, ㉣, ㉤, ㉥
④ ㉡, ㉢, ㉣, ㉤
⑤ ㉢, ㉣, ㉤, ㉥

풀이 TIP | **두문자** 로재분규성

정답해설 ㉠, ㉡, ㉤, ㉥ 로위의 정책유형은 재분배, 분배, 규제, 구성정책이다.

✦ 학자별 정책유형

Lowi(로위)	분배정책, 규제정책, 재분배정책, 구성정책
Ripley & Franklin (리플리와 프랭클린)	분배정책, 경쟁적 규제정책, 보호적 규제정책, 재분배정책
Almond & Powell (알몬드와 포웰)	분배정책, 규제정책, 추출정책, 상징정책
Salisbury (솔리스버리)	분배정책, 규제정책, 재분배정책, 자율규제정책

02 정책유형에 관한 설명으로 옳은 것은?

정책유형
2018년 제6회

① 리플리와 프랭클린(R. Ripley & G. Franklin)의 경쟁적 규제정책은 배분정책과 규제정책의 성격을 동시에 지니고 있다.
② 리플리와 프랭클린(R. Ripley & G. Franklin)의 보호적 규제정책은 소수를 보호하기 위해 다수를 규제하는 정책이다.
③ 로위(T. Lowi)가 주장하는 배분정책의 가장 큰 특징은 계급 대립의 성격을 지닌다는 것이다.
④ 로위(T. Lowi)의 재분배정책은 수혜자와 비용부담자 간의 갈등이 없다는 점이 특징이다.
⑤ 알몬드와 파우얼(G. Almond & B. Powell)은 정책을 배분, 규제, 재분배, 구성 정책으로 분류하였다.

> 풀이 TIP 경쟁적 규제정책은 경쟁력이 있는 주체에게 서비스를 공급할 수 있는 권한을 부여하고, 이들을 규제하는 정책이다.

정답해설 ① 경쟁적 규제정책은 서비스를 공급할 수 있는 경쟁력 있는 주체에게 공급 권한을 부여한다는 점에서 배분정책의 성격을 띠는 동시에 경쟁력이 없는 주체에게 서비스를 공급할 수 없도록 제한하는 규제정책의 특징을 지닌다.

오답해설 ② 리플리와 프랭클린(R. Ripley & G. Franklin)의 보호적 규제정책은 다수를 보호하기 위해 소수를 규제하는 정책이다.
③ 로위(T. Lowi)가 주장하는 재분배정책의 가장 큰 특징은 계급 대립의 성격을 지닌다는 것이다.
④ 로위(T. Lowi)의 분배정책은 수혜자와 비용 부담자 간의 갈등이 없다는 점이 특징이다. 재분배정책은 계급대립적인 성향을 지니는 까닭에 부자와 빈자 간에 많은 갈등이 발생한다.
⑤ 알몬드와 파우얼(G. Almond & B. Powell)은 정책을 분배정책, 규제정책, 추출정책, 상징정책으로 구분하였다.

Answer 1. ② 2. ①

03

정책유형
2016년 제4회

다음 정책유형 중 상징정책에 해당하는 것을 모두 고른 것은?

> ㉠ 선거구의 통폐합
> ㉡ 올림픽 등 국제행사의 유치 및 개최
> ㉢ 국경일의 제정 및 준수
> ㉣ 국공립학교를 통한 교육서비스 제공
> ㉤ 조세 부과 및 징병

① ㉡, ㉢   ② ㉢, ㉣   ③ ㉠, ㉡, ㉣
④ ㉠, ㉢, ㉣   ⑤ ㉡, ㉢, ㉤

풀이 TIP 상징정책은 국가 명예, 국민 기 살리기다!

오답해설 ㉠은 구성정책, ㉣은 분배정책, ㉤은 추출정책이다.

✦ 정책유형별 사례

분배정책	공원·도로·항만 등 사회간접자본 구축, 수출보조금 지급, 주택자금 대출, 국유지 불하, 택지분양, 연구개발비 지원, 영농정보 제공, 공립학교의 교육서비스
재분배정책	사회보장정책, 공적 부조, 누진세제도, 영세민 취로사업, 임대주택건설, 저소득층 지원책
구성정책	정부기관 신설, 공무원 모집, 공무원 연금, 선거구 조정
규제정책	환경오염 규제, 과장광고 규제, 최저임금제, 작업장 안전규제, 직업면허 규제
상징정책	국경일행사, 국기·국화의 제정, 동상, 스포츠행사, 축제, 궁궐복원
추출정책	조세, 징병, 물자수송, 토지수용, 철강재·원유 수입

04

정책의 의의와 유형
2020년 제8회

정책의 기능과 유형에 관한 설명으로 옳지 않은 것은?

① 정책은 정치적·행정적 과정으로서 단순하고 정태적 과정을 거친다.
② 정책 자체가 하나의 행동노선을 담고 있기 때문에 그에 관련된 개인들의 행동을 위한 지침역할을 한다.
③ 정책은 변동과 안정을 야기하기도 하며 사회의 이익을 조정·통합하기도 한다.
④ 리플리와 프랭클린(R. Ripley & G. Franklin)의 경쟁적 규제정책은 배분정책과 규제정책의 성격을 동시에 지니고 있다.
⑤ 국경일 제정, 국기 게양 등은 국민적 통합을 위하여 정치적인 목적으로 사용하는 상징정책의 예이다.

풀이 TIP 정책은 단순하지 않다.

정답해설 ① 정책은 복잡한 사회문제 해결을 위한 정치적·행정적 과정으로서 사회 내 다양한 면을 고려하기 때문에 복잡성을 지닌다. 아울러 사회문제는 지속적으로 변하기 때문에 동태적 과정을 거친다.

오답해설 ② 정책은 사회문제 해결을 위한 정부의 행동방침이기 때문에 그에 관련된 개인들의 행동을 위한 지침역할을 한다.

③ 정책은 사회문제 해결을 위해 사회의 변동과 안정을 야기하기도 하며 사회의 이익을 조정·통합하기도 한다.

④ 리플리와 프랭클린(R. Ripley & G. Franklin)의 경쟁적 규제정책은 특정인에게 서비스를 제공할 권한을 준다는 점에서 배분정책의 성격을 지니고 있으며, 그 외의 주체들은 서비스를 제공할 수 없도록 규제하기 때문에 규제정책의 성격을 동시에 지니고 있다.

⑤ 국경일 제정, 국기 게양 등은 상징정책의 예이다.

05

중
정책유형
2013년 제1회

리플리와 프랭클린(R. B. Ripley & G. A. Franklin)은 정책유형이 달라짐에 따라 정책형성과정과 정책집행과정도 달라진다고 주장한다. 다음은 그들이 제시한 정책유형 중 어떤 정책에 관한 설명인가?

> 정부가 특정 전문지식과 자격을 갖춘 몇몇 개인이나 기업(집단)에게 특정한 기간 동안 사업을 할 수 있도록 허용하되 일정한 기간 후에는 자격조건을 재심사하도록 함으로써 경쟁력을 높이고, 공익을 위해서 서비스 제공에 대한 규정을 지키도록 하는 것이다.

① 경쟁적 규제정책 　　　　② 보호적 규제정책
③ 상징정책 　　　　　　　　④ 분배정책
⑤ 재분배정책

풀이 TIP 기간, 자격조건 등을 제한하는 이유는 과열 방지에 있다!

정답해설 ① 경쟁적 규제정책은 다수의 경쟁자 중에서 경쟁범위를 제한하려는 정책(진입규제 등)으로 희소한 자원의 분배와 관련된 정책이다. 이권이 걸린 서비스 공급권을 특정 기업에 부여하고 이들을 적절히 통제한다. 분배정책과 보호적 규제정책의 혼합형(양면성)으로서 항공기노선 배정, 이동통신사업자 선정 등이 이에 해당한다. 경쟁적 규제정책의 특징은 정부가 특정 전문지식과 자격을 갖춘 몇몇 개인이나 기업(집단)에게 일정한 기간 동안 사업을 할 수 있도록 허용하되 그 기간이 지난 후에는 자격조건을 재심사하도록 함으로써 경쟁력을 높이고, 공익을 위해서 서비스 제공에 대한 규정을 지키도록 하는 것이다.

오답해설 ② 보호적 규제정책은 국민에게 유리한 것은 허용하고 국민에게 불리한 것은 금지하는 방법으로 국민을 보호하는 정책이다. 식·의약품안전, 작업장안전, 환경보전 등이 이에 해당한다.

③ 상징정책은 이념에 호소하거나 미래의 업적 또는 보상을 약속하는 정책으로서 국경일 행사, 의전행사, 국기·국화의 제정, 동상, 특정 인물의 영웅화, 스포츠행사, 축제, 궁궐 복원 등이 이에 해당한다. 이는 정부가 정치체제에 대한 정당성과 신뢰성 및 국민통합성을 증진시키기 위하여 국내외 환경에 산출시키는 이미지나 상징(symbol)과 관련된 정책 또는 주된 정책의 홍보를 위하여 보완적으로 사용되는 정책이다.

④ 분배정책은 창조적 행정 서비스를 제공하거나 불특정 다수인에게 이익이 분산되는 개별화된 정책으로 공원조성, 도로건설 등의 사회간접자본 구축, 수출보조금 지급 등이 이에 해당한다.

⑤ 재분배정책은 공적 부조, 누진세 등과 같이 사회적·경제적 보상의 기본관계를 재구성하는 정책이다. 가진 자의 부를 거두어 가지지 못한 자에게 이전해 주는 이전정책의 성격으로 인하여 기득권자나 비용부담자의 저항으로 집행이 용이하지 않고 정책이 환경에 많이 의존한다. 지배계급과 피지배계급 간 갈등과 투쟁이 나타나는 계급정책으로 엘리트 정치행태가 지배한다.

Answer 3. ① 4. ① 5. ①

06

정책과정 참여자
2013년 제1회

중앙정부의 정책과정 참여자 중 비공식 참여자로만 묶인 것은?

㉠ 정당	㉡ 국무총리
㉢ 대통령	㉣ 이익집단
㉤ 전문가집단	㉥ 시민단체
㉦ 언론	㉧ 부처장관

① ㉠, ㉡, ㉢, ㉤, ㉥
② ㉠, ㉢, ㉣, ㉥, ㉧
③ ㉠, ㉣, ㉤, ㉥, ㉦
④ ㉡, ㉢, ㉣, ㉤, ㉧
⑤ ㉡, ㉢, ㉣, ㉦, ㉧

풀이 TIP 공식과 비공식의 차이는 국가기관인가 아닌가의 여부다!

오답해설 ㉡ 국무총리, ㉢ 대통령, ㉧ 부처장관은 공식적 참여자에 해당한다.

07

정책과정 참여자
2015년 제3회

철의 삼각(iron triangle)모형에서 동맹을 형성하는 집단을 모두 고른 것은?

㉠ 언론매체	㉡ 이익집단
㉢ 정당	㉣ 행정기관
㉤ 의회 소관 위원회	

① ㉠, ㉡, ㉢
② ㉠, ㉡, ㉤
③ ㉡, ㉢, ㉣
④ ㉡, ㉣, ㉤
⑤ ㉢, ㉣, ㉤

풀이 TIP 정책협의체 중 가장 강력한 연계망을 갖고 있는 구성원은?

정답해설 ㉡, ㉣, ㉤ 1970년대 미국식 정책협의체의 일종인 철의 삼각(하위정부)을 구성하는 집단은 특정 부처의 관료, 이익집단, 의회 소관 상임위원회의 위원들이다.

08 정책네트워크모형에 관한 설명으로 옳지 않은 것은?

정책네트워크모형
2018년 제6회

① 자원의존성을 토대로 한 행위자들 간의 교환관계를 중시한다.

② 정책공동체는 이슈네트워크에 비해 개방적이고 유동적인 네트워크로서의 특징을 지닌다.

③ 단순하고 분명하게 정의된 하위정부의 경계와는 달리 이슈네트워크의 경계는 모호하다.

④ 하위정부 모형에서는 소수의 엘리트 행위자들이 특정 정책영역에서 정책결정을 지배하고 있다고 설명한다.

⑤ 이슈네트워크에서는 행위자들 간의 권력배분이 불평등하다.

> **풀이TIP** 이슈네트워크는 사회문제, 즉 사회적 이슈를 둘러싼 다양한 참여자 간 상호작용을 설명한다.

정답해설 ② 정책공동체는 이슈네트워크에 비해 참여가 제한적이고 안정적인 정책네트워크이다. 한편, 이슈네트워크는 정책공동체에 비해 개방적이고 유동적인 네트워크로서의 특징을 지닌다.

오답해설 ① 정책네트워크 안에서 참여자는 자신이 보유한 자원을 토대로 상호작용한다.

③ 특정한 참여자만 개입할 수 있는 단순하고 분명하게 정의된 하위정부의 경계와는 달리 이슈네트워크의 경계는 모호하다. 따라서 보다 다양한 참여자가 네트워크에 개입할 수 있다.

④ 하위정부 모형에서는 소수의 엘리트 행위자들, 즉 이익집단, 의원, 관료 등이 특정 정책영역에서 정책결정을 지배하고 있다고 설명한다.

⑤ 다른 정책네트워크에 비해 이슈네트워크에서는 행위자들 간의 권력배분이 불균등하기 때문에 참여자 간 갈등이 발생한다.

09

정책의제설정모형
2017년 제5회

콥과 로스(Cobb & Ross)가 제시한 정책의제설정 모형에 관한 내용으로 옳지 않은 것은?

① 외부주도형은 다원화되고 민주화된 선진국 정치체제에서 많이 나타나는 유형이다.

② 내부접근형은 고위 의사결정자 등에 의해 정부의제가 먼저 설정되고 정책순응을 확보하기 위해 다각적인 홍보 등을 거쳐 최종적으로 정책의제로 채택되는 유형이다.

③ 외부주도형은 정부 바깥에 있는 집단이 사회문제를 정부가 해결해 줄 것을 요구하며 정부의제로 채택하도록 하는 유형이다.

④ 내부접근형은 국방, 외교 등 비밀 유지가 필요한 분야의 정책, 또는 강한 반대가 예상됨에도 불구하고 반드시 추진하려는 정책 등에서 찾아볼 수 있다.

⑤ 동원형은 정부의 힘이 강하고 민간부문이 취약한 후진국에서 많이 나타나는 유형이나, 선진국에서도 정치지도자가 특정한 사회문제 해결을 주도하는 경우에 나타난다.

풀이 TIP 우리나라 상가 건물의 간판사업이 이 유형에 속한다!

정답해설 ② 동원형에 대한 설명이다. 내부접근형이 홍보 없이 은밀하게 의제채택을 하는 반면, 동원형은 정책순응을 확보하기 위해 다각적인 홍보(PR) 등을 거쳐 의제를 채택한다.

10

정책의제설정
2021년 제9회

정책의제설정에 관한 설명으로 옳지 않은 것은?

① 공중의제는 사회문제 혹은 사회적 쟁점이 한 단계 더 나아가 일반 공중의 주목을 받게 된 의제를 말한다.

② 외부주도형은 공중의제화를 억제하기 때문에 일종의 음모형에 해당한다.

③ 동원형은 사회문제가 정부의제로 먼저 채택되고, 정부의 의도적인 노력에 의해서 공중의제로 확산되는 경우를 말한다.

④ 내부접근형은 선진국의 경우, 특수 이익집단이 비밀리에 정부의 혜택을 보려는 외교·국방정책 등에서 주로 나타난다.

⑤ 위기나 재난 등 극적 사건은 사회문제를 정부의제화 시키는 점화장치에 해당된다.

3과목 + 행정학개론

풀이TIP 외부주도에서 '외부'는 국민을 뜻한다.

정답해설 ② 내부접근형은 공중의제화를 억제하기 때문에 일종의 음모형에 해당한다. 외부주도형은 국민에 의해 정책의제가 채택되는 현상을 설명한 모형이다.

오답해설 ① 공중의제는 사회문제 혹은 사회적 쟁점이 한 단계 더 나아가 일반 공중의 주목을 받게 되어 정부가 해결할 수 있는 정당성을 얻은 의제이다.
③ 동원형은 사회문제가 정부의제로 먼저 채택되고, 정부의 의도적인 노력, 즉 행정PR을 통해 공중의제로 확산되는 경우를 말한다.
④ 내부접근형은 일반적으로 국민을 무시하는 정부에서 발생한다. 그러나 선진국의 경우, 특수 이익집단이 비밀리에 정부의 혜택을 보려는 외교·국방정책 등에서 나타날 수 있다.
⑤ 위기나 재난 등 극적 사건이 발생하게 되면 기존의 사회문제를 정부가 해결하겠다고 밝히는 경우가 있다.

11
하
정책문제의 특성
2013년 제1회

정부의 정책문제는 해결해야 할 문제를 어떤 관점에서 보는가에 따라 정책목표의 구체적인 내용과 정책수단도 달라진다. 다음 중 정책문제의 속성에 관한 설명으로 옳지 않은 것은?

① 정책문제는 공공성이 강하다.
② 정책문제는 주관적이며, 정치적 성격이 강하다.
③ 정책문제는 복잡·다양하며, 상호의존적이다.
④ 정책문제는 역사적 산물인 경우가 많다.
⑤ 정책문제는 정태적 성격이 강하다.

풀이TIP 정책은 가치지향적이다! 가치는 시간이 지나면 변한다!

정답해설 ⑤ 정책문제는 시간이 지나면서 변화하기 때문에 동태적 성격이 강하다.

Answer 9. ② 10. ② 11. ⑤

12

다음 내용과 밀접한 관련이 있는 정책대안의 미래예측 기법은?

• 선택적 익명   • 식견 있는 다수의 참여
• 양극화된 통계처리   • 구조화된 갈등유도

① 시계열분석기법   ② 시뮬레이션
③ 정책델파이   ④ 교차영향분석
⑤ 실현가능성분석

> **풀이 TIP** 선택적 익명성은 익명성을 특정 절차에서만 유지한다는 것을 의미한다.

정답해설 ③ 제시문은 정책델파이에 대한 내용이다.
• 정책델파이 : 정책에 대한 전문가 혹은 이해관계자가 초기에는 익명성을 보장하는 델파이 방법을 사용
하다가 2차로 공개적인 토론을 하는 기법(선택적 익명성) ⇨ 공개토론 과정에서 의견 차이가 드러나도
록 유도한다.
✦ **델파이 기법과 정책델파이 기법 비교**

구분	델파이 기법(전통적 델파이)	정책 델파이 기법
개념	• 일반문제에 대한 예측 • 정책문제에 대한 예측도 가능함	정책문제에 대한 예측
응답자	동일영역의 일반전문가	정책전문가 및 이해관계자 등 ⇨ 이해관계자가 개입할 경우 가치판단의 개입 가능
익명성	철저한 익명성	선택적 익명성 – 초기에는 익명성을 보장하고 – 추후 공개토론 실시
합의	견해의 합의 도출(의견일치 유도) ⇨ 일반적인 통계처리	구조화된 갈등(유도된 의견대립) ⇨ 의견차이를 부각시키는 양극화된 통계처리
공통점	양자 모두 주관적인 미래 예측기법이고 다수의 응답자를 대상으로 하며, 반복적인 설문조사(결과의 환류 포함) 실시 후 통계처리 과정을 거침	

13

점증주의 정책결정모형에 관한 설명으로 옳지 않은 것은?

① 정치적 다원주의 입장에서 이해관계자들의 타협과 조정을 통해 정책결정이
이루어진다.
② 경제적 합리성보다 정치적 합리성을 중요시한다.
③ 계속적·점진적인 방식으로 당면한 정책 문제를 해결하고자 한다.
④ 정책의 정치적 실현가능성을 높여 주는 장점이 있다.
⑤ 정책결정자의 직관이나 판단력, 창의력 등 초합리적인 요소를 중시하는 규범
적·처방적 모형이다.

풀이 **TIP** '초합리성'은 특정 모형에서만 등장한다!

정답해설 ⑤ 드로어(Y. Dror)가 주장한 최적모형에 대한 설명이다.

14
정책결정모형
2014년 제2회

정책결정모형에 관한 설명으로 옳지 않은 것은?

① 합리모형에서는 의사결정자가 정책결정에 있어서 주관적이고 감정적인 요소를 배제하고 합리성에 근거하여 정책을 결정한다.

② 점증모형은 현재 정책에 대한 약간의 변화만을 고려해 정책을 결정하고 시간이 흐름에 따라 환류되는 정보를 분석하여 지속적으로 수정하는 것이다.

③ 쓰레기통모형은 쿠바 미사일 위기에 따른 미국 정부의 정책결정 과정을 설명하기 위해서 고안되었다.

④ 공공선택모형에서는 정부를 공공재의 생산자로, 시민들을 공공재의 소비자로 규정한다.

⑤ 앨리슨모형은 정책결정 과정을 합리모형, 조직과정모형 및 관료정치모형 등으로 분류하고 있다.

풀이 **TIP** 쿠바 미사일기지와 관련 있는 것은 앨리슨(Allison)이다!

정답해설 ③ 쿠바 미사일 위기에 따른 미국 정부의 정책결정 과정을 설명하기 위해서 고안된 모형은 앨리슨(Allison)모형이다.

✦ 앨리슨(Allison)의 의사결정모형 - 쿠바 미사일 위기모형

구분	합리모형(모형Ⅰ)	조직과정모형(모형Ⅱ)	관료정치모형(모형Ⅲ)
조직관	조정과 통제가 잘 된 유기체적 조직	느슨하게 연결된 하위조직들의 연합체	독립적인 개개인의 집합체
권력 소재	최고지도자가 권력 보유 (집권)	반독립적인 하부조직들이 분산 소유	개인적 행위자들의 정치적 자원에 의존
목표 공유감	매우 높음	중간	매우 낮음
문제해결 방식	명령과 지시(동시적·분석적 해결)	SOP(순차적 해결)	정치적 타협, 협상, 연합, 흥정(정치적 해결)
일관성	매우 강함	약함	매우 약함
적용	전체계층	하위계층	상위계층
합리성	완전한 합리성	제한된 합리성	정치적 합리성

Answer 12. ③ 13. ⑤ 14. ③

15

정책결정모형
2017년 제5회

정책결정모형에 관한 설명으로 옳지 않은 것은?

① 에치오니(Etzioni)는 규범적이지만 비현실적인 합리모형과 현실적이지만 보수적인 점증모형을 절충한 모형을 제시하였다.
② 사이먼(Simon)은 결정자의 인지능력의 한계, 상황의 불확실성 및 시간의 제약 때문에 제한적 합리성하에서 결정이 이루어진다고 주장한다.
③ 합리모형에서 말하는 합리성은 정치적 합리성이다.
④ 쓰레기통모형에서 가정하는 상황은 불확실성과 혼란이 심한 상태이다.
⑤ 점증모형은 실제의 결정상황에 기초한 현실적이고 기술적인 모형이다.

> **풀이 TIP** 완벽한 답은 완전한 합리성에서 나온다!

> **정답해설** ③ 합리모형에서 말하는 합리성은 경제적 합리성, 완전한 합리성이다. 정치적 합리성은 점증모형의 특징이다.

16

정책결정모형
2019년 제7회

정책결정에 있어서 사이버네틱스 모형에 관한 설명으로 옳지 않은 것은?

① 정책결정과정에서 변수의 단순화를 통해서 불확실성을 통제한다.
② 사전에 설정된 표준운영절차(SOP)의 중요성이 강조된다.
③ 주요 변수의 유지를 위한 적응에 초점을 둔다.
④ 사전에 설정된 고차원 목표의 극대화를 추구한다.
⑤ 의사결정자는 처리할 수 없는 문제에 직면할 경우 표준운영절차(SOP)를 수정·변경·추가하면서 문제를 해결한다.

> **풀이 TIP** 사이버네틱스 모형의 특징을 파악하자.

> **정답해설** ④ 사이버네틱스 모형은 고차원의 목표가 반드시 사전에 존재하는 것으로 전제하지 않으며 일정한 중요변수의 유지를 위한 끊임없는 적응에 초점을 둔다.

> ✦ **사이버네틱스 모형**
> • 개념 : 합리모형과 가장 극단적으로 대립되는 것으로 불확실한 상황에서 정보와 자료를 제어하고 이를 지속적으로 환류시켜 나가는 일종의 습관적 의사결정형태
> • 특성 : 적응적 의사결정, 불확실성의 통제, 집단적 의사결정, 도구적 학습(시행착오적 학습)

17

상
정책결정모형
2015년 제3회

정책결정모형의 하나인 쓰레기통모형(garbage can model)에 관한 설명으로 옳지 않은 것은?

① 조직화된 무정부상태(organized anarchy)에서 이루어지는 의사결정을 설명한다.

② 코헨(M. Cohen), 마치(J. March), 올슨(J. Olson)이 정립한 모형이다.

③ 의사결정의 네 가지 요소인 정책문제, 해결방안, 참여자, 선택기회가 초기부터 서로 강한 상호작용을 통하여 나타나는 의사결정이다.

④ 고도로 불확실한 조직상황에서 이루어지는 의사결정과정을 기술하고 설명하는 모형이다.

⑤ 상·하위 계층적 관계를 지니지 않은 참여자들에 의하여 의사결정이 이루어지는 경우에도 적용할 수 있다.

> **풀이 TIP** 쓰레기들의 흐름은 상호 관련성도, 방향성도, 규칙도 없는 혼돈이다!

정답해설 ③ 쓰레기통모형의 네 가지 흐름은 독자적으로 흘러 다니다가 우연히 만나게 되면 의사결정이 이루어진다. 따라서 초기부터 서로 강한 상호작용을 통해 상승작용을 일으키는 게 아니다. 결정의 흐름에 인간의 계획이나 의도가 작용하지 못하기 때문이다. 즉 ④ 고도로 불확실한 조직상황이 ① 조직화된 무정부상태를 가리킨다.

18

상
정책집행 접근방법
2015년 제3회

정책집행에서 상향적 접근방법에 관한 설명으로 옳지 않은 것은?

① 정책목표보다는 집행문제의 해결에 초점을 맞춘다.

② 의도하지 않았던 정책의 효과를 분석할 수 있다.

③ 정책집행과정에 대해 정확하게 이해하기 위해서 일선집행관료와 대상 집단의 행태를 고찰한다.

④ 선거직 공무원에 의한 정책결정과 책임이라는 민주주의의 기본가치를 충실하게 반영한다.

⑤ 일선집행관료들이 쉽게 느끼지 못하는 사회적, 경제적, 법적 요인들이 경시되기 쉽다.

> **풀이 TIP** 母와 子, 누구의 권한이 강한가?

정답해설 ④ 상향적 접근법은 정책결정과 정책집행을 구분하지 않고 일선기관, 즉 민주적 정당성이 약한 임명직 공직자에게 과다한 권한을 부여하는 결과를 초래한다. 이는 선출직 공직자에 의한 정책의 책임성 확보라는 민주주의의 기본가치에 위배된다.

Answer 15. ③ 16. ④ 17. ③ 18. ④

3과목 + 행정학개론

19

상
정책집행 접근방법
2021년 제9회

정책집행연구 중 하향적 접근방법에 관한 설명으로 옳지 않은 것은?

① 집행에 영향을 주는 집행관료와 이해관계집단 등 다양한 행위자들의 생각과 상호작용을 현장감 있게 분석할 수 있다.

② 정책집행을 정책결정과정에서 채택된 정책목표를 달성하는 과정으로 본다.

③ 바람직한 정책집행이 일어날 수 있는 규범적 처방을 정책결정자에게 제시해 주는데 관심을 갖는다.

④ 유능하고 헌신적인 관료가 집행을 담당하여야 효과적인 정책집행이 가능하다고 한다.

⑤ 효과적인 정책집행을 위하여 조직화된 이익집단, 강력한 리더십 등이 있어야 한다고 한다.

풀이 TIP '현장감'이라는 표현에 주목하자.

정답해설 ① 집행현장의 현장감을 상세히 분석할 수 있는 것은 상향식 접근에 해당한다.

오답해설 ②, ③, ④ 하향식 접근 : 정책결정자가 구체적인 정책목표를 정한 뒤, 집행현장에 대한 데이터를 바탕으로 정책목표를 달성하기 위한 최선의 정책을 결정하고 이를 집행하는 현상을 설명한 모형 ⇨ 하향식에서 집행가는 결정자가 정한 정책을 헌신적으로(기계적으로) 수행하면 된다.
⑤ 하향식 접근이 적용되려면 불확실성을 통제하기 위해 정책을 지지하는 조직화된 이익집단, 강력한 리더십 등이 있어야 한다.

20

중
집행의 불응과 순응
2016년 제4회

정책집행에서 대상집단의 불응을 야기하는 원인이 아닌 것은?

① 불명확한 의사전달　　② 자원의 부족
③ 정책에 대한 불신　　④ 정부의 권위 및 정통성에 대한 부정
⑤ 형사처벌 등 제재의 사용

풀이 TIP 기준이 명확하면 따라가기 쉽다!

정답해설 ⑤ 정책순응의 원인이다. 정책불응이란 정책결정자의 의도·정책내용에 대해 집행자나 대상집단이 규정에 일치하지 않는 행동을 하는 것을 말한다. 쿰스(F. S. Coombs)는 불응의 원인을 의사전달, 자원, 정책, 행동, 권위의 문제에서 찾는다.

✦ **정책집행에 대한 순응·불응의 원인**

순응의 원인	불응의 원인
• 권위에 대한 믿음 • 정책관련자의 합리성 • 정부의 정통성 수용 • 개인적 관심과 이익에 부합 • 제재(구속과 벌금)의 사용 • 유리한 여론의 조성(평판) • 집행기간의 장기화	• 불분명한 의사전달, 정책의 모호성 • 수단·자원의 부족 • 부적절한 정책 • 순응에 따른 부담(세금포탈) • 권위에 대한 불신 • 기존 가치체계와 충돌 • 선택적 불응(법적 현실과 실제 가치관의 갈등에 의해 발생하는 현상)

21

정책평가의 의의
2014년 제2회

정책평가의 목적에 관한 설명으로 옳지 않은 것은?

① 목표가 얼마나 잘 충족되었는지 파악할 수 있다.

② 정책 성공과 실패의 원인을 구체적으로 제시할 수 있다.

③ 정책 성공을 위한 원칙 발견과 향상된 연구를 위한 토대를 마련할 수 있다.

④ 목표달성을 위해 사용된 수단과 하위 목표들을 재확인할 수 있다.

⑤ 정책문제의 구조화와 정책담당자의 자율성을 확보하는 데 있다.

> **풀이 TIP** 정책단계별 과정을 상기하자!

정답해설 ⑤ 정책문제의 구조화는 문제를 발견하는 단계, 즉 정책결정 이전 단계에서 수행하는 작업이다. 문제가 있어야, 그 다음 정책대안을 탐색·선택(정책결정 단계)한 후 그 대안을 집행하고(정책집행 단계), 집행이 종료된 후에야 정책이 의도된 대로 실현되었는지를 확인(정책평가 단계)하게 될 것이다. 그러므로 문제의 구조화와 정책평가는 너무 먼, 다른 단계에서 이루어지고 있다.

22

정책평가 절차
2017년 제5회

정책평가의 절차 중 마지막 단계에서 이루어지는 것은?

① 자료의 수집 및 분석　　　　② 인과모형의 설정

③ 대상 및 기준의 설정　　　　④ 평가결과의 환류

⑤ 정책목표의 확인

> **풀이 TIP** 결과적으로 답을 찾는 건 쉽다! 뭐든 마지막 단계는 이거니까!

정답해설 나크미아스(Nachmias, 1979)에 따르면, 정책평가는 ⑤ 정책목표의 확인 ⇨ ③ 대상 및 기준의 설정 ⇨ ② 인과모형의 설정 ⇨ ① 자료의 수집 및 분석 ⇨ ④ 평가결과의 환류의 순서로 진행된다.

✦ 정책평가의 절차(Nachmias, 1979)

목표의 인식	당면목표, 중간목표, 궁극목표로 구분되며, 평가자가 관련당사자에게 목표와 관련되는 진술을 제시하고, 관련당사자들은 이를 수정하여 다시 평가자에게 돌려보내는 과정을 반복하여 양자 간에 합의가 이루어질 때까지 되풀이하는 방법(델파이기법)을 사용함
인과모형의 구성	인과모형은 1. 연구대상이 되는 문제와 관련이 있는 변수들을 선정하고, 2. 변수들 간의 관계를 설명하고, 3. 변수관계의 성격에 관한 명제(가설)를 설정하는 과정으로 이루어짐
조사설계의 개발	조사설계는 자료의 수집·측정·분석·해석의 과정을 거쳐 모형을 구성하는 작업으로, 대표적으로 진실험과 준실험 설계가 있음
측정과 표준화	평가연구에서 정책영향과 영향(인과)모형의 변수들 간의 관계를 측정하는 것으로, 측정에서 가장 중요한 것은 목표, 정책의 영향, 정책변수들을 식별하여 조작하고, 계량적 분석이 가능하도록 측정하는 것임
자료 수집	자료는 1. 면접, 2. 설문조사, 3. 관찰, 4. 각종 문헌과 정부자료 등을 통해 수집함
분석과 해석	사회학이나 정치학 분야는 상관관계 분석을 주로 사용하지만, 정책평가에서는 변화, 예측, 인과성이 주요 관심사이므로 회귀분석이 효과적임

Answer 19. ① 20. ⑤ 21. ⑤ 22. ④

23

정책평가 종합
2021년 제9회

정책평가에 관한 설명으로 옳지 않은 것은?

① 총괄평가는 정책집행이 이루어지는 과정을 평가하는 활동으로 형성평가라고
도 한다.

② 정책평가의 외적 타당성은 정책평가 결과의 일반화 가능성을 의미한다.

③ 정책평가의 내적 타당성은 정책이 집행된 이후에 나타나는 변화가 정책에 기
인한 것인지, 다른 요인 때문인지를 밝히는 것과 관련된다.

④ 정책평가의 신뢰도는 동일한 측정도구를 반복해서 사용했을 때 동일한 결과
를 얻을 확률을 의미한다.

⑤ 정책평가의 내적 타당성을 저해하는 요인으로 선정요인, 성숙요인, 역사요인
등을 들 수 있다.

> **풀이 TIP** 총괄평가와 형성평가는 다른 개념이다.

> **정답해설** ① 과정평가는 정책집행이 이루어지는 과정을 평가하는 활동으로 형성평가라고도 한다. 총괄
평가는 정책집행이 종료된 후에 정책이 의도한 목적, 정책의 성과나 효과를 평가하는 것이다.

> **오답해설** ② 정책평가의 외적 타당성은 특정 실험에서 얻은 지식의 일반화 가능성을 의미한다.
③ 정책평가의 내적 타당성은 정확한 인과관계의 정도를 뜻한다.
④ 정책평가의 신뢰도는 측정의 일관성을 의미한다.
⑤ 정책평가의 내적 타당성을 저해하는 요인으로 선정요인, 상실요인, 회귀인공요인, 성숙요인, 역사요
인 등을 들 수 있다.

24

정책평가의 타당성
2018년 제6회

정책평가 연구설계의 타당성에 관한 설명으로 옳은 것은?

① 내적 타당성은 정책변수의 효과에 대한 결론을 일반화시킬 수 있는 범위를
의미한다.

② 외적 타당성은 정책 수단과 결과의 인과관계에 관한 추론의 정확성을 의미한다.

③ 통계적 결론의 타당성은 연구에 사용된 측정도구가 이론적 구성개념과 일치
하는 정도를 의미한다.

④ 성숙요인은 내적 타당성을 저해할 수 있다.

⑤ 준실험이 진실험보다 내적 타당성과 외적 타당성이 더 높다.

> **풀이 TIP** 실험대상의 특성 변화는 정확한 인과관계를 도출하는 데 방해되는 요소이다.

> **정답해설** ④ 내적 타당성(정확한 인과관계)을 저해하는 요인은 크게 외재적인 요인과 내재적인 요인으로
구분되는데, 성숙요인은 내적 타당성을 저해하는 내재적 요인에 해당한다.

> **오답해설** ① 외적 타당성에 대한 내용이다.
② 내적 타당성에 대한 내용이다.
③ 구성적 타당성에 대한 내용이다.
⑤ 준실험은 진실험보다 외적 타당성은 높지만 내적타당성은 낮다.

25

정책평가 종합
2019년 제7회

정책평가에 관한 설명으로 옳지 않은 것은?

① 준실험설계는 실험집단과 통제집단의 동질성을 확보하여야 한다.

② 내적 타당성은 정책 집행 이후 변화가 오직 해당 정책에 기인한 것인지 아닌지를 밝히는 것과 관련된다.

③ 외적 타당성은 정책평가 결과의 일반화 가능성을 의미한다.

④ 평가성 검토(evaluability assessment)는 본격적인 평가를 시작하기 전에 실시하는 것으로 일종의 예비평가라고 볼 수 있다.

⑤ 허위변수는 두 변수 간에 전혀 관계가 없는데도 인과관계가 있는 것처럼 보이게 하는 제3의 변수이다.

풀이 TIP 준실험 설계는 완벽한 실험이 아니다.

정답해설 ① 준실험설계는 무작위 배정이 아닌 작위적 배정을 하는바 표본의 동질성을 확보하지 못한다.
⇨ 실험설계의 유형 중에서 표본의 동질성을 확보할 수 있는 것은 진실험설계이다.

오답해설 ② 내적 타당성은 정확한 인과관계를 의미하므로 정책집행 후 변화가 오직 해당 정책에 기인한 것인지 아닌지를 밝히는 것과 관련된다.
③ 외적 타당성은 특정 실험의 결과를 다른 지역이나 조건에서도 적용하는 것과 관련된 개념이다. 따라서 정책평가 결과의 일반화 가능성을 의미한다.
④ 평가성 검토(evaluability assessment)는 본격적인 평가를 시작하기 전에 평가의 범주를 확인하는 것이기 때문에 일종의 예비평가라고 볼 수 있다.
⑤ 허위변수는 두 변수 간에 전혀 관계가 없는데도 인과관계가 있는 것처럼 보이게 하는, 즉 허위관계를 만들어내는 제3의 변수이다.

---

26 다음 설명에 해당하는 정책변동모형은?

상
정책변동
2019년 제7회

> 신념체계에서 규범적 핵심이나 정책 핵심의 변화가 쉽게 나타나지 않기 때문에 정책
> 목표와 수단에 급격한 변화를 가져오는 근본적 정책변동은 용이하지 않다.

① 정책지지연합모형　　　　　　② 정책흐름모형
③ 정책패러다임변동모형　　　　④ 단절균형모형
⑤ 이익집단 위상변동모형

풀이 TIP 사바티어는 집행모형 중 통합모형을 제시한 학자이다.

정답해설 ① 사바티어의 정책지지연합모형은 정책참여자의 정책에 대한 학습과 신념체계가 정책집행 과정에 영향을 미칠 수 있음을 설명한 이론이다. 이는 참여자의 신념체계가 서서히 변한다는 점에서 점진적인 정책변동을 설명하고 있다. 아울러 사바티어에 따르면 참여자의 신념체계는 규범적 핵심(신념체계중 가장 최상위의 수준으로 자유, 평등, 발전, 보존 등)과 정책핵심(정책목표 혹은 정책대안에 대한 인과적 지식) 등으로 구성되어 있다.

오답해설 ② 킹던의 정책창모형은 문제, 정책, 정치의 흐름이 상호독립적으로 흐르다가 우연한 사건에 의해 결합되어 의제화되는 과정을 설명한 모형이다.
③, ④ 정책패러다임변동모형이나 단절균형모형은 급격한 정책변동을 설명하는 모형이다.
• 정책 패러다임 변동모형(Hall) : 정책목표, 정책수단, 정책환경의 3가지 변수 중 정책목표와 정책수단에 급격한 변화로 인해 발생하는 정책변동을 설명하는 모형
• 단절균형모형 : 제도가 어떤 계기에 의해 급격히 변화하는 이유를 설명하는바, 정책이 급격히 변동하는 상황을 설명하는 데 유용함. 이는 역사적 신제도주의를 적용한 모델로서 점진적 변동에 따르는 안정과 급격한 변동에 따른 단절을 포괄적으로 다루고 있기 때문에 점증주의 시각의 한계를 보완·발전시킨 이론
⑤ 이익집단 위상변동모형 : 이익집단의 위상변동이 정책내용의 변동을 야기하는 현상을 설명하는 모델

27

중
목표의 변동
2020년 제8회

조직목표 변동에 관한 설명으로 옳지 않은 것은?

① 원래의 목표가 다른 목표로 전환되는 것이 목표의 대치 또는 전환이다.

② 목표가 달성되었거나 달성이 불가능한 경우 본래의 목표를 새로운 목표로 교체하는 것이 목표의 승계이다.

③ 동종목표의 수 또는 이종목표가 늘어나는 것이 목표의 추가이다.

④ 동종 또는 이종 목표의 수나 범위가 줄어드는 것이 목표의 축소이다.

⑤ 미헬스(R. Michels)의 과두제 철칙(iron law of oligarchy)은 목표의 추가 현상을 설명한 것이다.

> **풀이TIP** 과두제의 철칙은 집권화 현상이다. 이기적인 개인이 많은 의사결정권을 가지면 사익을 추구한다.

정답해설 ⑤ 미헬스(R. Michels)의 과두제 철칙(iron law of oligarchy)은 집권화를 설명하는 이론이다. 많은 의사결정 권한이 조직의 상층부에 집중되면, 이를 바탕으로 사익추구를 할 수 있는바 본래의 목표가 아닌 다른 목표를 추구할 수 있다. 따라서 미헬스의 과두제 철칙은 목표의 대치 혹은 전환을 설명할 수 있다.

오답해설 ① 원래의 목표가 다른 목표(사익추구 등)로 전환되는 것이 목표의 대치 또는 전환, 왜곡이다.
② 목표가 달성되었거나 달성이 불가능한 경우 본래의 목표를 새로운 목표로 교체하는 것이 목표의 승계이다.
③, ④ 동종목표의 수 또는 이종목표가 늘어나는 것이 목표의 추가이며, 동종 또는 이종 목표의 수나 범위가 줄어드는 것이 목표의 축소이다.

28

하
정책집행모형
2022년 제10회

정책집행에서 하향적 접근방법에 관한 설명으로 옳지 않은 것은?

① 정책이 추구하는 목표를 분명히 하고, 정책결정자의 의도를 정확히 이해할수록 정책은 보다 효과적으로 집행될 수 있다.

② 정책결정의 결과물인 정책목표를 달성해 가는 과정을 정책집행으로 이해한다.

③ 정책집행 현장에서 집행조직과 정책사업 사이의 상호적응이 강조된다.

④ 정책이 결과물을 창출하는 과정에서 정책결정자가 어떤 역할을 했는지에 관심이 있다.

⑤ 정책결정단계에서 주된 역할을 하는 참여자와 정책내용에 초점을 맞춘다.

> **풀이TIP** 하향식에서 공무원은 시키는 대로 집행할 뿐이다.

정답해설 ③ 상향식에 대한 내용이다.

오답해설 ①, ②, ④ 하향식 접근은 정책결정자가 현장에 대한 정보를 모두 파악한 후 구체적인 목표와 정책을 설정하며, 집행자는 이를 그대로 집행하는 현상을 설명한 모델이다. ⇨ 결정자 관점의 모형
⑤ 하향식 접근은 정책결정단계에서 주된 역할을 하는 참여자, 즉 결정자와 정책의 구체적인 내용에 초점을 둔다.

Answer 26. ① 27. ⑤ 28. ③

29

하
정책참여자
2022년 제10회

정책과정의 참여자 중 공식적인 참여자에 해당하는 것은?

① 이익집단
② 입법부
③ 정당
④ 시민단체
⑤ 민간전문가

풀이 TIP 공식적 참여자는 정책과정에 참여할 수 있는 공식적 권한을 가진 자다.

정답해설 ② 입법부는 법률제정권 등을 보유한 공식적 참여자(공식적 권한을 지닌 정책참여자)에 해당한다.

오답해설 ①, ③, ④, ⑤ 아래의 표 참고

✦ **정책참여자의 종류**

공식적 참여자		비공식적 참여자
중앙정부	지방정부	
입법부(의회), 대통령, 행정부처, 사법부, 헌법재판소, 부처장관, 사법부, 대통령 비서실장 등	지방자치단체장, 지방의회, 지방공무원 등	정당, 이익집단, 시민단체(NGO 등), 시민, 전문가집단, 언론, 정당 사무국장 ① 정당은 권력을 추구하는 집단이며, 국회의원이 특정 정당에서 배출되지 않아도 정당은 존재할 수 있기 때문에 시험에서 비공식적 참여자로 간주함 ② 정책전문가는 체제분석과 같은 비용편익분석 등을 통해 정책 대안을 제시할 수 있음

30

다음에서 설명하고 있는 정책집행의 유형은?

> 정책결정자가 세부적인 정책내용까지 결정하며, 정책집행자들은 상세한 부분에 대해 아주 제한된 부분의 재량권만 인정받고 정책목표 달성을 위해 노력한다.

① 고전적 기술관료형
② 지시적 위임형
③ 협상형
④ 재량적 실험가형
⑤ 관료적 기업가형

풀이 TIP | **두문자** 고지협재관 ⇨ 관료적 기업가형으로 갈수록 집행가의 권한이 많다.

정답해설 ① 제시문은 집행가의 권한이 거의 없다는 내용을 담고 있으므로 고전적 기술자형이 정답이다.

✦ **나카무라와 스몰우드의 정책집행가 유형**

구분		고전적 기술자형	지시적 위임가형	협상자형	재량적 실험가형	관료적 기업가형 (혁신가형)
정치인 권한 (목표설정)	추상적 목표			목표와 수단에 대해 상호 협상		○
	구체적 목표				○	○
행정인 권한 (수단설정)	행정적 권한		○		○	○
	기술적 권한	○	○		○	○
정책평가기준		효과성	효과성·능률성	주민만족도	수익자 대응성	체제유지도

※ 관료적 기업가형으로 갈수록 행정인(공무원)의 권한↑
두문자 고지협재관
※ 표에서 '○' 표시는 행정인(공무원·집행가)의 권한을 의미함

※ 정책평가기준은 관료적기업가형으로 갈수록 광범위함

31

의제설정
2022년 제10회

정책의제 설정에 영향을 미치는 요인이 아닌 것은?

① 사회 이슈와 관련된 행위자가 많고, 문제해결을 위한 다수의 정책 대상 집단에게 영향을 미치는 경우 보다 쉽게 정책의제화될 수 있다.

② 사회문제로 인한 피해자 숫자가 많거나 피해의 사회적 의미가 중대할수록 정책의제로 채택될 가능성이 높다.

③ 정책의제설정은 정책이해관계자, 이슈가 되는 정책문제, 문제를 논의하는 제도적 환경 등 복합적인 관계의 영향을 받지 않는다.

④ 국민적 관심과 집결도가 높거나 특정 사회 이슈에 대해 정치인의 관심도가 클수록 정책의제화될 가능성이 높다.

⑤ 정책의제화를 요구하는 집단의 규모와 영향력이 클수록 정책의제화될 가능성이 높다.

풀이 TIP 많은 요인(국민의 관심 등)이 의제화에 영향을 줄 수 있다.

정답해설 ③ 정책의제설정은 정부가 해결할 문제를 선택하는 행위이므로 그 과정에서 다양한 요인의 영향을 받는다.

오답해설 ①, ②, ④, ⑤

> ✦ **의제설정에 영향을 미치는 요인**
> • 해당 사회문제의 선례가 있을 때, 혹은 일상화된 정책문제가 해결책을 찾기 용이하므로 새로운 정책문제보다 쉽게 의제화됨
> • 상대적으로 단순한 문제가 의제화 가능성이 큼 ⇨ 문제의 단순성이나 구체성과 같은 사회문제의 외형적 특성은 의제설정에 영향을 미침
> • 극적인 사건이나 위기 등은 대중의 많은 관심을 받기 때문에 의제로 채택될 가능성이 큼. 즉, 극적인 사건이나 위기, 재난은 쟁점 사항이 될 가능성이 크므로 특정 사회문제를 정부 의제화시키는 점화장치(triggering device)로 작용할 수 있음
> • 정책문제에 대한 해결책이 있을 때 의제설정 가능성이 큼
> • 일반 대중의 큰 관심을 받거나(사회적 유의성이 높거나), 관련 집단에 의해 쟁점 사항으로 된 것일수록 의제화 가능성이 큼. 단, 의제설정 과정에서 국민의 동의를 거치지 않았다면 정책집행 과정에서 저항이 나타날 수 있는바 반대 상황이 발생할 수 있음
> • 문제를 인식하는 집단의 규모가 크면 의제화 가능성 ↑
> • 정책의 이해관계자가 넓게 분포하고 조직화 정도가 낮은 경우에는 이해관계자의 요구가 표출되지 않는바 정책의제화 가능성 ↓
> • 참고
> 　– 정책문제에 대한 통계지표의 오류는 바람직한 의제설정을 어렵게 함
> 　– 우리나라의 1960년대 경제제일주의는 경제성장에 집착한 나머지 그 외의 정책, 즉 노동정책, 복지정책 등을 정부의제로 공식 검토되지 않게 하였음
> 　– 정치체제의 가용자원 한계는 정책의제에 대한 적극적 탐색을 어렵게 하기도 함
> 　– 정책의제설정 과정에는 의제설정 주도집단, 정책체제(민주주의 혹은 독재 등), 환경(외부세력의 지지, 정책 타이밍 등) 등의 변수들이 중요하게 작용함

32

정책집행가 유형
2023년 제11회

나카무라와 스몰우드(R. Nakamura & F. Smallwood)가 제시한 정책집행자의 유형 중 정책집행자가 정책결정자의 결정권을 장악하고 정책과정 전반을 지배하는 유형은?

① 고전적 기술관료형
② 관료적 기업가형
③ 재량적 실험가형
④ 지시적 위임자형
⑤ 협상자형

정답해설 ② 아래의 표 참고

✦ 나카무라(Nakamura)와 스몰우드(Smallwood)의 정책집행가 유형

구분		• 관료적 기업가형으로 갈수록 행정인(공무원)의 권한↑ 두문자 **고지협재관** • 표에서 '○' 표시는 행정인(공무원·집행가)의 권한을 의미함				
		고전적 기술자형	지시적 위임가형	협상자형	재량적 실험가형	관료적 기업가형 (혁신가형)
정치인 권한 (목표설정)	추상적 목표			목표와 수단에 대해 상호 협상		○
	구체적 목표				○	○
행정인 권한 (수단설정)	행정적 권한		○		○	○
	기술적 권한	○	○		○	○
정책평가기준		효과성	효과성· 능률성	주민만족도	수익자 대응성	체제유지도
※ 정책평가기준은 관료적기업가형으로 갈수록 광범위함						

3과목 • 행정학개론

33

무의사결정론
2023년 제11회

바흐라흐와 바라츠(P. Bachrach & M. Baratz)의 무의사결정론에 관한 설명으로 옳은 것을 모두 고른 것은?

> ㉠ 무의사결정은 의사결정자의 가치나 이익에 대한 잠재적이거나 현재적인 도전을 억압하거나 방해하는 결과를 초래하는 결정을 의미한다.
> ㉡ 무의사결정은 정책의제 채택과정에서 일어날 뿐 정책결정과 집행과정에서는 일어나지 않는다.
> ㉢ 무의사결정을 추진하기 위하여 폭력이 동원되기도 한다.
> ㉣ 엘리트론을 비판하면서 다원론을 계승 발전시킨 신다원론적 이론이다.

① ㉠, ㉡   ② ㉠, ㉢   ③ ㉠, ㉣
④ ㉡, ㉣   ⑤ ㉢, ㉣

정답해설 ㉠ 무의사결정은 엘리트의 이해관계를 침해할 수 있는 비기득권 세력의 도전을 억압·봉쇄하는 현상이다.
㉢ 무의사결정을 추진하기 위하여 폭력 및 테러 등이 동원될 수 있다.

오답해설 ㉡ 무의사결정은 정책과정 전반에 걸쳐서 발생할 수 있다.
㉣ 무의사결정론은 다원론을 비판하면서 등장한 신엘리트론에 해당한다.

34

중
미래예측기법
2023년 제11회

실제 체제를 모방한 모형을 활용하는 정책대안의 미래예측 기법은?

① 브레인스토밍   ② 정책델파이   ③ 정책학습
④ 시뮬레이션   ⑤ 교차영향분석

정답해설 ④ 시뮬레이션 기법은 업무수행 중 직면할 수 있는 가상적 상황을 만든 후 피교육자가 그 상황에 대처해보도록 하는 방법이다.

오답해설 ① 브레인스토밍 : 일반적으로 내부인력을 중심으로 시행하는 아이디어 회의이며, 경우에 따라 내부인력, 전문가, 이해관계자 등이 모여서 모두 동등한 조건하에 형식 없이 자유롭게 토의하는 방식
② 정책델파이 : 정책에 대한 전문가 혹은 이해관계자가 초기에는 익명성을 보장하는 델파이 방법을 사용하다가 2차로 공개적인 토론을 하는 기법
③ 정책학습 : 정책과정에서 올바른 결론을 유도할 수 있는 지식의 축적과 응용
⑤ 교차영향분석 : 전문가의 견해에 기반한 방식으로 확률적 결과를 도출하는 분석법 ⇨ 즉, '다른 사건이 일어났느냐 일어나지 않았느냐'에 기초하여 미래의 어떤 사건이 일어날 확률에 대해서 식견 있는 판단을 이끌어 내는 방법이다.

35

정책결정모형
2024년 제12회

정책결정의 이론모형에 관한 설명으로 옳지 않은 것은?

① 만족모형은 인간의 능력에 한계가 있으므로 최적의 대안이 아닌 만족하는 정도의 대안을 결정한다.

② 최적모형은 비정형적인 정책결정 시 창의성이나 통찰력 같은 초합리성을 중요시한다.

③ 쓰레기통모형은 고도로 불확실한 조직상황하에서의 정책결정양태를 설명한다.

④ 관료정치모형은 의견이 동일한 관리자들이 연합하여 최종해결안을 선택하고, 토론과 협상을 매우 중요시한다.

⑤ 점증모형은 정책결정과정을 약간의 향상을 위해 그럭저럭 헤쳐나가는 과정으로 본다.

정답해설 ④ 앨리슨모형 중 관료정치모형은 상이한 목표와 정보 및 자원을 가지고(의견이 동일한 ×) 정책결정에 참여하는 여러 행위자들의 정치적인 타협과 흥정을 통해 비합리적 정책결정이 이루어지는 현상을 설명한다.

오답해설 ① 만족모형은 인지적 모형으로, 만족할 만한 수준의 결정을 설명하고 있다.
② 최적모형은 비정형적인 정책결정 시 의사결정자의 직관적 판단, 즉 초합리성을 중시한다.
③ 쓰레기통모형은 불확실한 조직상황하에서 집단의 비합리적 결정을 상술하고 있다.
⑤ 점증모형은 기존 결정에 소폭의 가감을 더하는 결정을 설명하는 모형이다.

36

정책결정모형
2024년 제12회

정책이론에 관한 설명으로 옳지 않은 것은?

① 마르크스주의 – 현대국가는 모든 자본가 계층의 공통된 이해관계를 대변하기 위한 위원회와 같다.

② 엘리트주의 – 지배계층은 모든 정책과정을 장악하고 영향력을 행사하며 정책의 혜택을 누린다.

③ 무의사결정 – 정치적 행위자는 자신의 효용과 만족감을 최대화하기 위하여 합리적으로 행동한다.

④ 제도주의 – 정책분석의 초점은 정부제도의 공식적 · 법적 기구에 맞추는 것이다.

⑤ 다원주의 – 정부의 역할은 단지 집단 간의 이익대결과 갈등을 조정하는 중립적인 제3자에 불과하다.

정답해설 ③ 무의사결정론은 비합리적 정책결정모형에 포함된다.

오답해설 ① 마르크스주의 – 자본가가 모든 정책결정을 주도하는 현상을 설명하는 이론
② 엘리트주의 – 폐쇄적이고 동질적 엘리트가 거의 모든 정책결정을 주도한다고 보는 모형
④ 제도주의(구제도주의) – 공식적 제도에 초점을 두고 현상을 설명하는 이론
⑤ 다원주의 – 다원주의는 국민이 정책결정을 주도하는바 정부역할은 단지 집단 간의 이익대결과 갈등을 조정하는 중립적인 제3자에 불과하다.

Answer 33. ② 34. ④ 35. ④ 36. ③

조직론

조직론에서는 조직유형론의 출제빈도가 높다. 또한, 조직구조를 결정하는 기본변수에 대한 용어정리, 리더십과 동기부여 모델 등도 중요하다. 조직론은 도식화된 그림을 바탕으로 공부하면 수월하니 참고해 두자.

01

조직유형
2017년 제5회

조직구조에 관한 설명으로 옳지 않은 것은?

① 수평구조는 수직적 계층과 부서 간 경계를 실질적으로 제거하고 의사소통을 원활하게 만든 유기적 구조이다.

② 네트워크조직은 높은 독자성을 지닌 조직 단위나 조직들 간에 협력적 연계장치로 구성된 조직으로 조직행위자 간 상호의존성과 관계성이 중요시된다.

③ 사업구조는 특정 산출물별로 운영되므로 고객만족도 제고 및 성과관리에 유리하다.

④ 기계적 구조는 조직의 외부환경이 안정적일 때 채택되며, 의사결정 집권화, 규칙과 절차 준수, 명확한 업무구분이 특징이다.

⑤ 학습조직은 시행착오나 실패를 두려워하여 철저한 사전 준비를 통해 시행착오나 실패의 제로(zero)를 추구한다.

> **풀이 TIP** 현대조직은 안정이 아니라 도전을 권장한다! 도전에는 시행착오가 따른다!

> **정답해설** ⑤ 학습조직은 시행착오나 실패를 두려워하는 것이 아니라 오히려 시행착오나 실패를 통하여 학습능력과 문제해결능력을 제고할 수 있다는 입장이다.

02

조직의 구조
2018년 제6회

조직구조의 기본변수에 관한 설명으로 옳지 않은 것은?

① 복잡성은 조직을 구성하는 기구의 분화정도를 의미한다.

② 수평적 복잡성은 조직 내 수직적 계층의 수를 의미한다.

③ 업무수행의 규칙과 절차가 표준화될수록 조직구조의 공식성은 높아진다.

④ 공식화 정도가 높을수록 업무의 예측가능성이 높아진다.

⑤ 의사결정의 권한이 상위층에 집중된 경우 집권화된 조직이라고 한다.

> **풀이 TIP** 수평적 복잡성은 조직 내 부서가 퍼져있는 정도를 의미한다.

> **정답해설** ② 조직 내 수직적 계층의 수를 의미하는 것은 수직적 복잡성이다. ⇨ 수평적 복잡성은 업무의 수를 뜻한다.

오답해설 ① 복잡성은 분화의 정도이며, 복잡성은 수평적·수직적 복잡성으로 분류할 수 있다.
③ 공식화는 규칙의 수를 의미한다. ⇨ 따라서 업무수행의 규칙과 절차가 표준화될수록 조직구조의 공식성은 높아진다.
④ 규칙의 수가 많을수록(공식화 정도가 높을수록) 업무의 예측가능성이 높아진다.
⑤ 집권화는 의사결정권이 조직의 상층부에 집중된 정도를 의미한다.

03

조직의 구조
2016년 제4회

조직의 기본변수 중 공식화(formalization)에 관한 설명으로 옳지 않은 것은?

① 공식화는 조직 내에 규칙, 절차, 지시 및 의사전달이 명문화된 정도를 의미한다.
② 공식화 수준이 높은 경우, 조직구성원들의 행동이 정형화되어 그들에 대한 통제가 어려워진다.
③ 공식화를 통해 업무처리상 혼란을 방지할 수 있다.
④ 조직환경이 안정적이고 조직규모가 클수록 공식화 수준이 높다.
⑤ 공식화 수준이 너무 높으면, 업무처리에 있어서 조직구성원의 자율성과 창의성이 저해되기도 한다.

풀이 TIP 공식화는 규칙이다!

정답해설 ② 공식화 정도가 높을수록 구성원의 행동은 정형화되어서 그들의 행동을 통제하기가 쉬워진다.

✦ **공식화의 장단점**

장점	단점
• 불확실성이나 행동의 변이성을 감소시켜 행동에 대한 예측과 통제 가능	• 규칙에 의존함으로써 상사와 부하 간의 민주적이고 인간적인 의존관계는 파탄
• 시간과 노력의 절감으로 효율적이고 정확·신속한 과업수행이 가능	• 업무집행 계층에서의 비개인화·비인간화 풍토를 확립하기 위하여 규칙에 담겨 있지 않은 비정형적 의사결정 사항은 최고관리층에 집중되는 경향 초래
• 루틴화된 규범에 근거한 공정·공평한 과업수행이 가능	
• 반응의 신뢰성을 높여 대외관계의 일관성·안정성 유지에 기여	• 급격한 변동이 일어나는 유동적인 상황하에서는 탄력적 대응성이 저하
• 일상적 업무의 대폭적인 하부위임이 가능	• 구성원의 자율과 재량이 제약되어 인간소외를 초래

Answer 1. ⑤ 2. ② 3. ②

04

상
탈관료제
2017년 제5회

매트릭스조직에 관한 설명으로 옳은 것은?

① 단일한 명령 및 보고체제를 갖고 있다.
② 하위조직 간 정보 흐름이 활성화된다.
③ 하위조직 간 할거주의가 발생할 경우 조정이 용이하다.
④ 불안정한 환경에 적절하게 대응하지 못한다.
⑤ 복잡한 의사결정을 하지 못한다.

풀이**TIP** 다양한 전문가들 간의 잦은 토론은 막힌 곳을 뚫어준다!

정답해설 ② 매트릭스조직은 기능구조가 전문성을 살릴 수 있으나 통합과 조정의 어려움이 있다는 점, 사업구조는 전문요원의 통합적 활용은 가능하나 비용이 중복된다는 점에서 양자의 장점을 채택하고 단점은 극복한 조직형태이다. 잦은 대면접촉과 회의로 의사소통이 원활하고 하위조직 간 정보 흐름이 활성화되므로 예기치 못한 문제 발견과 새로운 해결책을 강구하는 데 기여한다.

오답해설 ① 기능구조와 사업구조가 결합되어 있으므로 이중적 명령권한체계를 갖고 있다.
③ 이질적인 조직구성원들로 인하여 하위조직 간 할거주의가 발생할 경우 조정이 어렵게 된다.
④ 조직의 환경이 복잡하고 불확실할 때 적합한 구조이다.
⑤ 다양한 경험을 가진 내부 전문가들로 구성된 조직이므로 복잡한 의사결정을 하는 데 유용하다.

05

중
탈관료제
2015년 제3회

매트릭스조직에 관한 설명으로 옳지 않은 것은?

① 인력 활용의 측면에서 비용 부담이 크다.
② 신축성과 적응성이 요구되는 불안정하고 급변하는 조직 환경에 효과적인 조직이다.
③ 각 분야의 전문가들 간 수평적 의사소통을 통해 다양한 아이디어가 제시된다.
④ 매트릭스조직의 사례로 대규모 기업의 사업부제 시스템 등을 들 수 있다.
⑤ 기능구조와 사업구조의 결합을 시도하는 조직이며, 행렬조직이라고도 한다.

풀이**TIP** 다양한 분야의 전문가들이 많다!

정답해설 ① 매트릭스(복합, 행렬)조직은 사업구조와 기능구조를 화학적으로 결합한 조직이다. 그러므로 조직 내부에는 다양한 분야의 전문가들이 수평적·수직적으로 분포하고 있다. 이러한 내부 전문가들을 활용하면 외부에서 별도로 전문가를 채용할 필요가 없기 때문에 인력 활용 측면에서 비용 절감 효과가 있다.

06

탈관료제
2014년 제2회

우리나라 공공조직의 팀제에 관한 설명으로 옳지 않은 것은?

① 조직의 인력을 신축적으로 운영하고, 실무 차원에서 팀장 및 팀원의 권한을 향상시킨다.

② 조직구성원들의 신속한 의사결정을 저해시킨다.

③ 팀제를 통해 조직구성원의 참여를 제고시키고 개인적 의견반영이 용이하다.

④ 조직의 경직성을 탈피하고, 팀 내 전문능력 및 기술을 활용하게 한다.

⑤ 종전 수직적 조직을 수평적 조직으로 전환해 전략적 업무를 수행하는 조직에 적합하다.

풀이 TIP 팀조직은 저층 구조다! 보고 라인이 짧다!

정답해설 ② 팀제는 고위관료들의 권한을 축소하고 팀장에게 권한을 대폭 위임하므로 팀 중심의 신속한 의사결정에 기여하는 수평적 조직이다.

3과목 · 행정학개론

07

동기이론
2018년 제6회

동기부여 과정이론은?

① 브룸(V. Vroom)의 기대이론
② 매슬로우(A. Maslow)의 욕구 5단계론
③ 허즈버그(F. Herzberg)의 2요인 이론
④ 맥그리거(D. McGregor)의 XY이론
⑤ 맥클랜드(D. McClelland)의 성취동기이론

> **풀이TIP** 동기부여 이론 중 브룸의 기대이론은 중요하다. 이는 인간의 주관적 기대감이 동기부여 과정에서 중요한 역할을 한다는 내용을 담고 있다.

정답해설 ① 브룸(V. Vroom)의 기대이론은 대표적인 과정이론(동기부여 과정을 상세하게 설명하는 이론)에 해당한다. 나머지는 모두 내용이론 중 성장인 모형(동기부여 내용을 규명하는 이론)에 해당하는 동기부여이론이다.

✦ 동기이론의 분류

	합리적 · 경제적 인간 모형	X이론
	사회적 인간 모형	Y이론
내용 이론	성장 모형	인간의 성장 중시(X ⇨ Y), 고급욕구 중시, 행태론 • 매슬로우(Maslow)의 욕구계층 5단계 이론 • 앨더퍼(Alderfer)의 ERG이론 • 머레이(Murray)의 명시적 욕구이론 • 맥그리거(McGregor)의 XY이론 • 아지리스(Argyris)의 성숙미성숙이론 • 리커트(Likert)의 체제이론 • 허즈버그(Herzbereg)의 욕구충족요인 2원론 • 맥클랜드(McClelland)의 성취동기이론
	복잡인 모형	욕구의 복합성과 개인차를 고려하는 Z이론, 상황적응론 • 샤인(E. Schein)의 복잡인모형 • 핵만(Hackman)과 올드햄(Oldham)의 직무특성이론 • Z이론[오우치(Ouchi)의 Z이론 등]
과정 이론	기대 이론	• 브룸(Vroom)의 기대이론 • 포터(Porter)와 롤러(Lawler)의 업적만족이론 • 조고폴로스(Georgopoulos)의 통로 · 목적이론 • 앳킨슨(Atkinson)의 기대이론
	기타	• 학습이론 • 아담스(Adams)의 공정성이론 • 로크(Locke)의 목표설정이론

08 허즈버그(Herzberg)가 제시한 동기요인이 아닌 것은?

하
동기이론
2016년 제4회

① 성취감 ② 책임감
③ 보수 ④ 안정감
⑤ 승진

풀이TIP 허즈버그이론은 성숙인에게나 어울린다! 우리와는 좀…

정답해설 ③ 위생(불만)요인이다.

오답해설 ① 성취감, ② 책임감, ④ 안정감, ⑤ 승진 등은 모두 동기(만족)요인이다.

✦ 동기요인과 위생요인

동기(만족)요인	위생(불만)요인
성취감, 책임감, 안정감, 인정감(⇨ 승진), 직무에 대한 보람, 직무충실	정책과 관리, 보수, 지위, 감독·기술·작업조건, 조직의 방침과 관행, 개인 상호 간의 관계, 직무확장

09 허즈버그(F. Herzberg)가 제시한 위생요인이 아닌 것은?

하
동기이론
2020년 제8회

① 인정감 ② 봉급
③ 대인관계 ④ 근무조건
⑤ 조직정책

풀이TIP 허즈버그에 따르면 상관이 나를 인정하고 신뢰하면 구성원은 열심히 일하게 된다.

정답해설 ① 직무수행에 기인한 상사로부터의 인정감은 위생요인이 아니라 만족요인에 해당한다. 대인관계, 작업조건, 조직의 방침과 관행, 임금(보수), 지위, 상관의 감독방식 등은 직무환경과 관련된 위생요인이다.

Answer⁺ 7. ① 8. ③ 9. ①

3과목 + 행정학개론

10

하
동기이론
2021년 제9회

허즈버그(F. Herzberg)의 동기·위생 2요인이론에 관한 설명으로 옳은 것은?

① 인간의 욕구를 계층적 구조로 나누어 설명한다.

② 하위계층의 욕구가 충족되어야 상위계층의 욕구가 나타나기 시작한다.

③ 모든 욕구는 충족되면 동기부여로 이어진다.

④ 동기요인에는 보수, 신분보장, 작업조건, 대인관계 등이 포함된다.

⑤ 위생요인은 주로 생리적 욕구, 안전욕구 등을 만족시키는 요인들이다.

> 풀이TIP 동기요인은 상위욕구, 위생요인은 하위욕구를 의미한다.

> 정답해설 ⑤ 위생요인은 주로 하위욕구, 즉 생리적 욕구, 안전욕구 등을 만족시키는 요인이다.

> 오답해설 ① 인간의 욕구를 계층적 구조로 나누어 설명하는 것은 머슬로우, 앨더퍼 등이다.
> ② 머슬로우나 앨더퍼 등에 따르면 하위계층의 욕구가 충족되어야 상위계층의 욕구가 나타나기 시작한다.
> ③ 허즈버그에 따르면 동기요인을 충족하면 동기부여로 이어진다(위생요인은 불만족 감소).
> ④ 위생요인에는 보수, 신분보장, 작업조건, 대인관계 등이 포함된다.

11

중
리더십
2018년 제6회

리더십 행동이론에 관한 설명으로 옳은 것은?

① 상황에 따라 리더십의 효과성이 달라진다는 시각에서 리더의 행동을 파악한다.

② 업무 특성과 리더십 스타일 사이의 관계에 초점을 둔다.

③ 리더로 적합한 사람을 선택하는 방법을 연구한다.

④ 리더의 자질을 가진 사람은 어떤 상황에서든 지도자가 될 수 있다고 주장한다.

⑤ 훈련에 의해 효과적인 리더를 양성할 수 있다고 주장한다.

> 풀이TIP 행태론적 리더십은 조직 생산성을 제고할 수 있는 리더의 행동을 연구한다.

> 정답해설 ⑤ 리더십 행동이론(행태론, 행동유형론)은 리더가 생산성 제고를 위해 '어떤 행동(행위)을 하는가'에 초점을 맞춘 이론이다. ⇨ 행태론적 리더십은 생산성 제고를 위한 행동을 알아내서 이를 리더에게 가르치면 된다고 전제하고 있다.

> 오답해설 ①, ②, ③ 상황론과 관련된 지문이다.
> ④ 특성론에 해당하는 지문이다.

12 다음 대화에서 요구되는 과장의 리더십은?

리더십 유형
2017년 제5회

> 국회 국정감사가 종료된 후 ○○부 ○○과의 국정감사 수감 결산 간담회가 열렸다. A과장이 다른 업무로 불참한 상황에서 직속 상급자인 A과장의 리더십에 대해 과원들의 의견이 표출되었다.
>
> B과원 : "과장님이 부하직원들을 좀 더 존중하고 배려하여 주시면 좋겠습니다. 일전에 제가 심한 몸살로 고생하며 근무했는데도 과장님이 한마디 위로도 안하셔서 서운했습니다."
>
> C과원 : "일방적으로 지시만 하지 마시고 우리들이 창의성을 발휘하도록 지적인 자극을 주시면 좋을텐데…"
>
> D과원 : "무엇보다도 과장님이 우리 과의 새로운 비전을 제시하고 우리가 그것을 공유하여 성취하도록 지도하시어 더욱 발전하였으면 합니다."

① 번스(Burns)와 바스(Bass)의 변혁적 리더십
② 블레이크(Blake)와 머튼(Mouton)의 관리망 이론 리더십
③ 피들러(Fiedler)의 상황적응적 리더십
④ 허쉬(Hersey)와 블랜차드(Blanchard)의 삼차원적 리더십
⑤ 유클(Yukl)의 다중연결모형 리더십

> **풀이 TIP** 제시문에서 '부하에 대한 존중과 배려, 지적 자극, 비전 제시 등'이 의미하는 것은?

정답해설 ① 제시문에서는 변혁적 리더십에 대한 요구가 드러난다. B과원은 개별적 관심과 배려를 할 줄 아는 섬김의 리더십을, C과원은 형식적 관행을 타파하고 구성원에게 지적 도전의 계기를 부여하는 촉매적 리더십을, D과원은 미래에 대한 구상인 비전 제시를 잘하는 영감적 리더십을 요구하고 있다. 이러한 리더십을 포괄하는 것은 변혁적 리더십이다.

✦ 변혁적 리더십(Bass)

카리스마적 리더십 (charismatic leadership)	리더가 난관을 극복하고 현재 상태에 대한 각성을 확고하게 표명하며 수범을 보임으로써 부하들에게 자긍심과 신념을 심어줌
영감적 리더십 (inspirational leadership)	리더가 부하로 하여금 도전적 목표와 임무, 비전(미래에 대한 구상)을 받아들이고 추구하도록 격려함
촉매적 리더십 (catalytic leadership)	부하로 하여금 형식적 관행을 타파하고 창조적 사고와 학습의지, 새로운 관념을 촉발시키는 지적 자극을 부여함
섬김의 리더십 (servant leadership)	개인의 특성을 파악하여 이를 적합하게 고려하고 그의 존재가치를 인정하며, 개개인의 특성에 따라 배려하고 충고함

Answer 10. ⑤ 11. ⑤ 12. ①

13

변혁적 리더십(transformational leadership)에 관한 설명으로 옳지 않은 것은?

① 변화를 지향하고 체제 개방적이다.

② 영감과 비전 제시, 공유에 의한 동기유발을 중시한다.

③ 지도자와 부하들 간의 합리적·타산적 교환관계를 중시한다.

④ 기계적 관료제 구조보다는 임시체계에 더 적합하다.

⑤ 리더의 카리스마, 구성원에 대한 지적 자극, 인간적인 관계 등이 어우러져 나타난다.

> **풀이TIP** 변혁적 리더십과 거래적 리더십은 따뜻함과 차가움의 차이다!

정답해설 ③ 전통적 리더십인 거래적 리더십의 특징이다. 변혁적 리더십은 능력과 보상을 합리적 교환관계로 보지 않고, 부하의 감성에 호소하는 현대적 리더십이다.

14

공공조직 업무개선을 위해 정보통신기술을 활용한 리엔지니어링에 관한 설명으로 옳지 않은 것은?

① 조직 내 부서별 고도 분업화에 따른 폐단을 극복하기 위한 방안으로 등장하였다.

② 리엔지니어링의 궁극적인 목적은 성과 향상과 고객만족의 극대화에 있다.

③ 리엔지니어링에는 조직 및 인력 감축이 필수적이다.

④ 리엔지니어링은 프로세스의 변화뿐만 아니라 조직구조나 문화 등 다양한 측면에서 변화가 요구된다.

⑤ 공공서비스의 비분할성 및 비경합성 등과 같은 특징으로 인해 리엔지니어링 추진이 쉽지 않다.

> **풀이TIP** 리엔지니어링의 핵심은 절차 혁신!

정답해설 ③ 리엔지니어링(reengineering)은 조직이나 인력을 줄이는 것이 아니라 복잡한 절차를 근본적으로 줄이는, 절차의 재설계기법이다. 전통적 계층제조직의 고도 분업으로 인한 폐단을 줄이기 위해 조직의 이음매를 없애는 방안으로 등장하였다(Linden).

15

성과관리
2014년 제2회

공공부문에서 성과관리 도구로서 균형성과표에 관한 설명으로 옳지 않은 것은?

① 거시적·장기적 측면의 조직문화 형성보다는 순익과 같은 미시적·단기적 목표와 계획 및 전략에 초점을 둔다.

② 성과평가에 구성원의 역량이나 고객의 신뢰를 포함시킬 것을 강조한다.

③ 과정과 결과 및 조직 내·외부적 관점 중 어느 하나보다는 통합적 균형을 추구한다.

④ 성과관리를 위해 조직을 유기적 시스템으로 간주하여 상·하 또는 수평적 연계성을 강조하는 조직 전체적 시각에 관심을 둔다.

⑤ 기존의 성과관리와 마찬가지로 성과지표와 전략과의 연계를 그대로 받아들인다.

풀이 TIP 균형성과표(BSC)의 핵심은 균형!

정답해설 ① 균형성과표(BSC)의 핵심은 균형에 있으며, 순익이나 매출과 같은 미시적·단기적 실적과 함께 거시적·장기적 측면의 목표나 전략, 조직문화 형성까지를 포함한 균형적 성과관리전략이다.

16

조직구조론
2022년 제10회

조직구조의 분권화가 요구되는 상황으로 옳지 않은 것은?

① 규칙과 절차의 합리성·효율성에 대해 신뢰하고 있다.

② 조직이 속한 사회의 민주화가 촉진되고 있다.

③ 기술과 환경이 격동적으로 변화하고 있다.

④ 고객에게 신속하고 대응적인 서비스 요구가 증가하고 있다.

⑤ 조직구성원들의 참여 확대와 창의성 발현이 요구되고 있다.

풀이 TIP 규칙과 절차가 온전하다면 그대로 운영하면 된다.

정답해설 ① 구성원이 규칙과 절차에 대해 신뢰하고 있는 것은 '안정적인 상황(불확실성 낮음)'을 의미한다. 이는 기계적 구조와 친한 표현이므로 집권화가 촉진될 수 있다.

오답해설 ②, ⑤ 조직 내 민주화가 촉진되고 있을 때, 참여 및 창의성 발휘가 요구될 때는 구성원에게 의사결정권을 부여해야 한다.

③, ④ 환경이 불확실(급변하는 환경)하여 신속한 업무수행이나 대응이 필요할 때는 분권화가 요구된다.

Answer⁺ 13. ③ 14. ③ 15. ① 16. ①

17

중
동기부여이론
2023년 제11회

동기부여 이론에 관한 설명으로 옳은 것은?

① 머슬로(A. Maslow)의 욕구계층이론은 과정이론에 해당한다.

② 매클리랜드(D. McClelland)의 성취동기이론은 모든 사람이 비슷한 욕구의 계층을 갖고 있다고 보는 점에서 머슬로(A. Maslow)의 이론을 계승하고 있다.

③ 동기부여 이론은 일반적으로 내용이론과 형식이론으로 분류된다.

④ 앨더퍼(C. Alderfer)의 ERG이론은 인간의 욕구를 계층화한 점에서는 머슬로(A. Maslow)와 공통된 견해를 지니고 있다.

⑤ 허즈버그(F. Herzberg)의 욕구충족요인이원론은 인간에게 만족을 주는 요인과 불만족을 방지하는 요인은 서로 같은 차원이라고 본다.

[정답해설] ④ 앨더퍼는 인간의 욕구를 존재, 관계, 성장욕구로 분류했으며, 머슬로는 생리적 욕구, 안전욕구, 사회적 욕구, 존경에 대한 욕구, 자아실현욕구로 구분했다.

[오답해설] ① 머슬로(A. Maslow)의 욕구계층이론은 내용이론에 해당한다.
② 매클리랜드(D. McClelland)의 성취동기이론은 모든 사람이 비슷한 욕구의 계층을 갖고 있다고 보는 머슬로(A. Maslow)의 욕구계층론을 비판했다.
③ 동기부여이론은 일반적으로 내용이론과 과정이론으로 구분된다.
⑤ 허즈버그(F. Herzberg)의 욕구충족요인이원론은 인간에게 만족을 주는 요인과 불만족을 방지하는 요인은 서로 다른 차원이라고 본다.

18 현대조직이론의 특징으로 옳지 않은 것은?

왈도의 조직이론 분류
2024년 제12회

① 인간행태의 발전과 쇄신적 가치관을 중시하며 인간을 자아실현인·복잡인으로 파악한다.

② 가치의 다원화 및 행정현상의 다양성을 인정한다.

③ 효과성·생산성·민주성·대응성·사회적 적실성과 종합적인 행정개혁을 중시한다.

④ 조직을 환경과 상호작용하는 동태적·유기체적 개방체제로 파악한다.

⑤ 조직발전을 위해 조직의 변동과 갈등을 전적으로 억제한다.

정답해설 ⑤ 현대조직이론은 조직변화를 강조한다.

✦ **왈도의 조직이론 분류**

구분	고전적 조직이론	신고전적 조직이론	현대적 조직이론
초점	조직구조	인간	환경
행정이론	관리주의	인간관계론	생태론·비교행정론·체제론 등
조직관	폐쇄체제	폐쇄체제	개방체제
행정이념	기계적 능률성	사회적 능률성	가치의 다원화
인간관	경제적·합리적 인간	사회·심리적 인간	• 자아실현인(심리적 존재) • 복잡인
조직구조	공식적·합리적 구조	비공식적 구조	동태적·유기적 구조

Answer 17. ④ 18. ⑤

인사행정

인사행정에서는 인사행정제도, 계급제 및 직위분류제, 공무원의 유형 등을 잘 공부하자. 나머지 내용은 간단하게 용어정리를 하면 된다.

01

인사행정의 발달
2019년 제7회

실적주의 인사행정에 관한 설명으로 옳은 것은?

① 공무원의 정치적 중립을 어렵게 한다.
② 행정의 전문성을 저해한다.
③ 개인의 능력이나 실적을 기준으로 임용한다.
④ 빈번한 교체임용을 통해서 관료의 특권화를 막는다.
⑤ 직업공무원제 수립을 저해한다.

> **풀이 TIP** 실적주의에서 '실적'은 능력이나 자격, 시험성적 등을 의미한다.

> **정답해설** ③ 실적주의(Merit System)는 개인의 능력이나 자격을 기준으로 공무원을 채용하는 제도이다.

> **오답해설** ①, ②, ④ 엽관주의의 특징이다.
> ⑤ 실적주의는 자격을 기초로 공무원을 충원한다는 점에서 직업공무원제 확립에 기여한다.

02

인사행정의 발달
2018년 제6회

엽관주의에 관한 설명으로 옳지 않은 것은?

① 당파성이나 정치적 요인을 기준으로 공직임용이 이루어진다.
② 개인의 능력, 자격, 업적 등 실적 외의 요인에 의해 공직임용이 이루어진다는 점에서 정실주의와 유사하다.
③ 행정의 일관성, 계속성, 안정성을 저해할 수 있다.
④ 공직의 대규모 경질을 통해 공직에의 참여기회를 확대한다.
⑤ 우리나라는 엽관주의적 성격의 공직임용을 허용하지 않고 있다.

> **풀이 TIP** 엽관주의는 낙하산 인사와 유사한 면이 있다.

> **정답해설** ⑤ 우리나라는 장차관급 등 주요 고위직에는 엽관주의적 인사를 적용하고 있다.

> **오답해설** ① 엽관주의는 당파성이나 정치적 요인을 기준(정당에 대한 충성도)으로 공직 임용이 이루어진다.
> ② 엽관주의는 실적 외의 요인에 의해 공직 임용이 이루어진다는 점에서 혈연 및 지연을 기초로 공무원을 임용하는 정실주의와 유사하다.
> ③ 엽관주의는 공무원의 신분보장을 하지 않는 까닭에 행정의 일관성, 계속성, 안정성을 저해할 수 있다.
> ④ 엽관주의는 공직의 대규모 경질을 통해 공무원 적체를 방지하는바 다양한 사람의 공직 참여기회를 확대할 수 있다.

03

중
인사행정의 발달
2017년 제5회

대표관료제(representative bureaucracy)에 관한 설명으로 옳은 것은?

① 대표관료제는 행정의 전문성과 생산성을 강화한다.

② 대표관료제의 발전은 행정의 형평성과 능률성을 제고한다.

③ 대표관료제는 공직사회 내부 구성원 상호 간 견제를 통하여 내적 통제를 강화한다.

④ 대표관료제의 관료들은 정책과정에서 자신이 속한 배경집단의 이익보다는 공익을 추구한다.

⑤ 집단보다는 개인에 역점을 두는 대표관료제는 자유주의와 부합한다.

풀이 TIP 국민의 인적 구성 = 공직의 인적 구성!

정답해설 ③ 대표관료제는 행정의 복잡화·전문화로 외부통제가 사실상 작동하기 어렵게 되었으므로 이를 내부통제로 전환하고자 한다.

오답해설 ① 대표관료제는 정치적·집단적 임용방식이고 능력에 따른 임용방식이 아니기 때문에 행정의 전문성과 생산성을 약화시킨다.

② 대표관료제가 발전하면 사회적 약자에 대한 배려를 할 수 있으므로 행정의 형평성(특히 수직적 형평성)을 제고하는 데는 기여하지만, 능력에 따른 임용이 아니므로 능률성을 제고하지는 못한다.

④ 대표관료제의 관료들은 자기 출신계층의 이익을 대변하므로 공익보다는 정책과정에서 자신이 속한 배경집단의 이익을 추구한다.

⑤ 개인별 임용보다는 집단적 임용이므로, 능력 있는 자를 역차별하는 결과를 초래함으로써 자유주의원칙과 충돌한다.

✦ 대표관료제의 효용(필요성)과 한계

효용	한계
• 관료제의 대표성 강화(특정계층의 공직 독점 방지) • 대중통제의 내재화 • 기회균등의 실질화 • 실적주의의 폐단 시정 • 대응성 향상 • 관료의 책임성 제고와 민주화에 기여 • 선거제도의 모순과 행정국가의 등장, 민주성과 중립성의 조화(임명직 관료집단을 민주적으로 행동하도록 하기 위한 방안), 사회화에 의한 주관적 책임 등	• 소극적·적극적 대표성에 대한 그릇된 가정 • 실적제와의 상충 • 전문성과 생산성의 저하 • 역차별 초래 • 재사회화의 불고려 • 반자유주의적 원리 • 기술적 애로 • 외부통제의 무력화 • 경험적 입증의 곤란(행정의 책임성을 확보해 준다는 것이 경험적으로 입증되지 않음), 대상자들의 능력을 과소평가, 집단이기주의 등

3과목 ✦ 행정학개론

04

인사행정의 발달
2014년 제2회

다음에 해당하는 인사관리의 유형은?

> 최근 우리나라 공공부문에 도입된 제도로서 다양한 계층의 공직진출을 확대하기 위한 방안으로 양성평등채용목표제, 장애인의무고용제, 지역인재추천채용제 등을 실시하고 있다.

① 실적주의제   ② 대표관료제

③ 직업공무원제   ④ 엽관주의제

⑤ 개방형 임용제

풀이 TIP 약자보호, 소수자우대제도와 연관된 것은?

정답해설 ② 제시문은 대표관료제의 개념과 정책수단에 해당한다. 대표관료제란 인종·종교·성별·직업·신분이나 계층·지역 등 여러 기준에 의하여 분류되는 모든 사회집단들이 한 나라의 인구 전체 안에서 차지하는 비율에 맞게 관료조직의 직위들을 차지해야 한다는 원리(사회적 구성비 = 공직 내 구성비)가 적용되는 관료제로서, 공직 임용 시 소외계층에 대해 임용할당제를 적용하는 제도이다.

오답해설 ① 실적주의제(merit system)는 공직의 임용 기준을 실적, 즉 개인의 능력·자격·성적에 두는 제도이다. 19세기 말 도입 초기에는 엽관주의의 폐단을 극복하기 위하여 공직취임의 기회 균등, 정치적 중립, 신분 보장 등을 강조하는 소극적·방어적 성격이었으나, 20세기 초 과학적 관리론의 영향으로 인하여 채용 후 승진, 교육 훈련, 보수, 직무의 과학적 분석에 기초한 직위분류를 기초로 효율성을 강조하는 적극적 성격으로 전환되었다. 영국에서는 1870년 제2차 추밀원령으로, 미국에서는 1883년 펜들톤법(Pendleton Act)으로 실적주의가 확립되었다.

③ 직업공무원제는 우수한 젊은 인재들을 공직에 유치하고, 그들이 근무하는 것을 명예로 인식하고 정년 퇴임 시까지 장기간에 걸쳐 성실하게 근무하도록 운영되는 인사 제도이다. 이 제도는 응시자의 학력과 연령을 엄격히 제한하고, 선발 기준으로 전문적인 직무수행 능력보다는 장기적인 발전 가능성을 중시하며, 승진은 외부로부터의 유입을 허용하지 않기 때문에 계급제와 폐쇄형 충원형(closed system) 및 일반 능력가주의를 지향한다.

④ 엽관주의제(spoils system)는 공무원의 인사 관리나 공직 임용의 기준을 정당에 대한 충성도에 두는 제도이다. 집권정당과 관료기구의 동질성을 확보하고 공직을 일반국민에게 개방함으로써 민주주의를 실현하기 위한 실천적 인사 원리로 미국에서 채택한 제도로서 공식적으로는 제7대 잭슨대통령이 공직의 대중화를 기치로 1829년에 도입하였다.

⑤ 행정조직 내에서 새로운 직무가 생기거나 결원이 생길 경우에 외부 신규채용으로 충원을 할 것인가, 아니면 내부 승진으로 충원할 것인가가 문제되는데, 전자를 개방형 임용제라 하고 후자를 폐쇄형 임용제라 한다. 현재 우리나라는 고위공무원단과 과장급 직위 총수의 20% 범위에서 개방형 임용제를 실시하고 있다.

05

인사행정의 발달
2021년 제9회

인사행정제도에 관한 설명으로 옳지 않은 것은?

① 실적제는 개인의 객관적인 능력·자격·성적을 기준으로 공무원을 임용하는 제도이다.

② 직업공무원제도는 계급제, 일반능력자 중심의 임용, 신분보장 등을 토대로 한다.

③ 계급제는 직무를 기준으로 직무의 난이도와 책임도에 따라 직위를 분류하는 제도이다.

④ 엽관제는 정당에 대한 공헌도와 충성심에 입각하여 공무원을 임용하는 제도이다.

⑤ 대표관료제는 국민에 대한 대응성과 공직 임용의 사회적 형평성을 제고시키려는 목적을 지닌 제도이다.

풀이 TIP 직무의 특성을 기준으로 공직을 분류하는 체계는 직위분류제이다.

정답해설 ③ 직위분류제는 직무를 기준으로 직무의 난이도와 책임도에 따라 직위를 분류하는 제도이다. 계급제는 사람의 일반적인 특성을 토대로 계급을 부여하여 직위를 분류하는 제도이다.

오답해설 ① 실적제는 시험의 성적 등 개인의 객관적인 능력·자격을 기준으로 공무원을 임용하는 제도이다.

② 직업공무원제도는 계급제, 일반능력자 중심의 임용, 신분보장(정년보장) 등을 토대로 한다.

④ 엽관제는 정당에 대한 공헌도와 충성심에 입각하여 공무원을 임용하는 제도로서 잭슨대통령이 공직 개방 차원에서 1829년에 공식적으로 도입하였다.

⑤ 대표관료제는 국민에 대한 민주성·대응성과 공직임용의 사회적 형평성을 제고(사회 내 모든 계층임용)시키려는 목적을 지닌 제도이다.

Answer 4. ② 5. ③

06

공직분류
2017년 제5회

우리나라 경력직공무원에 해당하는 사람을 모두 고른 것은?

㉠ 담당업무가 특수하여 자격, 신분보장, 복무 등에 있어서 개별 특별법이 우선 적용되는 공무원
㉡ 비서관, 비서 등 보좌업무 등을 수행하는 공무원
㉢ 기술, 연구 또는 행정 일반에 대한 업무에 종사하는 공무원
㉣ 선거로 취임하는 공무원
㉤ 국회의 동의를 거쳐 임명하는 등 주로 정치적 판단이나 정책결정을 필요로 하는 업무를 담당하는 공무원
㉥ 실적과 자격에 따라 임용되고 그 신분이 보장되며 평생 동안(근무기간을 정하여 임용하는 공무원의 경우에는 그 기간 동안을 말한다.) 공무원으로 근무할 것이 예정되는 공무원

① ㉠, ㉡, ㉣
② ㉠, ㉢, ㉥
③ ㉡, ㉢, ㉤
④ ㉡, ㉣, ㉤
⑤ ㉢, ㉤, ㉥

풀이 TIP 일반직과 특정직은 경력직이다!

정답해설 경력직공무원에 해당하는 것은 ㉠, ㉢, ㉥이다.
㉠ 담당업무가 특수하여 자격, 신분보장, 복무 등에 있어서 개별 특별법이 우선 적용되는 공무원은 특정직이다.
㉢ 기술, 연구 또는 행정 일반에 대한 업무에 종사하는 공무원은 일반직이다.
㉥ 실적과 자격에 따라 임용되고 그 신분이 보장되며 평생 동안(근무기간을 정하여 임용하는 공무원의 경우에는 그 기간 동안을 말한다) 공무원으로 근무할 것이 예정되는 공무원은 경력직이다.
공무원은 직업공무원제와 실적주의원칙을 획일적으로 적용할 것인가의 여부에 따라 경력직과 특수경력직으로 구분된다. 전자는 이를 획일적으로 적용하지만 후자는 이를 배제한다. 우리나라는 일반직과 특정직이 경력직으로, 정무직과 별정직이 특수경력직으로 운영되고 있다.

오답해설 ㉡ 비서관, 비서 등 보좌업무 등을 수행하는 공무원은 별정직이다.
㉣ 선거로 취임하는 공무원은 정무직이다.
㉤ 국회의 동의를 거쳐 임명하는 등 주로 정치적 판단이나 정책결정을 필요로 하는 업무를 담당하는 공무원도 정무직이다.

07

중
공직분류
2020년 제8회

우리나라 공무원 분류 중 특수경력직 공무원에 해당되지 않는 것은?

① 국회의원
② 헌법재판소 헌법연구관
③ 대통령 비서실장
④ 국민권익위원회 위원장
⑤ 감사원 사무차장

풀이TIP 경력직 공무원의 종류에는 특정직·일반직 공무원이 있다.

정답해설 ②, ⑤ 특수경력직 공무원은 정무직 공무원과 별정직 공무원으로 구성된다. 헌법재판소 헌법연구관은 특정직이며, 감사원 사무차장은 일반직 공무원에 해당하므로 양자 모두 경력직 공무원이다. 국회의원과 대통령 비서실장, 국민권익위원회 위원장은 정무직 공무원에 해당한다.

✦ 「감사원법」 제19조(사무총장 및 사무차장) ① 사무총장은 정무직으로, 사무차장은 일반직으로 한다.
② 사무총장은 원장의 명을 받아 사무처의 사무를 관장하며 소속 직원을 지휘하고 감독한다.

08

중
공직분류
2016년 제4회

우리나라 공직 혹은 공무원의 분류·관리에 관한 설명으로 옳은 것을 모두 고른 것은?

㉠ 직위분류제를 근간으로 하면서 계급제적 요소를 부분적으로 도입하고 있다.
㉡ 계급제는 사람의 특성에 따라, 직위분류제는 직무의 특성에 따라 공직을 분류한다.
㉢ 계급제는 공무원의 신분보장과 직업공무원제 확립에 유리하며, 직위분류제는 인력활용의 융통성을 높여 준다.
㉣ 고위공무원단에 소속된 공무원은 계급이 없는 대신 담당직무의 등급에 따라 그 직위가 결정된다.
㉤ 전문경력관은 일반직공무원이지만, 계급 구분과 직군·직렬 분류가 적용되지 않는다.

① ㉠, ㉡, ㉢
② ㉡, ㉢, ㉣
③ ㉡, ㉢, ㉤
④ ㉡, ㉣, ㉤
⑤ ㉢, ㉣, ㉤

정답해설 ㉣ 2006년 7월 고위공무원단제도가 도입되면서 실·국장급(1~3급) 이상 공무원의 계급을 폐지하고 직무등급 개념을 도입하였다. 처음에는 5개 등급으로 출발하였으나 현재는 2개 등급으로 운영되고 있다.
㉤ 계급 구분과 직군·직렬 분류가 적용되지 않는 공무원에는 전문경력관, 임기제공무원이 있다.

오답해설 ㉠ 우리나라는 계급제를 기초로 직위분류제를 가미하고 있다.
㉢ 계급제는 신분보장과 직업공무원제 확립에 유리하고, 직위분류제는 그 직무에 적합한 전문가를 특정 직무영역에서 묶어놓기 때문에 배치전환이 어려워서 인력활용의 융통성이 떨어진다.

Answer 6. ② 7. ②, ⑤ 8. ④

09

직위분류제
2017년 제5회

직위분류제에 관한 설명으로 옳지 않은 것은?

① 동일한 직무에 대한 동일한 보수 지급의 원칙에 부합한다.
② 직무의 내용, 특성, 자격 등 객관적인 기준에 따라 합리적인 인사가 이루어질 수 있다.
③ 조직 내에서 부서 간 협조와 교류를 원활하게 하지 못하는 단점이 있다.
④ 장기적인 발전 가능성이나 잠재력을 중시하는 직업공무원제의 수립에 유용하다.
⑤ 동일 직렬에 장기간 근무를 원칙으로 하기 때문에 행정의 전문화에 기여한다.

> **풀이 TIP** 공직 분류 기준이 사람 중심인가 직무 중심인가?

> **정답해설** ④ 장기적인 발전 가능성이나 잠재력을 중시하는 직업공무원제의 수립에 유용한 것은 직위분류제가 아니라 계급제이다.

10

하

직위분류제
2019년 제7회

직무가 지니는 상대적 가치를 평가하여 임금을 결정하는 보수체계는?

① 직무급   ② 근속급
③ 직능급   ④ 생활급
⑤ 성과급

> **풀이 TIP** 직무가 지니는 상대적 가치란 직무의 난이도를 의미한다.

> **정답해설** ① 직무급은 직무의 난이도 및 책임도에 따라 결정되는 보수이며, 이를 통해 보수의 공정성을 제고할 수 있다.

> **오답해설** ②, ③, ④, ⑤ 아래의 표 참고

기본급	생활급	생계비
	근속급	연공서열에 기초한 급여 ⇨ 연공급·속인급
	직무급	직무의 난이도에 기초한 급여
	직능급	직무수행능력 (근속급 + 직무급)
	성과급 (실적급)	산출물·성과에 기초한 급여

보수
- 기본급 = 봉급
  - 생활보상
    1. 생활급
    2. 근속급
  - 근로대가
    1. 직능급
    2. 직무급
    3. 성과급
- 부가급 = 수당
  1. 지역수당
  2. 초과근무 수당 등

11

중
임용
2013년 제1회

우리나라 공무원의 시보임용에 관한 설명으로 옳지 않은 것은?

① 임용권자는 시보임용 기간 중에 있는 공무원의 근무상황을 항상 지도·감독하여야 한다.

② 시보기간 중 근무성적이 좋으면 정규공무원으로 임용한다.

③ 시보기간은 시보공무원에게 행정실무의 습득기회를 제공하는 것이다.

④ 시보임용은 공무원으로서 적격성 여부를 판단하는 선발과정의 일부이다.

⑤ 시보공무원은 일종의 교육훈련 과정으로 교육에만 전념할 수 있도록 정규 공무원과 동일하게 공무원 신분을 보장한다.

풀이TIP 임용절차를 생각하자! 시보 후 보직발령!

정답해설 ⑤ 공무원 신분은 임명과 동시에 발생한다. 따라서 시보는 공무원 신분을 아직 취득하지 않은 단계이므로 정규 공무원과 동일하게 신분을 보장하지 않는다. 「국가공무원법」 제29조 제1항에 따르면, 5급 공무원을 신규 채용하는 경우에는 1년, 6급 이하의 공무원을 신규 채용하는 경우에는 6개월간 각각 시보로 임용하고 그 기간에 근무성적이 좋으면 정규 공무원으로 임용한다.

> **✦ 관련 법령**
> 「공무원 임용령」 제23조(시보임용) ① 임용권자는 시보임용 기간 중에 있는 공무원의 근무상황을 항상 지도·감독하여야 한다.
> 「국가공무원법」 제29조(시보 임용) ① 5급 공무원을 신규 채용하는 경우에는 1년, 6급 이하의 공무원을 신규 채용하는 경우에는 6개월간 각각 시보(試補)로 임용하고 그 기간에 근무성적이 좋으면 정규 공무원으로 임용한다.

✦ 공무원의 시보임용

의의	• 공무원으로 정식 임용되기 전에 직무수행에 적격자인지를 임용예정 부처에서 검증받는 것 • 실제로 직무를 수행할 수 있는 기회를 부여하고 이를 관찰하여 적격자 여부를 결정하는 것 • 다른 선발도구보다 비용이 많이 들지만 선발의 타당성을 높이는 데는 가장 효과적
목적	• 시보는 주로 신규채용 공무원을 대상으로 하나 경우에 따라서는 승진, 전보, 전직 등 내부임용의 경우에도 적용 가능 • 채용후보자의 적격성을 심사하기 위한 시험의 최종과정이며, 초임자를 훈련시키는 적응훈련의 기회를 제공한다는 의미도 있음
기간 및 특징	• 우리나라에서는 신규 채용되는 5급 이하 및 기능직 공무원에 대해서 시보제도를 적용. 5급은 1년, 6급 이하는 6개월 • 시보공무원의 행위가 징계사유에 해당될 경우에는 정규공무원과 동일하게 징계처분이 가능하며, 근무성적 또는 교육훈련성적이 불량할 경우 시보공무원은 신분보장이 되지 않기 때문에 신분보장 및 직권면직 규정에도 불구하고 면직시킬 수 있음 • 휴직한 기간, 직위해제기간 및 징계에 의한 정직 또는 감봉처분을 받은 기간은 시보임용 기간에 산입하지 않음 • 시보임용 기간 중에 있는 공무원이 근무성적·교육훈련성적이 나쁘거나 이 법 또는 이 법에 따른 명령을 위반하여 공무원으로서의 자질이 부족하다고 판단되는 경우에는 면직시키거나 면직을 제청할 수 있음

Answer 9. ④ 10. ① 11. ⑤

12

중
시보임용제도
2020년 제8회

우리나라 공무원 시보임용제도에 관한 설명으로 옳지 않은 것은?

① 공무원시험에 합격한 사람들의 공직 적격성을 심사하고 공무원 실무능력 배양을 위해 존재한다.

② 「국가공무원법」에 의하면 공무원의 시보기간은 3개월이다.

③ 시보기간 중 근무성적이 좋으면 정규공무원으로 임용한다.

④ 시보기간 중 교육훈련 성적이 나쁘거나 공무원으로서의 자질이 부족하다고 판단되는 경우 면직될 수 있다.

⑤ 시보기간 중 휴직한 기간, 직위해제 기간 및 징계에 따른 정직이나 감봉 처분을 받은 기간은 시보 임용 기간에 산입되지 않는다.

풀이 TIP 시보기간은 일반적으로 6개월 혹은 1년이다.

정답해설 ② 아래의 조항 참고

✦ 「국가공무원법」 제29조(시보 임용) ① 5급 공무원을 신규 채용하는 경우에는 1년, 6급 이하의 공무원을 신규 채용하는 경우에는 6개월간 각각 시보(試補)로 임용하고 그 기간의 근무성적·교육훈련성적과 공무원으로서의 자질을 고려하여 정규 공무원으로 임용한다. 다만, 대통령령등으로 정하는 경우에는 시보 임용을 면제하거나 그 기간을 단축할 수 있다.

오답해설 ①, ③ 시보제도는 공무원시험에 합격한 사람들의 공직 적격성을 심사하고 공무원 실무능력 배양을 위해 존재하며, 시보기간 중 근무성적이 좋으면 정규공무원으로 임용한다.
④ 시보기간 중 교육훈련 성적이 나쁘거나 공무원으로서의 자질이 부족하다고 판단되는 경우 면직될 수 있다.

✦ 「국가공무원법」 제29조(시보 임용) ③ 시보 임용 기간 중에 있는 공무원이 근무성적·교육훈련성적이 나쁘거나 이 법 또는 이 법에 따른 명령을 위반하여 공무원으로서의 자질이 부족하다고 판단되는 경우에는 제68조와 제70조에도 불구하고 면직시키거나 면직을 제청할 수 있다. 이 경우 구체적인 사유 및 절차 등에 필요한 사항은 대통령령등으로 정한다. 〈개정 2015. 5. 18.〉

⑤ 시보기간 중 휴직한 기간, 직위해제 기간 및 징계에 따른 정직이나 감봉 처분을 받은 기간은 시보 임용 기간에 산입되지 않는다.

✦ 「국가공무원법」 제29조(시보 임용) ② 휴직한 기간, 직위해제 기간 및 징계에 따른 정직이나 감봉 처분을 받은 기간은 제1항의 시보 임용 기간에 넣어 계산하지 아니한다.

13

중
근무성적평가
2014년 제2회

공무원에 대한 다면평가 방식의 장점과 유용성에 관한 설명으로 옳지 않은 것은?

① 조직구성원 간 원활한 커뮤니케이션을 통해 상호 이해의 폭을 넓힐 수 있다.

② 다면평가를 통해 능력과 성과중심의 인사관리가 이루어질 경우, 개인의 행태 변화에 긍정적인 영향을 미친다.

③ 개인평가에 있어서 다면평가를 통해 인사고과에 대한 객관성과 공정성을 높일 수 있다.

④ 평과결과는 구성원에 대한 보상과 개인별 역량개발 및 교육훈련 등에 활용될 수 있다.

⑤ 다면평가는 조직 내 구성원 간의 갈등 해소 및 신뢰성을 제고하고, 그 평과결과는 승진이나 전보, 성과급 지급 등에 활용해야 한다.

풀이TIP 아랫사람으로부터 평가를 받는다. 그때 기분은?

정답해설 ⑤ 다면평가는 조직 내 구성원 간의 스트레스 및 갈등을 초래하고, 그 평과 결과가 2010년 이후 승진 등에 활용되지 않고 구성원의 역량개발 및 교육훈련 등에 참고 자료로만 활용되고 있다.

✦ 다면평가의 장단점

장점	단점
• 구성원의 장단점에 대한 다양한 의견을 수렴함으로써 능력 발전 유도 • 다수 평가자의 참여로 공정성·객관성·신뢰성을 제고함으로써 피평가자의 승복 가능성이 높고 소수인의 주관과 편견·개인 편차를 줄임 • 특정 상관에 대한 충성을 국민 중심적인 것으로 전환하여 충성심의 다원화와 분권화 촉진 • 민주적 리더십 발전 • 공정한 평가로 동기유발과 자기개발 촉진	• 통제망의 확대로 인한 갈등과 스트레스 증대 • 절차의 복잡성과 시간 소모 • 과다한 평정 참여자나 담합에 의한 평정으로 인한 형평성·신뢰성·정확성 저하 우려 • 포퓰리즘(인기영합주의)으로 인한 목표의 왜곡 • 피평정자의 무지와 일탈된 행동

3과목 · 행정학개론

14

근무성적평가
2015년 제3회

근무성적 평정 시 평점자의 평정기준이 일정치 않아 관대화 및 엄격화 경향이 불규칙하게 나타나는 오류는?

① 체계적 오류(systematic error)
② 연쇄효과로 인한 오류(halo effect error)
③ 선입견에 의한 오류(personal bias error)
④ 집중화 오류(central tendency error)
⑤ 총계적 오류(total error)

풀이 TIP 널뛰기 평가방식인 '불규칙' 오류는?

정답해설 ⑤ 문제는 총계적 오류에 대한 설명이다.

오답해설 ① 체계적 오류(systematic error)는 평정자가 다른 평정자보다 일관적·지속적으로 과대 또는 과소 평정하는 현상을 말한다.
② 연쇄효과(halo effect)는 평정자가 가지고 있는 인상 등에 의해서 평정요소 간에 나타나는 현상이다(＝ 후광효과).
③ 선입견에 의한 오류(personal bias error)는 사람에 대한 경직된 편견·고정관념에 의한 오류를 말한다(＝ 유형화의 오류 ＝ 스테레오 타입 ＝ 투사).
④ 집중화 오류(central tendency error)는 평정자가 피평정자에게 일관되게 중간 점수대로 평가하는 현상이다.

15

다음에서 설명하는 근무성적평정방법은?

- 주요과업 분야별로 바람직한 행태의 유형 및 등급을 구분·제시한 뒤, 평정대상자의 행태를 관찰하여 해당사항에 표시하게 하는 방법이다.
- 척도의 설계과정에 평정대상자를 공동으로 참여하게 함으로써 평정에 대한 신뢰와 적극적인 관심을 기대할 수 있다.
- 직무가 다르면 별개의 평정양식이 있어야 하는 등 개발에 많은 시간과 비용이 요구된다.

① 중요사건 기록법
② 행태기준 평정척도법
③ 서열법
④ 목표관리제 평정법
⑤ 도표식 평정척도법

풀이TIP '바람직한 행동'의 등급을 구분한다는 것이 핵심이다.

정답해설 ② 제시문은 행태기준 평정척도법에 대한 내용이다.

✦ 행태기준 평정척도법
특정 평정요소에 대한 행동유형을 등급별로 구분한 뒤, 평정대상자의 행동을 관찰해서 해당 사항에 표시하는 방법 ⇨ 행태기준 평정척도법은 척도설계과정에 피평정자가 참여하는바 그의 신뢰와 관심, 참여를 기대할 수 있다. 또한, 직무가 다르면 별개의 평정양식이 있어야 하는 까닭에 개발에 많은 시간과 비용이 요구된다.

- 평정대상자의 행태를 가장 대표할 수 있는 칸에 체크 표시하여 주세요.
- 평정요소: 협동정신

등급	행태유형
7	부하직원과 상세하게 대화를 나누고 그에 대한 해결방안을 내놓는다.
6	스스로 해결할 수 없는 문제는 상관에게 자문을 구하여 해결책을 찾는다.
5	스스로 해결하려고 노력하지만, 가끔 잘못된 결과를 초래한다.
4	일시적인 해결책으로 대응하여 문제가 계속 발생한다.
3	부하직원의 의사를 참고하지 않고 독단적으로 결정한다.
2	문제해결에 있어 개인적인 감정을 내세운다.
1	어떤 결정을 내려야 할 상황인데 결정을 회피하거나 미룬다.

오답해설 ① 중요사건 기록법: 평정대상자의 직무수행과 관련된 중요한 사건(행동)을 관찰하여 평정기간 동안 일시적으로 기록한 후 누적된 사건을 중심으로 평정하는 방법
③ 서열법: 피평정자 간의 근무성적을 서로 비교해서 서열을 정하는 방법
④ 목표관리제 평정법: 부하의 참여를 통해 구체적인 목표를 설정 후 목표달성 여부를 평가 및 환류하는 방법
⑤ 도표식 평정척도법: 근무성적평정에 있어 가장 대표적인 평정방법으로써 한편에는 실적·능력 등을 나타내는 평정요소(평가요소)를 나열하고, 다른 편에는 우열을 나타내는 등급을 수·우·미, 1·2·3 등으로 표시함

Answer⁺ 14. ⑤ 15. ②

16

상
승진
2021년 제9회

국가공무원법상 우수 공무원으로 특별승진임용하거나 일반 승진시험에 우선 응시하게 할 수 있는 경우에 해당하지 않는 것은?

① 청렴하고 투철한 봉사 정신으로 직무에 모든 힘을 다하여 공무 집행의 공정성을 유지하고 깨끗한 공직 사회를 구현하는 데에 다른 공무원의 귀감이 되는 자
② 공무원으로 10년 이상 근속하고, 정년 전에 스스로 퇴직할 때
③ 직무수행 능력이 탁월하여 행정 발전에 큰 공헌을 한 자
④ 제안제도의 운영에 있어서 제안의 채택·시행으로 국가 예산을 절감하는 등 행정 운영 발전에 뚜렷한 실적이 있는 자
⑤ 재직 중 공적이 특히 뚜렷한 자가 공무로 사망한 때

풀이 TIP 명예퇴직은 20년 근속을 기준으로 한다.

정답해설 ② 특별승진 등에 해당하는 사유가 아니다.

✦「국가공무원법」제74조의2(명예퇴직 등) ① 공무원으로 20년 이상 근속(勤續)한 자가 정년 전에 스스로 퇴직하면 예산의 범위에서 명예퇴직 수당을 지급할 수 있다.

오답해설 ①, ③, ④, ⑤ 아래의 조항 참고

✦「국가공무원법」제40조의4(우수 공무원 등의 특별승진) ① 공무원이 다음 각 호의 어느 하나에 해당하면 제40조 및 제40조의2에도 불구하고 특별승진임용하거나 일반 승진시험에 우선 응시하게 할 수 있다.
  1. 청렴하고 투철한 봉사 정신으로 직무에 모든 힘을 다하여 공무 집행의 공정성을 유지하고 깨끗한 공직 사회를 구현하는 데에 다른 공무원의 귀감(龜鑑)이 되는 자
  2. 직무수행 능력이 탁월하여 행정 발전에 큰 공헌을 한 자
  3. 제53조에 따른 제안의 채택·시행으로 국가 예산을 절감하는 등 행정 운영 발전에 뚜렷한 실적이 있는 자
  4. 재직 중 공적이 특히 뚜렷한 자가 제74조의2에 따라 명예퇴직 할 때
  5. 재직 중 공적이 특히 뚜렷한 자가 공무로 사망한 때

17 다음에서 설명하는 부패의 종류는?

중
공직부패
2017년 제5회

> • 부패행위로 규정될 수 있으나 사회구성원의 다수가 어느 정도 용인하는 관례화된 부패로서 사회 체제에 심각한 파괴적 영향을 미치지 않는다.
> • 금융위기가 심각함에도 불구하고 국민들의 동요나 기업 활동의 위축을 방지하기 위해 금융위기가 전혀 없다고 관련 공무원들이 거짓말을 하는 것과 같이 공무원이 사적인 이익을 취하기 위해서가 아니라, 경제안정 등과 같이 공익을 위한 목적으로 행한다.

① 백색부패 ② 일탈형 부패 ③ 흑색부패
④ 제도화된 부패 ⑤ 회색부패

3과목 ✦ 행정학개론

풀이 **TIP** '구성원의 다수가 어느 정도 용인하는', '공무원들이 거짓말을 하는', '사적인 이익을 위해서가 아니라, 공익을 위한 목적'이 힌트이다.

정답해설 ① 제시문에서 설명하는 것은 백색부패이다. 이는 사회에 심각한 해가 없거나 사익을 추구하려는 기도가 없는 선의의 부패로서 구성원들이 어느 정도 용인할 수 있는 관례화된 부패이다. 미풍양속형 부패라고도 하며, 외환위기는 없다는 식의 선의의 거짓말, 출퇴근카드 허위체크 등이 이러한 사례에 해당한다.

오답해설 ② 일탈형 부패란 구조되지 않은 일시적 부패로서 개인의 윤리적 일탈로 인한 부패이며 우발적 부패라고도 한다.
③ 흑색부패란 사회체제에 명백하고 심각한 해를 끼치는 부패로서 구성원 모두가 인정하고 처벌을 원하는 부패를 말한다.
④ 제도화된 부패란 부패공직자가 죄의식도 느끼지 못하면서 조직의 옹호를 받도록 체제화된 부패를 말한다. 행정체제 내에서 부패가 실질적인 규범의 위치를 차지함으로써 조직의 본래적 임무 수행을 위한 공식적 행동규범이 예외적인 것으로 전락하게 된다. 부패가 제도화되어 있는 이러한 상황에서는 부패한 구성원이 조직의 옹호를 받는 반면에 공식적 행동규범을 고수하려는 구성원들은 공식적 혹은 비공식적으로 처벌이나 제재를 받을 가능성이 있다(G. E. Caiden).
⑤ 회색부패란 사회체제에 파괴적인 영향을 미칠 수 있는 잠재성을 지닌 부패로서 사회구성원 가운데 일부집단은 처벌을 원하지만 다른 일부집단은 처벌을 원하지 않는 부패이다.

✦ 흑색 · 회색 · 백색부패

유형	현재적 위험성	잠재적 위험성	처벌 여부
흑색부패	○	○	○
회색부패	×	○	△
백색부패	×	×	×

> ✦ **제도화된 부패의 상황적 특징**
> 1. 공식규범의 형해화 : 조직은 내부에서 잘 지켜지지 않는 공식적 행동규범을 대외적으로 내세우나, 이러한 공식적 행동규범의 위반을 조장, 방조, 은폐하려는 경향이 있다.
> 2. 부패에 대한 관대한 처분 : 공식적 행동규범을 고수하는 구성원이 제재를 받는 반면에, 공식적 행동규범을 위반하는 사람들은 보호를 받고, 부패 사실이 외부에 노출되는 경우에도 관대한 처분을 받는다.
> 3. 부패에 대한 침묵 : 부패에 저항하거나 그것을 폭로하려는 사람들은 여러 가지 보복을 당하며, 부패에 저항할 가능성이 있는 사람들에게는 갖가지 위협을 가하여 침묵시킨다.

Answer ✦ 16. ② 17. ①

18

공직부패
2019년 제7회

공직부패에 관한 설명으로 옳은 것은?

① 사회문화적 접근법은 공직부패의 원인에 대하여 문화적 특성, 제도상 결함, 구조상 모순 등 다양한 요인으로 설명한다.

② 체제론적 접근법은 부패의 원인을 주로 개인들의 윤리의식과 자질에서 찾는다.

③ 제도적 접근법에서 행정통제 장치의 미비는 공무원 부패의 주요 원인이다.

④ 백색부패는 부당하게 사익을 추구하는 부패의 유형이다.

⑤ 부패의 제도화 정도에 따라 거래형 부패와 사기형 부패로 나눌 수 있다.

풀이 TIP 제도적 접근은 공무원의 부패가 발생하는 원인을 공식적인 제도에서 찾는다.

정답해설 ③ 제도적 접근법은 공식적 제도의 미비가 공무원의 부패를 야기한다는 관점이다.

오답해설 ① 체제론적 접근에 대한 내용이다.

② 도덕적 접근법에 대한 내용이다.

④ 백색부패는 국민이 용인할 수 있는 선의의 부패에 해당한다.

⑤ 부패의 제도화 정도에 따른 분류는 제도적 부패와 우발적(일탈형) 부패이다. ⇨ 거래형 부패와 사기형 부패는 거래의 유무에 따른 분류이다.

19

신분보장과 징계
2018년 제6회

우리나라 「국가공무원법」상 임용에 관한 설명으로 옳은 것은?

① 강임은 징계처분에 의한 수직적 인사이동이다.

② 전직이란 직렬을 달리하는 임명을 말한다.

③ 실무 수습 중인 채용후보자는 형법에 따른 벌칙을 적용할 때 공무원으로 보지 않는다.

④ 개방형 직위는 해당 기관 내·외부의 공무원 중에서 직무수행 적격자를 선발·임용하는 제도이다.

⑤ 공모 직위는 특정 직위에 결원이 발생하면 공직 내외를 불문하고 공개모집에 의해 적격자를 선발·임용하는 제도이다.

풀이TIP 전직은 일의 종류, 즉 직렬을 바꾸는 것이다.

정답해설 ② 전직은 내부임용 중 수평적 이동에 해당하는 것으로서 배치전환의 종류 중 하나이다. 이는 직렬을 변경(일의 종류 변경)하는 재배치이므로 시험을 치러야 한다.

✦ 「국가공무원법」 제28조의3(전직) 공무원을 전직 임용하려는 때에는 전직시험을 거쳐야 한다.

오답해설 ① 강임은 수직적 인사이동이나 징계는 아니다.

✦ 「국가공무원법」 제73조의4(강임) ① 임용권자는 직제 또는 정원의 변경이나 예산의 감소 등으로 직위가 폐직되거나 하위의 직위로 변경되어 과원이 된 경우 또는 본인이 동의한 경우에는 소속 공무원을 강임할 수 있다.

③ 실무 수습 중인 채용후보자는 형법에 따른 벌칙을 적용할 때 공무원으로 간주한다.

✦ 「국가공무원법」 제39조(채용후보자의 임용 절차) ④ 임용권자는 채용후보자에 대하여 임용 전에 실무 수습을 실시할 수 있다. 이 경우 실무 수습 중인 채용후보자는 그 직무상 행위를 하거나 「형법」 또는 그 밖의 법률에 따른 벌칙을 적용할 때에는 공무원으로 본다.

④ 개방형 직위가 아니라 공모직위에 대한 내용이다. ➡ 공모직위는 해당 기관 내·외부의 공무원 중에서 직무수행 적격자를 임용하는 제도이며, 개방형 직위는 공무원과 민간인 중에서 적격자를 임용하는 제도이다.

⑤ 공모직위는 해당 기관의 직위 중 효율적인 정책 수립 또는 관리를 위하여 해당 기관 내부 또는 외부의 공무원 중에서 적격자를 임용할 필요가 있을 때 운영할 수 있다.

✦ 「국가공무원법」 제28조의5(공모 직위) ① 임용권자나 임용제청권자는 해당 기관의 직위 중 효율적인 정책 수립 또는 관리를 위하여 해당 기관 내부 또는 외부의 공무원 중에서 적격자를 임용할 필요가 있는 직위에 대하여는 공모 직위(公募 職位)로 지정하여 운영할 수 있다.

20

신분보장과 징계
2015년 제3회

「국가공무원법」상에 규정된 직위해제 사유에 해당되지 않는 자는?

① 직무수행 능력이 부족한 자
② 휴직 사유가 소멸된 후에도 직무에 복귀하지 않은 자
③ 근무성적이 극히 나쁜 자
④ 파면 · 해임에 해당하는 징계의결이 요구 중인 자
⑤ 정직에 해당하는 징계의결이 요구 중인 자

정답해설 ② 직권면직 사유에 해당한다.

오답해설 최근에는 ①, ③, ④, ⑤ 이외에도 금품비위, 성범죄 등으로 검찰, 감사원 등의 수사 · 조사기관으로부터 수사 · 조사를 받는 자로서 그 비위의 정도가 현저하여 정상적인 업무수행을 기대하기 어려운 경우에도 직위해제를 시킬 수 있다.

✦ 직위해제와 직권면직의 사유

직위해제 사유	직권면직 사유
• 직무수행 능력이 부족하거나 근무성적이 극히 나쁜 자 • 파면 · 해임 · 강등 또는 정직에 해당하는 징계 의결이 요구 중인 자 • 형사 사건으로 기소된 자(약식명령이 청구된 자는 제외한다) • 고위공무원단에 속하는 일반직공무원으로서 제70조의2 제1항 제2호부터 제5호까지의 사유로 적격심사를 요구받은 자 • 금품비위, 성범죄 등 대통령령으로 정하는 비위행위로 인하여 감사원 및 검찰 · 경찰 등 수사기관에서 조사나 수사 중인 자로서 비위의 정도가 중대하고 이로 인하여 정상적인 업무수행을 기대하기 현저히 어려운 자	• 직제와 정원의 개폐 또는 예산의 감소 등에 따라 폐직(廢職) 또는 과원(過員)이 되었을 때 • 휴직 기간이 끝나거나 휴직 사유가 소멸된 후에도 직무에 복귀하지 아니하거나 직무를 감당할 수 없을 때 • 제73조의3 제3항에 따라 대기 명령을 받은 자가 그 기간에 능력 또는 근무성적의 향상을 기대하기 어렵다고 인정된 때 • 전직시험에서 세 번 이상 불합격한 자로서 직무수행 능력이 부족하다고 인정된 때 • 병역판정검사 · 입영 또는 소집의 명령을 받고 정당한 사유 없이 이를 기피하거나 군복무를 위하여 휴직 중에 있는 자가 군복무 중 군무(軍務)를 이탈하였을 때 • 해당 직급 · 직위에서 직무를 수행하는데 필요한 자격증의 효력이 없어지거나 면허가 취소되어 담당 직무를 수행할 수 없게 된 때 • 고위공무원단에 속하는 공무원이 제70조의2에 따른 적격심사 결과 부적격 결정을 받은 때

21

신분보장과 징계
2016년 제4회

공무원의 강등과 강임에 관한 설명으로 옳은 것은?

① 강등은 직위가 폐직되거나 하위의 직위로 변경되어 과원이 된 경우에 이루어진다.

② 강임은 결원을 보충하는 방법의 하나이다.

③ 강등된 공무원은 상위 직급에 결원이 생기면 우선승진의 대상이 된다.

④ 공무원 본인이 동의하지 않으면 강등할 수 없다.

⑤ 징계의 수단으로 강임이 제도적으로 인정되고 있다.

풀이 TIP 강등은 징계수단이나 강임은 징계수단이 아니다!

정답해설 ② 강임은 결원을 보충하는 수직적 임용방식으로서 징계의 수단이 아니다. 반면, 강등은 징계의 수단이다. 강등이란 1계급 아래로 직급을 내리고(고위공무원단에 속하는 공무원은 3급으로 임용하고, 연구관 및 지도관은 연구사 및 지도사로 한다) 공무원신분은 보유하나 3개월간 직무에 종사하지 못하며 그 기간 중 보수는 전액을 감하는 징계처분이다(「국가공무원법」 제80조).

오답해설 ①, ③, ④ 모두 강임에 대한 설명이다. 강임이란 같은 직렬 내에서 하위 직급에 임명하거나 하위 직급이 없어 다른 직렬의 하위 직급으로 임명하거나 고위공무원단에 속하는 일반직공무원(계급 구분을 적용하지 아니하는 공무원은 제외)을 고위공무원단 직위가 아닌 하위 직위에 임명하는 것을 말한다(「국가공무원법」 제5조 제4호).

⑤ 징계의 수단으로 제도적으로 강등이 인정되고 있다(「국가공무원법」 제79조).

> ✦ 「국가공무원법」 관련 조문
>
> **제5조(정의)**
> 　4. "강임(降任)"이란 같은 직렬 내에서 하위 직급에 임명하거나 하위 직급이 없어 다른 직렬의 하위 직급으로 임명하거나 고위공무원단에 속하는 일반직공무원(계급 구분을 적용하지 아니하는 공무원은 제외)을 고위공무원단 직위가 아닌 하위 직위에 임명하는 것을 말한다.
>
> **제73조의4(강임)** ① 임용권자는 직제 또는 정원의 변경이나 예산의 감소 등으로 직위가 폐직되거나 하위의 직위로 변경되어 과원이 된 경우 또는 본인이 동의한 경우에는 소속 공무원을 강임할 수 있다.
> ② 제1항에 따라 강임된 공무원은 상위 직급 또는 고위공무원단 직위에 결원이 생기면 우선 임용된다. 다만, 본인이 동의하여 강임된 공무원은 본인의 경력과 해당 기관의 인력 사정 등을 고려하여 우선 임용될 수 있다.
>
> **제79조(징계의 종류)** 징계는 파면·해임·강등·정직(停職)·감봉·견책(譴責)으로 구분한다.
>
> **제80조(징계의 효력)** ① 강등은 1계급 아래로 직급을 내리고(고위공무원단에 속하는 공무원은 3급으로 임용하고, 연구관 및 지도관은 연구사 및 지도사로 한다) 공무원신분은 보유하나 3개월간 직무에 종사하지 못하며 그 기간 중 보수는 전액을 감한다. 다만, 제4조 제2항에 따라 계급을 구분하지 아니하는 공무원과 임기제공무원에 대해서는 강등을 적용하지 아니한다.

22

현행 「국가공무원법」에 규정된 징계처분에 관한 설명으로 옳지 않은 것은?

① 징계의 종류는 파면·해임·강등·정직·직위해제·감봉·견책으로 구분한다.

② 파면과 해임은 징계위원회의 의결을 거쳐 각 임용권자 또는 임용권을 위임한 상급 감독기관의 장이 한다.

③ 강등은 공무원 신분은 보유하나 3개월간 직무에 종사하지 못하고 그 기간 중 보수의 3분의 2를 감한다.

④ 정직은 1개월 이상 3개월 이하이며, 정직기간 동안 공무원의 신분은 유지하되, 직무에 종사하지 못하고 보수의 3분의 2를 감한다.

⑤ 징계의결 등의 요구는 징계 등의 사유가 발생한 날부터 3년(금품 및 향응 수수, 공금의 횡령·유용의 경우에는 5년)이 지나면 하지 못한다.

풀이 TIP 공무원법상 징계는 6개가 전부다!

정답해설 ① 「국가공무원법」상의 징계는 파면·해임·강등·정직·감봉·견책으로 구분된다. 직위해제는 징계의 종류에 포함되지 않는다.

③, ④ 출제 당시에는 옳다. 강등과 정직의 경우, 현재는 보수 전액을 삭감한다.

✦ **「국가공무원법」 관련 조문**
제79조(징계의 종류) 징계는 파면·해임·강등·정직(停職)·감봉·견책(譴責)으로 구분한다.
제80조(징계의 효력) ① 강등은 1계급 아래로 직급을 내리고(고위공무원단에 속하는 공무원은 3급으로 임용하고, 연구관 및 지도관은 연구사 및 지도사로 한다) 공무원신분은 보유하나 3개월간 직무에 종사하지 못하며 그 기간 중 보수는 전액을 감한다. 다만, 제4조 제2항에 따라 계급을 구분하지 아니하는 공무원과 임기제공무원에 대해서는 강등을 적용하지 아니한다.
③ 정직은 1개월 이상 3개월 이하의 기간으로 하고, 정직 처분을 받은 자는 그 기간 중 공무원의 신분은 보유하나 직무에 종사하지 못하며 보수는 전액을 감한다.
제82조(징계 등 절차) ① 공무원의 징계처분 등은 징계위원회의 의결을 거쳐 징계위원회가 설치된 소속 기관의 장이 하되, 국무총리 소속으로 설치된 징계위원회(국회·법원·헌법재판소·선거관리위원회에 있어서는 해당 중앙인사관장기관에 설치된 상급 징계위원회를 말한다. 이하 같다)에서 한 징계의결 등에 대하여는 중앙행정기관의 장이 한다. 다만, 파면과 해임은 징계위원회의 의결을 거쳐 각 임용권자 또는 임용권을 위임한 상급 감독기관의 장이 한다.
제83조의2(징계 및 징계부가금 부과 사유의 시효) ① 징계의결 등의 요구는 징계 등의 사유가 발생한 날부터 3년(제78조의2 제1항 각 호의 어느 하나에 해당하는 경우에는 5년)이 지나면 하지 못한다.

23 「국가공무원법」상 공무원의 징계에 관한 설명으로 옳지 않은 것은?

신분보장과 징계
2019년 제7회

① 징계는 파면·해임·강등·정직·감봉·견책으로 구분한다.

② 정직은 1개월 이상 3개월 이하의 기간으로 하고, 그 기간 중 보수는 3분의 2를 감한다.

③ 감봉은 1개월 이상 3개월 이하의 기간 동안 보수의 3분의 1을 감한다.

④ 견책은 전과에 대하여 훈계하고 회개하게 한다.

⑤ 징계로 해임처분을 받은 때부터 3년이 지나지 아니한 자는 공무원으로 임용될 수 없다.

풀이 TIP 중징계(해임 및 파면 제외)는 모두 보수의 전액을 감한다.

정답해설 ② 정직은 1개월 이상 3개월 이하의 기간으로 하고, 그 기간 중 보수는 전액을 감액한다.

오답해설 ④ 「국가공무원법」 제80조(징계의 효력) ⑤ 견책(譴責)은 전과(前過)에 대하여 훈계하고 회개하게 한다.
①, ③, ⑤ 아래의 표 참고

✦ **징계의 종류**

	구분	의미	승급제한	직무정지	신분보유	보수
경징계	견책	훈계 및 회개 유도	6개월	×	○	
	감봉	보수의 불이익	12개월	×	○	• 1~3개월 • 보수 1/3 삭감

	구분	의미	승급제한	직무정지	신분보유	보수
중징계	정직	직무정지 포함	18개월	1~3개월 정지	○	• 1~3개월 • 보수 전액 삭감
	강등	1계급 직급을 내림	18개월	3개월	○	• 3개월 • 보수 전액 삭감

	구분	의미	공직취임 제한	퇴직급여 및 퇴직수당
	해임	공무원 신분박탈	3년	• 원칙적으로 제한 × • 단, 금품 수수 등의 경우 • 5년 미만 근무: 1/8 삭감 • 5년 이상 근무: 1/4 삭감 • 퇴직수당: 1/4
	파면		5년	• 제한 ○ • 5년 미만 근무: 1/4 삭감 • 5년 이상 근무: 1/2 삭감 • 퇴직수당: 1/2

Answer 22. ①, ③, ④ 23. ②

24

미국 행정학의 형성과 발달과정에 관한 설명으로 옳지 않은 것은?

① 1883년 제정된 펜들턴법(Pendleton Act)에 의해 엽관제 인사제도가 도입되었다.

② 1887년 윌슨(W. Wilson)은 "행정의 연구(The Study of Administration)"에서 행정의 본질을 관리로 파악하였다.

③ 1920년대에서 1930년대에 걸쳐 능률에 기초한 관리를 주장하는 정통 행정학의 모습을 갖추게 되었다.

④ 1930년대 이후 등장한 정치행정일원론은 행정의 정책형성 기능을 중시하였다.

⑤ 1940년대 이후 행태주의는 행정학의 과학화를 위하여 사실판단적인 것만을 연구대상으로 삼았다.

> **풀이 TIP** 펜들턴법은 1883년에, 엽관주의는 1829년에 도입된 제도이다.

정답해설 ① 1883년 제정된 펜들턴법(Pendleton Act)에 의해 실적제 인사제도가 도입되었다.

오답해설 ② 1887년 윌슨(W. Wilson)은 "행정의 연구(The Study of Administration)"에서 행정의 본질을 능률적인 관리로 파악하였다.

③ 1920년대에서 1930년대 초기에 걸쳐 능률에 기초한 관리를 주장하는 정통 행정학, 즉 주류행정학의 모습을 갖추게 되었다.

④ 1930년대 이후 등장한 정치행정일원론은 행정부가 어느 정도의 정책형성을 할 수 있음을 인정한다.

⑤ 1940년대 이후 행태주의는 행정학의 과학성, 즉 보편적 지식을 탐구하기 위해 사실판단적인 것만을 연구대상으로 삼았다.

25

우리나라 근무성적평가의 대상이 되는 공무원은?

① 정무직 공무원   ② 고위공무원단 소속 공무원

③ 3급 이상 별정직 공무원   ④ 4급 이상 공무원

⑤ 5급 이하 공무원

> **풀이 TIP** 성과계약 등 평가는 4급 이상, 근무성적평가는 5급 이하 공무원에게 적용된다.

정답해설 ⑤ 근무성적평가 대상 공무원은 5급 이하 공무원이다.

- ✦ 「공무원 성과평가 등에 관한 규정」 제12조(근무성적평가의 대상) 5급 이하 공무원, 우정직공무원, 「연구직 및 지도직공무원의 임용 등에 관한 규정」 제9조에 따른 연구직 및 지도직공무원에 대한 근무성적평정은 근무성적평가에 의한다.

- ✦ 「공무원 성과평가 등에 관한 규정」 제7조(평가 대상) 4급 이상 공무원(고위공무원단에 속하는 공무원을 포함한다)과 연구관·지도관 및 전문직공무원에 대한 근무성적평정은 성과계약등 평가에 의한다. 다만, 소속 장관은 5급 이하 공무원 및 우정직공무원 중 성과계약등 평가가 적합하다고 인정하는 공무원에 대해서도 성과계약등 평가를 실시할 수 있다.

26

중
고위공무원단
2022년 제10회

우리나라 고위공무원단제도에 관한 설명으로 옳지 않은 것은?

① 고위공무원단을 구성하는 공무원은 전원 중앙행정기관 소속이다.

② 각 부처 장관은 소속에 관계없이 전체 고위공무원단 중에서 적임자를 인선한다.

③ 계급과 연공서열 보다는 직무와 성과 중심의 인사관리를 추구한다.

④ 행정부처에 배치된 고위공무원의 인사와 복무는 소속 장관이 관리한다.

⑤ 고위직의 개방을 확대하고 경쟁을 촉진하기 위한 제도이다.

풀이TIP 광역지방자치단체의 행정 부단체장도 고위공무원단이다.

정답해설 ① 고위공무원단은 중앙행정기관, 지방자치단체 등의 직위를 포함하고 있다.

> ✦ **「국가공무원법」 제2조의2(고위공무원단)** ① 국가의 고위공무원을 범정부적 차원에서 효율적으로 인사관리하여 정부의 경쟁력을 높이기 위하여 고위공무원단을 구성한다.
> ② 제1항의 "고위공무원단"이란 직무의 곤란성과 책임도가 높은 다음 각 호의 직위(이하 "고위공무원단 직위"라 한다)에 임용되어 재직 중이거나 파견·휴직 등으로 인사관리되고 있는 일반직공무원, 별정직공무원 및 특정직공무원(특정직공무원은 다른 법률에서 고위공무원단에 속하는 공무원으로 임용할 수 있도록 규정하고 있는 경우만 해당한다)의 군(群)을 말한다.
> 1. 「정부조직법」 제2조에 따른 중앙행정기관의 실장·국장 및 이에 상당하는 보좌기관
> 2. 행정부 각급 기관(감사원은 제외한다)의 직위 중 제1호의 직위에 상당하는 직위
> 3. 「지방자치법」 제123조 제2항·제125조 제5항 및 「지방교육자치에 관한 법률」 제33조 제2항에 따라 국가공무원으로 보하는 지방자치단체 및 지방교육행정기관의 직위 중 제.1호의 직위에 상당하는 직위

오답해설 ② 고위공무원단제도는 고위직의 경쟁을 촉진하므로 각 부처 장관은 소속에 관계없이 전체 고위공무원단 중에서 적임자를 인선한다.

③, ⑤ 고위공무원단은 직위분류제를 적용하는 과정에서 도입한 제도이다.

④ 행정부처에 배치된 고위공무원의 인사와 복무는 소속 장관이 관리한다.

공무원 성과평가 등에 관한 규정 제7조(평가 대상) 4급 이상 공무원(고위공무원단에 속하는 공무원을 포함한다)과 연구관·지도관 및 전문직공무원에 대한 근무성적평정은 성과계약등 평가에 의한다. 다만, 소속 장관은 5급 이하 공무원 및 우정직공무원 중 성과계약 등 평가가 적합하다고 인정하는 공무원에 대해서도 성과계약 등 평가를 실시할 수 있다.

27

중앙인사행정기관
2022년 제10회

우리나라 인사혁신처에 관한 설명으로 옳지 않은 것은?

① 법률의 범위 내에서 인사규칙을 제정한다.

② 인사행정의 공정성을 제고하기 위한 독립합의형 대통령 직속기관이다.

③ 인사 법령에 따라 인사행정에 관한 구체적인 사무를 수행한다.

④ 행정기관 소속 공무원의 징계처분 등에 대한 소청을 심사·결정하기 위하여 소청심사위원회를 둔다.

⑤ 인사행정을 수행하는 중앙정부의 인사행정기관이다.

풀이 TIP 인사혁신처는 처장에게 많은 권한이 부여되어 있는 부처형이다.

정답해설 ② 인사혁신처는 비독립·단독형이며, 국무총리 소속이다.

오답해설 ①, ③, ⑤ 아래의 조항 참고

> ✦ 「국가공무원법」 제6조(중앙인사관장기관) ① 인사행정에 관한 기본 정책의 수립과 이 법의 시행·운영에 관한 사무는 다음 각 호의 구분에 따라 관장(管掌)한다.
>   1. 국회는 국회사무총장
>   2. 법원은 법원행정처장
>   3. 헌법재판소는 헌법재판소사무처장
>   4. 선거관리위원회는 중앙선거관리위원회사무총장
>   5. 행정부는 인사혁신처장
> ② 중앙인사관장기관의 장(행정부의 경우에는 인사혁신처장을 말한다. 이하 같다)은 각 기관의 균형적인 인사 운영을 도모하고 인력의 효율적인 활용과 능력 개발을 위하여 법령으로 정하는 바에 따라 인사관리에 관한 총괄적인 사항을 관장한다.
>
> ✦ 「국가공무원법」 제32조의2(인사교류) 인사혁신처장은 행정기관 상호간, 행정기관과 교육·연구기관 또는 공공기관 간에 인사교류가 필요하다고 인정하면 인사교류계획을 수립하고, 국무총리의 승인을 받아 이를 실시할 수 있다.

④ 아래의 조항 참고

> ✦ 「국가공무원법」 제9조(소청심사위원회의 설치) ① 행정기관 소속 공무원의 징계처분, 그 밖에 그 의사에 반하는 불리한 처분이나 부작위에 대한 소청을 심사·결정하게 하기 위하여 인사혁신처에 소청심사위원회를 둔다.

28

인사행정제도
2022년 제10회

직업공무원제도에 관한 설명으로 옳지 않은 것은?

① 젊고 유능한 인재들이 공직을 평생직업으로 선택하여 근무하게 하는 제도이다.
② 행정의 계속성과 안정성을 확보하게 한다.
③ 폐쇄적 임용으로 인해 공직분위기의 침체가 우려된다.
④ 일반행정가 보다는 전문행정가 양성을 목표로 한다.
⑤ 신분보장으로 인해 무사안일과 관료의 병리현상이 초래될 위험이 있다.

풀이TIP 직업공무원제는 계급제를 기초로 운영되는 인사행정제도이다.

정답해설 ④ 직업공무원제도는 폐쇄형·일반행정가·정년보장을 특징으로 하는 인사행정제도이다.

오답해설 ① 직업공무원제도는 젊고 잠재성 있는 인재를 채용해서 이들에게 평생 공무원으로 근무하게 하는 제도이다.
② 직업공무원제도는 공무원에게 정년을 보장하므로 행정의 계속성과 안정성을 확보하게 한다.
③ 직업공무원제도는 외부의 전문가를 조직의 중간 계층에 충원하지 않는바 공직분위기 침체를 야기할 수 있다.
⑤ 강력한 신분보장은 공무원의 무사안일 및 여러 병리현상을 초래할 수 있다.

29

직위분류제
2023년 제11회

직위분류제에 관한 설명으로 옳지 않은 것은?

① 조직 내의 직위들을 각 직위에 배당된 직무의 속성에 따라 분류·관리하는 제도를 말한다.
② 직위(職位)란 1명의 공무원에게 부여할 수 있는 직무와 책임을 말한다.
③ 직군(職群)이란 직무의 종류·곤란성과 책임도가 상당히 유사한 직위의 군을 말한다.
④ 직렬(職列)이란 직무의 종류가 유사하고 그 책임과 곤란성의 정도가 서로 다른 직급의 군을 말한다.
⑤ 직류(職類)란 같은 직렬 내에서 담당 분야가 같은 직무의 군을 말한다.

정답해설 ③ 선지는 직급에 대한 내용이다. ⇨ 직군은 유사한 직렬의 묶음을 의미한다.

오답해설 ① 직위분류제는 직무의 특성을 중심으로 직위를 분류·관리하는 제도이다.
②, ④, ⑤ 아래의 조항 참고

✦ 「국가공무원법」 제5조(정의) 이 법에서 사용하는 용어의 뜻은 다음과 같다.
  1. "직위(職位)"란 1명의 공무원에게 부여할 수 있는 직무와 책임을 말한다.
  8. "직렬(職列)"이란 직무의 종류가 유사하고 그 책임과 곤란성의 정도가 서로 다른 직급의 군을 말한다.
  9. "직류(職類)"란 같은 직렬 내에서 담당 분야가 같은 직무의 군을 말한다.

Answer 27. ② 28. ④ 29. ③

30

근무성적평정방법
2023년 제11회

성적분포 비율을 미리 정하여 순위를 매기거나 배분함으로써 평정자의 편견이나 집중화 등의 오류를 방지할 수 있는 근무성적평정방법은?

① 강제배분법
② 쌍대비교법
③ 가감점수법
④ 목표관리법
⑤ 직접서열법

정답해설 ① 강제배분법은 고른 성적의 분포를 강제하는 근무성적평정방법이다.

오답해설 ② 쌍대비교법(쌍쌍비교법): 피평정자를 두 사람씩 짝을 지어 비교를 되풀이하여 평정하는 방법
③ 가감점수법: 직무수행과 관련하여 특수성이 있는 경우 인센티브 성격의 점수를 부여하여 이들의 행위를 장려하는 것
④ 목표관리법: 목표관리를 평정에 적용한 것으로서 우리나라에서 4급 이상 공무원에게 적용하는 직무성과계약제와 유사함
⑤ 직접서열법: 피평정자 간의 근무성적을 서로 비교해서 서열을 정하는 방법

31

하
징계의 유형
2023년 제11회

국가공무원법상 징계에 관한 설명으로 옳은 것은?

① 징계는 파면 · 해임 · 강등 · 강임 · 정직 · 감봉 · 견책으로 구분한다.
② 징계로 해임처분을 받은 때부터 5년이 지나지 아니한 자는 공무원으로 임용될 수 없다.
③ 강등은 1계급 아래로 직급을 내리고 공무원신분은 보유하나 6개월간 직무에 종사하지 못하며 그 기간 중 보수는 2분의 1을 감한다.
④ 정직은 1개월 이상 3개월 이하의 기간으로 하고, 정직 처분을 받은 자는 그 기간 중 공무원의 신분은 보유하나 직무에 종사하지 못하며 보수는 전액을 감한다.
⑤ 감봉은 1개월 이상 3개월 이하의 기간 동안 보수의 2분의 1을 감한다.

정답해설 ④ 아래의 조항 참고

> ✦ 「국가공무원법」 제80조(징계의 효력) ③ 정직은 1개월 이상 3개월 이하의 기간으로 하고, 정직 처분을 받은 자는 그 기간 중 공무원의 신분은 보유하나 직무에 종사하지 못하며 보수는 전액을 감한다.

오답해설 ① 징계는 파면 · 해임 · 강등 · 정직 · 감봉 · 견책으로 구분한다.
② 징계로 해임처분을 받은 때부터 3년이 지나지 아니한 자는 공무원으로 임용될 수 없다.
③ 강등은 1계급 아래로 직급을 내리고 공무원신분은 보유하나 3개월간 직무에 종사하지 못하며 그 기간 중 보수는 전액을 감액한다.
⑤ 감봉은 1개월 이상 3개월 이하의 기간 동안 보수의 3분의 1을 감액한다.

32

중앙인사기관
2024년 제12회

중앙인사기관에 관한 설명으로 옳지 않은 것은?

① 중앙인사기관은 각 행정기관의 합리적 인사운영, 인력의 효율적 활용, 공무원의 공직규범기준 등 제공 기능을 담당한다.

② 중앙인사기관은 행정수반으로부터의 독립성과 다수 위원들의 협의에 의한 의사결정을 하는 합의성 등을 기준으로 유형화할 수 있다.

③ 1948년 정부수립 이후 우리나라 중앙인사기관은 비독립단독제 형태를 유지하여 오고 있다.

④ 우리나라에서 인사관리기능을 수행하기 위해 각 부처의 인사기관과 각 지방자치단체의 인사기관이 있다.

⑤ 현재 우리나라의 중앙인사기관은 국무총리 소속의 인사혁신처이다.

[정답해설] ③ 1999년에 설치(김대중 정권)되었던 중앙인사위원회는 비독립합의형 중앙인사기관이다.

[오답해설] ① 중앙인사기관은 인사행정을 총괄하는 조직이다.
② 중앙인사기관은 행정부 소속(독립성 여부)과 의사결정방식(단독형 여부)에 따라 구분된다.
④ 예를 들어, 소청심사위원회 등이 있다.
⑤ 행정부의 중앙인사관장기관인 인사혁신처는 국무총리 소속이다.

33

공무원의 종류
2024년 제12회

경력직 공무원에 관한 설명으로 옳은 것은?

① 직업공무원제의 적용을 받지 않는다.

② 선거에 의해 취임하는 공무원은 경력직 공무원이다.

③ 특수한 임무를 수행하기 위해 임용되는 별정직 공무원이 대표적인 경력직 공무원이다.

④ 실적과 자격에 의해 임용되며 신분이 보장된다.

⑤ 기술직과 연구직에 종사하는 공무원은 경력직 공무원에 해당하지 않는다.

[정답해설] ④ 경력직 공무원은 실적주의와 직업공무원제도의 적용을 받는 공무원이다. ⇨ 즉, 실적과 자격에 의해 임용되고 직업공무원제도의 적용을 받아 정년이 보장된다.

[오답해설] ② 선거에 의해 취임하는 공무원은 정무직 공무원이다.
③ 별정직 공무원은 특수경력직 공무원이다.
⑤ 기술직과 연구직에 종사하는 공무원은 일반직이므로 경력직 공무원에 해당한다.

Answer⁺ 30. ① 31. ④ 32. ③ 33. ④

34
내부임용의 종류
2024년 제12회

국가공무원법상 국회, 법원, 헌법재판소, 선거관리위원회 및 행정부 상호 간에 소속을 달리하는 인사이동 임용방법은?

① 파견　　　　　　② 전보　　　　　　③ 전입
④ 전직　　　　　　⑤ 겸임

정답해설 ③ 발문은 전입 혹은 전출에 대한 내용이다.

오답해설 ① 파견 : 소속을 유지하면서 일정 기간 다른 조직에서 일하는 것
② 전보 : 일의 종류를 유지하면서 보직을 옮기는 것
③ 전직 : 직렬을 이동하는 임용행위
⑤ 겸임 : 두 개의 직위를 병행하는 것

재무행정

굵직하게 공부하는 게 중요한 파트이다. 우리나라의 예산과정과 연관된 지식을 잘 정리하면서 부수적인 개념을 정리하면 된다.

01

예산의 본질
2016년 제4회

우리나라 제도에 관한 다음 설명 중 옳은 것을 모두 고른 것은?

> ㉠ 법률안은 국회의원과 정부가 제출할 수 있지만, 예산안은 정부만 제출할 수 있다.
> ㉡ 대통령은 국회가 의결한 예산에 대해 재의를 요구할 수 없다.
> ㉢ 법률안과 예산안은 국회에서 의결된 후 공포 절차를 거쳐야 효력이 발생한다.
> ㉣ 국회는 정부예산안에 대한 심의거부권을 가지고 있다.

① ㉠, ㉡   ② ㉠, ㉢   ③ ㉡, ㉢
④ ㉡, ㉣   ⑤ ㉢, ㉣

풀이 TIP 예산형식에서 의결주의와 법률주의의 차이는?

정답해설 ㉡ 우리나라는 대통령의 법률안 거부권이 인정되지만 예산은 법률이 아니므로 거부권을 행사할 수 없다.

오답해설 ㉢ 법률안은 공포하여야 효력이 발생하지만, 예산은 국회의결로 성립한다.
㉣ 예산심의를 통한 재정통제는 국회의 본질적 의무 중 하나이다. 그러므로 「헌법」에서도 예산은 회계연도 개시 30일 전까지 성립하여야 한다고 규정하여 국회의 심사·의결 의무를 부과하고 있다.

구분	예산	법률
제출권자	정부	정부와 국회
제출기한	회계연도 개시 90일 전	제한 없음
심의기한	회계연도 개시 30일 전	제한 없음
심의범위	증액 및 새 비목 설치 불가	자유로운 수정 가능
거부권 행사	대통령의 거부권 행사 불가	대통령의 거부권 행사 가능
공포	공포 불필요, 의회의결로 확정	공포로서 효력 발생

Answer 1. ①

02

예산의 원칙
2017년 제5회

다음에서 설명하는 예산원칙은?

> **「국가재정법」 제17조** ① 한 회계연도의 모든 수입을 세입으로 하고, 모든 지출을 세출로 한다.
> ② 제53조에 규정된 사항을 제외하고는 세입과 세출은 모두 예산에 계상하여야 한다.

① 예산총계주의 원칙   ② 예산사전의결의 원칙

③ 예산통일의 원칙   ④ 예산한정성의 원칙

⑤ 예산공개의 원칙

풀이 TIP 한 푼도 빠짐없이 장부에 올려라!

정답해설 ① 제시문에서는 예산완전성(포괄성) 원칙을 설명하고 있다. 이를 예산총계주의라고도 한다.

03

예산의 원칙
2014년 제2회

행정부 우위의 현대적 예산원칙에 해당되는 것을 모두 고른 것은?

> ㉠ 사전승인의 원칙   ㉡ 예산관리수단 확보의 원칙
> ㉢ 보고의 원칙   ㉣ 엄밀성의 원칙
> ㉤ 사업계획의 원칙   ㉥ 한정성의 원칙
> ㉦ 시기신축성의 원칙   ㉧ 책임의 원칙
> ㉨ 명료성의 원칙

① ㉠, ㉡, ㉣, ㉧, ㉨   ② ㉠, ㉢, ㉣, ㉤, ㉧

③ ㉡, ㉢, ㉤, ㉦, ㉧   ④ ㉡, ㉢, ㉤, ㉥, ㉨

⑤ ㉢, ㉣, ㉤, ㉥, ㉦

풀이 TIP 고전예산 원칙(8개)만 암기하기!

정답해설 ㉡, ㉢, ㉤, ㉦, ㉧만 현대적 원칙에 해당한다.

✦ **예산의 고전적 원칙과 현대적 원칙**

고전적 원칙	현대적 원칙
공개성의 원칙, 명료성의 원칙, 완전성의 원칙, 단일성의 원칙, 한정성의 원칙, 엄밀성(정확성)의 원칙, 사전의결(절차성)의 원칙, 통일성의 원칙	행정부계획의 원칙, 행정부책임의 원칙, 보고의 원칙, 상호교류적 예산기구의 원칙, 적절한 수단구비의 원칙, 다원적 절차의 원칙, 행정부 재량의 원칙, 시기신축성의 원칙

04 예산의 일반 원칙과 예외 사항이 옳게 묶인 것은?

예산의 원칙
2019년 제7회

① 사전의결의 원칙 − 목적세

② 공개성의 원칙 − 수입대체경비

③ 통일성의 원칙 − 추가경정예산

④ 한정성의 원칙 − 준예산

⑤ 완전성의 원칙 − 전대차관

풀이 TIP **두문자** 완전차갑고 순수해서 현기증나

정답해설 ⑤ 완전성(포괄성)의 원칙(예산총계주의)은 모든 세입과 세출은 예산에 명시적으로 계상(계산하여 올림)해야 한다는 통제지향적인 원칙으로서 전대차관은 불확실성으로 인해 그 예외로 하고 있다.

오답해설 ①, ②, ③, ④ 아래의 표 참고

구분	개념	예외
공개성 원칙	• 예산편성·심의·집행·결산과정의 공개 • 투명성을 강조하는 원칙	국방비, 외교활동비, 국가정보원 예산, 신임예산 등
사전승인 원칙	행정부가 집행하는 돈은 국회의 사전 심의·의결을 거쳐야 함	사고이월, 전용, 준예산, 긴급재정명령, 선결처분, 예비비 지출 등
통일성 원칙	• 세입은 국고를 거쳐 세출되어야 함 • 국고 통일의 원칙, 수입금 직접 사용금지의 원칙과 같은 개념	**두문자** 통목수특기 • 예외: 목적세, 수입대체경비, 특별회계, 기금 ⇨ 목적성이 뚜렷한 돈에 대해서는 예외로 하자는 것
완전성(포괄성) 원칙 (예산총계주의)	• 수입·지출 모두 예산에 기록 • 예산에 모든 세입과 세출이 명시적으로 나열되어 빠짐없이 계상되어야 한다는 것(총계예산) 예 세금 징수비용 등을 제외한 순수입만을 세입예산에 반영시켜서는 안 된다는 원칙	**두문자** 완전차갑고 순수해서 현기증나 • 예외: 전대차관, 차관물자대, 순계예산, 수입대체경비, 현물출자, 기금 • 전대차관, 차관물자대, 수입대체경비, 현물출자 등은 불확실성 차원에서 예외에 해당하며, 기금은 예산이 아님; 아울러 순계예산은 총계예산과 반대되는 개념임
한정성 원칙	의회가 지정한 (목적·금액·시기) 내에서 예산집행	목적(질적) 한정성 예외 — 이용, 전용 규모(양적) 한정성 예외 — 예비비, 추가경정예산 시간(시기) 한정성 예외 (회계연도 독립원칙 예외) — 이월, 계속비, 조상충용, 국고채무부담행위 등

05

예산의 종류
2017년 제5회

특별회계제도에 관한 설명으로 옳은 것은?

① 예산집행부서의 재량을 억제하여 책임성을 제고시킨다.
② 예산단일의 원칙을 준수하는 데 유리하다.
③ 특별회계는 행정각부의 명령으로 설치할 수 있다.
④ 예산통일의 원칙의 예외에 해당하는 제도이다.
⑤ 예산제도가 단순해지므로 국가 재정의 통합적 관리에 유리하다.

풀이TIP 일반회계제도 외 다른 회계가 많아지면 돈 관리가 복잡해진다.

정답해설 ④ 특별회계는 예산 통일성과 단일성 원칙의 예외이다.

오답해설 ① 특별회계는 예산집행부서의 재량을 인정하여 재정운영의 효율성을 지향하며, ② 예산단일의 원칙의 예외이다. ③ 특별회계는 법률로 설치하며, ⑤ 예산제도가 복잡해지므로 국가 재정의 통합적 관리에 불리하다.

✦ **특별회계의 장단점**

장점	단점
• 기업적 성격의 사업의 수지 명확화: 경영성과 명확화 • 재량권의 인정으로 경영의 합리화 추구 • 행정기능의 전문·다양화에 부응	• 예산구조와 체계의 복잡화 • 일반회계와의 교류로 인한 중복발생으로 국가재정의 전체적인 관련성 불분명 • 고도의 자율성 인정으로 입법부의 예산통제·민주통제의 곤란 • 목적세와 함께 재정팽창의 원인이 된다는 점

06

예산의 종류
2021년 제9회

특별회계제도에 관한 설명으로 옳은 것은?

① 예산집행부서의 재량을 억제하여 책임성을 제고시킨다.
② 예산단일의 원칙을 준수하는데 유리하다.
③ 대통령령으로 설치된다.
④ 예산통일의 원칙이 적용되는 제도이다.
⑤ 예산제도가 복잡해지므로 국가재정의 통합적 관리를 어렵게 한다.

풀이TIP 일반회계제도 외 다른 회계가 많아지면 돈 관리가 복잡해진다.

정답해설 ⑤ 특별회계를 신설하게 되면, 별도의 예산을 따로 확보해야 한다. ⇨ 따라서 특별회계는 국가재정의 통합적 관리를 어렵게 할 수 있다.

오답해설 ① 특별회계는 예산집행부서의 재량을 증대하여 책임성을 제고시킨다.
② 특별회계는 단일성 원칙의 예외이다.
③ 특별회계는 법률로 설치된다.
④ 특별회계는 통일성 원칙의 예외이다.

07

예산의 종류
2015년 제3회

「국가재정법」상 기금에 관한 설명으로 옳지 않은 것은?

① 기금관리 주체는 지출계획의 주요 항목 지출금액의 범위 안에서 대통령이 정하는 바에 따라 세부항목 지출금액을 변경할 수 있다.

② 정부는 주요 항목 단위로 마련된 기금운용계획안을 회계연도 90일 전까지 국회에 제출하여야 한다.

③ 국회는 정부가 제출한 기금운용계획안의 주요 항목 지출금액을 증액하거나 새로운 과목을 설치하고자 하는 때에는 미리 정부의 동의를 얻어야 한다.

④ 정부는 기금이 여성과 남성에 미칠 영향을 미리 분석한 보고서를 작성하여야 한다.

⑤ 국가가 특정한 목적을 위하여 특정한 자금을 신축적으로 운용할 필요가 있을 때에 한하여 법률로써 설치한다.

> **풀이 TIP** 기금과 예산은 운용과정이 같다!

> **정답해설** ② 정부는 기금운용계획안을 회계연도 개시 120일 전까지 국회에 제출하여야 한다. 기금은 예산규정을 준용하고 있다는 점을 상기하자. 즉, 예산운용과정과 기금운용과정은 동일하다는 말이다.

08

예산의 종류
2019년 제7회

정부가 공공사업을 위해 조달하는 재원에 관한 설명으로 옳은 것을 모두 고른 것은?

> ㉠ 조세는 국가가 재정권에 기초해 동원하는 공공재원으로 벌금과 과태료를 포함한다.
> ㉡ 수익자부담금은 형평성차원에서 부담과 편익의 공평한 배분을 보장한다.
> ㉢ 국·공채는 세대 간 공평성을 갖는다.
> ㉣ 민간자본은 주로 산업기반시설 건설에 유치되고 복지시설 건설에는 유치할 수 없다.

① ㉠, ㉡   ② ㉠, ㉢   ③ ㉡, ㉢

④ ㉡, ㉣   ⑤ ㉢, ㉣

> **풀이 TIP** ㉡, ㉢은 중요한 지문이니 꼭 익혀 두자.

> **정답해설** ㉡ 수익자부담금은 공공서비스 이용의 대가로 징수하는 재원으로서 돈을 지불한 자가 편익을 누린다는 점에서 부담과 편익의 공정한 배분을 보장한다.
> ㉢ 국공채는 국가나 지방자치단체가 공공지출 경비의 재원을 조달하기 위해 부담하는 채무이다. ⇨ 국공채를 활용한 사업이나 시설로 인해 편익을 얻을 후세대도 채무에 대한 부담을 분담하는바 국공채는 세대 간 형평성을 높일 수 있다.

> **오답해설** ㉠ 벌금이나 과태료는 조세가 아니라 세외수입에 해당한다.
> ㉣ 민간자본, 즉 민간의 투자는 산업기반시설(SOC) 및 복지시설 건설에 모두 활용될 수 있다.

> **Answer** 5. ④   6. ⑤   7. ②   8. ③

09 예산절차상의 특징에 따른 예산의 유형에 관한 설명으로 옳은 것은?

예산의 종류
2013년 제1회

① 본예산은 정기국회의 심의를 거쳐 확정된 최초의 예산으로 당초예산이라고도 한다.
② 수정예산은 예산이 국회를 통과한 이후 예산집행과정에서 다시 제출되는 예산이다.
③ 추가경정예산은 예산안이 제출된 이후 국회의결 이전에 기존안의 일부를 수정해 제출한 예산이다.
④ 준예산은 새로운 회계연도가 시작되는 날로부터 최초 수개월분의 일정한 금액의 예산을 정부가 집행할 수 있게 허가하는 제도이다.
⑤ 잠정예산은 회계연도개시 전에 예산이 의결되지 못하는 경우를 대비해 의회가 미리 1개월분 예산만 의결해 정부로 하여금 집행할 수 있도록 하는 예산이다.

풀이 TIP 예산의 기본 개념을 묻는 문제다!

오답해설 ② 예산이 국회를 통과한 이후 예산집행과정에서 다시 제출되는 예산은 추경예산이다.
③ 수정예산에 대한 설명이다. 추가경정예산은 의회를 통과하여 성립된 예산에 대해 그 후에 발생한 사유로 인하여 예산에 변경을 가할 필요가 있어 이를 변경하여 입법부의 승인을 받는 것이다.
④ 잠정예산에 대한 설명이다. 준예산은 회계연도 개시 전까지 예산이 성립하지 않을 경우에 특정 경비에 한해서 전년도 예산에 준해 지출할 수 있는 예산을 말한다.
⑤ 가예산에 대한 설명이다.

10 예산이 성립하지 않을 때 중앙정부가 사용하는 예산제도에 관한 설명으로 옳지 않은 것은?

예산의 종류
2017년 제5회

① 우리나라는 1960년도 이후부터 준예산제도를 채택하고 있다.
② 우리나라는 회계연도 개시 30일 전까지 국회에서 예산안이 의결되지 못하는 경우 준예산을 사용할 수 있다.
③ 우리나라의 제1공화국 때는 가예산제도를 사용했다.
④ 영국, 캐나다, 일본 등은 잠정예산제도를 사용하고 있다.
⑤ 우리나라는 준예산제도를 실제 사용해 본 경험이 없다.

풀이 TIP 회계연도(예산의 유효기간)는 매년 1. 1. ~ 12. 31.까지이다!

정답해설 ② 준예산제도는 회계연도 개시일까지 예산이 성립하지 않은 경우에 사용할 수 있다.

11

예산의 종류
2013년 제1회

현행 우리나라의 예산제도에 관한 설명으로 옳지 않은 것은?

① 정부는 국회에서 추가경정예산안이 확정되기 전에 이를 미리 배정하거나 집행할 수 없다.

② 조세지출예산은 조세감면의 구체적인 내역을 예산구조로써 밝히는 것이다.

③ 우리나라는 준예산 제도를 채택하고 있다.

④ 국회는 정부가 제출한 기금운용계획안의 주요항목 지출금액을 증액하고자 할 때에는 정부의 동의를 얻을 필요가 없다.

⑤ 예산총계주의 원칙의 예외로 전대차관(轉貸借款) 등을 인정하고 있다.

풀이TIP 기금운용은 예산운용과정과 같다!

정답해설 ④ 국회는 정부가 제출한 기금운용계획안의 주요항목 지출금액을 증액하거나 새로운 과목을 설치하고자 하는 때에는 예산과 마찬가지로 미리 정부의 동의를 얻어야 한다(「국가재정법」 제69조).

오답해설 ② 조세지출예산은 조세감면제도를 예산제도로 운영함으로써 국회의 재정통제를 강화하기 위한 제도이다. 그러므로 정부는 조세감면의 구체적인 내역을 국회에 제출하여 심의 받아야 한다.

12

예산의 분류
2018년 제6회

우리나라 정부예산에 관한 설명으로 옳은 것은?

① 정부는 예산이 여성과 남성에게 미치는 효과를 평가하고, 그 결과를 정부의 예산편성에 반영하기 위하여 노력하여야 한다.

② 예산은 재원 조달 및 배분이라는 관점에서 예산총계와 예산순계로 구분된다.

③ 기능별 분류방식은 세출예산보다는 세입예산의 분류에 적합하다.

④ 예산은 회계 간 중복 거래 금액의 포함 여부에 따라 세입예산과 세출예산으로 구분된다.

⑤ 사업별 분류방식이 조직별 분류방식보다 독립된 행정부서의 예산 상황을 이해하는 데 더 유용하다.

풀이TIP 성인지적 관점은 남녀평등을 고려한다.

정답해설 ① 아래의 조항 참고

> ✦ **「국가재정법」 제16조(예산의 원칙)** 정부는 예산의 편성 및 집행에 있어서 다음 각 호의 원칙을 준수하여야 한다.
>   5. 정부는 예산이 여성과 남성에게 미치는 효과를 평가하고, 그 결과를 정부의 예산편성에 반영하기 위하여 노력하여야 한다.

오답해설 ② 예산은 재원 조달 및 배분이라는 관점에서 세입예산과 세출예산으로 구분된다.

③ 기능별 분류 방식은 '정부가 하는 일'에 초점을 맞춘 분류로써 세입예산보다는 세출예산의 분류에 적합하다.

④ 예산은 회계 간 중복 거래 금액의 포함 여부에 따라 예산총계와 예산순계로 구분된다.

⑤ 조직별 분류 방식이 사업별 분류 방식보다 독립된 행정부서의 예산 상황을 이해하는 데 더 유용하다.

Answer 9. ① 10. ② 11. ④ 12. ①

13

성인지예산제도
2020년 제8회

성인지예산제도에 관한 설명으로 옳지 않은 것은?

① 2010회계연도부터 우리나라 정부예산에 실제 시행되었다.

② 예산이 남성이 아니라 여성에게 미치는 효과를 분석하여 양성평등을 위한 예산집행을 추구한다.

③ 성인지 예산서에는 성평등 기대효과, 성과목표, 성별 수혜분석 등을 포함하여야 한다.

④ 양성평등을 위한 정책의 결과(성인지예산서 작성)와 과정(예산의 성별 영향 분석과정)을 동시에 추구한다.

⑤ 예산과정에 대한 성 주류화의 적용으로 양성평등을 위한 실질적인 예산배분의 변화를 추구한다.

> **풀이TIP** 성인지적 관점은 남녀평등을 지향한다.

정답해설 ② 성인지예산제도는 예산과정에 대한 성 주류화의 적용으로 양성평등을 위한 실질적인 예산배분의 변화를 추구하는 바 예산이 남성과 여성에게 미치는 효과를 분석하여 양성평등을 위한 예산집행을 추구한다.

오답해설 ① 성인지예산제도는 2010회계연도부터 우리나라 정부예산에 실제 시행되었다.

③, ④ 성인지 예산서에는 성평등 기대효과, 성과목표, 성별 수혜분석 등을 포함시켜야 하기 때문에 성인지 예산서는 양성평등을 위한 정책의 결과(성인지예산서 작성)와 과정(예산의 성별 영향 분석과정)을 동시에 추구한다.

> ✦ 「국가재정법」 제26조(성인지 예산서의 작성) ① 정부는 예산이 여성과 남성에게 미칠 영향을 미리 분석한 보고서[이하 "성인지(性認知)예산서"라 한다]를 작성하여야 한다.
> ② 성인지 예산서에는 성평등 기대효과, 성과목표, 성별 수혜분석 등을 포함하여야 한다.

14

하

예산편성
2018년 제6회

우리나라 「국가재정법」에서 총괄적으로 규정하고 있는 예산총칙의 사항을 모두 고른 것은?

㉠ 계속비	㉡ 세입세출예산
㉢ 명시이월비	㉣ 국고채무부담행위

① ㉠, ㉡   ② ㉠, ㉣

③ ㉡, ㉢   ④ ㉡, ㉢, ㉣

⑤ ㉠, ㉡, ㉢, ㉣

풀이 TIP **두문자** 총세계명국

정답해설 ⑤ 중앙관서의 장은 예산편성지침에 따라 예산요구서를 제출해야 하며, 예산요구서에는 예산총칙, 계속비, 세입세출예산, 명시이월비, 국고채무부담행위 등이 명시되어 있어야 한다. 예산총칙은 예산요구서의 개요로서 전술한 종류의 비용에 대해 개괄적으로 설명하고 있다.

> ✦ 「국가재정법」 제20조(예산총칙) ① 예산총칙에는 세입세출예산·계속비·명시이월비 및 국고채무부담행위에 관한 총괄적 규정을 두는 외에 다음 각 호의 사항을 규정하여야 한다.

15

중
예산심의
2016년 제4회

우리나라 예산심의에 관한 설명으로 옳지 않은 것은?

① 국회는 국가의 예산안을 심의·확정한다.
② 국회는 정부예산에 대한 통제권을 가지므로 정부의 동의 없이 지출예산 각 항의 금액을 증가시킬 수 있다.
③ 국회는 회계연도 개시 30일 전까지 예산안을 의결해야 한다.
④ 국회는 정부의 동의 없이 새로운 비목을 설치할 수 없다.
⑤ 국회에 제출된 예산안은 소관상임위원회의 예비심사를 거친다.

풀이 TIP 예산심의방식에서 우리나라는 내각책임제국가에 가깝다!

정답해설 ② 국회는 정부가 제출한 예산안을 증액하거나 새로운 비목을 설치하려면 정부의 동의를 얻어야 한다(「헌법」 제57조).

✦ **우리나라 예산심의의 특징과 문제점**

특징	문제점
• 엄격한 심의 • 정부의 동의 없는 증액 및 새 비목 설치 금지 • 예산의 형식 • 작은 수정폭 • 위원회 중심 • 의결기한 미준수 • 전문성 부족 • 상임위원회의 증액지향성	• 국정감사·정책질의 비효율성과 무리한 자료 요구 • 결산기능의 소홀 • 전문지식 결여와 국정에 대한 이해 부족 • 짧은 심의기간 • 심의기준 불분명 • 사각지대 존재 • 투입과 통제의 취약

오답해설 ① 국회는 국가의 예산안을 심의·확정한다(「헌법」 제54조 제1항).
③ 국회는 회계연도 개시 30일 전까지 예산안을 의결해야 한다(「헌법」 제54조 제2항).
④ 국회는 정부의 동의 없이 새로운 비목을 설치할 수 없다(「헌법」 제57조).
⑤ 예산안과 결산은 소관상임위원회에 회부하고, 소관상임위원회는 예비심사를 하여 그 결과를 의장에게 보고한다(「국회법」 제84조 제1항).

Answer 13. ② 14. ⑤ 15. ②

16

예산과정
2021년 제9회

우리나라 예산과정에 관한 설명으로 옳은 것을 모두 고른 것은?

⊙ 예산편성은 기획재정부가 예산안편성지침을 작성하고 각 중앙행정기관의 장에게 시달하여 중기사업계획서를 제출받으면서 시작한다.

ⓒ 정부예산안은 국무회의의 심의와 대통령의 재가로 확정되고 회계연도 개시 120일 전까지 국회에 제출하여야 한다.

ⓒ 국회 예산결산특별위원회가 11월 30일까지 예산안 심사를 마치지 않으면 원칙적으로 그 다음 날에 위원회에서 심사를 마치고 바로 본회의에 부의된 것으로 본다.

ⓔ 국회에서 예산안이 통과되는 즉시 각 중앙행정기관장은 원칙적으로 기관의 전체 예산을 배정받아 관련 집행 부서에서 바로 집행할 수 있다.

---

① ⊙, ⓒ

② ⊙, ⓒ

③ ⓒ, ⓒ

④ ⓒ, ⓔ

⑤ ⓒ, ⓔ

풀이 TIP 예산편성과정은 반드시 암기하자. 그리고 예산의 배정은 일정한 절차를 거쳐야 한다.

정답해설 ⓒ 정부예산안은 국무회의의 심의와 대통령의 재가로 확정되고 회계연도 개시 120일 전까지 국회에 제출하여야 한다.

✦ 「국가재정법」 제33조(예산안의 국회제출) 정부는 제32조의 규정에 따라 대통령의 승인을 얻은 예산안을 회계연도 개시 120일 전까지 국회에 제출하여야 한다.

ⓒ 국회 예산결산특별위원회가 11월 30일까지 예산안 심사를 마치지 않으면 원칙적으로 그 다음날에 위원회에서 심사를 마치고 바로 본회의에 부의된 것으로 본다.

✦ 「국회법」 제85조의3(예산안 등의 본회의 자동 부의 등) ① 위원회는 예산안, 기금운용계획안, 임대형 민자사업 한도액안(이하 "예산안등"이라 한다)과 제4항에 따라 지정된 세입예산안 부수 법률안의 심사를 매년 11월 30일까지 마쳐야 한다.
② 위원회가 예산안등과 제4항에 따라 지정된 세입예산안 부수 법률안에 대하여 제1항에 따른 기한까지 심사를 마치지 아니하였을 때에는 그 다음 날에 위원회에서 심사를 마치고 바로 본회의에 부의된 것으로 본다.

오답해설 ⊙ 예산편성은 각 중앙관서의 장이 중기사업계획서를 기재부장관에게 제출하고, 기재부장관이 예산안편성지침을 중앙관서의 장에게 통보하면서 시작된다.
ⓔ 국회에서 예산안이 통과되면, 각 중앙관서의 장은 일정한 절차를 거친 뒤에 예산을 배정받을 수 있다.

✦ 「국가재정법」 제42조(예산배정요구서의 제출) 각 중앙관서의 장은 예산이 확정된 후 사업운영계획 및 이에 따른 세입세출예산·계속비와 국고채무부담행위를 포함한 예산배정요구서를 기획재정부장관에게 제출하여야 한다.

✦ 「국가재정법」 제43조(예산의 배정) ① 기획재정부장관은 제42조의 규정에 따른 예산배정요구서에 따라 분기별 예산배정계획을 작성하여 국무회의의 심의를 거친 후 대통령의 승인을 얻어야 한다.
② 기획재정부장관은 각 중앙관서의 장에게 예산을 배정한 때에는 감사원에 통지하여야 한다.

17

하
예산집행
2016년 제4회

예산집행의 신축성을 유지하기 위한 제도적 장치가 아닌 것은?

① 총액계상제도

② 예산의 이용과 이체

③ 예산의 전용

④ 예비비

⑤ 예산의 정기배정

풀이 TIP 재정통제장치와 신축성유지장치는 기본 암기사항이다!

정답해설 ⑤ 재정통제장치이다. 예산의 (정기)배정이란 기획재정부장관이 예산배정요구서에 따라 분기별 예산배정계획을 작성하여 국무회의의 심의를 거친 후 대통령의 승인을 얻어 각 중앙관서장에게 자금을 배분하는 것이다.

오답해설 ① 총액계상제도란 세부사업이 확정되지 않은 상태에서 총액규모만 예산으로 반영하는 제도이다(1994년 도입). 즉, 편성단계에서는 총액으로 계상하고, 집행단계에서 세부내역을 각 중앙관서장이 자율적으로 결정하는 제도이다.

② 예산의 이용이란 입법과목(장, 관, 항) 간의 상호융통을 말하고, 이체란 정부조직 등에 관한 법령의 제정 · 개정 또는 폐지로 인하여 중앙관서의 직무와 권한에 변동이 있는 때에 그 중앙관서의 장의 요구에 따라 기획재정부장관이 예산을 이전시키는 제도이다.

③ 예산의 전용이란 행정과목(세항, 목) 간의 상호융통을 말한다.

④ 예비비란 예측할 수 없는 예산 외의 지출 또는 예산초과지출에 충당하기 위한 예비적 경비를 가리킨다.

> **✦「국가재정법」 관련 조문**
>
> **제37조(총액계상)** ① 기획재정부장관은 대통령령이 정하는 사업으로서 세부내용을 미리 확정하기 곤란한 사업의 경우에는 이를 총액으로 예산에 계상할 수 있다.
>
> **제22조(예비비)** ① 정부는 예측할 수 없는 예산 외의 지출 또는 예산초과지출에 충당하기 위하여 일반회계 예산총액의 100분의 1 이내의 금액을 예비비로 세입세출예산에 계상할 수 있다. 다만, 예산총칙 등에 따라 미리 사용목적을 지정해 놓은 예비비는 본문의 규정에 불구하고 별도로 세입세출예산에 계상할 수 있다.
>
> **제43조(예산의 배정)** ① 기획재정부장관은 제42조의 규정에 따른 예산배정요구서에 따라 분기별 예산배정계획을 작성하여 국무회의의 심의를 거친 후 대통령의 승인을 얻어야 한다.
>
> **제46조(예산의 전용)** ① 각 중앙관서의 장은 예산의 목적범위 안에서 재원의 효율적 활용을 위하여 대통령령이 정하는 바에 따라 기획재정부장관의 승인을 얻어 각 세항 또는 목의 금액을 전용할 수 있다. 이 경우 사업 간의 유사성이 있는지, 재해대책 재원 등으로 사용할 시급한 필요가 있는지, 기관운영을 위한 필수적 경비의 충당을 위한 것인지 여부 등을 종합적으로 고려하여야 한다.
>
> **제47조(예산의 이용 · 이체)** ① 각 중앙관서의 장은 예산이 정한 각 기관 간 또는 각 장 · 관 · 항 간에 상호 이용(移用)할 수 없다. 다만, 다음 각 호의 어느 하나(생략)에 해당하는 경우에 한정하여 미리 예산으로써 국회의 의결을 얻은 때에는 기획재정부장관의 승인을 얻어 이용하거나 기획재정부장관이 위임하는 범위 안에서 자체적으로 이용할 수 있다.
>
> ② 기획재정부장관은 정부조직 등에 관한 법령의 제정 · 개정 또는 폐지로 인하여 중앙관서의 직무와 권한에 변동이 있는 때에는 그 중앙관서의 장의 요구에 따라 그 예산을 상호 이용하거나 이체(移替)할 수 있다.

3과목 · 행정학개론

18

예비타당성조사
2020년 제8회

우리나라가 시행 중인 재정관리혁신 조치의 하나인 예비타당성조사에 관한 설명으로 옳지 않은 것은?

① 대규모 공공투자사업의 타당성을 분석하고 그 결과에 따라 재정사업의 신규 투자 여부를 결정한다.

② 2000회계연도 예산을 편성할 때부터 적용되었다.

③ 한국개발연구원, 한국조세재정연구원 등 법령으로 정하는 지정기준을 갖춘 전문기관이 수행할 수 있다.

④ 정책성 분석을 배제하고 경제성 분석에 집중한다.

⑤ 이 제도 도입 이전인 1994년부터 무분별한 사업비 증가를 방지하려는 총사업비관리제도가 운영되고 있다.

풀이 TIP 예비타당성조사는 대규모 사업의 다양한 측면을 분석한다.

정답해설 ④ 예비타당성조사는 대규모 공공투자사업의 타당성을 분석하고 그 결과에 따라 재정사업의 신규투자 여부를 결정하는 통제지향적인 제도로서 경제성 분석, 정책성 분석 등을 통해 사업의 타당성을 검토한다.

✦ **「국가재정법」 시행령 제13조(예비타당성조사)** ⑤ 기획재정부장관은 제4항에 따라 예비타당성조사를 실시하기로 결정한 경우에는 조사대상사업의 경제성 및 정책적 필요성 등을 종합적으로 검토하여 그 타당성 여부를 판단하고, 그 결과를 공개하여야 한다.

오답해설 ② 예비타당성조사는 기존에 유지된 타당성조사의 문제점을 보완하기 위해 1999년부터 도입되어 2000년 예산편성 때부터 적용하고 있다.
③ 한국개발연구원, 한국조세재정연구원 등 법령으로 정하는 지정기준을 갖춘 전문기관이 수행할 수 있다.

✦ **「예비타당성조사 운용지침」 제36조(예비타당성조사 수행기관)** ① 예비타당성조사는 기획재정부장관의 요청에 의해 한국개발연구원(KDI), 한국조세재정연구원(KIPF)이 수행한다. 다만, 기획재정부장관은 효율적인 조사를 위해 필요한 경우 예비타당성조사 수행기관을 변경하거나 추가로 지정할 수 있다.

⑤ 정부는 예비타당성조사를 도입하기 이전인 1994년부터 무분별한 사업비 증가를 방지하려는 총사업비관리제도를 운영하고 있다.

19

예산결산
2013년 제1회

현행 「감사원법」상 회계검사기관인 감사원에 관한 설명으로 옳지 않은 것은?

① 감사원은 국가의 세입·세출의 결산과 공무원직무에 관한 감찰을 위해 대통령 소속하에 설치된 기관이다.

② 감사원은 직무에 관해 독립된 지위를 유지하며 그 직무수행상 정치적 압력이나 간섭을 받지 않는 특징이 있다.

③ 감사원장은 국회의 동의를 얻어 대통령이 임명하며, 감사위원의 경우는 감사원장의 제청으로 역시 대통령이 임명한다.

④ 감사원장의 임기는 4년이며, 원장을 포함해 9인의 감사위원으로 구성한다.

⑤ 감사원은 감사절차 및 내부 규율과 감사사무처리에 관한 규칙을 제정할 수 있다.

3과목 • 행정학개론

> **풀이 TIP** 감사원은 독특하다. 헌법기관이지만 대통령 소속이기 때문이다!

정답해설 ④ 「헌법」에는 "감사위원회는 원장을 포함한 5~11인 이하의 감사위원으로 구성한다."고 규정하고 있고, 「감사원법」에는 "감사위원회는 원장을 포함한 7인의 감사위원으로 구성된다."고 규정하고 있다.

✦ 감사원의 지위

의의		감사위원회[「헌법」상 원장을 포함한 5~11인 이내(「감사원법」상 원장 포함 7인으로 구성)로 구성되는 의결기관]와 사무처(조사·확인기관)로 구성된 대통령 소속하의 헌법기관
지위	직무상 독립성	직무수행에 있어서 정치적 압력이나 간섭을 받지 않음
	인사상 독립성	감사원장과 위원은 임기 중 강력한 신분보장(임기 4년)을 받으며, 임명권자인 대통령의 권한은 국회 동의나 원장 제청권에 의해 제한됨
	재정상 자주권	재정부장관이 감사원의 예산요구액을 감액할 때는 감사원장의 의견을 들어야 함*
	조직상의 독립성	독자적으로 감사절차 및 내부규율과 감사사무처리에 관한 규칙 제정권 인정
기능	주요 기능	세입·세출 결산의 확인, 공공기관 회계검사, 공무원 직무감찰
	부수적 기능	감사·감찰결과의 처리, 심사청구의 심리결정, 의견진술

* 독립기관(국회, 법원, 헌법재판소, 중앙선관위)의 예산편성은 그 기관장의 의견을 최대한 존중하여 조정이 필요요할 때에는 기관장과 미리 협의토록 한다. 그럼에도 불구하고 독립기관의 예산을 감액할 때는 국무회의에서 기관장의 의견을 구하여야 하고, 감액한 때는 그 규모·이유·감액에 대한 기관장의 의견을 국회에 제출토록 한다.

20

정부회계
2014년 제2회

우리나라 정부회계의 장부 기장 방식 중 현금주의와 발생주의에 관한 설명으로 옳지 않은 것은?

① 전통적으로 지방정부의 일반회계는 현금주의를, 중앙정부 기업특별회계는 발생주의 회계방식을 적용하였다.

② 현금주의 회계방식은 경영성과 파악이 용이하며, 발생주의 회계방식은 절차와 운용이 간편하다.

③ 현금주의 회계방식은 이해와 통제가 용이하며, 발생주의 회계방식은 재정 건전성 확보가 용이하다.

④ 현금주의 회계방식은 일반행정 부분에 적용가능하며, 발생주의 회계방식은 사업적 성격이 강한 회계 부분에 적용이 가능하다.

⑤ 현금주의 회계방식은 손해배상 비용이나 부채성 충당금 등에 대한 인식이 어렵지만, 발생주의 회계방식은 미지급비용과 미수수익을 각각 부채와 자산으로 인식한다.

풀이TIP 비용·수익 발생시점인가 아니면 수입·지출 발생시점인가?

정답해설 ② 반대로 서술되었다. 현금주의 회계방식은 절차와 운용이 간편하지만, 경영성과 파악이 곤란하다.

오답해설 ① 현재는 중앙정부와 지방정부의 모든 회계에 발생주의가 적용되고 있지만 전통적으로 일반회계는 현금주의를, 기업특별회계는 발생주의 회계방식을 적용하여 왔으므로 맞는 지문이다.

✦ **현금주의와 발생주의의 장단점**

현금주의		발생주의	
장점	단점	장점	단점
• 절차 간편 및 이해·통제 용이 • 현금흐름 파악 용이 • 회계처리의 객관성	• 경영성과 파악 곤란 • 단식부기에 의한 조작 가능성 • 자산·부채 파악 곤란 (비망기록으로 관리) • 감가상각 등 거래의 실질 및 원가 미반영	• 재정의 실질적 건전성 확보 • 재정(경영)성과 파악 용이 • 자기검정기능으로 회계오류 시정 • 재정의 투명성·신뢰성·책임성 제고	• 자산평가 및 감가상각의 주관성 • 채권·채무의 자의적 추정 • 절차복잡 및 현금흐름 파악 곤란 • 의회통제 회피 악용 가능성

21

중
정부회계
2019년 제7회

정부회계에 관한 설명으로 옳지 않은 것은?

① 복식부기는 거래의 이중성에 따라 장부의 차변과 대변에 각각 계상하고 차변의 합계와 대변의 합계의 일치여부로 자기 검증 기능을 갖는다.

② 미지급비용은 현금주의에서는 인식되지 않으나 발생주의에서는 부채로 인식된다.

③ 현행 정부회계는 발생주의·복식부기 방식을 채택하여 재무제표를 작성한다.

④ 국가회계법상 중앙정부의 대표적 재무제표는 재정상태보고서, 재정운영보고서, 현금흐름보고서, 순자산변동보고서로 구성된다.

⑤ 발생주의·복식부기의 정부회계는 성과중심의 정부개혁에 유용한 정보를 제공한다.

풀이 TIP 법령 개정으로 인해 모두 올바른 선지이다.

정답해설 ① 복식부기는 거래의 이중성(하나의 거래를 차변과 대변으로 나누어 같은 금액을 명시)에 따라 장부의 차변과 대변에 각각 계상하고 차변의 합계와 대변의 합계의 일치 여부로 자기 검증 기능을 갖는바 정부의 성과관리에 기여할 수 있다.

② 미지급비용은 유동부채, 즉 금방 갚아야 하는 부채로서 현금주의에서는 인식되지 않으나 발생주의에서는 부채로 인식된다.

③ 현행 정부회계는 발생주의·복식부기 방식을 채택하여 재무제표를 작성하고 있다.

✦ 「**국가회계법**」 **제11조(국가회계기준)** ① 국가의 재정활동에서 발생하는 경제적 거래 등을 발생 사실에 따라 복식부기 방식으로 회계처리하는 데에 필요한 기준(이하 "국가회계기준"이라 한다)은 기획재정부령으로 정한다.

④ 아래의 조항 참고

✦ 「**국가회계기준에 관한 규칙**」 **제5조(재무제표)** ① 재무제표는 「국가회계법」 제14조 제3호에 따라 재정상태표, 재정운영표, 순자산변동표 및 현금흐름표로 구성하되, 재무제표에 대한 주석을 포함한다. 〈개정 2024. 7. 31.〉

⑤ 발생주의·복식부기의 정부회계는 재정상태표와 재정운영표 등을 중심으로 성과 중심의 정부개혁에 유용한 정보를 제공한다.

Answer⁺ 20. ② 21. 정답 없음

22 예산제도의 등장 순으로 옳게 나열한 것은?

하
예산제도
2020년 제8회

㉠ 영기준예산	㉡ 계획예산
㉢ 품목별예산	㉣ 성과주의예산
㉤ 결과지향예산	

① ㉠ − ㉢ − ㉡ − ㉣ − ㉤　　② ㉢ − ㉠ − ㉣ − ㉡ − ㉤

③ ㉢ − ㉣ − ㉡ − ㉠ − ㉤　　④ ㉣ − ㉠ − ㉤ − ㉢ − ㉡

⑤ ㉣ − ㉢ − ㉠ − ㉡ − ㉤

풀이 TIP 예산편성제도는 투입중심으로부터 활동 중심 예산편성제도의 순서로 발전했다.

정답해설 ③ 예산편성제도는 품목별 예산제도, 성과주의 예산제도, 계획 예산제도, 영기준 예산제도, 결과지향 예산제도의 순서로 발전했다.

✦ 예산편성제도의 발달순서

구분	입법국가	시장실패	행정국가		정부실패	탈행정국가	
예산제도	LIBS (1920s)	① 원인 ② 정부대응	PBS (1950s)	PPBS (1960s)	① 원인 ② 정부대응	ZBB (1970s)	NPBS (1990s)
추구하는 가치	통제		관리	계획		감축	·
예산결정모형	점증		점증	합리		합리	·
예산원칙	전통적(통제)		현대적(통제＋신축성)				

23

예산제도
2015년 제3회

품목별예산제도에 관한 설명으로 옳지 않은 것은?

① 예산의 유용이나 남용을 방지하는 데 도움이 된다.
② 투입지향적 예산제도이다.
③ 정부사업의 우선순위 파악이 용이하다.
④ 기획지향적이라기보다는 통제지향적이다.
⑤ 의회의 예산심의가 용이하다.

풀이 TIP 품목별예산은 사업예산이 아니다!

정답해설 ③ 품목별예산제도는 지출의 대상·성질(목)에 따라 분류하기 때문에 사업·정책의 우선순위를 알 수 없다. 전형적인 투입 중심의 통제예산이다.

오답해설 ⑤는 조심할 필요가 있다. 예산심의가 가장 쉬운 분류 방식은 조직별 분류, 기능별 분류의 순이며, 이에 따라 편성된 예산이 성과주의예산이다. 그러나 품목별예산도 다른 예산제도에 비하여 상대적으로 예산심의가 용이하다고는 할 수 있다. 객관식 문제는 상대적으로 답을 선택할 수밖에 없기 때문에 ③을 정답으로 한 것이다. 엄밀하게 보면 ⑤도 옳은 지문이라고 할 수는 없다.

✦ 품목별예산제도의 장단점

장점	단점
• 작성과 이해가 쉽고, 회계책임 확보 용이 • 알 수 없는 미래가 아닌 알 수 있는 과거나 현재를 토대로 안전한 예산관리가 가능하므로 지나친 모험 회피 가능(점증주의 결정의 이점) • 갈등을 야기할 수 있는 어려운 선택을 분산함으로써 모든 어려움을 단번에 직면하는 상황 회피 가능 ⇨ 이익집단의 저항 회피 용이 • 정책에 대해 중립적이므로 다양한 정책과 조화 가능 • 지출대상을 보수·여비·시설비 등으로 세분하여 금액을 산정하므로 예산집행의 부정 방지 가능 • 지출 항목에 대한 정확한 정보·자료의 제공 • 재정통제에 기여함으로써 재정민주주의의 실현 수단	• 목표달성에 무관심한 투입기준의 예산이므로 효과성 판단 곤란 • 세부항목 중심으로 예산을 책정하므로 예산이 국민경제에 미치는 영향 판단 곤란 • 예산을 기존의 조직과 사업에 묶어 놓을 뿐 아니라 지출대상이 너무 세분화되어 재정구조의 경직성 초래(총괄계정에 부적합) • 목표와 정책에 중립적이어서 사업·성과에 무관심 • 과거지향적 점증주의의 약점 노출 • 조직마다 품목예산을 배정하기 때문에 활동의 중복 초래 • 품목과 비용을 따지는 하급관리층의 미시적 관리도구를 정부 전체의 거시적 수준까지 적용하는 데서 오는 폐단(통합조정의 애로) • 합법성 위주의 재정운용으로 인해 형식주의(red tape) 초래

24

하
예산제도
2017년 제5회

입법기관이 따로 조치를 취하지 않는 한 정부의 사업 또는 조직이 미리 정한 기간이 지나면 자동적으로 폐지 또는 폐기되도록 하는 제도는?

① 감축관리제
② 일출제
③ 목표관리제
④ 영기준예산제
⑤ 일몰제

풀이 TIP 미리 정한 기간이 지나면 이뤄지는 자동 '폐기'는 일출(sunrise)인가 일몰(sunset)인가?

정답해설 ⑤ 문제는 일몰제(법)를 설명하고 있다.

오답해설 ① 감축관리제란 조직이 소비하는 자원의 양을 감축하고 사업과 인력 및 조직 규모를 줄이는 조직 관리를 말한다. 1970년대 초 제1차 석유 파동에 뒤이은 뉴욕시의 재정 파탄과 1978년 캘리포니아 주민의 조세저항(Proposition 13) 등 재정적자의 문제가 심각해지자, 각국은 정부 서비스의 수준을 낮추고, 행정환경의 변화로 필요성이 감소된 사업을 축소하며, 관련 부서의 조직 및 인력을 삭감하는 감축관리를 추구하게 되었다. 이러한 감축관리에 적합한 예산제도로 영기준예산제도(ZBB)가 발전하게 되었다.
② 일출제(법)란 행정조직과 사업의 신설 요구가 있을 경우 입법기관이 엄격하게 심사하도록 규정한 법을 말한다. 일출법은 기존 조직 및 사업이 일정 기간 경과 후 자동적으로 폐지되도록 규정한 일몰법과 대비된다.
③ 목표관리제(management by objectives)란 조직의 상하 구성원들이 참여의 과정을 통해 조직 단위와 구성원의 목표를 명확하게 설정하고, 그에 따라 생산활동을 수행하도록 한 뒤, 업적을 측정·평가함으로써 관리의 효율화를 기하려는 포괄적 조직관리 체제를 말한다.
④ 영기준예산제란 기존 사업과 새로운 사업을 구분하지 않고 매년 모든 사업의 타당성을 영(zero) 기준에서 엄밀히 분석해 예산을 편성하는 제도를 말한다. 편성은 예산 운영 단위(decision unit)의 선정, 단위사업 분석표(decision package)의 작성, 단위사업 분석표의 순위 결정(ranking) 순으로 이루어진다. 이 제도는 자원의 능률적 배분과 예산 절감을 가져올 수 있고, 의사 결정과 계획 기능의 개선에 이바지하며, 신속한 예산 조정 등 변동 대응성의 증진에 기여하는 등의 장점을 지닌다. 그러나 사업의 빈번한 변경은 오히려 더 많은 비용을 초래할 수 있고, 경직성 경비가 많을 경우 효용이 떨어지며, 예산 결정에 작용하는 정치적 요인 등을 간과한다는 비판을 받고 있다. 우리나라에서는 1983년부터 예산안 편성에 이 제도를 적용하고 있다.

✦ **일몰법과 영기준예산제도(ZBB)의 비교**

구분	일몰법	영기준예산(ZBB)
공통점	• 현 사업의 능률성과 효과성을 검토하여 사업의 계속 여부를 결정하기 위한 재심사를 한다. • 기득권의식을 없애고 자원의 합리적 배분을 기할 수 있다. • 자원난 시대에 대비하는 감축관리의 일환이다.	
성격	예산심의 통제 위한 입법적 과정	행정부 예산편성에 관련된 행정적 과정
관련 계층	행정의 최상위계층의 주요정책을 심사하기 위한 것	조직의 상층구조뿐만 아니라 중·하층구조까지 관련
검토주기	3~7년마다(장기)	매년(단기)

25

예산과정
2022년 제10회

국회의 예산결산에 관한 설명으로 옳지 않은 것은?

① 결산 심의를 한 결과 문제가 있는 특정사안에 대하여 감사원에 감사를 요구할 수 있다.
② 결산은 회계연도에서 국가의 수입과 지출 실적을 확정적 계수로 표시하는 행위이다.
③ 예산의 범위 내에서 재정활동을 했는지 확인하고 그 결과를 재정운용에 반영하는 과정이다.
④ 부당한 지출이 발견된 경우 그 책임을 요구하고 무효화할 수 있다.
⑤ 재정운용의 비능률이 발견된 경우 시정을 요구할 수 있고 차년도 예산과정에서 쟁점화될 수 있다.

> **풀이 TIP** 잘못된 과거를 없던 일로 할 수는 없다. 단지 책임을 지울 뿐이다.

> **정답해설** ④ 결산은 집행 후의 과정이므로 부당한 지출이 발견될 경우 그 책임을 요구할 수 있으나 무효화할 수는 없다.

> **오답해설** ① 국회는 결산 심의를 한 결과 문제가 있는 특정사안에 대하여 감사원에 감사를 요구할 수 있다.

> ✦ 「국회법」 제127조의2(감사원에 대한 감사 요구 등) ① 국회는 의결로 감사원에 대하여 「감사원법」에 따른 감사원의 직무 범위에 속하는 사항 중 사안을 특정하여 감사를 요구할 수 있다.

② 결산은 집행실적을 검증하는 과정(확정적 계수로 표시)이다.
③, ⑤ 결산은 예산집행과정에서 위법 또는 부당한 지출이 있었는가를 확인하는 통제기능과, 예산운용에 대한 평가결과를 다음 연도 예산심의에 반영하는 환류기능(재정의 학습과정)을 수행한다.

26

예산의 구성
2022년 제10회

정부가 회계연도 개시 120일 전까지 국회에 제출하는 예산안의 구성요소가 아닌 것은?

① 예산총칙
② 세입세출예산
③ 계속비
④ 명시이월비
⑤ 국가결산보고서

> **풀이 TIP** **두문자** 총세계명국

> **정답해설** ⑤ 아래의 조항 참고

> ✦ 「국가재정법」 제19조(예산의 구성) 예산은 예산총칙·세입세출예산·계속비·명시이월비 및 국고채무부담행위를 총칭한다.

Answer 24. ⑤ 25. ④ 26. ⑤

27

예산의 분류
2023년 제11회

예산 내용의 일반적인 분류방법에 해당하지 않는 것은?

① 품목별 분류 ② 조직별 분류 ③ 기능별 분류
④ 경제 성질별 분류 ⑤ 정치적 분류

[정답해설] ⑤ 정치적 분류는 예산의 분류방법에 해당하지 않는다.

[오답해설] ①, ②, ③, ④ 아래의 표 참고

조직별 분류	조직단위를 기준으로 예산을 분류하는 것으로 특정 기관이 얼마를 쓰는지를 알 수 있음
기능별 분류	정부의 큰 기능을 기준으로 예산을 분류하는 방법
경제성질별 분류	국민경제에 미치는 영향을 파악하기 위한 분류
품목별 분류	항목별로 예산을 분류하는 방법

28

예산의 원칙
2023년 제11회

전통적 예산원칙과 대비되는 현대적 예산원칙으로 옳은 것을 모두 고른 것은?

ㄱ 사업계획과 예산편성은 유기적으로 이루어져야 하고 계획된 예산은 경제적으로 집행해야 한다.
ㄴ 국민에게 필요 이상의 돈을 거두어서는 안 되며 계획대로 정확히 지출해야 한다.
ㄷ 예산의 편성, 심의, 집행은 공식적인 보고에 기초를 두어야 한다.
ㄹ 예산구조나 과목은 국민들이 이해하기 쉽게 단순해야 한다.

① ㄱ, ㄴ ② ㄱ, ㄷ ③ ㄴ, ㄷ
④ ㄴ, ㄹ ⑤ ㄷ, ㄹ

[정답해설] ㄱ 사업계획의 원칙에 대한 내용이다.
ㄷ 보고의 원칙에 대한 내용이다.

[오답해설] ㄴ과 ㄹ은 전통적 예산원칙이다. ⇨ ㄴ은 엄밀성의 원칙에 대한 내용이고, ㄹ은 명료성의 원칙에 대한 내용이다.

29

예산편성제도
2024년 제12회

시민이나 의원이 집행결과를 쉽게 이해할 수 있으며 정부의 예산투입과 산출을 연계시키는 예산제도는?

① 일몰 예산제도
② 성과주의 예산제도
③ 영기준 예산제도
④ 계획 예산제도
⑤ 자본 예산제도

[정답해설] ② 단위원가 × 필요사업량 = 예산액 방식으로 계산하여 예산배정을 하여 투입과 산출을 연결하는 예산제도는 성과주의 예산제도이다. ⇨ 사업 또는 활동별로 예산이 편성되어 일반 국민이 정부사업을 이해하기 용이하다.

[오답해설] ① 일몰 예산제도 : 법률 제정 후 일정시간이 지나서 이를 재검토하는 감축지향적 제도
③ 영기준 예산제도 : 전년도 예산에 대한 근본적으로 재검토하는 예산편성제도
④ 계획 예산제도 : 대규모 사업을 중심으로 예산을 편성하는 제도
⑤ 자본 예산제도 : 국공채 발행 등을 통해 투자성 지출을 적극 활용하는 제도

30

중

신축성 확보장치
2024년 제12회

예산 집행의 신축성을 유지하기 위한 제도에 관한 설명으로 옳은 것은?

① 이용(移用)이란 세항·목 등 행정과목 간의 예산을 상호 융통하는 것이다.
② 전용(轉用)이란 장·관·항 등 입법과목 간의 예산을 상호 융통하는 것이다.
③ 이체(移替)란 폐지되거나 기능이 이관된 기관의 예산을 신설된 기관의 예산으로 재분배하는 것이다.
④ 명시이월(明示移越)이란 연도 내에 지출원인행위를 하고 불가피한 사유로 인하여 연도 내에 지출하지 못한 경비를 다음 연도로 이월하여 사용하는 것이다.
⑤ 사고이월(事故移越)이란 연도 내에 그 지출을 마치지 못할 것이 예측될 때 미리 국회의 승인을 얻어 다음 연도로 이월하여 사용하는 것이다.

[정답해설] ③ 예산의 이체란 정부조직 등에 관한 법령의 제정, 개정 또는 폐지로 인해 그 직무와 권한에 변동이 있을 때에 예산도 이에 따라 변경시키는 것이다.

[오답해설] ① 전용에 대한 내용이다.
② 이용에 대한 내용이다.
④ 사고이월에 대한 내용이다.
⑤ 명시이월에 대한 내용이다. ⇨ 사고이월은 불가피한 사유로 인해 이월하는 것을 의미한다.

Answer▶ 27. ⑤ 28. ② 29. ② 30. ③

3과목 · 행정학개론

31

다음 예산의 원칙과 예외의 연결이 옳지 않은 것은?

① 사전의결의 원칙 - 준예산
② 한정성의 원칙 - 사고이월
③ 통일의 원칙 - 교육세
④ 단일의 원칙 - 특별회계
⑤ 예산총계주의 원칙 - 기금

정답해설 정답 없음 → 해당 문항은 모두 정답처리되었다.

오답해설 ①, ②, ③, ④, ⑤ 아래의 표 참고

단일성 원칙	• 단일한 회계장부에 기록 • 예산은 가능한 한 모든 재정 활동을 포괄하는 단일한 예산 내에서 정리되어야 함 • 가급적 일반회계산으로 국가의 모든 활동을 집행하자는 것	• **두문자** 단추특기 • **예외**: 특별회계예산, 추가경정예산, 기금 ⇨ 행정의 복잡성 증대로 인해 나열된 돈은 별도로 편성하는 게 국가관리에 용이하다는 뜻
사전승인 원칙	행정부가 집행하는 돈은 국회의 사전 심의·의결을 거쳐야 함	사고이월, 전용, 준예산, 긴급재정명령, 선결처분, 예비비 지출 등
통일성 원칙	• 세입은 국고를 거쳐 세출되어야 함 • 국고 통일의 원칙, 수입금 직접 사용금지의 원칙과 같은 개념	• **두문자** 통목수특기 • **예외**: 목적세, 수입대체경비, 특별회계, 기금 ⇨ 목적성이 뚜렷한 돈에 대해서는 예외로 하자는 것
완전성(포괄성) 원칙 (예산총계주의)	• 수입·지출 모두 예산에 기록 • 예산에 모든 세입과 세출이 명시적으로 나열되어 빠짐없이 계상되어야 한다는 것(총계예산) **예** 세금 징수비용 등을 제외한 순수입만을 세입예산에 반영시켜서는 안 된다는 원칙	• **두문자** 완전차갑고 순수해서 현기증나 • **예외**: 전대차관, 차관물자대, 순계예산, 수입대체경비, 현물출자, 기금 • 전대차관, 차관물자대, 수입대체경비, 현물출자 등은 불확실성 차원에서 예외에 해당하며, 기금은 예산이 아님. 아울러 순계예산은 총계예산과 반대되는 개념임
한정성 원칙	의회가 지정한 목적·금액·시기 내에서 예산집행	**목적(질적) 한정성 예외** 이용, 전용
		규모(양적) 한정성 예외 예비비, 추가경정예산
		시간(시기) 한정성 예외 (회계연도 독립원칙 예외) 이월, 계속비, 국고채 무부담행위 등

Part 06 행정환류

행정사 시험에서 매년 꼭 출제되는 파트이다. 다만, 다른 파트와 다르게 출제되는 주제가 정해져 있는 편이다. 길버트의 행정통제 유형, 행정개혁 등을 중심으로 공부하자. 첨언하자면 상식으로 풀 수 있는 문제가 출제되는 편이니 너무 긴장하지 말자.

01

통제의 유형
2016년 제4회

공식적 수단에 의한 행정통제가 아닌 것은?

① 계층제에 의한 통제
② 입법부에 의한 통제
③ 공익가치에 의한 통제
④ 사법부에 의한 통제
⑤ 국무조정실에 의한 통제

풀이 TIP 공식·비공식 통제는 국가 기구인가 아닌가에 따른 분류다!

정답해설 ③ 비공식적 외부통제방식이다.

오답해설 ① 계층제에 의한 통제, ⑤ 국무조정실에 의한 통제는 공식적 내부통제 방식이고, ② 입법부에 의한 통제, ④ 사법부에 의한 통제는 공식적 외부통제 방식이다.

✦ 길버트(Gilbert)의 통제유형

구분	내부통제	외부통제
공식 통제	행정수반(대통령), 교차기능조직(Staff), 독립통제기관(감사원, 국민권익위원회), 계층제(상관), 심사평가	입법부, 사법부, 옴부즈만
비공식 통제	행정윤리(전문직업상의 행동규범), 대표관료제, 공익	민중통제, 시민참여, 이익집단, 언론매체, 정당

Answer⁺ 1. ③

02

하
통제의 유형
2014년 제2회

내부적 행정통제에 해당하지 않는 것은?

① 의회 옴부즈만에 의한 통제
② 계층제 및 인사관리제도를 통한 통제
③ 감사원에 의한 통제
④ 청와대 및 국무총리실에 의한 통제
⑤ 중앙행정부처에 의한 통제

풀이 TIP 내·외부통제는 행정부 내부인가 외부인가에 따른 분류다!

정답해설 ① 의회 옴부즈만에 의한 통제는 공식적 외부통제에 해당한다. 우리나라의 옴부즈만인 국민권익위원회가 공식적 내부통제인 것과 비교된다.

오답해설 ②, ③, ④, ⑤ 계층제 및 인사관리제도를 통한 통제, 감사원에 의한 통제, 청와대 및 국무총리실에 의한 통제, 중앙행정부처에 의한 통제는 모두 공식적 내부통제에 해당한다.

03

하
통제의 유형
2020년 제8회

행정통제의 유형 중 내부통제로 옳은 것은?

① 국민에 의한 통제
② 이익집단에 의한 통제
③ 사법부에 의한 통제
④ 감사원에 의한 통제
⑤ 입법부에 의한 통제

풀이 TIP 내부통제는 행정부에서 자체적으로 행하는 통제이다.

정답해설 ④ 감사원은 대통령 소속이기 때문에 행정부 내부에서 통제하는 내부통제 수단에 해당한다.

✦ Gilbert의 행정통제 유형

구분	외부	내부
공식적	• 입법부 • 사법부 • 옴부즈만 • 헌법재판소	• 계층제 및 인사제도 • 감사원, 국민권익위원회 • 청와대 국무총리실 • 중앙행정부처
비공식적	• 시민, 이익집단 • 여론, 매스컴, 정당 등	• 동료집단 • 직업윤리

04

하
통제의 유형
2013년 제1회

행정통제를 크게 외부통제와 내부통제로 분류할 때 다음 중 그 분류가 다른 것은?

① 사법부에 의한 통제
② 시민단체에 의한 통제
③ 감사원에 의한 통제
④ 선거권의 행사에 의한 통제
⑤ 주민참여제도에 의한 통제

정답해설 ③만 내부통제이고, 나머지는 모두 외부통제에 해당한다.

오답해설 ① 사법부에 의한 통제는 공식적 외부통제이다.
②, ④, ⑤ 시민단체에 의한 통제, 선거권의 행사에 의한 통제, 주민참여제도에 의한 통제는 비공식적 외부통제에 해당한다.

05

하
행정통제의 유형
2021년 제9회

행정통제의 유형 중 외부통제에 해당하지 않는 것은?

① 입법부에 의한 통제
② 사법부에 의한 통제
③ 시민참여에 의한 통제
④ 이익집단에 의한 통제
⑤ 계층제 및 인사관리제도를 통한 통제

풀이 TIP 외부통제는 행정부 밖에서 행정부를 통제하는 수단이다.

정답해설 ⑤ 계층제 및 인사관리제도는 내부통제 수단에 해당한다.

오답해설 ①, ②, ③, ④ 아래의 표 참고

✦ Gilbert의 행정통제 유형

구분	외부	내부
공식적	• 입법부: 국정감사 등 • 사법부: 행정명령 위법 여부 심사 등 • 옴부즈만 • 헌법재판소: 권한쟁의 심판 등 • 국가인권위원회(행정부 소속 ×)	• 계층제(명령체계) 및 인사제도 • 감사원: 직무감찰 등 • 국민권익위원회 • 청와대, 국무총리실, 국무조정실 • 중앙행정부처 • 교차기능조직 및 독립통제기관 • 기타 제도 　－ 예산통제(예 총액배분자율편성) 　－ 인력의 정원통제(예 총액인건비) 　－ 정부업무평가 등
비공식적	• 민중통제 　－ 시민(국민): 시민의 선거권·국민투표권 등 　－ 시민단체 및 이익집단의 요구 　－ 여론, 매스컴(언론), 정당 등	• 동료집단 • 직업윤리(소명심, 공익가치, 윤리적 책임의식 등) • 대표관료제: 공무원 간 견제와 균형 • 공무원노동조합

Answer 2. ① 3. ④ 4. ③ 5. ⑤

3과목 ✦ 행정학개론

06

중
옴부즈만
2015년 제3회

옴부즈만(Ombudsman) 제도에 관한 설명으로 옳지 않은 것은?

① 문제해결을 위한 처리과정에 시간이 많이 걸린다.

② 행정권의 남용이나 부당행위로 국민의 권리가 침해되었을 때 구제하는 것을 목적으로 한다.

③ 일반적으로 시민의 고발에 의하여 활동을 개시하지만 자기직권으로 조사활동을 하기도 한다.

④ 우리나라의 국민권익위원회는 옴부즈만제도와 유사하다고 볼 수 있다.

⑤ 스웨덴에서 처음 시행된 이후 현재 유럽을 비롯한 많은 나라에서 활용되고 있는 행정통제 수단이다.

> **풀이TIP** 옴부즈만은 사법절차가 아니다!

> **정답해설** ① 옴부즈만 제도는 사법절차에 비하여 문제해결과정에서 시간과 비용을 절약할 수 있다는 점이 장점이다.

07

하
옴부즈만
2020년 제8회

옴부즈만(Ombudsman) 제도에 관한 설명으로 옳지 않은 것은?

① 국민의 이익을 보호하려는 취지에서 1809년 스웨덴에서 시작된 행정감찰관제도이다.

② 필요한 사항을 조사해 결과를 알려주고 언론을 통해 공표하기도 한다.

③ 옴부즈만은 기능적으로 자율적이고 입법부와 행정부로부터 독립되어 있다.

④ 독립적 지위를 가진 사람이 조사를 하여 시정을 촉구하거나 건의함으로써 국민의 권리를 구제한다.

⑤ 옴부즈만과 유사한 국민권익위원회는 법원이 내린 결정 처분에 대해 시정조치, 권고, 취소를 결정한다.

> **풀이TIP** 국민권익위원회는 간접통제 수단이다.

> **정답해설** ⑤ 옴부즈만과 유사한 우리나라의 국무총리 소속 국민권익위원회는 법원이나 행정기관의 결정이나 행위를 무효·취소 또는 변경할 수 없다. 즉, 옴부즈만은 위법·부당한 행정행위에 대해 직접 취소하거나 무효로 하지는 못하고 시정을 요구할 수 있다.

> **오답해설** ①, ② 옴부즈만 제도는 국민의 이익을 보호하려는 취지에서 1809년 스웨덴에서 시작된 행정감찰관제도이며, 필요한 사항을 조사해 국민에게 결과를 알려주고 언론을 통해 공표하기도 한다.
> ③ 옴부즈만은 기능적으로 자율성을 지니는 까닭에 입법부와 행정부로부터 독립되어 있는 독립통제기관이다.
> ④ 일반적인 옴부즈만의 경우에 독립적 지위를 가진 사람을 의회에서 선출하는데, 옴부즈만은 필요한 부분을 조사하여 시정을 촉구하거나 건의함으로써 국민의 권리를 구제한다.

08

중
옴부즈만
2018년 제6회

우리나라의 국민권익위원회에 관한 설명으로 옳지 않은 것은?

① 국무총리 소속으로 설치되어 있으며, 옴부즈만의 일종으로 간주되기도 한다.
② 권고, 의견 표명, 감사 의뢰 등을 할 수 있다.
③ 고충민원의 처리와 그에 관련된 불합리한 행정제도의 개선을 목적으로 한다.
④ 국민권익위원회는 소관 업무의 원활한 수행을 위하여 직속기관으로 시민고충처리위원회를 둔다.
⑤ 국민권익위원회는 중앙행정심판위원회의 운영에 관한 업무를 수행한다.

풀이 TIP 시민고충처리위원회는 주민옴부즈만이다. 행정학에서 '주민'은 지방자치단체에 주민으로 등록된 자를 의미한다.

정답해설 ④ 시민고충처리위원회는 국민권익위원회의 직속기관이 아니라 지방자치단체에 두는 기관이다.

✦ 「부패방지 및 국민권익위원회 설치와 운영에 관한 법률」 제32조(시민고충처리위원회의 설치) ① 지방자치단체 및 그 소속 기관에 관한 고충민원의 처리와 행정 제도의 개선 등을 위하여 각 지방자치단체에 시민고충처리위원회를 둘 수 있다.

오답해설 ① 국민권익위원회는 국무총리 소속으로 설치되어 있으며, 행정부 소속형 옴부즈만에 해당한다.
② 옴부즈만은 위법·부당한 행정행위에 대해 직접 취소하거나 무효로 하지는 못하고 시정을 요구할 수 있다. ⇨ 즉, 권고, 의견 표명, 감사 의뢰 등을 할 수 있다.
③ 국민권익위원회는 고충민원의 처리와 그에 관련된 불합리한 행정제도의 개선을 목적으로 하는 면이 있다.

✦ 「부패방지 및 국민권익위원회 설치와 운영에 관한 법률」 제11조(국민권익위원회의 설치) ① 고충민원의 처리와 이에 관련된 불합리한 행정제도를 개선하고, 부패의 발생을 예방하며 부패행위를 효율적으로 규제하도록 하기 위하여 국무총리 소속으로 국민권익위원회(이하 "위원회"라 한다)를 둔다.

⑤ 국민권익위원회는 중앙행정심판위원회의 운영에 관한 업무를 수행한다.

✦ 「부패방지 및 국민권익위원회 설치와 운영에 관한 법률」 제13조(위원회의 구성) ① 위원회는 위원장 1명을 포함한 15명의 위원(부위원장 3명과 상임위원 3명을 포함한다)으로 구성한다. 이 경우 부위원장은 각각 고충민원, 부패방지 업무 및 중앙행정심판위원회의 운영업무로 분장하여 위원장을 보좌한다.

• 중앙행정심판위원회 : 국민권익위원회의 소속기관으로서 행정심판총괄기관
  – 행정심판이란, 행정청의 위법·부당한 처분(또는 그 밖에 공권력의 행사·불행사) 등으로 권리 및 이익을 침해받은 국민이 신속하고 간편하게 법적으로 이를 구제받을 수 있도록 한 제도이다.
  – 국민권익위원회의 부위원장 중 1명이 중앙행정심판위원회의 위원장이 된다.

Answer 6. ① 7. ⑤ 8. ④

3과목 • 행정학개론

09

옴부즈만
2013년 제1회

국민권익위원회에 관한 설명으로 옳지 않은 것은?

① 국무총리 소속 기관이다.
② 국민권익위원회 위원의 임기는 3년이며, 연임할 수 없다.
③ 국민권익위원회 위원은 재직 중 지방의회의원직을 겸임할 수 없다.
④ 고충민원의 조사와 처리 및 이와 관련된 시정권고 업무를 수행한다.
⑤ 정당의 당원은 국민권익위원회 위원이 될 수 없다.

풀이TIP 법은 상식이다! 상식에서 벗어나는 것은 틀렸다는 의미!

정답해설 ② 위원장과 위원의 임기는 각각 3년으로 하되 1차에 한하여 연임할 수 있다(「부패방지 및 국민권익위원회의 설치와 운영에 관한 법률」 제16조).

10

행정개혁의 접근방법
2014년 제2회

고전적 조직이론에 입각하여 조직의 명령계통, 통솔의 범위, 기능배분, 권한과 책임의 한계 등을 주요 대상으로 하는 행정개혁의 접근방법은?

① 구조적 접근방법
② 과정적 · 기술적 접근방법
③ 종합적 접근방법
④ 인간관계론적 접근방법
⑤ 행태적 접근방법

풀이TIP 고전이론이 주장하는 조직구조형성의 원리는?

정답해설 ① 구조적 접근방법 중 원리전략에 해당한다.

✦ **개혁 · 혁신의 접근방법**

구조적 접근방법	• 고전적인 전략(구조 개선 ⇨ 개혁목적 달성) • 원리전략 : 조직 건전성 원칙에 기초 ⇨ 기능 중복의 제거, 책임의 재규정, 조정 및 통제 절차의 개선, 표준적 절차의 간소화, 의사소통체제 및 통솔범위의 수정 등 • 분권화전략 ⇨ 조직계층 축소, 명령 · 책임계통 명확, 막료서비스의 확립
관리 · 과정적 접근방법	• 조직 내 운영과정 또는 일의 흐름 개선 • Reengineering(BPR, PAPR), OR, EDPS, MIS, 관리과학, 체제분석(CBA), 사무기계화(OA)
인간 · 행태적 접근방법	• 가치관 · 행태변화 전략 • 감수성 훈련, 집단토론 · 조작적 전략 등 조직발전(OD) • 자발성에 의한 민주적 · 분권적 · 상향적 · 참여적 접근법
체제 · 종합적 접근방법	• 개방체제 관점에 기초 ⇨ 다분화된 접근방법의 통합 • 구조 · 인간 · 환경 및 조직 간의 상호관련성 고려 • 성공조건 : 정치적 지지 ⇨ 행정인의 이해 · 참여 ⇨ 구조개혁

✦ 개혁·혁신에 대한 저항 극복전략

규범적·사회적 전략	• 참여 확대로 공감대 확보 • 의사소통 촉진(개혁정보 제공과 의견개진 기회 제공) • 집단토론과 사전훈련으로 불안감 제거 • 카리스마나 상징 활용 • 충분한 시간 부여
공리·기술적 전략	• 점진적인 기득권 침해 폭 감소·충격 완화 • 적절한 범위와 시기 선택 • 개혁안 명확화와 공공성 강조 • 유연한 개혁방법과 기술 • 인력 재배치 등으로 신분보장 고려 • 조건부지원 또는 유인제공 등 호혜적 전략 • 우발위험준비금 예치 등 손실의 최소화와 보상방안의 명확화
강제·물리적 전략	• 의식적 긴장 조성 • 압력(물리적인 제재나 불이익) 행사 • 상급자의 권력행사

11

행정개혁의 접근방법
2020년 제8회

행정개혁의 접근방법에 관한 설명으로 옳은 것은?

① 구조적 접근방법은 행태과학의 지식과 기법을 활용한다.

② 과정적 접근방법이 관심을 갖는 개혁대상은 분권화의 수준개선과 조직의 기능이다.

③ 과정적 접근방법은 바람직한 문화변동을 추진한다.

④ 구조적 접근방법이 갖는 관심은 통솔범위의 조정, 권한배분의 개편 등을 대상으로 한다.

⑤ 통합적 접근방법은 폐쇄체제에 입각하여 개혁대상을 포괄적으로 관찰하는 것이다.

> **풀이TIP** 구조적 접근에서 '구조'는 공식적 구조를 의미한다.

정답해설 ④ 구조적 접근은 조직 내 공식적 구조에 초점을 두어 개혁을 하는 방법으로서 통솔범위의 조정, 권한배분의 개편 등을 대상으로 한다.

오답해설 ① 행태적 접근방법은 행태과학의 지식과 기법을 활용하여, 구성원의 가치관 등을 변화시키는 방법이다.

② 구조적 접근방법이 관심을 갖는 개혁대상은 분권화의 수준개선과 조직의 기능이다. 과정적 접근은 일의 흐름에 초점을 둔다.

③ 문화론적 접근방법은 바람직한 문화변동을 추진한다.

⑤ 통합적 접근방법은 개방체제에 입각하여 개혁대상을 포괄적으로 관찰하는 것이다. 즉, 개혁대상의 구성요소를 포괄적으로 관찰하고 여러 가지 분화된 접근 방법을 통합하여 해결방안을 탐색한다.

Answer⁺ 9. ② 10. ① 11. ④

12

행정개혁의 접근방법 중 조직의 상징체계, 신화, 의례를 바꾸고 그에 따라 조직구성원의 행동양식과 관행 그리고 신념을 혁신하고자 하는 것은?

① 구조적 접근방법　　　　　　　② 과정적 접근방법

③ 기술적 접근방법　　　　　　　④ 조직문화 접근방법

⑤ 행태적 접근방법

풀이TIP 관행은 비공식적 제도이다.

정답해설 ④ 문화는 조직구성원이 형성한 비공식적인 제도이다. 문제에서는 이를 '상징체계, 신화, 의례'로 표현하고 있다.

오답해설 ①, ②, ③, ⑤ 아래의 표 참고

✦ 행정개혁의 접근법

구조적 접근	• 기능중복의 제거, 책임의 재규정, 조정 및 통제절차 개선, 표준절차 간소화, 의사전달체계 및 의사결정권 수정, 분권화 전략(권한의 재조정) 등 • 통솔범위의 조정, 명령계통의 수정, 작업집단 재설계 등
행태적 접근법: 인간관계적 접근	• 개혁의 초점을 인간의 행동에 두면서 구성원의 신념 및 가치관, 행태를 의도적으로 변화시켜 행정체제의 변화를 유도하는 접근법으로서 집단토론, 감수성 훈련 등 조직발전(OD : Organizational Development)과 같은 행태과학의 지식과 기법을 활용 • 아울러 조직의 목표와 개인의 목표를 일치시켜(인간관계론) 능동적으로 일하도록 행동의 변화를 유도
과정적 접근법: 관리·기술적 접근	• 행정체제 내의 과정 또는 일의 흐름을 개선하려는 접근으로써 조직 내 운영과정을 수정하는 것 ⇨ 이를 위해 BPR(리엔지니어링), TQM(총체적 품질관리) 등을 활용 • 관리과학 즉, 과학적 관리에 기초하여 행정이 수행하는 절차나 과정, 행정전산망 등 기술이나 장비 및 수단의 개선으로 행정의 성과향상 유도
문화론적 접근	행정체제의 보다 근본적인 개혁을 성취하기 위해 행정문화를 개혁하는 접근법
사업(산출)중심적 접근	정책목표와 내용 및 소요 자원에 초점 ⇨ 행정활동의 목표를 개선하고 행정(서비스)의 양과 질을 개선하려는 접근법
통합적(종합적) 접근	개혁대상의 구성요소를 포괄적으로 관찰하고 여러 가지 분화된 접근방법을 통합하여 해결방안을 탐색하는 것

13

행정개혁 저항에 대한 사회적·규범적 극복방안으로 옳은 것을 모두 고른 것은?

| ㉠ 교육훈련 | ㉡ 임용상 불이익 방지 | ㉢ 경제적 보상 |
| ㉣ 긴장조성 | ㉤ 의사소통과 참여 촉진 | |

① ㉠, ㉣ ② ㉠, ㉤ ③ ㉡, ㉢

④ ㉡, ㉣ ⑤ ㉢, ㉤

풀이TIP 사회·규범적 방법은 정당성을 충분하게 획득하면서 저항을 극복하는 방법이다.

정답해설 ㉠, ㉤ 사회·규범적 극복방안이다.

✦ 행정개혁 시 저항 극복방안

극복방안 (애치오니)	강제적 방법	• 위협, 제재 및 명령을 활용 • 강제적 방법은 저항을 근본적으로 해결하기보다는 단기적으로 또는 피상적으로 해결하는 방법으로써 장래에 더 큰 저항을 초래할 위험이 있음 • 명령, 신분상의 불이익 부여, 긴장 고조(긴장 조성), 저항집단의 세력 약화(권력구조 개편) 등
	공리·기술적 방법	• 개혁이 초래할 결과를 분석하여 손실에 대한 일정한 대가를 제공하거나 개혁의 시기를 조절하는 방법 ⇨ 호혜적 방법을 사용하여 행정개혁에 순응하는 경우에는 저항세력의 피해를 완화하고 이익을 증가시킴 • 개혁의 시기조절(점진적인 추진), 경제적 손실에 대한 보상, 개혁이 가져오는 가치와 개인적 이득의 명확화(개혁의 공공성에 대한 홍보), 신분과 보수의 유지 및 약속(임용상 불이익 방지) 등
	사회·규범적 방법	• 정당성 확보 ⇨ 자발적 협력과 수용을 유도하는 것 • 의사전달과 참여의 활성화, 불만 해소 기회 제공(가치갈등 해소), 사명감 고취(역할인식 강화), 자존감 충족, 교육훈련, 개혁지도자의 신망 혹은 카리스마 개선, 자기계발 기회 제공 등 • 저항을 가장 근본적으로 해결하는 방법 ⇨ 단, 시간과 노력 ↑

참고 강제적 방법에서 사회·규범적 방법으로 갈수록 개혁에 소요되는 시간이 길어짐

오답해설 ㉡, ㉢ 공리적·기술적 전략에 대한 내용이다.
㉣ 강제적인 전략에 대한 내용이다.

Answer⁺ 12. ④ 13. ②

14 미국의 행정개혁과 관련하여 (   ) 안에 들어갈 것으로 알맞은 것은?

각국의 정부혁신
2015년 제3회

> (   )에서 제안한 정부재창조의 기본원칙은 관료적 문서주의(red tape) 제거, 고객우선주의, 성과산출을 위한 권한 위임, 기본원칙으로의 복귀 등이다.

① 시장성 테스트(Market Testing)
② 넥스트 스텝(Next Steps)
③ 국정성과팀(National Performance Review)
④ 클리블랜드 위원회(Cleveland Committee)
⑤ 브라운로 위원회(Brownlow Commission)

풀이TIP 많은 수의 관료들로 구성된 팀이다!

정답해설 ③ 클린턴 정부 시절 엘 고어(E. Gore) 부통령을 위원장으로 출범한 국정성과팀(NPR)에 대한 설명이다.

오답해설 ① 시장성 테스트(Market Testing)란 영국 정부의 개혁프로그램으로서 정부책임하의 공공업무 공급자를 민간과의 경쟁입찰을 통해 보다 효율적으로 결정하는 제도이다. 대상업무는 정부가 책임지고 수행해야 하지만 정부조직과 민간업체가 모두 수행할 수 있다고 판단되는 업무이다. 영국의 경우 중앙정부가 1991년 도입했고, 지방정부도 '강제경쟁입찰제도'란 형식으로 이 제도를 시행하였다.
② 넥스트 스텝(Next Steps)은 정부의 관리 능력을 향상시키기 위해 책임운영기관(Executive Agency)을 설치하는 등 영국 정부가 1988년 이후 추진한 일련의 행정개혁 프로그램을 말한다. 넥스트 스텝 프로그램은 정부가 활용 가능한 자원의 범위 내에서 정부 서비스를 좀 더 효율적으로 납세자ㆍ고객ㆍ직원들에게 제공하기 위해, 중앙정부가 수행하고 있는 집행적 성격의 기능을 정책수립 기능과 분리해 독립적인 책임운영기관으로 하여금 수행하게 하는 것을 주된 내용으로 한다.
④ 클리블랜드 위원회(Cleveland Committee)는 1910년에 설치되어 미국 연방정부의 예산, 인사, 조직활동, 재정보고 및 행정절차 등을 조사ㆍ분석하여 필요한 개혁안을 대통령에게 건의하는 대통령 직속의 특별위원회이다. 경비절약과 능률문제에 관하여 처음으로 조사한 위원회로서 특히 예산제도의 필요성을 강조하였다.
⑤ 브라운로 위원회(Brownlow Commission)는 1937년 미국에서 조직된 '행정관리에 관한 대통령위원회(President's Committee on Administrative Management)'를 말한다. 브라운로(Louis Brownlow)가 위원장으로 활동한 이 위원회는 대통령의 참모기관인 예산국(BOB: Bureau of the Budget), 국가자원기획청(NRPB: National Resources Planning Board), 인사국(CSA: Civil Service Agency) 등을 대통령 직속하에 설치함으로써 대통령의 행정관리 권한을 강화해야 한다는 보고서를 제출했다. 이에 따라 1939년 정부조직개혁법(Reorganization Act)이 제정되는 등 많은 개혁이 이루어졌다.

15

상
행정개혁사
2021년 제9회

우리나라의 행정개혁에 관한 설명으로 옳지 않은 것은?

① 제2공화국에서는 경찰중립화를 위해 공안위원회와 감찰위원회가 구성·운영되었다.
② 제3공화국의 행정개혁은 행정개혁조사위원회에 의해 추진되었다.
③ 제4공화국의 행정개혁은 서정쇄신운동의 일환으로 전개되었다.
④ 김영삼정부에서는 행정절차법과 공공기관의 정보공개에 관한 법률을 제정해 행정의 투명성을 제고하고자 하였다.
⑤ 김대중정부에서는 행정개혁을 위해 정부혁신추진위원회를 설치하였다.

풀이 TIP 불의타 문제이다. 외우지 않아도 되는 문제이니 걱정하지 말자.

정답해설 ① 제2공화국에서는 경찰중립화를 위해 감찰위원회가 구성·운영되었다(공안위원회 ×).

16

하
행정통제 유형
2022년 제10회

행정통제 유형 중 외부통제에 해당하는 것은?

① 대통령에 의한 통제 ② 중앙행정부처에 의한 통제
③ 감사원에 의한 통제 ④ 사법부에 의한 통제
⑤ 국무조정실에 의한 통제

풀이 TIP 외부통제는 행정부 밖에서 행정부를 통제하는 수단이다.

정답해설 ④ 사법부는 행정부의 밖에서 행정부를 통제할 수 있는 수단이다.

오답해설 ①, ②, ③, ⑤ 아래의 표 참고

✦ 길버트 행정통제 유형

구분	외부	내부
공식적	• 입법부 • 사법부 • 옴부즈만 • 헌법재판소 • 국가인권위원회	• 계층제(명령체계) 및 인사제도 • 감사원 • 국민권익위원회 • 국무총리실, 국무조정실, 대통령 • 중앙행정부처 • 교차기능조직 및 독립통제기관 • 기타 제도 　− 예산통제 　− 인력의 정원통제 　− 정부업무평가 등
비공식적	• 민중통제 　− 시민(국민) 　− 시민단체 및 이익집단 　− 여론, 매스컴(언론), 정당 등	• 동료집단 • 직업윤리 • 대표관료제 • 공무원 노동조합

Answer 14. ③ 15. ① 16. ④

17

행정개혁
2022년 제10회

행정개혁의 저항을 극복하기 위한 규범적 · 사회적 전략으로 옳은 것을 모두 고른 것은?

㉠ 의사전달과 참여의 확대	㉡ 개혁의 공공성에 대한 홍보
㉢ 사명감 고취와 역할 인식 강화	㉣ 권력구조 개편과 긴장 조성
㉤ 신분보장과 경제적 보상	㉥ 가치갈등 해소

① ㉠, ㉡, ㉣   ② ㉠, ㉢, ㉥

③ ㉡, ㉢, ㉤   ④ ㉡, ㉣, ㉤

⑤ ㉢, ㉤, ㉥

풀이 TIP 규범적 · 사회적 전략은 개혁시 정당성을 충분히 확보하는 방법이다.

정답해설 ㉠, ㉢, ㉥ 규범 · 사회적 전략에 해당하며, 이는 개혁에 대한 정당성을 충분히 확보 후 저항을 극복하는 방법이다.

오답해설 ㉡, ㉤ 공리 · 기술적 방법이다.
㉣ 강제적 방법이다.

✦ 행정개혁에 대한 저항극복 방법

극복방안 (애치오니)	강제적 방법	• 위협, 제재 및 명령을 활용 • 강제적 방법은 저항을 근본적으로 해결하기보다는 단기적으로 또는 피상적으로 해결하는 방법으로서 장래에 더 큰 저항을 초래할 위험이 있음 • 명령, 신분상의 불이익 부여, 긴장 고조(긴장 조성), 저항집단의 세력 약화(권력구조 개편) 등
	공리 · 기술적 방법	• 개혁이 초래할 결과를 분석하여 손실에 대한 일정한 대가를 제공하거나 개혁의 시기를 조절하는 방법 ⇨ 호혜적 방법을 사용하여 행정개혁에 순응하는 경우에는 저항세력의 피해를 완화하고 이익을 증가시킴 • 개혁의 시기조절(점진적인 추진), 경제적 손실에 대한 보상, 개혁이 가져오는 가치와 개인적 이득의 명확화(개혁의 공공성에 대한 홍보), 신분과 보수의 유지 및 약속(임용상 불이익 방지) 등
	사회 · 규범적 방법	• 정당성 확보 ⇨ 자발적 협력과 수용을 유도하는 것 • 의사전달과 참여의 활성화, 불만 해소 기회 제공(가치갈등 해소), 사명감 고취(역할인식 강화), 자존감 충족, 교육훈련, 개혁지도자의 신망 혹은 카리스마 개선, 자기계발 기회 제공 등 • 저항을 가장 근본적으로 해결하는 방법 ⇨ 단, 시간과 노력 ↑

참고 강제적 방법에서 사회 · 규범적 방법으로 갈수록 개혁에 소요되는 시간이 길어짐

18

행정개혁
2022년 제10회

행정개혁의 구조적 접근방법에 관한 설명으로 옳지 않은 것은?

① 행정체계의 구조적 설계를 개선함으로써 행정개혁의 목표를 달성하려는 접근방법이다.

② 분권화 수준의 개선, 권한배분의 개편, 명령계통의 수정, 작업집단의 설계 등을 추진한다.

③ 주된 목표는 기능중복의 제거 및 표준적 절차의 간소화 등이다.

④ 조직의 분권화를 통해 조직계층의 단순화, 명령과 책임 등을 명확히 할 수 있다.

⑤ 공무원의 의식개혁, 업무자세 및 태도 개선 등에 초점을 맞춘다.

정답해설 ⑤ 행태적 접근에 해당한다.

✦ 행정개혁의 접근법

구조적 접근	• 기능중복의 제거, 책임의 재규정, 조정 및 통제절차 개선, 표준절차 간소화, 의사전달체계 및 의사결정권 수정, 분권화 전략(권한의 재조정) 등 • 통솔범위의 조정, 명령계통의 수정, 작업집단 재설계 등
행태적 접근법 : 인간관계적 접근	• 개혁의 초점을 인간의 행동에 두면서 구성원의 신념 및 가치관, 행태를 의도적으로 변화시켜 행정체제의 변화를 유도하는 접근법으로써 집단토론, 감수성 훈련 등 조직발전(OD : Organizational Development)과 같은 행태과학의 지식과 기법을 활용 • 아울러 조직의 목표와 개인의 목표를 일치시켜(인간관계론) 능동적으로 일하도록 행동의 변화를 유도
과정적 접근법 : 관리 · 기술적 접근	• 행정체제 내의 과정 또는 일의 흐름을 개선하려는 접근으로써 조직 내 운영과정을 수정하는 것 ⇨ 이를 위해 BPR(리엔지니어링), TQM(총체적 품질관리) 등을 활용 • 관리과학 즉, 과학적 관리에 기초하여 행정이 수행하는 절차나 과정, 행정전산망 등 기술이나 장비 및 수단의 개선으로 행정의 성과향상 유도
문화론적 접근	행정체제의 보다 근본적인 개혁을 성취하기 위해 행정문화를 개혁하는 접근법
사업(산출)중심적 접근	정책목표와 내용 및 소요 자원에 초점 ⇨ 행정활동의 목표를 개선하고 행정(서비스)의 양과 질을 개선하려는 접근법
통합적(종합적) 접근	개혁대상의 구성요소를 포괄적으로 관찰하고 여러 가지 분화된 접근방법을 통합하여 해결방안을 탐색하는 것

19

하
행정개혁 접근법
2023년 제11회

감수성 훈련 등을 통해 관료의 가치관, 신념, 태도의 변화를 유도하는 행정개혁의 접근방법은?

① 과정적 접근방법　　　　　　　② 구조적 접근방법
③ 행태적 접근방법　　　　　　　④ 통합적 접근방법
⑤ 사업중심적 접근방법

정답해설 ③ 행태적 접근은 개혁의 초점을 인간의 행동에 두면서 구성원의 신념 및 가치관, 행태를 의도적으로 변화시켜 행정체제의 변화를 유도한다.

오답해설 ① 과정적 접근방법: 행정체제 내의 과정 또는 일의 흐름을 개선하려는 접근으로써 조직 내 운영과정을 수정하는 것
② 구조적 접근방법: 행정체계의 구조적 설계를 개선함으로써 행정개혁의 목표를 달성하려는 접근방법
④ 통합적 접근방법: 개혁대상의 구성요소를 포괄적으로 관찰하고 여러 가지 분화된 접근방법을 통합하여 해결방안을 탐색하는 것
⑤ 사업중심적 접근방법: 정책목표와 내용 및 소요 자원에 초점 ⇨ 행정활동의 목표를 개선하고 행정(서비스)의 양과 질을 개선하려는 접근법

20

하
영국의 행정개혁
2023년 제11회

넥스트 스텝(Next Steps)을 통해 책임운영기관 제도를 도입하고, 공공서비스의 질 향상을 위해 시민헌장제, 의무경쟁입찰제, 시장성테스트 등의 개혁 조치를 추진한 국가는?

① 영국　　　　　② 일본　　　　　③ 뉴질랜드
④ 미국　　　　　⑤ 독일

정답해설 ① 문제의 내용은 영국 보수당의 행정개혁이다.

21

하
행정통제
2024년 제12회

공식적 수단에 의한 행정통제를 모두 고른 것은?

> ㉠ 계층제를 통한 통제 ㉡ 감사원을 통한 통제
> ㉢ 시민과 언론을 통한 통제 ㉣ 공익가치를 통한 통제
> ㉤ 국무총리실을 통한 통제

① ㉠, ㉡ ② ㉢, ㉣ ③ ㉠, ㉡, ㉤
④ ㉡, ㉣, ㉤ ⑤ ㉢, ㉣, ㉤

정답해설 ③ 아래의 내용 참고

구분	외부	내부

공식적	• 입법부
	• 사법부
	• 옴부즈만
	• 헌법재판소
	• 국가인권위원회
		• 계층제(명령체계) 및 인사제도
		• 감사원
		• 국민권익위원회
		• 국무총리실, 국무조정실, 대통령
		• 중앙행정부처
		• 교차기능조직 및 독립통제기관
		• **기타 제도**
		  − 예산통제
		  − 인력의 정원통제
		  − 정부업무평가 등

비공식적	• 민중통제
	  − 시민(국민)
	  − 시민단체 및 이익집단
	  − 여론, 매스컴(언론), 정당 등
		• 동료집단
		• 직업윤리 ⇨ 공익가치
		• 대표관료제
		• 공무원 노동조합

지방자치론

최근 행정사 시험에서 다수 출제되고 있는 파트이다. 다만, 출제된 주제는 정해져 있는 편이다. 지방재정과 주민참여제도, 주민자치와 단체자치 등을 중심으로 문제를 풀어보자.

01

특별지방행정기관
2013년 제1회

지방자치단체와는 별도로 특별지방행정기관을 설치하는 경우 나타나는 장점으로 옳은 것은?

① 주민들의 직접참여와 통제가 용이하여 책임행정 확보가 가능하다.
② 광역적인 국가 업무를 효율적으로 처리할 수 있다.
③ 유사중복기능의 수행 인력과 조직으로 행정의 중복성을 통하여 효율성을 강화할 수 있다.
④ 관할범위가 넓어 현지성이 확보됨으로써 지역주민을 위한 행정이 가능하다.
⑤ 특별지방행정기관 증가로 이원적 업무수행이 가능하여 주민들의 행정만족도가 높아지고 혼란을 방지할 수 있다.

> **풀이 TIP** 한 동굴에 두 마리의 호랑이(일선기관, 지자체)가 존재한다! 어찌될까?

정답해설 ② 특별지방행정기관은 중앙정부의 업무를 처리하기 위해 지방에 설치한 기관이다. 따라서 전국적 통일적 처리나 고도의 전문성이 요구되는 업무를 효율적으로 처리하는 데 유용하다.

오답해설 ① 일선기관(특별지방행정기관)이 늘어나면 주민들의 직접참여와 통제가 어려워 책임행정 확보가 곤란하다.
③ 자치단체와 일선기관의 유사중복기능으로 인해 행정의 효율성이 저하된다.
④ 관할범위가 좁을 때 주민의 참여가 쉬워져서 지역주민을 위한 행정이 가능하다.
⑤ 특별지방행정기관 증가로 자치단체와 업무 간 갈등·중복이 발생할 우려가 크기 때문에 주민에게 혼란을 야기할 수 있고, 이로 인해 주민의 서비스만족도도 저하될 수 있다.

✦ 일선기관의 장단점

장점	단점
• 국가의 업무부담 경감 • 지역별 특성을 확보하는 정책집행 : 현지성 및 근린행정 • 신속한 업무처리 및 통일적 행정 수행 • 중앙과 지역 간 협력 및 광역행정의 수단	• 책임성의 결여와 자치행정 저해 ⇨ 주민에 의한 민주통제 곤란으로 행정의 민주화 저해 • 기능 중복으로 인한 비효율성 • 고객의 혼란과 불편 • 종합행정 저해 • 경비 증가 및 중앙통제의 강화 수단 • 자치단체와 수평적 협조 및 조정 곤란

02

중
중앙통제
2016년 제4회

우리나라 지방자치제의 특징이나 내용에 관한 설명으로 옳은 것은?

① 시·군 및 자치구의 장이 법령의 규정에 따라 그 의무에 속하는 국가위임사무의 관리와 집행을 명백히 게을리하고 있다고 인정되면 주무부장관은 그 이행을 직접 명령할 수 있다.

② 시·군 및 자치구의 사무에 관한 그 장의 명령이나 처분이 법령에 위반되거나 현저히 부당하여 공익을 해친다고 인정되면 주무부장관은 그 시정을 직접 명할 수 있다.

③ 시·군 및 자치구에 대하여 지방의회의 의결이 법령에 위반되거나 공익을 현저히 해친다고 판단되면 주무부장관은 직접 재의를 요구할 수 있다.

④ 지방자치단체의 기관구성은 기본적으로 기관대립형을 채택하고 있다.

⑤ 기관위임사무는 주로 지방적 이해관계보다 전국적 이해관계가 큰 사무들이 그 대상이 된다.

풀이TIP 우리나라는 단체자치 전통을 가진다!

정답해설 ④ 우리나라는 단체자치의 전통이 강하여 의회와 집행기관을 견제와 균형의 원리에 따라 운영하는 기관대립형을 채택하였다.

오답해설 ① 지방자치단체의 장이 법령의 규정에 따라 그 의무에 속하는 국가위임사무나 시·도위임사무의 관리와 집행을 명백히 게을리하고 있다고 인정되면 시·도에 대하여는 주무부장관이, 시·군·자치구에 대하여는 시·도지사가 기간을 정하여 서면으로 이행할 사항을 명령할 수 있다. 주무부장관이나 시·도지사는 해당 지방자치단체의 장이 그 기간에 이행명령을 이행하지 아니하면 그 지방자치단체의 비용부담으로 대집행하거나 행정상·재정상 필요한 조치를 할 수 있다(「지방자치법」 제189조 제1항·제2항).
② 지방자치단체의 사무에 관한 그 장의 명령이나 처분이 법령에 위반되거나 현저히 부당하여 공익을 해친다고 인정되면 시·도에 대하여는 주무부장관이, 시·군·자치구에 대하여는 시·도지사가 기간을 정하여 서면으로 시정할 것을 명하고, 그 기간에 이행하지 아니하면 이를 취소하거나 정지할 수 있다. 이 경우 자치사무에 관한 명령이나 처분에 대하여는 법령을 위반하는 것에 한한다(「지방자치법」 제188조 제1항).
③ 지방의회의 의결이 법령에 위반되거나 공익을 현저히 해친다고 판단되면 시·도에 대하여는 주무부장관이, 시·군·자치구에 대하여는 시·도지사가 재의를 요구하게 할 수 있고, 재의요구를 받은 지방자치단체의 장은 의결사항을 이송받은 날부터 20일 이내에 지방의회에 이유를 붙여 재의를 요구하여야 한다. 주무부장관이나 시·도지사는 재의결된 사항이 법령에 위반된다고 판단됨에도 불구하고 해당 지방자치단체의 장이 소(訴)를 제기하지 아니하면 그 지방자치단체의 장에게 제소를 지시하거나 직접 제소 및 집행정지결정을 신청할 수 있다(「지방자치법」 제192조 제1항·제5항).
⑤ 기관위임사무는 지방적 이해관계가 큰 사무가 대상이 된다.

03 우리나라 지방자치단체들 간의 공동사무를 협력 · 처리하는 방식이 아닌 것은?

하
광역행정
2018년 제6회 변형

① 사무위탁   ② 행정협의회 구성
③ 지방자치단체조합 설립   ④ 지방자치단체장 협의체 설립
⑤ 행정구(자치구가 아닌 구) 설치

> **풀이 TIP** 공동처리방식은 지방자치법에 명시된 지차체 간 협력방식이다. 행정구는 지방자치단체가 아니다.

정답해설 ⑤ 광역행정의 기본 구성 자격은 지방자치단체이다. ⇨ 행정구는 자치단체가 아니므로 공동사무의 주체가 될 수 없다.

오답해설 ① 사무위탁은 지방자치법에 명시된 공동처리 방식 중 하나이다.

> ✦ 「지방자치법」 168조(사무의 위탁) ① 지방자치단체나 그 장은 소관 사무의 일부를 다른 지방자치단체나 그 장에게 위탁하여 처리하게 할 수 있다.

② 아래의 조항 참고

> ✦ 「지방자치법」 제169조(행정협의회의 구성) ① 지방자치단체는 2개 이상의 지방자치단체에 관련된 사무의 일부를 공동으로 처리하기 위하여 관계 지방자치단체 간의 행정협의회(이하 "협의회"라 한다)를 구성할 수 있다.

③ 아래의 조항 참고

> ✦ 「지방자치법」 제176조(지방자치단체조합의 설립) ① 2개 이상의 지방자치단체가 하나 또는 둘 이상의 사무를 공동으로 처리할 필요가 있을 때에는 규약을 정하여 그 지방의회의 의결을 거쳐 시 · 도는 행정안전부장관의, 시 · 군 및 자치구는 시 · 도지사의 승인을 받아 지방자치단체조합을 설립할 수 있다.

④ 아래의 조항 참고

> ✦ 「지방자치법」 제182조(지방자치단체의 장 등의 협의체) ① 지방자치단체의 장이나 지방의회의 의장은 상호 간의 교류와 협력을 증진하고, 공동의 문제를 협의하기 위하여 다음 각 호의 구분에 따라 각각 전국적 협의체를 설립할 수 있다.

04

행정의 환경
2014년 제2회

다음은 무엇에 관한 설명인가?

> 이것은 정부가 시행하는 규제정책의 실효성을 확보하기 위한 수단으로서 시장지배적 사업자가 남용행위를 한 경우, 또는 불공정거래행위가 있는 경우에 당해 사업자에 대해서 경제적 이익을 박탈하는 제도이다.

① 과징금
② 부담금
③ 범칙금
④ 과태료
⑤ 수익성 행정행위(면허)의 정지 또는 철회

정답해설 ① 제시문은 경제적 규제의 실효성 확보를 위한 금전적 제재(처벌)인 과징금에 대한 설명이다. 과징금은 행정청이 일정한 행정상의 의무를 위반한 자에게 부과하는 금전적 제재로, 종류로는 수수료, 사용료, 특허료, 납부금 등이 있다. 주로 경제법상의 의무를 위반한 자가 위반행위를 함으로써 경제적 이익을 얻을 것이 예정되어 있을 경우 부과하며, 위반행위로 인한 불법적인 경제적 이익을 박탈하고 오히려 경제적 불이익이 생기게 한다. 따라서 그 이익액에 따라 과하여지는 행정제재금이라 할 수 있으며 간접적으로 의무이행을 강제하는 효과를 갖게 된다. 과징금 제도는 과징금이 행정법상의 의무위반 사항에 대한 금전적 제재라는 점에서는 과태료와 크게 다르지 않지만, 이득환수라는 점에서는 분명한 차이를 보인다.

오답해설 ② 부담금은 지방공공단체가 부과하는 수익자부담금의 일종으로서 경비의 일부를 분담시킨다는 뜻에서 분담금이라고도 한다. 「지방자치법」에서는 "지방자치단체는 그 재산 또는 공공시설의 설치로 주민의 일부가 특히 이익을 받으면 이익을 받는 자로부터 그 이익의 범위에서 분담금을 징수할 수 있다."고 하였다. 한편 분담금 징수에 관한 사항은 조례로써 규정하도록 하였다.
③ 범칙금이란 「도로교통법」, 「경범죄 처벌법」 위반 등 일상생활에서 흔히 일어나는 경미한 범죄행위(경범죄)에 대해 부과하는 것으로 경찰서장이 법규 위반자에게 발부한다. 「경범죄 처벌법」상 쓰레기 방치·자연훼손·노상방뇨·담배꽁초 버리기·도로 무단횡단·공공장소에서의 흡연·공중에게 혐오감을 주는 행위 등도 범칙금 부과 대상이다. 만약 부과된 범칙금을 내지 않을 경우 경찰서는 사건 처리를 법원에 넘기고 이때는 즉결심판에 회부되는데 판사가 사건의 내용을 파악, '범칙금'이 아닌 '벌금'을 부과하게 된다.
④ 과태료란 벌금이나 과료(科料)와 달리 형벌의 성질을 가지지 않는 법령위반에 대하여 부과하는 금전벌(金錢罰)이다.

Answer⁺ 3. ⑤ 4. ①

05

사무배분의 원칙
2020년 제8회

중층의 국가공동체 조직에서 하급단위가 잘 처리할 수 있는 업무를 상급단위에서 직접 처리하면 안된다는 원칙은?

① 딜론(Dillon)의 원칙
② 법률유보의 원칙
③ 충분재정의 원칙
④ 보충성의 원칙
⑤ 포괄성의 원칙

풀이TIP 문제에 답이 있다.

정답해설 ④ 하급·지자체가 잘 처리할 수 있는 업무를 상급 지자체가 직접 처리하면 안된다는 원칙은 보충성의 원칙이다. 즉, 상급 지자체는 하급 지자체가 감당할 수 없는 일을 해야 한다는 것이다.

오답해설 ① 딜론(Dillon)의 원칙 : 지방정부는 중앙정부가 지정하는 사무를 수행하는 주체라는 것을 설명하는 이론
② 법률유보의 원칙 : 국민의 권리를 제한하거나 의무를 과하는 사항은 반드시 국회의 의결을 거친 법률로써 규정하여야 한다는 원칙
③ 충분재정의 원칙 : 지방자치를 위한 충분한 금액이 확보되어야 함을 강조하는 원칙
⑤ 포괄성의 원칙 : 특별지방행정기관과 지방자치단체의 업무가 경합할 때 가급적 지방자치단체에 업무를 배정해야 한다는 원칙

06

지방자치의 본질과 가치
2017년 제5회

우리나라 지방자치단체의 자치입법권에 관한 설명으로 옳지 않은 것은?

① 지방자치단체는 법령의 범위 안에서 자치에 관한 규정을 제정할 수 있다.
② 지방자치단체는 지방자치단체의 장에게 위임하여 행하는 국가사무에 관하여 조례를 제정할 수 없다.
③ 지방자치단체는 법률의 구체적인 위임이 없더라도 조례를 위반한 행위에 대하여 벌금을 부과하는 조례를 제정할 수 있다.
④ 특별시, 광역시, 도, 특별자치도는 해당 지역의 환경적 특수성을 고려하여 필요하다고 인정할 때에는 해당 시, 도의 조례로 대통령령으로 정하는 환경기준보다 확대, 강화된 별도의 환경기준을 설정할 수 있다.
⑤ 교육감은 법령 또는 조례의 범위 안에서 그 권한에 속하는 사무에 관하여 교육규칙을 제정할 수 있다.

풀이TIP 죄형법정주의(범죄와 형벌은 법률로 정한다)! 벌금은 형벌이다!

정답해설 ③ 「지방자치법」 제28조는 "지방자치단체는 법령의 범위 안에서 그 사무에 관하여 조례를 제정할 수 있다. 다만, 주민의 권리 제한 또는 의무 부과에 관한 사항이나 벌칙을 정할 때에는 법률의 위임이 있어야 한다."고 규정하고 있다.

✦ 조례와 규칙

구분	조례	규칙
제정 주체	지방의회(자치단체)	단체장
규정 사무	자치사무 + 단체위임사무	자치사무 + 단체위임사무 + 기관위임사무
제정 범위	법령범위 內	법령 + 시·도 조례·규칙 범위 內
벌칙 규정 여부	○(법령의 위임)	×

07 지방자치단체의 자치권에 관한 설명으로 옳은 것은?

(상)
지방자치의 유형
2021년 제9회

① 자치권은 원칙적으로 해당 자치단체의 관할구역 안에 있는 재화·물자를 제외한 모든 사람에 포괄적으로 미친다.

② 국권설은 프랑스의 지방권 사상을 기초로 확립되었다.

③ 고유권설은 자치권을 인간의 자연권과 마찬가지로 본래적이고 침해할 수 없는 고유한 권리라고 본다.

④ 중앙정부의 전제적 군주정치가 대의제 민주정치로 대체됨에 따라 제도적 보장설의 논거가 매우 취약하게 되었다.

⑤ 제도적 보장설에서 보장이란 헌법으로 지방자치제도를 보장한다는 것이 아니라, 개별적인 지방정부의 존립을 보장한다는 것이다.

풀이TIP 예산편성과정은 반드시 암기하자. 그리고 예산의 배정은 일정한 절차를 거쳐야 한다.

정답해설 ③ 고유권설은 주민자치에서 바라보는 자치권에 대한 관점이다. 이는 자치권을 인간의 자연권과 마찬가지로 본래적이고 침해할 수 없는 고유한 권리로 인식한다.

오답해설 ① 지방자치단체의 자치권은 해당 지역을 관리할 수 있는 지자체의 권한이다. ⇨ 따라서 자치권은 해당 자치단체의 관할 구역에 있는 재화·물자를 포함한 모든 사람에 포괄적으로 영향을 미친다.
② 고유권설은 프랑스의 지방권 사상(뚜레가 제창)을 기초로 확립되었다.
④ 대의제가 등장해도 헌법은 존치하므로 대의제의 등장이 제도적 보장설의 논거를 취약하게 만든 것은 아니다.
⑤ 제도적 보장설에서 보장이란 헌법으로 지방자치제도를 보장하는 것이다. ⇨ 아울러 제도적 보장설에서의 보장은 지방자치제도의 일반적인 보장이지 개별적인 지방자치단체의 존립을 계속 보장하는 것은 아니다.

Answer 5. ④ 6. ③ 7. ③

08 지방자치단체의 자치권에 관한 설명으로 옳지 않은 것은?

지방자치의 유형
2019년 제7회

① 고유권설(지방권설)에서 자치권은 국가와 관계없이 인간이 태어나면서부터 천부의 인권을 갖는 것과 마찬가지로 지방자치단체의 고유한 권리로 본다.

② 전래권설(국권설)에서 자치권은 주권적 통일국가의 통치구조 일환으로 형성된다는 의미에서 국법으로 부여된 권리로 본다.

③ 제도적 보장설은 자치권이 국가의 통치권에서 나오는 것이라고 하면서도, 헌법에 지방자치의 규정을 둠으로써 지방자치제도가 보장된다고 본다.

④ 고유권설(지방권설)은 주로 헤겔(Hegel)의 영향을 받은 독일의 공법학자들에 의하여 주장되었다.

⑤ 제도적 보장설에서의 보장은 지방자치제도의 일반적인 보장이지, 개별적인 지방자치단체의 존립을 계속 보장하는 것은 아니다.

풀이 TIP 독일에서 유래한 것은 전래권설이다.

정답해설 ④ 전래권설은 19C 독일의 공법학자들의 주장으로 자치단체는 국가의 창조물이고, 자치권은 국가로부터 부여된 권리로 간주한다.

오답해설 ① 고유권설(지방권설)에서 자치권은 지방자치단체의 고유한 권리이며, 이는 주민이 이양한 것이다.
② 전래권설(국권설)에서 자치권은 국가에 의해 국법으로 부여된 권리로 인식된다.
③, ⑤ 제도적 보장설은 전래권설을 인정하되, 헌법에 의한 지방자치제도의 보장을 강조한다. 아울러 제도적 보장설에서의 보장은 지방자치제도의 일반적인 보장이지, 개별적인 지방자치단체의 존립을 계속 보장하는 것은 아니다.

09 우리나라의 지방자치에 관한 설명으로 옳은 것은?

지방자치 종합
2013년 제1회

① 교육위원회는 시도의회와는 별도로 교육위원으로 구성되며, 교육위원 선거구 단위로 지방의원 선거와는 다르게 선출하여 구성한다.

② 기관위임사무는 국가가 사업비 일부를 보조하며, 지방의회의 통제를 받고 지방자치단체와 국가가 공동으로 책임진다.

③ 선결처분권은 지방자치단체장을 견제할 수 있는 지방의회의 강력한 권한이다.

④ 지방교부세는 지역 간 재정불균형을 시정하기 위해 지방자치단체에 국세 일부를 이전하는 것으로 일정한 조건과 용도를 지정한다.

⑤ 우리나라 특별자치도에는 지방자치단체인 시와 군을 둘 수 없으며, 행정시장을 도지사가 임명한다.

> **풀이 TIP** 제주특별자치도는 '특별한 조치'가 인정되는 보통자치단체다!

정답해설 ⑤ 제주특별자치도의 제주시, 서귀포시, 북제주군, 남제주군은 모두 자치단체가 아니라 행정시 · 군이다.

오답해설 ① 교육위원회는 시도의회와 별도가 아니라 시도의회 안의 하나의 상임위원회로 구성되며, 출제 당시에서 보면 교육상임위원회의 구성은 시도의원과 교육의원 합동으로 구성된다. 교육위원 선거도 「공직선거법」에 의한 선거구 선거관리 규정을 준용하므로 지방의원 선거와 동일한 선거구 단위로 선출하여 구성한다. 다만 교육위원회는 2014. 6. 30.까지만 존속되었으며 이후 교육의원도 더 이상 선출되지 않는다.
② 기관위임사무는 국가가 사업비 전부를 보조하며, 지방의회의 통제를 받지 않고, 국가가 자치단체장에게 위임한 사무이므로 지방자치단체는 책임이 없다.
③ 선결처분권은 지방자치단체장을 견제할 수 있는 지방의회의 권한이 아니라 지방의회를 견제하는 자치단체장의 권한이다.
④ 지방교부세는 지역 간 재정불균형을 시정하기 위해 지방자치단체에 국세 일부를 이전하는 것으로 조건과 용도가 붙지 않는 일반재원이다. 일정한 조건과 용도를 지정하는 재원은 특정재원이며, 국고보조금이 이에 해당한다.

Answer 8. ④ 9. ⑤

10

2018년 전국동시지방선거 개표 후에 한 팀원들이 티타임에 나눈 대화이다. 다음 2018년 전국동시지방선거 당시 대화자들의 주민등록지를 고려할 때, 대화내용이 우리나라 지방자치의 실제와 맞지 않는 사람은?

> • 세종특별자치시 : A, D   • 서울특별시 관악구 : B
> • 성남시 분당구 : C   • 대전광역시 유성구 : E

① A : "제가 투표한 후보가 시장으로 당선되었는데 서울특별시장과 동급 자치 계층 시장이라고 우쭐대더군요."

② B : "제 고향 제주시에 사시는 부모님은 원하시는 후보들이 제주시의원과 제주도의원으로 당선되었다네요. 제가 보기에도 역량 있는 지역일꾼들로 고향 발전이 기대됩니다."

③ C : "분당구는 웬만한 시 규모 이상의 인구가 사는데 구의원 선거투표하려니 투표대상이 아니라고 해서 당황했어요. 제정신 차려서 성남시의원과 경기도의원 후보들 중 제대로 된 인물에 투표했습니다."

④ D : "제 고향은 기장군입니다. 그곳 친구들 말을 들어보니 기장군의원과 부산 시의원이 잘 선출되어 제 고향 발전도 기대됩니다."

⑤ E : "저는 대전광역시 유성구에 사는데 시의원은 내가 투표한 분이, 구의원은 내가 투표하지 않은 분이 당선되었어요."

풀이 TIP 제주도는 단층제이다.

정답해설 ② B의 부모님이 살고 있는 제주도는 단층제이므로 제주도의원만 선출할 수 있다. 행정시인 제주시에 제주시장을 도지사가 임명할 수 있으나 시의원은 두지 않는다.

오답해설 ① A는 세종시에 살고 있는데, 세종시는 광역지자체이므로 서울시장과 동급의 자치계층이다.
③ 성남시는 인구 50만 이상의 대도시이기 때문에 성남시 밑에 행정구로서 분당구를 두고 있다. 따라서 분당구에서 구의원을 선출할 수 없다.
④ 기장군은 광역지자체인 부산광역시 아래에 있는 기초지자체이므로 기장군의원과 부산시의원을 주민이 선출할 수 있다.
⑤ 유성구는 광역지자체인 대전시 아래의 기초지자체이다. E는 대전광역시 유성구에 거주하고 있으므로 유성구 의원과 대전시 의원선거에 투표할 수 있다.

11

현행 우리나라 「지방자치법」상 지방의회의 권한에 관한 내용으로 옳지 않은 것은?

① 지방의회는 재적의원 3분의 2 이상의 출석과 출석의원 3분의 2 이상의 찬성으로 그 자치단체장을 불신임할 수 있다.

② 지방의회는 조례의 제정·개정 및 폐지, 기금의 설치·운용, 청원의 수리와 처리 등에 관한 사항을 의결한다.

③ 지방의회는 매년 1회 그 지방자치단체의 사무에 대하여 시·도에서는 14일의 범위에서, 시·군 및 자치구에서는 9일의 범위에서 감사를 실시한다.

④ 본회의나 위원회는 그 의결로 안건의 심의와 직접 관련된 서류의 제출을 해당 지방자치단체의 장에게 요구할 수 있다.

⑤ 지방자치단체의 장이나 관계공무원은 지방의회나 그 위원회가 행정사무 처리 상황의 보고를 요구하면 출석·답변하여야 한다. 다만, 특별한 이유가 있으면 지방자치단체의 장은 관계공무원에게 출석·답변하게 할 수 있다.

풀이 TIP 불신임권과 해산권은 기관통합형의 특징이다!

정답해설 ① 우리나라는 기관대립형 구조를 택하고 있기 때문에 기관통합형에서 인정하는 의회의 단체장 불신임권과 단체장의 의회해산권은 인정하지 않는다.

> **✦ 지방의회의 권한과 운영(「지방자치법」 기준)**
> • 법령에 규정된 것을 제외한 사용료·수수료·분담금·지방세·가입금의 부과·징수에 대한 의결권, 조례의 제정·개폐, 예·결산의 승인, 기금의 설치·운용, 중요재산의 취득·처분, 청원의 수리와 처리, 기타 법령에 의한 사항(지방세의 부과·징수·감면·도시계획)에 대한 의결권(「지방자치법」 제47조)
> • 서류제출요구 : 본회의나 위원회는 의결로 안건의 심의와 직접 관련된 서류의 제출을 해당 자치단체장에게 요구할 수 있음(제48조).
> • 매년 1회(2차 정례회의 시) 시·도에서는 14일, 시·군·구에서는 9일의 범위 내에서 당해 지방자치단체의 사무감사권을 가짐(제49조 제1항).
> • 행정사무조사는 본회의 의결로 본회의 또는 위원회로 하여금 하게 하되, 발의는 이유를 밝힌 서면으로 재적의원 1/3 이상의 연서 필요(제49조 제2항)
> • 지방의원 총선거 후 처음으로 선출하는 의장·부의장 선거는 최초집회일에 실시(제57조)
> • 의장 등의 선거를 실시하는 경우에 의장의 직무를 수행할 자가 없으면 출석의원 중 최다선의원이, 최다선의원이 2명 이상인 경우에는 그중 연장자가 그 직무를 대행(제63조)
> • 의원징계권 : 공개회의에서 사과, 공개회의에서 경고, 30일 이내의 출석정지, 제명 등 4종
> • 정례회의 : 매년 2회(1차 : 매년 5~6월 중, 2차 : 매년 11~12월 중) 개최하되, 집회일, 운영에 관하여 필요한 사항은 대통령령에 따라 자치단체의 조례로 정함(제53조).
> • 임시회의 : 단체장이나 재적의원 1/3 이상의 의원이 요구가 있을 때 15일 이내에 지방의회의장이 소집하고, 소집은 집회일 3일 전에 공고. 총선거 후 최초로 집회되는 임시회는 지방의회 사무처장·국·과장이 의원 임기개시일부터 25일 이내에 소집(제54조)
> • 연간회의 총일수와 정례회·임시회의 회기는 자치단체의 조례로 정하고, 개회·휴회·폐회·회기는 지방의회의 의결로 정함(제56조).
> • 의안발의권 : 지방자치단체의 장, 재적의원 1/5 이상 또는 의원 10인 이상의 연서로 발의(제75조)

12
하
자치경찰제도
2015년 제3회

우리나라에서 자치경찰단을 두어 자치경찰제를 실시하고 있는 지방자치단체는?

① 인천광역시 　　　② 서울특별시 　　　③ 세종특별자치시
④ 경상북도 울릉군 　　⑤ 제주특별자치도

> **풀이TIP** 우리나라는 전국적으로 자치경찰제를 시행하고 있다. 다만, 자치경찰단을 두는 지자체는 제주도가 유일하다.

(정답해설) ⑤ 2006. 2. 21. 제정하고 2006. 7. 1.부터 시행된 「제주특별자치도 설치 및 국제자유도시 조성을 위한 특별법」에서 제주특별자치도에만 자치경찰제도를 도입하였다.

13
중
지방자치단체의 사무
2017년 제5회

'기초자치단체가 처리하기 어려운 사무는 광역자치단체가 맡고 지방자치단체에서 처리하기 어려운 사무는 중앙정부의 사무로 처리해야 한다'와 관련된 사무배분 원칙은?

① 포괄성의 원칙 　　② 종합성의 원칙 　　③ 지역성의 원칙
④ 가외성의 원칙 　　⑤ 보충성의 원칙

> **풀이TIP** 약한 동생에게 먼저, 형은 동생이 감당하지 못할 때만 나선다!

(오답해설) ① 포괄성의 원칙은 노무현 정부 시절의 지방분권 3대 원칙 중 하나로서 지방에 권한을 이양할 때 단위사무 중심의 단편적 사무이양의 한계를 극복하기 위해 중·대단위 사무를 포괄적으로 이양하자는 것이다.
② 종합성의 원칙은 특별한 사무만을 처리하는 일선기관보다는 지방의 행정이 종합적으로 이루어지는 자치단체에 가급적 사무를 배분하여야 한다는 것을 말한다.
③ 지역성의 원칙은 세원은 가급적 이동이 적고 일정한 지역 내에 정착하고 있어서 과세객체가 관할구역 내에 국한되어 있어야 한다는 것을 말하며, 국지성원칙이라고도 한다.
④ 가외성(redundancy)이란 여러 기관에 한 가지 기능이 혼합되는 중첩성(overlapping)과, 동일 기능이 여러 기관에서 독립적으로 수행되는 중복성(duplication) 등을 포괄하는 개념이다. 정치·행정상의 모든 제도는 불확실한 상황에서의 오류 발생 가능성을 최소화하고 체제의 신뢰성과 적응성을 높이기 위해 이러한 가외적 기능의 원칙(principle of redundant functions)을 바탕으로 형성되어야 한다. 권력분립, 견제와 균형, 연방주의, 거부권 제도, 계선과 참모, 3심제도, 양원제, 합의제, 위원회 제도 등은 이러한 현상의 반영으로 볼 수 있다.

✦ 보충성의 원칙

소극적 보충성 원칙	기초자치단체가 할 수 있는 기능은 상급정부가 관여해서는 안 된다는 것. 즉, 주민생활과 밀접한 관련이 있는 사무는 원칙적으로 기초에, 기초가 처리하기 어려운 사무는 광역에, 광역도 처리하기 어려운 사무는 국가의 사무로 배분하여야 한다는 것
적극적 보충성 원칙	상급 정부는 기초자치단체가 활동할 수 있는 조건을 형성할 수 있도록 지원해 주어야 한다는 것. 즉, 개인 및 지역 간의 과도한 격차를 줄이기 위해 상급 공동체는 필요한 최소 수준을 정하고, 이에 미달하는 개인 및 지역의 삶을 보장하여야 한다는 것

14

다음에서 설명하는 중앙·지방정부 간 사무배분의 원칙으로 옳은 것은?

> • 기초지방정부가 할 수 있는 일을 상급정부가 관여해서는 안 된다는 기초지방 정부 우선의 원칙이다.
> • 중앙정부의 역할은 지방정부의 기능을 보완하는 측면에 국한해야 한다.

① 포괄성의 원칙

② 가외성의 원칙

③ 효율성의 원칙

④ 보충성의 원칙

⑤ 충분재정의 원칙

풀이 TIP 제시문에 답이 있는 문제이다.

정답해설 ④ 제시문은 보충성 원칙에 대한 내용이다.

오답해설 ①, ③ 아래의 표 참고

능률성(경제성)의 원칙	사무를 가장 능률적으로 수행할 수 있는 행정단위에 배분해야 한다는 원칙
포괄적 이양의 원칙 (포괄성의 원칙)	단편적인 지방이양의 문제점을 보완하기 위하여 포괄적으로 사무를 이양해야 한다는 원칙

② 가외성의 원칙 : 불확실성에 대비한 잉여장치를 마련해두어야 한다는 원칙
⑤ 충분재정의 원칙 : 지방세는 지방자치를 위한 충분한 금액이어야 한다는 원칙

15

주민참여제도
2017년 제5회

「지방자치법」상 명시된 주민직접참여제도로 바르게 묶인 것은?

① 주민투표, 주민감사청구, 주민발안
② 주민발안, 주민총회, 주민감사청구
③ 주민투표, 주민감사청구, 주민소환
④ 주민소송, 주민소환, 주민총회
⑤ 주민감사청구, 주민소송, 주민총회

> **풀이 TIP** 익숙한 개념만 떠올리면?

> **오답해설** ②, ④, ⑤ 주민총회는 지방자치법에 언급되어 있지 않다. 주민총회는 주민자치회 운영계획 등을 정하기 위해 주민자치회에서 실시하는 일종의 회의이다. ⇨ 주민자치회는 지방자치분권 및 지역균형발전에 관한 특별법에 명시되어 있다.

16

주민참여유형
2014년 제2회

우리나라 지방행정에 있어서 주민참여의 실태에 관한 설명으로 옳지 않은 것은?

① 지방자치단체의 예산편성 과정에서 주민참여의 제도화
② 지방행정 통제수단으로서 주민옴부즈만에 대한 높은 자율성 보장
③ 주민의 이익이 잘 반영되는 직접적인 주민참여의 확대
④ 지방자치단체 관할구역에 주민등록이 되어 있는 외국인의 조례 개폐청구 참여 허용
⑤ 간접적인 주민참여제도로서 행정부 내 도시계획위원회 활동

> **풀이 TIP** 주민옴부즈만은 시민고충처리위원회다!

> **정답해설** ② 지방행정 통제수단으로서 주민옴부즈만에 대한 법적 규정(「부패방지 및 국민권익위원회설치에 관한 법률」 제32조의 시민고충처리위원회)은 있으나, 자치단체 소속이라는 점, 의무기구가 아닌 임의기구라는 점 때문에 자율성이 높다고 할 수는 없다.

> ✦ 「부패방지 및 국민권익위원회 설치에 관한 법률」 제32조(시민고충처리위원회의 설치) ① 지방자치단체 및 그 소속 기관에 관한 고충민원의 처리와 행정제도의 개선 등을 위하여 각 지방자치단체에 시민고충처리위원회를 둘 수 있다.

17

주민참여유형
2019년 제7회

주민투표에 관한 설명으로 옳은 것은?

① 주민투표는 주민의 중요한 권리이기 때문에 의무화하여 위반자에게 벌금 등 제재를 가하는 국가는 없다.

② 항의적 주민투표(protest referendum)는 지방의회에서 의결한 사항에 대하여 그 효력 여부를 결정하는 투표이다.

③ 주민투표는 조례의 제정 또는 개·폐 등에 관하여 주민이 직접 의안을 발의하는 제도이다.

④ 우리나라는 주민투표 결과의 확정을 위해서는 전체 유효투표권자 중 1/4 이상이 투표를 해야 한다.

⑤ 주민투표의 본질은 대의제를 보완하려는 것이 아니라 대체하려는 것이다.

풀이 TIP ③, ④, ⑤의 지문이 중요하니 ①, ②의 지문은 경험만 해 두자.

정답해설 ② 항의적 주민투표(protest referendum)는 지방의회에서 의결한 사항에 대하여 주민이 저항할 수 있는 투표이다.
④ 주민투표에 부쳐진 사항은 주민투표권자 총수의 4분의 1 이상의 투표와 유효투표수 과반수의 득표로 확정된다.

오답해설 ① 아르헨티나, 프랑스, 브라질 등 일부 국가의 경우 투표 불참 시 벌금 등 불이익을 부과한다.
③ 주민투표청구는 주민이 할 수 있지만, 발의는 자치단체장만이 할 수 있다.
⑤ 주민투표의 본질은 대의제를 보완하려는 것이지 대체하려는 것이 아니다.

Answer⁺ 15. ①, ③ 16. ② 17. ②, ④

18

주민참여제도
2016년 제4회

우리나라 주민소환제에 관한 설명으로 옳은 것은?

① 주민이 지방정부의 정책결정이나 행정과정에 직접 참여하여 지역의 주요 현안을 함께 협의·결정하는 제도이다.

② 주민소환투표결과의 확정은 주민소환투표권자 총수의 과반수 투표와 유효투표 총수 과반수의 찬성을 요한다.

③ 비례대표선거구 의원을 포함한 지방의회 의원과 지방자치단체의 장이 그 대상이 된다.

④ 위법·부당행위, 정치적 무능력, 직무유기, 독단적인 행정운영 등 지방자치제의 폐단을 방지하는 데 목적이 있다.

⑤ 주민에게 손해를 입힌 경우, 관련 감사기관에 감사를 청구하여 그 시정을 요구하는 제도이다.

풀이 TIP 주민소환의 이유는 없다! 즉, 제한이 없다!

정답해설 ④ 주민소환제는 선출직공직자를 임기 중에 주민이 소환하여 퇴출시키는 제도이다. 그 구체적 소환사유는 법으로 규정하지 않고 있다.

✦ 주민소환제(Recall)

의의	주민들이 공직자들을 임기 중간 혹은 재직 중에 불신임해 그만두게 하는 제도로서 가장 적극적이고 강력한 참여형태라고 볼 수 있다.
특징	• 주민소환제는 주민에 의한 공직자의 직접 해임권의 행사라는 특징을 가지고 있으며, 주민소환의 대상은 선출직 공무원(비례대표 제외)에 한해서 인정된다. • 주민소환은 최종적으로 주민투표로 결정되므로, 주민투표와 연계되어 있다. 그러나 주민소환제는 인적 대상에 대한 처리로서 안건에 대한 주민결정제도인 주민투표제와는 구분된다. • 지방자치에 관한 주민의 직접참여를 확대하고 지방행정의 민주성과 책임성을 제고함을 목적으로 한다. • 주민소환제는 대의민주주의의 한계를 보완하고 풀뿌리 민주주의 실현에 도움을 줄 수 있다는 긍정적 취지에도 불구하고 정치적으로 남용되거나 소집단의 이기심을 위해 남용될 가능성이 있어 소환투표 실시 시기 등에 제한을 두고 있다.

오답해설 ① 대표적인 것은 「지방자치법」 제18조의 주민투표제도가 있고, 기타 주민협의회 또는 주민공청회제도 등도 이와 관련된 제도이다.

② 주민소환투표결과의 확정은 투표권자 총수의 1/3 이상의 투표와 유효투표 과반수의 찬성을 요한다.

③ 소환대상에서 비례대표의원은 제외된다.

⑤ 주민감사청구제도에 대한 설명이다.

19 우리나라 지방자치제도에 관한 설명으로 옳은 것은?

지방자치 종합
2014년 제2회

① 시·도를 달리하는 시·군·구 간의 자치단체조합의 설치는 지방의회 의결을 거쳐 시·도지사의 승인을 받아야 한다.

② 자치구가 아닌 행정구 읍·면·동의 명칭과 폐치·분할은 해당 지방의회의 의결로 결정한다.

③ 지방자치단체의 사무 중 단체위임사무는 지방자치단체의 장에게 위임하여 처리하는 사무이다.

④ 중앙행정기관장과 지방자치단체의 장이 의견을 달리하는 사무처리의 조정을 위해 행정안전부 소속하에 협의조정기구를 둘 수 있다.

⑤ 주민발안제에 있어 사용료의 부과, 행정기구 변경 및 공공시설 설치 반대 등의 사항은 주민에 의한 청구대상이 되지 않는다.

풀이 TIP 법률사항은 일부 암기가 필요하다!

정답해설 ⑤ 주민발안제는 주민의 조례개폐청구제도를 의미한다. 「지방자치법」 제19조 제2항은 1. 법령을 위반하는 사항, 2. 지방세, 사용료, 수수료, 부담금의 부과·징수 또는 감면에 관한 사항, 3. 행정기구를 설치하거나 변경하는 것에 관한 사항이나 공공시설의 설치를 반대하는 사항을 조례개폐청구대상에서 제외한다고 규정하고 있다.

오답해설 ① 시·도를 달리하는 시·군·구 간의 자치단체조합의 설치는 지방의회 의결을 거쳐 행정안전부장관의 승인을 받아야 한다.
② 「지방자치법」 제7조에 따르면, 자치구가 아닌 행정구 읍·면·동의 명칭과 폐지·분할은 행정안전부장관의 승인을 받아 그 지방자치단체의 조례로 정한다. 다만, 명칭과 구역의 변경은 그 지방자치단체의 조례로 정하고, 그 결과를 특별시장·광역시장·도지사에게 보고하여야 한다.
③ 지방자치단체의 사무 중 기관위임사무는 지방자치단체의 장에게 위임하여 처리하는 사무이다.
④ 중앙행정기관장과 지방자치단체의 장이 의견을 달리하는 사무처리의 조정을 위해 국무총리 소속하에 협의조정기구를 둔다(「지방자치법」 제187조 제1항).

20

지방재정 종합
2021년 제9회

현재 우리나라의 지방재원에 관한 설명으로 옳은 것은?

① 지방교부세는 과세용도에 따라 보통세와 목적세로 나눈다.

② 세외수입은 재원의 성격상 의존재원이다.

③ 국고보조금은 재원의 성격상 자체재원이다.

④ 특정재원과 달리 일반재원은 지방자치단체가 어떠한 경비로도 자유롭게 지출할 수 있는 재원이다.

⑤ 지방세 수입에는 사용료, 수수료, 재산임대수입 등이 있다.

> **풀이 TIP** 일반재원은 돈의 용도가 특정되어 있지 않은 자금이다.

정답해설 ④ 특정재원은 용도가 정해진 재원이며, 일반재원은 지방자치단체가 어떠한 경비로도 자유롭게 지출할 수 있는 재원이다.

오답해설 ① 지방세는 과세용도에 따라 보통세와 목적세로 구분된다.

② 세외수입은 재원의 성격상 자주재원이다.

③ 국고보조금은 재원의 성격상 의존재원이다.

⑤ 세외수입에는 사용료, 수수료, 재산임대수입 등이 있다.

21

지방자치단체의 재정
2018년 제6회

우리나라의 지방재정조정제도에 관한 설명으로 옳은 것은?

① 대부분의 지방교부세는 '끈이 달린 돈(money with strings)'의 성격을 띤다.

② 많은 경우에 있어 지방교부세는 지방자치단체의 지방비 부담을 요구한다.

③ 조정교부금은 일단 교부되면 해당 지방자치단체의 일반재원처럼 활용된다.

④ 국고보조금은 지방자치단체의 자율성을 강화하기 위해 활용된다.

⑤ 2018년 현재 지방이양사업의 원활한 추진을 위해 운영되는 제도로는 분권교부세가 있다.

> **풀이 TIP** 조정교부금은 상급 지방자치단체가 하급 지방자치단체 간 재정불균형을 시정하기 위한 자금이며, 용도에 제한이 없다.

정답해설 ③ 조정교부금은 광역자치단체가 기초지방자치단체에 지원하는 돈으로써 대개 용도에 제한이 없는 일반재원이다.

오답해설 ① 대부분의 지방교부세는 용도에 제한이 없는 일반재원이다. ⇨ '끈이 달린 돈(Money with Strings)'이라는 것은 용도에 제한이 있다는 것으로 국고보조금에 해당하는 내용이다.

② 지방교부세는 국가가 재정적 결함이 있는 지방자치단체에 국세의 일부를 지원하는 금액이기 때문에 지방자치단체의 지방비 부담을 요구하지 않는다.

④ 국고보조금은 용도를 지정하여 교부하는 재원이므로 지방자치단체의 자율성을 제한할 수 있다.

⑤ 분권교부세는 현재 존재하지 않는 제도이다.

22

지방자치단체의 재정
2016년 제4회

우리나라 지방재정조정제도에 관한 설명으로 옳지 않은 것은?

① 지역 간 재정적 불균형을 시정하는 기능을 한다.

② 거주 지역에 관계없이 국민에게 보장해야 하는 최소한의 공공서비스를 제공하게 위한 재원을 확충하는 데 도움을 준다.

③ 국가적으로 추진하는 사업을 장려하거나 촉진하는 기능을 수행한다.

④ 긍정적 외부효과가 큰 지방공공재의 공급을 지원하는 기능이 있다.

⑤ 지방행정 수행에 필요한 재정수요를 충족시켜 지방재정자립도 향상에 기여한다.

풀이 TIP 지방교부세는 의존재원이다!

정답해설 ⑤ 지방재정조정제도는 국가 또는 상급자치단체가 자치단체 또는 하급자치단체에 재정을 지원하여 재정운영의 효율성과 형평성을 실현하고자 하는 제도이다. 국가가 지원하는 국고보조금, 지방교부세제도, 자치단체 간에 지원하는 조정교부금제도가 이에 해당한다. 이들 재원은 자주재원이 아니므로 재정자립도 향상에는 기여할 수 없다.

23

지방자치단체의 재정
2015년 제3회

예산 관련 제도 중 현재 우리나라에서 채택하고 있지 않은 것은?

① 지방양여금

② 예산성과금

③ 지방교부세

④ 준예산

⑤ 주민참여예산

풀이 TIP 가장 익숙하지 않은 것은?

정답해설 ① 지방양여금은 현재 폐지된 제도이다. 그 뿌리는 1951년에 실시된 지방분여세(1951, 「임시지방분여세법」 제정)에서 시작되었고, 그 후 지방재정교부금(1958, 「지방재정교부금법」 제정), 지방교부세(1961, 「지방교부세법」 제정), 지방양여금(1991)으로 변천하였다. 양여금제도는 국세의 일부 세원을 국가와 지방이 공동이용함으로써 지방재원의 확충과 불균형 시정을 도모하는 제도이다. 이는 일부 세액을 지방에 양여하는 점에서, 내국세 총액을 재원으로 하는 지방교부세와 다르고, 그 용도가 포괄적인 점에서 용도를 세밀히 한정하는 국고보조금과도 달라 지방교부세와 국고보조금의 중간적 성격을 가지고 있다고 볼 수 있다. 도입 당시에는 지방도로사업에 한정해서 운용되었으나, 그 후 국가보조사업 성격의 농어촌개발사업, 수질오염방지사업, 청소년육성사업, 지역개발사업에까지 확대됨으로써 당초의 취지가 몰각되자 2004년에 폐지하였다.

Answer 20. ④ 21. ③ 22. ⑤ 23. ①

24

국고보조금
2015년 제3회

국고보조금에 관한 설명으로 옳지 않은 것은?

① 지방자치단체의 자율성을 약화시킨다.

② 용도가 정해져 있지 않은 일반재원이다.

③ 중앙정부와 지방정부 간의 수직적 재정조정제도이다.

④ 중앙정부가 재정여건, 정책목표 등을 고려하여 지원 여부를 결정한다.

⑤ 국가 시책을 장려하기 위하여 지원하는 경우도 있다.

풀이 TIP 용도가 지정된 것인가 아니면 지정되지 않은 것인가?

정답해설 ② 국고보조금은 용도가 정해진 특정재원이다.

오답해설 ① 자주재원이 아니라 의존재원이기 때문이다.
③ 수직적 재정조정제도는 재정운영의 효율성을 제고하기 위해 중앙정부가 자치단체에 재정을 교부하는 제도로서 국고보조금의 특징이다.
⑤ 이를 장려적 보조금이라고 한다.

25

지방교부세
2014년 제2회

우리나라 지방교부세에 관한 설명으로 옳지 않은 것은?

① 지방교부세는 본질적으로 지방자치단체의 공유적 독립재원에 속한다.

② 보통교부세는 사용용도가 정해져 있지 않은 일반재원이다.

③ 지방자치단체 간 재정불균형의 조정은 가능하나, 중앙정부와 지방자치단체 간 수직적 재정균형 기능은 미흡하다.

④ 지방자치단체들은 재정자립도 향상 차원에서 지방교부세의 증액을 위해 노력하고 있다.

⑤ 현행 제도상 보통교부세를 교부받지 않는 지방자치단체도 존재하고 있다.

풀이 TIP 지방교부세는 의존재원이다!

정답해설 ④ 지방교부세는 자주재원이 아니라 중앙정부가 교부하는 의존재원이므로 지방교부세가 늘어날수록 재정자립도는 낮아진다. 재정자립도는 총 세입 중에서 자주재원이 차지하는 비율을 말한다. 따라서 자치단체장들은 국세의 지방세화 등 자주재원의 확충을 원하며, 지방교부세의 증액을 위해 노력하고 있다고는 볼 수 없다.

오답해설 ⑤ 지방재정력지수가 1 이상인 지방자치단체는 보통교부세가 교부되지 않는다.

26

지방자치단체의 재정
2013년 제1회

국세 또는 지방세가 서로 옳지 않게 연결된 것은?

① 국세 – 개별소비세, 농어촌특별세
② 서울특별시 강남구세 – 등록면허세, 재산세
③ 부산광역시 기장군세 – 지방소득세, 지방교육세
④ 제주특별자치도세 – 취득세, 지역자원시설세
⑤ 경상남도 창원시세 – 재산세, 자동차세

> **풀이 TIP** 목적세는 광역세! 기초에는 없다!

정답해설 ③ 목적세인 지방교육세는 광역자치단체의 세목이다. 기장군은 기초자치단체이므로 광역자치단체의 세목인 목적세는 없다.

✦ **지방세목 체계**

구분	도세	시·군세	특별시·광역시세	자치구세
보통세	취득세, 등록면허세, 레저세, 지방소비세	주민세, 재산세, 자동차세, 담배소비세, 지방소득세	취득세, 주민세, 자동차세, 담배소비세, 레저세, 지방소비세, 지방소득세	등록면허세, 재산세
목적세	지방교육세, 지역자원시설세	–	지방교육세, 지역자원시설세	–

27

지방세
2020년 제8회

우리나라의 지방세가 아닌 것은?

① 종합부동산세
② 담배소비세
③ 재산세
④ 취득세
⑤ 레저세

> **풀이 TIP** 종합부동산세는 재분배 성격을 지니고 있으므로 중앙정부에서 관리한다.

정답해설 ① 종합부동산세는 국세에 해당한다.

✦ **국세의 종류**

국세	내국세	직접세	소득세, 법인세, 상속·증여세, 종합부동산세
		간접세	부가가치세, 개별소비세, 주세, 인지세, 증권거래세
	목적세		교통·에너지·환경세, 교육세, 농어촌특별세
	관세		

Answer 24. ② 25. ④ 26. ③ 27. ①

28

지방자치의 개념과
특징
2022년 제10회

지방자치에 관한 설명으로 옳지 않은 것은?

① 지방자치의 본질적 의미는 지역주민이 그 지역의 제반 문제를 스스로 결정하고 처리하는 것이다.

② 지방자치는 정치적 활동과는 무관하며 공공행정의 가치를 중시한다.

③ 지방자치는 지방분권을 전제로 하며, 주민참여는 '풀뿌리 민주주의' 원리를 구현한다.

④ 지방자치단체라는 공법인을 통해 주민에게 필요한 주요 정책의 실험장 역할을 한다.

⑤ 지역 특성에 맞는 행정과 정책을 통해 행정의 능률성과 책임성을 확립한다.

풀이 TIP 행정은 국민의 세금으로 운영되는바 정치적 활동과 관련성이 있다.

정답해설 ② 지방자치는 지역주민의 견해를 반영하기 때문에 정치적 활동과 관련성이 있다.

오답해설 ① 지방자치의 본질적 의미는 주민의 권리를 바탕으로 지역주민이 그 지역의 제반 문제를 스스로 결정하고 처리하는 것이다.
③ 지방자치는 지방분권을 전제로 하며, 주민참여는 지역주민의 견해를 반영하는 수단이 된다.
④, ⑤ 아래의 표 참고

지방자치의 장점	• 권력분립을 통한 자유의 확보 • 민주주의의 훈련 • 다양한 정책실험의 실시 • 지역주민에 대한 행정의 반응성 제고 • 지방행정의 효율성 향상 : 지방자치단체 간 경쟁상황을 형성함으로서 효율적인 공공서비스를 제공할 수 있음 • 지방정부에 의한 지방행정의 안정성 및 특수성 확보 • 지역주민에 의한 민중통제가 용이해지고 지역주민의 이익을 증대할 수 있음

29

중
지방재정
2022년 제10회

중앙정부에 의한 지방재정조정제도의 형태가 아닌 것은?

① 국고보조금

② 지방교부세

③ 국가균형발전특별회계

④ 조정교부금

⑤ 국고부담금

> **풀이 TIP** 지방재정은 전체적인 카테고리를 잘 정리해야 한다.

정답해설 ④ 조정교부금은 광역지방자치단체가 기초지방자치단체에게 지원하는 재원이다.

오답해설 ①, ②, ⑤ 중앙정부에 의한 지방재정조정제도이다.

✦ **지방재정조정제도의 종류**

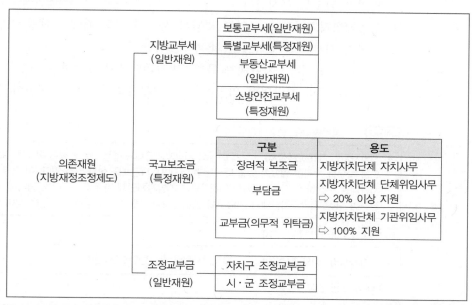

③ 국가균형발전특별회계: 지역 간 균형발전을 도모하고 재정 격차를 줄이기 위해 정부가 별도로 지원하는 예산 ⇨ 국가균형발전특별회계를 지방재정조정제도로 보는 견해도 있다.

> ✦ 「국가균형발전 특별법」 제31조(회계의 관리·운용) ① 회계는 기획재정부장관이 관리·운용한다.

30

주민자치와 단체자치
2023년 제11회

지방자치의 원리로서 주민자치에 관한 설명으로 옳은 것은?

① 국가에 대한 지방자치단체의 법률상의 상대적 독립성을 강조한다.
② 주민자치의 전통은 주로 유럽 대륙권 국가에서 찾아볼 수 있다.
③ 대의민주제를 포함한 지방자치단체의 주민대표성과 민주성을 강조한다.
④ 자치권이 국가로부터 파생 내지 위임된 것으로 보는 전래설 또는 수탁설에 기초한다.
⑤ 민족국가 출현과 함께 수립된 헌정체제에 기초한 중앙정부와 지방자치단체의 관계를 강조한다.

정답해설 ③ 주민자치는 주민의 실질적 참여를 강조하는 지방자치 계보이다.

오답해설 ①, ②, ④, ⑤ 선지는 모두 단체자치에 대한 내용이다.

Answer 28. ② 29. ④ 30. ③

31

지방자치법에 규정된 특별지방자치단체에 관한 내용으로 옳지 않은 것은?

① 특별지방자치단체는 법인으로 한다.
② 구성 지방자치단체의 장은 특별지방자치단체의 장을 겸할 수 있다.
③ 특별지방자치단체의 의회는 규약으로 정하는 바에 따라 구성 지방자치단체의 의회 의원으로 구성한다.
④ 특별지방자치단체의 구역은 특별한 사정이 있을 때에는 해당 지방자치단체 구역의 일부만을 구역으로 할 수 있다.
⑤ 2개 이상의 지방자치단체가 특별지방자치단체를 설치하는 경우 구성하는 지방자치단체의 지방의회 의결을 거쳐 국무총리의 승인을 받아야 한다.

정답해설 ⑤ 국무총리를 행정안전부장관으로 고쳐야 한다.

✦ **지방자치법 제199조(설치)** ① 2개 이상의 지방자치단체가 공동으로 특정한 목적을 위하여 광역적으로 사무를 처리할 필요가 있을 때에는 특별지방자치단체를 설치할 수 있다. 이 경우 특별지방자치단체를 구성하는 지방자치단체(이하 "구성 지방자치단체"라 한다)는 상호 협의에 따른 규약을 정하여 구성 지방자치단체의 지방의회 의결을 거쳐 행정안전부장관의 승인을 받아야 한다.

오답해설 ① 아래의 조항 참고

✦ **지방자치법 제199조(설치)** ③ 특별지방자치단체는 법인으로 한다.

② 아래의 조항 참고

✦ **지방자치법 제205조(집행기관의 조직 등)** ② 구성 지방자치단체의 장은 제109조에도 불구하고 특별지방자치단체의 장을 겸할 수 있다.

③ 아래의 조항 참고

✦ **지방자치법 제204조(의회의 조직 등)** ① 특별지방자치단체의 의회는 규약으로 정하는 바에 따라 구성 지방자치단체의 의회 의원으로 구성한다.

④ 아래의 조항 참고

✦ **지방자치법 제201조(구역)** 특별지방자치단체의 구역은 구성 지방자치단체의 구역을 합한 것으로 한다. 다만, 특별지방자치단체의 사무가 구성 지방자치단체 구역의 일부에만 관계되는 등 특별한 사정이 있을 때에는 해당 지방자치단체 구역의 일부만을 구역으로 할 수 있다.

32

하
사무배분 원칙
2023년 제11회

지방자치법상 지방자치단체의 사무 배분 및 처리의 기본원칙에 관한 설명으로 옳지 않은 것은?

① 국가는 국가와 지방자치단체 간의 사무를 주민의 편익증진 등을 고려하여 서로 중복되지 아니하도록 배분하여야 한다.

② 국가가 지방자치단체에 사무를 배분할 때에는 관련 사무를 포괄적으로 배분하여야 한다.

③ 도와 시·군이 사무를 처리할 때 사무가 서로 겹치면 도에서 먼저 처리한다.

④ 지방자치단체는 조직과 운영을 합리적으로 하고 규모를 적절하게 유지하여야 한다.

⑤ 시·군 및 자치구는 해당 구역을 관할하는 시·도의 조례를 위반하여 사무를 처리할 수 없다.

정답해설 ③ 아래의 조항 참고

> ✦ **지방자치법 제14조(지방자치단체의 종류별 사무배분기준)** ③ 시·도와 시·군 및 자치구는 사무를 처리할 때 서로 겹치지 아니하도록 하여야 하며, 사무가 서로 겹치면 시·군 및 자치구에서 먼저 처리한다.

오답해설 ① 아래의 조항 참고

> ✦ **지방자치법 제11조(사무배분의 기본원칙)** ① 국가는 지방자치단체가 사무를 종합적·자율적으로 수행할 수 있도록 국가와 지방자치단체 간 또는 지방자치단체 상호 간의 사무를 주민의 편익증진, 집행의 효과 등을 고려하여 서로 중복되지 아니하도록 배분하여야 한다.

② 아래의 조항 참고

> ✦ **지방자치법 제11조(사무배분의 기본원칙)** ③ 국가가 지방자치단체에 사무를 배분하거나 지방자치단체가 사무를 다른 지방자치단체에 재배분할 때에는 사무를 배분받거나 재배분받는 지방자치단체가 그 사무를 자기의 책임하에 종합적으로 처리할 수 있도록 관련 사무를 포괄적으로 배분하여야 한다.

④ 아래의 조항 참고

> ✦ **지방자치법 제12조(사무처리의 기본원칙)** ② 지방자치단체는 조직과 운영을 합리적으로 하고 규모를 적절하게 유지하여야 한다.

⑤ 아래의 조항 참고

> ✦ **지방자치법 제12조(사무처리의 기본원칙)** ③ 지방자치단체는 법령을 위반하여 사무를 처리할 수 없으며, 시·군 및 자치구는 해당 구역을 관할하는 시·도의 조례를 위반하여 사무를 처리할 수 없다.

Answer 31. ⑤ 32. ③

33

자치경찰제
2024년 제12회

자치경찰제에 관한 설명으로 옳지 않은 것은?

① 2006년 제주특별자치도 자치경찰제 시범도입에 이어 2021년부터 본격적으로 자치경찰제가 시행되었다.

② 자치경찰사무로 지역 내 주민의 생활안전 활동과 교통활동에 관한 사무가 있다.

③ 광역자치단체장 소속으로 시·도자치경찰위원회가 자치경찰사무를 관장한다.

④ 시·도 자치경찰위원회는 시·도지사의 지휘감독을 받아 자치경찰사무를 수행한다.

⑤ 국가경찰사무는 국민의 생명·신체 및 재산의 보호, 범죄의 예방·진압 및 수사 등이다.

정답해설 ④ 아래의 조항 참고

> ✦ 「국가경찰과 자치경찰의 조직 및 운영에 관한 법률」 제18조(시·도자치경찰위원회의 설치) ① 자치경찰사무를 관장하게 하기 위하여 특별시장·광역시장·특별자치시장·도지사·특별자치도지사 소속으로 시·도자치경찰위원회를 둔다.
> ② 시·도자치경찰위원회는 합의제 행정기관으로서 그 권한에 속하는 업무를 독립적으로 수행한다.

오답해설 ① 2006년 제주특별자치도에 자치경찰제가 시범적으로 도입되었고, 2021년 「국가경찰과 자치경찰의 조직 및 운영에 관한 법률」 제정에 따라 2021년부터 본격적인 자치경찰제가 시행되었다.

②, ⑤ 아래의 조항 참고

> 📖 「경찰법」 제4조(경찰의 사무) ① 경찰의 사무는 다음 각 호와 같이 구분한다.
> 1. 국가경찰사무: 제3조에서 정한 경찰의 임무를 수행하기 위한 사무. 다만, 제2호의 자치경찰사무는 제외한다.
> 2. 자치경찰사무: 제3조에서 정한 경찰의 임무 범위에서 관할 지역의 생활안전·교통·경비·수사 등에 관한 다음 각 목의 사무
>   가. 지역 내 주민의 생활안전 활동에 관한 사무

34

중층제와 단층제
2024년 제12회

지방자치제도에서 법인격이 없는 행정계층에 해당하는 것은?

① 세종특별자치시
② 경상북도 고령군
③ 제주특별자치도 제주시
④ 부산광역시 기장군
⑤ 전라남도 순천시

정답해설 ③ 제주도는 단층제로 운영되는 바 제주시는 행정시이다.

35 지방자치에 관한 설명으로 옳은 것은?

지방자치 체계
2024년 제12회

① 일정기간 지역에 거주하지 않았더라도 주민등록만 되어 있다면 지방자치법상 주민으로서의 권리와 의무의 주체가 된다.
② 국가로부터 일정한 부분 자치권한을 이양 받은 자치권을 고유권이라고 한다.
③ 특례시에는 자치구가 설치되어 있다.
④ 자치권이란 자연적으로 발생한 주민의 권리이므로 전래권이다.
⑤ 지방자치단체는 주민의 복리와 재산을 보호하고 외교·국방과 같은 문제를 다룬다.

정답해설 ① 지방자치단체의 구역 안에 주소를 가진 자는 주민으로 볼 수 있다.

오답해설 ② 전래권에 대한 내용이다.
③ 특례시에는 자치구를 설치할 수 없다.
④ 고유권에 대한 내용이다.
⑤ 외교 및 국방은 국가사무이다.

36 주민소송제에 관한 설명으로 옳은 것은?

주민참여제도
2024년 제12회

① 주민들이 공직자를 재직 중에 불신임해 그만두게 하는 제도로서 가장 적극적이고 강력한 참여의 형태이다.
② 지역의 주요 안건을 해결하는 제도로서 지방자치단체의 중요한 사항에 대하여 결정권을 행사하는 제도이다.
③ 선출직 공직자를 임기 중에 소환해 파면시키는 제도이다.
④ 주민이 감사청구한 일정한 재무회계 사항과 관련이 있는 지방자치단체의 장 등의 위법한 행위 등에 대하여 손해를 배상하게 하는 제도이다.
⑤ 주민이 능동적이고 적극적으로 지방자치단체의 장이나 의회의원 권한의 일부를 제약하거나 행사한다.

정답해설 ④ 주민소송제: 자치단체의 재무행위와 관련하여 감사를 청구한 주민이 감사의 결과에 불복이 있는 경우에 감사청구한 사항과 관련이 있는 위법한 행위나 업무를 게을리한 사실에 대해 해당 단체장을 상대방으로 법원에 재판을 청구하는 제도이다. ⇨ 납세자 소송제도

오답해설 ①, ③ 주민소환제에 대한 내용이다.
②, ⑤ 주민투표제에 대한 내용이다.

Answer 33. ④ 34. ③ 35. ① 36. ④

3과목 • 행정학개론

37

우리나라는 도·농 통합이나 행정구역개편을 통하여 지속적으로 통합을 전개해왔는데, 가장 최근에 통합한 도시는?

① 청주시 + 청원군 = 청주시

② 창원시 + 마산시 + 진해시 = 창원시

③ 여수시 + 여천시 + 여천군 = 여수시

④ 춘천시 + 춘천군 = 춘천시

⑤ 천안시 + 천안군 = 천안시

[정답해설] ① 충청북도 청주시 설치 및 지원특례에 관한 법률(2013. 1. 23. 시행)

[오답해설] ② 경상남도 창원시 설치 및 지원특례에 관한 법률(2010. 3. 12. 시행)

③ 전라남도 여수시 도농복합형태의시 설치 등에 관한 법률(1998. 4. 1. 시행)

④ 도·농 복합형태의 시 설치 등에 관한 법률에 따라 1995년 춘천군과 통합

⑤ 도·농 복합형태의 시 설치 등에 관한 법률에 따라 1995년 천안군과 통합

Answer⁺ 37. ①

기타 제도 및 법령 등

부수적인 지식을 정리한 파트이다. 즉, 일부를 제외하고 행정사 시험에서 출제빈도가 높지 않은 편이다. 그래도 책임운영기관, 정부조직의 체계, 유연근무제도는 잘 공부해 두자.

01

상
책임운영기관
2017년 제5회

우리나라 책임운영기관에 대한 설명으로 옳지 않은 것은?

① 경영의 자율성이 부여되는 대신 성과에 대한 책임이 요구된다.

② 우리나라 책임운영기관에는 국립중앙극장, 국립현대미술관, 경찰병원 등이 있다.

③ 책임운영기관의 회계는 특별회계로 하여 예산 운영상의 자율성을 보장하여야 한다.

④ 책임운영기관의 장은 공모를 통해 임기제공무원으로 임용된다.

⑤ 사업적, 집행적 성격의 행정서비스 비율이 높은 사무에 적합하다.

> **풀이 TIP** 우리나라 책임운영기관에는 두 종류가 있다!

정답해설 ③ 책임운영기관의 회계는 일반회계와 특별회계로 나눈다. 「책임운영기관의 설치 · 운영법」 제27조에 따르면, 기관 운영에 필요한 재정수입의 전부 또는 일부를 자체적으로 확보할 수 있는 사무를 주로 하는 소속책임운영기관의 사업을 효율적으로 운영하기 위하여 책임운영기관특별회계를 두며, 책임운영기관특별회계기관을 제외한 소속책임운영기관은 일반회계로 운영한다.

④ 책임운영기관은 소속책임운영기관과 중앙책임운영기관으로 나뉘며, 기관장을 공모를 통해 임기제공무원으로 임용하는 것은 소속책임운영기관장이다. 중앙책임운영기관장은 정무직공무원으로 임용한다. 발표된 정답은 ③이지만 ④도 소속책임운영기관에만 맞는 설명이므로 틀린 지문이다. 따라서 이 문제의 정답은 ③, ④ 두 개다.

> ✦ 「책임운영기관의 설치 · 운영법」 관련 조문
> **제4조(책임운영기관의 설치 및 해제)** ① 책임운영기관은 그 사무가 다음 각 호의 기준 중 어느 하나에 맞는 경우에 대통령령으로 설치한다.
> 　1. 기관의 주된 사무가 사업적 · 집행적 성질의 행정 서비스를 제공하는 업무로서 성과 측정기준을 개발하여 성과를 측정할 수 있는 사무
> 　2. 기관 운영에 필요한 재정수입의 전부 또는 일부를 자체적으로 확보할 수 있는 사무
> **제27조(특별회계의 설치 등)** ① 제4조 제1항 제2호의 사무를 주로 하는 소속책임운영기관의 사업을 효율적으로 운영하기 위하여 책임운영기관특별회계를 둔다.
> ③ 제2항에 따라 정하여진 소속책임운영기관(이하 "책임운영기관특별회계기관"이라 한다)을 제외한 소속책임운영기관은 일반회계로 운영하되, 대통령령으로 정하는 회계변경이 곤란한 특별한 사유가 있는 경우에는 다른 법률에 따라 설치된 특별회계로 운영할 수 있다. 이 경우 일반회계 또는 특별회계에 별도의 책임운영기관 항목을 설치하고 책임운영기관특별회계기관에 준하는 예산 운영상의 자율성을 보장하여야 한다.

Answer 1. ③, ④

02

중
책임운영기관
2019년 제7회

정부가 도입한 책임운영기관에 관한 설명으로 옳지 않은 것은?

① 기관의 지위에 따라 소속책임운영기관과 중앙책임운영기관으로 구분된다.

② 우리나라는 「책임운영기관의 설치·운영에 관한 법률」 등에 의해 운영되고 있다.

③ 정부가 사업적·집행적 성격이 강한 기관을 분리시켜 유연한 경영방식을 도입한 것이다.

④ 기관장에게 재량권을 부여하여 자율적인 경영과 그 성과에 대한 책임을 지게 한다.

⑤ 예산편성 및 집행상의 자율권을 확보하기 위하여 특별위원회를 두며, 예산의 전용·이월 등이 허용되지 않는다.

풀이TIP 책임운영기관의 장은 운영상의 자율성을 인정받는다.

정답해설 ⑤ 아래의 책임운영기관 설치 및 운영에 관한 법에 따르면 예산의 전용 혹은 이월 등이 허용된다(특별위원회 설치 ✕).

✦ **「책임운영기관법」 제36조(예산의 전용)** ① 기관장은 「국가재정법」 제46조와 「정부기업예산법」 제20조에도 불구하고 예산 집행에 특히 필요한 경우에는 대통령령으로 정하는 바에 따라 특별회계의 계정별 세출예산 또는 일반회계의 세출예산 각각의 총액 범위에서 각 과목 간에 전용(轉用)할 수 있다.

✦ **「책임운영기관법」 제37조(예산의 이월)** ① 매 회계연도의 특별회계 또는 일반회계 세출예산 중 부득이한 사유로 그 회계연도 내에 지출하지 못한 경상적 성격의 경비는 대통령령으로 정하는 범위에서 다음 회계연도에 이월(移越)하여 사용할 수 있다.

오답해설 ①, ② 우리나라는 책임운영기관의 설치·운영에 관한 법률 등에 의해 책임운영기관을 운영하고 있으며, 책임운영기관은 기관의 지위에 따라 소속책임운영기관과 중앙책임운영기관으로 구분된다. ③, ④ 책임운영기관은 정부가 사업적·집행적 성격이 강한 기관을 분리시켜 유연한 경영 방식을 도입한 제도로써 기관장에게 재량권을 부여하여 자율적인 경영과 그 성과에 대한 책임을 지게 한다.

03

하
정부조직
2013년 제1회

우리나라는 정권이 교체될 때마다 일부 중앙부처가 변경되어 왔다. 현 정부(박근혜 정부)의 중앙부처 명칭으로 옳지 않은 것은?

① 기획재정부   ② 미래창조과학부   ③ 안전행정부
④ 교육인적자원부   ⑤ 해양수산부

풀이TIP 윤석열 정부조직은 19부 3처 20청 6위원회이다.

정답해설 ④ 교육주무부처의 명칭은 노무현 정부에서는 교육인적자원부, 이명박 정부에서는 교육과학기술부, 박근혜 정부에서는 교육부로 변경되어 왔으며, 윤석열 정부에서도 교육부로 유지되었다.

오답해설 ② 미래창조과학부는 2013년 박근혜 정부 때 신설되었다가 2017년 문재인 정부 때 과학기술정보통신부로 변경되었다.
③ 안전행정부도 노무현 정부에서는 행정자치부, 이명박 정부에서는 행정안전부, 박근혜 정부에서는 안전행정부, 행정자치부로 변경되어 왔다. 문재인 정부에서는 행정자치부와 국민안전처를 통합하여 행정안전부로 개편하였다.

04 정부조직 중 국무총리 소속기관이 아닌 것은?

하
정부조직
2019년 제7회

① 국민권익위원회 ② 국가과학기술자문회의
③ 공정거래위원회 ④ 원자력안전위원회
⑤ 금융위원회

풀이 TIP 국무총리 소속의 중앙행정기관 위원회 조직은 암기해 두자.

정답해설 ② 국가과학기술자문회의는 국가과학기술의 혁신 등을 위하여 설치된 대통령 직속 기구이다 (헌법 제127조 제3항에 근거).

오답해설 ①, ③, ④, ⑤ 지문에 나열된 위원회 조직은 모두 국무총리 소속이다.

05 우리나라 책임운영기관에 관한 설명으로 옳은 것은?

중
책임운영기관
2020년 제8회

① 2009년 이명박 정부에서 처음으로 도입되었다.
② 조직, 예산 등의 운영상 자율성이 책임운영기관장이 아닌 주무부처 장관에게 부여되어 있다.
③ 중앙책임운영기관으로 특허청이 있다.
④ 소속책임운영기관에 대한 종합평가는 기획재정부가 주관한다.
⑤ 소속책임운영기관과 소속중앙행정기관 간 공무원의 인사교류는 불가능하다.

풀이 TIP 중앙책임운영기관은 책임운영기관이면서 중앙행정기관이다.

정답해설 ③ 우리나라의 책임운영기관은 소속책임운영기관과 중앙책임운영기관이 있는데 특허청은 중앙책임운영기관에 해당한다.

오답해설 ① 「책임운영기관의 설치·운영에 관한 법률」은 1999년 1월(김대중 정권)에 제정되었다.
② 책임운영기관은 조직, 예산 등의 운영상 자율성이 책임운영기관장에게 부여되어 있는 조직이다.
④ 소속책임운영기관에 대한 종합평가는 행정안전부가 주관한다.

✦ 「책임운영기관의 설치·운영에 관한 법률」 제49조(책임운영기관운영위원회의 설치 및 기능 등)
① 책임운영기관의 존속 여부 및 제도의 개선 등에 관한 중요 사항을 심의하기 위하여 행정안전부 장관 소속으로 책임운영기관운영위원회(이하 "위원회"라 한다)를 둔다. 〈개정 2013. 3. 23., 2014. 11. 19., 2017. 7. 26.〉

✦ 「책임운영기관의 설치·운영에 관한 법률」 제51조(책임운영기관의 종합평가) ① 위원회는 책임운영기관제도의 운영과 개선, 기관의 존속 여부 판단 등을 위하여 책임운영기관에 대한 종합평가를 한다. 다만, 종합평가 결과가 2회 연속 특별히 우수하다고 인정하는 기관에 대하여는 2년의 범위에서 대통령령으로 정하는 바에 따라 종합평가를 유예할 수 있다.

⑤ 책임운영기관법에 따르면 소속책임운영기관과 소속중앙행정기관 간 공무원의 인사교류가 가능하다.

✦ 「책임운영기관의 설치·운영에 관한 법률」 제20조(기관 간 인사교류) ① 소속책임운영기관과 소속중앙행정기관 및 그 소속 기관 간 공무원의 전보(轉補)가 필요하다고 인정되는 경우에는 소속중앙행정기관의 장이 기관장과 협의하여 실시할 수 있다.

Answer 2. ⑤ 3. ④ 4. ② 5. ③

06 (　　　)에 들어갈 B사무관의 근무 유형은?

상
스마트워크
2019년 제7회

> △△과 A사무관 : ○○과죠? 업무협의 때문에 전화 드렸습니다. B사무관님과 통화
> 하고 싶은데요?
> ○○과 C주무관 : 네. B사무관님은 이번 달부터 10시에 출근하고 19시에 퇴근하십
> 니다. 조금 후 10시 이후에 다시 전화바랍니다.
> △△과 A사무관 : 아, 알겠습니다. B사무관님께서 (　　　　　)를 신청하셨군요.

① 재택근무제　　　　　　　　　　② 집약근무제
③ 시차출퇴근제　　　　　　　　　④ 재량근무제
⑤ 원격근무제

풀이TIP 제시문을 차분하게 읽어보면 풀 수 있는 문제이다.

정답해설 ③ 제시문의 내용은 시간차를 두고 출근을 허용하는 시차출퇴근제이다.

✦ 유연근무제도의 유형

탄력근무제	**개념**	주 40시간 근무하되, 출·퇴근시각·근무시간·근무일을 자율적으로 조정하는 제도

	시차출퇴근형	• 1일 8시간 근무체제 유지하되, 출근 시간 선택 가능
		  – 매일 같은 출근 시각(07:00 ~ 10:00 선택)
		  – 요일마다 다른 출근 시각(07:00 ~ 10:00 선택)

	근무시간 선택형	1일 4~12시간 근무, 주 5일 근무
	집약근무형 (압축근무형)	1일 10~12시간 근무, 주 3.5~4일 근무 ⇨ 주 40시간 근무를 주 3~4일로 압축하여 근무
	재량근무형	• 출퇴근 의무 없이 전문 프로젝트 수행으로 주 40시간 인정 • 고도의 전문적 지식과 기술이 필요해 업무수행 방법이나 시간배분을 담당자의 재량에 맡길 필요가 있는 분야에 적용
원격근무제	**개념**	• 직장 이외의 장소에서 정보통신망을 이용하여 근무하는 제도 • 단, 심각한 보안위험이 예상되는 업무는 온라인 원격근무를 할 수 없음
	재택근무형	• 사무실이 아닌 자택에서 근무 ⇨ 가정에서 인터넷을 활용하여 업무를 처리하는 유형 • 시간 외 근무수당: 정액분만 지급, 실적분은 지급 금지
	스마트워크 근무형	• 주거지 근처 원격근무사무실에서 인터넷을 사용하여 업무를 처리하는 형태 • 즉, 영상회의 등 정보통신기술을 이용해 시간과 장소의 제약 없이 업무를 수행하는 유연한 근무 형태

07 「지방공기업법」상 지방직영기업에 관한 설명으로 옳은 것은?

상
지방공기업
2017년 제5회

① 지방자치단체는 지방직영기업을 설치·경영하려는 경우에는 그 설치·운영의 기본사항을 조례로 정하여야 한다.
② 지방자치단체가 새로운 법인을 설립하여 운영하는 간접경영방식이다.
③ 일반회계와는 별도로 예산의 심의, 확정에 지방의회의 의결이 필요 없는 특별회계로 운영된다.
④ 「지방공기업법」의 적용을 받기 때문에 「지방자치법」의 적용을 받지 않는다.
⑤ 지방자치단체로부터 독립해 있기 때문에 지방자치단체장의 통제를 받지 않는다.

> **풀이 TIP** 지방 '직영' 기업은 자치단체와 같은 행정기관이다!

정답해설 ① 「지방공기업법」 제5조에서 "지방자치단체는 지방직영기업을 설치·경영하려는 경우에는 그 설치·운영의 기본사항을 조례로 정하여야 한다."고 규정하고 있다.

오답해설 ② 직영기업은 직접경영방식이고, 공사공단은 간접경영방식이다.
③ 지방자치단체는 제2조에 해당하는 사업마다 특별회계를 설치하여야 하고(「지방공기업법」 제13조), 이는 예산이므로 지방의회의 의결을 받아야 한다(제26조).
④ 지방직영기업에 대하여는 지방공기업에서 규정한 사항을 제외하고는 「지방자치법」, 「지방재정법」, 그 밖의 관계 법령을 적용한다(「지방공기업법」 제6조).
⑤ 「지방공기업법」은 제2조에서 제48조까지 자세한 규정을 두고 지방직영기업의 운영에 관하여 지방자치단체가 관리·감독권을 행사하도록 하고 있다.

Answer ˙ 6. ③ 7. ①

08

지방공기업
2019년 제7회

지방공기업에 관한 설명으로 옳은 것은?

① 일반회계와는 별도로 지방의회의 예산 심의 및 의결이 필요 없는 특별회계로 운영된다.

② 「지방공기업법」의 적용을 받기 때문에 「지방자치법」의 적용대상은 아니다.

③ 지방자치단체가 지역주민의 복리증진 등을 목적으로 직접 설치·경영하거나 법인을 설립하여 경영하는 기업이다.

④ 지방자치단체로부터 독립해 있기 때문에 지방자치단체의 통제를 받지 않는다.

⑤ 지방공사 및 지방공단에 소속된 직원은 신분이 지방공무원이다.

풀이 TIP ③, ④, ⑤의 지문이 중요하니 ①, ②의 지문은 경험만 해 두자.

정답해설 ③ 지방공기업은 지방자치단체가 지역주민의 복리증진 등을 목적으로 직접 설치·경영하거나 법인을 설립하여 경영하는 기업이다.

오답해설 ① 지방공기업은 일반회계와는 별도로 특별회계로 운영되며, 특별회계는 지방의회의 예산심의 및 의결이 필요하다.
② 지방공기업은 지방자치법의 적용대상이다.

> ✦ **「지방공기업법」 제6조(「지방자치법」 등의 적용)** 지방직영기업에 대하여는 이 법에서 규정한 사항을 제외하고는 「지방자치법」, 「지방재정법」, 그 밖의 관계 법령을 적용한다.

④ 지방자치단체의 장은 공사·공단의 설립·운영 등 공사의 업무를 관리·감독한다.
⑤ 지방공사 및 지방공단은 자치단체로부터 분리된 법인이므로 소속 직원은 공무원이 아니다.

09

상
유연근무제도
2020년 제8회

공무원 A는 주5일 대중교통으로 출퇴근 한다. 코로나19 사태로 인해 재택근무를 하고 싶으나 그가 맡은 업무는 정형적이면서도 보안을 유지해야 하는 특성이 있어 집에서 일할 수 없고 반드시 주5일 출근을 해야만 한다. 대중교통 이용 시 사람들과의 접촉을 최소화하기 위하여 A가 택할 수 있는 가장 적합한 탄력근무 방식으로 묶인 것은?

| ㉠ 시간선택제 전환근무 | ㉡ 시차출퇴근제 | ㉢ 원격근무제 |
| ㉣ 재량근무제 | ㉤ 근무시간선택제 | |

① ㉠, ㉡ 　　② ㉠, ㉣ 　　③ ㉡, ㉤
④ ㉢, ㉣ 　　⑤ ㉢, ㉤

풀이 TIP 사무실에서 근무할 수 없다는 것과 탄력근무 방식이 핵심내용이다.

정답해설 ㉡, ㉤ 집에서 근무할 수 없는 방식을 선택해야 하므로 원격근무, 재량근무제(출퇴근 의무 없이 전문 프로젝트 수행으로 주 40시간 근무를 인정하는 제도)는 해당 사항이 아니다. 또한, 시간선택제 전환 근무제는 탄력근무 방식의 유형이 아니다.

✦ 탄력근무제의 유형

		개념	주 40시간 근무하되, 출·퇴근시각·근무시간·근무일을 자율적으로 조정하는 제도
탄력근무제	유형	시차출퇴근형	• 1일 8시간 근무체제 유지하되, 출근 시간 선택 가능 　– 매일 같은 출근 시각(07 : 00 ~ 10 : 00 선택) 　– 요일마다 다른 출근 시각(07 : 00 ~ 10 : 00 선택)
		근무시간 선택형	1일 4~12시간 근무, 주 5일 근무
		집약근무형 (압축근무형)	1일 10~12시간 근무, 주 3.5~4일 근무 ⇨ 주 40시간 근무를 주 3~4일로 압축하여 근무
		재량근무형	• 출퇴근 의무 없이 전문 프로젝트 수행으로 주 40시간 인정 • 고도의 전문적 지식과 기술이 필요해 업무수행 방법이나 시간배분을 담당자의 재량에 맡길 필요가 있는 분야에 적용

3과목 · 행정학개론

Answer⁺ 8. ③ 9. ③

10

중
특례시
2022년 제10회

우리나라 지방자치단체의 유형과 특징에 관한 설명으로 옳지 않은 것은?

① 지방자치단체에는 특별시, 광역시, 도, 특별자치도, 특별자치시와 시·군·구(자치구)가 포함된다.

② 두 개 이상의 지방자치단체가 특정한 목적을 위하여 법인으로서의 특별지방자치단체를 설치할 수 있다.

③ 특별시, 광역시 및 특별자치시가 아닌 인구 100만 이상의 시는 특례시 명칭을 부여받고 자치구를 둔다.

④ 모든 지방자치단체는 법령의 범위를 벗어나 사무 처리와 조례 제정을 할 수 없다.

⑤ 특별시·광역시 또는 특별자치시가 아닌 인구 50만 이상의 시는 자치구가 아닌 구를 둘 수 있다.

> 풀이 TIP ｜ 특례시에 대한 내용은 전부 개정된 지방자치법에서 새롭게 다루는 내용이니 참고로 경험해 두자.

정답해설 ③ 특별시, 광역시 및 특별자치시가 아닌 인구 100만 이상의 시는 특례시 명칭을 부여받는다 (자치구 설치 ×).

> ✦「지방자치법」 제198조(대도시 등에 대한 특례 인정) ① 서울특별시·광역시 및 특별자치시를 제외한 인구 50만 이상 대도시의 행정, 재정 운영 및 국가의 지도·감독에 대해서는 그 특성을 고려하여 관계 법률로 정하는 바에 따라 특례를 둘 수 있다.
> ② 제1항에도 불구하고 서울특별시·광역시 및 특별자치시를 제외한 다음 각 호의 어느 하나에 해당하는 대도시 및 시·군·구의 행정, 재정 운영 및 국가의 지도·감독에 대해서는 그 특성을 고려하여 관계 법률로 정하는 바에 따라 추가로 특례를 둘 수 있다.
>   1. 인구 100만 이상 대도시(이하 "특례시"라 한다)
>   2. 실질적인 행정수요, 국가균형발전 및 지방소멸위기 등을 고려하여 대통령령으로 정하는 기준과 절차에 따라 행정안전부장관이 지정하는 시·군·구

• 특례시: 기초자치단체의 법적지위를 유지하면서 광역시에 준하는 행·재정적 권한을 부여받을 수 있는 시
  – 특례시의 예: 경기도 수원·고양·용인시와 경남 창원시
  – 저소득층 복지혜택 증가, 도의 일부 사무처리(건축물 허가 등)

오답해설 ① 우리나라 지방자치단체에는 광역지방자치단체인 특별시, 광역시, 도, 특별자치도, 특별자치시와 기초지방자치단체인 시·군·구(자치구)가 있다.
② 두 개 이상의 지방자치단체가 특정한 목적을 위하여 법인으로서의 특별지방자치단체를 설치할 수 있다.

> ✦「지방자치법」 제199조(설치) ① 2개 이상의 지방자치단체가 공동으로 특정한 목적을 위하여 광역적으로 사무를 처리할 필요가 있을 때에는 특별지방자치단체를 설치할 수 있다. 이 경우 특별지방자치단체를 구성하는 지방자치단체(이하 "구성 지방자치단체"라 한다)는 상호 협의에 따른 규약을 정하여 구성 지방자치단체의 지방의회 의결을 거쳐 행정안전부장관의 승인을 받아야 한다.

④ 모든 지방자치단체는 법령의 범위 내에서 사무 처리와 조례 제정을 해야 한다.
⑤ 특별시·광역시 또는 특별자치시가 아닌 인구 50만 이상의 시는 자치구가 아닌 구를 둘 수 있다.

> ✦「지방자치법」 제3조(지방자치단체의 법인격과 관할) ③ 특별시·광역시 또는 특별자치시가 아닌 인구 50만 이상의 시에는 자치구가 아닌 구(예: 경기도 수원시 팔달구)를 둘 수 있고, 군에는 읍·면을 두며, 시와 구(자치구를 포함한다)에는 동을, 읍·면에는 리를 둔다.

11 우리나라 지방자치제도에 있어서 주민의 권리에 관한 내용으로 옳지 않은 것은?

중
주민참여제도
2022년 제10회

① 주민 A씨(30세)는 자신이 살고 있는 지역의 지방자치단체 발전과 운영에 기여할 수 있다.

② ○○시 주민 B씨(20세)는 청년일자리 창출에 관한 조례의 필요성에 따라 요건을 갖추어 ○○시 조례의 제정을 청구하였다.

③ 지방자치단체 외국인등록대장에 등록된 베트남국적 C씨(45세)는 국내에 영주할 수 있는 체류자격 취득일 후 현재 3년이 지났지만, 외국인이기 때문에 지방자치단체의 위법행위에 대한 감사를 청구할 수 없다.

④ ○○시 비례대표 시의원의 심각한 불법행위 문제를 알고 있는 ○○시 주민 D씨(55세)는 주민소환 투표 청구를 위한 요건을 갖추더라도 주민소환권을 행사할 수 없다.

⑤ ○○시 주민 E씨(57세)는 시의 공금 지출에 관한 사항의 위법에 대해 감사청구한 자로서, 그 감사 결과에 불복하고 법적 요건을 갖추어 시장을 상대로 주민소송을 제기하였다.

풀이 **TIP** 일정한 자격을 갖춘 외국인도 주민감사청구를 할 수 있다.

정답해설 ③ 일정 자격을 갖춘 외국인은 감사를 청구할 수 있다.

> ✦ **「지방자치법」 제21조(주민의 감사 청구)** ① 지방자치단체의 18세 이상의 주민으로서 다음 각 호의 어느 하나에 해당하는 사람은 시·도는 300명, 제198조에 따른 인구 50만 이상 대도시는 200명, 그 밖의 시·군 및 자치구는 150명 이내에서 그 지방자치단체의 조례로 정하는 수 이상의 18세 이상의 주민이 연대 서명하여 그 지방자치단체와 그 장의 권한에 속하는 사무의 처리가 법령에 위반되거나 공익을 현저히 해친다고 인정되면 시·도의 경우에는 주무부장관에게, 시·군 및 자치구의 경우에는 시·도지사에게 감사를 청구할 수 있다.
> 　2. 「출입국관리법」 제10조에 따른 영주(永住)할 수 있는 체류자격 취득일 후 3년이 경과한 외국인으로서 같은 법 제34조에 따라 해당 지방자치단체의 외국인등록대장에 올라 있는 사람

오답해설 ① 주민 A씨(30세)는 자신이 살고 있는 지역의 지방자치단체 발전과 운영에 기여할 수 있다.

> ✦ **「지방자치법」 제17조(주민의 권리)** ① 주민은 법령으로 정하는 바에 따라 주민생활에 영향을 미치는 지방자치단체의 정책의 결정 및 집행 과정에 참여할 권리를 가진다.
> ③ 주민은 법령으로 정하는 바에 따라 그 지방자치단체에서 실시하는 지방의회의원과 지방자치단체의 장의 선거(이하 "지방선거"라 한다)에 참여할 권리를 가진다.

② 조례제정·개폐청구권에 대한 내용이다.

> ✦ **「지방자치법」 제19조(조례의 제정과 개정·폐지 청구)** ① 주민은 지방자치단체의 조례를 제정하거나 개정하거나 폐지할 것을 청구할 수 있다.

④ 우리나라 주민소환제도는 비례대표를 소환할 수 없다.

> ✦ **「지방자치법」 제25조(주민소환)** ① 주민은 그 지방자치단체의 장 및 지방의회의원(비례대표 지방의회의원은 제외한다)을 소환할 권리를 가진다.

⑤ 주민소송 : 자치단체의 재무행위와 관련하여 감사를 청구한 주민이 감사의 결과에 불복이 있는 경우에 감사청구한 사항과 관련이 있는 위법한 행위나 업무를 게을리한 사실에 대해 해당 단체장을 상대방으로 법원에 재판을 청구하는 제도

Answer⁺ 10. ③ 11. ③

12

정부조직도
2022년 제10회

정부조직체계에서 청 단위기관과 소속부처의 연결로 옳은 것을 모두 고른 것은?

> ㉠ 기상청 – 환경부 ㉡ 방위사업청 – 산업통상자원부
> ㉢ 소방청 – 행정안전부 ㉣ 특허청 – 기획재정부 ㉤ 해양경찰청 – 국방부

① ㉠, ㉢   ② ㉠, ㉣   ③ ㉡, ㉣
④ ㉡, ㉤   ⑤ ㉢, ㉤

풀이 TIP 기상청, 특허청, 소방청은 중요한 외청이니 챙겨 두자.

정답해설 ㉠, ㉢ 기상청은 환경부 소속, 소방청·경찰청은 행정안전부 소속의 외청이다.

오답해설 ㉡ 방위사업청은 국방부 소속의 외청이다.
㉣ 특허청은 산업통상자원부 소속의 외청이다.
㉤ 해양경찰청은 해양수산부 소속의 외청이다.

13

이해충돌방지법
2022년 제10회

이해충돌방지법에 관한 내용으로 옳지 않은 것은?

① 공직자는 직무관련자가 사적이해관계자임을 안 날부터 30일 이내에 소속기관장에게 그 사실을 신고하면 회피신청이 면제된다.
② 공직자는 직무수행 중 알게 된 비밀 또는 소속 공공기관의 미공개정보를 사적 이익을 위하여 이용하거나 제3자로 하여금 이용하게 하여서는 아니 된다.
③ 공직자는 직무관련자에게 사적으로 노무 또는 조언·자문 등을 제공하고 대가를 받는 행위를 하여서는 아니 된다.
④ 공직자는 공공기관이 소유하거나 임차한 물품·차량·선박·항공기·건물·토지·시설 등을 사적인 용도로 사용·수익하거나 제3자로 하여금 사용·수익하게 하여서는 아니된다.
⑤ 공직자는 직무관련자인 소속 기관의 퇴직자(공직자가 아니게 된 날부터 2년 이내인 자)와 사적 접촉(골프, 여행, 사행성 오락을 같이 하는 행위)을 하는 경우 소속기관장에게 신고하여야 한다.

풀이 TIP 1회성 문제이다. 정답 선지만 한번 읽어 두자.

정답해설 ① 아래의 조항 참고

✦ 「이해충돌방지법」 제5조(사적이해관계자의 신고 및 회피·기피 신청) ① 다음 각 호의 어느 하나에 해당하는 직무를 수행하는 공직자는 직무관련자가 사적이해관계자임을 안 경우 안 날부터 14일 이내에 소속기관장에게 그 사실을 서면(전자문서를 포함한다. 이하 같다)으로 신고하고 회피를 신청하여야 한다.

14 내부고발에 관한 설명으로 옳지 않은 것은?

내부고발제도
2021년 제9회

① 내부고발의 대상은 일반적으로 조직 내에서 행해진 비윤리적 행위이다.
② 내부고발의 대상이 되는 문제를 조직 내에서 해결할 장치가 없거나 제대로 작동되지 않을 때 주로 일어난다.
③ 내부고발은 조직 내부의 비리를 대외적으로 폭로하는 외부적 행위이다.
④ 내부고발제 실시로 조직 내에서 부패에 대한 경각심 확대와 부패 억제 효과가 기대된다.
⑤ 현재 우리나라에는 내부고발자를 보호하는 관련 법률이 없다.

> **풀이 TIP** 내부고발자 제도는 뉴스 등에서 많이 언급된 이슈이다. 우리나라는 내부고발자 보호를 위한 법률을 운영하고 있다.

정답해설 ⑤ 현재 우리나라에는 공익신고자보호법, 부패방지권익위법에서 내부고발자 제도를 명시하고 있다.

오답해설 ①, ②, ③, ④ 우리나라의 내부고발자 제도 : 부패방지권익위법(2002), 공익신고자 보호법(2011)에 명시
① 특정 조직의 구성원으로서 재직 중, 혹은 퇴직 후에 국민권익위원회에 조직 내 부패를 고발할 수 있는 제도, 혹은 언론이나 국회 등 외부에 비윤리적인 조직 내의 일을 알린 조직구성원을 보호하는 제도이다.
② 내부고발은 내부고발의 대상이 되는 문제를 조직 내에서 해결할 장치가 없거나 제대로 작동되지 않을 때 주로 발생한다. ⇨ 아울러 내부고발의 실질적 동기는 다양성을 띠며, 고발자와 피고발자 사이에는 권력배분의 불균등성이 있다(고발자가 일반적으로 약자의 위치에 있음).
③ 내부고발제 실시로 조직 내에서 부패에 대한 경각심 확대와 부패억제 효과가 기대되는 한편, 공무원 간 감시하는 체제를 형성하여 공직사회의 응집력을 약화시킬 수 있다.
④ 우리나라 내부고발자제도는 내부고발시 기명의 문서로 진행하는바(약한 익명성 보장) 내부고발자 보호의 실효성이 부족하다는 지적을 받고 있다.

Answer 12. ① 13. ① 14. ⑤

15

재정사업자율평가제도
2023년 제11회

재정사업자율평가제도에 관한 설명으로 옳은 것은?

① 일정 규모 이상인 신규 사업의 경제적 타당성을 검토하여 사업의 추진 여부를 결정하는 제도

② 다년도 사업에 대해 사업규모, 총사업비, 사업기간 등을 정해 미리 기획재정부장관과 협의하는 제도

③ 부족한 재원을 고려하여 민간자본을 공공의 SOC 투자에 동원하는 제도

④ 예산지출을 줄이거나 수입을 늘리는 데 기여한 자에게 성과금을 지급하는 제도

⑤ 각 중앙관서의 장과 기금관리주체가 기획재정부장관이 정하는 바에 따라 주요 재정사업을 스스로 평가하는 제도

정답해설 ⑤ 재정사업자율평가제도는 돈이 소요되는 사업을 중앙관서의 장과 기금관리주체가 스스로 평가하는 제도이다.

오답해설 ① 예비타당성조사에 대한 내용이다.
② 총사업비 관리제도에 대한 내용이다.
③ 민간투자유치제도에 대한 내용이다.
④ 예산성과금제도에 대한 내용이다.

16

내부고발자 제도
2024년 제12회

공직자윤리법에서 행정윤리 확보를 위해 시행하고 있는 내용이 아닌 것은?

① 주식백지신탁
② 이해충돌 방지 의무
③ 공직자 재산등록과 공개
④ 퇴직공직자 취업제한
⑤ 내부고발

정답해설 ⑤ 내부고발은 부패방지권익위법, 공익신고자보호법 등에 규정되어 있다.

오답해설 ①, ②, ③, ④ 아래의 조항 참고

> ✦ 「**공직자윤리법**」 제1조(목적) 이 법은 공직자 및 공직후보자의 재산등록, 등록재산 공개 및 재산형성과정 소명과 공직을 이용한 재산취득의 규제, 공직자의 선물신고 및 주식백지신탁, 퇴직공직자의 취업제한 및 행위제한 등을 규정함으로써 공직자의 부정한 재산 증식을 방지하고, 공무집행의 공정성을 확보하는 등 공익과 사익의 이해충돌을 방지하여 국민에 대한 봉사자로서 가져야 할 공직자의 윤리를 확립함을 목적으로 한다.

17 현재 우리나라 정부조직에 해당하지 않는 것은?

정부조직
2024년 제12회

① 고위공직자범죄수사처　　　　② 국가보훈처
③ 여성가족부　　　　　　　　　④ 재외동포청
⑤ 질병관리청

정답해설 ② 윤석열 정권에서 국가보훈처를 국가보훈부로 격상했다.

18 다음 중앙행정조직위원회 중 소속을 달리하는 위원회는?

정부조직
2024년 제12회

① 공정거래위원회　　　　　　　② 국민권익위원회
③ 금융위원회　　　　　　　　　④ 방송통신위원회
⑤ 원자력안전위원회

정답해설 ④ 방송통신위원회는 대통령 소속의 중앙행정기관이다.

오답해설 ①, ②, ③, ⑤ 국무총리 소속의 중앙행정기관이다.

Answer＊　15. ⑤　16. ⑤　17. ②　18. ④

2025 박문각 행정사 1차

민법총칙 | 행정법 | 행정학개론 단원별 기출문제집

초판인쇄 | 2024. 9. 20. **초판발행** | 2024. 9. 25. **편저자** | 박문각 행정사연구소

발행인 | 박 용 **발행처** | (주)박문각출판 **등록** | 2015년 4월 29일 제2019-000137호

주소 | 06654 서울시 서초구 효령로 283 서경 B/D 4층 **팩스** | (02)584-2927

전화 | 교재 문의 (02)6466-7202

판 권
본 사
소 유

정가 34,000원

ISBN 979-11-7262-202-2